Udo Kempf · Hans-Georg Merz (Hrsg.)

Kanzler und Minister 1998 – 2005

Udo Kempf
Hans-Georg Merz (Hrsg.)

unter Mitarbeit von Markus Gloe

Kanzler und Minister 1998 – 2005

Biografisches Lexikon der deutschen Bundesregierungen

VS VERLAG FÜR SOZIALWISSENSCHAFTEN

Bibliografische Information Der Deutschen Nationalbibliothek
Die Deutsche Nationalbibliothek verzeichnet diese Publikation in der
Deutschen Nationalbibliografie; detaillierte bibliografische Daten sind im Internet über
<http://dnb.d-nb.de> abrufbar.

1. Auflage 2008

Alle Rechte vorbehalten
© VS Verlag für Sozialwissenschaften | GWV Fachverlage GmbH, Wiesbaden 2008

Lektorat: Frank Schindler

Der VS Verlag für Sozialwissenschaften ist ein Unternehmen von Springer Science+Business Media.
www.vs-verlag.de

Das Werk einschließlich aller seiner Teile ist urheberrechtlich geschützt. Jede Verwertung außerhalb der engen Grenzen des Urheberrechtsgesetzes ist ohne Zustimmung des Verlags unzulässig und strafbar. Das gilt insbesondere für Vervielfältigungen, Übersetzungen, Mikroverfilmungen und die Einspeicherung und Verarbeitung in elektronischen Systemen.

Die Wiedergabe von Gebrauchsnamen, Handelsnamen, Warenbezeichnungen usw. in diesem Werk berechtigt auch ohne besondere Kennzeichnung nicht zu der Annahme, dass solche Namen im Sinne der Warenzeichen- und Markenschutz-Gesetzgebung als frei zu betrachten wären und daher von jedermann benutzt werden dürften.

Umschlaggestaltung: KünkelLopka Medienentwicklung, Heidelberg
Druck und buchbinderische Verarbeitung: Krips b.v., Meppel
Gedruckt auf säurefreiem und chlorfrei gebleichtem Papier
Printed in the Netherlands

ISBN 978-3-531-14605-8

Inhaltsverzeichnis

Vorwort   7

Einleitung
A. Die Regierungsmitglieder der rot-grünen Bundesregierungen:
   Sozialstruktur und Karriereverläufe   10
B. „Rot-grünes" Regieren im parlamentarischen System   34
C. Regierungsmitglieder im Spiegel von Meinungsumfragen   82
D. Expertengremien im System Schröder   108

Biographien   134

Anhang   384
   Wahl des Bundeskanzlers   384
   Die Kabinette   385
   Alphabetische Übersicht der Ministerien   387
   Abkürzungsverzeichnis   389
   Literaturverzeichnis   391
   Autorenverzeichnis   394

Vorwort

Wie schon das Biographische Lexikon der Deutschen Bundesregierungen 1949 bis 1998 greift auch der Nachfolgeband über den Zeitraum von 1998 bis zur vorgezogenen Bundestagswahl vom 18. September 2005 Wirkungs- und Politikgestaltungsmöglichkeiten sowie das Entscheidungsverhalten der politisch Verantwortlichen unter den Aspekten auf „Warum wurden diese Personen mit einem Ministeramt betraut?" und „Welche Wirkung erzielten, welche Leistung vollbrachten sie während ihrer Amtszeit?" Wie schon im ersten Band des „Lesebuchs" über die Geschichte der Bundesrepublik Deutschland gliedern sich die Beiträge über die insgesamt 26 Mitglieder der Regierungen Gerhard Schröders jeweils in einen kurzen biographischen Vorspann, der auch über den politischen Werdegang Auskunft zu geben versucht, und einen Hauptteil, der sich bemüht, folgende Kernfragen zu beantworten:

- Unter welchen Umständen erfolgte die Berufung in das Ministerium bzw. ins Kanzleramt?
- Welche politischen und fachlichen Voraussetzungen lagen vor?
- Welches waren die Hauptprobleme und die wichtigsten Konflikte, mit denen die Amtsinhaber befasst waren?
- Über welche politischen Gestaltungsmöglichkeiten verfügten sie?
- Welche Gründe führten zum Ausscheiden aus dem Amt und welche zu einem Verbleiben im selben Ressort in der Regierung der Großen Koalition?

Eingeleitet wird der Band durch eine quantitative Strukturanalyse. Im Vergleich mit den Kabinetten Helmut Kohls jeweils zu Beginn der 12. und 13. Wahlperiode werden die insgesamt 26 Regierungsmitglieder der 14. und der verkürzten 15. Wahlperiode unter den Aspekten ihres Sozialprofils sowie ihrer Karriereverläufe betrachtet. Die Auswertung einer Umfrage mit den ehemaligen Regierungsmitgliedern schließt sich an. Im Mittelpunkt unseres Fragekatalogs stand das „Zusammenspiel" der Kabinettsmitglieder, ihre Zugangsmöglichkeiten zum Kanzler, Durchsetzungschancen für ihre Kabinettsvorlagen bzw. Änderungen an denselben durch Kolleginnen und Kollegen, eventuelle „Wünsche" des Regierungschefs, die durchaus als Hinweise auf Art. 65 GG („Richtlinienkompetenz") gedeutet werden durften; schließlich die Frage nach der „Führung" des jeweiligen Ressorts, nach der Unterstützung durch die Mitarbeiter, aber auch nach Widerständen im „Haus". Fragen nach der Zusammenarbeit mit organisierten Gruppen und Interessen wurden ebenso aufgeworfen wie nach der „Absicherung" der eigenen Vorlagen durch die Regierungsfraktionen und die jeweiligen Parteien.

Im Sinne eines Rankings schließt sich eine Bewertung des Kanzlers und einiger Minister im Vergleich zu ihren Vorgängern durch politische Redakteure führender Tageszeitungen, Zeitschriften und Fernsehstationen an. Das „Auf und Ab" der wichtigsten Kabinettsmitglieder im ZDF-Politbarometer sowie im DeutschlandTREND gibt Ausschlüsse über den Beliebheitsgrad von Kabinettsmitgliedern während der 14. und 15. Wahlperiode.

Als ein „Markenzeichen" des Führungsstils von Gerhard Schröder wird das Regieren mit Hilfe von Kommissionen angesehen. Diese besondere Form, strittige Themen zunächst aus der öffentlichen Diskussion zu nehmen und sie dank hochrangiger Experten oder hoch angesehener „elder statesmen" bzw. „elder stateswomen" zu neutralisieren, um sich als Regierungschef schließlich bei der Vorlage der Expertisen im Scheinwerferlicht der Kameras zu „sonnen", wird unter dem Aspekt des Zusammenspiels mit den inhaltlich beteiligten Ministerien gleichfalls analysiert.

Auch in diesem Band informiert der Anhang über die Zusammensetzung der einzelnen Bundeskabinette, über die Inhaber der Ressorts sowie über die Wahl des Bundeskanzlers bzw. die Mehrheitsverhältnisse zu Beginn der Legislaturperiode.

Bei all denjenigen Ministerinnen und Ministern, die sich die Zeit genommen haben, unseren umfangreichen Fragenkatalog zu beantworten oder uns ihre Überlegungen in Telefoninterviews mitzuteilen, bedanken wir uns herzlich. Zu nennen sind Edelgard Bulmahn, Herta Däubler-Gmelin, Hans Eichel, Andrea Fischer, Reinhard Klimmt, Renate Künast, Renate Schmidt, Ulla Schmidt, Dr. Manfred Stolpe, Dr. Peter Struck, Brigitte Zypries und der Staatsminister im Bundeskanzleramt a.D. Prof. Dr. Julian Nida-Rümelin.

Herr Bundespräsident a.D. Richard von Weizsäcker, Frau Bundestagspräsidentin a.D. Prof. Dr. Rita Süssmuth und Herr Bundesminister a.D. Otto Graf Lambsdorff haben uns durch ihre ausführlichen Stellungnahmen zu Fragen über die von ihnen geleiteten Kommissionen bzw. Beauftragungen gleichfalls außerordentlich geholfen. Dank gilt nicht minder den nahezu 50 führenden politischen Redakteuren verschiedener Medien für ihre jeweilige Einschätzung der Leistungen der sieben Kanzler und ausgewählten Minister.

Ohne die kollegiale, fruchtbare Zusammenarbeit mit allen 25 Autorinnen und Autoren wäre die Erstellung des Nachfolgebandes nur schwer zu bewerkstelligen gewesen.

Herrn Prof. Dr. Robert Furtak danken wir erneut für seine vielfältige Beratung und seine Unterstützung beim Korrekturlesen, dem Lektor des VS-Verlages für Sozialwissenschaften, Frank Schindler, für seine großzügige Hilfe.

Es versteht sich von selbst, dass die Verantwortung für die Inhalte der einzelnen Beiträge bei den jeweiligen Autorinnen und Autoren liegt.

Freiburg, im Februar 2008

A. Die Regierungsmitglieder der rot-grünen Bundesregierungen: Sozialstruktur und Karriereverläufe

Udo Kempf und Markus Gloe

I. Sozialstruktur

Am 27. Oktober 1998 wurde die erste rot-grüne Bundesregierung unter Führung von Gerhard Schröder vereidigt. Vier Jahre später, am 22. Oktober 2002, wurde Schröder in seinem Amt als Kanzler bestätigt.

Wie alle Regierungen seit 1949 waren auch diejenigen Schröders Koalitionskabinette. Im Herbst 1998 wurden die Parteien der christlich-liberalen Regierungskoalition abgewählt und durch eine völlig neue Regierungsmannschaft ersetzt. Mit der Übernahme der Regierungsverantwortung durch die 1980 gegründete Partei Die Grünen, die 1993 mit den Bürgerrechtlern der DDR vom Bündnis ´90 zum Bündnis ´90/Die Grünen fusionierte, wurden die bisherigen Koalitionsmuster, die die Geschichte der Bundesrepublik Deutschland geprägt hatten, durch eine neue Variante ergänzt.

Nach Mitgliedschaft in verschiedenen von der SPD geführten Landesregierungen gelang den Grünen dank eines Wahlergebnisses, in dem der Wunsch nach einem politischen Wandel deutlich zum Ausdruck kam, der „Sprung" in die Bundesregierung.

Im Vergleich zu Helmut Kohls Regierungen von 1990 bis 1998 zählten sie deutlich weniger Mitglieder. Im Herbst 1998 erhielten 15 Ministerinnen und Minister auf Vorschlag des Bundeskanzlers ihre Ernennungsurkunden durch den Bundespräsidenten, vier Jahre später reduzierte sich ihre Zahl auf 13. Während die Grünen ihre drei Ministerien behielten, verminderte sich die Zahl der SPD-geführten Ministerien um zwei, da Gerhard Schröder das Wirtschafts- und Arbeitsministerium unter dem „Superminister" Wolfgang Clement zusammenlegte. Schon während der 14. Wahlperiode war nach Ausscheiden von Bodo Hombach, Bundesminister für besondere Aufgaben und Chef des Bundeskanzleramtes, ein Kabinettsposten weggefallen. Die Funktionen eines Kanzleramtschefs wurden, wie schon unter Adenauer, Kiesinger, Schmidt und anfänglich Kohl, einem beamteten Staatssekretär übertragen. Frank-Walter Steinmeier legte während seiner von allen Ministerien höchst gelobten Tätigkeit als „Koordinator hinter den Kulissen" den Grundstock für seine spätere politische Karriere als Außenminister der Großen Koalition unter Angela Merkel.

Tabelle 1: Bundeskanzler seit 1949

Name	Partei	Amtszeit	Amtszeit in Jahren und Monaten	Koalition bei Beginn der Kanzlerschaft	Beendigung des Amtes
Konrad Adenauer	CDU	15.9.1949-16.10.1963	14/1	CDU/CSU/FDP/DP	Rücktritt
Ludwig Erhard	CDU	16.10.1963-1.12.1966	3/1	CDU/CSU/FDP	Rücktritt
Kurt Georg Kiesinger	CDU	1.12.1966-21.10.1969	2/10	CDU/CSU/SPD	Bundestagswahl
Willy Brandt	SPD	21.10.1969-7.5.1974	4/7	SPD/FDP	Rücktritt
Helmut Schmidt	SPD	16.5.1974-1.10.1982	8/5	SPD/FDP	Konstruktives Misstrauensvotum
Helmut Kohl	CDU	1.10.1982-27.10.1998	16	CDU/CSU/FDP	Bundestagswahl
Gerhard Schröder	SPD	27.10.1998-22.11.2005	7/1	SPD/Grüne	Bundestagswahl
Angela Merkel	CDU	22.11.2005-		CDU/CSU/SPD	

Seit den Zeiten der ersten Großen Koalition unter Kurt Georg Kiesinger, der sozial-liberalen Koalitionen unter Willy Brandt und Helmut Schmidt wie auch während der Regierung Kohl hat es sich eingebürgert, dass der kleinere Koalitionspartner das prestigeträchtige Auswärtige Amt übernimmt.

Mit Joschka Fischer, in Personalunion auch Vizekanzler, übernahm erstmals eine Persönlichkeit das Auswärtige Amt an der Konrad-Adenauer-Straße in Bonn, ab 1999 am Werderschen Markt in Berlin, die allein durch ihren schulischen und beruflichen Werdegang hervorsticht: Ohne Schulabschluss, nicht beendeter Lehre als Fotograf, „Straßenkämpfer" im Frankfurter Westend[1], anschließend Taxifahrer gelang es dem neuen Chef der Diplomatie überraschend schnell, nationales und internationales Ansehen zu gewinnen. Auch innerhalb seines Hauses genoss er zumindest während seiner ersten Amtsperiode hohe Anerkennung. Die übrigen beiden von Politikern der Grünen geführ-

---

1 In einen Spiegel-Gespräch 1998 erklärte Fischer, „er habe nie bestritten", dass er „fast zehn Jahre lang unter Einsatz von Gewalt die verfassungsmäßige Ordnung der Bundesrepublik umstürzen wollte" (abgedr. in: FAZ vom 24.9.2007: 38).

ten Ministerien sind der Kategorie der „Spezialministerien" (so Theodor Eschenburgs Klassifikation) zuzuordnen.

Tabelle 2: Vergleich Kohl – Schröder

Kanzler		Zahl der Kabinettsmitglieder ohne Kanzler	Parteizugehörigkeit (einschl. Kanzler)						Frauen zu Beginn der WP		Religionszugehörigkeit (einschl. Kanzler)		
			CDU	CSU	SPD	FDP	Grüne	parteilos	Anzahl	in %	kath.	ev.	o.Bek.
12. WP	Kohl	19	11	4		5			4	20	11	8	1
13. WP	Kohl	17	11	4		3			3	16,6	10	7	1
14. WP	Schröder	15			12		3	1	5	31,2	5	5	6
15. WP	Schröder	13			11		3		6	42,8	5	3	6

Setzt man Schröders Kabinette in Vergleich zu den Regierungen seiner Vorgänger, die seit der Gründung der Bundesrepublik durchschnittlich 18 Personen umfassten, so liegen die Zahlen merklich unter den früheren; auch im internationalen Vergleich bewegen sie sich im unteren Feld. Lediglich 1949 gab es schon einmal 14 Ministerien, aber damals fehlten u.a. noch das Auswärtige Amt, das Verteidigungsministerium und das Umweltministerium. In der ersten sozial-liberalen Koalition gelang es dann 1969, die in der Großen Koalition auf 20 gestiegene Zahl der Ministerien wieder auf 16 zu senken. Nach der Wiedervereinigung stieg die Zahl der Ministerien allerdings auf 19 an. Trotz der Reduzierung der Kabinettsposten blieb die Regierung Schröder damit dennoch deutlich hinter Verkleinerungsszenarien zurück, die seit Mitte der 90er Jahre innerhalb der Wissenschaft intensiv diskutiert wurden.[2]

Die Amtsdauer der Regierungsmitglieder unter Gerhard Schröder reicht von nur wenigen Monaten bis zur Ausschöpfung beider Wahlperioden, wobei die 15. durch die vorgezogenen Neuwahlen um ein Jahr verkürzt wurde. Folglich belief sich die durchschnittliche Amtsdauer aller Mitglieder der rot-grünen Kabinette auf 3 Jahre, 9 Monate, eine im Vergleich zu früheren Regie-

---

2 Vgl. Wassermann, Rudolf: Zur Reform von Bundesregierung und politischer Willensbildung, in: Recht und Politik 35/1999, S. 32-39, hier: 32f.

rungsmannschaften eher kurze Amtszeit. Nur fünf Minister saßen neben dem Regierungschef selbst während der siebenjährigen Kanzlerschaft Gerhard Schröders ständig am Kabinettstisch[3].

Parteimitgliedschaft
Dem ersten Kabinett Schröder gehörten zwölf Mitglieder der SPD an, drei Minister dem Bündnis '90/Die Grünen und ein Ressortchef, Werner Müller, war parteilos. Dieses Verhältnis blieb auch nach dem Ausscheiden von Karl-Heinz Funke, der als SPD-Politiker das Ministerium für Ernährung, Landwirtschaft und Forsten geführt, und Andrea Fischer, die für die Grünen das Gesundheitsressort übernommen hatte, bestehen. Zwar wurde das Gesundheitsressort mit der SPD-Abgeordneten Ulla Schmidt besetzt, die Grünen erhielten jedoch als Ausgleich das um den Verbraucherschutz erweiterte Landwirtschaftsministerium, das eine der VorstandssprecherInnen der Partei, Renate Künast, übernahm. Im zweiten Kabinett Schröder gehörten neben dem Kanzler zehn Minister der SPD an; drei stellte Bündnis '90/Die Grünen.

Durchschnittlich waren die Minister vor ihrer ersten Amtsübernahme bereits 25 Jahre, 9 Monate Mitglied ihrer Partei. Der Mittelwert aller SPD-Ressortchefs betrug 28 Jahre, 1 Monat. Dabei waren die Minister Struck, Riester, Müntefering und Wieczorek-Zeul mit 38 Jahren Spitzenreiter, während Schily und Bergmann mit lediglich 9 Jahren das Schlusslicht bildeten. Dabei gilt es jedoch zu berücksichtigen, dass Otto Schily zuvor 9 Jahre Mitglied der Grünen war.

Die Parteizugehörigkeit der grünen Minister lag bei durchschnittlich 15 Jahren, 10 Monaten vor ihrem ersten Amtsantritt. Nicht vergessen werden darf hierbei, dass die Partei Die Grünen erst 1980 gegründet wurde. Bei den grünen Ressortchefs ragte Renate Künast mit 22 Jahren Parteimitgliedschaft heraus, während Andrea Fischer bei ihrer Ernennung seit 14 Jahren der Partei angehörte. Diese insgesamt recht lange Zugehörigkeit zur Partei zeigt, dass in der Regel lange Aufstiegsphasen in den Jugendorganisationen der Parteien, ein Engagement für die Partei auf kommunaler Ebene, auf Länder- und/oder Bundesebene einem hohen politischen Amt vorausgehen.

---

3 Edelgard Bulmahn, Joschka Fischer, Otto Schily, Jürgen Trittin, Heidemarie Wieczorek-Zeul.

Tabelle 3: Regierungsmitglieder 1998 bis 2005

SPD	Bündnis '90/Die Grünen
Bergmann, Christine	Fischer, Andrea
Bulmahn, Edelgard	Fischer, Joschka
Bodewig, Kurt	Künast, Renate
Clement, Wolfgang	Trittin, Jürgen
Däubler-Gmelin, Herta	
Eichel, Hans	
Funke, Karl-Heinz	
Hombach, Bodo	
Klimmt, Reinhard	**Parteilos**
Lafontaine, Oskar	Müller, Werner
Müntefering, Franz	
Riester, Walter	
Scharping, Rudolf	
Schily, Otto	
Schmidt, Renate	
Schmidt, Ulla	
Schröder, Gerhard	
Stolpe, Manfred	
Struck, Peter	
Wieczorek-Zeul, Heidemarie	
Zypries, Brigitte	

Frauenanteil

Nachdem im vorletzten Kabinett Adenauer 1961 erstmals mit Elisabeth Schwarzhaupt eine Frau am Kabinettstisch Platz genommen hatte und bis Ende der achtziger Jahre diese Zahl nur selten auf zwei anstieg, nahm Helmut Kohl nach der Wiedervereinigung fünf bzw. drei Frauen in seine Regierungsmannschaft auf. Unter Gerhard Schröder gab es fünf bzw. sechs Ministerinnen, d.h. der Frauenanteil erhöhte sich auf 31% im ersten Kabinett bzw. fast 43% im zweiten. Angesichts der von SPD und Bündnis '90/Die Grünen betriebenen Gleichstellungspolitik und Quotenregelung verwundert diese Entwicklung nicht. Das Justizministerium blieb lange Zeit das einzige klassische Ressort, das von einer Frau geleitet wurde, ansonsten besetzten die Ministerinnen „frauenspezifische" Ministerien wie z.B. für Familie, Senioren, Frauen und Jugend, für Bildung und Forschung oder für Gesundheit. Mit der Übernahme des Landwirtschaftsministeriums durch Renate Künast nach dem Rücktritt von Karl-Heinz Funke gelang es einer Frau erneut, in ein von Männern dominiertes Ressort einzudringen, nachdem schon Heidemarie Wieczorek-Zeul bei Amtsantritt der rot-grünen Koalition das Bundesministerium für

Einleitung 15

wirtschaftliche Zusammenarbeit und Entwicklung übernommen hatte[4]. Die verstärkte Präsenz von Frauen im Kabinett verlief parallel zur Entwicklung im Bundestag, in Landesregierungen und Landtagen. Als eine Folge des gewachsenen parteipolitischen Engagements von Frauen mit entsprechenden Erwartungen und Forderungen nach Machtpartizipation ist eine solche Entwicklung seit den 80er Jahren festzustellen.[5]

Religionszugehörigkeit / Vereidigung mit oder ohne Formel
Mit Gerhard Schröder hat 1998 zum ersten Mal in der Geschichte der Bundesrepublik ein Bundeskanzler den Amtseid ohne die Eidesformel „So wahr mir Gott helfe" gesprochen. Schröder, Mitglied der evangelischen Kirche, kommentierte seine verkürzte Eidesformel mit der Bemerkung, Religion sei schließlich Privatsache. Deshalb habe er bei seiner Vereidigung im Bundestag wie auch schon bei seinen drei Vereidigungen als niedersächsischer Ministerpräsident auf den religiösen Bezug des Eids verzichtet. Sieben von 15 Ministern folgten dem Beispiel des Kanzlers. Neben Joschka Fischer verzichteten Lafontaine, Hombach, Schily, Riester, Trittin und Bulmahn auf die religiöse Formel. Darüber hinaus war zum ersten Mal in der Geschichte Deutschlands mehr als ein Drittel der Kabinettsminister – 6 Ministerinnen und Minister zu Beginn der Wahlperiode – konfessionslos bzw. bekannten sich nicht öffentlich zu einer Kirche. Unter Helmut Kohl war sowohl in der 12. als auch in der 13. Wahlperiode jeweils nur ein Kabinettsmitglied ohne Kirchenbindung.

Von den Kirchenmitgliedern im ersten Kabinett Schröder hielten sich – im Gegensatz zu den Vorgängerregierungen unter Helmut Kohl – Protestanten und Katholiken die Waage: Fünf Bundesminister waren evangelisch, fünf römisch-katholisch. Im zweiten Kabinett waren weiterhin fünf Protestanten vertreten, allerdings sank die Anzahl der Katholiken auf drei.

Beim zweiten Amtseid sparten neben dem Kanzler fünf von 13 Ministern die Formel aus. Wie schon vier Jahre zuvor verzichteten Fischer, Trittin und Bulmahn auf den Gottesbezug. Auch Landwirtschaftsministerin Künast und Justizministerin Zypries ließen den Zusatz weg. Otto Schily dagegen entschied sich anders als bei der ersten Ernennung für die Zusatzformel. Alle übrigen Minister sprachen ihren Eid ebenfalls mit Gottesbezug.

Regionale Herkunft
Seit der Wiedervereinigung waren die meisten Bundesländer im jeweiligen Bundeskabinett vertreten, so dass – wie schon für frühere Wahlperioden –

---

4 Schon von 1976 bis 1978 hatte Marie Schlei (SPD) dieses Ressort geleitet.
5 Vgl. ähnliche Ergebnisse auf Länderebene: Rütters, Peter: Regierungsmitglieder im Saarland: Daten zu Sozialprofil, Rekrutierung und Amtsverlauf von Landespolitikern (1947 bis 2004), in: ZParl 1/2005, S. 35-64, hier: 59.

weitgehend von einer regionalen Ausgeglichenheit der landsmannschaftlichen Verbundenheit bzw. Herkunft der Ministerinnen und Minister gesprochen werden konnte. Als Kriterium der regionalen Verantwortung wurde die Direktkandidatur eines (späteren) Ministers bzw. einer Ministerin in einem Bundestagswahlkreis, die Platzierung auf einer Landesliste oder die berufliche Hauptbeschäftigung zu Grunde gelegt.

Tabelle 4: Regionale Herkunft (zu Beginn der Wahlperiode, einschl. Kanzler)

Land	Kohl 12. WP	Kohl 13. WP	Schröder 14. WP	Schröder 15. WP
Baden-Württemberg	2	2	2	
Bayern	4	5	1	2
Berlin		1	2	1
Brandenburg				1
Hamburg		1		
Hessen	3	2	2	4
Mecklenburg-Vorpommern	2	1		
Niedersachsen	1		5[6]	4
Nordrhein-Westfalen	4	3	2	2
Rheinland-Pfalz	2	2	1	
Saarland			1	
Schleswig-Holstein	1			
Thüringen	1	1		
insgesamt	**20**	**18**	**16**	**14**

Die großen Flächenstaaten waren sowohl unter Kohl, als auch unter Schröder jeweils stark am Kabinettstisch vertreten. Bei Gerhard Schröder galt dies besonders für sein „Heimatland" Niedersachsen, das zunächst fünf und ab 2002 vier Regierungsvertreter stellte, während es unter Helmut Kohl nur zwischen 1990 und 1994 mit einem Minister im Kabinett vertreten war. Nordrhein-Westfalen dagegen stellte als bevölkerungsreichstes Bundesland unter Helmut Kohl eine relativ große Zahl an Kabinettsmitgliedern. Bemerkenswert ist die sehr hohe Vertretung Hessens in der 15. Wahlperiode, während Bayern seit 1998 – bedingt durch den Regierungsverlust der beiden Unionsschwestern – deutlich an „Einfluss" einbüßte.

Die neuen Bundesländer, im ersten Kabinett Schröder nur durch die aus Ost-Berlin stammende Familienministerin Bergmann vertreten, waren wie schon im letzten Kabinett Kohl – dort nur noch durch Angela Merkel verkörpert – deutlich unterrepräsentiert. Ob dieses Defizit durch die Ernennung des

---

6 Hier wurde der parteilose Werner Müller mitgezählt.

ehemaligen brandenburgischen Ministerpräsidenten Manfred Stolpe zum Verkehrs- und Bauminister sowie zum „Ostbeauftragten" aufgewogen werden konnte, scheint fraglich zu sein. Das Saarland wurde 1998 erstmals seit seinem Beitritt zur Bundesrepublik Deutschland im Jahr 1957 mit einem Ministerium bedacht, zunächst durch Finanzminister Lafontaine, seit 1999 für 14 Monate durch den ehemaligen Saarbrücker Regierungschef Klimmt.

Alter
Als die rot-grünen Ministerinnen und Minister ihr Amt antraten, waren sie zwischen 38 (Andrea Fischer) und 66 Jahre (Otto Schily) alt. Das Durchschnittsalter des ersten Kabinetts betrug bei der Vereidigung 52 Jahre, 3 Monate und lag damit um fast zwei Jahre über demjenigen der Kohl-Regierungen nach der Wiedervereinigung. Nach den Umbildungen und dem Ausscheiden am Ende der Legislaturperiode verringerte es sich auf 51 Jahre, 5 Monate. Da viele Kabinettsmitglieder ihr Amt behielten, erhöhte sich das durchschnittliche Lebensalter zu Beginn der 15. Wahlperiode um vier Jahre auf 56 Jahre, 8 Monate. Es wich damit bei der ersten Regierungsbildung um drei Jahre vom Mittelwert der Regierungsmitglieder seit Bestehen der Bundesrepublik Deutschland ab. Betrachtet man alle Kabinette, denen ein SPD-Regierungschef vorstand, so weicht das erste Kabinett Schröder nur um ein Jahr vom Altersdurchschnitt nach oben ab.

Politische, parlamentarische und/oder administrative Erfahrungen sowie die Durchsetzungsfähigkeit innerhalb des jeweiligen Parteiapparates scheinen für die Mitgliedschaft in einer Regierungsmannschaft notwendig zu sein. Gestützt wird diese These dadurch, dass in der Regel erst ab dem 50. Lebensjahr ein Ministeramt erreicht wird.

Tabelle 5: Altersdurchschnitt der Regierungsmitglieder bei Regierungsantritt

	Altersdurchschnitt der Regierungsmitglieder bei Regierungsantritt
Kohl 12. WP	50 Jahre 6 Monate
Kohl 13. WP	50 Jahre 5 Monate
Schröder 14. WP	52 Jahre 3 Monate
Schröder 15. WP	56 Jahre 8 Monate

Schulische und universitäre Bildung
„Schulbildung und Hochschulstudium haben eine Filter- und Aufbaufunktion. Sie gelten in der Regel als qualifizierende Voraussetzungen für ein hohes politisches Mandat."[7] Diese Aussage von Peter Rütters besitzt auf der Basis

---
7 Rütters 2005: 48.

der erhobenen Daten für alle Kabinettsmitglieder seit 1949[8] auch für die rot-grünen Bundesregierungen Gültigkeit. Unter Helmut Kohl besaßen alle Ressortinhaber zumindest die Fachhochschulreife.

Am Tag der Vereidigung besaßen im ersten Kabinett Schröder neben dem Kanzler zwölf Ministerinnen und Minister die allgemeine Hochschulreife. Zwei, Walter Riester und Franz Müntefering, hatten nach der Volksschule eine Lehre absolviert; Joschka Fischer brach sowohl das Gymnasium nach der 10. Klasse und später auch seine Lehre als Fotograf ab. In der 15. Wahlperiode verschob sich dieses Bild kaum. Neben dem Außenminister hatte auch Familienministerin Schmidt das Gymnasium vorzeitig beendet, aber anschließend eine Lehre absolviert. Verbraucherministerin Künast erlangte die Fachhochschulreife. Sonst konnten alle die allgemeine Hochschulreife aufweisen, die sich somit als eine zentrale Bildungsvoraussetzung für den Zugang zu einem Regierungsamt herausgeschält hat.

Tabelle 6: Schulbildung (einschl. Kanzler)

	Kohl 12. WP			Kohl 13. WP			Schröder 14. WP			Schröder 15. WP	
	CDU	CSU	FDP	CDU	CSU	FDP	SPD	Bündnis '90/ Die Grünen	Parteilos	SPD	Bündnis '90/ Die Grünen
Volksschule/Hauptschule							2				
Mittlere Reife											
Fachhochschulreife	1	1		1	1						1
Abitur	10	3	5	10	3	3	10	2	1	10	1
Kein Schulabschluss								1		1	1

---

8 Vgl. Udo Kempf: Die Regierungsmitglieder als soziale Gruppe, in: Kempf, Udo/Hans-Georg Merz (Hrsg.): Kanzler und Minister 1949-1998. Biographisches Lexikon der Deutschen Bundesregierungen, Wiesbaden 2001, S. 15.

Tabelle 7: Hochschulausbildung

	Kohl 12. WP	Kohl 13. WP	Schröder 14. WP	Schröder 15. WP
Universität/Pädagog. Hochschule	18	17	13	12
mit Promotion	13	8	3	1
mit Habilitation	4	1	0	0

Dass „Akademisierung und auch Professionalisierung den Zugang zu politischen Wahlämtern prägt", wird durch die Analyse früherer Bundesregierungen, aber auch durch diejenige von Landesregierungen belegt.[9] So hatten fast alle Kabinettsmitglieder der Regierungen Kohl in der 12. und 13. Wahlperiode ein Studium erfolgreich abgeschlossen. Nur Landwirtschaftsminister Kiechle, Familienministerin Rönsch sowie Gesundheitsminister Seehofer, dieser als einziger auch in der 13. Wahlperiode, fallen „aus dem Rahmen".

Die Kabinette Schröder wichen vom Qualifikationsschema akademischer Ausbildung kaum ab. Kein Studium hatten drei Minister und Ministerinnen der ersten Regierung Schröder absolviert, zwei der zweiten. Obwohl Joschka Fischer keinerlei Schul- bzw. Studienabschlüsse aufweisen konnte, hinderte dies die renommierte amerikanische Princeton University nicht, ihm nach Beendigung seiner politischen Karriere eine Gastprofessur für Internationale Krisenpolitik zu übertragen.

Den Doktorgrad besaßen in der 12. Wahlperiode 13 Regierungsmitglieder; in der 13. Wahlperiode waren es acht. Über die Venia legendi verfügten vier Minister und – vier Jahre später – noch einer. Von den Ministerinnen und Ministern unter Gerhard Schröder während der 14. Wahlperiode waren dagegen lediglich zwei promoviert: die Pharmazeutin Christine Bergmann und der Volkswirt Werner Müller. Mit dem Eintritt von Peter Struck als Verteidigungsminister kam ein weiterer hinzu. Im 2002 gebildeten Kabinett Schröder blieb er als Jurist der einzige mit einem akademischen Titel.

Studienschwerpunkte

Blickt man auf die Studienschwerpunkte der Kanzler und Ressortchefs, so fallen einige Besonderheiten auf: Unter Kohl lag der Anteil der Kabinettsmitglieder mit juristischer Ausbildung mit einem knappen Drittel zu Beginn der 12. Wahlperiode und mit 50% in der 13. Wahlperiode außerordentlich hoch. Lehrer verschiedener Schularten waren dagegen kaum vertreten.

Der geringste Anteil an Volljuristen in allen Bundeskabinetten seit 1949 war im ersten Kabinett Schröder mit drei Juristen bei 16 Regierungsmitglie-

---

9 Vgl. Rütters 2005: 49; vgl. Kempf 2001: 15.

dern (18%) zu verzeichnen. Während der 15. Wahlperiode schnellte der Anteil dann aber auf 50% (sieben von 14) hoch. Damit erreichte er wieder den Höchststand, der auch in der letzten Regierung Kohl mit neun Juristen von 18 Regierungsmitgliedern zu verzeichnen war.

Tabelle 8: Studienfach und Ministerien
(zu Beginn der Wahlperiode, einschl. Kanzler)

Studienfach	Kabinett Kohl 12. WP	Ministerien	Kabinett Kohl 13. WP	Ministerien	Kabinett Schröder 13. WP	Ministerien	Kabinett Schröder 14. WP	Ministerien
Rechtswissenschaften	6	AA Inneres Justiz Finanzen Entwicklung BKAmt	9	AA Inneres Justiz Finanzen Verkehr Post Wissenschaft Entwicklung BKAmt	3	Kanzler Justiz Inneres	7	Kanzler Inneres Verteidigung Justiz Wirtschaft Verbraucherschutz Verkehr
Wirtschaftswissenschaften	2	Umwelt Gesundheit	2	Wirtschaft Bau	3	Wirtschaft Landwirtschaft Gesundheit		
Geistes- und Sozialwissenschaften	4	Kanzler Arbeit Verteidigung Post	2	Kanzler Arbeit	3	BKAmt Verteidigung Umwelt	2	Finanzen Umwelt
Naturwissenschaften/ Technik	4	Frauen Verkehr Bildung Forschung	2	Familie Umwelt	1	Finanzen		
Lehramt	1	Wirtschaft	1	Verteidigung	2	Bildung Entwicklung	3	Bildung Entwicklung Gesundheit
Medizin/ Pharmazie	1	Bau			1	Familie		
Agrarwissenschaften			1	Landwirtschaft				
Kein Studium	2	Landwirtschaft Gesundheit	1	Gesundheit	3	AA Arbeit Verkehr	2	AA Familie
insgesamt	20		18		16		14	

Ein Jurastudium mag den Einstieg in politisch-parlamentarische Vorberufe und Erfahrungsfelder insbesondere für den öffentlichen Dienst erleichtern, die Wahl des Studienfaches ist aber für die folgende politische Karriere im Gegensatz zu anderen Faktoren, wie frühes politisches Engagement oder innerparteiliche, administrative bzw. parlamentarische Erfahrung, meist von untergeordneter Bedeutung.[10]

Es lässt sich auch nicht nachweisen, dass neben den allgemeinen Bildungs- und Qualifikationsvoraussetzungen dem Studium eine spezifische fachliche Qualifizierung zukommt oder sich eine tendenzielle Nähe zwischen Studienfach und Regierungsressort ergibt (siehe Tabelle 8). Nur das Justizministerium und das Innenressort wurden sowohl unter Kohl, als auch unter Schröder von Juristen bzw. Juristinnen besetzt. Bei der Besetzung aller übrigen Ministerien scheint Helmut Schmidts Satz, „mit etwas überdurchschnittlicher Intelligenz kann man das"[11], nach wie vor zu gelten.

Die Frage, ob ein Minister ein Fachmann auf seinem Gebiet sein müsse, hat schon Theodor Eschenburg Anfang der 60er Jahre verneint: „Der Fachmann neigt zur Überbewertung seines Spezialgebietes. Der Minister ist zwar auf die Beratung und Mitwirkung guter Fachleute angewiesen, er soll aber eine Vorstellung vom Ganzen haben und in dessen Kategorien denken. Er muss urteilsfähig und führungsbegabt sein."[12]

Vorparlamentarische Berufe
Die soziale Zusammensetzung des Deutschen Bundestages spiegelte sich auch in den Bundeskabinetten seit der Wiedervereinigung wider. Beamte und Angestellte im Staatsdienst sowie in parteinahen Einrichtungen stellten nach Berechnungen von Klaus von Beyme sowohl in der 12., als auch in der 13. Wahlperiode die größten Gruppen im Bundestag.[13] Jeweils über die Hälfte der Abgeordneten waren im weiteren Sinne Mitglieder des öffentlichen Dienstes, wobei die Gruppe der Juristen lange Zeit dominierte. Erst mit dem Einzug der Grünen und der PDS wurde dieser Trend gestoppt. Sozial- und Lehrberufe spielten eine zunehmend bedeutendere Rolle.[14] Auch Kürschners Volkshandbuch „Deutscher Bundestag" weist für die 14. Wahlperiode eine überwältigende Dominanz von Juristen (127 Abgeordnete) und Lehrern bzw. Pädagogen (101 Abgeordnete) nach.[15]

---

10 Vgl. ähnliche Ergebnisse auf Länderebene: Rütters 2005: 38; Holl, Stefan: Landespolitiker: eine weitgehend unbeachtete Elite. Sozialstruktur, Karrieremuster, Tätigkeitsprofile, in: Hans-Georg Wehling (Red.): Eliten in der Bundesrepublik Deutschland, Stuttgart 1990, S. 77-97.
11 zit. bei Kempf 2001: 32.
12 Theodor Eschenburg: Staat und Gesellschaft in Deutschland, 4. Aufl. Stuttgart 1960, S. 688.
13 Vgl. Klaus von Beyme: Das politische System der Bundesrepublik Deutschland, 9. neu bearbeitete und aktualisierte Aufl. Wiesbaden 1999, S. 251ff.
14 ders.: 253.
15 Vgl. Kürschners Volkshandbuch: Deutscher Bundestag, 14. Wahlperiode, Darmstadt 1999, S. 298f.

Freiberuflich Tätige, selbständige Unternehmer und Naturwissenschaftler sind überproportional unterrepräsentiert. Dieser Trend setzte sich in der 15. Wahlperiode (und gleichfalls in der 16.) ungebremst fort.[16] Folglich ist es nicht verwunderlich, dass sich die soziale Zusammensetzung des Deutschen Bundestages in den Bundeskabinetten von Helmut Kohl und Gerhard Schröder widerspiegelt (vgl. Tabelle 9).

Tabelle 9: Vorparlamentarische Berufe der Kabinettsmitglieder

	Kohl 12. WP	Kohl 13. WP	Schröder 14. WP	Schröder 15. WP
Rechtsanwalt/Notar	1	2	3	3
Jurist im Staatsdienst	4	7		1
Beamter/Angestellter im Staatsdienst	3	2	1	1
Lehrer	1	1	2	4
Hochschullehrer	3	1		
Landwirt	1	1	1	
Forschungsinstitute	1	2		
Selbst. Unternehmer	1		1	
Tätigkeit in einem Unternehmen	3	1	3	1
Tätigkeit in parteinahen Einrichtungen oder in Parteien	2	1	3	2
Tätigkeit in der Kirche				1
Kein vorparlamentarischer Beruf			2	1
insgesamt	**20**	**18**	**16**	**14**

In Schröders Regierungen dominierten – wie schon in Kohls Kabinetten – Rechtsanwälte/Juristen, Lehrer und Angestellte in staatsnahen Einrichtungen. Aber auch Selbstständige oder zeitweilig in der Wirtschaft als Angestellte Tätige waren prozentual zwar immer noch unterrepräsentiert, wurden aber in zunehmendem Maße als Regierungspersonal rekrutiert. So wiesen die Pharmazeutin Dr. Bergmann, das ehemalige Vorstandsmitglied der Veba-Kraftwerke Ruhr, Dr. Werner Müller, sowie das ehemalige Vorstandsmitglied der Versorgungs- und Verkehrsgesellschaft Saarbrücken, Oskar Lafontaine, einen anderen Berufshintergrund auf. Auch Wolfgang Clement als Chefredakteur der Hamburger Morgenpost, Walter Riester als Fliesenlegermeister und Kurt Bodewig als Wohnungskaufmann bei einer Stadtsparkasse und einem Wohnungsunternehmen hatten vor ihrer politischen Laufbahn Erfahrungen in der freien Wirtschaft gesammelt.

---

16 Vgl. Wolfgang Rudzio: Das politische System der Bundesrepublik Deutschland, 7. aktualisierte und erweiterte Aufl. Wiesbaden 2006, S. 417.

Als einziger früherer Gewerkschaftsfunktionär wurde 1998 Walter Riester, von 1993 bis 1998 2. Vorsitzender der IG Metall, mit der Leitung eines Ministeriums betraut. Der im November für zwei Jahre zum neuen Verkehrsminister ernannte Kurt Bodewig war von 1986 bis zur Berufung zum Parlamentarischen Staatssekretär im selben Ressort im März 2000 Abteilungsleiter beim DGB, Landesbezirk Nordrhein-Westfalen.

II. Karriereverläufe

Mitglied des Bundestages vor der ersten Amtsübernahme
Weder der Kanzler noch die Minister müssen Mitglied des Deutschen Bundestages sein, aber auch umgekehrt gibt es keine Inkompatibilitätsregel, die die Vereinbarkeit von Regierungsamt und Bundestagsmandat ausschließt. Dennoch waren in den beiden letzten Regierungen Kohl fast alle Regierungsmitglieder auch mit einem Bundestagsmandat ausgestattet. Lediglich Klaus Kinkel besaß in der 12. Wahlperiode noch kein Mandat.

Tabelle 10: Bundestagsmandat einschl. Kanzler vor Übernahme des Regierungsamtes zu Beginn der Legislaturperiode

	Anzahl
Kohl 12. WP	19[17]
Kohl 13. WP	18
Schröder 14. WP	10
Schröder 15. WP	10

Dagegen ist der hohe Anteil an Ministern ohne Sitz im Deutschen Bundestag eine Besonderheit der Regierungsbildung 1998. Nach der Vereidigung saßen im ersten Kabinett Schröder zunächst fünf Minister bzw. Ministerinnen[18] ohne Verankerung im Parlament. Weitere drei konnten erst bei der Bundestagswahl 1998 einen Sitz im Parlament erreichen. Zwei davon – Schröder und Müntefering – waren jedoch bereits Bundestagsabgeordnete gewesen, während Trittin erstmalig ins Bundesparlament einzog.

Im Laufe der Legislaturperiode erhöhte sich – trotz Bodo Hombachs Rücktritt im Juli 1999 – die Zahl der Mandatslosen auf sieben, als Oskar Lafontaine und Franz Müntefering 1999 das Kabinett verließen und durch die ehemaligen Ministerpräsidenten Eichel und Klimmt ersetzt wurden. Als letzterer durch den Parlamentarischen Staatssekretär im Verkehrsministerium

---
17 Kinkel ohne Mandat
18 Bergmann, Funke, Hombach, Müller, Riester.

Kurt Bodewig ausgewechselt wurde, erhöhte sich der Anteil der Mandatsinhaber kurzzeitig, um nach der Ernennung von Renate Künast zur Verbraucherschutzministerin im Januar 2001 erneut zu fallen. Blickt man auf die gesamte 14. Legislaturperiode besaßen acht Ressortchefs kein Bundestagsmandat – ein „historischer Rekord, der weit über die Repräsentationsrate von Nicht-Parlamentariern in sämtlichen früheren Kabinetten der deutschen Nachkriegsgeschichte hinausging"[19]. Diese hohe Zahl an Ministern ohne Verankerung im Parlament ist zum Teil sicherlich durch die späte Nominierung Schröders als Kanzlerkandidat bedingt. So wurde die Berliner Senatorin Christine Bergmann erst nach der Aufstellung der Kandidaten für den Bundestag ins Schattenkabinett aufgenommen, Funke und Hombach kamen erst nach der Bundestagswahl als mögliche Kandidaten für ein Ministeramt ins Gespräch.[20]

Im zweiten Kabinett Schröder verringerte sich der Anteil an Ministern ohne Sitz im Deutschen Bundestag auf vier. Clement und Stolpe hatten vor ihrer Ernennung zu Bundesministern das Amt eines Ministerpräsidenten bekleidet; Brigitte Zypries war Staatssekretärin im Innenministerium gewesen. Familienministerin Renate Schmidt wurde aus München nach Berlin „berufen"; als ehemalige Vizepräsidentin des Bundestages von 1990 bis 1994 verfügte sie allerdings über hinreichendes „Bonner"-Insiderwissen. Die nach den Kabinettsumbildungen in der ersten Legislaturperiode Schröders ernannten Regierungsmitglieder Eichel und Künast schafften 2002 den Sprung ins Bundesparlament.

Dauer der MdB-Mitgliedschaft
Die Mitglieder der Regierungen Kohl nach der Wiedervereinigung konnten i.d.R. auf eine lange Verweildauer im Deutschen Bundestag verweisen: durchschnittlich 12 Jahre bevor sie zum Ressortchef ernannt wurden. Ausnahmen bildeten nur die Ministerinnen und Minister aus den neuen Bundesländern. Letztlich bestätigte die insgesamt lange Parlamentszugehörigkeit die These, dass ohne eine entsprechende parlamentarische Arbeit im Bundestag die Berufung in ein Regierungsamt wenig aussichtsreich ist. Dagegen konnten Ministerinnen und Minister der Regierungen Schröder meist nur auf eine relativ kurze Zeit als Bundestagsabgeordnete verweisen: durchschnittlich knapp sechs Jahre für die SPD-Mitglieder und ca. zweieinhalb Jahre für die Kabinettskolleginnen und -kollegen der Grünen. Spitzenreiter waren Justizministerin Däubler-Gmelin mit 26 und der 2002 ernannte Verteidigungsminister Struck mit 22 Jahren. Außenminister Joschka Fischer konnte auf sechs Jahre

---

19 Vgl. Helms, Ludger: Gerhard Schröder und die Entwicklung der deutschen Kanzlerschaft, in: ZPol 11/2001, Heft 4, S. 1497-1517, hier: 1501.
20 Vgl. Derlien, Hans-Ulrich: Personalpolitik nach Regierungswechseln, in: Derlien, Hans-Ulrich/Axel Murswieck (Hrsg.): Regieren nach Wahlen, Opladen 2001, S. 39-57, hier: 43.

Erfahrung im Bundestag verweisen. Allerdings verfälscht die bloße Sicht auf eine Bundestagsmitgliedschaft das Gesamtbild der Regierungen Schröder insofern, als zahlreiche Kabinettsangehörige über eine lange Mitgliedschaft in Landesparlamenten verfügten, wie beispielsweise Gerhard Schröder selbst, Oskar Lafontaine und Rudolf Scharping. Auch die während der 14. Wahlperiode berufenen Minister Hans Eichel und Reinhard Klimmt konnten auf eine langjährige Arbeit als Landesparlamentarier zurückblicken. Das Gleiche gilt für den brandenburgischen Ministerpräsidenten Stolpe, der zu Beginn der 15. Wahlperiode das Verkehrs- und Bauressort übernahm. Ihre Berufung ins Bundeskabinett belegt die These von einer Elitenzirkulation zwischen Landesparlamenten und dem Deutschen Bundestag.

Wie schon bei früheren Regierungsbildungen spielten neben politischen Leitungsfunktionen im Bundestag oder in einem Landesparlament das Amt eines Landesregierungschefs oder die Zugehörigkeit zu einem Landeskabinett eine herausragende Rolle für die Berufung zum Kabinettsmitglied. Sowohl die Kohl-Regierungen nach der Wiedervereinigung, als auch diejenigen von Gerhard Schröder weisen einen hohen Anteil an ehemaligen Ministerpräsidenten, aber auch Landesministern bzw. Senatorinnen auf. So saßen im Kabinett von Gerhard Schröder während der 14. Wahlperiode einschließlich der „Nachrücker" insgesamt fünf ehemalige Ministerpräsidenten.[21] In der im Jahr 2002 gebildeten Regierung waren es vier.[22] Aus der Reihe der Landesminister bzw. Senatoren rekrutierte Schröder während seiner ersten Amtszeit drei Ressortchefs[23]; zählt man Joschka Fischers Amtszeit als hessischer Umweltminister (1985-1987), Müntefering Amtszeit als nordrhein-westfälischer Arbeitsminister (1992-1995) und Bodo Hombachs dortige kurze Tätigkeit als Wirtschaftsminister hinzu, erhöht sich die Zahl der Bundesminister mit Kabinettserfahrung auf Landesebene auf sechs.

Somit hat sich wie schon in den fünf ersten Jahrzehnten der Bundesrepublik auch unter Rot-Grün das Amt eines „Landesvaters" oder Landesministers als vorteilhaft für die spätere Karriere erwiesen, verfügten diese Bundesminister bzw. Bundesministerinnen doch über Erfahrung in der Leitung von „Großbehördenapparaten". Bei der Regierungsbildung im Herbst 2002 zählte – außer dem Kanzler – neben den früheren Ministerpräsidenten Clement, Eichel und Stolpe nur noch Jürgen Trittin zum Kreis ehemaliger Landesminister.

Von den Parlamentarischen Staatssekretären zwischen 1998 und 2005 stieg nur Kurt Bodewig nach dem Rücktritt von Verkehrsminister Klimmt

---

21 Gerhard Schröder, Oskar Lafontaine, Rudolf Scharping, Hans Eichel, Reinhard Klimmt.
22 Gerhard Schröder, Hans Eichel, Wolfgang Clement, Manfred Stolpe.
23 Christine Bergmann, Karl-Heinz Funke, Jürgen Trittin.

zum Minister auf. Seit Einführung dieser „Ministerschule" im Jahr 1967 gelang nur wenigen „Lehrlingen" der Aufstieg zum „Meister".[24]

Tabelle 11: Politische Leitungsfunktion unmittelbar vor Mitgliedschaft in einer Bundesregierung (jeweils Beginn der WP)

	MdL	Landesminister/ Senator	Ministerpräsident	MdB	MdVolkskammer	Parlamentarischer Geschäftsführer im Bundestag	Fraktions- vorsitzender im Bundestag	Fraktions- vorsitzender im Landtag
12. WP Kohl	3	2	1	19	2	2	1	1
13. WP Kohl	3	3	1	18[25]	1	2		1
14. WP Schröder	2	3	2	7			2	
15. WP Schröder	1		4	6			2	1

Wie schon in den früheren hat sich auch in der 14. und 15. Legislaturperiode der Bundestag als wichtigste Rekrutierungsbasis für Minister erwiesen, da Schröder – trotz des hohen Anteils an Ministern ohne Mandat – bei der Zusammenstellung seiner Kabinette in der Regel auf bewährte Mitglieder des Bundestages zurückgriff.

Von den SPD-Ministern hatten – teilweise zeitversetzt – sieben vor ihrem Regierungseintritt Positionen im Fraktionsvorstand inne, davon als Fraktionsvorsitzende Rudolf Scharping sowie sein Nachfolger im Amt Peter Struck. Von den insgesamt vier Regierungsmitgliedern der Grünen hatten zwei vor ihrer Ernennung zum Bundesminister zeitweilig die Funktion eines Fraktionssprechers inne.

Dagegen spielten die Funktionen eines Parlamentarischen Geschäftsführers im Bundestag – unter Kohl ein wichtiges Sprungbrett für den Aufstieg ins Bundeskabinett – unter Schröder keine herausragende Rolle. Neben Franz Müntefering, der dieses Amt 1990/92 bekleidet hatte, zählte Peter Struck in dieser Funktion von 1990 bis 1998 zur Führungsspitze der SPD-Bundestagsfraktion.

Wie schon vor Oktober 1998 kann auch für die 14. und 15. Wahlperiode festgehalten werden, dass der Mitgliedschaft im Fraktionsvorstand eine herausragende Bedeutung bei der Ernennung zum Minister bzw. zur Ministerin zukam. Im Falle Scharpings bedurfte es intensiver Überzeugungsarbeit durch

---

24 Vgl. Kempf 2001: 20
25 Davon erst 3 seit 1994 MdB.

den Regierungschef, dass der Fraktionsvorsitzende auf dieses höchst wichtige politische Amt zu Gunsten eines Wechsels auf die Bonner Hardthöhe verzichtete.

Der Vorsitz eines Bundestagsausschusses war zumindest seit 1990 weder unter Kohl noch unter Schröder ein Kriterium für die Berufung in ein Ministerium. Nur Kohls letzter Forschungsminister Paul Krüger hatte vorher den Ausschuss für Angelegenheiten der neuen Länder geleitet. Edelgard Bulmahn war von 1995 bis 1996 Vorsitzende des Bildungs- und Wissenschaftsausschusses gewesen. Anfang der 80er Jahre hatte Herta Däubler-Gmelin dem Rechtsausschuss vorgesessen.

Der Aufstieg in ein Regierungsamt nach Ausüben hoher Parteifunktionen ist ein Minimalkriterium. Sieht man von dem parteilosen Wirtschaftsminister Müller ab, der quasi als Lückenbüßer für den von Schröder eigentlich für dieses Ressort vorgesehenen, gleichfalls parteilosen Computerspezialisten und Unternehmer Jost Stollmann, einsprang, verfügten alle Kabinettsmitglieder – auch die später hinzugekommenen – über langjährige Parteibindungen. Der Weg in die Spitzenpositionen der deutschen Politik verlief bei den SPD-Regierungsmitgliedern nahezu ausschließlich über die viel zitierte „Ochsentour": Jugendorganisation der Partei, Engagement auf kommunaler, regionaler sowie Landesebene, Aktivitäten in parteinahen Einrichtungen bezeugten kommunal-parlamentarische, administrative und innerparteiliche Kenntnisse, die Fähigkeiten, sich in Bundesressorts durchsetzen zu können, vermuten ließen.

Bei den Grünen galten ähnliche Voraussetzungen, wobei ein Engagement in Vorfeldorganisationen der Partei, wie z.B. Bürgerinitiativen, von nicht minder großer Wichtigkeit war.

Blickt man auf die höchsten Parteiämter, die der Kanzler bzw. die Minister bei ihrer Ernennung zum Regierungsmitglied zu Beginn einer Wahlperiode innehatten, so zeigt sich in Helmut Kohls Regierungen seit der Wiedervereinigung eine beachtliche Verankerung zahlreicher Kabinettsmitglieder in höchsten Parteigremien. Sowohl in der 12. wie auch in der 13. Wahlperiode umfasste das Kabinett jeweils drei Parteivorsitzende (für die CDU Kohl, für die CSU Waigel, für die FDP zunächst Genscher, ab 1993 Kinkel). Hinzu kamen zwischen 1991 und 1994 ein Stellvertreter des Bundesparteivorsitzenden sowie zwei Landesvorsitzende. Ergänzt wurde diese Gruppe um Mitglieder des Bundesparteipräsidiums, des Bundesvorstandes sowie der Landesvorstände.

Tabelle 12: Inhaber des höchsten Parteiamtes bei Ernennung zum Regierungsmitglied zu Beginn einer WP

	Landesvorstand	Landesvorsitzender	Bundesparteivorstand/ Parteirat	Parteipräsidium	Stellv. Bundesparteivorsitzender	Bundesparteivorsitzender
12. WP Kohl	4	2			1	3
13. WP Kohl	3	1	1	1		3
14. WP Schröder	1	1	1	4	1	1
15. WP Schröder		1	1		3	1

Auch die Regierungen Gerhard Schröders stützten sich auf zahlreiche Mitglieder, die durch ihre Spitzenämter stark in ihren Parteien verwurzelt waren. Neben dem SPD-Vorsitzenden Lafontaine waren sechs Ressortchefs Mitglied im Parteipräsidium oder im Bundesvorstand. Während der Legislaturperiode ergaben sich hinsichtlich der höchsten Parteiämter signifikante Verschiebungen. Nach Lafontaines Rücktritt von allen Ämtern wurde Schröder im Frühjahr 1999 zum neuen Parteichef gewählt, um dieses Amt – ein einmaliger Vorgang in der Geschichte der Bundesrepublik Deutschland – fünf Jahre später an Franz Müntefering abzugeben. Dieser hatte nach seinem Ausscheiden aus dem Kabinett zunächst das Amt des Generalsekretärs der SPD übernommen, ab 2002 das Amt des Fraktionsvorsitzenden, das er im März 2004 mit demjenigen des Parteivorsitzenden in Personalunion ausübte. Während der 14. Wahlperiode trat mit Hans Eichel ein weiteres Präsidiumsmitglied, mit Reinhard Klimmt ein Landesvorsitzender ins Kabinett ein. Bei den insgesamt vier Ministern und Ministerinnen der Grünen verfügte nur Andrea Fischer über keine Spitzenfunktion in ihrer Partei, was sich bei ihrem (erzwungenen) Rücktritt vom Ministeramt negativ auswirken sollte. Renate Künast war bei ihrer Ernennung zur Verbraucherschutzministerin eine der beiden Bundesvorsitzenden der Grünen.

Parteiwechsel hat es in Gerhard Schröders Regierungen nicht gegeben. Allerdings ist auf einige Besonderheiten zu verweisen:

- Otto Schily, Mitte der siebziger Jahre Wahlverteidiger der RAF-Terroristin Gudrun Ensslin, trat nach neun Jahren Mitgliedschaft im Jahr 1989 aus der Partei Die Grünen aus und der SPD bei.
- Drei Mitglieder hatten sich lange vor ihrem Eintritt in eine der späteren Regierungsparteien in systemfeindlichen Parteien bzw. Organisationen engagiert. Sowohl Ulla Schmidt als auch Jürgen Trittin waren in den siebziger Jahren Mitglied des maoistischen Kommunistischen Bundes

Westdeutschland (KBW) gewesen. Andrea Fischer hatte sich in der trotzkistischen „Gruppe internationaler Marxisten" engagiert.

Tabelle 13: Ausscheiden aus dem Amt während der Legislaturperiode

	Anzahl der Ausgeschiedenen während der Legislaturperiode
12. WP Kohl	11*
13. WP Kohl	3**
14. WP Schröder	7
15. WP Schröder	0

*darunter drei wegen Krankheit
** darunter Postminister Bötsch, dessen Ministerium Ende 1997 aufgelöst wurde.

Selten hat es in einer Legislaturperiode ohne Koalitionswechsel oder Zerfall der Regierungsmehrheit so viele Ministerrücktritte gegeben wie zwischen 1998 und 2002. Insgesamt sieben Minister und Ministerinnen[26] erhielten vom Bundespräsidenten ihre Entlassungsurkunden. Streit mit dem Kanzler wie bei Lafontaine, fehlende „Sensibilität" in der Leitung des Ressorts wie bei Andrea Fischer, Funke und Hombach, gerichtliche Verurteilung wegen Beihilfe zur Untreue bei Klimmt oder die Peinlichkeiten bei der Darstellung seines Privatlebens in der Regenbogenpresse bei Scharping waren die Rücktrittsmotive. Herta Däubler-Gmelin könnte diesem Kreis durchaus zugeordnet werden. Denn nach ihrem Vergleich von US-Präsident George W. Bush mit Hitler machte Schröder ihr klar, dass bei der Regierungsbildung nach den Wahlen im September 2002 für sie kein Platz mehr in seinem Kabinett sei. Nur Franz Müntefering ließ sich als „Parteisoldat" in die Pflicht nehmen und wechselte aus dem Verkehrsministerium in das neu geschaffene Amt des SPD-Generalsekretärs.

Vergleicht man frühere Untersuchungen[27] zur Auswahl von Regierungsmitgliedern seit Bestehen der Bundesrepublik Deutschland mit den Verhältnissen in der 14. und 15. Wahlperiode, ergibt sich eine ähnliche Typologisierung:

1. Die meisten Minister der Regierungen Gerhard Schröders haben eine Parteilaufbahn vorzuweisen, die sie von den Jugendorganisationen über lokale und regionale Parteiämter bis zur Wahl in Spitzenfunktionen ihrer Parteien geführt hat. Daneben tritt das Innehaben von leitenden Funktionen in den Bundestagsfraktionen. Quereinsteiger konnten häufig auf erfolgreiche Tätigkeiten in Landesregierungen verweisen. Fehlte einem Res-

---

26 Andrea Fischer, Funke, Hombach, Klimmt, Lafontaine, Müntefering, Scharping.
27 Vgl. Kempf 2001: 34f.

sortchef ein entsprechender Rückhalt in der Bundespartei, der Bundestagsfraktion oder einer Landespartei in einem großen Flächenstaat, dann waren seine Chancen einer Zweitberufung in die Regierung recht gering, wie die Beispiele Bodewig und Riester belegen. Ein „Sonderfall" war Müller, der keine formale Parteibindung besaß.

2. Eine Tätigkeit als Regierungschef oder Minister auf Landesebene qualifizierte häufig für eine Berufung ins Berliner Kabinett, auch wenn einige von diesen zuvor ihre Position als Landesregierungschef nach einer Wahlniederlage verloren hatten. Allerdings kamen Gerhard Schröder während seiner ersten Amtszeit – aus unterschiedlichsten Gründen – drei „ehemalige Landesväter" wieder abhanden. Im Herbst 2002 wurden zwei frühere Ministerpräsidenten mit Ressorts mit einem besonders hohen Investitionsanteil am Bundeshaushalt bedacht.

3. Verbandstätigkeiten (Gewerkschaften bei der SPD) und die Leitung von parteinahen Organisationen (Pro Asyl oder „Bürger für Bürger" bei den Grünen [Andrea Fischer], die Funktion Sprecherin einer so genannten Querschnittsgruppe wie „Gleichstellung von Frau und Mann" [Ulla Schmidt] oder Zuständigkeiten für europapolitische Fragen [Heidemarie Wieczorek-Zeul]) qualifizierten gleichfalls für ein Ministeramt.

4. Langjährige Tätigkeit im Deutschen Bundestag galt bis zum Amtsantritt des rot-grünen Kabinetts als wesentliche Voraussetzung, in den Kreis der Ministrabeln aufgenommen zu werden. Gerhard Schröder durchbrach zu Beginn und während seiner ersten Amtszeit aber nicht als erster dieses „eherne Gesetz". Helmut Kohl hatte es Mitte der achtziger Jahre ebenfalls mehrfach gebrochen. Kohl und Schröder kostete es jeweils viel Überzeugungsarbeit, die so genannten Außenseiter[28] durchzusetzen und den Unmut in der Fraktion zu besänftigen.

Perspektiven nach dem Amtsende
Das Ende der Amtszeit muss nicht zwangsläufig das Ende der politischen Karriere bedeuten. Dennoch kann zumindest für die Minister, die kein Ministeramt in der Großen Koalition unter Angela Merkel übernahmen, gesagt werden, dass sie vermutlich – oder zumindest vorübergehend – ihren Karrierehöhepunkt überschritten haben.

---

28 Zwischen 1998 und 2002 waren es zeitweilig acht von 15 Bundesministern: Bergmann, Eichel, Funke, Hombach, Klimmt, Künast, Müller, Riester.

Einleitung

Tabelle 14: Tätigkeit nach dem Ausscheiden aus dem Amt bzw. nach dem Ende von Rot-Grün

Bundesminister in der Großen Koalition	Fraktionsvorsitz	Mitglied des Bundestages	Amt in der Kommunalpolitik	Amt in der internationalen Politik	Anderes politisches Amt	Ehrenamtliches gesellschaftspolitisches Engagement	Unpolitischer Beruf/ freie Wirtschaft
Franz Müntefering	Renate Künast	Kurt Bodewig	Karl-Heinz Funke	Bodo Hombach	Christine Bergmann	Manfred Stolpe	Wolfgang Clement
Ulla Schmidt	Peter Struck	Edelgard Bulmahn					Andrea Fischer
Heidemarie Wieczorek-Zeul		Herta Däubler-Gmelin					Joschka Fischer
Brigitte Zypries		Hans Eichel					Reinhard Klimmt
		Oskar Lafontaine					Werner Müller
		Walter Riester					Rudolf Scharping
		Otto Schily					Gerhard Schröder
		Renate Schmidt					
		Jürgen Trittin					

Vier Ministerinnen und Minister wurden bei der Bildung der Großen Koalition im November 2005 erneut in die Regierung berufen. Franz Müntefering übernahm zusätzlich zum Ressort für Arbeit und Soziales bis zu seinem Ausscheiden aus dem Kabinett im November 2007 das Vizekanzleramt. Seine drei SPD-Kolleginnen verblieben in ihren Ministerien. Spitzenfunktionen in ihren Fraktionen übernahmen Peter Struck als Koalitionspolitiker und Renate Künast als Oppositionspolitikerin jeweils als Fraktionsvorsitzende; Jürgen Trittin wurde zu einem der fünf stellvertretenden Vorsitzenden der Fraktion Bündnis '90/Die Grünen gewählt.

Neun Ex-Ressortchefs konnten sich wieder voll ihren Abgeordnetenfunktionen widmen. Den Bundestagsausschuss für Wirtschaft und Technologie leitete in der 16. Wahlperiode die ehemalige Bildungsministerin Edelgard Bulmahn. Die ehemalige Justizministerin Herta Däubler-Gmelin saß in der 15. Wahlperiode dem Verbraucherschutz- und Landwirtschaftsausschuss, in der 16. dem Ausschuss für Menschenrechte und humanitäre Hilfe vor. Kurt Bodewig hat seit Herbst 2002 das Amt des stellvertretenden Vorsitzenden des Ausschusses für die Angelegenheiten der Europäischen Union inne.

Oskar Lafontaine, der im März 1999 sämtliche politischen Ämter niedergelegt hatte, trat 2005 aus der SPD aus und schloss sich der neu gegründeten WASG an, als deren Spitzenkandidat er erfolgreich auf der gemeinsamen Liste mit der PDS.Die Linke für den Bundestag kandidierte. Mit Gregor Gysi wurde er im November 2005 zum Ko-Vorsitzenden der Linksfraktion bestellt.

Der frühere Landwirtschaftsminister Funke kehrte 2001 in seine Heimat nach Friesland zurück und übernahm das Amt des stellvertretenden Bürgermeisters von Varel.

Auf die Funktion des Koordinators der Mitgliedsstaaten der Europäischen Union für den Balkan-Stabilitätspakt wurde Kanzleramtsminister Bodo Hombach „weggelobt". Nach Beendigung dieser Tätigkeit übernahm er eine führende Position in einem Medienkonzern in Essen.

Ehrenamtliche Engagements übten Rudolf Scharping als Präsident des Bundes Deutscher Radfahrer, Christine Bergmann als Mitglied des Ombudsrates für Beschwerden bezüglich der Arbeitsmarktreformen (Hartz IV) und Manfred Stolpe u.a. als Erster Beisitzer im deutsch-russischen Petersburger Dialog aus.

Als Gastprofessoren für Internationale (Krisen-)Politik wirkten Joschka Fischer (Princeton University) und Rudolf Scharping (Tufts University in Boston).

Reinhard Klimmt, leidenschaftlicher Büchersammler, betätigte sich als Buchautor und als Aufsichtsratsvorsitzender des Fußballvereins 1. FC Saarbrücken.

Im Vergleich zu früheren Mitgliedern der deutschen Bundeskabinette wechselten verhältnismäßig viele Minister der Schröder-Regierungen in führende Wirtschaftspositionen. Der Alt-Kanzler übernahm – neben einer Beratertätigkeit im Medienbereich – den Vorsitz des Aufsichtsrates des deutsch-russischen Konsortiums Nordeuropäische Gaspipeline. Wolfgang Clement wechselte in den Vorstand des Adecco Instituts, eine „Denkfabrik zu Fragen des Arbeitsmarktes" (so das Munzinger Archiv) und in den Vorstand von RWE Power. Zusätzlich hat er mehrere Aufsichtsratsmandate inne. Werner Müller übernahm wieder wie schon vor seiner überraschenden Ernennung zum Wirtschaftsminister eine Spitzenfunktion in der Energiewirtschaft. Ex-Verteidigungsminister Scharping gründete in Frankfurt eine Wirtschaftsberatungsagentur. Andrea Fischer versuchte sich zunächst erfolgreich als Fernseh-

Moderatorin in einem Privatsender, bevor sie im Juli 2006 in eine PR-Agentur eintrat.

Insgesamt kann man feststellen, dass in einem der wichtigsten politischen Ämter der Bundesrepublik erworbene Kompetenzen als Leiter bzw. Leiterin einer „Großbehörde" sowie die geknüpften Informationsnetzwerke zu parlamentarischen und administrativen Gremien für die Übernahme von führenden Positionen in der „freien Wirtschaft" zu prädestinieren scheinen.

B. „Rot-grünes" Regieren im parlamentarischen System

Hans-Georg Merz

Ein diplomatisch wenig „korrektes" Schauspiel in zwei Akten im Januar 2007, aufgeführt von „Freunden", denen es offensichtlich an Verständnis für die (politische) Kultur des anderen mangelte und deren Kenntnisse der spezifischen Funktionsweisen des je anderen Regierungssystems ersichtlich zu wünschen ließen: Die harsche Kritik des deutschen Finanzministers Peer Steinbrück (SPD) – im EU-Ministerrat – an der französischen Haushaltspolitik empfand der neu im Amt befindliche Staatschef des Nachbarlandes, Nicolas Sarkozy, geradezu als ungebührlich („So spricht man nicht mit einem Präsidenten"). Dessen Forderung eines öffentlichen Tadels des deutschen Kabinettsmitglieds kam indessen Bundeskanzlerin Angela Merkel (CDU) nicht nach. Sie konnte dies nicht tun, weil sie sonst gegen die raison d'être ihrer Regierung verstoßen hätte: „Sarkozy treibt das ohnehin strikt hierarchische politische System in Frankreich mit seinem egomanischen, ja bonapartistischen Stil auf die Spitze. Dem kommt gar nicht in den Sinn, dass ein Kanzler in Deutschland, wo es Koalitionsregierungen und starke Fachminister gibt, anders agieren muss und ein Kabinettsmitglied nicht einfach abwatschen kann."[1] Diese Kontroverse erscheint in zweierlei Hinsicht erstaunlich: weil der französische Präsident augenscheinlich nicht in der Lage war, die politische (Macht-)Konstellation in Deutschland richtig zu analysieren und daraus angemessene Schlüsse zu ziehen; und weil – zum anderen – es auch in Frankreich, wenn auch unter anderen verfassungsmäßigen Umständen, historische Phasen während einiger Jahre der Amtszeiten der Präsidenten Mitterrand (1986-1988, 1993-1995) und Chirac (1997-2002) gab, in denen diesen – ebenfalls – die Möglichkeit versagt blieb, die Minister, die nicht jeweils der eigenen Partei angehörten, zu sanktionieren. Das Stichwort lautete: „Cohabitation", die „Große Koalition à la française."[2]

Dieser in beiden Ländern viel beachtete Vorgang verweist darauf, dass „regieren" eine komplizierte Angelegenheit ist, bestimmt von (länder)spezifischen Voraussetzungen, rechtlichen Vorgaben und (partei)politischen Rah-

---

1 Henrik Uterwedde, zit. nach: Hulverscheidt, Claus/Nico Fried/Michael Kläsgen: Zwei Temperamente prallen aufeinander, in: SZ vom 13.9.2007, S.6.
2 Zur Problematik der französischen „Cohabitation" allgemein vgl. Kempf, Udo: Das politische System Frankreichs, 4. Aufl. Wiesbaden 2007, S. 33, 84ff.

menbedingungen, die – über aktuell – kurzfristige Problemlagen und dem jeweiligen Zeithorizont angepasste Lösungsoptionen hinaus – insofern von „struktureller" Relevanz sind, als Regierungsfunktionen und „Prinzipien des Regierens" unabhängig von Machtkonjunkturen und Machtwechseln ihre Gültigkeit besitzen und behalten.

1 Funktionsweisen der Regierung, Prinzipien des Regierens

Die rot-grüne Bundesregierung, Vorgängerin der zweiten Großen Koalition in der Geschichte der Bundesrepublik und in der Zusammensetzung des Kabinetts (auf sozialdemokratischer Seite) mit dieser teilidentisch, unterschied sich von der Nachfolgerin – natürlich – in den Agenden der Politik, in den auf die verschiedenen Politikfelder orientierten inhaltlichen Zielsetzungen und in den Modalitäten zur Erreichung derselben. Weitgehend konstant blieben dagegen die *allgemeinen*, vom Rhythmus der Legislaturperioden und Koalitionskombinationen großenteils unbeeinflussten (Steuerungs-)Funktionen, die jeder Regierung obliegen, nämlich die umfassende Berücksichtigung von Interessen, die Planung der öffentlichen Angelegenheiten, das Treffen von Richtungsentscheidungen, die Koordination der Aufgabenerfüllung und die Kontrolle des administrativen Vollzugs von Regierungsentscheidungen.[3] Hinzu kommen besondere Zuständigkeiten, die aus der Ausweitung und „Verstetigung" der zwischenstaatlichen Beziehungen, der vertieften Europäisierung und Internationalisierung/Globalisierung resultieren.[4]

In allen Bereichen, Innen- wie Außenpolitik, sind die Existenz und die Aktivitäten von Mitspielern, (Aus-)Wechselspielern und Vetospielern in Rechnung zu stellen.

Um die verfassungsmäßigen, gesetzlichen und politischen Anforderungen zu bewältigen, zur Erledigung beständiger wie kurzfristig gestellter Aufgaben stattete das Grundgesetz das „Kollektivorgan" Bundesregierung mit einer besonderen „Binnenstruktur" aus, die auf drei miteinander verflochtenen Grundsatzen beruht (Art. 65 GG).[5]

---

3 Benz, Arthur: Regierung, in: Görlitz, Axel/Rainer Prätorius (Hrsg.): Handbuch Politikwissenschaft. Grundlagen – Forschungsstand – Perspektiven, Reinbek 1987, S. 443.
4 Thränhardt, Dietrich: Bundesregierung, in: Andersen, Uwe/Wichard Woyke (Hrsg.): Handwörterbuch des politischen Systems der Bundesrepublik Deutschland, 5. Aufl. Bonn 2003, S. 63ff.
5 Gellner, Winand/Armin Glatzmeier: Macht und Gegenmacht. Einführung in die Regierungslehre, Baden-Baden 2004, S. 157ff.

a. Ressortprinzip

Für die von seinem „Haus" gemäß Kompetenzordnung und politischer Gesamtlinie der Regierung vorbereiteten Entscheidungen und realisierten Maßnahmen trägt der Ressortchef die politische Verantwortung, bei groben Fehlleistungen, auch des bürokratischen Apparats, letztlich mit dem Risiko des Amtsverlusts, vor allem im Falle einer intensiveren öffentlichen Thematisierung der Vorgänge. Auf der anderen Seite besteht ein „Schutz" vor Versuchen politischer Einmischung in Ressortangelegenheiten seitens der Kabinettskollegen, und zu diesen gehört auch der Regierungschef.

b. Kabinettsprinzip

Im Kollegium der Minister besitzt jedes Regierungsmitglied Sitz und Stimme – zur Vertretung der eigenen politischen Standpunkte und Interessen; mit der Möglichkeit, auch auf die Gestaltung anderer, ressortferner „policies" mittels Diskussion und Argumentation einzuwirken; schließlich in der Verpflichtung, an Beschlüssen des Gesamtkabinetts teilzunehmen und diese – besonders „nach außen" – zu vertreten.

c. Kanzlerprinzip

Zu Recht wird von dem „Kanzlerprinzip" als dem „monokratischen" Element in der Regierungsstruktur der Bundesrepublik gesprochen. Das „Management" der Regierungsbildung und die Möglichkeiten der Personalpolitik, die durchaus – und in Maßen legitimerweise – Züge von Ämterpatronage annehmen kann, ferner die Wahrnehmung der Organisationsgewalt bei der Festlegung von Anzahl und Zuständigkeiten der Bundesministerien – wie 2002 bei der Berufung des „Superministers" Clement an die Spitze des Ministeriums für Wirtschaft *und* Arbeit – machen den vom Bundestag – als einziges Kabinettsmitglied – direkt gewählten Regierungschef zur dominanten Figur in der exekutiven Arena. Die vergleichsweise geringe Gefahr, während der Legislaturperiode mittels konstruktivem Misstrauensvotum abgewählt zu werden (Art. 67 GG), sowie das Recht, im Parlament die Vertrauensfrage zu stellen (Art. 68 GG), sichern ihm außerdem eine starke Stellung gegenüber dem Parlament. Diese kann sehr wohl zu unzweideutigen Drohgebärden benutzt werden und mit einem massiven „Druckaufbau" gegenüber an einer Wiederwahl interessierten Abgeordneten einhergehen. Dem Vorwurf, mit dieser „Methode" entschieden überzogen zu haben, begegneten Bundeskanzler Schröder und die Spitze der stärksten Koalitionsfraktion z. B. im Jahre 2003. Ein kritischer Kommentator scheute sich nicht, von der Etablierung eines „Systems der parlamentarischen Leibeigenschaft" zu sprechen.[6]

---

6 Prantl, Heribert: Schröders Leibeigene, in: SZ vom 1.10.2003, S. 4.

Die gleichsam „operative" Seite des Kanzlerprinzips stellt die Richtlinienkompetenz des Regierungschefs dar. Dieser Eindruck wird z.B. in (Teilen) der staatsrechtlichen Literatur vermittelt, die es dem alleinigen politischen Ermessen des Bundeskanzlers anheim gestellt sieht, „welche Angelegenheiten und Entscheidungen er zum Gegenstand seiner Richtlinienkompetenz machen will". Solche „grundlegenden politischen Leitenscheidungen" bewirkten eine Bindung sowohl der einzelnen Bundesminister bezüglich politischer Materien, die nicht ihrer Ressortverantwortung zugehörten, als auch des Kabinetts, das kein „richtlinienunabhängiges Gesetzesinitiativrecht" geltend machen könne. Und so erscheint die Bestimmung der „Richtung der zu gestaltenden Gesamtpolitik" geradezu als die bedeutsamste Befugnis des Bundeskanzlers.[7]

So wird es auch in Teilen der Öffentlichkeit gesehen. Zur Bewältigung politischer Krisensituationen dürfe ein Kanzler nicht zu lange zögern, sondern er habe entschlossen aus den Kulissen zu treten, eine etwaige Rolle als Vermittler – beispielsweise zwischen rivalisierenden Ressortchefs – aufzugeben und „als zupackender Chef seiner Minister" zu glänzen, „der die Konfliktrisse vorausahnt, seine Richtlinienkompetenz nicht verwaltet, sondern ausübt". Dabei genüge es nicht, „beim unvermeidlichen Zwist im Kabinett die Streithähne so lange aufeinander einhacken zu lassen, bis einer am Boden liegt".[8]

Gemeint waren Unstimmigkeiten zwischen den beiden Ministern des Kabinetts Schröder Walter Riester, Mitglied der SPD, und Werner Müller, welcher als Parteiloser der SPD zugerechnet wurde. Die Empfehlung einer aktiven Streitschlichtung seitens des Kanzlers wäre problematischer, ja vielleicht fehl am Platze gewesen, wenn einer der beiden Kontrahenten auf dem „grünen Ticket" in sein Regierungsamt gelangt wäre. Dann hätte höchstwahrscheinlich das Gewicht der Koalitionsräson Kanzlerprinzip und Richtlinienkompetenz überlagert – mit dem vermutlichen Ergebnis, dass dem Kanzler eine ausschlaggebende Rolle von vornherein verwehrt war. Weil er diesen Zusammenhang übersehen hatte, hegte der französische Staatspräsident irrtümlich

---

[7] Badura, Peter: Staatsrecht. Systematische Erläuterung des Grundgesetzes für die Bundesrepublik Deutschland, 3. Aufl. München 2003, S. 514 (mit der zusätzlichen Bemerkung: „Kein Bundesminister und auch nicht der Bundestag können mit dem Bundeskanzler darüber rechten, ob eine bestimmte Angelegenheit oder Entscheidung zu dem Bereich gehört, welchen die Verfassung dem Bundeskanzler vorbehalten will."); Brockmeyer, in: Schmidt-Bleibtreu, Bruno/Franz Klein: Kommentar zum Grundgesetz, 10. Aufl. München 2004; S. 1225f.; Degenhart, Christoph: Staatsrecht I, Staatsorganisationsrecht, 21. Aufl. Heidelberg 2005, S. 243ff. – Abweichend-differenzierter: Schröder, Meinhard, in: v. Mangold/Klein/Starck: GG II, Art. 65, Rdnr. 9 und 10, der von „vorwiegend virtuellen Möglichkeiten des Einsatzes" der Kompetenz spricht.
[8] Herz, Wilfried: Kanzlers leere Kassen. In der Haushalts- und Wachstumskrise muss Gerhard Schröder jetzt straff regieren, statt lächelnd zu moderieren, in: Die Zeit 16/2001, S. 1.

die Erwartung, die christdemokratische Bundeskanzlerin werde dem sozialdemokratischen Bundesfinanzminister eine Rüge erteilen.

Inwieweit die Richtlinienkompetenz nicht nur eine „virtuelle" Befugnis ist, sondern vielmehr ein effektives Regierungsinstrument in der Hand des Kanzlers darstellt, ist umstritten. Von Konrad Adenauer wurde sie Anfang der 50er Jahre des 20. Jahrhunderts ausdrücklich ins Feld geführt, um vergleichsweise weitgehende Ansprüche des ersten Bundespräsidenten, Theodor Heuss, vor allem hinsichtlich der Ämterbesetzung und der Militärpolitik, abzuweisen.[9] Unter den Bedingungen permanenter Koalitionsbildungen in Deutschland sind die Grenzen der Bedeutung der Richtlinienkompetenz indessen nicht zu übersehen und auch nicht überraschend: Aus der Sicht des Regierungschefs in einem positiven Sinn, wenn, wie großenteils im Falle des Spitzenduos Kohl/Genscher auf dem Felde der Außenpolitik, in der Übereinstimmung der Anschauungen und Interessen die Basis für einvernehmliche bzw. mehrseitig akzeptable Entscheidungen existent ist; dagegen auf problematische Weise, wenn Koalitionspartnern die Errichtung „politischer Reservate" gelingt, die der Einwirkung und dem Einfluss des Kanzlers kaum – noch – zugänglich sind.[10]

Ob die Richtlinienkompetenz des Bundeskanzlers überhaupt als taugliches Instrument der politischen Führung gelten kann, wird – hauptsächlich unter Hinweis auf den parteienstaatlichen Charakter der deutschen Demokratie – mitunter bestritten und als eines realen Sinns und letztlich praktischer Bedeutung entbehrendes Missverständnis und als ein „Mythos" bezeichnet.[11] Freilich darf bei einer Auseinandersetzung mit dieser These nicht vernachlässigt werden, dass das Kabinett der erste Adressat des in den Richtlinien manifestierten Kanzlerwillens ist und dass – zumindest teilweise – seine Bildung und Ausformung – auch – in den Diskussionen der Ministerrunde erfolgen und dieser anschließend seine Verbreitung in den weiteren exekutiven und in

---

9 Wengst, Udo: Die Prägung des präsidialen Selbstverständnisses durch Theodor Heuss 1949-1952, in: Jäckel, Eberhard/Horst Möller/Hermann Rudolph (Hrsg.): Von Heuss bis Herzog. Die Bundespräsidenten im politischen System der Bundesrepublik, Stuttgart 1999, S. 65ff.; ergänzend: Mommsen, Hans: The origins of Chancellor Democracy and the Transformation of the German Democratic Paradigm, in: German Politics and Society, Issue 82, Vol. 25, No 2, Summer 2007, S. 7ff.

10 Fröhlich, Stefan: „Potestas indirecta" in der Kanzlerdemokratie – der „immerwährende" Außenminister und die „Richtlinienkompetenz" der Kanzler am Beispiel der Ära Kohl/Genscher, in: Lucas, Hans-Dieter (Hrsg.): Genscher, Deutschland und Europa, Baden-Baden 2002, S. 323ff.

11 Schuett-Wetschky, Eberhard: Chefstellung des Bundeskanzlers? Zum Mythos von der Richtlinienkompetenz, in: Die Politische Meinung 418/2004, S. 63ff.; ders.: Richtlinienkompetenz des Bundeskanzlers, demokratische Führung und Parteiendemokratie, Teil I: Richtlinienkompetenz als Fremdkörper in der Parteiendemokratie, in: ZPol 2003, S. 1897ff.; Teil II: Fehlinformation des Publikums, in: ZPol 2004, S. 5ff.

den parlamentarischen Bereich erfahren kann. Insofern erschien es auch wichtig und notwendig, Mitglieder der Regierung Schröder zu befragen, wie bedeutsam die Vorgaben waren, die ihnen als Kanzlerwillen in Gestalt von „Richtlinien" mitgeteilt wurden.

Wie immer die Wichtigkeit der Richtlinienkompetenz für den Regierungsalltag beurteilt wird, und sei es in einer eher zurückhaltenden Weise: Im Zentrum der Macht steht der Regierungschef, ja er ist der Inhaber der Spitzenposition im Machtzentrum, „die führende Persönlichkeit, die die eigentliche Verantwortung für die Regierungspolitik trägt"[12] – diese aber wiederum nicht allein: Erst im Verein mit dem Kollegium der Minister und durch Beratung und Kooperation mit den einzelnen Ressortchefs erlangt er seine vollgültige politische Handlungsfähigkeit; so dass „die Kollektivordnung des Kabinetts ihren Einfluss auf die politische Führung selbst des willensstärksten Regierungschefs nicht verfehlen (wird), falls er bereit ist, die sich aus der Organisation des Kabinetts ergebenden konsultativen Techniken zu seinem Vorteil zu benutzen". Auf diese Weise kommt der Mechanismus exekutiver „Intra-Organ-Kontrollen" zum Tragen, in den Augen des bekannten Politikwissenschaftlers Karl Loewenstein *ein* wesentliches Merkmal der modernen konstitutionellen Demokratie und Regierungsstruktur.[13]

2 „System Schröder"

In Großbritannien Margret Thatcher und Tony Blair, in Italien Silvio Berlusconi, in Deutschland Helmut Kohl – und Gerhard Schröder: waren alle diese Politiker Regierungschefs mit der Neigung zum „Präsidentialismus"? Europäische Premiers auf den Spuren bedeutender, besonders „mächtiger" amerikanischer Präsidenten wie Abraham Lincoln, Woodrow Wilson, Franklin D. Roosevelt, Harry S. Truman, Lyndon B. Johnson? Diese Fragen beschäftigten nach der langen Kanzlerschaft Kohls, am Beginn der – in ihrer Dauer und in den Ergebnissen noch ungewissen – Amtszeit Schröders auch die deutsche Presse und Politikwissenschaft. Und sollten diese Überlegungen auf ernsthaften Beobachtungen beruhen, gab es möglicherweise auch Indizien für eine etwaige „Amerikanisierung" solcher Art? Ein nach den jeweiligen verfassungsmäßigen Grundlagen, institutionellen Strukturen und politischen Handlungsabläufen mehr als nur oberflächlicher Vergleich offenbart rasch die wesentlichen Unterschiede der präsidentiellen und parlamentarischen Regierungs-

---

12 Hübner, Emil/Eckhard Jesse, zit. nach: Schreyer, Bernhard/Manfred Schwarzmeier: Grundkurs Politikwissenschaft: Studium der politischen Systeme, Eine studienorientierte Einführung, Wiesbaden 2000, S. 179.
13 Loewenstein, Karl: Verfassungslehre, Tübingen 1959, S. 170ff., hier: 173).

systeme. Auch wenn z.B. Bundeskanzler Schröder, im Übrigen wie jeder andere vom Vertrauen des Parlaments abhängige Regierungschef gegen das in der Regel geringe Risiko eines vorzeitigen Sturzes nicht gänzlich gefeit, zur Vorbereitung von besonders bei ethischen oder symbolischen Problemlagen strittigen Entscheidungen maßgebliche Repräsentanten der Oppositionsparteien für ein ausgefeiltes Konzept der Einrichtung diverser Kommissionen und Beiräte zu gewinnen vermochte, so begab er sich hiermit nicht auf den Weg einer „bipartisan policy" nach amerikanischem Vorbild.[14] In der öffentlichen Diskussion durchgesetzt hat sich schließlich die Vorstellung des gleichsam persönlichen, von *einem* Akteur, dem Chef der Regierung geprägten und geleiteten „Systems".

Augenscheinlich steckte anfänglich in dem „System Schröder" mehr von dem „System Kohl" als während der zweiten Hälfte der Regierungszeit des sozialdemokratischen Kanzlers. Für dessen Vorgänger war die CDU *die* politische Machtressource schlechthin, eine ergiebige Quelle der Rekrutierung des Spitzenpersonals für wichtige Funktionen im Regierungsapparat, etwa im Bundeskanzleramt, schließlich gesellschaftliches Fundament und weltanschaulich-ideologische „Heimat". Die Pflege intensiver, vom Faktum politischer Hierarchie weitgehend losgelöster Kontakte zwischen Parteivorsitzendem und Regierungschef einerseits, (einfacher) Mitglieder andererseits suggerierte das Bild einer „Großfamilie", in der es allerdings bisweilen auch widerspenstige „Angehörige" zu disziplinieren galt.[15] In einem solchen Kontext war „Kohl der erste integrale Parteipolitiker in der Liste der Bundeskanzler seit 1949 und verfügte über ein enges Netzwerk von Vertrauten bis in die untersten Gliederungen der Partei"[16]. Plebiszitäre Momente spielten dagegen eine vergleichsweise geringe Rolle, Verluste an populärer Sympathie und in der

---

14 Poguntke, Thomas: Präsidiale Regierungschefs: Verändern sich die parlamentarischen Demokratien?, in: Niedermayer, Oskar/Bettina Westle (Hrsg.): Demokratie und Partizipation. Festschrift für Max Kaase, Wiesbaden 2000, S. 356 ff. (mit dem Fazit, S. 369: „So wie der amerikanische Präsident, je nach politischen Konjunkturen, tatsächlich der mächtigste Mann der Welt sein kann oder aber die Staatsbürokratie mangels flüssiger Mittel nach Hause schicken muss, so ist auch der Regierungschef im Parlamentarismus, der sich graduell auf eine präsidentielle Funktionslogik zu bewegt, nicht immer der Gewinner dieser Entwicklung.") – Lütjen, Torben/Franz Walter: Die präsidiale Kanzlerschaft, in: Blätter für deutsche und internationale Politik, Jg. 45, 2000, S. 1308ff.; Helms, Ludger: Gerhard Schröder und die Entwicklung der deutschen Kanzlerschaft, in: ZPol 2001, S. 1512f.; Lösche, Peter: Bundeskanzler – Superman? Wie die Medien die politische Wirklichkeit auf den Kopf stellen, in: Universitas 2003, S. 153ff.
15 Wirsching, Andreas: Abschied vom Provisorium, 1982-1990, München 2006, S. 171ff.
16 Niclauß, Karlheinz: Kanzlerdemokratie, Regierungsführung von Konrad Adenauer bis Gerhard Schröder, Paderborn 2004, S. 296; ähnlich Korte, Karl-Rudolf: Regieren in der Ära Schröder oder die Frage nach der Substanz in der Mediendemokratie, in: Mayer, Tilman/Reinhard C. Meier-Walser (Hrsg.): Der Kampf um die politische Mitte. Politische Kultur und Parteiensystem seit 1998, München 2002, S. 238, 248.

öffentlichen Zustimmung konnten – meist – zu einem bestimmten Teil durch den Rückhalt im christdemokratischen „Parteimilieu", bei Mitgliedern und Wählern kompensiert werden.[17]

a. Weniger Ähnlichkeiten und mehr Unterschiede kennzeichneten das „System Schröder". Nicht zu Unrecht wurde Schröder schon frühzeitig attestiert, er habe von Kohl „gelernt", z.B. in der *Personalpolitik*. Wie letzterer die Machtambitionen von Politikern wie Franz Josef Strauß und Rainer Barzel beschnitt, so praktizierte der Sozialdemokrat die Methode des „Einbindens" in die Kabinettsdisziplin, z.B. in den Fällen der Minister Scharping und Klimmt.[18]

Ebenso wurden von dem Chef der rot-grünen Koalition weitere, zuvor bereits übliche Regierungstechniken angewandt und Handlungsoptionen wahrgenommen, allerdings zum Teil mit anderer Gewichtung als zuvor und in Anpassung an die von Regierung zu Regierung je – mehr oder weniger – variablen Bedingungen und Zielsetzungen.

b. Die an Mitgliedern kleinste „Einheit", das gleichwohl für den Ablauf regierungsinterner Willensbildungsprozesse und für die Vorbereitung von Entscheidungen hoch bedeutsame „Subsystem" des „Systems Schröder" war der *Kreis der persönlichen Kanzlerberater* – alle Sozialdemokraten und fast alle mit einem „Hannover"-Hintergrund, in der Erstbesetzung von 1998 mit dem späteren Chef des Bundeskanzleramts (Frank-Walter Steinmeier), dem Chef des Bundespresseamtes (Uwe-Karsten Heye) und der Büroleiterin (Sigrid Krampitz) als den wichtigsten Ratgebern. In etwas anderer Zusammensetzung existierte ferner im Kanzleramt offensichtlich ein so genannter Steinmeier-Kreis, der die Vorbereitungen für die „Agenda 2010" leitete.[19] Je nach Bedarf ad hoc angesprochen gehörten als Experten extra muros auch Journalisten, Wissenschaftler (wie Oskar Negt und Ulrich Beck) sowie ehemalige Bundesminister (Hans-Jochen Vogel und Erhard Eppler) zu den „Vordenkern" des

---

17 Sarcinelli, Ulrich: Politische Kommunikation in Deutschland. Zur Politikvermittlung im demokratischen Staat, Wiesbaden 2005, S. 260.
18 Korte, Karl-Rudolf: Das System Schröder. Wie der Kanzler das Netzwerk seiner Macht knüpft, in: FAZ vom 25.10.1999, S. 14.
19 Niclauß: Kanzlerdemokratie, S. 309f.; Helms, Ludger: Die Informalisierung des Regierungshandelns in der Bundesrepublik: ein Vergleich der Regierungen Kohl und Schröder, in: Zeitschrift für Staats- und Europawissenschaften 1/2005, S. 87, Anm. 56; Müller, Kay/Franz Walter: Graue Eminenzen der Macht. Küchenkabinette in der deutschen Kanzlerdemokratie. Von Adenauer bis Schröder, Wiesbaden 2004, S. 168ff. (die Franz Müntefering als „Scharnierfigur der Macht" in ihre Analyse einbeziehen).

Regierungschefs. Mitunter wurde auch Doris Schröder-Köpf seinem „Küchenkabinett" zugerechnet.[20]

c. In der *Bewertung und Praktizierung des parteiendemokratischen Elements* wichen die Regierungschefs deutlich voneinander ab. War Kohl bereits fast ein Jahrzehnt vor seiner Kanzlerschaft Parteivorsitzender geworden und blieb er dies auch während seiner gesamten Regierungszeit (und noch kurze Zeit darüber hinaus), so musste Schröder nach dem überraschenden Rücktritt des SPD-Vorsitzenden – und Bundesfinanzministers – Oskar Lafontaine in die Bresche springen und das Amt übernehmen, das er jedoch bereits im Frühjahr 2004 wieder abgab. Erklärungen der Partei zufolge sollte mit diesem Schritt vor allem die zeitliche Belastung des Kanzlers reduziert und ihm mehr Raum für außenpolitische Aktivitäten eröffnet werden.[21] Allein die wirklichen Gründe blieben dem (Wahl-)Publikum kaum verborgen: „Nach fünf mühseligen Jahren" habe Schröder, „zermürbt von innerparteilichen Querelen über die Sozialpolitik und Koalitionskämpfen in der Außenpolitik", den Stab weiter gereicht an „Kaiser Franz", den Fraktionsvorsitzenden und ehemaligen Bundesminister für Verkehr, der vor allem bei der Parteibasis in hohem Ansehen stand – weil er der einzige der Spitzenrepräsentanten der SPD war, „der den Begriff Arbeit nicht aus dem Politikstudium oder einem Seminar der Friedrich-Ebert-Stiftung" kannte.[22] Teilweise drastische Kommentare in Presse und Wissenschaft begleiteten diesen Vorgang: Schröder sei nunmehr „ein Kanzler ohne Parteiland, mehr Kanzlerdarsteller vor Kanzlerkulisse als machtvoller Regent"[23] – und insgesamt habe die „Kanzlerdemokratie" gegenüber der „Parteiendemokratie" beträchtlich an Boden verloren, ja Müntefering, Partei- und Fraktionsvorsitzender, sei „tendenziell" mächtiger als der Kanzler geworden.[24] Tatsächlich wurde spätestens zu diesem Zeitpunkt deutlich, dass Schrö-

---

20 Kühne, Hartmut: Wo sind die Denker? Berater/Der Regierungschef hört auf Vogel, Eppler, Bissinger – und vor allem auf Doris, in: RM 11/2003, S.3; Vogel, Bernhard/Hans-Jochen Vogel: Deutschland aus der Vogel Perspektive, Freiburg u.a. 2007, S. 250.
21 Günsche, Karl-Ludwig: Der Kanzler empfängt und der Kanzler reist. Gerhard Schröders Terminkalender, in: Stuttgarter Zeitung vom 17.2.2004, S. 3.
22 Schieren, Stefan: Der Kanzler einer neuen Generation, in: Stiftung Haus der Geschichte der Bundesrepublik Deutschland/Bundeskanzleramt (Hrsg.): Die Bundeskanzler und ihre Ämter, Heidelberg 2006, S. 162; die Charakterisierung Müntefering bei Dausend, Peter: Kaiser Franz, in: Die Welt vom 4.12.2003, S. 3, mit der Betonung der besonderen Leistung des späteren Parteivorsitzenden, „die Agenda 2010 in ein sozialdemokratisches Projekt verwandeln" zu können.
23 Krause-Burger, Sibylle: Sie wollten spielen – mal miteinander, meist gegeneinander, in: Stuttgarter Zeitung vom 17.2.2004, S. 2. Für diese Autorin war Außenminister Fischer „der einzige echte Machtmensch" in der Regierung.
24 Korte, Karl-Rudolf: Parteiendemokratie kontra Kanzlerdemokratie. Von Schröder zu Müntefering, in: Internationale Politik 3/2004, S. 84ff. An anderer Stelle (RM 7/2004, S.8) spricht

der nicht ein ebenso „integraler Parteipolitiker" wie sein Vorgänger war, dies vielleicht auch nicht sein konnte; und dass er deshalb auch zum „Instrument" der Vertrauensfrage griff, um zumindest die Partei im Parlament, die eigene Fraktion auf seine politische Richtung zu bringen.

Wohl bis zu einem gewissen Grad auch als Kompensation für die in jedem Fall sichere und ausreichende Unterstützung seitens der sozialdemokratischen Partei bedienten sich Kanzler und Regierung hauptsächlich zweier politischer Verfahrensweisen und Instrumente, die bei der Vorbereitung von Planungen und Programmen, während der parlamentarischen Beratungen und der Suche nach Kompromisslinien, schließlich in der Phase der Implementation notwendig erschienen und hilfreich zu sein versprachen: einerseits das politische Handeln nach den – besonderen – „Regeln" der Informalität, zum anderen das Bestreben nach einer in der Reichweite extensiven und dabei in der Wirkung intensiven Medienpolitik und Medienpräsenz.

d. *Informelles Regieren* war keine Erfindung der Regierung Schröder. Es wurde bereits von den Vorgängerregierungen praktiziert, da sie alle der Koordination in den jeweiligen Koalitionssystemen und zugleich eines Rückhalts in der pluralistischen, in ihrer Interessenstruktur heterogenen Gesellschaft bedurften. Gremien und „neokorporatische Arrangements" (Manfred G. Schmidt) wurden zu diesem Zweck geschaffen, bei durchaus unterschiedlichen Akzentuierungen. „Koalitionsrunden", „Koalitionsausschüsse" besaßen für die schwarz-gelbe Regierung eine größere Bedeutung als für die rot-grüne, ohne dass diese bei der letzteren etwa lediglich in Schattendasein geführt hätten. Gerade umgekehrt verhielten sich die Kanzler bei der Frage, wie die legitimen Einflussnahmen der Interessen(verbände) im politischen System erfolgen sollte. So wurde bei Kohl beobachtet, dass er die ihm – persönlich – vorgetragenen Standpunkte, Wünsche und Forderungen in den parlamentarischen Prozess einfließen und dort zur Entscheidung stellen ließ, während Schröders Konzept, mittels Etablierung fraktionsübergreifender Kommissionen schon einen vor-parlamentarischen Konsens zu erreichen, zugleich den willkommenen Effekt besitzen konnte, den Spielraum der Koalitionsabgeordneten einzuengen – aber auch die Gefahr heraufbeschwor, die Reputation und die Prärogativen des Bundestags zu beeinträchtigen, ja zu beschädigen.[25]

Korte davon, „dass eine solche Zusammenballung von Macht, wie sie jetzt Müntefering außerhalb des Kanzleramtes besitzt", es für eine Regierungspartei in der Geschichte der Bundesrepublik noch nie gegeben habe. – Einige Zeit zuvor war die Lage (und das Verhältnis) Schröders und der Hauptregierungspartei (zueinander) noch anders, positiver beurteilt worden, auch in der internationalen Presse: RM: Gerhard Schröder ist nicht Helmut Schmidt (http: www.nzz.ch/ 2001/11/17/al/page-kommentar7SM10.html).
25 Bannas, Günter: Systemwechsel. Mechanismen der Machtausübung: Schröder regiert anders als sein Vorgänger, in: FAZ vom 22.1.2003; Brandt, Peter: Gerhard Schröder, in: Vierhaus,

Besonders deutlich gingen die Ansichten und Urteile auseinander bezüglich des Sinns und des Nutzens der zahlreichen externen Kommissionen und Expertenrunden, die von der Regierung Schröder ins Leben gerufen wurden. Stellten diese für die einen ein „Regieren auf der Höhe der Zeit" dar[26], so erblickten andere in der neuen „Räte-Republik" den problematischen Versuch, die Möglichkeiten der politischen Mitgestaltung und Kontrolle seitens der demokratisch legitimierten Instanzen einzuschränken. Wobei zusätzlich der fragwürdige Eindruck erweckt worden sei, mit Hilfe wissenschaftlicher Methoden, Expertisen und Erkenntnisse könnten politische Prozesse in hohem Maße nach Kriterien der Rationalität gesteuert werden.[27]

Die Regierung Schröder war nicht die Erfinderin dieser Entwicklung, sie hat sie aber forciert und letztlich wohl auch auf eine Spitze getrieben. Im Vergleich zur Regierung Kohl ist die veränderte Mixtur wesentlicher Komponenten des Regierens nicht zu übersehen: „Während das ‚System Kohl' also vorwiegend von Informalität im Bereich des Koalitionsmanagements geprägt war, zeichnete sich das ‚System Schröder' durch die mediengerechte Funktionalisierung informaler Beratungs- und Konsensgremien aus."[28]

e. Mit dieser Aussage ist bereits angedeutet, dass *„forcierte Kommunikation"* (Eckhard Fuhr) *und Medienpolitik* – und diese in einem doppelten Sinne: als regierungseigener Beitrag zur öffentlichen Meinungsbildung wie in der Rolle des „Ansprechpartners" für die Medien mit dem Ziel der Förderung eines günstigen regierungsfreundlichen Meinungsklimas, im Tableau rot-grüner Politikstrategien eine bedeutsame Rolle spielten. Des Kanzlers bekannter Ausspruch: „Zum Regieren brauche ich nur ‚Bild', ‚BamS' und Glotze" illustriert die Wichtigkeit der Massenmedien für seine Amtsführung; ob er sich allerdings auf Dauer als qualitätsvolles Signum für diese eignete, dürfte eher frag-

---

Rudolf/Ludolf Herbst (Hrsg.): Biographisches Handbuch des Deutschen Bundstages 1949-2002, Band 2, München 2002, S. 783.; Linden, Markus: „Regieren durch Diskussion" – Ein Nachruf ohne Trauer, in: Die Politische Meinung 429/2005, S. 15ff.; Kropp, Sabine: Regieren als informaler Prozess. Das Koalitionsmanagement der rot-grünen Bundesregierung, in: ApuZ, B 43/2003, S. 23ff.
26 Die beteiligungsorientierte Kanzlerdemokratie – ein neues Politikmodell? Interview mit Werner Jann, in: Mitbestimmung 9/2002, S. 11ff.
27 Schöneberger, Markus: Die Räte-Republik, in: RM 35/2001, S. 11; Helms:2005, S. 92ff.
28 Stüwe, Klaus: Informales Regieren. Die Kanzlerschaften Gerhard Schröders und Helmut Kohls im Vergleich, in: ZParl, 3/2006, S. 557. – Ähnlich unterscheidet Manfred G. Schmidt (Wörterbuch zur Politik, 2. Aufl. Stuttgart 2004, S. 602) zwischen Kohls „Betonung extraparlamentarischer parteipolitischer Koalitionsrunden" und Schröders „Betonung von medienorientierter Inszenierung, Dialog, Überzeugung und Aufwertung von ‚rätedemokratischen' extraparlamentarischen Beratungskommissionen."

lich sein.[29] Tatsächlich benötigten – und benutzten – Kanzler und Minister zusätzlich auch einen funktionsfähigen Regierungsapparat in Gestalt des Presse- und Informationsamtes, um, wie es in einer Aufgabenbeschreibung hieß, „klare Informationen, Vertrauen und Seriosität" zu vermitteln.[30]

Anders als Helmut Kohl, der, in einer etwas zugespitzten Sichtweise, sich intensiv des Telefons bediente, um sein wichtigstes Machtinstrument, die Hauptregierungspartei, zu steuern und auch immer wieder ihre „corporate identity" zu pflegen, betrieb Gerhard Schröder die gouvernementale Öffentlichkeitsarbeit vornehmlich mit Hilfe einer im wörtlichen Sinne „größeren" Apparatur, mit der Fernsehkamera.[31] In einem typisierenden Vergleich spielte bei Kohl eine umfassende, permanente Bi-Personen-Kommunikation zwischen Parteifreunden eine erhebliche Rolle. Bei dem Nachfolger standen meist professionell gestaltete Multi-Personen-"Ansprachen" zur Gewinnung öffentlicher Unterstützung im Vordergrund. Wobei Schröder offensichtlich auch die „Kunst" der persönlichen Kommunikation beherrschte, wie sogar der Kontrahent im transatlantischen Dialog, der amerikanische Präsident George W. Bush, vielleicht etwas überraschend feststellte: „Bekanntermaßen gab es mit Gerhard Schröder eine schwierige Zeit wegen der Irakfrage. Aber wir haben das dadurch überwunden, dass wir über die vielen anderen gemeinsamen Fragen sprachen."[32]

Schröders telekommunikativer Regierungsstil lag zweifellos im Trend der Zeit, den teils vor ihm, teils gleichzeitig mit ihm Politiker wie die US-Präsidenten Ronald Reagan und Bill Clinton, der britische Premier Tony Blair und auch der italienische Ministerpräsident Silvio Berlusconi prägten. Zumindest im Hinblick auf die Prämissen eines parlamentarischen Systems erschien diese Entwicklung nicht unproblematisch, und wie erfolgreich ihre Initiatoren und Verfechter in Deutschland tatsächlich waren, blieb in der publizistischen Diskussion und in der wissenschaftlichen Analyse umstritten. Zwar konnte auf eine sehr zeitaufwendige Medienpräsenz des Spitzenpersonals der Regierung, auf die vor allem in Meinungsumfragen ständig eruierten gesellschaftlichen Stimmungslagen und auf ein – auch – auf kurzfristige Effekte zielendes

---

29 O.V.: Legenden in Worten. Die größten Legenden der politischen Kommunikation, in: politik & kommunikation, Oktober 2007, S. 41.
30 Heye, Uwe-Karsten: Kommunikation als Dienstleistung. Die Neuorientierung des Bundespresseamts, in: vorgänge 2/2002, S. 80ff.
31 Stüwe 2006, S. 552, der fortfährt: „Medienarbeit betrieben alle Kanzler. Doch *Schröder* war der erste, der versuchte, die Massenmedien für seine herrschaftssichernden Zwecke zu instrumentalisieren. Und anders als bei seinem Vorgänger spielte die Partei bei ihm nur eine zweitrangige Rolle."
32 Zit. nach: Rutz, Michael: Die Freiheit mit der Seele suchen. Der US-Präsident über die Beziehungen zu Deutschland, den Klimawandel, Russland und das letzte Jahr seiner Amtszeit, in: RM 40/2007, S. 3.

„Tageskanzlertum" hingewiesen werden, ebenso auf das Faktum, dass öffentliche Statements des Regierungschefs und der Minister präjudizierend auf die Entscheidungen von Parlament und Regierungsparteien wirken konnten.[33] Sich jedoch gegen diese zu stellen, sie mit vollendeten Tatsachen abzuspeisen, auf Konsenssuche zu verzichten, war indessen kein gangbarer Weg, denn Zustimmung und Unterstützung für die Regierung verlangten von ihr nach wie vor überzeugende Argumentation und Kompromissbereitschaft. Und bei aller – vor allem „außen" sichtbaren – Professionalität der medialen (Selbst-)Präsentation der Regierung Schröder zeigten sich bei der Kommunikation nach „innen", gegenüber der eigenen politischen Gefolgschaft erhebliche Defizite: „Unter Gerhard Schröder existierte ein top-down-Stil, eine Reformpolitik am Lebensgefühl weiter Teile der Sozialdemokratie und an den Kommunikationsbedürfnissen der Parteibasis vorbei."[34] So hatte das Subsystem „Kommunikation und Medienpolitik" eine ambivalente Leistungsbilanz zu verzeichnen, so wie sie bei der Bundestagswahl im September 2005 sichtbar wurde: Die SPD erreichte nicht den Spitzenplatz unter den deutschen Parteien, der Kanzler und – einige – Minister mussten ihre Regierungsämter aufgeben, aber die kommunikativ-mediale Hochform des Regierungschefs als Wahlkämpfer sicherte seiner Partei wenigstens die – zwar großenteils unerwünschte – Rolle eines Juniorpartners in der anschließenden Großen Koalition: „Selten sah man eine derart perfektionierte, authentische Ein-Mann-Show als Aufholjagd aus demoskopischen Tiefen, die so erfolgreich dennoch am Ende verloren wurde. Die Faszination galt dabei weniger der Kampagnenführung als vielmehr der enormen Kommunikationsleistung."[35] Doch es zeigte sich auch: Die unverzichtbare Voraussetzung, um eine Kampagne wirklich mit Erfolg abzuschließen, ist nach wie vor die Substanz der Politik.

f. Gleichsam am Rande des „Systems Schröder" angesiedelt waren schließlich „Subsysteme, die, abgesehen etwa von der regelungsdichten, hoch formalisierten EU-Politik, auf Absprachen weitgehend gleichgestimmter Regierungen in Grundfragen zielten" – als *gemeinsame Aktionen und lockere Verbünde*

---

33 Korte, Karl-Rudolf: Was kennzeichnet modernes Regieren? Regierungshandeln von Staats- und Regierungschefs im Vergleich, in: ApuZ, B 5/2001, S. 10f.; Sarcinelli, Ulrich: Politik als „legitimes Theater"? Über die Rolle des Politischen in der Mediendemokratie, in: vorgänge 2/2002, S. 17f.; ders.: Die überschätzte Mediendemokratie, in: Frankreich Jahrbuch 2006: Politik und Kommunikation, Wiesbaden 2007, S. 58f.; Fuhr, Eckhard: Störfall im System Schröder, in: Die Welt vom 27.5.2005, S. 5.
34 „Vorerst kein Problem für die Sozialdemokratie", Interview mit Ulrich Sarcinelli, in: Das Parlament, Nr. 14/15 vom 2./10.2007, S. 4.
35 Korte, Karl-Rudolf: Die Parteienlandschaft nach den Bundestagswahlen und die Zukunft der Volksparteien, in: Historisch-Politische Mitteilungen, Archiv für Christlich-Demokratische Politik 2006, S. 123.

auf der internationalen Ebene des Regierens. Ein Beispiel für diese „Projektmethode" war das „Schröder-Blair-Papier" vom Juni 1999, ein weiteres und ebenfalls wesentlich britischen Ursprungs die um Begriffe wie „Dritter Weg", „Neue Mitte" kreisenden Vorstellungen und Überlegungen über „modernes Regieren im 21. Jahrhundert", wozu sich im Juni 2000 unter dem Vorsitz des Bundeskanzlers 15 Staats- und Regierungschefs, darunter US-Präsident Clinton, in der Nachfolge einer Konferenz in Florenz im Herbst 1999, in Berlin trafen – gewissermaßen als „neue heilige Allianz der linksliberalen Mitte" (Werner A. Perger). Laut Schröder wollten die Repräsentanten „sozialer Demokratien" im Rahmen dieses Diskussionsprozesses „ständig" ihre „Erfahrungen austauschen und Konzepte abgleichen"[36] – hauptsächlich zum Zweck einer Wahrung der Balance zwischen der wirtschaftsdynamischen Entwicklung der Globalisierung und den in „Zivilgesellschaften" unverzichtbaren demokratischen Normen und sozialen Standards. Und dahinter stand die unmittelbare Absicht, durch die Präsentation von – vermeintlichen oder tatsächlichen – Lösungsvorschlägen für schwierige Problemfelder Unterstützung für die je eigene Politik mobilisieren zu können. Sehr erfolgreich war dieses Unternehmen nicht, zu unklar – allgemein und zu wenig auf kürzere Frist handlungsorientiert, löste es eher Kontroversen und Bedenken aus.[37] Allerdings vermochten Beobachter einen Netzwerkeffekt insofern zu erkennen, als die Zusammenkünfte der Staats- und Regierungschefs mit mehr oder weniger gemeinsamen Mitte – Links – Positionen Kooperationen von Experten und „Vordenkern" ähnlicher politischer Ausrichtung nach sich zogen.[38] Im „System Schröder" stellten jedoch, auch im Hinblick auf die geringe und wenig positive Rückkopplung auf die eigene Gesellschaft, die Verfahren intergouvernementaler Deliberation und Koordination, außerhalb übernationaler institutionalisierter Gemeinschaften, das politisch wohl schwächste „Subsystem" dar.

Ingesamt besitzt ein deutscher Regierungschef jedoch viele aussichtsreiche Möglichkeiten der Zielformulierung und Instrumente der Zielverwirklichung, freilich mit deutlichen Begrenzungen. Schröders Wunsch vom Mai 2003, „mal durchentscheiden (zu) können", teilen gewiss die meisten seiner

---

36 Schröder, Gerhard: Das Ziel der sozialen Gerechtigkeit und die Herausforderungen moderner Demokratie, in: Deufel, Konrad/Manfred Wolf (Hrsg.): Ende der Solidarität? Die Zukunft des Sozialstaats, Freiburg u.a. 2003, S. 30; Gerhard Schröder im Gespräch mit Ulrich Wickert. Deutschland wird selbstbewußter, Stuttgart-Leipzig 2000, S. 74f.
37 Niclauß 2004, S. 346ff.; Gaile, Jochen: In Berlin angekommen: Das Projekt „Rot-Grün", in: Die Zeit. Welt- und Kulturgeschichte, Bd. 16: Die Welt heute, Hamburg-München 2006, S. 267; Perger, Werner A.: Heilige Allianz des Fortschritts. Gipfel in Berlin: Wie 15 Mittelinks-Regierungen sich zum Machtkampf mit dem globalen Kapitalismus rüsten. (http://images.zeit.de/text/2000/23/200023.reformkonferenz_xml)
38 Glaab, Manuela: Politische Führung als strategischer Faktor, in: ZPol, Jg. 17, 2007, S. 324f.

Vorgänger und auch die Nachfolgerin, Bundeskanzlerin Angela Merkel. Dagegen stand allerdings die im Nachsatz formulierte fundamentale Tatsache und Einsicht: Aber das „geht nun mal nicht in einer Demokratie"[39].

3 „Figurationen" des Regierens

„Ex officio" sind Medien, ist die politische Presse an der Arbeit einer Regierung – höchst – interessiert, bildet die Beschäftigung mit der Politik ihre intellektuelle (und in weitem Sinne wirtschaftliche) Existenzgrundlage. Dies war auch bei der Regierung Schröder der Fall, die ihrem eigenen Verständnis zufolge ein substanziell-innovatives „Projekt" verfolgte, die aber auch die Erstausgabe eines auf Bundesebene noch unerprobten Regierungsmodells war. Und da sich rasch zeigte, dass die Summe von rot und grün „bunt" war, stimulierte sie vielfältige (vor allem journalistische) Recherchen und Analysen, so dass aufgrund der öffentlichen Diskussion, zu der auch Kabinettsmitglieder meist mittels „Hintergrundgesprächen" und Interviews beitrugen, ein beachtlicher Wissensstand erreicht wurde. Dieser lässt sich an drei *ausgewählten* Beispielen belegen: Zusammensetzung der Bundesregierung – Verhältnis Kanzler/Minister – politische Beziehungsmuster zwischen Ministern. Zweifellos waren dies Themen, welche die öffentliche Wahrnehmung der Regierungstätigkeit nicht unwesentlich prägten.

a. Im Vergleich zu früheren Regierungsbildungen rief die *Zusammensetzung des Kabinetts* im Jahr 1998 eine eher noch größere Aufmerksamkeit hervor. Ihm stand ein Kanzler vor und es gehörten ihm – zur gleichen Zeit – vier Mitglieder an, die sich in kurzer Zeit an der Spitze der stärksten Regierungspartei ablösten – und zwar als diese noch in der Opposition war (Scharping), die Regierung übernahm (Lafontaine), dann die Regierungsverantwortung innehatte (Schröder, Müntefering). Dass diese Konstellation keine günstige Voraussetzung für eine so weit als möglich „harmonische" Politik darstellte, war nicht überraschend, und so befand auch Jahre später der Vizekanzler der Regierung Merkel, Franz Müntefering, in der Erinnerung an seine Parteifreunde: „Also damals, in einem Moment des Übermuts, hätte ich denken können: ein Erwachsener unter Halbstarken, Es kam anders." Der letzte kurze Satz bezog

---

39 Zit. nach: Heck, Meinrad: „Einmal entscheiden können". Schröder an der Uni Karlsruhe, in: BadZ vom 6.5.2003. – Interessanterweise hatte die Nachfolgerin im Amt, Bundeskanzlerin Angela Merkel, als Oppositionspolitikerin eine ähnliche Vorstellung, wenn sie, noch ohne Ahnung einer Großen Koalition, vom „Durchregieren" sprach (Bannas, Günter: Sie inszeniert sich nicht. Angela Merkels Stil, in: FAZ vom 22.11.2006, S. 3).

sich auf die in seinen Augen positive Ausnahme: Schröder.[40] In der Tat wurde mit dem Rücktritt Lafontaines im März 1999 und nach der Entlassung Scharpings im Juli 2002, der noch in der Frühphase der Regierung in hohem Ansehen stand und als „Reservekanzler" galt[41], eine aus Kanzlersicht problematische potenzielle „Vetostruktur" aufgelöst.

Zwei weitere Kabinettsmitglieder, als Außenminister und Innenminister Inhaber zentraler Positionen im Regierungsgefüge, beide mit außerordentlichem Selbstbewusstsein ausgestattet, wurden zuerst auch aus biographischen Gründen, angesichts ihrer nicht eben geradlinigen politischen Wege, zum bevorzugten „Gegenstand" des publizistischen Interesses. Bei Fischer wurde, sicher nicht ohne Berechtigung, angenommen, dass das Auswärtige Amt auch von einem anderen Politiker hätte geleitet werden können, dass er aber als „die Schlüsselfigur der Grünen im Kabinett" nicht zu ersetzen, seine Funktion als Eckstein im Koalitionsgebäude nicht verzichtbar gewesen sei.[42] Ein Politikwissenschaftler gelangte sogar zu dem Schluss, dass der grüne Spitzenpolitiker Urheber und Namensgeber eines eigenen Systems, des „Systems Fischer", gewesen sei.[43] Und zur Förderung des Verständnisses der politischen „Verwandlung" des Innenministers Otto Schily begegnete den Lesern einer Zeitung sogar der Vergleich mit dem englischen Bischof Thomas Becket (1118-1170): Dieser „war ein lustiger Lebemann an der Seite seines Königs Heinrich II. und diente diesem auch als Politiker. Dann aber fand es Heinrich II. klug, Thomas zum Erzbischof von Canterbury zu machen, damit er ihm in dieser Rolle noch besser diene. Becket indes zog es vor, als Erzbischof Gott zu dienen. Wenig später ließ ihn Heinrich ermorden. Schon drei Jahre später wurde er heilig gesprochen. Beides wird Schily nicht passieren. Aber was den radikaldemokratischen Bürgerrechtlern mit Schily passiert ist, kommt nahe an das heran, was Heinrich II. mit seinem Freund Thomas erleben musste. Be-

---

40 „Ohne ein gewisses Maß an Arroganz hält man das nicht aus." Interview mit Franz Müntefering, in: Süddeutsche Zeitung Magazin vom 13.4.2007, S. 24.
41 Geis, Matthias: Ein sanfter Mann fürs Militär. Rudolf Scharping führt die Truppe in den Kampfeinsatz, in: Die Zeit 13/1999, S. 2; Birnbaum, Christoph: Lockrufe aus Brussel. Rudolf Scharping: Spekulationen um die Nachfolge als NATO-Generalsekretär, in: RM 30/1999, S. 1.
42 Geis, Matthias: Der Vielgestaltige. Die Debatte um Joschka Fischers Nachfolge ist längst im Gang, in: Die Zeit 22/2003, S. 4; Mehlitz, Johannes: Steuermann gesucht. Joschka Fischer: Vor dem Sonderparteitag: Die Spekulationen über seine Politkarriere reißen nicht ab, in: RM 23/2003, S. 2.
43 „Er wird missmutig und alt sein." Interview von Patrik Schwarz mit Joachim Raschke, in: taz vom 4.9.2003, S.4. Bei einem Vergleich zwischen Helmut Kohl und Joschka Fischer gelangte Raschke zu dem Ergebnis: Fischer stützte sich „zur Sicherung seiner Herrschaft mehr noch als Kohl auf Charisma. Gemeinsam ist ihnen aber die Stärke, die sie aus informeller Machtausübung ziehen. Denken Sie an das ewige Telefonieren. Ständig gibt es Rüffel oder Zuspruch per Telefon. Parteigremien sind demgegenüber zweitrangig."

cket nahm seine Rolle ernster als die Absichten derer, die sie ihm verschafft hatten. Ähnlich verhält sich Otto Schily als Minister in Berlin."[44]

b. Die große historische Dimension musste weniger bemüht werden, wenn es um das *Verhältnis zwischen Kanzler und Minister* in der Ära Schröder ging. Hierbei wurden unterschiedliche „Figurationen" sichtbar, wie bereits einige wenige Beispiele zeigen.

Wenn Gerhard Schröder kein Interesse daran hatte, „dass ihm seine Minister über den Kopf wachsen"[45], so war diese Einstellung eine Selbstverständlichkeit und überdies in vollem Einklang mit der Verfassung. Der politische Vorteil und „Nutzen" des Kanzlers hatte a priori als Vorteil und „Nutzen" der Minister und damit des Kabinetts insgesamt zu gelten: So könnte man „Kanzlerdemokratie" *auch* beschreiben (freilich eingedenk der spezifischen Regeln der Koalitionspolitik). Umgekehrt musste diese Gleichung nicht in der selben Weise richtig sein: Eigenständige, möglicherweise der Profilierung dienliche Initiativen und Aktionen von Ministern konnten das Bild exekutiver Geschlossenheit beeinträchtigen, programmatische Divergenzen offenbaren und Zweifel an der Führungsstärke des Regierungschefs hervorrufen.

Aber es konnte auch einen gegenteiligen, vielleicht zunächst gar nicht beabsichtigten Effekt geben: Der „Sonderweg" eines Regierungsmitglieds „nützte" dem Kanzler, der Widerstreit bei besonders umstrittenen Problemfeldern erleichterte ihm die Behauptung und Profilierung eigener Positionen. Herta Däubler-Gmelins von rechtlichen Grundsätzen und religiösen Überzeugungen getragene Ansichten über die Lebensfragen der Bioethik unterschieden sich wesentlich von denen des Kanzlers – politisch letztlich auch zu dessen Gunsten: „Diese fast apodiktische Haltung ist für den Bundeskanzler, der lieber ‚ergebnisoffen' diskutiert, unbequem, aber unverzichtbar. Denn Däubler-Gmelins wertgebundene Argumentation erlaubt ihm selbst größere Bewegungsfreiheit. Während die Justizministerin offen strenge Maßstäblichkeit demonstriert, kann Schröder – ohne sofort Argwohn zu erregen – neue Spielräume für die Genforschung ausloten."[46] Eine ähnliche „Funktion", nicht nur in einem Einzelfall, sondern in einem allgemeineren Sinne, wurde auch dem grünen Umweltminister Jürgen Trittin zugeschrieben: Dessen „linke" Standpunkte seien geradezu notwendig gewesen, damit Schröder mittels auch ruppiger Abgrenzung sich um so besser als Politiker der „Mitte" präsentieren

---

44 Busche, Jürgen: In jeder Rolle der Beste, in: BadZ vom 4.1.1999, S. 4.
45 Kühne, Hartmut: Im Abseits. Hans Eichel, in: RM 48/2003, S.2.
46 Klingst, Martin: Expertin für Letzte Dinge, in: Die Zeit 10/2001, S. 2.

konnte.[47] Nicht bekannt ist indessen, ob und inwieweit die Kabinettsmitglieder selbst mit dieser instrumentellen Rolle einverstanden waren.

Wie die Minister selbst ihren eigenen politischen „Nutzen" im Sinne der Erfüllung ihrer Ressortaufgaben mit Unterstützung des Regierungschefs zu wahren versuchten, ist Gegenstand einer weiteren „Figuration" des Verhältnisses zwischen denselben. Ulla Schmidts Start als Gesundheitsministerin im Januar 2001 gefiel dem Bundeskanzler besonders gut. Um ihren ersten Fernsehauftritt bei „Boulevard Bio" live verfolgen zu können, blieb er bei einer Veranstaltung von Wirtschaftsvertretern nicht bis zum Ende; das telefonische Lob folgte auf dem Fuße. Allein die unbeschwerte „Harmonie" dauerte nicht lange. Die Ministerin sei gedemütigt worden, hieß es in der Presse wenig mehr als ein Vierteljahr nach ihrem Amtsantritt, als Schröder in einem Direktgespräch mit Vertretern der Pharmaindustrie, in einem Akt informellen Regierens, deren Beitrag zu einem Sparpaket beträchtlich reduzierte. Auch stellte er der Ministerin für den Entwurf der Gesundheitsreform einen Experten zur Seite, dessen Konzeption sie nur partiell teilte und den sie dann, so die Vermutung, politisch „ins Leere laufen" ließ. Trotz Spannungen blieb Schmidts Loyalität zum Kanzler uneingeschränkt – und ebenso ihre eigene Standfestigkeit, die ihr 2005 den nahtlosen Übergang in die Regierung der Großen Koalition erlaubte.[48]

In ihrer politischen Arbeit vom Kanzler akzeptiert fühlte sich auch Bundesfamilienministerin Renate Schmidt. Dass dies auch der Gesellschaft signalisiert wurde, indem Schröder in einer Regierungserklärung familienpolitischen Fragen zweieinhalb Seiten widmete, empfand sie als „einen ihrer größten Erfolge"[49], wohl wissend, dass der Problemstau in ihrem Verantwortungsbereich mit symbolischer Politik allein nicht aufzulösen war.

Wenn Journalisten ministerielles Verhalten richtig zu deuten wissen, dann erwartete auch Bundesfinanzminister Eichel öffentliche Unterstützung des Regierungschefs. In den ersten Jahren seiner Amtszeit zu den drei populärsten deutschen Politikern gehörend, sah er sich seit 2002 infolge der hohen Staatsverschuldung und des mehrfachen Verstoßes gegen die Maastricht-Stabilitätskriterien erheblicher Kritik ausgesetzt. In dieser Situation entdeckte

---

47 Hofmann, Gunter: Mitte ist auch nur ein Wort, in: Die Zeit 14/2001, S. 3. – Schröder mochte die Abgrenzung von Trittin auch deshalb nicht schwer gefallen sein, weil dieser den Ruf hatte, die „grüne Hypothek im Ministerrang" zu sein (Geis, Matthias: Nicht immer. Aber zu oft. Provokationen, Arroganz- und Agitprop-Getue – Jürgen Trittin wird seinen Politikstil nicht los, in: Die Zeit 13/2001, S. 5).

48 Niejahr, Elisabeth: Schröders Schwester, in: Die Zeit 14/2001, S. 2; Hoffritz, Jutta: Mal hart, und herzlich, in: Die Zeit 9/2003; S. 10; Krimphove, Petra: Stoppschild vom Kanzler. Schröder verhindert die geplante Pflegereform – und düpiert Sozialministerin Ulla Schmidt, in: BadZ vom 29.1.2004.

49 von Billerbeck, Liane: Ein Herz für Krippen, in: Die Zeit 31/2004, S. 7.

man seine „schnellen Seitenblicke bei gemeinsamen Pressekonferenzen auf den Kanzler oder den neuen Superminister Wolfgang Clement: Stimmen die beiden ihm zu? Das ist nicht derselbe Eichel wie früher, als er im Beisein Schröders kess erklärte, es sei gut, wenn der Chef nicht alles selbst mache". Auch stammt von dem Minister die – spätere – Aussage, der Kanzler stehe, was aber nicht heiße, dass er als Ressortchef „jedes Einzelgefecht gewinne. Das kann auch so nicht sein"[50]. Des Kanzlers Rückhalt, wie stark oder schwach zu je unterschiedlichen Zeiten er auch gewesen sein mag, war ihm jedoch insofern von Vorteil, als er entgegen allen Rücktrittsforderungen bis zum Ende der rot-grünen Koalition im Amt verbleiben konnte.

Schlechter erging es Arbeitsminister Walter Riester, dem es als „Neuling" in der Bundespolitik zumindest partiell Schwierigkeiten bereitete, bei seinen Vorhaben die Machthierarchie innerhalb des Kabinetts angemessen zu berücksichtigen. Hatte Schröder ihm noch kurz vor der Bundestagswahl 2002 – vor dem Fernsehpublikum – eine „zweite Halbzeit" in Aussicht gestellt, so folgte doch die Auswechslung. Riesters Reaktion war konsequent: „Ich will nie wieder Minister werden."[51] Der ehemalige Gewerkschaftsführer war ein Beispiel dafür, dass ein Minister Gefahr läuft, sein Amt zu verlieren, sobald in der Kosten-Nutzen-Berechnung des Kabinettschefs der erste Faktor überwog.

c. Die *Art und Weise der politischen Beziehungen zwischen Ministern* ist vor allem dann berichtenswert, wenn diese eher konflikthafter Natur und weniger von reibungsloser Kooperation und Koordination bestimmt sind. Dissens und differente Positionierungen sind „publizitätsfreundlicher" als Darstellungen „normaler", eher unspektakulärer, auf Konsens und Kompromiss beruhender politischer Prozesse und Projekte. Auch lag es im Interesse noch jedes Kanzlers, persönliche Rivalitäten und politische Gegensätze in der Regel so weit als möglich intra muros zu belassen – ein Vorsatz, der freilich nicht immer zu realisieren war. In den wenigsten Fällen spektakulär erlauben sie jedoch, soweit sie öffentlich wurden, Rückschlüsse auf Mechanismen regierungsinterner Auseinandersetzungen in strittigen Politikfeldern und sogleich auf hierarchische Strukturen innerhalb des Kabinetts. Tatsächlich bleiben die meisten (denkbaren) Szenarien im Dunkeln, doch lassen sich anhand weniger ausgewählter Beispiele ebenfalls verschiedene „Figurationen" der interministeriellen Praxis des Verhandelns und Handelns erkennen.

---

50 Herz, Wilfried: Der Mann, der zu viel wusste, in: Die Zeit 49/2002, S. 21; ergänzend: Glotz, Peter: Vater Courage, in: RM 30/2002, S. 13; Reiermann, Christian u.a.: Der Mogel-Minister, in: Der Spiegel 44/2003, S. 22ff.
51 „Ich will nie wieder Minister werden." Walter Riester über seine größten Fehler, Interview, in: taz vom 31.8.2005, S. 4.

Sie gehörten zum sozialdemokratischen Teil des „Regierungslagers", allerdings in unterschiedlicher Intensität: Arbeitsminister Walter Riester als früherer Gewerkschafter und Parteimitglied, Wirtschaftsminister Werner Müller als – nach Ludwig Erhard – zweiter parteiloser Chef dieses Ressorts. Deutlicher indessen teilten sie ein anderes Merkmal: Beiden gemeinsam waren Status und Ruf, politische „Seiteneinsteiger ohne Hausmacht" und Abgeordnetenmandat, ja Außenseiter zu sein, die ihre Berufung in das Kabinett hauptsächlich dem Kanzler-Kalkül verdankten, modernistische und traditionalistische Standpunkte, Arbeitnehmerinteressen und Wirtschaftsinteressen in einer „Neuen Mitte" zum Ausgleich zu bringen. Dennoch gab es zu Beginn des Jahres 2001 in der Frage einer Reform des Betriebsverfassungsgesetzes zwischen beiden Ministern eine öffentliche Auseinandersetzung derart, dass ein Journalist zwei Lokomotiven „in vollem Tempo aufeinander zurasen" sah und Schröder veranlasste, außerhalb des Kabinetts eine die Maximalvorstellungen beider Seiten relativierende Kompromisslösung durchzusetzen.[52] Neben Riester wurde auch Müller bei der Neubildung des Kabinetts im Herbst 2002 nicht mehr berücksichtigt.

Ein weiterer Gegenspieler des Wirtschaftsministers war der grüne Umweltminister Jürgen Trittin. Substanzielle Ressortdivergenzen – besonders bei den Fragen Atomkonsens und Klimapolitik – begründeten eine fast schon „natürliche" Rivalität, mit zunächst im wörtlichen Sinne auch längerer Sprachlosigkeit, die jedoch später, durchaus überraschend, im Bereich symbolischer Politik kooperative Momente einschloss: Nachdem Trittin den CDU-Politiker Laurenz Meyer als „Skinhead" bezeichnet hatte, fand er in dem Kabinettskollegen einen energischen Fürsprecher, der sich im Parlament „mit einer furiosen Rede" gegen die Rücktrittsforderung der Opposition wandte. Und überhaupt fiel Beobachtern das geradezu freundschaftliche Verhältnis beider Minister während der letzten Zeit der gemeinsamen Regierungstätigkeit auf.[53]

---

52 Schuett-Wetschky, Eberhard: Gouvernementale Parlamentskontolle? Politische Führung, Regierungsmehrheiten und das Verhältnis von Parlament und Regierung, in: Holtmann, Everhard/Werner J. Patzelt (Hrsg.): Kampf der Gewalten? Parlamentarische Regierungskontrolle – gouvernementale Parlamentskontrolle, Theorie und Empirie, Wiesbaden 2004, S. 22; Verhandlungen des Deutschen Bundestages, 14. Wahlperiode, Stenographische Berichte, Band 205, 148. Sitzung, 7.2.2001, Berlin 2001, S. 1498f.; o.V.: Der Arbeitsame und der Stille. Walter Riester glaubte bis zuletzt, Arbeitsminister bleiben zu können/Für Werner Müller blieb die Politik eine Episode, in: BadZ vom 8.10.2002.

53 Beste, Ralf/Jürgen Hogrefe: Das letzte Mal, in: Der Spiegel 12/2001, S. 30; suci/vo: Der kauzige Müller, in: Die Zeit. 1/2001, S.30 (wo auch darauf hingewiesen wird, dass Müllers Verhältnis zu Eichel „einen Knacks" erlitten habe); Verhandlungen des Deutschen Bundestages, 14.WP, Stenographische Berichte, Band 206, 161. Sitzung, 29.3.2001, Berlin 2001, S. 15700ff.

Einen solchen erstaunlichen „pointiert positiven-emotionalen level" erreichte offensichtlich die Beziehung zwischen Müllers Nachfolger Wolfgang Clement, seit der Bundestagswahl 2002 als Bundesminister für Wirtschaft und Arbeit im Amt, und Trittin nicht. Eher führten beide einen dauerhaften rotgrünen „Kleinkrieg" um Zielprioritäten, Ressortkompetenzen, politische Einflussmöglichkeiten. Für den Umweltminister gab es eine klare grundsätzliche Differenz auf der Bedeutungsskala: Während der Wirtschaftsminister die manchmal mehr kurzfristigen ökonomischen Interessen zu vertreten habe, müsse er selber die – höherwertigen – „langfristigen Interessen der Umwelt" fördern. Diese unter Beachtung der Folgewirkungen von Entscheidungen sicherlich nicht falsche Perspektive half Trittin jedoch nicht allzu viel: Er hatte, wie Journalisten griffig formulierten, den Koalitionsvertrag, Clement jedoch die Macht. Der sozialdemokratische „Teil" der Regierung zögerte nicht, dieses Faktum auch zu demonstrieren: Trittin und der politischen Öffentlichkeit. An einem informellen Treffen des Kanzlers im Sommer 2003 mit den Vorständen der wichtigsten Energiekonzerne nahm der Wirtschaftsminister teil, eine Einladung an den Kollegen aus dem Umweltressort unterblieb jedoch: dessen Anwesenheit schien, anders als bei Clement und ungeachtet sonstiger „Nutzenerwägungen", nicht vorteilhaft genug gewesen zu sein. Es war dies im übrigen nicht die erste und einzige öffentliche „Demütigung", die sich Trittin gefallen lassen musste. Bereits im Juni 1999 hatte er als Präsident des EU-Umweltrats gegen eine von ihm befürwortete Richtlinie, betreffend die Rücknahmepflicht für Altautos, stimmen müssen – auf Druck des Kanzlers, der im Sinne der Industrie und vor allem des VW-Konzerns handelte und dabei gegenüber dem Umweltminister auch an seine Richtlinienkompetenz erinnert haben soll. Die Erfahrung, an wichtigen Besprechungen im Kanzleramt nicht beteiligt zu werden, machte indessen auch Clement (Sommer 2004), dem ferner die Erkenntnis nicht erspart blieb, dass in der Dauerkonkurrenz mit Trittin dieser bisweilen die – zumindest verbale – Unterstützung des Regierungschefs erhielt.[54] Alles in allem wird bereits bei einem kursorischen, unvollständigen Überblick ein beträchtliches Konfliktpotential zwischen „roten" und „grünen" Regierungsmitgliedern sichtbar – allen ursprünglichen „Projekt"-Ambitionen

---

54 Krach um Autorabatt, Unmöglicher Spagat des deutschen EU-Vorsitzes, in: NZZ vom 25.6.1999, S. 10; Drieschner, Frank/Cerstin Gammelin: Her mit der Kohle, weg mit der Kohle. Als in Amerika die Lichter ausgingen, traf sich der Kanzler mit Deutschlands Strombossen. Ihr Thema: Die Zukunft der Energiewirtschaft. Wer stellt die Weichen – Clement oder Trittin?, in: Die Zeit 35/2003, S. 6; „Fleißkästchen mag ich nicht". Umweltminister Jürgen Trittin über Hyperaktivismus in der Klimapolitik, die Ökosteuer und Chinas Rolle beim Kampf gegen die Erderwärmung. Ein ZEIT-Gespräch, in: Die Zeit 52/2004, S. 27; Rosenkranz, Gerd: Mit heißer Luft in die Krise, in: Der Spiegel 13/2004, S. 50; Beste, Ralf u.a.: Der kraftlose Kanzler, in: Der Spiegel 20/2004, S. 22ff.; Feldenkirchen, Markus u.a.: Sehnsucht nach Stille, in: Der Spiegel 22/2004; S. 22ff.

zum Trotz ein deutliches Zeichen (koalitions-)politischer „Normalität" und dies besonders häufig in den Feldern der Wirtschafts- und Finanzpolitik, der Energie- und Sozialpolitik.

Fischer versus Fischer: Ein letztes Beispiel in der Typologie regierungsinterner, vornehmlich konfliktbestimmter „Figurationen" betrifft den Umgang zwischen grünen Kabinettsmitgliedern. Am bekanntesten wurde ein Vorgang, der im Jahre 2001 zum Rücktritt der grünen Gesundheitsministerin führte. Administrative Mängel bei der Bekämpfung der BSE-Krise, aber auch weitergehende Unzufriedenheit mit der Amtsführung veranlassten den Außenminister, der „Parteifreundin" Andrea Fischer das Ausscheiden aus der Regierung mehr als nur nahe zu legen – ob genau mit den folgenden Sätzen mag umstritten sein: „Du hast das Haus nicht mehr im Griff – Ich kann verstehen, wenn du zurücktreten willst."[55] In seinen Memoiren versuchte Joschka Fischer seine eigene Rolle zu relativieren und als Prävention angesichts einer zu erwartenden Kanzlerreaktion dazustellen, doch gestand er auch ein: Ihn schmerzte die Entscheidung, „Andrea Fischer den Rücktritt nahe zu legen [...], denn sie hatte einen solchen Abgang nicht verdient. Das Groteske der Situation wurde für mich noch dadurch verstärkt, dass ich selbst wegen meiner Vergangenheit am politischen Abgrund balancierte. Mir war auch bewusst, dass ein Rücktritt von Andrea Fischer von Teilen der interessierten Öffentlichkeit und der Opposition als Ablenkungsmanöver meinerseits interpretiert werden würde – was allerdings völliger Unfug war."[56] Im Sog des Amtsverlusts Fischers verlor auch der sozialdemokratische Landwirtschaftsminister Karl-Heinz Funke seinen Ministerposten.

Im Grunde war in der Vorgehensweise des grünen Spitzenpolitikers und Außenministers ein Verhaltensmuster erkennbar, das von Schröder stammte, 1997 von ihm formuliert worden war und das Fischer ungern auf sich selbst angewandt sehen wollte. Wie er als (heimlicher) Vorsitzender die grüne Partei maßgeblich lenkte, so beanspruchte der Kanzler die politische Kursbestimmung innerhalb der Koalition – und zwar als „Koch", der die „Kellner" anwies und anleitete. Noch nach Jahren verdross es den ehemaligen Chefdiplomaten, dass er auf diese Unterscheidung keine spontane Antwort zu geben wusste.[57]

---

55 Zit. nach: Günsche, Karl-Ludwig: Regeln für den Rücktritt. Je wichtiger Minister sind, desto länger halten sie sich, in: BadZ vom 27.4.2005, S. 2.
56 Fischer, Joschka: Die rot-grünen Jahre. Deutsche Außenpolitik – vom Kosovo bis zum 11. September, Köln 2007, S. 372. – Laut Beste/Hogrefe 2001 habe der Grünen-Vorsitzende Fritz Kuhn über die Entlassung Andrea Fischers entschieden.
57 Patrik Schwarz: Das Lachen ist mit den Mächtigen. Wann Gerhard Schröder so gerne zuschlägt. Eine kleine Geschichte der politischen Gemeinheit aus gegebenem Anlass, in: Die Zeit 44/2007, S. 8 – Der Koch-Kellner-Vergleich hatte offensichtlich eine stilbildende Wirkung. Laut einer Fernsehdokumentation (Merkels Macht – Auf den Spuren der Kanzlerin, (Autoren:

4 Regierungshandeln im Lichte einer Befragung rot-grüner Bundesminister

Wer im Kabinett, ursprünglich ein kleines Gemach, sitzt, besitzt – in der Regel – Macht und großen Einfluss. Die Mitglieder der Regierung bilden den „exclusivsten Club" der Republik, die öffentliche Aufmerksamkeit ist ihnen zumindest bei wichtigen Angelegenheiten ihres Kompetenzbereichs sicher, ebenso die permanente Einschätzung und Bewertung ihres Auftretens und ihres Politikstils – sei dieser durch eine mehr zurückhaltende – diskursive Gestaltung, durch Attitüden des forschen Rechthabens und Lautsprechens oder durch die Besetzung der Rolle des „Egos" charakterisiert, wie letzteres wenig liebenswürdig mit Blick auf einige Bundesminister der Regierung Schröder behauptet wurde. Auffallend ist andererseits auch, dass die Ausübung eines Ministeramts manche Politiker wie die grüne Ressortchefin Renate Künast zu einer wohl nicht nur taktisch begründeten Zurückhaltung und Vorsicht bewog: „Was ich vermisse: Ich kann nicht in allen Lebenslagen gleichermaßen witzig oder schlagfertig sein. Da zieht man den Hosenanzug an und füllt diese Rolle aus: Bundesministerin. Und zwischendurch muss ich diszipliniert bleiben und mir klar machen: Renate, was dir gerade spontan eingefallen ist, sagst du jetzt besser nicht."[58]

Über die Meinungs- und Willensbildungsprozesse innerhalb des Verfassungsorgans Bundesregierung geben Antworten Auskunft, die Mitglieder des Kabinetts Schröder aufgrund einer schriftlichen Befragung erteilten. Auf diese Weise wird die Informationsleistung der Medien, als „Außenperspektive" häufig mit Aspekten der Personalisierung und Dramatisierung „garniert", durch eine „Innenperspektive" ergänzt. Auch wenn mit dieser Methode nicht die ganze „Wahrheit" ans Tageslicht befördert werden kann und aus verständlichen Gründen viele bedeutsame, regierungsinterne Diskussionen, Handlungsabläufe und Beschlüsse als Arkanum behandelt werden, ist zumindest bei den angesprochenen Themen eine weitgehende, nicht zuerst auf Publizität zielende Authentizität gegeben. So konnte z.B. auch aufgrund von Interviews mit „politischen Strategieakteuren" ein „situativer, tagesfixierter, wenig kohärenter Führungsstil" von Bundeskanzler Schröder herausgearbeitet werden, „der eine stete Strategieentwicklung behindert habe und manche operative Bemühungen ins Leere laufen ließ."[59]

Stephan Lamby/Michael Rutz, ARD/NDR 2.1.2008) bekannte sich Bundeskanzlerin Angela Merkel, bezogen auf Bundesaußenminister Frank-Walter Steinmeier, zu diesem „alten Spiel".
58 „Ich kann nicht immer schlagfertig sein." Sommerinterview mit Renate Künast (von Robert Mishra und Johannes Mehlitz) in: RM 34/2003, S. 3.
59 Glaab 2007, S.316.

Einleitung

Zehn Minister der Regierung Schröder beantworteten in den Jahren 2006 und 2007 einen ihnen übermittelten Fragebogen. Ein ehemaliges Kabinettsmitglied ergänzte seine schriftlichen Angaben in einem Telefongespräch. Ein früherer Staatsminister im Bundeskanzleramt äußerte sich ausführlich zur Kulturpolitik des Regierungschefs, dem er eine „ungewöhnliche Aufgeschlossenheit in Kunst- und Kulturfragen" bescheinigte.

Von den 25 Bundesministern der Kabinette Schröder beteiligten sich je fünf Frauen und Männer, acht Vertreter der SPD und zwei grüne Politikerinnen, an der Umfrage (= 40%), nicht aber Schröder und Vizekanzler Fischer. Von diesen behielten zwei Ministerinnen ihr Ressort auch nach 2005, eine frühere Ministerin und ein ehemaliger Minister übernahmen in der Zeit der Großen Koalition den Vorsitz ihrer Fraktion. Eine Ex-Ministerin leitete einen Bundestagsausschuss, zwei weitere Politiker gehörten dem Bundestag an, drei andere waren nicht mehr in der Bundespolitik tätig. Alle Antworten beruhen auf Erfahrungen, die in jeweils einem Ressort gesammelt wurden. Dass nicht mehr Stellungnahmen erfolgten, beruhte zum einen auf die auch 2006/07 nach wie vor „prominenten" politischen Aktivitäten weiterer ehemaliger Mitglieder des rot-grünen Kabinetts, zum anderen auf dem Umstand, dass der kurze zeitliche Abstand zum Ende desselben augenscheinlich eine „reservatio mentalis" förderte.

Die Fragen, die den Ministern gestellt wurden, orientierten sich an einer Unterscheidung, die von dem Politikwissenschaftler Theodor Eschenburg getroffen wurde: Er differenzierte zwischen der Rolle des „Ratsherrn im Bundesführungskollegium" und derjenigen des „Befehlshabers in seinem Ressort".[60]

Erster Aspekt: Ministerantworten: Ressortchefs „in ihren Häusern": die Rolle als „Befehlshaber"

Die Fragen betrafen die folgenden Problembereiche und Themen:
a. Leitungsaufgaben innerhalb eines Hauses;
b. Bedeutung und Ausmaß der Unterstützung der Ressortpolitik durch Regierungsparteien und -fraktionen;
c. Umsetzung und Realisierung der Programmvorstellungen der Minister;
d. Politische Ansprechpartner außerhalb des Parlaments.

a. Ein Bundesminister kann von einer erfolgreichen Ausübung seiner Leitungsfunktionen innerhalb seines Hauses vornehmlich dann ausgehen, wenn es ihm gelungen ist, das bürokratische Personal auf seine Person und Politik

---

60 Eschenburg, Theodor: Staat und Gesellschaft in Deutschland, Stuttgart 1960, S. 751.

verpflichten sowie interne Gegenreaktionen und sogar „Widerstände" zu vermeiden. Dazu trägt zweifellos ein Führungsstil bei, der mitarbeiterfreundlich, vielleicht sogar „fürsorglich" ist und z.B. Verteidigungsminister Peter Struck zu einem positiven Image in der Presse verhalf.[61]

Nach eigenen Aussagen hatten mindestens vier der Minister, die sich zu ihrer Rolle als „Befehlshaber" äußerten, keine Probleme bei der Leitung ihres Hauses. Allerdings beklagte sich Bundesfinanzminister Eichel im Jahre 2002 öffentlich, dass „undichte Stellen" im Ministerium seine Regierungstätigkeit beeinträchtigten.[62] Die reibungslose Zusammenarbeit zwischen politischer Führung und Verwaltungsspitze in ihrem Verantwortungsbereich erklärten mehrere Ressortchefs mit ihrer eigenen Orientierung „an der Sache", die unterschiedliche Entwürfe und Vorschläge keineswegs ausschloss. Allerdings fehlte einige Male auch nicht die ministerielle Kritik an dem zu großen Beharrungsvermögen und der zu geringen Innovationsbereitschaft des bürokratischen Apparats – so wie sie auch von Justizministerin Brigitte Zypries bekannt wurde.[63] Nach den Erfahrungen eines Regierungsmitglieds traten massive Widerstände besonders dann auf, *„wenn sich die Beamtenschaft immer aus einem bestimmten politischen Bereich oder einer inhaltlichen Orientierung rekrutiert hat. Ministerien sind auch geschlossene Systeme, die nach bestimmten Regeln vorgehen, sie sind nicht durchlässig, was ja schon an der Regelung mit den Beamten liegt. Es gibt Ministerien, wo weit über die Hälfte aller Mitarbeiter von drei Studiengängen in Deutschland kommt. Und wie kann man dem begegnen?"*

Diese Frage stellten sich auch verschiedene Ressortchefs, deren Antworten sich in der Summe teilweise wie Aussagen für ein „Vademecum" zur Optimierung des Umgangs mit der Ministerialbürokratie lesen. So erwies sich regelmäßiges Aktenstudium ebenso als vorteilhaft wie eine frühzeitige Einschaltung des Ministers in die Vorbereitung von Entscheidungen. Die *„im Ministerium deutlich sichtbare Hierarchie* (wurde) *immer dort ganz bewusst durchbrochen, wo [...] das sinnvoll erschien"*, und dies bedeutete eine Stärkung der Position der Referenten in den Ministerien, wobei je nach Minister diese allerdings auch *„ständig mit einem Anruf meinerseits rechnen mussten (durften)"*. Geradezu Merkmale eines Rezepts enthalten die folgenden Empfehlungen: *„Sich konzentrieren, was sind die Kernfragen und Aufgaben, die in den nächsten Tagen zu erledigen sind und diese dann systematisch durch-*

---

61 Wandt, Christian: Vom Lückenbüßer zum guten Kumpel. Ein Jahr im Amt: Wie sich Peter Struck als Verteidigungsminister Respekt verschafft hat, in: BadZ vom 12.7.2003.
62 Herz 2002, S. 21.
63 Klingst, Martin: Erst gelehrige Schülerin, nun belehrende Konkurrentin. Die neue Justizministerin Bigitte Zypries tritt aus dem Schatten ihres ehemaligen Dienstherrn Otto Schily, in: Die Zeit 44/2002, S. 2.

führen: Eckpunkte machen, Linien vorgeben und dann delegieren an Personen, die die Kompetenz und den Willen haben, dafür Sorge zu tragen, dass das umgesetzt wird." Insgesamt wurde augenscheinlich dem Kontrollaspekt eine erhebliche Bedeutung beigemessen, während das Gebot politischer Loyalität der Beamten gegenüber dem Minister kaum ein Problem war.

b. Für ein Regierungsmitglied stellt eines der wichtigsten Handlungsfelder die intensive, auf politischen Rückhalt zielende Kooperation mit (den Führungen) der eigenen Partei und Fraktion dar. Verzichtete es jedoch weitgehend auf entsprechende Kontakte, z.B. mit der ihm nahestehenden Fraktion, beging es zweifellos einen schweren Fehler, der längerfristig nicht karrierefördernd wirkte.[64] Sechs Politiker zeigten sich zufrieden mit der Unterstützung, die sie aus den eigenen Reihen erhielten, teils weil sie ständig, manchmal wöchentlich in Fühlung waren mit den Fraktionsspitzen, teils weil ihre Kompromissbereitschaft honoriert wurde. Schwerer hatten es diejenigen, die „als von außen kommende Wettbewerber" agierten und keine Machtbasis in ihrer Partei besaßen. Kam noch ein „Moment der Schwäche" hinzu, konnte es um die Unterstützung schnell geschehen sein. Für zwei sozialdemokratische Ressortchefs war die Zusammenarbeit nicht spannungsfrei, was aber, wie in einem Fall bemerkt wurde, nicht ausschloss, dass sie *„notwendig, sinnvoll und fruchtbar"* war.

c. Wenn Spitzenpolitiker nach ihrer Leistungsbilanz gefragt werden, fällt die Antwort in der Regel positiv aus; und dies bis zu einem gewissen Grad legitimerweise, weil niemand es sich leisten kann, ein Scheitern bei dem Versuch der Realisierung der eigenen Programmvorstellungen einzugestehen; zum anderen, weil oft tatsächlich auch – mehr oder weniger große – Erfolge erzielt werden. Dies traf ebenso auf die zehn Minister zu, die sich zur Verwirklichung ihrer programmatischen Ziele äußerten. Alle berichteten von einem Gelingen ihrer wichtigsten Vorhaben, jedoch mit Nuancen: So war dies „in großem Umfang" der Fall oder „sehr weitgehend" und „weitgehend", wobei durchaus das Bewusstsein vorhanden war, dass es für etwaige fundamentale politische Neuerungen Grenzen der Umsetzung gab. So lag der Ratschlag einer früheren Ministerin nicht fern: *„Man muss sich Schwerpunkte setzen,*

---

64 So wurde z.B. über Ex-Wirtschaftsminister Werner Müller berichtet: „Erst in Bonn, später in Berlin kokettierte er während seiner vier Amtsjahre damit, dass er eigentlich gar nicht richtig dazu gehöre, kein Parteibuch besitze, keinen sozialdemokratischen Stallgeruch habe. Viele in der SPD-Fraktion misstrauten ihm – und auch er misstraute vielen. Selten sah man ihn auf Sitzungen der SPD-Fraktion, lieber saß er in seinem riesigen Ministerbüro an der Invalidenstraße, dessen Dimension sogar die des Kanzlerbüros übertraf" (Büschemann, Karl-Heinz/Ulrich Schäfer: Der Energiegewinner. Werner Müller: Ein Mann, der ohne Kohle richtig einheizen will, in: SZ vom 30.11.2006, S. 3).

die grundsätzlichen Weichenstellungen finden und dann richtig führen. Konzentration auf Schwerpunkte heißt, dass man regelmäßig Besprechungen hat, Leitungsvorlagen erstellen lässt und dann festlegt, nach welchen Kriterien zu entscheiden ist oder sich Eckpunktepapiere vorlegt und diese durchgeht und dann entscheidet. So entsteht auch eine Bindung ins Haus."

d. Dass Verbände, Interessenvereinigungen, „Gruppen" zu den wichtigsten außerparlamentarischen Ansprechpartnern der Minister der rot-grünen Bundesregierung gehörten, ist nicht überraschend und in Übereinstimmung mit Aussagen von Mitgliedern der Vorgängerregierung; ebenso wenig das mehrfache positive Urteil über die Vorteile von Sondierungen und Kontakten mit gesellschaftlichen Organisationen: *„Die Vielfalt der interessengeleiteten Argumente sicherte Entscheidungen ab."* Im Vergleich zum Kabinett Kohl scheinen die NGO`s (Non-Governemental-Organisations) eher Zugang zu den Ressorts der Regierung Schröder gefunden zu haben, auch spielten bei ihr Kontakte mit Einrichtungen auf EU-Ebene eine beträchtliche Rolle. Wohl einen Sonderfall stellt eine Konstellation dar, die aus einer interessenpolitischen „Rivalität" zwischen dem Kanzler und einem Regierungsmitglied im gleichen Politikfeld resultierte. In Ausbildung einer Gegenposition zu den Einflussnahmen der vom Regierungschef favorisierten Gruppierungen erfolgte eine Kooperation mit konkurrierenden Interessenvertretungen. Dieser Versuch einer „Ausbalancierung" konträrer Einflüsse erwies sich jedoch zuletzt als *„nicht vollständig gelungen"*.

In einer weiteren Aussage wurden diejenigen als bedeutsame Ansprechpartner außerhalb des Parlaments bezeichnet, *„für die die Politik bestimmt ist"*. Wörtlich genommen dürfte diese etwas pathetisch-allgemeine Adressatenorientierung nicht zu weitgehend als Ausdruck praktischer Politik verstanden werden.

Laut Ex-Umweltminister Trittin behinderte vor allem das Ressortprinzip eine einheitliche Regierungskommunikation – aus der Sicht eines ehemaligen Ressortchefs keine selbstverständliche Behauptung. Verantwortlich für dieses Faktum sei ungeachtet der jeweiligen Parteisympathien eine in jedem Haus anzutreffende „corporate identity" gewesen, die dazu führte, dass „ein Mitarbeiter im Umweltministerium mit christdemokratischem Parteibuch in der Regel der Sache der Umwelt verpflichtet war, während ein sozialdemokratischer Mitarbeiter im Wirtschaftsministerium zunächst im Interesse des Wirtschaftsministeriums handelte und nicht unbedingt dem Sozialstaat verpflichtet war"[65]. Wie die Aufgabe einer einheitlichen Willensbildung auf der höchsten

---

65 Trittin, Jürgen: Regierung – Macht – Medien. Möglichkeiten und Grenzen von Regierungskommunikation, in: Göhler, Gerhard/Cornelia Schmalz-Jacobsen/Christian Walther (Hrsg.):

Regierungsebene gelöst werden kann, ist eine Frage an die Fähigkeit, die Bereitschaft und die Mechanismen der Integration unterschiedlicher politischer Ansätze und Zielsetzungen im Rahmen des Kabinettssystems.

Zweiter Aspekt: Ministerantworten: Die Mitgliedschaft im Bundeskabinett: die Rolle als „Ratsherr":

Die Fragen betreffen die folgenden Problembereiche und Themen
a. Die Bundesminister als Adressaten der Richtlinienkompetenz des Bundeskanzlers;
b. Modalitäten der regierungsinternen Entscheidungsfindung;
c. Koalitionspolitische Einwirkungen auf die Beratungen und Beschlüsse der Bundesregierung.

a. Wie die *Befugnis des Bundeskanzlers, die Richtlinien der Politik zu bestimmen,* in der „Theorie" zu unterschiedlichen Bewertungen führen kann, so ist auch ihre „praktische" Umsetzung nicht einfach zu erfassen. Mag auch bis zu einem gewissen Grad „eine Art von Verflüssigung der Richtlinienkompetenz" vorkommen (Karl-Rudolf Korte/Manuel Fröhlich), so bleibt sie dennoch ein je nach persönlichen Konstellationen und politischen „Figurationen" dem Regierungschef singulär verfügbares unentbehrliches Führungs- und Steuerungsinstrument. Der Erklärung und Charakterisierung desselben im Falle der Regierung Schröder dienten u.a. auch diverse Umschreibungen: die Stilisierung bedeutsamer politischer Agenden zur „Chefsache", die ohne Ansiedlung auf der höchsten Ebene schwerlich Lösungen erfahren würden; das Aussprechen öffentlicher „Machtworte", in den Augen von Ex-Kanzler Helmut Schmidt allerdings nicht gerade ein Musterbeispiel demokratischen Verhaltens, als finale Methode der Entscheidungsfindung.[66] Bekannt wurde eine Praktizierung der Richtlinienkompetenz z. B. im Jahre 1999, als Trittin, wie bereits erwähnt, auf Geheiß Schröders im Europäischen Rat die Altautorichtlinie zum Scheitern brachte.[67] Was dem einen Minister zweifellos zu viel war, vermisste z.B. ein anderer und so konnte ein Kabinettskollege öffentlich den

---

Macht und Medien. Über das Verhältnis von Politik und Kommunikation, Frankfurt a.M. u.a. 2007, S. 100.
66 Mertes, Michael: „Basta!", ruft der Boss. Richtlinienkompetenz im Zeichen der Telepolitik, in: RM 9/2001, S. 3; „Demokraten sollten keine Machtworte sprechen". Auf eine Zigarette mit Helmut Schmidt (Gespräch mit Giovanni di Lorenzo), in: Zeitmagazin Leben 39/2007, S. 62.
67 Ostheim, Tobias: Praxis und Rhetorik deutscher Europapolitik, in: Egle, Christoph/Tobias Ostheim/Reimut Zohlnhöfer (Hrsg.): Das rot-grüne Projekt. Eine Bilanz der Regierung Schröder 1998-2002, Wiesbaden 2003, S. 361ff.

Bundeskanzler auffordern, seine Kompetenz wahrzunehmen und mit ihrer Hilfe regierungsinterne Differenzen beizulegen.[68]

Die Frage, inwieweit Bundeskanzler Schröder von seiner Richtlinienkompetenz Gebrauch machte, wurde von Ministern seines Kabinetts in der Grundtendenz weitgehend einheitlich, hinsichtlich der Einschätzung der *konkreten* politischen Relevanz jedoch mit unterschiedlicher Akzentuierung beantwortet – wohl auch aufgrund differenter Wahrnehmungsmodi. Keines der zehn Regierungsmitglieder, das sich dazu äußerte, verbrachte seine Amtszeit in einem gleichsam richtlinienfreien politischen Vakuum. Der Richtlinienkompetenz des Regierungschefs begegneten sie in der einen oder anderen Weise: als Wissen, dass dieser über sie verfügte und sie falls erforderlich anwenden konnte; und dies auch in der Erkenntnis, wie ein Exminister feststellte, *„wann ich zu fragen hatte, um unnötige Kollisionen zu vermeiden"*. Mehrere Politiker gaben an, *„so gut wie nie"*, *„selten"*, – als Ausnahme –, *„also nur wenn nötig"* eine formale Anwendung der Richtlinienkompetenz erlebt zu haben; wenn dies aber geschah, dann, wie zweimal berichtet wurde, *„meist nachdrücklich"* oder *„wenn erforderlich, sehr nachdrücklich"*. Wohl untypisch, aber sicherlich nicht konsensfördernd war der Anruf des Kanzleramtsministers bei einem Kabinettsmitglied, der nicht eine *„freundschaftliche Information"*, sondern *„eine Weisung im Rahmen der Richtlinienkompetenz"* des Bundeskanzlers enthielt; die erbetene schriftliche Bestätigung wurde nicht erteilt. Ein Mitglied der grünen Partei erinnerte sich an Fälle, in denen der Bundeskanzler, statt seine Kompetenz zu bemühen, einfach sagte: *„Tu`s mir zuliebe"*. Diese sanfte Methode war zweifellos in den meisten Fällen sinnvoller als der Weg der strengen Anordnung. Ein Minister wäre nach eigenem Bekunden zurückgetreten, wenn ihm gegenüber ein solcher beschritten worden wäre.

Überhaupt beruhte nach Ministeransicht die Fähigkeit zur politischen Führung nicht allein auf den Möglichkeiten, welche die Richtlinienkompetenz dem Kanzler bot. Auf diese war in den Augen eines sozialdemokratischen Kabinettsmitglieds nicht angewiesen, wer in Partei, Fraktion und Öffentlichkeit über eine starke Stellung verfügte. Überdies schließe das Ressortprinzip Eingriffe in Detailangelegenheiten aus. Der Rekurs auf die Kompetenz sei immer *„ein Zeichen von Schwäche"*. Ähnlich eine grüne Ministerin: Wer von dieser Befugnis Gebrauch machte, hatte nach ihrer Ansicht *„schon verloren. Bundesminister – davon gibt es ja nur wenige in Deutschland, das sind schon*

---

68 So hatte z.B. Arbeits- und Wirtschaftsminister Wolfgang Clement festgestellt: „Der Bundeskanzler bestimmt die Richtlinien der Politik. Wenn es zu keiner Einigung kommt, muss er eine Einigung herbeiführen" (zit. nach: Pichler, Roland: Der Kanzler soll Position beziehen. Wirtschaftsminister Clement legt sich mit den Grünen an – weil er Unterstützung will für seinen wirtschaftsfreundlichen Kurs, in: BadZ vom 24.3.2004, S. 2).

Einleitung 63

herausgehobene Positionen. Und keiner lässt sich gerne in sein Ressort hineinregieren." Hier bestätigte sich wieder eine allgemeine Erfahrung: Regierungspolitik ist in der Regel das Werk machtbewusster Kanzler und selbstbewusster Minister.

b. Die *Modalitäten der regierungsinternen Entscheidungsfindung* waren vielfältig. Nicht oft dürfte eine Kabinettsentscheidung so zustande gekommen sein, wie sie in einer Zeitung geschildert wurde: „Als er (Wirtschaftsminister Müller) einmal im Kabinett gegen einen Beschluss wettern wollte, stellte der Kanzler einfach fest, bevor sich Müller überhaupt zu Wort melden konnte: ‚Also Vorlage mit vierzehn gegen eine Stimme angenommen. Nicht Werner, du hättest doch sowieso dagegen gestimmt'."[69] Vielleicht fand dieser Vorgang nicht genau in dieser Weise statt, doch außergewöhnlich war, abgesehen von den angeblichen besonderen Umständen des „Modus" der Abstimmung, bereits die Annahme einer selbstverständlichen Kabinettsabstimmung. Nach Ministerauskunft wurden nämlich kaum Mehrheitsentscheidungen getroffen, vielmehr in den gewöhnlich kurzen Kabinettssitzungen die *„vom Apparat ausgearbeiteten Vorlagen"* bisweilen nach einer Diskussion zur Klärung der grundsätzlichen Seiten einer politischen Materie oder eines Problems „verabschiedet". Dem ex officio für die interministerielle Konsensfindung hauptverantwortlichen Bundeskanzleramt und seinem Chef, dem späteren Bundesaußenminister der Großen Koalition, Frank-Walter Steinmeier, bescheinigten Mitglieder des rot-grünen Kabinetts eine große Koordinierungseffizienz.[70] In der Bewertung eines prominenten sozialdemokratischen Ministers: Der Chef des Bundeskanzleramts *„bereitete die Kabinettssitzungen so detailliert vor, dass alle Ressorts stets auf Ballhöhe waren und nur in Ausnahmefällen noch Streitigkeiten im Kabinett selbst bereinigt werden mussten. Dieser nicht hoch genug einzuschätzenden Arbeit Steinmeiers ist es zu verdanken, dass ‚show downs' in der Sache konkurrierender Ressorts im Kabinett fast immer vermieden werden konnten und Minister die Vorlagen ihres Hauses nicht durch einen Verweis auf die Richtlinienkompetenz des Kanzlers im Kabinett begra-*

---

69 Falke, Jutta/Hartmut Kühne: Das große Experiment. Werner Müller. Wie es einem Seiteneinsteiger in der Politik ergeht, in: RM 7/2001, S. 2.
70 Über das Bundeskanzleramt in der Ära Schröder informieren u.a.: Perger, Werner A.: Dr. Makellos. Frank-Walter Steinmeier, der Chef des Bundeskanzleramtes, wäre gerne Architekt geworden. Stattdessen baut er an Schröders Erfolg, in: Die Zeit 36/2000, S. 2; Schlesinger, Katja: Metamorphosen in der Machtzentrale. Wie es Gerhard Schröder gelungen ist, das Kanzleramt ganz auf seine Person zuzuschneiden, in: RM 1/2002, S. 6; Leinemann, Jürgen: „Ich bin nicht der Stellvertreter", in: Der Spiegel 17/2003, S. 46ff.; Walter, Franz/Kay Müller: Die Chefs des Kanzleramtes: Stille Elite in der Schaltzentrale des parlamentarischen Systems, in: ZParl 3/2002, S. 495ff.; ferner allgemein: Korte, Karl-Rudolf/Manuel Fröhlich: Politik und Regieren in Deutschland. Strukturen, Prozesse, Entscheidungen, Paderborn u.a. 2004, S. 81ff.

ben mussten. Natürlich hat die aktive Vorfeldkommunikation des Kanzleramtschefs auch zu abgeänderten Entscheidungen einzelner Ressorts geführt, ohne allerdings Gesichtsverluste zu provozieren."

Wer nicht nur mit dem Bundeskanzleramt und über dieses politische Kontakte pflegte, sondern auch den direkten Zugang zum Regierungschef selbst suchte, hatte augenscheinlich gute Chancen, dies zu erreichen. Schröders bei der Außendarstellung sichtbaren Kommunikationstalente korrespondierte die Überzeugung von der Wichtigkeit der internen Regierungskommunikation. Mehrere Mitglieder seines Kabinetts bemerkten zu diesem Thema, wie problemlos nach Vermittlung durch das Vorzimmer sich Gesprächsmöglichkeiten ergaben – und zwar, wie betont wurde, *„jeder Zeit"*. Außerhalb der Regierungszentrale bot sich zudem häufiger Gelegenheit *„in einem kurzen Sidestep bei den vielen Partei- und Regierungstreffen"*. Allerdings galt es auch kommunikative Konkurrenz im Blick zu behalten: Ein ehemaliges Mitglied der Regierung bedauerte in kritischer Tendenz, *„dass der Bundeskanzler auch für Industrielle, Verbands- und Wirtschaftsführer zu sprechen war, wenn diese unmittelbar bei ihm gegen ein – durch die Koalition beschlossenes, aber ihnen nicht passendes – Reformvorhaben intervenieren wollten. Da musste man dann immer auf Wege sinnen, deren unmittelbare Einflussnahme zu konterkarieren".*

Widersprüche hatten Minister aber auch auf andere Art und in ihrer engeren politischen Umgebung gewärtig zu sein. „Ratsherren" waren nämlich Teil und Beteiligte eines Systems gegenseitiger politischer Einflussnahmen und Interessenvertretung. Acht Ressortchefs berichteten von Fällen, in denen sich Minister mit ihren Vorlagen gegen Kabinettskollegen nicht durchzusetzen vermochten bzw. – durch *„die aktive Vorfeldkommunikation Steinmeiers"* vermittelte – erheblich abgeänderte Entscheidungen hinnehmen mussten. Im einzelnen genannt wurden hierbei z.B. Initiativen einer Ministerin, deren Arbeit vom Bundeskanzler *„gering"* bewertet worden sei; sowie der erste Finanzminister der Regierung Schröder, in dessen Bereich es vor dem Rücktritt *„zu derartigen Vorfällen"* gekommen sei. Angesichts *„harter Kämpfe zwischen den Ressorts"* agierten die „Profis" in den Ministerämtern natürlich mit taktischem Kalkül, indem sie, ähnlich wie z.B. bei Tarifauseinandersetzungen, bei Verhandlungen Maximalpositionen aufbauten, damit sie bei den fälligen Kompromissen höchstmöglichen Gewinn bei Vermeidung (zu) großer Verluste erzielten. Da nach Auskunft eines ehemaligen Regierungsmitglieds jeder Kollege nach dieser Maxime handelte, hing zusätzlich der Erfolg wesentlich vom jeweiligen politischen Geschick und vom Ausmaß der Unterstützung seitens weiterer einflussreicher Akteure ab.

Wie Regierungsmitglieder mitunter Abstriche an ihren Vorstellungen und Vorlagen hinnehmen (müssen), so sind sie aber dadurch auch öfters in der

Lage, qua Kollegialprinzip Vorgänge und Entscheidungen anderer Fachressorts zu beeinflussen. Mit unterschiedlicher Akzentuierung bestätigten alle Minister, welche die Fragen zur rot-grünen Regierungspraxis beantworteten, auch die „umgekehrte Richtung" der gegenseitigen Einwirkung im Rahmen des Kabinettsprinzips: Konnten kollegiale Einflussnahmen je nach Politikfeld oder Interessenkonstellation einen Bundesminister gleichsam in eine „Objektposition" versetzen, so galt es aber auch die eigene „Rolle als regierungspolitisches Subjekt" bezüglich anderer Ressortchefs zu gestalten. Grundsätzlich hielten alle zehn Minister eine solche Praxis für normal, ja weithin für sinnvoll; auch hätten, so eine Begründung, „ausgeprägte Individualisten" das Kollegialprinzip besonders geschätzt. In dieser Hinsicht scheint vornehmlich Innenminister Schily hervorgetreten zu sein, der „eine Art Allzuständigkeit für sich" beanspruchte, und der sich häufig in andere Ressorts, deren politische Spitze er „nicht für schlagkräftig" hielt, eingemischt habe. Für die meisten Ressorts wurden indessen die „Überschnittsbereiche" als unproblematisch angesehen. Ein Mitglied der Regierung verwies darauf, dass bei prinzipiellen Fragen in der Regel die jeweiligen Kompetenzen und Konzepte im Regierungskollegium beachtet wurden, und ebenso sollten die Standpunkte und Absichten der Regierungsfraktionen nicht unberücksichtigt bleiben: *„Wenn man ein Ressort hat, dann will man das so ausprägen, wie man es für richtig hält und wie es im Interesse der Wählerschaft und der eigenen Partei ist und das muss man untereinander respektieren."* Und weil Konflikte oft schon im Vorfeld hauptsächlich durch das Bundeskanzleramt geklärt worden seien, habe im Kabinett *„ein allgemein politisches Räsonieren"* überwogen.

c. Im Hinblick auf die Frage, welche Bedeutung die *Beschlüsse der Koalitionsausschüsse* besaßen, liegen differenzierte Antworten von sechs Ministern vor. Selbstverständlich wurden diese von niemandem für gering erachtet, doch in der Bestimmung ihrer Reichweite variieren die Sichtweisen. Für vier Regierungsmitglieder spielten diese eine zentrale Rolle, ja – in der strengsten Formulierung – es seien die Kabinettsentscheidungen durch diese „determiniert" gewesen. Zwei ehemalige Minister teilten nicht diese Zuschreibung, einer von ihnen, Inhaber eines klassischen Ressorts, bevorzugte bei der Problemlösung die *„direkte Kommunikation"* mit Kanzler und Vizekanzler. Da ein solcher Weg wohl nicht für alle Angehörigen des Kabinetts gleich gangbar und er letztlich auch nur begrenzt mit den Imperativen einer Mehrparteienregierung kompatibel war, ist auch für die rot-grüne Bundesregierung – wie für die Vorgängerinnen – die Relevanz des koalitionspolitischen Managements im Vorfeld der formalen Kabinettsentscheidungen hoch zu veranschlagen.

Dritter Aspekt: Ministerantworten: Auswirkungen der Föderalismusreform auf das Regierungshandeln

Mit einer abschließenden Einzelfrage, die von fünf Bundesministern und einem Staatsminister der Regierung Schröder beantwortet wurde, sollte ein Blick in die Zukunft gewagt werden. Die meisten erwarteten keine Veränderungen in der Regierungspraxis; nur ein Ex-Minister prognostizierte erhebliche und zugleich nicht positive Neuerungen. Bedauert wurde der Kompetenzverlust des Bundes in der Kulturpolitik.

Wichtiger als die Föderalismusreform war für einen früheren SPD-Ressortchef, dass bei der Kanzlerin Merkel *„die Kabinettssitzungen offensichtlich einen anderen Stellenwert als bei Schröder"* besitzen würden. Diesen Eindruck gewann aus eigener Erfahrung auch ein Staatsminister der Großen Koalition, der die „Debattenkultur" im Kabinett Merkel deutlich besser im Vergleich zur Vorgängerregierung bewertete.[71] Ob bei Schröder, wie in der Presse kolportiert wurde, Widerspruch erwünscht war, aber nicht berücksichtigt wurde, mag, da dies eine in der Tat „widersprüchliche" und wenig effektive Verhandlungsführung gewesen wäre, nicht die gewöhnliche Praxis gewesen sein. Doch wurde auch von Ministerseite mitgeteilt, dass der Kanzler Widerworte häufiger *„höchst ungnädig"* aufgenommen habe. Und so besitzt diese journalistische Schilderung des Kabinettsstils in der rot-grünen Ära einige Plausibilität: Die „Damen und Herren aus dieser Runde" erzählten gelegentlich, es gehe „ziemlich geschäftsmäßig zu, wenn der Kanzler Regie führt. Dann wird nicht fröhlich parliert, fast nie, nur wenn Joschka Fischer den Boss vertritt, zieht Lockerheit ein. Gerhard Schröder ist verblüffend schnell an einem Punkt angelangt, den zu erreichen Helmut Kohl erheblich länger gebraucht hat: Er wird als Hausherr voll anerkannt, um das Mindeste zu sagen".[72]

5 Exkurs: Bundeskanzler und Bundesminister im Vergleich

George Washington, Abraham Lincoln, Franklin D. Roosevelt – meist in dieser Reihenfolge befinden sich an der Spitze der Liste bedeutender amerikanischer Präsidenten drei „Heroen" der US-Geschichte, die – sei es als Gründungspräsident Ende des 18. Jahrhunderts, als Sieger im Bürgerkrieg und Be-

---

71 So Gernot Erler, Staatsminister im Auswärtigen Amt, zit. nach: Hupka, Stefan: Alphatiere kommen weit, aber kommt das Land mit ihnen weiter?, in: BadZ vom 28.3.2007, S. 3. – Zum Politikstil der Kanzlerin ausführlicher: Bannas, Jürgen: Sie inszeniert sich nicht. Angela Merkels Stil, in: FAZ vom 22.11.2006, S. 3.
72 Hofmann 2001, S. 3.

wahrer der Einheit der Nation, sei es als „Begründer der modernen amerikanischen Präsidentschaft" und im Zweiten Weltkrieg „die letzte Hoffnung der Demokraten und die eigentliche Alternative zu Hitler" (Detlef Junker) – zeitgenössische Anerkennung und späteren „Ruhm" erlangten. Immer wieder beteiligten sich amerikanische Wissenschaftler, Historiker und Politikwissenschaftler sowie Publizisten an Rankings zur Ermittlung der „besten" Präsidenten, begaben sie sich auf die Suche nach geschichtlichen „Größen". Diese Methode ist fester Bestandteil der historisch-politischen Kultur der Vereinigten Staaten.[73]

Das Denken in Rangfolgen sowie vergleichende Bewertungen sind auch in Deutschland nicht unbekannt. Eine Publikumsbefragung des Zweiten Deutschen Fernsehens mit dem Ziel, die „100 größten Deutschen" zu bestimmen, bescherte Gründungskanzler Konrad Adenauer den ersten Platz, vor Martin Luther und Karl Marx. Vordere Ränge erreichten die Kanzler Willy Brandt (Platz 5), Helmut Kohl (Platz 13), Helmut Schmidt (Platz 21) und Ludwig Erhard (Platz 27). Gerard Schröder, nach dem Volksschauspieler Willy Millowitsch und vor dem Künstler Joseph Beuys, kam auf Platz 82. Dem Regierungschef der ersten Großen Koalition, Kurt Georg Kiesinger, blieb ein Rang sogar unter den – vermeintlich – zweihundert wichtigsten Deutschen versagt.[74]

Allein Abstimmungen eines Fernseh-Millionen-Publikums sind nicht die einzige Methode zur Bildung von Persönlichkeitsrankings. Auch „informierte einzelne", z.B. Historiker, Politikwissenschaftler und Journalisten, betreiben das „Rangfolge-Spiel" – zwecks Erkenntnisgewinn und bisweilen auch auf einen Unterhaltungswert hoffend. Theodor Eschenburgs „Notenspiegel" der Regierungschefs in drei politischen Systemen, vom Kaiserreich bis zur Bundesrepublik, reichte von „überragend" bis „Versager", verteilte an Bismarck und Stresemann die Höchstnote und setzte die „klägliche Gestalt Papens" an das Ende der Skala. „Was die Bundesrepublik angeht, so zählte natürlich Adenauer zu den überragenden Kanzlern. Ich habe auch keinen ihrer Regierungschefs als Versager empfunden, auch Erhard nicht, trotz seines raschen und unrühmlichen Endes. Kohl klassifizierte ich an der oberen Grenze des Mittelmaßes. Was mich aber selbst verwunderte, war der Umstand – und deshalb berichte ich hier von meinem Rangfolge-Spiel –, dass ich Willy Brandt und

---

73 Pfiffner, James P.: Ranking the presidents: continuity and volatility, in: White House Studies, January 2003 (http://findarticles.com/p/articles/mi_m0KVD/is_1_3/ai_109025096/print); Opinion Journal from the Wall Street Journal, Presidential Leadership, The Rankings, 12.9.2005 (http://www.opinionjournal.com/forms/printThis.html?id=110007243); Gellner, Winand/ Martin Kleiber: Das Regierungssystem der USA. Eine Einführung, Baden-Baden 2007, S. 81f.
74 Deutschlands Bester: Konrad Adenauer (http://unserebesten.zdf.de/ZDFde/druckansicht/31/ 0,6911,2085567,00html).

Helmut Schmidt als herausragend glaubte einschätzen zu müssen, den einen wegen seiner Außenpolitik, den anderen wegen des gesamten Zuschnitts seiner Politik."[75] Andere Vergleiche galten den jeweiligen spezifischen Rollen und Positionen der Kanzler im politischen System. So wurden z.B. Adenauer, Schmidt und Kohl, auch Schröder, trotz Problemen mit der eigenen Partei, als „Macher", Erhard und Kiesinger und auch Merkel nach der Erfahrung ihrer frühen Regierungszeit als „Vermittler" und Brandt als eine Art „Kompromisspolitiker", der beide Tendenzen verkörperte, eingestuft.[76] Entweder eine positive Charakterisierung oder eine negative Beurteilung „verdienten" sich die Kanzler überdies je nach dem Grad ihrer Positionierung im politischen Handlungsfeld (und entsprechend der variablen Komplexität desselben): Einer politikwissenschaftlichen Analyse zufolge waren am ehesten Adenauer und Schmidt „starke" Kanzler, zumal sie den Vorteil besaßen, keiner Großen Koalition vorstehen zu müssen, wie Kiesinger, der vor allem deshalb der „schwächste" Kanzler in der bisherigen Geschichte der Bundesrepublik gewesen sei.[77] Auf der Suche nach „charismatischen Führern der deutschen Nation", im Sinne Max Webers, stießen Historiker auf drei Bundeskanzler, Adenauer, Brandt und Kohl – während die übrigen Regierungschefs augenscheinlich der „Gnadengabe" entbehren.[78]

Wie wenig „glücklich", ja problematisch es sein kann, wenn in einem epochenübergreifenden Ansatz die Erfolge und Defizite handelnder Politiker mit den Leistungen und Fehlleistungen geschichtlicher Persönlichkeiten verglichen, „vermessen" werden, erfuhr Bundeskanzler Schröder im Jahre 2003, als in kritischer Absicht Bezüge und Analogien zwischen seiner Politik und derjenigen früherer Regierungschefs im Kaiserreich und in der Weimarer Republik formuliert und konstruiert wurden.[79] Dabei pflegte, wie es scheint, die Regierung Schröder selbst einen sehr pragmatischen Umgang mit historischen Parallelen und politischen Rangfolgen. Eine im Auftrag Schröders im Kanzleramt erarbeitete Expertise kam nämlich zu dem Schluss, dass vier Vorgänger – Adenauer, Brandt, Schmidt und Kohl – als „große Kanzler" zu klassifizieren seien, und dies vor allem wegen ihres ausgeprägten außenpolitischen

---

75 Eschenburg, Theodor: Letzten Endes meine ich doch. Erinnerungen 1933-1999, Berlin 2000, S. 229.
76 Schmidt, Manfred G.: Das politische System Deutschlands. Institutionen, Willensbildung und Politikfelder, München 2007, S. 175.
77 Helms, Ludger: Regierungsorganisation und politische Führung in Deutschland, Wiesbaden 2005, S. 133.
78 Möller, Frank (Hrsg.): Charismatische Führer der deutschen Nation, München 2004, S. 171ff., 219ff., 259ff.
79 Güntner, Joachim: Prophetie – der Reiz historischer Vergleiche. Kanzler Schröder als Bismarck, Brüning und Wilhelm II., in: NZZ vom 14. 2. 2003, S. 33.

Einleitung 69

Profils. Die Lehre aus dieser Erkenntnis: Hauptsächlich im Felde der Außenpolitik ist historische Bedeutung zu erlangen.[80]

Mit Angela Merkel übernahm im Herbst 2005 zum ersten Mal eine Frau die Führung der Bundesregierung und damit zugleich eine Persönlichkeit, ehemalige Bürgerin der DDR, die zwar als Bundesministerin, im Unterschied zu ihren Vorgängern aber nicht als Oberbürgermeisterin oder Landespolitikerin exekutive Erfahrungen gesammelt hatte. Der Eindruck einer gewissen Zäsur in der bundesrepublikanischen Geschichte bot den Anlass eines bewertenden, vergleichenden Rückblicks auf die Amtszeiten der sieben Exkanzler sowie auf die Politik ausgewählter Minister an der Spitze „klassischer" Bundesressorts.

An einer Befragung in den Jahren 2006 und 2007, die eine Rangfolge der Bundeskanzler von Konrad Adenauer bis Gerhard Schröder je nach „historischen Verdiensten" und „politischer Bedeutung" intendierte, beteiligten sich 42 politische Journalisten von Zeitungen, politischen Magazinen und öffentlich-rechtlichen Sendern. Bei diesem Personenkreis handelt es sich um eine Berufsgruppe mit hoher politischer Professionalität – in bezug auf spezifisches Expertentum, ferner auf das – verfassungsrechtlich – besonders „geschützte" Tätigkeitsfeld, das als Wahrnehmung eines „gesellschaftlichen Mandats" definierte Selbstverständnis sowie auf eine kaum zu überschätzende Beeinflussung des politischen (Entscheidungs-)Diskurses und des öffentlichen Meinungsklimas.[81] Berufstypische Merkmale und Denkweisen der „Subjekte", nämlich der Journalisten – historisch – politische Kompetenz, vorherrschende Kognition der Deutungsmuster, die Fähigkeit zur differenzierten Analyse – dürften für die Bewertungen der „Objekte", der Mitglieder der Bundesregierung, leitend gewesen sein – ungeachtet je individueller Einstellungs-, Aktions- und Wahlmuster der Intendanten und Redakteure sowie in teilweise deutlichem Unterschied zu Artikulationen der Bürgermeinung über

---

80 Beste, Ralf/Horand Knaup/Gabor Steingart: Sehnsucht nach Größe, in: Der Spiegel 34/2003, S. 23.
81 An der Befragung nahmen 25 Chefredakteure und Stellvertretende Chefredakteure sowie 10 Büroleiter und Chefkorrespondenten von Tageszeitungen und Wochenzeitungen teil; ferner sechs Intendanten, Chefredakteure und Stellvertretende Chefredakteure öffentlich-rechtlicher Rundfunkanstalten sowie ein prominenter Fernsehmoderator. Fünf der Journalisten, die an dem Ranking mitwirkten, arbeiteten in den Neuen Bundesländern. Bei der Befragung vertreten waren u.a. die auflagenstärksten deutschen Tageszeitungen sowie größere Regionalzeitungen, darunter einige mit einer Auflage von mehr als 200 000 Exemplaren. Auf der Skala redaktioneller Linien reichen die politischen Einstellungen von „gemäßigt links" bis „gemäßigt rechts", wobei jedoch Vertreter einiger „linksliberaler" Zeitungen sich nicht beteiligten (Zur Einschätzung der politischen Orientierungen von Printmedien: Kepplinger, Hans-Matthias: Die Demontage der Politik in der Informationsgesellschaft, Frankfurt a.M. /München 2000, S. 251).

das politische Spitzenpersonal.[82] Freilich sind bei der Ranking-Interpretation einige Faktoren zu bedenken. Auf der „Subjekt"-Seite: Die vorwiegend tagesaktuellen Bezüge der journalistischen Arbeit, ein Pluralismus in den Grundeinstellungen, die Reichweite und Intensität persönlicher Erinnerungen und Begegnungen. Auf der „Objekt"-Seite: Die Länge der Amtszeiten von Kanzlern und Ministern, politische und personelle Konstellationen einschließlich der Güte der Mitarbeiterstäbe, „die Launen der Geschichte" (Thomas Hauser). Doch ist der politische Handlungsrahmen seit 1949 zu einem guten Teil unverändert geblieben, stellten Konstanz und Kontinuität elementare Charakteristika des Verfassungssystems und des politischen Systems dar, traten Gefährdungen der gesellschaftlichen und politischen Stabilität wie in der Zeit der Weimarer Republik nicht auf, so dass, im Hinblick auf die Kanzler und Minister, Erscheinungen verglichen werden konnten, „die weder völlig identisch noch total verschieden" waren.[83]

a. Die von 1949 bis 2005 amtierenden Regierungschefs, die in dem *Kanzler-Ranking* bewertet wurden, waren die – zumindest – formal, bei den meisten auch real wichtigsten und einflussreichsten Politiker des Landes, die überdies während ihres Karrierewegs in der Summe immerhin rund ein Dutzend Konkurrenten, Kanzlerkandidaten „ausgestochen" hatten.[84] Und von denen einige ihrer Zeit einen Stempel aufzudrücken vermochten: „Ära Adenauer", „Ära Brandt", „Ära Kohl".

Am Anfang war *Konrad Adenauer* und der Spitzenplatz blieb ihm auch in der Wertung der politischen Journalisten erhalten. Wie bei allen Amtsinhabern galt es bei ihm zu unterscheiden, „welches Gewicht der institutionellen Form und welches der persönlichen Besetzung und Handhabung des Amtes zukommt".[85] Bei fast allen der 33 Publizisten und Redakteure (von insgesamt 42), die ihn auf den ersten Platz setzten, spielte der persönliche Faktor die entscheidende Rolle. Zwei dritte Plätze und ein vierter Rang waren die schlechtesten Bewertungen für den ersten Bundeskanzler. Der Konsens über die Politik des „Vaters der Bundesrepublik" war unübersehbar.

---

82 Niedermayer, Oskar: PolitikerInnenverdrossenheit? Entwicklung der Bevölkerungsorientierungen gegenüber dem politischen Spitzenpersonal, in: Rossade, Werner/Birgit Sauer/Dietmar Schirmer (Hrsg.): Politik und Bedeutung. Studien zu kulturellen Grundlagen politischen Handelns und politischer Institutionen, Wiesbaden 2002, S. 109ff.
83 von Beyme, Klaus: Der Vergleich in der Politikwissenschaft, München/Zürich 1988, S. 52.
84 Forkmann, Daniela/Saskia Richter (Hrsg.): Gescheiterte Kanzlerkandidaten. Von Kurt Schumacher bis Edmund Stoiber, Wiesbaden 2007.
85 Bracher, Karl Dietrich: Die Kanzlerdemokratie – Antwort auf das deutsche Staatsproblem?, in: ders.: Zeitgeschichtliche Kontroversen. Um Faschismus, Totalitarismus, Demokratie, München 1976, S. 123.

Als seine größten Leistungen wurden bezeichnet: *„Wiederaufbau, Grundgesetz, Westintegration, Einleitung der Europäischen Integration, gute (Sonder-)Beziehung zur Sowjetunion trotz offener ‚deutscher Frage' und kaltem Krieg – zweifelsohne die größten Verdienste und die zentrale historische Rolle".* Uneingeschränkt positiv auch ein anderes Statement: Adenauer war *„nicht nur wegen seiner Amtsdauer, auch wegen seiner buchstäblich fundamentalen Rolle als erster Kanzler dieser Republik"* der bei weitem Wichtigste. *„Er hat das Vertrauen der Alliierten in die demokratische Gehfähigkeit dieser merkwürdigen, monströsen Deutschen errungen und hatte mit seiner Ruhe und knorrigen Unbeirrbarkeit und seinem Mut zur Autorität erheblichen Anteil am Neustart wenigstens Teildeutschlands in die Souveränität."* Im einzelnen wurde ferner an den deutsch-französischen Ausgleich, die Heimführung der Kriegsgefangenen aus der Sowjetunion, die Entwicklung der Beziehungen zu Israel erinnert. Das historische Bild von Adenauer scheint dem Meinungsstreit entrückt zu sein: Irgendwelche Vorbehalte gegen seine Politik, gar substanzielle Kritik äußerte keiner der Journalisten.

Zweifellos profitierte Adenauers Ansehen erheblich von der Wirtschaftspolitik des in seinen Regierungen zuständigen Ressortchefs, *Ludwig Erhard*. Andererseits vermochte dieser die Grundlagen, die der Vorgänger geschaffen hatte, nicht zur Formulierung und Implementierung einer konsistenten eigenen Politik zu nutzen. Dass Erhard zweimal den zweiten Platz errang, war vornehmlich seiner Tätigkeit als Wirtschaftsminister zu verdanken, die überhaupt öfters in die Würdigung seiner Kanzlerschaft einbezogen wurde. Als „schwacher Kanzler", der sich „am falschen Ort" befand, wurde er neunmal auf dem letzten Rang eingestuft. Ein „Wirtschaftswunderkanzler", wie ein Chefredakteur befand, war er gewiss nicht.[86] Eine politische Handlung oder Tat Erhards fand niemand erwähnenswert.

Kurt Georg Kiesinger, „auch im Erinnerungsvermögen von Chefredakteuren verblasst", wurde mit Lob und mit Kritik bedacht. Fand einerseits der „häufig unterschätzte Kanzler" Anerkennung für die Leistung der von ihm geleiteten Großen Koalition, die es besser als die spätere Regierung Merkel verstanden habe, „trotz Profilierung der Partner eine gute Regierungsbilanz vorzulegen", so überwogen in einer anderen Sichtweise die negativen Attribute: Kiesinger *„vor allem schöngeistig, ein wenig anmaßend, dabei aber auch konzeptarm, letzten Endes ein harmloser Mann des Übergangs, objektiv Ausdruck der damaligen Sinn- und Orientierungskrise der Union und Steigbügelhalter der sozialliberalen Koalition".* Mehrfach als „Übergangskanzler" be-

---

86 Ein Chefredakteur reihte Kanzler Erhard an letzter Stelle ein, gelangte aber bei einer Bewertung des Wirtschaftsministers zu einem beträchtlich anderen Ergebnis: „Auf einer Skala der bedeutendsten Politiker hätte ich Ludwig Erhard sogar an dritte Stelle nach Adenauer und Brandt gesetzt."

zeichnet, schlug sich diese Charakterisierung auch in den Ranking-Werten nieder: Mehr als Position fünf wurde von ihm nicht erreicht, mit 26 Nennungen belegte er am häufigsten den letzten Rang.

Nicht überraschend steht die Deutschland- und Ostpolitik an der Spitze der Leistungsbilanz von Bundeskanzler *Willy Brandt;* und im Grunde auch nicht – mehr – erstaunlich, dass diese von den Journalisten ungeachtet ihrer unterschiedlichen politischen Sympathien durchweg positiv, ja als wegweisend beschrieben wurde. Durch ihn erfolgte *„der zweite entscheidende Schritt hin zu einer weltoffenen, modernen und demokratisch gefestigten Bundesrepublik mit dem Aussöhnungskurs dem Ostblock gegenüber (Kniefall von Warschau; die Mauer durchlässiger machen)".* Die plakative, zeitgenössisch heftig diskutierte und kritisierte „Aufbruchsformel", die „mehr Demokratie (zu) wagen" versprach, löste nicht mehr ablehnende Reaktionen aus, sondern eine mehrfache Zustimmung, wie in dieser exemplarischen Aussage, die dem an anderer Stelle ebenfalls betonten „Schritt zur Vergangenheit" Ausdruck verlieh: Es habe sich um ein *„Lösen der Angst- und Tabustarre der Republik und das Durchlüften ihres verbreiteten Spießeridylls"* gehandelt, *„dabei war Brandt natürlich nicht bloß ein freundlicher Förderer, sondern auch ein Getriebener durch APO und Jusos".*[87] Doch trübten ein paar Schattenseiten die politische Bilanz des ersten sozialdemokratischen Bundeskanzlers. Genannt wurden eine wenig überzeugende Wirtschaftspolitik, der „Einstieg in den Schuldenstaat", diverse Affären. Trotz seiner vergleichsweise kurzen Regierungszeit zollten die Journalisten Brandt hohe Anerkennung: Nach Adenauer setzten sie ihn am häufigsten auf Rang eins, insgesamt siebenmal, auch 18 zweite Plätze dokumentieren eine verbreitete Zustimmung für seine Politik. Zweimal wurde ihm der fünfte Platz zugewiesen, sein schlechtestes Ergebnis.

Der Nachfolger *Helmut Schmidt* wurde in der Reihe der Kanzler weder auf den ersten noch auf den letzten Rang gesetzt. Zwei zweite Plätze und ein sechster Platz rahmen die mittleren Werte ein, wobei 21 Nennungen für Platz vier überwogen. Das „Bild", das Schmidt bei Journalisten hinterließ, ist dabei nicht leicht auf einen Nenner zu bringen. Charakteristiken, wonach er der „professionellste Kanzler in schwieriger Zeit", „vermutlich handwerklich der solideste aller Kanzler", ja „der größte Staatsmann" war, verweisen auf sein Regierungstalent sowohl in der Innen- wie in der Außenpolitik, doch wurde auch an seine Achillesferse erinnert: *„Helmut Schmidt war ein glänzender Manager und Organisator der Politik. Er hat die sozial-liberale Koalition durch schwierige Situationen geführt wie die Ölkrisen, die Drohung durch russische Mittelstreckenraketen. Er ist an seiner Partei gescheitert."* Die

---

87 Nur einmal wurde an Brandts Funktion als SPD-Vorsitzender erinnert, „auch in Auseinandersetzung mit Helmut Schmidt (NATO-Doppelbeschluss)".

meiste Anerkennung, und dies ohne jegliche Einschränkung, erhielt der „Kanzler der inneren Sicherheit" für seine Unerschütterlichkeit im Kampf gegen den RAF-Terrorismus, dessen Versuch, den Staat zu erpressen, Schmidts unzweideutige Verteidigung des Rechtsstaats zum Scheitern verurteilte. Unterschiedlich beurteilt wurde indessen seine Wirtschaftspolitik: Für die einen betrieb er eine Politik wirtschaftlicher Konsolidierung, aus anderer Sicht hinterließ er eine „Schuldenlawine". Bei einem Vergleich mit dem nächsten Sozialdemokraten im Kanzleramt wurde auch moniert, dass Schmidt nie wie Schröder den Mut zu umfassenderen Strukturreformen in der Wirtschaft aufgebracht habe. Doch wurde ihm aber auch wieder attestiert, dass er die wichtigsten Entscheidungen zur deutschen Einigung so gut wie Helmut Kohl getroffen hätte.[88] Wohl in erster Linie solche teilweise disparaten Ansichten führten dazu, dass Schmidt achtmal vor Kohl und sechsmal hinter Schröder eingereiht wurde.

„Kanzler der europäischen Einigung und der deutschen Wiedervereinigung": Für *Helmut Kohl* waren die historischen Etiketten schon kurz nach seiner Amtszeit, der längsten eines bisherigen Regierungschefs der Bundesrepublik, beschrieben. Die nationale Dimension ließ sich ohne die kontinentaleuropäische weder denken noch in praktischer Politik realisieren: dies die weitgehend einhellige journalistische Meinung, die gleich Vertretern der Zeitgeschichtsforschung Kohls Vereinigungspolitik als eine Verbindung von „West- und Ostpolitik zu einer wirklichen Synthese" charakterisierten.[89] Und wenn er auch, wie journalistische Autoren bemerkten, die Einheit nicht vorgesehen habe, ja diese ihm „unerwartet in den Schoß" fiel, so wurde ihm dennoch die „historische Bedeutung" zuerkannt, „*während der Implosion des Sowjet-Imperiums und des Zusammenbruchs der DDR Kanzler gewesen zu sein und dessen Verdienste darin liegen, diese Chancen ergriffen und diese Prozesse nach Kräften gefördert zu haben, von der Nachrüstung über sein deutsch-deutsches Föderationsmodell und die Wiederherstellung der Einheit in einem europäischen Kontext*". Punkte der Kritik fehlten naturgemäß nicht. So habe Kohls mangelndes Gespür für Fragen der Wirtschafts- und Sozialpolitik unnötige Folgekosten gezeitigt – „*vor allem das Überstülpen des westdeutschen Wirtschafts-, Sozial- und Rechtssystems auf die DDR, ohne es zuvor zu reformieren, war eine klare Fehlleistung*". Auch gab es eine Stimme,

---

88 Ein Chefredakteur gestand Helmut Schmidt eine große Bedeutung für das Ende der Sowjetunion – und damit auch für die Beendigung der deutschen Teilung – zu: „*Entscheidende historische Weitsicht durch Erkennen der wirtschaftlichen und militärischen Schwäche des Warschauer Pakts. Die Nachrüstung erwies sich in der Rückschau auch zu meiner Überraschung als der maßgebliche Überforderungsfaktor für das sowjetische Reich.*"
89 Möller, Horst: Helmut Kohl – ein Kanzlerportrait. Rückblick auf herausragende Leistungen, in: Die politische Meinung 454/2007, S. 53.

für die des Kanzlers Europapolitik nicht nur Vorteile für die Bundesrepublik brachte. Allein nicht nur als Einzelmeinung wurde es als *„sein Verdienst"* bezeichnet, *„dass sich die beiden Teile Deutschlands ohne spürbare politische oder soziale Verwerfungen in historisch kurzer Zeit zusammenfügten. Mit der Währungs- und Wirtschaftsunion hat Kohl das in dieser Zeit genau Richtige getan, auch wenn diese unterschiedlichen Entwicklungen in West und Ost über vier Jahrzehnte heute noch Nachwirkungen zeigen."* *„Nach schwachem Start ein starker Abgang"* – für manche zeitgenössischen Beobachter teilte sich die Regierungszeit Kohls in zwei unterschiedliche Phasen, so als ob ein zunächst eher schlafender Riese plötzlich – im Jahre 1989 – erwacht sei und anschließend zuvor ungeahnte Energie und Aktivitäten entwickelt habe.[90] Vergleichsweise selten wurde an den Ansehensverlust infolge der CDU-Spendenaffäre erinnert, doch bezeichnete ein Journalist den „Kanzler der deutschen Einheit" auch als „Kanzler der Parteispenden" – und setzte ihn im vergleichenden Ranking auf Platz zwei. Insgesamt wurde Helmut Kohl zweimal, also deutlich weniger als Willy Brandt die Spitzenposition zugesprochen, sieben vierte Platzierungen stellten die schlechteste Bewertung dar. Dazwischen lagen 14 zweite und 10 dritte Ränge.

Nur einer von 42 politischen Journalisten räumte *Gerhard Schröder* den Vorrang ein vor Helmut Kohl – *„ wg. Agenda 2010: nach 20 Jahren des Stillstands brachte er notwendige Bewegung ins Land, deren Folgen allmählich positiv zu sehen sind"*. Dieses Urteil führte als beste Bewertung zu einem dritten Platz. Das Lob, dass der Sozialdemokrat der „wichtigste Reformkanzler seit Gründung der Republik" war, hätten bei weitem nicht alle Autoren unterschrieben, aber der Versuch, ja der „Mut", einen „zweiten innenpolitischen Modernisierungsschub" und vorausschauend einen tiefgreifenden Umbau der Sozialsysteme einzuleiten, auch zu Lasten der eigenen, der Hauptregierungspartei, wurde großenteils anerkennend kommentiert.[91] Dabei wurden Mängel und Schwächen nicht übersehen und auch benannt: zu später Start der Initiativen; Fehlen einer konsistenten ordnungspolitischen Linie; „handwerk-

---

90 In zum Teil drastischen Formulierungen begründete ein politischer Journalist, der Helmut Kohl auf Platz drei einordnete, die These von der zweiphasigen Kanzlerschaft: Kohl *„war eigentlich ein Restaurations- und Stagnationskanzler, der sich selbst genügte, ein Virtuose des Machterhalts, ein Mann der Nabelschau, der Visionenarmut und der Selbstgefälligkeit. Aber er hat in einer bestimmten Situation (von der er ebenso überrascht wurde, wie wir alle, auch wenn er es gerne anders darstellt), im November 1989 und den Folgemonaten, mit ungeheurem Willen, großer Unbeirrbarkeit und Tatkraft den Auftrag ‚Wir sind ein Volk' umgesetzt in ein vereintes Deutschland, während viele andere belesenen und klugen Leute voller Skrupel und elitärer Skepsis noch lange von der Fortexistenz zweier deutscher Staaten fantasiert haben."*

91 Auch von politikwissenschaftlicher Seite wurde auf Schröders „Mut", über welchem man die Macht verlieren könne, verwiesen: Politikerhandeln zwischen Sein und Design. Fragen (von Armin Scherb) an Heinrich Oberreuter in: polis 3/2007, S. 13.

liche" Unzulänglichkeiten, Differenz zwischen Darstellungs- und Entscheidungspolitik. Besonders widersprüchlich fiel die Würdigung der rot-grünen Wirtschaftspolitik aus. Bei alleiniger Berücksichtigung dieses Politikfeldes gebührte Schröder, so eine Stellungnahme, ein „Spitzenplatz" in der Reihe der Bundeskanzler. Einerseits rechnete man ihm die „Abkehr vom Generalversorger Staat hin zur Eigenverantwortung" hoch an, andererseits wurde ihm vorgeworfen „zwischen links und (wirtschafts)liberal so hin und her" geschwankt zu haben, „dass er am Ende das Land tief verunsichert, alle Lager (auch das europäische und transatlantische) gespalten und seine Partei verloren hat". Damit ist bereits die Außenpolitik und speziell die deutsche USA-Irak-Politik angesprochen. So hieß es, Schröders Ablehnung des Irak-Kriegs habe „eine eigenständige, im Kern vermittelnde und deswegen hoch angesehene internationale Rolle Deutschlands" begründet. Die negative Notierung lautete dagegen, der Bundeskanzler habe um „eines starken Wahlkampfauftritts" willen sowohl die EU wie die Beziehungen zu den USA enorm in Mitleidenschaft gezogen. Soweit die Irak-Problematik von den politischen Journalisten ausdrücklich thematisiert wurde, hielten sieben die deutsche Position für richtig, drei missbilligten sie. Offenbar bereitete es mitunter Schwierigkeiten, für Schröders „politische Verdienste" eine angemessene Platzierung in der Kanzler-Rangliste zu finden. Nach dem – einen dritten (vor Helmut Kohl) belegte er am häufigsten, nämlich 21mal den fünften und achtmal den sechsten Platz. Fünf Journalisten setzten ihn auf die letzte Stelle, nach Ludwig Erhard und Kurt Georg Kiesinger – wobei öfters eine Diskrepanz zwischen dem zugeteilten Rang und der (positiveren) beschreibenden Charakterisierung auffällt.[92] Keineswegs dürfte hierbei irgendwelcher medialer „Parteien Gunst und Hass" oder auch nur ein Anflug derselben am Werk gewesen sein; eher wirkten wohl unmittelbare, „starke" Erinnerungen von Zeitgenossen nach. Speku-

---

92 Diesen Sachverhalt illustrieren die beiden folgenden Beispiele. Ein Votum für den vierten Platz wurde von einem Chefredakteur so begründet: „Angetreten, um nicht alles, aber vieles besser zu machen, musste Gerhard Schröder dann doch völlig neue Strategien für Deutschland finden. Nach den Terroranschlägen vom 11. September, die die Welt erschütterten, wusste er die Antwort auf neue politische, wirtschaftliche und gesellschaftliche Herausforderungen über den Tag hinaus. Seine Agenda 2010 trägt heute Früchte." – Die Zuerkennung desselben Rangs durch einen politischen Redakteur beruhte auf dieser Beurteilung: „Schröder hat das Verdienst als erster Bundeskanzler sich (und die Republik) vom großen Bruder USA emanzipiert zu haben, nämlich in seiner Wahlkampfrede in Goslar und seiner kompromisslosen Absage an das Irak-Abenteuer (wie viel Joschka Fischer hinter diesem Schritt steckt, kann man spekulieren). Ansonsten hatte Schröder weder sub- noch objektiv Visionen oder Konzepte, die es verdient hätten, in die Geschichtsbücher einzugehen. Die Agenda 2010, ein ziemlicher Bluff, gehört mit Sicherheit nicht dazu. Mit unüberlegten Schritten wie dem Schröder-Blair-Papier von 1999 muss sich Schröder sogar vorhalten lassen, erheblich zur personellen und programmatischen Krise der Sozialdemokratie, wie sie heute offenkundig ist, beigetragen zu haben." Bei dieser Kritik stufte der Journalist Gerhard Schröder vor Helmut Schmidt ein.

lationen im Frühjahr 2007, die sich um ein eventuelles Comeback des Ex-Kanzlers rankten, fehlte zweifellos die reale politische Basis.[93] Angesichts der Ranking-Werte wären überdies die publizistischen Kommentare einem solchen Vorhaben gewiss nicht besonders zuträglich gewesen.

Welches „Gesamtbild" der Kanzlerschaften der Bundesrepublik schließlich aus den journalistischen Einzelaussagen resultierte, vermittelt der sogenannte Reputationsindex, eine Verfahrensweise, die z.B. in der Politikwissenschaft zur Bestimmung der Bedeutungsrangfolge der wichtigsten Disziplinvertreter angewendet wird.[94] Dieser Index stellt die Summe aller von den Repräsentanten der Medien den Kanzlern zugeteilten Ränge dar, wobei für den ersten Platz 7, für den zweiten 6 usw., für den letzten 1 Punkt vergeben wurden.

Es wird deutlich, dass eine vergleichsweise kurze Amtszeit nicht nachteilig sein muss, für das Ansehen, die Bewertung, ja den „Nachruhm" eines Spitzenpolitikers. So gelangte Willy Brandt, der „nur" etwas mehr als vier Jahre Regierungschef war, in der Reputationshierarchie auf den zweiten Platz, zwischen den beiden „Langzeit"-Kanzlern Konrad Adenauer und Helmut Kohl. Wichtiger dürfte das eine Kanzlerschaft prägende, in zeitgenössischer Wahrnehmung und in der Erinnerung dominierende Politikfeld sein. Schröders Bundeskanzleramt befand sich bei der Suche nach der Voraussetzung für „historische Bedeutung" in der Tat auf der richtigen Spur. Außenpolitik, Internationale Politik, Deutschlandpolitik – hier erzielten Adenauer, Brandt und Kohl ihre größten politischen Erfolge, legten sie den Grundstein für ihre nachwir-

---

93 Nelles, Roland/Wolfgang Reuter: Hoffen auf ein Wunder, in: Der Spiegel 18/2007, S. 28; Geis, Matthias: Kandidat paradox, in: Die Zeit 20/2007, S. 9. – Schröder selbst hatte im Herbst 2006 in einem Interview (in: Der Spiegel 43/2006, S. 76) eine weitere Kanzlerkandidatur ausgeschlossen. Inwieweit er, im Vergleich mit den Vorgängern Willy Brandt und Helmut Schmidt, der politischen Funktion eines „Altkanzlers", nämlich der „öffentlichen Aufgabe ... Orientierung (zu) zu geben", (nicht) gerecht wurde, diskutiert Dirk Kurbjuweit (Elder Salesman. Weil Gerhard Schröder die Geschäfte über alles gehen, fällt er als Elder Statesman aus, in: Der Spiegel 49/2007, S. 32). – Damit besteht auch ein deutlicher Unterschied zu den „postpräsidentiellen Aktivitäten" des 42. Präsidenten der USA; hierzu Fröhlich, Manuel: Die Clinton-Formel. Der ehemalige US-Präsident erschließt neue Ressourcen der Weltpolitik, in: Internationale Politik, Dezember 2007, S. 58ff.
94 Im Unterschied zu den Politikwissenschaftlern konnten die Kanzler natürlich nicht über ihre „Kollegen", in diesem Fall ihre Vorgänger oder Nachfolger, befinden. – Zur Ermittlung und Interpretation politikwissenschaftlicher Reputation im einzelnen: Klingemann, Hans-Dieter/Jürgen W. Falter: die deutsche Politikwissenschaft im Urteil der Fachvertreter. Erste Ergebnisse einer Umfrage von 1996/97 in: Greven, Michael (Hrsg.): Demokratie – eine Kultur des Westens? 20. wissenschaftlicher Kongreß der Deutschen Vereinigung für Politische Wissenschaft, Opladen 1998, S. 326f.; Falter, Jürgen/Michèle Knodt: Die Bedeutung von Themenfeldern, theoretischen Ansätzen und die Reputation von Fachvertretern, in: Politikwissenschaft. Rundbrief der Deutschen Vereinigung für Politische Wissenschaft, Nr.137, Münster u.a. 2007, S. 154f.

kende, besondere Reputation. Einem Kanzler wie z.B. Helmut Schmidt blieb die „Gelegenheit zum Heldentum" verwehrt. Der ehemalige amerikanische Außenminister Henry Kissinger nannte die Ursache: „Die Geschichte hat ihm nicht die Chance geboten, die Brandt mit der Ost-West-Versöhnung und Kohl mit der Vereinigung bekommen hatte."[95]

Tabelle: Die deutschen Bundeskanzler je nach „historischer Bedeutung" und „politischen Verdiensten" – Ihre „Reputation" aufgrund der Wertungen politischer Journalisten (N: 42)

Rangfolge Reputationsindex	
1. Konrad Adenauer	281
2. Willy Brandt	236
3. Helmut Kohl	221
4. Helmut Schmidt	166
5. Gerhard Schröder	117
6. Ludwig Erhard	96
7. Kurt Georg Kiesinger	63

b. Kaum weniger als die Kanzler stehen die Ressortchefs im Mittelpunkt des öffentlichen Interesses. *Bewertungen der Bundesminister*, ihrer politischen Arbeit und Leistungen, sind häufiger Themen der Medien – auch angesichts des Umstands, dass der Faktor der „Persönlichkeit" für viele Bürger offenbar ein probater Zugang zur Politik ist. Bei der – auch wissenschaftlichen – Suche nach einflussarmen Ministern im ersten Kabinett Schröder wurde man fündig: Als politisch weniger gewichtig galten die Ressortchefs Bodewig, Funke, Klimmt, Müller und – nach und nach – Riester.[96] Selbstredend gab es auch die „Mächtigen im neuen Kabinett", z.B. im zweiten Kabinett Schröder. Genannt wurden u.a. Clement („Der Modernisierer in der Herkules-Rolle"), Eichel („Sparkommissar ohne Grundsatzabteilung"), Stolpe („Der neue Mann für

---

[95] Henry Kissingers Laudatio auf Helmut Schmidt, in: Zwei Freunde Amerikas. Henry Kissinger ehrt Altkanzler Helmut Schmidt – und der bedankt sich mit einem Bekenntnis zu den Vereinigten Staaten, in: Die Zeit 25/2007, S. 23. – Kissinger fuhr jedoch fort: „Er (Schmidt) hat aber doch seinen Beitrag geleistet, indem er Deutschland als Schlüsselakteur auf der internationalen Bühne etabliert. In seine Zeit fällt der Übergang Deutschlands von einem geteilten und besetzten Land zur stärksten Nation Europas, von seiner Fixierung auf Sicherheit zu einer Führungsrolle in der Welt."
[96] Rudzio, Wolfgang: Das politische System der Bundesrepublik Deutschland, 7. Aufl. Wiesbaden 2006, S. 252.

viele Baustellen"), Künast („Die Grüne für den Querschnitt"); ob diese Politiker den Erwartungen entsprachen, dürfte letztlich vom Standpunkt des Betrachters abhängig gewesen sein.⁹⁷ Auch „Zeugnisse" wurden geschrieben, so im Februar 2004, als das rot-grüne Bundeskabinett bei der Benotung durch die Redaktion einer Wochenzeitung den „Durchschnitt vier plus" erreichte – wobei lediglich Verteidigungsminister Peter Struck mit „gut" bewertet wurde, die Minister Joschka Fischer, Schily, Künast und Wieczorek-Zeul mit „befriedigend" abschnitten und vier Kabinettskollegen um ihre „Versetzung" bangen mussten, unter ihnen ein Minister, der bei seinem Amtsantritt noch als „mächtig" galt, mit der Zensur „sechs".⁹⁸

Ergänzend zum Kanzler-Ranking wurden in den Jahren 2006 und 2007 die politischen Journalisten ferner um eine „Beurteilung" einiger Inhaber „klassischer" Ressorts in der rot-grünen Bundesregierung gebeten – unter Berücksichtigung früherer Ressortchefs.⁹⁹ Aus dieser Sicht besaß bei den *Bundesinnenministern* der Sozialdemokrat Otto Schily ein besonders scharfes Profil. Während nur vereinzelt an eine Fehlleistung wie den missglückten NPD-Verbotsantrag erinnert wurde, stellte der Einsatz für die Erfordernisse der inneren Sicherheit des Ministers „Markenzeichen" dar. Zwar wurde bei ihm eine (für manche zu) starke „Law-and-Order-Fixierung" festgestellt, diese nach dem 11. September 2001 aber weitgehend als berechtigt anerkannt, und insofern war die Charakterisierung als „roter Sheriff", in Anspielung auf den Vorgänger Manfred Kanther, den „schwarzen Sheriff", mehr als nur eine ironische Bemerkung. Für Journalisten von besonderem Interesse war die Frage, inwieweit der Minister innere Sicherheit und Wahrung der Bürgerrechte zu vereinbaren, zwischen beiden Werten die Balance zu halten wusste. Hierauf gab es unterschiedliche Antworten. Fand für die einen Schily „von allen Bundesministern das beste Mittelmaß", so war er für die anderen in diesem „normativen" Konflikt weit über das Ziel hinausgeschossen.¹⁰⁰

---

97 Die Mächtigen im neuen Kabinett, in: FAZ vom 17.10.2002, S. 13.
98 „Im Durchschnitt vier plus", in: RM 7/2004, S. 8. – Interessanterweise erhielten SPD-Minister, die zuerst der Regierung Schröder und dann dem Kabinett Merkel angehörten, für ihre Amtsführung in der Großen Koalition eine teilweise bessere Medienbewertung. Hierzu: Sekt oder Selters. Wer aus dem Kabinett bisher enttäuscht hat – und wer eine positive Überraschung war, in: SZ vom 22.11.2006, S. 6; Zwei Jahre Große Koalition – für die Kanzlerin ist das kein Grund zum Feiern, in: Stuttgarter Zeitung vom 21.11.2007, S. 4f.; Hohenheimer Mediascop, April 2007 (http://www.uni-hohenheim.de/mediascop/politics/archiv/07-04_media scop_politics.pdf).
99 Bei der Minister-Beurteilung, an der sich zwanzig der politischen Journalisten beteiligten, war nicht in erster Linie ein Ranking beabsichtigt, sondern es ging vornehmlich um eine „pointiert-qualitative" Beschreibung der Regierungstätigkeit rot-grüner Minister im Vergleich mit Amtsvorgängern.
100 Im Hinblick auf das Verhältnis von Freiheit und Sicherheit fällte ein Chefredakteur hauptsächlich aus professionspolitischen Gründen ein besonders hartes Urteil über den Innenminis-

Wie sehr die journalistischen Ansichten über Bundesinnenminister Schily überhaupt von einander abwichen, zeigte sich überdies auch bei Vergleichen mit seinen Vorgängern Gerhart Baum (FDP), Wolfgang Schäuble (CDU, dieser nur beurteilt hinsichtlich seiner Mitgliedschaft im Kabinett Kohl) und Manfred Kanther (CDU). Die „freundliche" Meinungsäußerung über Schily lautete: *„Hier steht Otto Schily vor Gerhart Baum, Wolfgang Schäuble und Manfred Kanther. Hatte Gerhart Baum innerem Terror entgegenzutreten, und er tat dies kompetent, abgeklärt und beruhigend, so musste Otto Schily auf internationalen Terrorismus reagieren. Auch er schaffte es, Vertrauen in die Kraft der inneren Sicherheit zu bewahren bzw. wiederzuerwecken. Schily und Baum hatten auf ihre spezielle Weise großen Einfluss auf das politische Gesicht Deutschlands. Bei aller Betonung des Sicherheitsaspekts wahrte Schily doch den Vorhang der Freiheit und der individuellen Grundrechte. Seine diesbezügliche Abwägung ist gelungen."*

Ganz anders die sehr kritische Version: *„Otto Schily war (ist) ein Chamäleon, ohne erkennbare politische Verortung. Weniger Politiker, eher ein Polterer, der sich um jeden Preis profilieren wollte. Baum, Schäuble und Kanther waren (sind) Überzeugungstäter, politisch fest verwurzelt."*

Bundesminister der Finanzen sind es nicht nur gewohnt, mit großen Zahlenwerken zu hantieren, sie scheinen auch politisch in Zahlen zu denken. Für Ex-Finanzminister Theo Waigel war jedes Amtsjahr ein „Hundejahr", so dass er nach dieser Berechnung – Anwendung des Multiplikators sieben – „auf mehr Dienstjahre als Hans-Dietrich Genscher" kam.[101] Ungeachtet dieses Stoßseufzers, des Hinweises auf die Schwierigkeiten der Aufgabe, hatte bei einer Gesamtbetrachtung der wertenden Statements der politischen Journalisten das Mitglied der Regierung Kohl einen leichten Vorsprung vor Hans Eichel, dem Finanzminister der Regierung Schröder. Auch bei Waigel fehlte es nicht an Kritik – wie Eichel wurde er als *„Schuldenminister"*, ja als *„reiner Schuldenkönig"* tituliert und es wurden ihm ferner, obwohl er es hätte besser wissen können, massive Irrtümer bei der Gestaltung der Deutschen Einheit angelastet. So sei, wie es in einer etwas gewundenen Aussage heißt, Waigel der schlechteste Finanzminister gewesen und Eichel *„nicht wesentlich weniger schlecht"*. Nach Meinung eines Journalisten mussten zudem beide ihren

---

ter: *„Otto Schily stehe ich persönlich sehr kritisch gegenüber, weil er eine Reihe von repressiven Aktionen vor allem gegen Mitglieder meines eigenen Berufsstandes zu verantworten hat, wie man aktuell weiß, sogar auch Fahndungsanweisungen, die schlicht ungesetzlich sind. Sein derart problematisches Verhalten überdeckt seine positive Leistungsbilanz total."*
101 Zit. nach: Stegherr, Mirjam: Lange nicht gesehen ... Theo Waigel, in: politik & kommunikation, November 2007, S. 74. – Einen knappen Überblick über die Finanzminister der Bundesrepublik seit 1949 bietet Herz, Wilfried: Club der Sparer. Von Fritz Schäffer bis Hans Eichel kämpften alle Finanzminister mit denselben Problemen: Schulden. Erfolg hatte keiner, in: Die Zeit 21/2003, S. 2.

Vorstellungen und Überzeugungen zuwider agieren und wurden dabei „*von ihren Kanzlern untergebuttert*". Hinsichtlich des letzteren Sachverhalts nahmen jedoch mehrere Journalisten einen wesentlichen Unterschied zwischen beiden Finanzministern wahr: Anders als der CSU-Vorsitzende besaß der Sozialdemokrat keine starke Stellung im Kabinett, und dies hieß besonders, dass er die – anfängliche – Unterstützung Schröders verloren habe. Auch verbindet sich mit seiner Person und Politik nicht ein ähnlich zukunftsträchtiges Projekt wie die Einführung des Euro, das Waigel dazu verholfen habe, „als Mr. Maastricht am rettenden historischen Ufer" anzukommen.

Mehrfach versuchten die Journalisten, vor dem Hintergrund komplexer und wechselnder Rahmenbedingungen in der Finanzpolitik, eine vermittelnde Position einzunehmen, Licht und Schatten möglichst gleichmäßig zu verteilen: „*Hans Eichel war ein braver Kassenwart, der es besonders schwer hatte, weil er die von der Regierung Kohl hinterlassenen Belastungen durch die deutsche Einheit nicht stemmen konnte. Er konnte sich gegen Schröder nicht durchsetzen. Waigel war etwas stärker (wegen der Eigenständigkeit der CSU), hatte es aber auch leichter, weil das Verständnis für die besondere Situation (Einheitskosten) damals noch da war.*"

Bei den *Bundesministern des Auswärtigen* war zweifellos Hans-Dietrich Genscher das Maß aller Beurteilungen. Seine Charakterisierung durch einen Politikwissenschaftler – er sei „ein politischer Solitär mit vielen Facetten; seiner Professionalität und Wirkungsmächtigkeit verdankt Europa viel von seiner heutigen Gestalt"[103] – stimmt mit dem journalistischen Beurteilungstrend beinahe nahtlos überein. Nur je einmal wurden die Minister Walter Scheel und Joschka Fischer besser bewertet als der FDP-Politiker. Der grüne Außenminister fand wiederum mehr Anerkennung als der liberale Amtsvorgänger Klaus Kinkel, der einmal, obwohl in diesem Fall höher als Fischer eingeschätzt, als „ein Mann der Genscher-Schule" bezeichnet wurde, „der als braver Geselle fortführte, was er bei seinem Meister gelernt hatte."

In eine solche Lehre war Fischer nicht gegangen, und so wurden auch seine „schillernde Persönlichkeit", seine bisweilen wenige konventionelle Diplomatie zwar durchaus bis zu einem gewissen Grad als interessant, ja „unterhaltsam", aber nicht in jedem Fall als außenpolitisch und international förderlich empfunden. Mehrfach ist von dem „überschätzten" Minister die Rede, von einem Politiker, der nicht immer eine klare Linie verfolgte, z.B. in der Frage eines türkischen EU-Beitritts, oder dem Fehlleistungen unterlaufen seien, so anlässlich eines „EU-Banns" über Österreich. Allein es wurde auch ein prinzipieller Kern in der Politik des Ministers entdeckt, mit der Folge ei-

---

[103] Hacke, Christian: Der Wiedervereiniger. Er stellte die Weichen: Hans-Dietrich Genscher zum 80. Geburtstag, in: Internationale Politik, März 2007, S. 97.

ner auch positiveren Beurteilung: *„Joseph Fischer – ist der stark überschätzte Außenminister. Bemerkenswert an ihm ist, dass er als grüner Außenminister in der Kontinuität der deutschen Außenpolitik blieb und Spannungen mit seiner Partei in Kauf nahm. Dies ist nicht gering zu achten, zumal in Fragen des Auslandseinsatzes der Bundeswehr. Selbst wenn Fischer vor allem ein begnadeter Schauspieler war, hat er doch die Rolle des Außenministers gut gespielt."* Dass er den außenpolitischen Realismus bei den Grünen parteifähig gemacht habe, wurde Fischer von den politischen Journalisten als besonderes Verdienst angerechnet. Insofern zeitigte das Bild des (auch) außenpolitischen „Zuchtmeisters" seiner Partei die größte Nachwirkung.

Am Ende des Zweiten Weltkriegs stellte der politische Philosoph Karl R. Popper (sich) nicht die Frage, wer regieren solle, sondern ihn beschäftigte das Problem, wie politische Institutionen so organisiert werden können, „dass es schlechten oder inkompetenten Herrschern unmöglich ist, allzu großen Schaden anzurichten". Nach vielen Jahrzehnten bundesrepublikanischer Geschichte, nach unterschiedlichen (Koalitionen von) Regierungen kann das „Experiment" als geglückt betrachtet werden. Das System der institutionellen „Interorgan- und Intraorgankontrollen" funktioniert – ungeachtet mancher, angesichts des zeitlichen Horizonts wohl „unvermeidlicher" Missstände und auch vermeidbarer Skandale. Schließlich neigte Popper zu der Auffassung, „dass Herrscher sich moralisch oder intellektuell selten über und oft unter dem Durchschnitt befanden".[104] Die „Höhe" des Durchschnitts mag strittig sein; in allen Bundesregierungen, gleich welcher politischen Couleur, gab es besser befähigte und weniger geeignete Mitglieder, solche mit größeren oder nur geringen Erfolgen, mit beeindruckender Medientauglichkeit oder Schwierigkeiten, die eigene politische Agenda öffentlich wirksam zu „kommunizieren". Insgesamt aber haben die seit 1949 gültigen Rahmenbedingungen und Mechanismen der Politik der „offenen Gesellschaft" ein stabiles, dauerhaftes Fundament verliehen und ihre Fortentwicklung ermöglicht.

---

104 Zit. nach: Massing, Peter/Gotthard Breit (Hrsg.): Demokratietheorien. Von der Antike bis zur Gegenwart. Texte und Interpretationen, Bonn 2003, S. 193.

C. Regierungsmitglieder im Spiegel von Meinungsumfragen

Markus Gloe

Seit 1977 wird monatlich das *ZDF-Politbarometer* ausgestrahlt. Es fragt regelmäßig nach den zehn wichtigsten Politikern. Das geschieht in zwei Schritten: Die Forschungsgruppe Wahlen stellt zuerst die Frage nach den wichtigsten Politikerinnen und Politikern im Land ohne dabei bereits Namen vorzugeben. Die Ergebnisse liefern die Liste derjenigen zehn Politiker, die am häufigsten genannt wurden. In einem zweiten Schritt sollen die Befragten diese zehn wichtigsten Persönlichkeiten bewerten. Die Klassifizierung nach Sympathie und Leistung wird auf einer Skala von +5 bis -5 vorgenommen. Auch der *DeutschlandTREND* von infratest dimap fragt die Öffentlichkeit regelmäßig nach den wichtigsten Politikern in der Bundesrepublik Deutschland. In einer repräsentativen Telefonbefragung von rund 1.000 Wahlberechtigten in der Bundesrepublik (700 im Westen, 300 im Osten) sollen die Befragten u.a. angeben, ob sie zufrieden bzw. unzufrieden mit der Arbeit des genannten Politikers sind.[1]

Medien und Politiker selbst legen großen Wert auf solche Zahlen; nicht zu unrecht wird dieses Instrument der Meinungsumfragen auch als „Eitelkeitsskala" bezeichnet. Die Umfrageberichterstattung über Spitzenpolitiker ist sicherlich auch auf eine generelle Personalisierung der Politik zurückzuführen, die für die gesamte Zeit der Bundesrepublik niemand mehr ernsthaft bestreitet. Damit soll nicht behauptet werden, dass es einen generellen Trend in Richtung einer zunehmenden Personalisierung des Wahlverhaltens gibt. Dieser lässt sich nicht nachweisen.[2] Zwar hatte Barbara Pfetsch für die späten 90er Jahre noch in einer groß angelegten Vergleichsstudie über die Regierungskommunikation in den USA und in der Bundesrepublik für Deutschland

---

[1] In der Darstellung der Beurteilung und Einschätzung von Gerhard Schröder, seiner Ministerinnen und Minister sowie seiner politischen Gegner beziehe ich mich auf die Daten aus repräsentativen Bevölkerungsumfragen von infratest dimap, die regelmäßig im *DeutschlandTREND* veröffentlicht werden, sowie auf die Daten der Forschungsgruppe Wahlen, die sie für das *ZDF-Politbarometer* erhebt.

[2] Vgl. Anderson, Christopher J./Frank Brettschneider: The likable winner versus the competent loser. Candidate images and the German election of 2002, in: German Politics and Society 21/2003 1, S. 95-118; Kaase, Max: Is there a personalization in politics? Candidates and voting behaviour in Germany, in: International Political Science Review 15/1994, S. 211-230.

festgestellt, dass die Politiker die Bedeutung der Meinungsumfragen herunterspielen, um die eigenständige Rolle der Regierung und der Parteien als Urheber der politischen Agenda hervorzuheben, doch ist zu vermuten, dass mittlerweile ein Veränderungsprozess eingesetzt hat.[3] Zwischen 1990 und 1998 hat sich die Umfrageberichterstattung von Wahl zu Wahl mehr als verdreifacht, zum Großteil mit Umfragen zu den verschiedensten Eigenschaften der einzelnen Spitzenkandidaten.[4] Von vielen ist der Wahlkampf 1998 auf den Begriff „Amerikanisierung" reduziert worden, was sicherlich nur dann stimmt, wenn man es auf das Kopieren von professionellem PR-Know-how aus den USA beschränkt.[5] Neu ist aber mit Sicherheit das Ausmaß der Personalisierung gewesen, das sich in der absoluten Fokussierung auf den Spitzenkandidaten zeigte.[6] So stellt Ristau in seiner Analyse des SPD-Wahlkampfs 1997/1998 fest, dass durch das positive Image Schröders in der Wahlkampfführung Partei und Kanzlerkandidat entkoppelt wurden und Schröder Priorität eingeräumt wurde.[7] Die Person Schröders sollte gegenüber Kohl als das „modernere Angebot"[8] erscheinen. Aber auch schon in vorherigen Wahlen wurde der Spitzenkandidat von der Partei losgelöst präsentiert. So war Helmut Kohl sogar ohne Parteilogo auf Wahlplakaten zu sehen.[9] Die herkömmlichen programmatischen Unterschiede zwischen den Parteien verwischen zusehends, die Unterschiede spitzen sich auf unterschiedliche Führungspersonen zu: „Die Parteien versuchen den Mangel an Differenz durch ein Mehr an Show auszugleichen."[10] Besonders in Zeiten des Wahlkampfes werden die Spitzenpolitiker genau ins Visier der Demoskopen genommen. Politische Willensbildung und Öffentlichkeitsarbeit ist für Parteien ohne prominente Spitzen heute nicht

---

3 Vgl. Pfetsch, Barbara; Politische Kommunikationskultur. Politische Sprecher und Journalisten im Vergleich, Wiesbaden 2003, S. 175f. und 228f.
4 Vgl. Brettschneider, Frank: Demoskopie im Wahlkampf – Leitstern oder Irrlicht?, in: Klein, Markus u.a. (Hrsg.): 50 Jahre Empirische Wahlforschung in Deutschland. Entwicklung, Befunde, Perspektiven, Daten, Wiesbaden 2000, S. 477-505, hier: 480.
5 Vgl. Weischenberg, Siegfried: Die Macht und die Worte. Gerhard Schröders politische Kommunikation, eine Presseschau, in: Oberreuter, Heinrich (Hrsg.): Umbruch '98: Wähler, Parteien, Kommunikation, München 2001, S. 179-197, hier: 185; Rosumenk, Lars: Die Kanzler und die Medien. Acht Porträts von Adenauer bis Merkel, Frankfurt/New York 2007, S. 21ff.
6 Vgl. Raupp, Juliana: Politische Meinungsforschung. Die Verwendung von Umfragen in der politischen Kommunikation, Konstanz 2007.
7 Vgl. Ristau, Malte: Wahlkampf in der Mediendemokratie. Die Kampagne der SPD 1997/1998, in: Klein u.a. (Hrsg.) 2000, S. 465-476.
8 Schoppe, Bernd: Mehrheit '98 – Die Bundestagswahl-Kampagne der SPD, in: Oberreuter (Hrsg.) 2001, S. 47-57, hier: 56.
9 Vgl. Oberreuter, Heinrich: Medien und Demokratie. Ein Problemaufriß, in: Rohe, Karl (Hrsg.): Politik und Demokratie in der Informationsgesellschaft, Baden-Baden 1997, S. 11-24.
10 Korte, Karl-Rudolf/Manuel Fröhlich: Politik und Regieren in Deutschland. Strukturen, Prozesse, Entscheidungen, Paderborn u.a. 2004, S. 99.

mehr nur in Wahlkämpfen, sondern auch in wahlkampflosen bzw. wahlkampfarmen Zeiten undenkbar.[11]

Zu den zehn wichtigsten Politikern gehört seit Beginn der Erhebungen durchgehend der Bundeskanzler: Er steht im Zentrum der öffentlichen Wahrnehmung des politischen Prozesses.[12] Die Beurteilung Gerhard Schröders durch die wahlberechtigte Bevölkerung der Bundesrepublik erlebte in den sieben Jahren seiner Kanzlerschaft Höhen und Tiefen. Während seiner Amtszeit waren laut *DeutschlandTREND* durchschnittlich 47,3% mit der Arbeit Schröders zufrieden, im *Politbarometer* erhielt er auf einer Skala von +5 bis -5 im Durchschnitt einen Wert von +1.

Aber schon vor der Wahl führte Gerhard Schröder die Liste der zehn wichtigsten Politiker im *Politbarometer* mit Werten zwischen +1,5 und +1,9 an. Auch im *DeutschlandTREND* zeigten sich zwischen 53% und 65% der deutschen Bevölkerung mit seiner Politik zufrieden. Dies ist sicherlich zum Teil auch auf die extrem negative Darstellung Helmut Kohls im Wahlkampf 1998 zurückzuführen.[13] Bei der Frage, wen die deutsche Bevölkerung lieber als Kanzler sehen würde, lag Schröder ab Januar 1997 stets mit deutlichem Abstand vor Helmut Kohl. Zwar verringerte sich dieser Vorsprung im Laufe des Wahlkampfs erwartungsgemäß, es entstand jedoch niemals der Eindruck, dass Kohl – noch einmal wie im Wahlkampf 1994 gegen Rudolf Scharping – das Blatt wenden könnte.[14]

Nach seinem Erfolg bei der Bundestagswahl 1998 erreichte der neue Regierungschef bis Mai 1999 Spitzenwerte. Im *Politbarometer* belegte er in der Liste der zehn wichtigsten Politiker mit Werten zwischen 2,6 und 2,0 den Spitzenplatz, bevor ihn sein grüner Außenminister Joschka Fischer im April mit einem Wert von 2,2 überflügelte und diese Führungsposition bis zur Visa-Affäre im Frühjahr 2005 nur in wenigen Ausnahmen abgab. Auch im *DeutschlandTREND* zeigten sich in der Anfangszeit bis August 1999 zwischen 50% und 63% mit der Arbeit des Kanzlers zufrieden. Im Gegensatz zu seinem Vorgänger Helmut Kohl, der nie ein besonders beliebter Politiker in

---

11 Vgl. Roth, Dieter: Die Personalisierung der Politik: Programme mit Personen?, in: planung&analysen 1/2002, S. 27-31, hier: 27.
12 Vgl. Helms, Ludger: Regierungsorganisation und politische Führung in Deutschland, Wiesbaden 2005, S. 148.
13 Vgl. Donsbach, Wolfgang/Olaf Jandura: Der Bundestagswahlkampf 1998 in ost- und westdeutschen Tageszeitungen, in: Oberreuter, Heinrich (Hrsg.): Umbruch 1998. Wähler, Parteien, Kommunikation, München 2001, S. 139-159, hier: 154ff.
14 Vgl. Gibowski, Wolfgang G.: Wer wählte wen – und warum?, in: Oberreuter (Hrsg.) 2001, S. 95-121, hier: 106.

den Augen der wahlberechtigten Bevölkerung der Bundesrepublik war,[15] konnte Schröder zumindest in diesem Zeitraum einen gewissen Kanzlerbonus oder auch Amtsbonus verzeichnen.

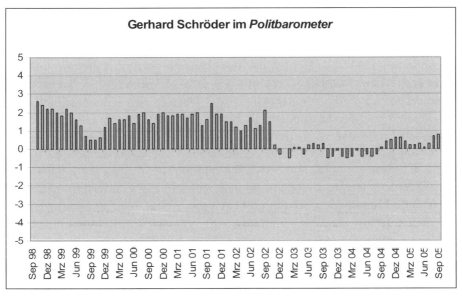

---

15 Vgl. Roth, Dieter: Der ungeliebte Kanzler – Helmut Kohl im Licht (oder Schatten?) demoskopischer Befunde, in: Appel, Reinhard (Hrsg.): Helmut Kohl im Spiegel seiner Macht, Bonn 1990, S. 285-299, hier: 286.

Knapp ein Jahr nach dem Wahlsieg war die Popularität Schröders bei der Bevölkerung im November 1999 laut *DeutschlandTREND* jedoch auf 31% gesunken. 66% der Bevölkerung zeigten sich mit der Arbeit des Kanzlers unzufrieden. Im *Politbarometer* fiel er sogar auf Platz 8 mit einem Wert von lediglich +0,5 zurück. Schlechter wurden nur noch Franz Müntefering mit +0,4 und Gregor Gysi mit -1,2 bewertet. Die Popularität Schröders sank, weil die große Mehrheit der Bevölkerung mit der Arbeit der Regierung insgesamt unzufrieden war. Vor allem auf die handwerklichen Mängel der Regierungsarbeit zielte die Kritik. So monierte die Zeitschrift „Der Spiegel": „Er hat kein Konzept, wenig Zeit, kaum loyale Mitstreiter und keine Wahl – er muss weitermachen, ohne zu wackeln. [...] Weiter hetzt ihn sein Programm im Stundentakt fernsehwirksam quer durch die Republik."[16] Es gelang Schröder aber ab Jahresbeginn 2000 wieder an Ansehen in der Bevölkerung zu gewinnen – im *DeutschlandTREND* erreichte er Zustimmungswerte zwischen 50% und 64%. In der Bevölkerung machte sich dennoch die Ansicht breit, dass Schröder dazu neige Probleme auszusitzen.[17] Damit geriet dessen Formel von der „Politik der ruhigen Hand" zum Bumerang und wurde mehr und mehr zur Zielscheibe öffentlicher Kritik. Die Erholung der Popularitätswerte ist sicherlich auch auf die schlechten Werte von Oppositionspolitikern aufgrund der CDU-Spendenaffäre zurückzuführen. Im *Politbarometer* konnte sich der Kanzler mit Werten von +1,4 und +2,0 im vorderen Feld behaupten. In Folge der Terroranschläge vom 11. September 2001 konnte Schröder dann noch einmal deutlich an Ansehen bei der Bevölkerung gewinnen und erreichte im Oktober 2001 im *Politbarometer* mit einem Wert von +2,5 ein fast so hohes Ansehen wie zu Beginn seiner Amtszeit. Es zeigte sich jedoch schnell, dass dies keine Trendwende, sondern als Sonderfall unter dem Eindruck der dramatischen Ereignisse zu werten war. Schnell normalisierten sich die Imagewerte von Schröder wieder und pendelten laut *DeutschlandTREND* bis ins Jahr 2002 zwischen 48% und 63% Zustimmung. Im August 2002 musste der Kanzler erneut leichte Einbußen hinnehmen, so dass sich zustimmende und ablehnende Meinungen über ihn praktisch die Waage hielten. Dann wandelte sich aber aufgrund des Elbehochwassers und der sich zuspitzenden Frage über eine Beteiligung am Irakkrieg – zwei externe Ereignisse, die von der Regierung aber gezielt genutzt wurden – das Meinungsklima zugunsten der Regierungsparteien. Schröder konnte als „Mann am Deich in Ölzeug und Gummistiefeln" sowie als „Mann mit dem Ölzweig an der Friedensfront"[18] punkten.

---

16 Leinemann, Jürgen: Noch ist ja nichts kaputt, in: Der Spiegel 34/1999, S. 22-25, hier: 23.
17 *Politbarometer* vom August 2001.
18 Weischenberg, Siegfried: Des Kanzlers neue Kleider. Medien im Wahlkampf – Wahlkampf in den Medien, in: Oberreuter, Heinrich (Hrsg.): Der versäumte Wechsel. Eine Bilanz des Wahljahres 2002, München 2004, S. 127-135, hier: 134.

Die bis dahin dominierenden Themen Arbeitslosigkeit, Renten und Wirtschaftsprobleme rückten in den Hintergrund, und Schröder gewann die Bundestagwahl 2002.

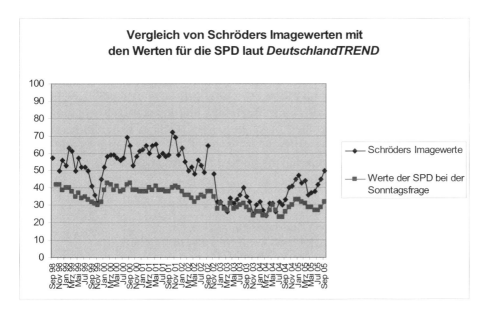

Doch schon unmittelbar nach der Vereidigung des zweiten rot-grünen Kabinetts wurde Schröder im *DeutschlandTREND* mehrheitlich negativ bewertet. Nur 48% der Befragten waren mit Schröders Politik zufrieden, 51% dagegen zeigten sich unzufrieden. Der Wahlforscher Roth machte deutlich, worauf die Bevölkerung bei der Beurteilung des Kanzlers Wert legte: „Nach unseren eigenen Untersuchungen wird von einem Bundeskanzler erwartet, dass er vor allem verantwortungsbewusst, tatkräftig und glaubwürdig ist. Auch Sachlichkeit und Ruhe schaden nicht, aber er muss nicht besonders bescheiden sein und auch Modernität nicht ständig auf seinen Fahnen tragen. Dieses Idealbild von einem Kanzler ist in den verschiedenen Parteianhängergruppen übrigens sehr ähnlich."[19] Vor allem in Bezug auf die Glaubwürdigkeit erlitt Schröder nach den Wahlen einen enormen Vertrauensverlust. Nur noch ein Drittel der Bevölkerung war der Auffassung, dass man den Aussagen des Kanzlers Glauben schenken könne.[20] Bis September 2004 vermochte der Kanzler im *DeutschlandTREND* lediglich Zustimmungswerte zwischen 24% und 36% zu verbuchen. Mehrheitlich wurde seine Politik abgelehnt. Auch im *Politbarometer* kam der Kanzler sehr schlecht davon. Werte meist im Minusbereich

---

19 Roth 1990: S. 292.
20 Vgl. *DeutschlandTREND* vom Dezember 2002, S. 12.

bescherten ihm überwiegend Plätze am Ende der Liste der zehn wichtigsten Politiker. Danach erholte sich Schröder wieder deutlich, konnte im *DeutschlandTREND* jedoch nur Werte zwischen 40% und 50% verbuchen. Im *Politbarometer* blieb er zumindest ab September 2004 im positiven Bereich, kam jedoch nie über einen Wert von +0,7 hinaus.

Vergleicht man die Werte Schröders mit der Entwicklung der SPD-Werte, so kann man feststellen, dass beide eng miteinander verbunden sind, die Kurven sogar weitgehend parallel verlaufen.[21] Bei den Imagewerten des Kanzlers ist nur ein stärkerer positiver oder negativer Ausschlag der Werte festzustellen. Auch wenn in der Wahlkampfführung eine Entkoppelung von Spitzenkandidat und Partei stattfindet, wird die jeweilige Person in der Wahrnehmung der Bevölkerung doch auch als Mitglied ihrer Partei beurteilt und mit ihr identifiziert. Hoch und Tiefs von Persönlichkeiten und Parteien bedingen sich zumindest teilweise.

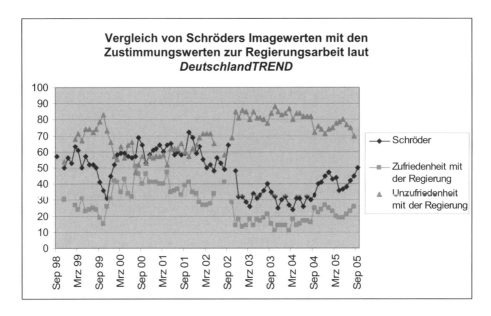

Vergleicht man die Zufriedenheitswerte in Bezug auf die gesamte Regierung mit den persönlichen Popularitätswerten, so korrelieren die Entwicklungen aller drei Linien ab Herbst 1999. Die persönlichen Imagewerte des Kanzlers drücken also zugleich die Zustimmung zum gesamten Regierungshandeln aus. Auffällig ist lediglich zu Beginn der ersten rot-grünen Wahlperiode der Unter-

---

21 Vgl. Oberreuter, Heinrich: Jahrmarkt der Eitelkeit? – Das Politiker-Skalometer, in: Wüst, Andreas M. (Hrsg.): Politbarometer, Opladen 2003, S. 283-293, hier: 288f.

schied zwischen der Unzufriedenheit mit der gesamten Regierung und der Zufriedenheit mit der Person der Kanzlers.

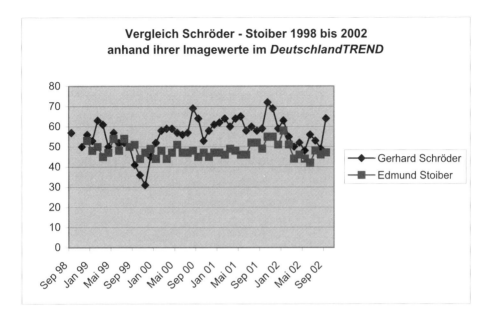

Anders als Helmut Kohl, der auf der Politikerskala des *ZDF-Politibarometers* in seiner Zeit als Bundeskanzler nie gute Werte erzielte und vor Wahlen an keinen seiner politischen Gegner heranreichte[22], kann zumindest für die erste Wahlperiode Gerhard Schröders die Feststellung getroffen werden, dass er, abgesehen vom Herbst 1999, gegenüber seinem Herausforderer Edmund Stoiber einen Kanzlerbonus genoss. Eine Vielzahl von emotionalen und rationalen Kriterien bestimmt die Beurteilung des Bundeskanzlers durch die Bürgerinnen und Bürger, sehr oft wird das Urteil dabei sicherlich durch die Darstellung der Politiker in den Medien massiv beeinflusst. Anders als noch 1998, als die Berichterstattung über Helmut Kohl und Gerhard Schröder weitgehend ausgeglichen war, genoss der rot-grüne Kanzler im Wahlkampf 2002 einen Kanzlerbonus gegenüber dem CSU-Vorsitzenden. 63% der Beiträge aus dem Wahljahr 2002 wurden Schröder gewidmet, nur 52% Stoiber.[23] Auch bei der fiktiven Frage, wem der Wähler bei einer Direktwahl des Kanzlers seine Stimme geben würde, lag der Regierungschef immer deutlich vor seinem Heraus-

---

22 Roth, in: Appel (Hrsg.) 1990: 286ff.
23 Vgl. Wilke, Jürgen/Carsten Reinemann: Im Trend oder ein Fall für sich? Die Presseberichterstattung zum Wahlkampf 2002 im Zeitvergleich, in: Oberreuter (Hrsg.) 2004, S. 157-181, hier: 170.

forderer aus Bayern. Eine Ursache ist hier sicherlich, dass Stoiber in den Medien per Saldo deutlich negativer dargestellt wurde als der Kanzler.[24]

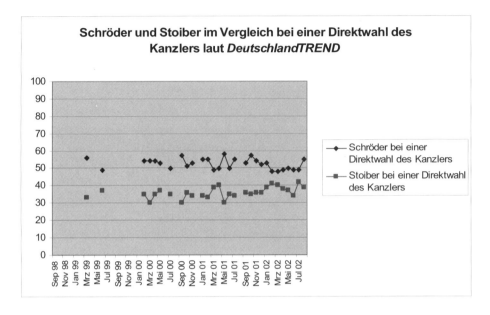

Anders verhielt es sich dagegen in der zweiten Amtszeit Schröders. Im Vergleich mit den Popularitätswerten von Angela Merkel lag Schröder meistens deutlich zurück. Nur bei der Frage nach dem bevorzugten Kanzler bei einer möglichen Direktwahl konnte Schröder die Herausforderin zum Teil klar abhängen. Jedoch wechselten die Präferenzen der Wahlbevölkerung sieben Mal. Vor allem die Positionierung Merkels gegen die Mehrheitsmeinung in der Irakfrage ließ sie in der Wählergunst tief stürzen. Damit drehten sich die Zahlen vor allem bei der Direktwahl um: Hätten sich im März 2003 noch 47% für die Herausforderin entschieden, waren es im April nur noch 32%. Der Kanzler hätte im März nur mit den Stimmen von 36% rechnen können, im April 2003 hätten sich dagegen 47% für ihn entschieden.[25] Nur durch die anhaltenden Imageverluste Schröders im Spätjahr 2003 und im Jahr 2004 konnte die Herausforderin in der Frage der Direktwahl des Kanzlers zwar punkten, sich aber nie entscheidend von ihm absetzen. Ab Ende 2004 konnte Schröder dann die CDU-Vorsitzende wieder zum Teil deutlich hinter sich lassen. Während Schröder vor allem in den eigenen Reihen einen starken Rückhalt ge-

---

24 Vgl. ebd.: 180.
25 Vgl. *DeutschlandTREND* vom April 2003, S. 14.

Einleitung 91

noss, schadete der CDU-Kanzlerkandidatin die Diskussion um ihren Führungsanspruch in den eigenen Reihen.[26]

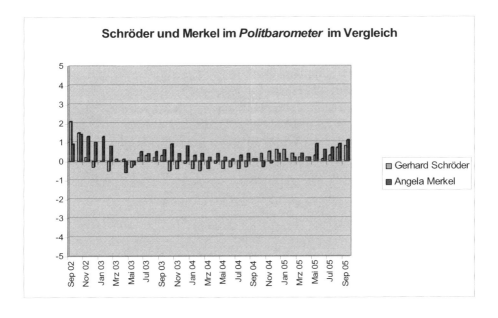

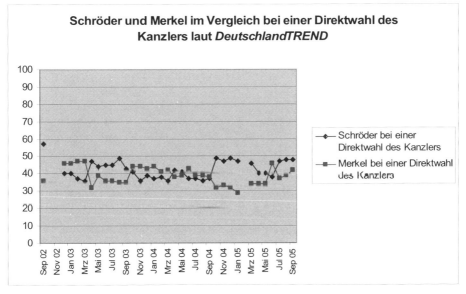

---

26 Vgl. *DeutschlandTREND* vom Oktober 2004, S. 6.

Vor der Wahl 1998 und dem Regierungsantritt von Rot-Grün belegte Joschka Fischer einen Platz im Mittelfeld mit Werten zwischen 0,1 und 0,3 im *Politbarometer*. Erst nach der Wahl gelang es Fischer – wie seinem Vorvorgänger im Amt des Außenministers, Hans-Dietrich Genscher von der FDP – ein hohes Ansehen zu erreichen. Was Dieter Roth noch über Genscher schrieb, hat der Politikwissenschaftler Oberreuter folgerichtig für das Amt des Außenministers verallgemeinert: „Seinem Inhaber fliegen Popularität und Sympathie zu, weil er nach vorherrschendem Eindruck sich über die Niederungen der Tagespolitik erhebt und sich weitgehend abgekoppelt vom Parteiengezänk für diplomatische Lösungen zum Wohle aller Deutschen einsetzt."[27] Ähnliches ist auch beim Außenminister der Großen Koalition, Frank-Walter Steinmeier, zu beobachten.

Während fast beider Legislaturperioden konnte sich Joschka Fischer des Spitzenplatzes auf der Liste der zehn wichtigsten Politiker – sogar mit einer Zustimmung von teilweise über 80% im *DeutschlandTREND* – erfreuen. Kleinere Krisen, wie z.B. die Auseinandersetzung zwischen den beiden Koalitionspartnern über die Bereitstellung eines Panzers zu Testzwecken an die Türkei im November 1999, schadeten dem Ansehen Fischers zwar, dennoch zeigten sich immer noch 67% mit seiner Amtsführung zufrieden. So ist es nicht verwunderlich, dass er sowohl im *Politbarometer* mit einem Durchschnittswert von 1,7 als auch im *DeutschlandTREND* mit einem durchschnittlichen Wert von 72,7% Zustimmung auch im Vergleich aller Genannten während der gesamten rot-grünen Regierungszeit die Nummer eins war.

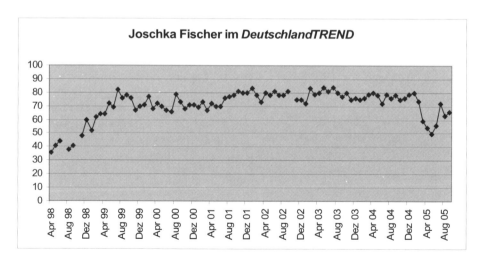

---

27 Oberreuter, in: Wüst (Hrsg.) 2003: 289.

Nur im Zuge der Visa-Affäre musste Fischer im Frühjahr 2005 einen herben Popularitätsverlust hinnehmen. Die Anschuldigungen gegen den Außenminister und sein Amt waren schon gegen Ende 2004 aufgetaucht, aber die in der Öffentlichkeit gut bewertete Rolle Fischers als Krisenmanager infolge der Tsunami-Katastrophe in Südostasien zögerte den Imageverlust noch hinaus. Sein Ansehen sank laut *DeutschlandTREND* von 80% Zustimmung im Januar 2005 erst im Mai 2005 auf den Tiefstand seit Regierungsantritt von immerhin noch 50%. Dagegen zeigten sich 48% mit seiner Arbeit unzufrieden. Damit wurde Fischer – trotz Visa-Affäre – insgesamt positiv bewertet und musste lediglich Otto Schily Platz 1 auf der Liste überlassen. Die beiden Regierungsmitglieder waren zu diesem Zeitpunkt die einzigen Bundespolitiker, die von der Bevölkerung überwiegend positiv beurteilt wurden. Alle anderen fanden mehrheitlich eine deutlich negative Bewertung ihrer Arbeit. Dass Fischer trotz dieser Affäre ein hohes Ansehen genoss, ist deutlich daran zu erkennen, dass laut *Politbarometer* im März 2005 lediglich 23% für einen Rücktritt des Außenministers plädierten, während sich 64% gegen einen Amtsverzicht aussprachen. Nachdem durch die Debatte über Neuwahlen die Visa-Affäre weitgehend von der politischen Bühne verdrängt worden war, konnte Fischer bis zur Wahl sein Ansehen stabilisieren, jedoch nicht wieder an früher erreichte Spitzenwerte anknüpfen.

Neben dem heimlichen Parteivorsitzenden der Grünen war zu Beginn der rot-grünen Regierungszeit Oskar Lafontaine das dritte politische Schwergewicht. Nachdem er auf dem Mannheimer SPD-Parteitag 1995 den Vorsitz von Rudolf Scharping übernommen hatte, dominierte er im Duo mit Gerhard Schröder den Wahlkampf 1998. In der Bevölkerung konnte er laut *DeutschlandTREND* jedoch nur eine Zustimmung von maximal 46% im Mai und September 1998 erreichen. Jeweils 48% der Bundesdeutschen waren mit seiner Politik unzufrieden. Im *Politbarometer* erreichte er auf einer Skala von -5 bis +5 Werte zwischen +0,4 und +0,6 und belegte damit zeitweise hinter Gerhard Schröder und Wolfgang Schäuble Platz 3. Nach der Wahl und dem Regierungsantritt stieg der Wert im *Politbarometer* auf +1 im Oktober 1999, verschlechterte sich aber von da an zunehmend. Auf Lafontaine wurde zum Teil die Unzufriedenheit mit der rot-grünen Regierung projiziert, während sich Gerhard Schröder über ein positives Image freuen konnte. Dies lag sicherlich auch daran, dass 33% der Bevölkerung davon überzeugt waren, dass Oskar Lafontaine über den größeren Einfluss im neuen Kabinett verfügte. Nur 32% glaubten, dass Gerhard Schröder einflussreicher sei, während 31% der Überzeugung waren, dass beide den gleichen Einfluss hätten.[28] Bevor der Bundesminister der Finanzen im März 1999 von allen seinen Ämtern zurücktrat, wa-

---

28 Vgl. SZ vom 14./15.11.1998, S. 11.

ren nur noch 29% der Bevölkerung mit seiner politischen Arbeit zufrieden. Dagegen lehnten knapp zwei Drittel der Bevölkerung die Finanz- und Steuerpolitik Lafontaines ab. Selbst in den eigenen Reihen konnte sich Lafontaine nur noch der Unterstützung von etwas mehr als der Hälfte (51%) sicher sein.[29] Im *Politbarometer* sanken seine Werte nach dem Rücktritt dramatisch. Im März 1999 wurde Lafontaine erstmals negativ mit -0,5 bewertet. Im Juni erhielt er sogar -1,3 und wurde ab Juli 1999 aus der Liste der zehn wichtigsten Politiker durch den SPD-Arbeitsminister Walter Riester verdrängt. Bereits im April 1999 spielte Oskar Lafontaine in der Liste des *DeutschlandTREND*s keine entscheidende Rolle mehr. Durch die Ereignisse im Kosovo rückte Verteidigungsminister Rudolf Scharping stärker ins Licht der Öffentlichkeit.

Obwohl die Kritik am Kosovo-Einsatz in der Bevölkerung lauter wurde, konnte Scharping seine Popularitätswerte steigern. Laut *DeutschlandTREND* genoss er im Mai 1999 mit 62% Zustimmung bei 33% Ablehnung sogar erstmals mehr Ansehen als der Bundeskanzler und belegte hinter Fischer Platz 2. Im September 1999 konnte er diese Sympathiewerte sogar noch ausbauen. Bei nur 28% Unzufriedenheit gingen insgesamt 67% der Bevölkerung konform mit der Politik des Verteidigungsministers. Scharping schaffte es in dieser Zeit, sich immer mehr als starker Mann der SPD im Kabinett zu profilieren.[30] Bis in den Februar 2000 hinein konnte er Zustimmungswerte um die 60% verbuchen.

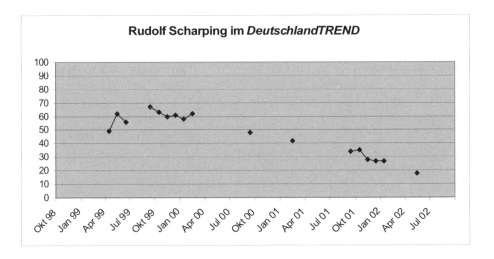

---

29 Vgl. *DeutschlandTREND* März 1999, S. 9.
30 Vgl. *DeutschlandTREND* vom September 1999, S. 8.

Einleitung

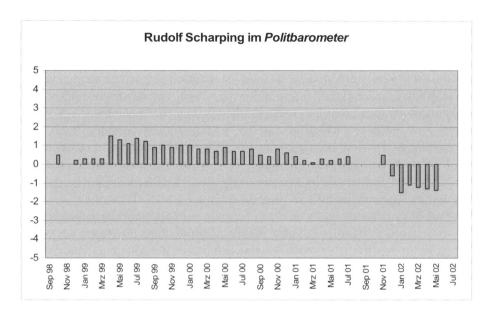

Auch im *Politbarometer* konnte Scharping nach anfänglich schwachen Werten zwischen +0,3 und +0,5 ab April 1999 Boden gut machen und bis Jahresende mit Werten zwischen +0,9 und +1,5 aufwarten. Anschließend sanken aber seine Zustimmungswerte kontinuierlich. Im Sommer 2001 musste er dann durch die Veröffentlichung seiner Urlaubsfotos und die intensive Nutzung der Flugbereitschaft einen massiven Imageverlust hinnehmen. Ein Drittel der Bevölkerung sprach sich im September 2001 sogar für einen Rücktritt Scharpings aus, andererseits waren 66% der Meinung, er solle im Amt bleiben. Dennoch brachte ihm beide Affären einen deutlichen Popularitätsverlust: 61% der Bevölkerung kritisierten im September 2001 den Verteidigungsminister mehr oder minder heftig und nur noch 34% zeigten sich mit seiner Amtsführung einverstanden. Jedoch war der Tiefpunkt noch nicht erreicht. Im Mai 2002 erreichte Scharping gerade mal noch 18% Zustimmung. Damit belegte er den vorletzten Platz und wurde an Negativwerten lediglich von Jürgen Trittin mit nur 17% Zustimmung übertroffen, der sich jedoch von seinem Imagetief wieder erholte. Auch im *Politbarometer* belegte Scharping im Jahr 2002 mit Werten zwischen -1,1 und -1,5 durchweg nur hintere Plätze. Der Bundeskanzler entließ am 18. Juli 2002 den Verteidigungsminister noch vor dem Ende der Legislaturperiode. Scharping war nicht mehr tragbar.

Über Scharpings Nachfolger trauten sich im August 2002 – also kurz nach dem Amtsantritt Peter Strucks – die wenigsten ein Urteil zu. Nur 24% bewerteten im *DeutschlandTREND* die Politik Strucks positiv, aber auch nur 16% waren mit dem neuen Verteidigungsminister unzufrieden. Nach der

Bundestagswahl 2002 und der Vereidigung der neuen Regierung belegte Struck bei einer Bewertung aller Regierungsmitglieder im November 2002 einen Platz im Mittelfeld. Während 38% mit seiner Politik zufrieden waren, zeigten sich 47% unzufrieden. Bei der Frage nach der Glaubwürdigkeit genoss Struck bei der Bevölkerung einen gewissen Vertrauensvorschuss: 47% hielten ihn für glaubwürdig, während ihm nur 36% Unglaubwürdigkeit bescheinigten. Etwa ein Vierteljahr später, im März 2003, konnte Struck mehr als die Hälfte der Bevölkerung, nämlich 52%, von seiner Politik überzeugen. Nur noch 36% zeigten sich mit seiner Politik weniger oder gar nicht zufrieden. Damit belegte er hinter Außenminister Joschka Fischer Rang 2. Auch in den Folgemonaten konnte sich Struck einer mehrheitlich positiven Beurteilung um 50% erfreuen und war damit neben Fischer der einzige Bundespolitiker, der von der Bevölkerung zu diesem Zeitpunkt mehrheitlich so positiv beurteilt wurde. Im *Politbarometer* war Struck nach der Übernahme des Kabinettspostens im August 2002 und anschließend von März bis Juli 2003 in

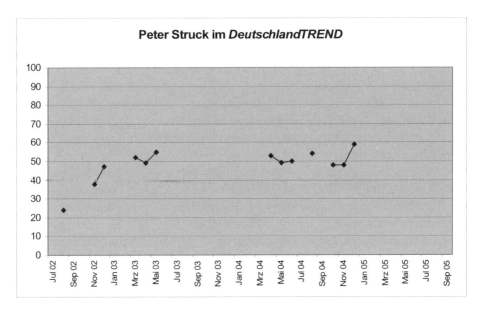

der Liste der zehn bedeutendsten Politikern mit Werten zwischen +0,4 und +0,6 vertreten. Er belegte zeitweise immerhin Platz 3. Selbst als Ende 2004 öffentlich viel über Misshandlungen in der Bundeswehr diskutiert wurde, schadete dies dem Ansehen des Verteidigungsministers nicht. Er konnte vielmehr durch seine konsequente Haltung in dieser Frage einen weiteren Imagegewinn verbuchen. Lediglich 33% waren laut *DeutschlandTREND* im Dezember 2004 mit seiner Politik wenig oder gar nicht zufrieden. Dagegen konnte er bei der mit seiner Amtsführung zufriedenen Bevölkerung um 11 Prozentpunkte auf 59% zulegen. Danach wurde es jedoch bis zu den Neuwahlen im September 2005 um den amtierenden Verteidigungsminister ruhiger und weder der *DeutschlandTREND* noch das *Politbarometer* präsentierten Zahlen. Möglicherweise kann dies auch mit dem Schlaganfall zusammenhängen, den Struck im Sommer 2004 erlitt und daraufhin zeitweise die Amtsgeschäfte ruhen lassen musste.

Die internationalen sicherheitspolitischen Entwicklungen und deren Folgen hatten – anders als beim Verteidigungsminister – deutlich größere Auswirkungen auf das Ansehen des Innenministers der Bundesrepublik. Zu Beginn der rot-grünen Koalition machte sich Otto Schily mit seiner harten Linie in zentralen innenpolitischen Problemfeldern nicht nur Freunde. Befürworter und Kritiker seiner Politik hielten sich weitgehend die Waage: 34% waren mit Schily zufrieden oder sehr zufrieden, 36% dagegen weniger zufrieden. In der Folgezeit konnte er seine Sympathiewerte leicht verbessern. Wegen der Anschläge vom 11. September 2001 gelang Schily jedoch ein unglaublicher Popularitätssprung: 62% der Bevölkerung honorierten seine harte Vorgehensweise bei der Bekämpfung und Aufklärung terroristischer Strukturen in der Bundesrepublik. Selbst über die Parteigrenzen hinweg zollten ihm Anhänger der anderen im Bundestag vertretenen Parteien mehrheitlich Anerkennung. Lediglich bei den Grünen überwogen die Kritiker.[31]

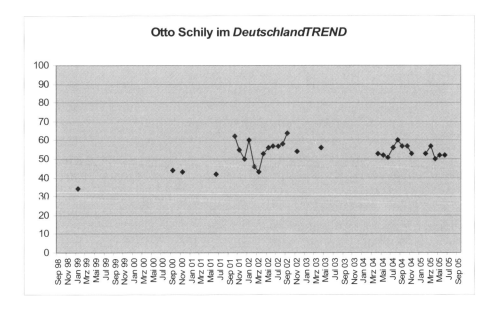

---

31 Vgl. *DeutschlandTREND* vom Oktober 2001, S. 14.

In den beiden folgenden Monaten normalisierten sich die Werte. Nach der Verabschiedung des Terrorismusbekämpfungsgesetzes im Dezember 2001 erfuhr Schily im Januar 2002 noch einmal eine Zustimmung von 60% der Bevölkerung. Im Zuge der Pannen beim NPD-Verbotsverfahren musste der Innenminister dann aber deutliche Imageverluste hinnehmen. Die Zufriedenheitsrate sank auf 46% im Februar und 43% im März 2002. Seine Haltung in der Diskussion um eine Verschärfung des Waffenrechts nach dem Erfurter Amoklauf vom 26. April 2002 fand bei der Bevölkerung wieder mehr Unterstützung. 56% Zufriedenheit bei nur 34% Unzufriedenheit bescherten ihm im *DeutschlandTREND* im Mai 2005 erneut Platz 2 hinter Joschka Fischer. Auf diesem Niveau konnte er seine Sympathiewerte bis zur Wahl im September 2002 stabilisieren. Erneut ins Blickfeld geriet der Innenminister nach den Terroranschlägen von Madrid am 11. März 2004. Er strebte durch eine Verschärfung der rechtlichen Bedingungen eine schnellere und einfachere Abschiebung von verdächtigen Ausländern an. Eine breite Bevölkerungsmehrheit trug diesen Vorschlag mit und so zeigten sich 53% mit der Politik des Innenministers zufrieden, während lediglich 38% unzufrieden waren. Bis Jahresende konnte Schily sich auf diesem Niveau zwischen 51% und 60% Zustimmung stabilisieren. Auch sein heftigst umstrittener Vorschlag, in nordafrikanischen Ländern Auffanglager für Schiffsflüchtlinge einzurichten,[32] schadete seinem hohen Ansehen nur unwesentlich. Nachdem Joschka Fischer im Zuge der Visa-Affäre große Popularitätseinbußen hatte hinnehmen müssen, führte Otto Schily im Mai 2005 sogar die Liste im *DeutschlandTREND* an. Diesen Spitzenplatz musste er zwar im Folgemonat schon wieder abgeben, jedoch war er neben Fischer der einzige Politiker der Regierungskoalition, der zu dieser Zeit mehrheitlich positiv beurteilt wurde. Mit Werten zwischen +0,2 und +1,4 und einer Durchschnittsbewertung von +0,7 im *Politbarometer* belegte Schily überwiegend Plätze im oberen Mittelfeld. Somit stärkte der Innenminister das Bild der Regierung in der Öffentlichkeit.

Das, was Schily fast die komplette Amtszeit über gelang, war dem zweiten Finanzminister der rot-grünen Regierung – wenn überhaupt – nur für die Anfangszeit vergönnt. Erstmals im Juli 1999 in die Umfrage im *DeutschlandTREND* aufgenommen, zeigten sich 44% mit der Politik Hans Eichels zufrieden. 38% machten dagegen ihrer Unzufriedenheit Luft. Wenn er aufgrund seines ehrgeizigen Sparprogramms zunächst nur bedingt seine positiven Imagewerte steigern konnte, so sammelte Eichel doch mit seiner Konsolidierungspolitik Pluspunkte für die SPD.[33] Im September 2000 zeigten sich 59% der Bevölkerung mit seiner Politik zufrieden und nur 31% übten Kritik. Dieses

---

32 Vgl. *DeutschlandTREND* vom August 2004, S. 16.
33 Vgl. *DeutschlandTREND* vom September 1999, S. 7.

Einleitung

Popularitätshoch beruhte auf der erfolgreichen Versteigerung der UMTS-Lizenzen im Juli/August 2000, wodurch dem Bundeshaushalt 98,8 Mrd. DM (ca. 50 Mrd. Euro) zuflossen. Eichel wurde als eine der Stützen in Schröders Kabinett gesehen. In den folgenden Monaten musste der Finanzminister jedoch leichte Ansehensverluste wegen der anhaltenden öffentlichen Auseinandersetzung um die Öko-Steuer hinnehmen. Dennoch konnte er laut *DeutschlandTREND* bis zur Wahl 2002 immer zwischen 40% und 59% der Bevölkerung von seiner Finanzpolitik überzeugen.

Nach der Wahl wurde auf Bestrebungen der CDU/CSU-Bundestagsfraktion hin ein Untersuchungsausschuss eingesetzt, weil sie der Bundesregierung vorwarf, die Wähler über die tatsächliche wirtschaftliche Lage des Landes und die Situation des Bundeshaushaltes belogen zu haben. Dieser Vorwurf traf insbesondere das Ansehen des Finanzministers. Nur noch 28% der Bevölkerung hielten Eichel im Dezember 2002 für glaubwürdig; 70% sprachen ihm jede Glaubwürdigkeit ab. Ähnliche Werte zeigten sich bei der Frage der Zufriedenheit: 28% waren im Januar 2003 mit der Arbeit Eichels zufrieden, 68% aber weniger oder gar nicht zufrieden. Im September 2003 fiel Eichel mit nur 22% Zustimmung sogar hinter die Gesundheitsministerin auf den letzten Platz zurück. Vom „Hans im Glück" war nicht mehr viel übrig geblieben. Nach der Rekordverschuldung des Bundes nahm das Ansehen im Jahr 2004 weiter ab.

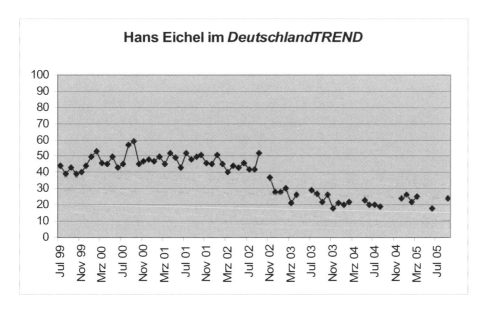

Bei 78% Unzufriedenheit erhielt Eichel nur noch 18% Zustimmung. Neben Ulla Schmidt wurde Hans Eichel als Kandidat gehandelt, der bei einer Kabinettsumbildung seinen Stuhl räumen müsste.[34] Da es aber zu keinem Revirement kam, blieb Eichel trotz niedriger Sympathiewerte bis zur Wahl 2005 im Amt. Durchschnittlich wurde Eichel im *Politbarometer* auf der Skala von -5 bis +5 mit +0,3 bewertet. Betrachtet man jedoch beide Legislaturperioden getrennt, so ergibt sich für die erste ein Durchschnittswert von +0,9, in der zweiten Wahlperiode erreichte er nur noch -0,6.

Wolfgang Clement wurde nach der knapp gewonnenen Bundestagswahl 2002 von Bundeskanzler Schröder zum „Superminister" für Wirtschaft und Arbeit berufen. Er sollte das andauernde Problem der Arbeitslosigkeit in den Griff bekommen. Entgegen den Hoffnungen Schröders, der auf das Macher-Image von Clement gesetzt hatte, wurde der neue Wirtschafts- und Arbeitsminister anfänglich laut *DeutschlandTREND* eher skeptisch bewertet. Nur 40% hatten sehr viel oder viel Zutrauen, dagegen 46% wenig oder gar kein Zutrauen in den „Superminister". Damit wurde er aber immerhin besser als seine beiden Vorgänger Müller und Riester bewertet. Im *Politbarometer* bewerteten dagegen etwas mehr als die Hälfte der Deutschen, nämlich 51%, die Ernennung Clements zum neuen Bundesminister für Wirtschaft und Arbeit positiv. Lediglich 20% waren demgegenüber skeptisch eingestellt.[35]

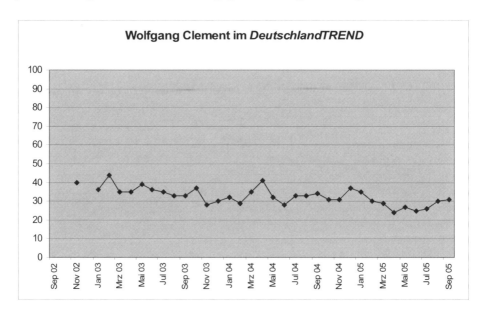

---

34 Vgl. *DeutschlandTREND* vom August 2004, S. 16.
35 Vgl. *Politbarometer* vom Oktober 2002.

Auch auf der „Eitelkeitsskala" stieg der „Superminister" im Oktober 2002 mit einem guten Wert von +1,3 ein. Im Januar 2003 waren laut *DeutschlandTREND* 36% mit seiner Arbeit zufrieden. Damit war Clement der beliebteste SPD-Minister und besaß eine größere Popularität als der Kanzler. Obwohl Clement bis November 2003 im *DeutschlandTREND* kontinuierlich Imageverluste hinnehmen musste und im Anschluss daran auf diesem niedrigen Niveau weitestgehend verharrte, blieb er der bestplatzierte SPD-Politiker. Im *Politbarometer* konnte er trotz geringer Werte um +0,8 zeitweise den zweiten Platz hinter Joschka Fischer belegen. Im April 2004 brachte Clement die Auseinandersetzung mit Umweltminister Trittin über die Emissionsbeschränkung noch einmal mehr Aufmerksamkeit und eine positive Beurteilung durch 41% der Bevölkerung. In der Folgezeit pendelte sich die Zufriedenheit um die 30% ein. Dagegen tendierte er im *Politbarometer* – zwar immer noch im Plusbereich – wieder stärker gegen 0.

Neben Jürgen Trittin ist Ulla Schmidt die einzige Ministerin, die durchweg negative Werte auf der Skala des *Politbarometer*s erhalten hat. Auf der Skala von +5 bis -5 erhielt sie durchschnittlich -1. Im Einzelnen schwankten die Werte zwischen -0,3 und -1,7. Auch im *DeutschlandTREND* überwog mehrheitlich die Unzufriedenheit mit ihrer Politik. In den vier Jahren und neun Monaten ihrer Amtszeit konnte sie nicht einmal ein Drittel der Bevölkerung von ihrer Politik überzeugen, gerade einmal durchschnittlich ein Fünftel (20,27%) zeigte sich mit ihrer Politik zufrieden. Im Juli 2001 waren lediglich 26% mit der Politik der Gesundheitsministerin einverstanden. Dagegen übten 53% Kritik an Ulla Schmidt. Damit konnte sie unter den deutschen Spitzenpolitikern nur die PDS-Vorsitzende Gabi Zimmer hinter sich lassen. Auch nach der Bundestagswahl gelang es Ulla Schmidt nicht, in der Öffentlichkeit zu punkten und das Bild zu vermitteln, dass sie die anstehenden Reformen im Gesundheitswesen auf den Weg bringen könnte.

Lediglich 23% der Bevölkerung traute ihr dies zu. Im Januar 2003 zeigten sich dann gerade noch 18% mit Ulla Schmidt zufrieden, während 71% mit ihrer Politik weniger oder gar nicht zufrieden waren. Damit belegte sie bis September 2003 den letzten Platz auf der Skala. Obwohl in der Diskussion über eine Reform des Gesundheitswesens gegen Ende des Jahres 2003 sich eine Mehrheit der Bevölkerung (77%) gegen die Einführung der Kopfpauschale aussprach und damit für das von Ulla Schmidt und der SPD favorisierte System einer Bürgerversicherung,[36] konnte die Gesundheitsministerin auch weiterhin keine Sympathien in der Bevölkerung gewinnen. Im Gegenteil: die Reformen im Gesundheitswesen ab 2004 – vor allem die Praxisgebühr und

---

36 Vgl. *DeutschlandTREND* vom Dezember 2003, S. 2.

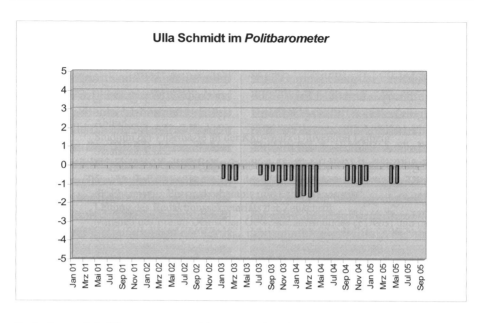

die höheren Medikamentenzuzahlungen – brachten ihr einen weiteren Imageverlust. Nur noch 15% im Januar und 13% im Februar waren laut *DeutschlandTREND* mit der Politik der Gesundheitsministerin zufrieden, 80% im Januar und sogar 84% im Februar weniger oder gar nicht zufrieden. Auch im *Politbarometer* belegte Ulla Schmidt mit -1,7 den letzten Platz und verlor so stark an Ansehen wie Helmut Kohl durch die CDU-Spendenaffäre.[37] Im März sank die Zufriedenheit auf den absoluten Tiefpunkt. Gerade noch 9% äußerten sich laut *DeutschlandTREND* positiv über Ulla Schmidt, während 89% sie kritisierten. Damit wurde seit Beginn der Aufzeichnungen des *DeutschlandTREND*s der zweitschlechteste Wert für eine Politikerin bzw. einen Politiker erreicht. Lediglich die zeitweilige PDS-Vorsitzende Gabi Zimmer wurde noch einmal schlechter bewertet. In der Diskussion über eine Kabinettsumbildung stand Ulla Schmidt immer auf Platz 1 der Regierungsmitglieder, die ausgetauscht werden sollten.[38] Im Mai 2004 wurde sie nicht mehr in der Liste der zehn wichtigsten Politiker des *Politbarometer*s geführt. Als sie im September des gleichen Jahres erneut aufgenommen wurde, hatten sich ihre Werte zwar auf -0,8 verbessert, den letzten Platz verlor sie jedoch nicht.

---

37 Vgl. SZ vom 17./18.1.2004.
38 Vgl. *DeutschlandTREND* vom August 2004, S. 14.

Einleitung

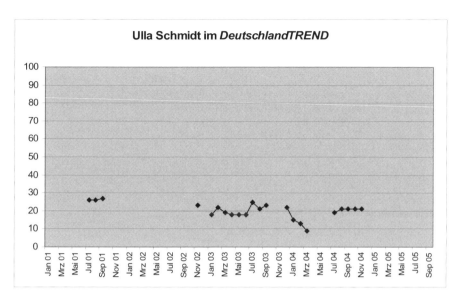

Neben Ulla Schmidt wurde Bundesumweltminister Jürgen Trittin als einziger Minister durchgängig mit negativen Werten bedacht, wenn er auf der Liste der zehn wichtigsten Politiker vertreten war. Nicht zu Unrecht trug er daher bei der Bevölkerung den Spitznamen „Bad Guy des Kabinetts"[39]. Durchschnittlich erhielt er einen Wert von -1.

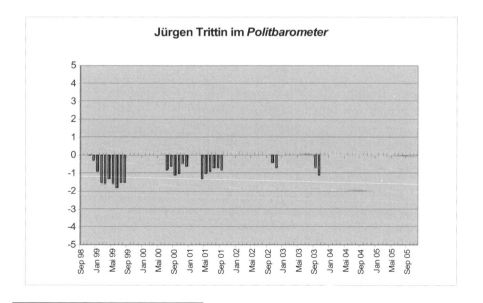

---

39 Rigos, Alexandra: Der spröde Mann fürs Grüne, in: Greenpeace-Magazin 3/2002, S. 28-32, hier: 29.

Im Juni 1999 – knapp ein Jahr nach der Wahl – erreichte er seinen schlechtesten Wert mit -1,8, nachdem er bereits im März mit einem Wert von -1,6 den letzten Platz übernommen hatte. Auch im *DeutschlandTREND* wurde gelegentlich die Zufriedenheit mit der Politik des Umweltministers abgefragt. Hier erhielt er in der Regel nur geringe Zustimmungswerte. So zeigten sich im Februar 1999 gerade einmal nur 26% der Bevölkerung mit dem Minister zufrieden. Immerhin 64% kritisierten seine Politik. Laut *DeutschlandTREND* beruhte dies vor allem auf seinem undiplomatischen Auftreten im Streit mit Frankreich und England um das Ende der atomaren Wiederaufbereitung und der Tatsache, dass Trittin gezwungen war, seine Gesetzesnovelle zur atomaren Wiederaufbereitung zurückzustellen.[40] Im Juli des gleichen Jahres war die Unzufriedenheit mit Trittin sogar auf 75% angestiegen, und nur noch 17% schätzten den Umweltminister. Bis April 2000 konnte Trittin sein Image nur geringfügig verbessern. Noch immer kritisierten 65% der Bevölkerung seine Arbeit, nur 26% waren einverstanden. Im Juli sank er mit 22% Zustimmung auf den letzten Platz der Rangliste ab. Zumindest im März 2001 konnte eine geringfügig erhöhte Zufriedenheit gemessen werden. Zeigten sich nun 30% mit der Umweltpolitik des Grünen einverstanden, kritisierte ihn immer noch eine Mehrheit von 60%. Aber bereits im Folgemonat musste er ein Minus von 9 Prozentpunkten auf der Zufriedenheitsseite verbuchen, und seine Kritiker schnellten auf 72% empor. Selbst bei den Grünen verlor der Umweltminister an Zustimmung und war der einzige Politiker, der mit 56% mehr Kritik als Lob – lediglich 42% – in den eigenen Reihen erhielt.[41] In der zweiten Legislaturperiode von Rot-Grün pendelten die Werte Trittins zwischen 32% und 38% Zustimmung.

Walter Riester konnte von Mai 1999 bis November 1999 laut *DeutschlandTREND* nur mit einer Zustimmung zwischen 22% und 29% der Bevölkerung für seine Politik rechnen. Dagegen waren zwischen 48% und 59% der Bundesdeutschen mit dem 630-Mark-Gesetz, der Neuregelung der Scheinselbstständigkeit sowie der Entscheidung, die Rentenanpassung für zwei Jahre von der Nettolohnentwicklung abzukoppeln und nur einen Inflationsausgleich zu gewähren, unzufrieden. Die Erwartungen, die in den Arbeitsminister gesetzt worden waren, konnte dieser in den Augen der Wählerinnen und Wähler nicht erfüllen. Die trotz Anfangserfolgen negative Entwicklung am Arbeitsmarkt überschattete seine gesamte Tätigkeit. Im *Politbarometer* gehörte er daher nur im Juli und August 1999 mit einem Wert von 0 der Liste der zehn wichtigsten Politiker an. Nachdem Riester Ende Mai 2000 seine umfassenden Reformpläne vorgelegt hatte, nach denen die gesetzliche Rentenversicherung

---

40 Vgl. *DeutschlandTREND* vom Februar 1999, S. 2.
41 Vgl. *DeutschlandTREND* vom April 2001, S. 11.

mit einer kapitalgedeckten privaten Zusatzrente ergänzt werden sollte, schaffte er von Oktober 2000 bis März 2001 noch einmal mit Werten zwischen 0 und +0,4 im *Politbarometer* den Sprung in die „Eitelkeitsskala". Auch im *DeutschlandTREND* konnte der Arbeitsminister in dieser Zeit noch einmal Werte zwischen 30% und 34% Zustimmung der Bevölkerung für seine Politik verbuchen. Jedoch zollten ihm zwischen 53% und 54% der Bürgerinnen und Bürger während seiner Amtszeit keinen Beifall.

Im Januar 2001 übernahm Renate Künast das in Folge der BSE-Krise neu geschaffene Ministerium für Verbraucherschutz, Ernährung und Landwirtschaft. Mit ihrem raschen und effektiven Krisenmanagement erreichte sie schnell Popularitätswerte im *Politbarometer* mit +1,6 im März und +1,5 im April. Auch nach dem *DeutschlandTREND* zeigten sich im April 58% und im Mai sogar 60% mit ihrer Arbeit zufrieden. Nur 26% bzw. 28% waren mit ihrem Krisenmanagement unzufrieden. Im Zusammenhang mit dem Nitrofen-Skandal im Jahr 2002, als der Ministerin vorgeworfen wurde, in ihrem Zuständigkeitsbereich seien Informationen über die Verseuchung von Tierfutter mit dem Unkrautvernichtungsmittel Nitrofen nicht weitergegeben und in effektive Gegenmaßnahmen umgesetzt worden, musste sie im *Politbarometer* Einbußen hinnehmen. Dort erreichte Künast nur noch Werte zwischen +0,3 im Mai 2002 und +0,8 im September 2002. Jedoch waren immer noch zwischen 49% und 56% der Bevölkerung laut *DeutschlandTREND* mit der Politik der Verbraucherministerin zufrieden. Allerdings wurden auch zwischen 36% und 44% kritische Stimmen in der Bevölkerung laut. Der *DeutschlandTREND* kam trotzdem zum Schluss, dass ihr der Nitrofen-Skandal nicht angelastet wurde und ihre schlechtere Bewertung eher auf eine mangelnde Präsenz in den Medien zurückzuführen gewesen sei.[42]

Vereinzelt gehörten Kabinettsmitglieder nur ganz kurze Zeit der Liste der wichtigsten Politiker an. So konnte Andrea Fischer, nachdem sie im Sommer 1999 ihre Pläne für eine Gesundheitsreform vorgelegt hatte, gerade mal 34% Zustimmung verbuchen. Dagegen waren 57% mit ihr nicht zufrieden.

Der parteilose Wirtschaftsminister Werner Müller erreichte im August 1999 nur eine Zustimmung von 28%, jedoch waren auch nur 38% der Bevölkerung mit seiner Arbeit unzufrieden. Selbst bei den SPD-Anhängern bewerteten nur 42% seine Wirtschaftspolitik positiv.[43] Ungefähr ein Jahr später konnte er sich ein wenig verbessern: Mit 33% hielten sich positive wie negative Werte die Waage. Ein Jahr später, im Juli 2001, wies Müller fast immer noch die gleichen Imagewerte auf: Laut *DeutschlandTREND* zeigten sich 32% mit seiner Wirtschaftspolitik zufrieden; 39% waren dagegen unzufrie-

---
42 Vgl. *DeutschlandTREND* vom Juni 2002, S. 12; vgl. *DeutschlandTREND* vom Mai 2002, S. 11.
43 Vgl. *DeutschlandTREND* vom August 1999, S. 10.

den. Im August und September 2001 erreichte der Wirtschaftsminister auf der Skala des *Politbarometers* einen Wert von +0,7. Diese geringe Zustimmung spiegelte die Enttäuschung der Bevölkerung mit der rot-grünen Wirtschaftspolitik wider.

Im zweiten Kabinett Schröders übernahm Manfred Stolpe das Ministerium für Verkehr, Bau- und Wohnungswesen. Lange Zeit führte er sein Ressort, ohne große Aufmerksamkeit zu erregen. Als der Starttermin für die LKW-Maut jedoch im Spätsommer 2003 um zwei Monate auf den 1. November verschoben werden musste, rückte Stolpe ins Blickfeld der Medien. Jedoch gaben nur 29% der Befragten dem Verkehrsminister die Schuld für die Verzögerung der Einführung des Maut-Systems, dagegen sahen 41% der Bevölkerung die Betreibergesellschaft als Hauptschuldigen.[44] Aufgrund der fortgesetzten Pannen verlor Stolpe aber immer weiter an Ansehen. Im März 2004 zeigten sich nur noch 12% mit seiner Politik zufrieden, dagegen kritisierten 82% die Politik des Verkehrsministers. Lediglich die Gesundheitsministerin Ulla Schmidt wies noch schlechtere Werte auf. Angesichts des gelungenen Starts des Maut-Systems am 1. Januar 2005 – also mit 16-monatiger Verspätung – konnte sich der Verkehrsminister aus seinem Umfragetief etwas erholen: Im Januar 2005 äußerten sich 28% positiv über seine Arbeit, während noch immer 64% mit seiner Tätigkeit mehr oder weniger unzufrieden waren. Laut *ZDF-Politbarometer* gehörte Stolpe nie zu den zehn wichtigsten Politikern.

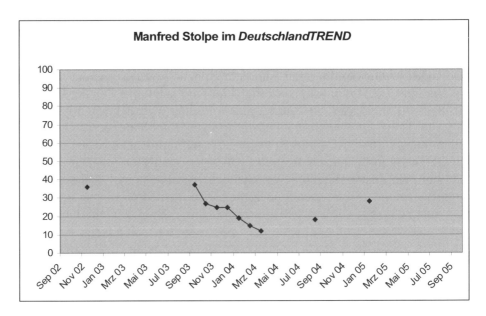

---

44 Vgl. *DeutschlandTREND* vom September 2003, S. 8f.

Auch andere Ministerinnen und Minister rangierten nie – sowohl im *DeutschlandTREND* als auch im *Politbarometer* – unter den zehn wichtigsten Politikern. Die Gründe dafür sind vielfältig. Zum einen waren der Verbleib in einem weniger medienwirksamen Ministeramt wie bei Franz Müntefering, Kurt Bodewig oder Reinhard Klimmt im Verkehrsministerium, zu kurz, um öffentlich viel Aufmerksamkeit zu gewinnen. Müntefering schaffte es erst nach seinem Rücktritt vom Amt des Verkehrsministers in seiner Zeit als SPD-Generalsekretär für einige Monate im *DeutschlandTREND* zu den zehn wichtigsten Politikern zu gehören, dann aber nur mit einer Zustimmung zwischen 30 und 37%. Dagegen bewerteten bis zu 44% der Bevölkerung seine Arbeit als Parteivorsitzender positiv. Andere Minister agierten eher im Hintergrund oder konnten der Bundespolitik trotz längerer Amtszeit zumindest öffentlich nicht ihren Stempel aufdrücken, wie z.B. der Kanzleramtsminister Bodo Hombach, die beiden Bundesministerinnen für Familie, Senioren, Frauen und Jugend, Christine Bergmann und Renate Schmidt, die Bundesministerin für Forschung und Bildung Edelgard Bulmahn, die Justizministerinnen Herta Däubler-Gmelin und Brigitte Zypries, der Landwirtschaftsminister Karl-Heinz Funke oder die Bundesministerin für wirtschaftliche Zusammenarbeit und Entwicklung Heidemarie Wieczorek-Zeul. Die Aussage von Inge von Bönninghausen, der Vorsitzenden des Deutschen Frauenrates, die von der taz mit den Worten zitiert wurde: „Christine Bergmann hat der Frauenpolitik wieder Schwung gegeben, auch wenn Talkshows und Schlagzeilen [oder die Demoskopie] dies übersehen haben"[45] gilt wohl nicht nur für die damalige Familienministerin. Fast jedes Kabinettmitglied hat – trotz unterschiedlicher Wahrnehmung bei den Befragten – in seinem Bereich etliches vorantreiben können.

Auffällig ist, dass aus einer Regierungsmannschaft von 16 bzw. 14 Kabinettsmitgliedern lediglich der Bundeskanzler und der Außenminister dauerhaft zu den wichtigsten Persönlichkeiten zählten. Wie gezeigt, waren auch sehr häufig der Finanzminister und der Innenminister sowie in der zweiten Amtszeit Schröders der „Superminister" für Wirtschaft und Arbeit vertreten. Einige andere gehörten nur zeitweise der Liste an, nämlich dann, wenn das Agendasetting sie in das Rampenlicht der Medien spülte.

---

45 taz vom 27.9.2002.

D. Expertengremien im System Schröder

Markus Gloe

Das Grundgesetz kennt keine Gremien wie Kommissionen oder Konsensrunden, die die Regierung Schröder von Anfang an als zentrales Regierungsinstrument einsetzte. Solche Gremien sind aber durchaus ein legitimes Instrument der Politikberatung und der kritischen Reflexion, solange sie nicht zu einer Entscheidungsinstanz erhoben werden. Sie können als strategisches Mittel genutzt werden, um Kommunikations- und Entscheidungsspielräume zu öffnen oder zu schließen.[1] Expertengremien wurden als Teil eines dialogorientierten Politikstils ausgegeben, der Interessenintegration oder Interessenausgleich durch die Einbeziehung gesellschaftlicher Gruppen ermöglichen sollte.[2] Sie waren zudem Teil einer „bewussten Strategie, um die Inhaber von Blockademöglichkeiten davon abzuhalten, diese zu nutzen"[3] und damit zugleich ein Beitrag zur Durchsetzbarkeit der eigenen politischen Programme. Schröder schaffte es somit durch die Einsetzung von Expertengremien, dass das Vertrauen der Bevölkerung in die Gestaltbarkeit der Dinge zurückkehrte. Letztlich sollte – wenn auch nur zweitrangig – der Sachverstand von Wissenschaftlern und Interessenvertretern genutzt werden. „Konsenssuche wird," so Schröders Kanzleramtschef Steinmeier, „hier zu einem dynamischen Prozess, in dessen Verlauf man traditionelle Blockaden überwindet und dafür sorgt, dass sich in komplexen Entscheidungsprozessen die Waagschale im richtigen Moment zugunsten der Erneuerung senkt. Gerade dort, wo infolge verfassungsrechtlicher Vorgaben und institutioneller Übung eine Vielzahl von Akteuren mit ihren jeweiligen Eigeninteressen an der Formulierung politischer Entscheidungen teilhat, ist dies nach unserer Erfahrung oft die einzig verbliebene Art, starre ideologische Fronten aufzubrechen und einen Modernisierungskurs durchzusetzen."[4] Auffallend ist, dass die Auswahl der informellen

---

1 Vgl. Murswieck, Axel: Des Kanzlers Macht: Zum Regierungsstil Gerhard Schröders, in: Egle, Christoph/Tobias Ostheim/Reimut Zohlnhöfer (Hrsg.): Das rot-grüne Projekt. Eine Bilanz der Regierung Schröder 1998-2002, Wiesbaden 2003, S. 117-135, hier: 125.
2 Vgl. Stüwe, Klaus: Informales Regieren. Die Kanzlerschaften Gerhard Schröders und Helmut Kohls im Vergleich, in: ZParl 3/2006, S. 553; Krick, Eva: Politikberatung durch Expertengremien. Legitimation und Funktion der „Hartz"- und „Rürup"-Kommision. Arbeitspapiere – Working Papers 2/2006, Universität Osnabrück, Osnabrück 2006, S. 12f.
3 Stüwe 2006: 553.
4 Steinmeier, Frank-Walter: Abschied von den Machern. Wie das Bündnis für Arbeit die Erneuerung schafft – durch Konsens, in: Die Zeit Nr. 10 vom 1.3.2001.

Gremien primär dem Bundeskanzleramt oblag, was bei vielen Politikwissenschaftlern zu der Feststellung führte, dass „mit der zunehmenden Präsidentialisierung des Politikprozesses gegen die Regeln im Berliner Regierungsalltag"[5] verstoßen werde.

Klaus Stüwe macht drei Arten solcher Gremien aus: 1) Korporatistische Konsensrunden, wie z.B. die Atomkonsensgespräche oder das Bündnis für Arbeit; 2) Expertenkommissionen, wie z.B. die Weizsäcker-Kommission oder die Hartz-Kommission; 3) Konsensgespräche zwischen Regierungs- und Oppositionsparteien.[6]

1) Korporatistische Konsensrunden
Bereits im Wahlkampf war deutlich geworden, dass Rot-Grün einen zügigen Atomausstieg plante. Dieser sollte entschädigungsfrei und möglichst im Einvernehmen mit den Kernkraftwerksbetreibern erfolgen. Man hielt im Koalitionsvertrag fest, den Atomausstieg innerhalb der anstehenden Legislaturperiode „umfassend und unumkehrbar"[7] zu regeln. Daher begannen bereits Ende Januar 1999 dahingehende Konsensgespräche. Grundlage waren Umweltminister Jürgen Trittins Eckpunkte zu einer Atomausstiegsnovelle. Danach sollte die Nutzung der Atomkraft „geordnet und sicher" beendet werden. Neuzulassungen für die Errichtung und Betreibung von Atomkraftwerken wurden ausgeschlossen. Und letztlich sollte die Wiederaufbereitung abgebrannter Kernelemente verboten und die direkte Endlagerung als Entsorgungsmöglichkeit zugelassen werden. Dieses Konzept sorgte jedoch für Streit innerhalb der Koalition. Der Kanzler selbst gab eine entschärfte Fassung der Novelle in Auftrag. Sie sah vor, abgebrannte radioaktive Brennelemente direkt endzulagern. Auch diese wurde jedoch schon Ende Januar 1999 verworfen. Ein weiterer Streitpunkt waren die Restlaufzeiten. Die Grünen forderten einen sofortigen Ausstieg, während die SPD sich im Wahlprogramm auf einen Ausstieg innerhalb von zehn Jahren festgelegt hatte. Während die Grünen anfangs binnen fünf Jahren die Atomkraftwerke schließen wollten, gab sich der Kanzler mit einer Restlaufzeit von 25 bis 30 Jahren zufrieden. Sein Wirtschaftsminis-

---
5 Korte, Karl-Rudolf. In der Präsentationsdemokratie. Schröders Regierungsstil prägt die Berliner Republik, in: FAZ vom 26.7.2002; vgl. ebenfalls Falter, Jürgen: Politik im medialen Wanderzirkus, in: Vorgänge 158/2002, S. 5-9.
6 Vgl. Stüwe 2006: 554. Sven Siefken nimmt dagegen eine Einteilung nach den Kriterien zeitliche Dauer und Zusammensetzung vor und unterscheidet daher von Expertenkommission (zeitlich begrenzt, Mitglieder aus Wissenschaft oder Interessengruppen) den Beirat (dauerhaft, Mitglieder aus Wissenschaft oder Interessengruppen, vgl. Siefken, Sven: Expertenkommissionen im politischen Prozess. Eine Bilanz zur rot-grünen Bundesregierung 1998- 2005, Wiesbaden 2007, S. 63f.
7 Bündnis´90/Die Grünen/SPD: Aufbruch und Erneuerung – Deutschlands Weg ins 21. Jahrhundert. Koalitionsvereinbarungen vom 20.10.1998, Bonn 1998, S. 16.

ter, Werner Müller, sah sogar 35 Jahre Laufzeit vor. Dagegen plante die Atomindustrie mit mindestens 40 Jahren. Innerhalb der Regierung konnte man sich schließlich auf die Formel „30 plus 3" – 30 Kalenderjahre ab Inbetriebnahme Laufzeit plus drei Jahre Übergangszeit für die ältesten Reaktoren – einigen.[8]

Die Gräben zwischen Kernkraftwerksbetreibern und der Regierung waren tief, auch die deutschen Medien mischten kräftig mit. So griff das damalige Mitglied der Feuilleton-Redaktion der FAZ und der spätere Chefkorrespondent der Tageszeitung Die Welt den Kanzler heftig an, indem er schrieb, „wer die schärfsten Kampfhunde (gemeint war Bundesumweltminister Jürgen Trittin, Anm. d. Verf.) seines Kabinetts vor den Schlitten spannt, der will doch offenbar, dass das Gefährt umstürzt. Konsens ist dann nur noch ein Alibi, den Dingen ihren Lauf zu lassen. [...] In Wahrheit dürfte es so gehen, wie Werner Müller, der offenbar die Zügel führt, in schöner Offenheit erklärt hat: dass nämlich er und Schröder das zur Regierungslinie machen wollen, ′was längst faktische Unternehmenspolitik der hiesigen Wirtschaft geworden ist′. Also politischer Nachvollzug dessen, was ein paar großen Unternehmen wohlgefällt"[9]. Nachdem der Kanzler in langwierigen Verhandlungen seinen Umweltminister mehr als einmal desavouiert hatte – so durfte z.B. der federführende Umweltminister beim ersten Konsensgespräch, anders als der Wirtschaftsminister, nicht dabei sein –, einigte sich die durch Gerhard Schröder, Werner Müller, Jürgen Trittin und Frank-Walter Steinmeier vertretene Regierung mit den Unternehmern Ulrich Hartmann (E.on), Dietmar Kuhnt (RWE), Gerhard Goll (EnBW) und Manfred Timm (HEW) in der Nacht vom 14. auf den 15. Juni 2000 auf den Ausstieg aus der Kernenergienutzung. Die Regellaufzeit der im Einsatz befindlichen Atomkraftwerke wurde auf 32 Jahre begrenzt. Die Inhalte der Vereinbarung wurden im „Gesetz zur geordneten Beendigung der Kernenergienutzung zur gewerblichen Erzeugung von Elektrizität" umgesetzt, das am 27. April 2002 in Kraft trat. Allerdings kann von einem Primat der Politik keine Rede mehr sein, wenn man den Konsens an den Ansprüchen der Regierung, insbesondere der Grünen, zu Beginn der Legislatur misst.

Und trotzdem hatte die Politik mit diesem Konsens ihren Handlungsspielraum erweitert. Schröder hatte vor allem mit „stillem Regieren" gegenüber den Kraftwerksbetreibern und „Macht" gegenüber seinem Koalitionspartner diesen Ausstieg durchgesetzt. In seinen Erinnerungen resümierte Schröder: „Die gesellschaftspolitische Bedeutung dieses Atomkonsenses ist nie wirklich

---

8 Vgl. Raschke, Joachim: Die Zukunft der Grünen, Frankfurt a. M. 2001, S. 175ff.
9 Adam, Konrad: Kartelle sind verboten; in: Bissinger, Manfred/Dietmar Kuhnt/Dieter Schweer (Hrsg.): Konsens oder Konflikt? Wie Deutschland regiert werden soll, Hamburg 1999, S. 11-15, hier: 12.

Einleitung

zutreffend gewürdigt worden, und das hat einen simplen Grund. Den Gegnern der Kernenergie ging der Kompromiss nicht weit genug und den Befürwortern zu weit."[10]

Die Bevölkerung stand hinter dem Konsens: Fast zwei Drittel der Bevölkerung sprachen sich für den Ausstieg aus der Kernenergie aus, wie er von Regierung und Wirtschaft ausgehandelt worden war. Nur 29% hielten den Ausstieg nicht für richtig.[11]

Nachdem die Suche nach einer Lösung des Problems der Massenarbeitslosigkeit zum zentralen Punkt im Wahlkampf 1998 geworden war, vereinbarten SPD und Bündnis '90/Die Grünen im Koalitionsvertrag ein „Bündnis für Arbeit und Ausbildung". Dieses sollte einen Maßnahmenkatalog erarbeiten, um Arbeitsplätze zu schaffen und allen Jugendlichen einen Ausbildungsplatz zu sichern. In seiner Regierungserklärung erklärte Schröder: „Ich erwarte, dass sich die Gesprächspartner vom Denken in angestammten Besitzständen und von überkommenen Vorstellungen lösen."[12] Das Bündnis für Arbeit war das „Renommierprojekt der neuen rot-grünen Bundesregierung"[13]. Nach anfänglichen Schwierigkeiten verstand es der Kanzler, die Spitzen der deutschen Industrie geschickt in den Politikgestaltungsprozess einzubinden und sie dazu zu bewegen, sich im „Bündnis für Arbeit, Ausbildung und Wettbewerbsfähigkeit" – auf Drängen der Wirtschaft war der Titel erweitert worden – mit Vertretern der Gewerkschaften an einen Tisch zu setzen.[14] BDA-Chef Hundt sagte, die Unternehmer sähen „keine aussichtsreiche Alternative, um eine wirkliche Verbesserung der wirtschaftlichen Rahmenbedingungen in Deutschland zu erreichen"[15]. Am 7. Dezember 1998 kam es unter Leitung von Gerhard Schröder zwischen Kabinettsmitgliedern, den Präsidenten der vier Spitzenverbände der deutschen Wirtschaft sowie den Vorsitzenden der einflussreichsten Gewerkschaften zum ersten Treffen im Rahmen des Bündnisses.[16]

Die Aufgaben des Bündnisses waren sehr weitreichend angedacht. Neben der Arbeitsmarktpolitik sollten auch für den Aufbau Ost, die Steuerpolitik bis hin zur Reform der Sozialversicherungssysteme Lösungen gefunden und dis-

---

10 Schröder, Gerhard: Entscheidungen. Mein Leben in der Politik, Hamburg 2007, S. 280.
11 Vgl. DeutschlandTrend vom April 2001, S. 15.
12 Schröder 1998: 22.
13 Heinze, Rolf G.: Die Berliner Räterepublik. Viel Rat – wenig Tat?, Wiesbaden 2002, S. 91.
14 Vgl. Reiermann, Christian: Der ruft einfach nicht an, in: Der Spiegel, 44/1999, S. 116ff; vgl. ebenfalls Inacker, Michael J.: Schröder räumt ab, in: Die Welt vom 14.6.2000; ders.: Der Triumph des Kanzlers, in: Die Welt vom 15.7.2000.
15 Zit. nach Die Welt vom 5.7.1999.
16 Leggewie, Claus: Böcke zu Gärtnern? Das Bündnis für Arbeit im Politikprozeß, in: Arlt, Hans-Jürgen/Sabine Nehls (Hrsg.): Bündnis für Arbeit. Konstruktion, Kritik, Karriere, Opladen/Wiesbaden 1999, S. 13-24, hier: 17.

kutiert werden.[17] Schröder machte aber deutlich, dass er das Bündnis weder „als Nebenregierung noch als Reparaturwerkstatt [sehe]. Es muss eine Scharnierfunktion bei der Politik des Wandels übernehmen und durch strategische Allianzen neue Handlungsoptionen bei der Bekämpfung der Arbeitslosigkeit eröffnen"[18]. Allen Beteiligten war klar, „das Bündnis für Arbeit ist kein Bündnis der Harmonie"[19]. Die Interessen der Bundesregierung, der Arbeitgeber und Gewerkschaften waren bisweilen sehr konträr. Dabei reklamierte die Regierung eigentlich nur eine moderierende Funktion für sich.[20] Die Schwierigkeiten im Bündnis selbst trugen auch dazu bei, dass bei weitem nicht alle geplanten Aufgaben angesprochen wurden. Dem Kanzler ging es jedoch nicht zuletzt um die Definitionshoheit über Prozesse, Beurteilungen und Ziele: „Er hat versucht, durch das Bündnis das Gemeinwohl zu definieren und wollte sich sowohl als Moderator als auch als Motor dieses Gemeinwohles etablieren."[21] Zusätzlich war ihm das Bündnis als Medienereignis wichtig: „In regelmäßiger Folge wird bewusst, dass das Kanzleramt der Ort ist, an dem alle für die Wirtschaft Wichtigen nach Lösungen suchen."[22]

Die Beschränkung auf die Spitzenebene der Gewerkschaften und Arbeitgeber erwies sich als zu eng, da beide zunehmend den Einfluss auf ihre Klientel verloren. Die Hoffnung, dass das Bündnis „in der Region, in den Städten und in den Betrieben aufgenommen wird"[23], erfüllte sich nicht. Hinzu kam, dass nach der verlorenen Wahl in Hessen im Frühjahr 1999 ein Regieren ohne die Opposition, die seitdem im Bundesrat die Mehrheit besaß, nicht mehr möglich war. Der Kanzler reagierte entsprechend, indem er beispielsweise die Aufforderung Schäubles zur Einbindung der Union in Rentengespräche durch die Einladung zu parteiübergreifenden Konsensgesprächen aufgriff.

---

17 Andersen, Uwe: Stabilitätsgesetz/Konzertierte Aktion/Bündnis für Arbeit, Ausbildung und Wettbewerbsfähigkeit, in: Andersen, Uwe/Wichard Woyke (Hrsg.): Handwörterbuch des politischen Systems der Bundesrepublik, 5. Aufl., Wiesbaden 2003; vgl. Heinze, Rolf G.: Das „Bündnis für Arbeit" – Innovativer Konsens oder institutionelle Erstarrung?, in: Egle/Ostheim/Zohlnhöfer (Hrsg.) 2003, S. 137-161, hier: 144.
18 Schröder, Gerhard: Das Bündnis als Fokus unserer Politik der neuen Mitte, in: Arlt, Hans-Jürgen/Sabine Nehls (Hrsg.) 1999, S. 49-56, hier: 50.
19 Schulte, Dieter: Das Bündnis für Arbeit. Eine politische Innovation ersten Ranges, in: Bissinger/Kuhnt/Schweer (Hrsg.) 1999, S. 160-166, hier: 163.
20 Vgl. Meng, Richard: Der Medienkanzler, Was bleibt vom System Schröder, Frankfurt a. M. 2002, S. 66.
21 Thomas, Heiko: Bedingungen und Auswirkungen ausgewählter Regierungsstile auf die Dimensionen Steuerungsfähigkeit, Akzeptanz und Demokratie am Beispiel der ersten Amtsperiode des Bundeskanzlers Gerhard Schröder, Diplomarbeit, Berlin 2003, S. 97.
22 Meng 2002: 66.
23 Schulte 1999: 165.

Einleitung 113

Dennoch war es Schröder wichtig, durch das Bündnis für Arbeit „eine moderate Atmosphäre zwischen den Tarifparteien"[24] herzustellen, damit die Tarifrunden der angespannten Wirtschaftslage angemessen ausgetragen würden. Schröder selbst ist sich sicher, durch das Bündnis die relativ moderaten Lohnabschlüsse während seiner Regierungszeit von 1998 bis 2002 erreicht zu haben.[25] Zu Recht wird aber kritisiert, dass verantwortungsvolle Tarifpartner auch ohne Kanzler darauf hätten kommen können.[26]

In seinen Memoiren sieht Schröder das Bündnis jedoch als gescheitert an. Schon von Anfang an sei zu spüren gewesen, „wie gering die Neigung ausgeprägt war, sich auf Wandlungsprozesse einzulassen". Beide Seiten hätten versucht, die Regierung für die eigenen Ziele zu instrumentalisieren. Außerdem „hätte auf beiden Seiten ein Maß an Reflexion und Kenntnis der weltwirtschaftlichen Abläufe gehört, zu dem sie offenbar nicht in der Lage waren"[27]. Deshalb habe er in der letzten Sitzung im März 2003 das Bündnis für gescheitert erklärt.

Die Atomkonsensgespräche und das Bündnis für Arbeit sind zwei Beispiele für Schröders Strategie, gesellschaftliche Gruppen in die Entscheidungsfindung einzubeziehen. Zu nennen wären u.a. auch die Gespräche mit der Wirtschaft im Vorfeld der Steuerreform. Aber Schröder bediente sich nicht nur gesellschaftlicher Gruppen, sondern er versuchte auch ausgewiesene Fachleute und Politiker aus dem Oppositionslager in seine Politik einzubinden.

2. Expertenkommissionen

a) *Weizsäcker-Kommission*

Im Koalitionsvertrag vom 20. Oktober 1998 hatte sich die rot-grüne Bundesregierung auf die Berufung einer Wehrstrukturkommission verständigt. Unter dem offiziellen Namen Kommission „Gemeinsame Sicherheit und Zukunft der Bundeswehr", in der Folge dann eher nach ihrem Vorsitzenden als Weizsäcker-Kommission[28] bekannt, nahmen deren Mitglieder am 3. Mai 1999 ihre Arbeit auf. Neben dem ehemaligen Bundespräsidenten Richard Freiherr von

---

24 Meng 2002: 67
25 Vgl. ebd.
26 Vgl. Heuser, Uwe Jean: Der Fehler ist System. Das Bündnis für Arbeit schafft keine Jobs, in: Die Zeit Nr. 10 vom 1.3.2001.
27 Schröder 2007: 89f.
28 Diese Kommission darf nicht mit dem teilweise ebenfalls als „Weizsäcker-Kommission" bezeichneten Kuratorium Fluthilfe, das unter Leitung des früheren Bundespräsidenten die Verteilung der Hilfen für Geschädigte des Jahrhunderthochwassers von 2002 überwachen sollte, verwechselt werden; vgl. Sturm, Daniel F.: Weizsäcker-Kommission will Fluthilfe gerecht verteilen, in: Berliner Morgenpost vom 6.9.2002.

Weizsäcker, der von Bundeskanzler Schröder persönlich gebeten wurde, den Vorsitz zu übernehmen,[29] gehörten der Kommission 19 weitere Mitglieder an. Sie hatte von Weizsäcker mit seinen beiden Stellvertretern selbst ausgewählt, benannt und zur Mitarbeit eingeladen.[30] Die Zusammensetzung zeigt, dass es sich bei der Kommission nicht um eine Gruppe militärischer Experten handelte, sondern dass mit den Vertretern aus Politik, Industrie, Gewerkschaften, Kirchen, Wissenschaft und ehemaligen Friedensaktivisten ein möglichst breites Spektrum abgedeckt werden sollte. Obwohl von Weizsäcker den Vorsitz innehatte, oblag die konkrete Zusammenarbeit zwischen Bundesregierung und Kommission dem Verteidigungsminister.[31]

Die Aufgabe der Kommission war es, „die sicherheitspolitischen Risiken und Interessen der Bundesrepublik zu untersuchen und Empfehlungen zu geben, wie die deutschen Streitkräfte künftig ihre Aufgaben im Rahmen einer umfassenden Sicherheits- und Verteidigungspolitik wahrnehmen können"[32]. Die Kommission erhielt außerdem den Auftrag, „sich ein Urteil darüber zu bilden, welche militärischen Fähigkeiten – quantitativ wie qualitativ – Deutschland für seine Außen- und Sicherheitspolitik erhalten, verstärken oder neu erwerben sollte"[33]. Nach einer Bestandsaufnahme der personellen, finanziellen, organisatorischen und materiellen Bedingungen der Bundeswehr erörterte die Kommission zunächst die sicherheitspolitischen und völkerrechtlichen Entwicklungen sowie die internationale Rolle und die Interessen der Bundesrepublik Deutschland. Die Mitglieder verständigten sich auf Arbeitshypothesen zu den künftigen Fähigkeiten der Bundeswehr. In drei Arbeitsgruppen – „Wehrform und Personal", „Organisation und Struktur" sowie „Ausrüstung und Beschaffung" – wurden externe Studien, Anhörungen von ausgewählten Sachverständigen sowie Zuarbeit aus dem zuständigen Ministerium zu Analysen zusammengefasst, die dem Plenum der Kommission regelmäßig vorgetragen wurden. Daraus wurden entsprechende Empfehlungen erstellt, die in einem ersten Berichtsentwurf Anfang März 2000 zusammengefasst und anschließend bis zum 11. Mai inhaltlich und redaktionell überarbeitet wurden.[34]

Jedoch entwertete Verteidigungsminister Rudolf Scharping die Arbeit der Kommission, indem er bereits vor der Veröffentlichung des Abschlussberichts der Öffentlichkeit eigene Reformvorschläge ankündigte. Bereits Anfang Mai

---

29 Mitteilung an die Herausgeber vom 7. Mai 2007.
30 Ebd.
31 Ebd.
32 Kommission „Gemeinsame Sicherheit und Zukunft der Bundeswehr" (Hrsg.): Gemeinsame Sicherheit und Zukunft der Bundeswehr. Bericht der Kommission an die Bundesregierung, Berlin 2000, S. 13.
33 Ebd.
34 Vgl. ebd.: 157.

hatte das Verteidigungsministerium unter dem Titel „Die Bundeswehr an der Schwelle zum 21. Jahrhundert" eine Bestandsaufnahme vorgestellt. Der Verteidigungsminister war unter Druck geraten, weil alle Parlamentsparteien beziehungsweise ihre Bundestagsfraktionen eigene Stellungnahmen vorgelegt hatten, die jedoch im Wesentlichen Reaktionen auf das vorab verlautbarte Ergebnis der Wehrstrukturkommission waren.[35] Bei seinen Ankündigungen markierte Scharping „unverhandelbare" Grundpositionen bei der Wehrpflicht und den Verteidigungsausgaben – mit der Absicht, die Kommissionsmitglieder unter Druck zu setzen und den Spielraum für Reformen einzugrenzen.[36] Die Kommission ließ sich davon jedoch nicht beeindrucken und veröffentlichte am 23. Mai ihren Bericht ohne Abstriche. Am selben Tag präsentierte auch der damalige Generalinspekteur der Bundeswehr, von Kirchbach, seine „Eckwerte für die konzeptionelle und planerische Weiterentwicklung der Streitkräfte". Scharping brachte seinen eigenen Vorschlag „Die Bundeswehr – sicher ins 21. Jahrhundert, Eckpfeiler für eine Erneuerung von Grund auf" am 1. Juni in die öffentliche Diskussion und am 14. Juni im Kabinett ein, wo er auch gebilligt wurde.[37] Zwei Wochen später wies Scharping seinen Staatssekretär und den Generalinspekteur an, „die Ausplanung der neuen Bundeswehrstruktur unverzüglich einzuleiten"[38].

Vergleicht man den Vorschlag des Verteidigungsministers mit den Empfehlungen der Kommission, so lässt sich feststellen, dass entweder Minister und Kommission weitgehend zu ähnlichen Ansichten gekommen sind oder dass Scharping doch zahlreiche Anregungen der Kommission in sein Papier übernommen hat. Die Veränderungen waren höchstwahrscheinlich den eher reform-skeptischen Kräften in seinem Ministerium und der um ihr Abschneiden in verschiedenen Landtagswahlen bangenden SPD-Parteiführung geschuldet.[39] Scharping selbst betonte in einer Presseerklärung, dass seine Überlegungen mit denen der Kommission „zu 80 Prozent"[40] übereinstimmten. Auch der Kanzler unterstrich, dass der Verteidigungsminister sich entschieden habe, den Vorschlägen der Kommission in wesentlichen Punkten zu folgen.[41]

---

35 Vgl. Fleckenstein, Bernhard. Bedingt einsatzfähig: Der lange Weg zur Neugestaltung der Bundeswehr, in: APuZ B 43/2000.
36 Vgl. Gießmann, Hans-Joachim: Marschall Scharping, in: taz vom 25.5.2000.
37 Bundesminister der Verteidigung (Hrsg.): Die Bundeswehr – sicher ins 21. Jahrhundert, Eckpfeiler für eine Erneuerung von Grund auf, Bonn 2000.
38 Zit. nach Sommer, Theo: Jeder Vierte, wegtreten! Eckwerte, Eckpfeiler, Empfehlungen: Welche guten Ratschläge für die Erneuerung der Armee werden beherzigt?, in: Die Zeit Nr. 29 vom 13.7.2000.
39 Vgl. von Bredow, Wilfried: Rudolf Scharping, in diesem Band.
40 Zit. nach Mantzke, Martin: Der Weizsäcker-Bericht zur Reform der Bundeswehr, in: Internationale Politik 10/2000, S. 93-94, hier: 93.
41 Vgl. Schröder 2007: 294.

Beide – der Minister und die Weizsäcker-Kommission – waren sich zwar einig, dass ein radikaler Umbau der Bundeswehr notwendig sei, aber nicht über das Ziel: Die Weizsäcker-Kommission wollte die Bundeswehr für die anstehenden Aufgaben von Krisenverhütung und Krisenbewältigung in und um Europa leistungsfähig und einsatzfähig machen. In Scharpings Eckpfeiler-Papier hieß es dagegen: „In erster Linie bestimmen Landesverteidigung und kollektive Verteidigung Umfang und Struktur der Bundeswehr."[42] Trotz dieser grundsätzlichen Differenz ließen sich zahlreiche Übereinstimmungen auch in konkreten Ausformulierungen nachweisen. Die wesentlichen Unterschiede betrafen vor allem den Umfang der Streitkräfte. Während der Minister einen Friedenspersonalbestand von mindestens 277.000 Mann unter Einschluss von 77.000 Wehrpflichtigen für notwendig hielt, schlug die Kommission eine Reduzierung auf 200.000 bis 240.000 Mann mit nur noch 30.000 Wehrpflichtigen vor. Auch über die Wehrdienstdauer gingen die Meinungen auseinander. Für den Minister hatte die Beibehaltung der allgemeinen Wehrpflicht absolute Priorität. Sie sollte mit einer gesetzlichen Dauer von neun Monaten verankert werden, die entweder am Stück oder in einem Abschnitt von sechs Monaten und mindestens zwei später folgenden Abschnitten abzuleisten sei, während die Kommission für den Erhalt der zehnmonatigen Wehrdienstdauer plädierte. Ein Drittel der Mitglieder der Weizsäcker-Kommission votierte jedoch für die Abschaffung der Wehrpflicht und den Übergang auf ein Freiwilligensystem, da kleinere, auf Kriseneinsätze optimierte Streitkräfte ohne eine Wehrpflicht auskämen. Eine weitere Differenz tat sich bei der Zahl der Standorte auf. Während die Kommission sich für eine Halbierung aussprach, wollte der Minister nur 166 Kleinststandorte auflösen.[43]

b) Süssmuth-Kommission

Ebenso wie die Weizsäcker-Kommission erhielt auch die „Unabhängige Kommission Zuwanderung" – im Behördenjargon UK ZU genannt – ihren medientauglichen Namen Süssmuth-Kommission nach ihrer Vorsitzenden, der CDU-Politikerin und ehemaligen Bundestagspräsidentin Rita Süssmuth. Aufgrund der Erfahrungen, welche die Bundesregierung aus der öffentlichen Diskussion über die doppelte Staatsbürgerschaft und die Einführung der so genannten Green Card für Computerfachleute gewonnen hatte, sah sich der Kanzler dazu veranlasst, auf Zeit zu spielen: „Die Regierung würde sich die Ergebnisse der Kommission nicht anrechnen lassen müssen, und die Entscheidung über ein Einwanderungsgesetz wurde erst einmal vertagt."[44] Da

---

42 Bundesminister der Verteidigung (Hrsg.) 2000: 9.
43 Vgl. Fleckenstein 2000.
44 Meinel, Tanja: Zwei Schritte vor, einen zurück ... Migrationspolitik zwischen Emotionalisierung und Aufklärung, in: Heyder, Ulrich/Ulrich Menzler/Bernd Rebe (Hrsg.): Das Land verän-

weder im Innenministerium noch in den Regierungsfraktionen ausgearbeitete Konzepte für ein Zuwanderungspolitik vorlagen, wurde das Thema „zunächst politisch aus der Schusslinie genommen, und alle Optionen wurden offen gehalten"[45]. Dem Kanzler war persönlich daran gelegen, dass Rita Süssmuth den Vorsitz über diese Kommission übernahm.[46] Konkret war es aber Innenminister Otto Schily, der im Auftrag des Bundeskanzlers an Frau Süssmuth herantrat.[47] Sie selbst hatte keinen Einfluss auf die Auswahl der übrigen Mitglieder.[48] Schily sprach einige ehemalige Politiker persönlich an, und die Verbände wurden gebeten, eine Persönlichkeit zu benennen. Repräsentanten von Ausländer- oder Migrantenorganisationen waren in der Süssmuth-Kommission nicht vertreten. Lediglich der türkischstämmige Unternehmer Vural Öger, ein Bekannter des Innenministers, hatte Migrationserfahrung. Insgesamt umfasste die Süssmuth-Kommission 21 Mitglieder. Zur Zusammensetzung sagte der Stellvertretende Leiter der Geschäftsstelle: „Es war keine Expertenkommission. Es waren keine Leute, die von Haus aus ihr Expertenwissen mitbrachten, sondern es waren Leute, von denen Schily vermutlich die Annahme gehabt hat, [dass sie sich] auf diese Fragestellungen [...] einlassen und [...] in kürzester Zeit ein hohes Maß an Kompetenz entwickeln."[49] Obwohl die Mitglieder der Kommission vom Minister ad personam berufen wurden, kommt Heisele in ihrer Gesamteinschätzung bezüglich der Unabhängigkeit der Kommission zu folgendem Ergebnis: „So muss also die Zuwanderungskommission als ein Gremium betrachtet werden, das nicht nur in der Struktur als unabhängig angelegt war, sondern das sich auch im wörtlichen Sinne des Begriffs ein Stück Unabhängigkeit erarbeiten konnte, das heißt die inhaltliche Richtung und die Ergebnisse seiner Arbeit weitgehend selbstbestimmt gestalten konnte."[50]

Die Süssmuth-Kommission hatte den Auftrag, notwendige legislative, administrative, organisatorische oder sonstige Maßnahmen zu erörtern, die erforderlich seien, um Zuwanderung zu steuern und zu begrenzen. Am 12. September hatte die Kommission ihre konstituierende Sitzung und traf sich bis zum 27. Juni 2001 vierzehnmal in ein- oder zweitägigen Plenarsitzungen. Es

---

dert? Rot-grüne Politik zwischen Interessenbalance und Modernisierungsdynamik, Hamburg 2002, S. 140-151, hier:148.
45 Busch, Andreas: Extensive Politik in den Klippen der Semisouveränität: Die Innen- und Rechtspolitik der rot-grünen Koalition, in: Egle/Ostheim/Zohlnhöfer (Hrsg.) 2003, S. 305-327, hier: 317.
46 Vgl. Schröder 2007: 315.
47 Mitteilung an die Herausgeber vom 23.8.2007; vgl. auch Siefken 2007, S. 146f.
48 Mitteilung an die Herausgeber vom 23.8.2007.
49 Zit. nach Siefken 2007: 150.
50 Heisele, Stephanie: Runde Tische, Räte, Kommissionen – mächtige außerparlamentarische „Politikgestalter"?, Magisterarbeit Universität Passau 2002, S. 69, zit. nach: Siefken 2007: 167.

wurden drei Arbeitsgruppen gebildet, die dreißigmal tagten und weitere Anhörungen durchführten. Außerdem wurde externer Sachverstand durch Gutachten beigezogen, die von der Kommission in Auftrag gegeben wurden. Mit dem Innenminister gab es Anfang 2001 einen Meinungsaustausch. Die Kommissionsvorsitzende schätzte in der Rückschau die Zusammenarbeit mit dem zuständigen Bundesminister und der Ministerialbürokratie als gut ein.[51]

Auch hier wurde parallel zur Arbeit der Kommission im zuständigen Ressort an weiter gehenden Schritten gearbeitet. Obwohl der Minister es dementierte, wurde Mitte Mai 2001 berichtet, dass ein Entwurf für ein Zuwanderungsgesetz „beim Innenministerium bereits [...] weitgehend ausgearbeitet in der Schublade liegt"[52]. Zwei Wochen später gab der Innenminister schließlich zu, dass Vorarbeiten für die Gesetzgebung geleistet worden waren und machte seine Position in Bezug auf eine Reform des Ausländer-, Asyl- und Einwanderungsrechts deutlich.[53] Letztlich stand der Bericht der Zuwanderungskommission aber nicht nur in Konkurrenz zu den Entwürfen des Innenministeriums, sondern auch zu Entwürfen des Bundestags und einzelnen Entwürfen aller Volksparteien.[54] Am 4. Juli 2001 präsentierte die Kommission im Französischen Dom in Berlin ihren Abschlussbericht mit dem Titel „Zuwanderung gestalten, Integration fördern". Der Bericht enthielt sehr weit reichende Vorschläge für die Gestaltung von Zuwanderung und Integration. Die Kommission hielt eine Steuerung der Zuwanderung über Quoten und Kontingente nicht für sinnvoll. Lediglich für den Zuzug von Arbeitsmigranten, Auszubildenden und Hochqualifizierten, die über ein bundeseinheitliches Punktesystem ausgewählt werden sollten, nannte die Kommission Zielgrößen. Der Kommission erschien es nötig, ein möglichst flexibles Zuwanderungskonzept vorzulegen, um auf neue Entwicklungen kurzfristig reagieren zu können. Für eine Integration schlug man verpflichtende Kurse vor, in denen Zuwanderer die deutsche Sprache lernen, Grundzüge des politischen Systems der Bundesrepublik erläutert bekommen und mit der Funktionsweise des Arbeitsmarktes vertraut gemacht werden sollten.[55]

Die Empfehlungen der Kommission wurden in den der Veröffentlichung folgenden Wochen breit diskutiert. 54% der Bevölkerung fanden die Vorschläge gut und stimmten dem Vorschlag zu, dass 20.000 hochqualifizierte

---

51 Mitteilung an die Herausgeber vom 23.8.2007.
52 Knaup, Horand/Christoph Mestmacher: Auf kleiner Flamme, in: Der Spiegel vom 14.5. 2001, S. 25.
53 Vgl. Schily will umfassende Reform des Ausländer-, Asyl- und Einwanderungsrechts, in: FAZ vom 2.6.2001.
54 Vgl. Murswieck 2003: 125.
55 Vgl. Süssmuth Kommission: Zuwanderung gestalten – Integration fördern. Bericht der Unabhängigen Kommission „Zuwanderung", Berlin 2001.

Ausländer pro Jahr nach Deutschland einwandern dürften.[56] Der SPD-Generalsekretär Franz Müntefering stellte jedoch klar, dass die Empfehlungen zwar eine gute Orientierungshilfe sein könnten, aber keine zwingende Grundlage für das Gesetz.[57] So war der kurze Zeit später vom Innenministerium eingebrachte Gesetzesentwurf auch kein Versuch, die Arbeitsergebnisse der Kommission umzusetzen. Zwar fanden sich darin einige Kernpunkte des Kommissionskonzeptes wieder, die meisten aber – vor allem die weit reichenden Vorschläge, wie z.B. beim Familiennachzug, bei der Verfestigung des Aufenthaltsrechts oder beim Ausweisungsschutz – waren jedoch nicht beachtet worden. Es ist daher nicht verwunderlich, dass Rita Süssmuth auf einer Notenskala von 1 bis 5 der Umsetzung lediglich eine 3,5 gab.[58]

c) Nationaler Ethikrat
Nachdem die grüne Gesundheitsministerin Fischer am 9. Januar 2001 im Zuge der BSE-Krise zurückgetreten war, berief Schröder einen „Nationalen Ethikrat", der die Bundesregierung und die Mitglieder des Bundestages in der Frage des Imports und der Herstellung von embryonalen Stammzellen zu Forschungszwecken beraten sollte. Nach Presseberichten entwertete der Kanzler damit den angeblich störenden Ethikrat beim Bundesgesundheitsministerium, der umgehend aufgelöst wurde.[59] Die Formulierung im Gründungsbeschluss, dass der Nationale Ethikrat auch den Bundestag beraten könne, wirkte insofern befremdlich, da auch der Bundestag bereits eine Enquête-Kommission „Recht und Ethik der modernen Medizin" berufen hatte, die das gleiche Thema bearbeitete, letztlich aber zu anderen Ergebnissen kam als der Nationale Ethikrat.[60] Dieses Gremium bestand aus 25 Mitgliedern, überwiegend aus Wissenschaftlern und Theologen, die ihre Berufung der „mehr oder weniger noblen Willkür des Einberufers"[61] verdankten. Bei der ersten Beratung machte der Kanzler klar, das er vom Nationalen Ethikrat lediglich Entscheidungshilfen, jedoch keine Entscheidungsfindungen erwarte.[62] Der Kanzler selbst desavouierte die Arbeit des Gremiums, indem er eine Woche vor der ersten Sitzung in einer Bundestagsdebatte zur Bioethik die Leitlinien seiner Politik

---

56 Vgl. DeutschlandTrend vom Juni 2001, S. 11.
57 Vgl. Inacker, Michael: Süssmuth-Vorschläge sind nicht Grundlage für ein Gesetz, Interview mit Franz Müntefering, in: FAS vom 8.7.2001.
58 Mitteilung an die Herausgeber vom 23.8.2007.
59 Vgl. Schuh, Hans: Am Rat gedreht, in: Die Zeit Nr. 35 vom 22.8.2002.
60 Vgl. Niclauß, Karlheinz: Kanzlerdemokratie. Regierungsführung von Konrad Adenauer bis Gerhard Schröder, Paderborn u.a. 2004, S. 315; vgl. Graupner, Heidrun: Von Räten und Ratschlägen, in: SZ vom 24.-26.12.2001.
61 Leicht, Robert: Nationaler Ethikrat: Guter Rat ist billig, in: Der Tagesspiegel vom 7.6.2001.
62 Seidler, Christoph: Schröder im Ethikrat: „Kein Parlaments- oder Regierungsersatz", in: Spiegel-Online vom 8.6.2001.

vorzeichnete. In sechs Jahren, bis zum 11. September 2007, tagte der Nationale Ethikrat in 70 Plenarsitzungen und 180 Arbeitsgruppen-Sitzungen. In ihrem Bericht über die Tätigkeit des Gremiums wies die Vorsitzende, Kristiane Weber-Hassemer, darauf hin, dass sowohl die Bundesregierung als auch der Bundestag dem Nationalen Ethikrat keine Aufträge erteilt haben und der Nationale Ethikrat sich somit den anderen Aufgaben – Informations- und Diskussionsangebote an Bürger, Stellungnahmen zu ethischen Fragen neuer Entwicklungen – intensiver widmen konnte.[63]

d) Hartz-Kommission
Im Frühjahr 2002 berief Schröder den Personalvorstand des Volkswagenkonzerns, Peter Hartz, an die Spitze der Kommission „Moderne Dienstleistungen am Arbeitsmarkt". Die immer stärker steigende Arbeitslosigkeit drängte die rot-grüne Bundesregierung Anfang 2002 zunehmend in die Enge, so dass unklar war, wie Rot-Grün innenpolitisch die Zeit bis zur Bundestagswahl überstehen wollte. Dazu kam die am 4. Februar 2002 veröffentlichte Kritik des Bundesrechungshofs, der den Arbeitsämtern falsche und geschönte Zahlen zur Vermittlung Arbeitsloser vorwarf. Neben einem Sofortmaßnahmenpaket wurde beschlossen, eine Kommission zu bilden. Trotz der kurzen Zeitspanne – bis zum Ende der Legislaturperiode sollte die Hartz-Kommission Konzepte für zügige Strukturreformen vorlegen – konnte die Regierung die Zeit bis zur Wahl überbrücken ohne handeln zu müssen, und die Skandalberichterstattung konnte verblassen.[64] Zugleich demonstrierte dieses Vorgehen eine Handlungsfähigkeit der Regierung, indem sie sich durch die Skandale legitimiert sah, „unbequeme" Maßnahmen zu ergreifen.[65]

Peter Hartz beschreibt, wie er am Telefon kurz vor Schröders Pressekonferenz vom Kanzler darüber informiert wurde, er solle den Kommissionsvorsitz übernehmen: Schröder sagte: „Hör mal, ich gehe um elf zu einer Pressekonferenz und verkünde, dass wir jetzt am Arbeitsmarkt aktiv werden. Ich werde der Presse mitteilen, dass wir eine Kommission für Dienstleistungen am Arbeitsmarkt einsetzen und dich als Vorsitzenden ankündigen."[66] Eine Bedenkzeit oder die Chance zu einer Absage hatte Hartz nicht. Auf Empfehlungen des Kanzleramtes sowie auf Vorschläge des Arbeitsministeriums und

---

63 Vgl. Nationaler Ethikrat: Niederschrift über die öffentliche Sitzung am 11. September 2007 in Berlin, Berlin 2007, S. 2.
64 Vgl. Hartwich, Hans-Hermann: Die „Hartz-Kommission" im Wahlkampf 2002 oder über die Nützlichkeit des Sachverstandes für die Politik, in: Hankel, Wilhelm (Hrsg.): Der Ökonom als Politiker. Europa, Geld und die soziale Frage. Festschrift für Wilhelm Nölling, Stuttgart 2003, S. 159-172, hier: 159.
65 Vgl. Siefken 2007, S. 188; vgl. außerdem Weimar, Anne-Marie: Die Arbeit und die Entscheidungsprozesse der Hartz-Kommission, Wiesbaden 2004, S. 47.
66 Hartz, Peter: Macht und Ohnmacht. Ein Gespräch mit Inge Kloepfer, Hamburg 2007, S. 198.

von Hartz wurde eine 15köpfige Kommission zusammengestellt. Neben den Gewerkschaften, der Industrie und dem Handwerk waren auch Wissenschaftler und Unternehmensberater vertreten. Hinsichtlich der Parteienpräferenz kann nicht von einer SPD-Lastigkeit ausgegangen werden.[67] Zur Auswahl der Mitglieder sagte Hartz: „Die Zusammensetzung der Kommission hatte aber noch einen großen Vorteil: Jedes Kommissionsmitglied verfügte über seine berufliche Tätigkeit über ein großes Backoffice, das wir zur Recherche oder zu Informationszwecken heranziehen konnten. Das war wiederum bei einzelnen Fachfragen sehr hilfreich."[68] Dennoch war es für dieses Politikfeld etwas Untypisches, dass keine drittelparitätisch besetzte Kommission einberufen wurde.[69] Den Einfluss des Arbeitsministeriums auf die Hartz-Kommission schildert eine Mitarbeiterin folgendermaßen: „Die Staatssekretäre nahmen an den Kommissionssitzungen teil, und die Geschäftsstelle der Kommission war zur Hälfte mit Mitarbeitern des Ministeriums besetzt. [...] Entsprechend hatte das Ministerium einen gewissen Einfluss auf die Vorbereitung der Sitzungen, die Themensetzung, die Moderation der Teilprojekte, die Einladung der Referenten und insbesondere auch auf die Erstellung der Teilprojektberichte."[70] Der Kommissionsvorsitzende bewertete die Zusammenarbeit mit dem Ministerium als sehr gut.[71] Einzelne Mitarbeiter des Bundeskanzleramtes waren gleichfalls in die Arbeit der Kommission eingebunden.[72]

Am 6. März 2002 konstituierte sich die Hartz-Kommission. Von Beginn an beschränkte sie sich nicht auf den ursprünglichen Auftrag der Bundesregierung, die Bundesanstalt für Arbeit zu einer modernen Dienstleistungseinrichtung am Arbeitsmarkt umzubauen, sondern erweiterte den Auftrag dahingehend, eine Konzeption zu erarbeiten, die eine Vollbeschäftigung möglich machen sollte.[73] Das anfänglich geringe Medieninteresse stieg rasant an, nachdem der Kommissionsvorsitzende in einem Spiegel-Interview Ende Juni 2002 ohne Wissen der Kommission eine Synopse der Vorschläge vorgestellt hatte.[74] Der Bundesminister für Arbeit, Walter Riester, hielt sich mit einer klaren Stellungnahme zu den Vorschlägen zurück. Die Presseagentur dpa munkelte, dass er es sich mit den Gewerkschaften nicht verscherzen wolle.[75] Erst drei Tage später stellte sich Riester vorbehaltlos hinter die Pläne der Kommission

---

67 Vgl. Hartwich 2003: 165.
68 Hartz 2007: 209.
69 Vgl. Siefken 2007: 189.
70 Vgl. Weimar 2004: 131.
71 Vgl. Hartz 2007: 209.
72 Vgl. Weimar 2004: 131.
73 Vgl. ebd.: 50.
74 Hammerstein, Konstantin von/Miachel Sauga: Zuckerbrot und Peitsche, in: Der Spiegel vom 24.6.2002, S. 22.
75 Vgl. Weimar 2004: 62.

und plädierte für einen parteiübergreifenden Konsens.[76] Schröder etablierte die Hartz-Kommission außerhalb des Bündnisses für Arbeit. Obwohl es personelle Überschneidungen und inhaltliche Vorarbeiten gab, gelang es Peter Hartz, die Vorschläge seiner Kommission als einen großen Wurf zu präsentieren. Nach insgesamt neun Plenarsitzungen und zahlreichen Teilsitzungen wurde der Bericht am 9. August 2002 einstimmig verabschiedet.

Am 16. August 2002 überreichten die Kommissionsmitglieder im Französischen Dom zu Berlin ihre Vorschläge dem Kanzler und stellten sie der Öffentlichkeit vor. Entgegen der landläufigen Meinung, dass dieser Ort ausgewählt wurde, um sie medienwirksam zu inszenieren, begründete der Kommissionsvorsitzende die Ortswahl wie folgt: „Es sollte ein neutraler, überparteilicher Ort sein, denn wir wollten alle einbeziehen und niemanden zwingen, ins Kanzleramt oder ins Arbeitsministerium zu pilgern."[77]

Die Vorschläge der Hartz-Kommission waren nicht grundlegend neu, jedoch wurden vorhandene Vorschläge – zum Beispiel die der Benchmarking-Gruppe des Bündnisses für Arbeit – zu einem Gesamtkonzept verschmolzen.[78] Der Kanzler hatte schon vorher versprochen, die Vorschläge „eins zu eins" umzusetzen.[79] Die Vorschläge und Empfehlungen wurden in 13 Modulen gebündelt. Die eigene Integrationsleistung des Arbeitslosen sollte nach Vorstellungen der Kommission im Zentrum der Arbeitsförderung stehen. Die Arbeitsämter sollten in JobCenter umbenannt werden und neben den bisherigen Dienstleistungen auch die arbeitsmarktrelevante Beratung und Betreuung des Sozialamtes, des Jugendamtes, des Wohnungsamtes, der Sucht- und Schuldnerberatung übernehmen. Damit Vermittlungsbemühungen frühzeitig einsetzen können, sollten Arbeitnehmer verpflichtet sein, das JobCenter nach einer Kündigung unverzüglich über eine drohende Arbeitslosigkeit zu informieren. Die Zumutbarkeit für die Annahme eines Arbeitsplatzes sollte neu definiert werden. Die JobCenter sollten weiterhin bei der Suche nach einer Praktikums- oder Ausbildungsstelle behilflich sein. Weitere neue Ausbildungsberufe sollten konzipiert werden. Für jugendliche Arbeitlose sollten außerdem Qualifizierungsbausteine aus bestehenden Ausbildungsberufen angeboten werden. Zur Finanzierung zusätzlicher Ausbildungsplätze schlug die Kommission die Einführung eines AusbildungsZeit-Wertpapiers vor. Auch ältere Arbeitslose sollten verstärkt gefördert werden. Dazu schlug die Kommission eine Lohnversicherung vor, die die bisherige Arbeitslosenversicherung ergänzt und einen Teil des Einkommensverlustes abdeckt, der bei der Übernahme einer niedriger bezahlten sozialversicherungspflichtigen Arbeit entsteht. Die Beschäf-

---

76 Vgl. Der Spiegel online vom 27.6.2002.
77 Hartz 2007: 215.
78 Vgl. Krick 2006: 13; vgl. ebenfalls Die Welt vom 29.6.2002.
79 Vgl. Hartz 2007: 212.

tigungsmöglichkeiten für Ältere sollten erweitert werden. Des Weiteren schlug die Kommission vor, Arbeitslosenhilfe und Sozialhilfe zusammenzuführen, um Verwaltungsaufwand und fehlende Transparenz zu vermeiden und Abstimmung und Verantwortlichkeit zu verbessern. Alle Unternehmen wurden aufgefordert, ihrer Verantwortung für die Sicherung und Schaffung von Arbeitsplätzen gerecht zu werden. Ein Bonussystem für Unternehmen mit einer positiven Beschäftigungsentwicklung sollte den Anreiz hierzu schaffen. Außerdem sollten Personal-Service-Agenturen (PSA) als eigenständige Organisationseinheiten eingerichtet werden. Die Kommission zielte durch die Einführung von „Ich-AGs" und „Familien-AGs" auf einen Abbau der Schwarzarbeit. Die Arbeit der Bundesagentur sollte durch ein Maßnahmenbündel effizienter werden. Außerdem sollte nach Vorstellungen der Kommission das Konzept des so genannten JobFloaters, ein Darlehen für kleinere und mittlere Unternehmen, solche Unternehmen zur Schaffung von Arbeitsplätzen animieren.[80]

Bereits vor Veröffentlichung des Abschlussberichts veröffentlichte das Institut für Arbeitsmarkt- und Berufsforschung der Bundesanstalt für Arbeit auf der Grundlage einer Entwurfsfassung des Abschlussberichts der Hartz-Kommission eine Studie, in der es in den Hochrechnungen der Hartz-Kommission mehrere grobe Fehler nachwies. Insbesondere in Bezug auf den Osten Deutschlands würden die Vorschläge ins Leere laufen.[81] Andere wiederum taten die Vorschläge der Hartz-Kommission gänzlich als „Wahlkampfklamauk" ab.[82] Wiederum andere konzentrierten sich bei ihrer Kritik allein auf die Persönlichkeit des Kommissionsvorsitzenden: „Was am Ende in der politischen Praxis von dem Hartz-Katalog umgesetzt wird, bleibt ungewiss. Für den Bundeskanzler ist das auch zweitrangig. Was für Schröder zählt, ist die Symbolik. Die von ihm eingesetzte Kommission sollte vor allem einen Zweck erfüllen: dem schlappen Wahlkampf der Sozialdemokraten Leben einhauchen und der SPD Stimmen bringen. Aus Schröders Sicht musste Hartz dabei eine wohl dosierte Mixtur präsentieren, die Aufbruch am Arbeitsmarkt suggeriert und gleichzeitig nicht allzuviel Verunsicherung bei den Wählern auslöst. Diesen Auftrag wird Hartz mit seinem Abschlussbericht erfüllen. Er wusste von vornherein, was sein Auftraggeber von ihm erwartete: Stimmen, Stimmen,

---

80 Vgl. Hartz, Peter u.a.: Moderne Dienstleistungen am Arbeitsmarkt. Vorschläge der Kommission zum Abbau der Arbeitslosigkeit und zur Umstrukturierung der Bundesanstalt für Arbeit. Bundesministerium für Arbeit und Sozialordnung, Berlin 2002.
81 Vgl. Kreutz, Daniel: Zur Bewertung der Ergebnisse der Hartz-Kommission, in: Gerntke, Axel/Jürgen Klute/Axel Troost/Achim Trube (Hrsg.): Hart(z) am Rande der Seriosität? Die Hartz-Kommission als neues Modell der Politikberatung und -gestaltung? Kommentare und Kritiken, Münster/Hamburg 2002, S. 127-135, hier: S. 127.
82 Vgl. Wendl, Michael: Wahlkampfklamauk. Eine Bewertung der Vorschläge der Hartz-Kommission, in: ebd., S. 137-140.

Stimmen. Hartz ist kein beherzter Reformer, sondern ein Erfüllungsgehilfe des Kanzlers. Man kann sicher sein, dass die Hartz-Kommission nicht einen einzigen Vorschlag in ihren Empfehlungskatalog schreiben wird, der nicht zuvor vom Kanzleramt abgesegnet worden ist."[83] So meinte auch der CSU-Generalsekretär Goppel, dass die Vorschläge „wahlkampfgerecht und mit viel Wind präsentiert"[84] worden seien. Obwohl die CDU/CSU den Ideen eigentlich nahe stand, kritisierte sie die Empfehlungen der Hartz-Kommission im Wahlkampf scharf. Der Kanzlerkandidat der Union, Edmund Stoiber, bezeichnete bestimmte Empfehlungen als „einen Irrweg, den ich nicht mitmache!"[85]. Auch in den eigenen Reihen fanden sich Kritiker. So warnte Andrea Nahles, die Sprecherin der SPD-Parteilinken, davor, die Empfehlungen der Hartz-Kommission automatisch mit der SPD-Politik gleichzusetzen.[86]

Vor der Veröffentlichung glaubte nach einer Emnid-Umfrage nur jeder vierte Deutsche an einen deutlichen Abbau der Arbeitslosigkeit durch die Empfehlungen der Hartz-Kommission. 60% äußerten dagegen große Zweifel.[87] Nach der Veröffentlichung der Vorschläge hielten sich kurzfristig Befürworter und Kritiker in der Bevölkerung die Waage: 32% glaubten an einen wirksamen Beitrag zur Senkung der Arbeitslosigkeit, 37% waren eher skeptisch. Nachdem nach den Bundestagswahlen die Arbeitslosenzahlen weiter gestiegen waren, nahm die Skepsis jedoch wieder zu. Im November 2002 zweifelten schon 46% an den Vorschlägen der Hartz-Kommission und nur 26% glaubten an einen signifikanten Rückgang der Arbeitslosigkeit.[88] Letztlich wurden die Vorschläge in vier Phasen ab 1. Januar 2003 jedoch nur zum Teil und damit eben nicht „eins zu eins" – wie der Kanzler es versprochen hatte – umgesetzt. Hartz resümierte: „Ich habe seine Macht, die Kommissionsvorschläge eins zu eins umzusetzen, schlicht überschätzt."[89]

e) Rürup-Kommission
Nach dem Vorbild der Hartz-Kommission wurde am 12. November 2002 auf Initiative des Bundeskanzlers die Kommission „Nachhaltigkeit in der Finanzierung der Sozialen Sicherungssysteme" eingesetzt. Sie wurde nach ihrem Vorsitzenden, dem Finanzwissenschaftler Bert Rürup, medientauglich nur Rürup-Kommission genannt. Zuerst hatten sich Ärzteverbände, Pharmaindustrie und die Deutsche Krankenhausgesellschaft gegen die Einsetzung dieser Kom-

---
83 Schlitz, Christoph B.: Hartz, der Erfüllungsgehilfe, in: Die Welt vom 5.8.2002.
84 Die Welt vom 29.6.2002.
85 FAZ vom 25.6.2002.
86 Vgl. Die Welt vom 24.6.2002.
87 Vgl. Deutsche zweifeln am Erfolg der Hartz-Vorschläge, in: Die Welt vom 23.7.2002.
88 Vgl. ZDF-Politbarometer vom November 2002; vgl. ebenfalls DeutschlandTREND vom Juli 2002, S. 2-6; vgl. außerdem DeutschlandTREND vom November 2002, S. 6.
89 Hartz 2007: 213.

mission gewehrt,[90] mussten dann aber nachgeben. Parallel zur Kanzlerankündigung setzten auch alle Parteien entsprechende begleitende Kommissionen ein.[91]

Die Kommission hatte die Aufgabe „Vorschläge für eine nachhaltige Finanzierung und Weiterentwicklung der Sozialversicherung zu entwickeln"[92]. Die zunächst 15, später 26 Mitglieder sollten möglichst ein breites gesellschaftliches Spektrum abdecken. Neben Wissenschaftlern, Arbeitgebern und Gewerkschaftlern waren auch die Sozialverbände, Verbraucherverbände, die private Versicherungswirtschaft, Krankenkassen, Unternehmensberater sowie Politiker vertreten. Die Zusammensetzung wurde teilweise scharf kritisiert. So etikettierte der stellvertretende Fraktionschef der SPD-Bundestagsfraktion, Ludwig Stiegler, die Kommission als „Professorengeschwätz" und bezeichnete ihre Äußerungen als „vorzeitigen Samenerguss"[93].

Die Arbeit der Kommission verlief bei Weitem nicht so reibungslos wie bei der Hartz-Kommission, da die Differenzen unter einzelnen Mitgliedern offen in den Medien ausgetragen wurden, so dass sich der Bundeskanzler genötigt sah, damit zu drohen, die Rürup-Kommission aufzulösen.[94] Beispielsweise machte der Kommissionsvorsitzende noch vor der ersten Sitzung im Magazin Der Spiegel seine Vorstellungen zur Sozialreform deutlich.[95] Dadurch fühlten sich einige Kommissionsmitglieder brüskiert und versuchten, in den Medien Gegenpositionen aufzubauen.

Am 28. August 2003 wurde der Kommissionsbericht der Bundesministerin für Gesundheit und Soziale Sicherung übergeben. Die Kommission machte klar, dass ein langfristig dauerhaftes Funktionieren der sozialen Sicherungssysteme im Wesentlichen von der Finanzierbarkeit abhängig ist. Deshalb konzentrierten sich die Vorschläge und Empfehlungen auf diesen Aspekt. Da die Kommission davon ausging, dass sich das Verhältnis von Rentnern zu Beitragszahlern zulasten der Beitragszahler verändern werde, schlug sie eine jährliche Reduzierung der Rentenanpassung durch die Ergänzung eines Nachhaltigkeitsfaktors sowie eine Anhebung des Renteneintrittsalters in jährlichen Ein-Monats Schritten auf 67 Jahre vor. Bei der Pflegeversicherung, die als Sozialversicherung erhalten bleiben sollte, empfahl sie einen intergenerativen

---

90 Gersdorff, Alexander von: Kein Hartz für die Gesundheit. Ärzte, Kassen und Krankenhäuser lehnen DGB-Vorschlag für Reform-Kommission ab, in: Die Welt vom 27.9.2002.
91 Vgl. Sirleschtov, Antje: Der kleine Widerstand, in: Der Tagesspiegel vom 12.11.2002.
92 Bundesministerium für Gesundheit und Soziale Sicherung (Hrsg.): Bericht der Kommission „Nachhaltigkeit in der Finanzierung der Sozialen Sicherungssysteme", Bonn 2003, S. 23.
93 NDR 4-Interview vom 12.12.2002.
94 Vgl. Kanzler droht mit Auflösung der Rürup-Kommission, in: General-Anzeiger Bonn vom 28.3.2003.
95 Vgl. Rürup, Bert: Ich habe Läuse im Bauch. Interview mit Bert Rürup, in: Der Spiegel 47/2002, S. 112-117.

Lastenausgleich, bei dem Rentnerinnen und Rentner stärker als Beitragszahler und Arbeitgeber belastet werden sollten. Bei der Krankenversicherung skizzierte die Rürup-Kommission die Alternativen „Pauschalprämie" und „Bürgerversicherung".

Offizieller Adressat der Ergebnisse war eigentlich die Bundesregierung, zugleich wandte sich die Kommission aber auch an die Öffentlichkeit. Der Bericht machte sichtbar, dass sich die Kommission nicht auf einen einheitlichen Vorschlag zu einer Reform des deutschen Gesundheitswesens verständigen konnte. Er enthielt eine ganze Reihe von Minderheitsvoten, die von bis zu sechs der 26 Kommissionsmitgliedern abgegeben wurden. Bei den Empfehlungen zeigte sich, dass keine neuen Erkenntnisse oder Innovationen präsentiert wurden. „Die meisten Reformoptionen, wie sie auch im Abschlussbericht der Kommission dargestellt werden," so ein Kommissionsmitglied, „lagen schon vor der Einberufung der Kommission vor. Die Regierung und das Parlament hätten sie übernehmen und verwerfen können."[96] Die Hoffnung der Regierung, dass sie mit Hilfe der Rürup-Kommission den Bürgern die Alternativlosigkeit zu Kürzungen und Einschnitten aufzeigen könnte, platzte.[97] Dementsprechend kündigte die Bundesregierung an, dass die Vorschläge nicht eins zu eins umgesetzt würden. Das vielstimmige Ergebnis der Rürup-Kommission spiegelte sich auch in den Reaktionen der Öffentlichkeit wider. Parallel zur Arbeit der Kommission wurden im Bundesministerium für Gesundheit und Soziale Sicherung eigene Vorschläge z.B. zum Renteneintrittsalter entwickelt.

3. Konsensgespräche zwischen Regierungs- und Oppositionsparteien

Nach den Bundestagswahlen von 2002 besaß die rot-grüne Regierung den kleinsten Mandatsvorsprung einer neu gewählten Bundesregierung seit 1949.[98] Dies führte anfänglich zu einer Verschlechterung des Klimas zwischen Regierungs- und Oppositionsparteien. Nach der Machtverschiebung im Bundesrat aufgrund der Niederlage der SPD bei der niedersächsischen Landtagswahl im Februar 2003 war die Regierung zu einem Einlenken gezwungen. Der Kanzler traf sich regelmäßig mit der Oppositionsführerin der CDU/CSU-Fraktion, Angela Merkel, zu privaten Arbeitssitzungen.[99]

Nicht vergessen werden darf hier der so genannte Job-Gipfel im Frühjahr 2005. Kanzler Schröder und Außenminister Fischer trafen sich mit den Par-

---

96 Statement von Barbara Stolterfoht in der Bundespressekonferenz am 28.8.2003 [www.ausportal.de/media/030828-BuPreKo_Stolterfoht.pdf, letzter Besuch: 3.11.2007].
97 Vgl. Krick 2006: 14.
98 Vgl. Helms, Ludger: Regierungsorganisation und politische Führung in Deutschland, Wiesbaden 2005, S. 143f.
99 Vgl. ebd.: 144.

teivorsitzenden der Unionsparteien, Merkel und Stoiber, im Kanzleramt. Im Ergebnis einigte man sich auf neue Impulse für mehr Beschäftigung, Steuersenkungen für Unternehmen, den Abbau von Bürokratie, die Ausweitung von Zuverdienstmöglichkeiten für Langzeitarbeitslose sowie auf eine Neuaufnahme von Verhandlungen über eine Föderalismusreform. Differenzen beim Kündigungsschutz sowie bei der Abschaffung der Eigenheimzulage konnten nicht ausgeräumt werden. Die Gesprächsatmosphäre zwischen der Regierung und den Oppositionsführern sei sachlich und konstruktiv gewesen. Insgesamt sei man ein „gutes Stück vorangekommen"[100].

Aufgrund der Entscheidung für vorgezogene Neuwahlen kam es jedoch nicht mehr zu einer Umsetzung der Absichtserklärungen.

Das Bündnis für Arbeit, die Atomkonsensgespräche, Expertenkommissionen mit Oppositionspolitikern als deren Vorsitzende oder direkte Gespräche zwischen Regierung und Opposition verkörpern eine alte Sehnsucht der Bürger nach Konsens. Und Schröder gelang es, „die Suche nach dem Konsens zu einem Markenzeichen sozialdemokratischer Politik zu machen"[101]. So fand die Bevölkerung die Bemühungen der rot-grünen Bundesregierung gut, durch parteiübergreifende Kompromisse die anstehenden Aufgaben zu lösen. 62% der Bundesbürger waren davon überzeugt, dass „alle gesellschaftlichen Gruppen [...] an einem Strang ziehen [sollten], um Reformen durchzusetzen"[102]. Ein Jahr später hatte sich die Unterstützung dieses Kurses in der Bevölkerung auf 77% erhöht. Dagegen sprachen sich nur 18% dafür aus, dass die Parteien eher alles daran setzen sollten, ihre eigenen Vorstellungen und Ideen bei den Reformvorhaben durchzusetzen.[103]

Anders als in der Bevölkerung wurde in den Medien und in der Wissenschaft der Einsatz von Expertengremien zum Teil heftigst kritisiert. Der Präsident des Bundesverfassungsgerichts, Hans-Jürgen Papier, sah die parlamentarische Demokratie in Gefahr. Durch die Einsetzung solcher Gremien käme es zu einer Entmachtung des Parlaments, denn bei deren Arbeit gehe es weniger um „die informatorische Ermittlung und Darstellung von Entscheidungsgrundlagen als vielmehr die maßgebliche Vorstrukturierung, wenn nicht gar Vorentscheidung der ihnen aufgegebenen Fragen. Damit gewinnt ein sehr selektiv bestimmter Kreis von Interessenten einen überproportionalen und in seiner Legitimität fragwürdigen Einfluss auf die Entscheidungen und politischen Weichenstellungen gesamtgesellschaftlicher und gesamtstaatlicher Be-

---

100 Schröder, zit. nach FAZ vom 18.3.2005.
101 Stender, Carsten: Zwischen Hierarchie und Verhandlung, in: Berliner Republik 1/2002.
102 Die Welt vom 14.10.1999.
103 Vgl. DeutschlandTrend vom November 2000, S. 15.

deutung"[104]. Die formal zuständigen Parlamente würden zu Ratifikationsorganen herabgestuft.[105] Auch andere befanden, dass der Staatsapparat durch die Ausdehnung der Grenzen seiner Zuständigkeiten in Form einer „Herrschaft der Kommissionen"[106] die Verfassung umgehe. Ebenso wurde von Politikern die Gefahr der Entstehung von Nebenparlamenten beschworen. So schrieb die ehemalige Vizepräsidentin des Deutschen Bundestages, Antje Vollmer: „Anstatt politische Entscheidungen bei den gewählten Mandatsträgern zu belassen, entsteht so eine Art Rätesystem abseits des Plenums."[107] Kritiker waren der Auffassung, dass die Vorschläge der Kommissionen mit den Weihen wissenschaftlichen Expertentums bzw. des Konsenses durch die Berücksichtigung aller Interessen versehen seien und somit eine hohe politische und mediale Durchschlagskraft erhielten.[108] Der Soziologe Ulrich Beck diagnostizierte bei der rot-grünen Bundesregierung ein völlig antiquiertes Politikverständnis: „Die denken doch tatsächlich, sie sitzen an den Hebeln der Macht und müssen von paritätisch besetzten Kommissionen ergrübelte, konsensgestählte Konzepte nur ´eins zu eins´ umsetzen."[109] Die Politikwissenschaftler Lütjen und Walter sehen in der Berufung von Regierungskommissionen sogar den entscheidenden Wendepunkt auf dem Weg zu einer „präsidialen Kanzlerschaft".[110]

Selbst in seiner eigenen Partei wurde der Kanzler für diesen Regierungsstil kritisiert, da er damit den Einfluss der Abgeordneten der Koalitionsfraktionen deutlich einschränke. Die Jusos sprachen in einer Erklärung von einer „Aushöhlung der parlamentarischen Demokratie"[111]. Der größte Teil der SPD genauso wie der Koalitionspartner hielt sich mit solch offener Kritik aber weitgehend zurück. Die Bevölkerung unterstützte mit 45% diesen Politikstil. Lediglich 35% schlossen sich der These von der Entmachtung des Parlaments

---

104 Papier, Hans-Jürgen: Reform an Haupt und Gliedern. Eine Rede zur Selbstentmachtung des Parlaments, Rede zum Jahresempfang der evangelischen Akademie Tutzing am 30.1.2003, abgedruckt in: FAZ vom 31.1.2003.
105 Vgl. Grimm, Dieter: Die Verfassung und die Politik. Einsprüche in Störanfällen, München 2001, S. 320ff.
106 Adam, Konrad: Das machtlose Parlament, in: Die Welt vom 2.6.2001; vgl. auch ders.: Die Herrschaft der Kommissionen, in: Die Welt vom 8.8.2001.
107 Vollmer, Antje: Befreit das deutsche Parlament (Zeit-Serie „Agenda Deutschland"), in: Die Zeit Nr. 12 vom 14.3.2002.
108 Vgl. Rudzio, Wolfgang: Informelles Regieren. Zum Koalitionsmanagement in deutschen und österreichischen Regierungen, Wiesbaden 2005, S. 268; vgl. auch Korte, Karl-Rudolf/ Manuel Fröhlich: Politik und Regieren in Deutschland, Paderborn u.a. 2004, S. 131.
109 Zit. nach Emundts, Corinna: Wer nicht fragt, bleibt dumm, in: Berliner Republik 1/2003.
110 Lütjen, Torben/Franz Walter: Die präsidiale Kanzlerschaft, in: Blätter für die deutsche und internationale Politik 45/2000, S. 1308-1313.
111 Vgl. Bannas, Günter: Murren in der SPD-Fraktion, in: FAZ vom 29.7.2000.

an, während 11% Diskussionen sowohl im Bundestag als auch in Expertenrunden für richtig hielten.[112]

Auch der Politikwissenschaftler Murswieck betonte, dass die öffentlichkeitswirksame Schaffung von Kommissionen nicht zu einer Umgehung oder Ausschaltung des Parlaments führe.[113] Zwar handle es sich bei den Arbeiten der Kommissionen und Konsensrunden um Vorklärungen; entschieden werde über diese aber im Parlament. Und Frank-Walter Steinmeier schrieb in der Wochenzeitung Die Zeit: „Es geht nicht um die Schaffung von parallelen Entscheidungsstrukturen, sondern um temporär wirksame Instrumente, die die politische Willensbildung beschleunigen und auf eine möglichst breite gesellschaftliche Grundlage stellen."[114] Betrachtet man die oben angeführten Beispiele, so lässt sich so oder so feststellen, dass die Vorschläge der Kommissionen nie unverändert, zum größten Teil sogar nur sehr rudimentär in Gesetzesform übernommen wurden.

Ebenfalls wurde angeprangert, dass die Auswahl der Experten „frei nach Gutsherrenart"[115] erfolgte. Andere wiederum nahmen Anstoß an der Anzahl der Gremien: „Institutionalisierte Runden [...] konzentrieren auch im politischen Alltagsbetrieb die Entscheidungsfindung ganz auf das Kanzleramt. Solche Runden können effektvoll die Aufmerksamkeit auf ein Thema lenken, nehmen sie aber überhand, erscheint die Gremienfülle verwirrend und undurchschaubar."[116]

Die Einberufung von Expertengremien lädt aber auch zum Missbrauch ein: Sollte das Ergebnis den Erwartungen des Kabinetts oder der Öffentlichkeit nicht entsprechen oder sich gar als grobe Fehleinschätzung herausstellen, kann die Verantwortung einfach auf die Kommission verlagert werden – wie beim Bündnis für Arbeit geschehen.[117]

Neu ist die Bildung von Kommissionen und Konsensrunden nicht. Bereits Adenauer pflegte enge Kontakte zu einflussreichen Machtgruppen. Seit 1963 gibt es den Rat der fünf Wirtschaftsweisen. Wirtschaftsminister Schiller rief im Jahr 1967 die Konzertierte Aktion ins Leben. Ab 1977 tagte die „konzertierte Aktion im Gesundheitswesen", um die steigenden Gesundheitskosten in den Griff zu bekommen.[118] Unter Helmut Kohl gab es 1996 mit dem Bünd-

---

112 Vgl. DeutschlandTrend vom Juni 2001, S. 13.
113 Murswieck 2003: 121.
114 Steinmeier, Frank-Walter: Abschied von den Machern. Wie das Bündnis für Arbeit die Erneuerung schafft – durch Konsens, in: Die Zeit Nr. 10 vom 1.3.2001; vgl. auch Heinze 2003: 139.
115 Schuh, Hans: Am Rat gedreht, in: Die Zeit Nr. 35 vom 22.8.2002.
116 Neue Zürcher Zeitung vom 4.3.1999.
117 Vgl. Emundts 2003.
118 Vgl. Wessels, Bernhard: Die Entwicklung des deutschen Korporatismus, in: APuZ B26-27/2000, S. 16-24, hier: 18.

nis für Arbeit und Standortsicherung und 1997 mit dem Bündnis für Arbeit Ost Vorläufer für das rot-grüne Bündnis für Arbeit. In einem Bericht der Bundesregierung an den Bundestag sind für die 12. Legislaturperiode von 1990 bis 1994 insgesamt 127 Beiräte und Sachverständigenkommissionen aufgeführt.[119]

Auch das Benennen nach den Vorsitzenden ist nichts wirklich Neues. So wurde z.B. die vom Justiz- und Forschungsministerium eingesetzte, zwischen 1984 und 1986 tagende Arbeitsgruppe zur Genomanalyse und Gentherapie unter dem Namen Benda-Kommission nach ihrem Vorsitzenden Ernst Benda, dem früheren Präsidenten des Bundesverfassungsgerichtes und ehemaligen Bundesinnenminister, bekannt.[120]

Dennoch meinen sowohl Wissenschaftler als auch Medien einen Zuwachs an außerparlamentarischen Beratungsgremien während der rot-grünen Regierungszeit ausmachen zu können.[121] Eine vollständige quantitative Erfassung aller Beratungsgremien existiert nicht. Eine gewisse Übersicht bietet der für die Jahre 1990, 1994, 1997 und 2001 verfügbare Bundesgremienbesetzungsbericht, der die „wesentlichen" Gremien des Bundes erfasst.[122] Auf der Grundlage dieses Berichts und eigener Erhebungen weisen Siefken und Unkelbach darauf hin, dass keinesfalls von einer quantitativen Zunahme an Expertengremien der Bundesregierung ausgegangen werden kann, sondern meinen eher einen leichten Rückgang belegen zu können.[123]

Der Eindruck einer Zunahme von Expertengremien entstand aufgrund einer verstärkten öffentlichen Wahrnehmung. Seit der Regierungsübernahme durch Rot-Grün stieg die Berichterstattung über solche Kommissionen deutlich an.[124] Das öffentliche Interesse beruhte u.a. darauf, dass jetzt Fragen von allgemeiner Bedeutung wie die Zukunft der Atomenergie, die Zulässigkeit von Eingriffen in die genetische Substanz des Menschen oder der Einsatz wirksamer Steuerungsinstrumente zwecks Reduzierung der Arbeitslosigkeit Gegenstand der Arbeit der Expertengremien waren.[125] Dass die Kommissionen teilweise direkt vom Kanzler eingesetzt und diesem oder dem Kanzleramt

---

119 vgl. BT-Drucksache 12/8378, S. 15-38.
120 Vgl. Fuchs, Michael: Nationale Ethikräte. Hintergründe, Funktionen und Arbeitsweisen im Vergleich, Berlin 2005, S. 43.
121 Vgl. Heinze, Rolf G.: Die Berliner Räte-Republik. Viel Rat – wenig Tat? Wiesbaden 2002; vgl. außerdem Papier 2003; vgl. auch Prantl, Heribert: Schröders Räterepublik, in: SZ vom 19.5.2001.
122 §9 Bundesgremienbesetzungsgesetz des Bundesgesetzblatts 1994.
123 Vgl. Siefken 2007: 25; vgl. ferner Unkelbach, Alexandra: Vorbereitung und Übernahme staatlicher Entscheidungen durch plural zusammengesetzte Gremien – empirische und rechtliche Eckdaten des deutschen Gremienwesens auf Bundesebene, Speyer 2001.
124 Vgl. Siefken 2007: 27.
125 Vgl. Stüwe 2006: 556.

zugeordnet wurden, was es in der Geschichte der Bundesrepublik bislang nicht gab, mag partiell daher rühren, dass auf diese Weise die Prioritätensetzung deutlich gemacht werden sollte. Fast alle Gremien hätten auch bei den entsprechenden Fachressorts angesiedelt werden können.

Gemeinsam ist den aufgeführten Expertengremien, dass sie nur für eine begrenzte Zeit eingesetzt wurden, zumeist einen konkreten Beratungsauftrag hatten und in der Regel keine reinen Wissenschaftlergremien waren. Die unter Vorgängerregierungen gebildeten Expertenkommissionen waren zumeist ausschließlich mit Wissenschaftlern besetzt, unter Schröder dagegen waren neben Wissenschaftlern auch Vertreter von Verbänden und Unternehmen sowie Politiker Mitglieder der Gremien.[126] Susanne Cassel vermutet einen Grund dafür darin, dass „die Vorschläge dieser Kommissionen weitaus größere Chancen haben, im politischen Prozess umgesetzt zu werden, als die Vorschläge rein wissenschaftlich besetzter Gremien"[127]. Jedoch waren von solchen gemischt besetzten Kommissionen aufgrund ihrer Zusammensetzung eher keine grundlegenden Reformvorschläge zu erwarten. In der Regel einigten sie sich eher auf den kleinsten gemeinsamen Nenner. Vielleicht motivierte weniger das Aufzeigen von neuem Wissen zur Lösung gesellschaftspolitischer oder wirtschaftlicher Probleme den Kanzler, solche Gremien einzusetzen, als vielmehr, „Zeit zu gewinnen oder die Ergebnisse zur Legitimation zu treffender oder bereits getroffener politischer Entscheidungen zu nutzen"[128]. Gemeinsam war den Gremien, dass die Regierung einen kleinen Arbeitsstab sowie einen gewissen Betrag an Finanzmitteln für weitere Gutachten und Stellungnahmen zur Verfügung stellte.

Auffallend bei der Einrichtung und Besetzung der Kommissionen ist, dass manchmal Bundeskanzler Schröder die Kommissionsvorsitzenden persönlich bat, den Vorsitz zu übernehmen, so z.B. bei Richard von Weizsäcker oder bei Peter Hartz.[129] In anderen Fällen kam der Vorschlag vom zuständigen Minister, wie bei Rita Süssmuth, die von Innenminister Schily als Vorsitzende der Zuwanderungskommission vorgeschlagen wurde. Bei anderen Kommissionen wiederum wurde der Vorsitzende aus den Reihen der Mitglieder durch die Mitglieder gewählt, wie beim Nationalen Ethikrat. Auffällig ist, dass mit Richard von Weizsäcker und Rita Süssmuth Oppositionspolitiker zu Vorsitzenden bestellt wurden, so dass die Regierung Kritik von Seiten der Opposition unterlaufen konnte.

---

126 Vgl. Cassel, Susanne: Erfolgsbedingungen wissenschaftlicher Politikberatung am Beispiel des Gesundheitswesens, in: GGW 4/2003, S. 7-14, hier: 7.
127 Ebd.: 7f.
128 Ebd.: 13.
129 Dies bestätigte in seinem Schreiben an die Herausgeber Bundespräsident a.D. Richard von Weizsäcker.

Eine vergleichbare Vorgehensweise praktizierte der Kanzler, als er im Juli 1999 persönlich den FDP-Ehrenvorsitzenden Otto Graf Lambsdorff als Verhandlungsführer der Bundesregierung in der Frage der Zwangsarbeiter-Entschädigung berief.[130] Anlässlich dessen 80. Geburtstages brachte es Bundespräsident Horst Köhler in der Tischrede auf den Punkt, warum Schröder sich für den Oppositionspolitiker Lambsdorff entschieden hatte: „Niemand vereint besser als Sie die Eigenschaften in sich, die bei dieser schwierigen Mission erforderlich waren: den politischen Überblick, die juristischen Kenntnisse, den guten Draht zur Wirtschaft, das Einfühlungsvermögen in die Situation der Opfer und schließlich den langen Atem, der nötig war, um die schwierigen Verhandlungen zu einem guten Abschluss zu bringen."[131] Lambsdorff bezeichnete die Aufgabe als eine, „nach der man sich nicht streckt, die man aber auch nicht ablehnt"[132]. Seine Ernennung stieß bei der deutschen Wirtschaft weitgehend auf Zustimmung, während man in FDP-Kreisen ein taktisches Manöver des Bundeskanzlers vermutete, um Koalitionsspekulationen anzuheizen.[133] Lambsdorff selbst ist dagegen der Überzeugung, dass seine Partei auf die Ernennung zum Beauftragten des Bundeskanzlers außerordentlich positiv reagierte und seine Verhandlungen unterstützte.[134] Der Chefunterhändler der amerikanischen Regierung, Stuart E. Eizenstat, attestierte Lambsdorff ein ernsthaftes Interesse an einer einvernehmlichen und angemessenen Entschädigungsregelung.[135] Lambsdorff hatte die widerstrebende Stiftungsinitiative auf Linie zu bringen. Bei den Verhandlungen unterstützte ihn ein Beamter des höheren Dienstes aus dem Auswärtigen Amt. Im Bedarfsfall konnte Lambsdorff auf die Ressourcen aller Ressorts zurückgreifen. Den Bundeskanzler informierte der Beauftragte persönlich in regelmäßigen Abständen.[136] Der Verhandlungsmarathon in den Jahren 1998 bis 2001 führte schließlich zur Entschädigung von über einer Million überlebender Zwangsarbeiter.[137] Mitte 2007 wurde der Abschluss der Auszahlungen mit einem Festakt im Berliner Schloss Bellevue gewürdigt.[138]

---

130 Mitteilung an die Herausgeber vom 14.5.2007.
131 Tischrede von Bundespräsident Horst Köhler beim Mittagessen zu Ehren von Otto Graf Lambsdorff aus Anlass seines 80. Geburtstages im Schloss Bellevue am 2. Februar 2007.
132 Lambsdorff, zit. nach Die Welt vom 24.7.1999.
133 Vgl. ebd.
134 Mitteilung an die Herausgeber vom 14.5.2007.
135 Eizenstat, Stuart E.: Unvollkommene Gerechtigkeit. Der Streit um die Entschädigung der Opfer von Zwangsarbeit und Enteignung, München 2003.
136 Mitteilung an die Herausgeber vom 14.5.2007.
137 Vgl. Spiliotis, Susanne-Sophia: Verantwortung und Rechtsfrieden. Die Stiftungsinitiative der deutschen Wirtschaft, Frankfurt a. M. 2003; vgl. ferner Arning, Matthias: Späte Abrechnung. Über Zwangsarbeiter, Schlussstriche und Berliner Verständigungen, Frankfurt a. M. 2001.
138 Vgl. Der Tagesspiegel vom 12.6.2007.

Einleitung

Auch bei der Zusammenstellung der Kommissionen zeigt sich kein einheitliches Bild. Zum Teil ließ der Kanzler den Vorsitzenden weitestgehend freie Hand, zum Teil wurden die Mitglieder in Absprache mit dem Kanzler durch den zuständigen Minister ad personam berufen, zum Teil wurden Gewerkschaften und andere Verbände gebeten, Vertreter zu entsenden. Es gab aber auch Gremien, wie den Nationalen Ethikrat, deren Besetzung allein durch das Kanzleramt vorgenommen wurde.

Alles in allem war das Einsetzen von Expertengremien je nach politischer Notwendigkeit ein weiteres Stilelement des Kanzlers bei der Betonung von überparteilicher Expertise. Die Zusammenarbeit mit den Ministerien verlief in der Regel reibungslos. Es bleibt jedoch festzuhalten, dass in den einzelnen Ressorts oft an eigenen Entwürfen zur entsprechenden Thematik gearbeitet wurde, um keine Gestaltungskraft zu verlieren.

Bergmann, *Christine*

Bundesministerin für Familie, Senioren, Frauen und Jugend (SPD)

geb. 7.9.1939 in Dresden, ev.

1957	Abitur
1957–1963	Studium der Pharmazie an der Karl-Marx-Universität Leipzig
1963	Staatsexamen
1963–1967	Tätigkeit als Apothekerin in Ostberlin
1967–1977	freiberufliche Mitarbeiterin in der Literaturdokumentation des „Zentralblattes für Pharmazie, Pharmakotherapie und Labordiagnostik"
1977–1989	Leitung des Redaktionssekretariats der Zeitschrift
ab 1977	Mitglied des Freien Deutschen Gewerkschaftsbundes (FDGB) und der Gesellschaft für Deutsch-Sowjetische Freundschaft (DSF)
1989	Eintritt in die SPD
1989	Promotion zum Dr. rer. nat.
1990–1991	Mitglied der Stadtverordnetenversammlung von Ost-Berlin
1990–1991	Parlamentspräsidentin der Ostberliner Stadtverordnetenversammlung
1990–1994	Stellvertretende Vorsitzende der Berliner SPD
1991–1998	Berliner Bürgermeisterin (Stellvertreterin von Eberhard Diepgen)
1991–1998	Senatorin für Arbeit und Frauen, ab 1996 zusätzlich zuständig für die berufliche Bildung
1995–2004	Mitglied des Bundespräsidiums der SPD
1998–2002	Bundesministerin für Familie, Senioren, Frauen und Jugend
2004–2006	Mitglied des ehrenamtlichen Ombudsrates „Grundsicherung für Arbeitsuchende"

Nach Angela Merkel, die von 1990 bis 1994 Bundesministerin des für diese Legislaturperiode ausgegliederten Sachgebietes Frauen und Jugend war, übernahm mit Christine Bergmann zum zweiten Mal eine ostdeutsche Ministerin die Leitung des Familienministeriums. Bergmann bezeichnete als das Ziel ihrer Tätigkeit die Verbesserung der Situation von Familien, die Förderung eines solidarischen Miteinanders der Generationen und der Chancengerechtigkeit zwischen Männern und Frauen und für Jugendliche. Ihre Erfahrungen in der DDR bewirkten aber vor allem eine deutliche frauenpolitische Diktion ihrer Politik. Bergmann war 1989 unmittelbar nach der Wende der SPD beigetreten. 1990 war sie zur stellvertretenden Landesvorsitzenden gewählt worden. Von April bis Juli 2004 übte sie die Funktion der kommissarischen Landesvorsitzenden aus. Von 1995 bis 2004 war sie Mitglied im Bundespräsidium der SPD, kandidierte aber 2004 nicht erneut für den Landesvorstand. Von Mai 1990 bis Januar 1991 stand Bergmann als Präsidentin der Berliner Stadtverordnetenversammlung vor. Von Oktober 1991 bis Oktober im Jahr 1998 war sie Bürgermeisterin von Berlin und Senatorin für Arbeit, Berufliche Bildung und

Frauen. Nachdem sie bereits im Schattenkabinett für die Bundestagswahl 1994 des damaligen Kanzlerkandidaten Rudolf Scharping vorgesehen war, berief sie Gerhard Schröder erneut mit der Zuständigkeit für das Ressort Familie, Senioren, Frauen und Jugend 1998 in sein Schattenkabinett.

Nach dem Regierungswechsel hatte die rot-grüne Koalition in ihrem Koalitionsvertrag das Ziel vereinbart, Deutschland wieder zu einem kinder- und familienfreundlichen Land zu machen. Schon zu Beginn der Legislaturperiode gab es eine Reihe von wesentlichen Änderungen im Familienlastenausgleich. Die neue Regierung erhöhte zum 1. Januar 1999 das Kindergeld für erste und zweite Kinder um 30 DM auf 250 DM. Weitere Änderungen wurden durch die Urteile des Bundesverfassungsgerichtes vom November 1998 notwendig, das gefordert hatte, nicht nur das sächliche Existenzminimum von Kindern steuerlich freizustellen, sondern auch die Betreuungs- und Erziehungskosten generell in angemessener Weise zu berücksichtigen. Die steuerliche Abzugsfähigkeit von Betreuungsleistungen musste nach dem Urteil bis zum 1. Januar 2000 umgesetzt sein und zwar in einer Höhe von mindestens 4.000 DM für das erste und 2.000 DM für jedes weitere Kind als zusätzlicher Kinderfreibetrag. Für die Umsetzung der Freistellung des Erziehungsbedarfs hatte das Bundesverfassungsgericht dem Gesetzgeber eine Frist bis zum 1. Januar 2002 eingeräumt.

Zum 1. Januar 2000 wurden das Kindergeld um 20 DM auf 270 DM und der Kinderfreibetrag um 3.024 DM auf insgesamt 9.936 DM angehoben. Zum 1.1.2002 wurde die Umsetzung der Freistellung des Erziehungsbedarfs dann einerseits über eine nochmalige Anhebung des Kindergeldes für erste und zweite Kinder um 30 DM (auf 301,20 DM = 154 €) und für vierte und weitere auf 179 € realisiert. Daneben wurde zu dem auf 3.648 € (7.134 DM) erhöhten Freibetrag für das sächliche Existenzminimum ein „Betreuungs-, Erziehungs- und Ausbildungsfreibetrag" in Höhe von 2.160 € (4.224 DM) geschaffen. Nachgewiesene erwerbsbedingte Kinderbetreuungskosten wurden für Kinder bis 14 Jahre in Höhe von 1.500 € steuerlich anerkannt, sofern sie 1.538 € überschreiten. Gleichzeitig wurden die steuerliche Absetzbarkeit von Haushaltshilfen in Haushalten mit Kindern und – in Stufen beginnend mit dem Jahr 2002 und endend im Jahr 2005 – der Haushaltsfreibetrag für Alleinerziehende abgeschafft. Auf 924 € reduziert wurde der Ausbildungsfreibetrag für volljährige Kinder.

Eine zweite wichtige Reform, die in die Amtszeit Bergmanns fiel, war die zum 1. Januar 2001 in Kraft getretene Reform des Bundeserziehungsgeldgesetzes, mit der gleichzeitig die Regelungen für den Erziehungsurlaub, der seitdem Elternzeit heißt, geändert wurden. Ab 2001 können Mütter und Väter gemeinsamen Erziehungsurlaub nehmen und diesen mit einer Teilzeiterwerbstätigkeit von bis zu 30 Stunden pro Woche und Elternteil verbinden. Dabei wurde ein – unter bestimmten betrieblichen Bedingungen eingeschränkter – Anspruch auf Teilzeiterwerbstätigkeit geschaffen. Die Gesamtzeit von drei Jahren kann in drei Zeitabschnitten genommen werden, einer davon – sofern der Arbeitgeber zustimmt – zwischen dem dritten und achten Lebensjahr des Kindes.

Im Rahmen der Rentenreform wurden die Zeiten, in denen wegen Familientätigkeit in den ersten zehn Jahren eines Kindes geringer verdient wird, nach den Grundsätzen der Rente nach Mindesteinkommen aufgewertet. Zudem wurde in der privaten Altersvorsorge eine kindbezogene staatliche Zulage eingeführt. Und schließlich wurde die Möglichkeit des Rentensplittings bei Ehepaaren, d.h. der partnerschaftlichen Teilung von Anwartschaften auch für den Regelfall und nicht nur im Fall des nachehelichen Versorgungsausgleichs (beiderseitiges Einverständnis vorausgesetzt), eingeführt.

Eine Verbesserung hinsichtlich des Vereinbarkeitsproblems von Berufs- und Erwerbsarbeit strebte die rot-grüne Koalition in der Amtszeit Bergmanns außer durch die flexibilisierenden Möglichkeiten des reformierten Bundeserziehungsgeldgesetzes und der Elternzeit auch mit dem Gesetz über Teilzeitarbeit an (1. Januar 2001), das zwar einen Anspruch auf Teilzeitarbeit einräumt, aber von einvernehmlichen Lösungen zwischen Arbeitgeber und Arbeitnehmer ausgeht. An ihre Grenzen stieß außerdem die rot-grüne Politik im Dialog mit den Verbänden, als sich nämlich 2001 herausstellte, dass das beabsichtigte Gleichstellungsgesetz für die Wirtschaft gegen den Widerstand der Arbeitgeber nicht zu verwirklichen war.

Außer Reformen im Bereich des Familienlastenausgleichs lässt sich die Amtszeit Bergmanns durch eine Reihe von Rechtsreformen charakterisieren. Durch die Kindschaftsrechtsreform des Jahres 1997 hatte die christlich-liberale Regierung zwar körperliche und seelische Misshandlung als entwürdigende Erziehungsmaßnahmen als unzulässig erklärt. Damit war das elterliche „Züchtigungsrecht" als Rechtfertigungsgrund für Gewalt endgültig abgeschafft worden. Es war aber nicht wie von der damaligen Opposition gewünscht, ein kindliches Recht auf gewaltfreie Erziehung verankert worden. Im Jahr 2000 wurde eine Reform des § 1631 BGB verabschiedet, die das Recht eines jeden Kindes auf gewaltfreie Erziehung schuf. Durch die Ergänzung eines Gewaltschutzgesetzes wurde 2001 festgelegt, dass der gewalttätige Partner bzw. die Partnerin einer Ehe oder eheähnlichen Lebensgemeinschaft oder ein entsprechender Elternteil aus der Wohnung gewiesen werden kann. Eine weitere Rechtsreform aus der Amtszeit Bergmanns trägt die deutliche Handschrift des grünen Koalitionspartners. 2001 trat das Lebenspartnerschaftsgesetz in Kraft, das einen grundlegenden Rechtsrahmen für gleichgeschlechtliche Lebensgemeinschaften formuliert. Das Gesetz regelt die Begründung der Lebenspartnerschaft, die Namenswahl, Fragen der Aufhebung, des Unterhalts während und nach der Partnerschaft, es begründet ein Erbrecht der Lebenspartner, legt die Möglichkeit fest in ein bestehendes Mietverhältnis nach dem Tod des Partners einzutreten, führt ein Zeugnisverweigerungsrecht sowie das „kleine Sorgerecht" ein, d. h. die Möglichkeit für den Lebenspartner eines allein sorgeberechtigten Elternteils über Dinge des täglichen Lebens eines Kindes mit zu entscheiden. Daneben wurde ein Nachzugsrecht für Lebenspartner geschaffen, demzufolge ein nicht-deutscher Lebenspartner nach Deutschland ziehen darf und automatisch auch eine Arbeitserlaubnis erhält. Lebenspartner und deren Kinder sind seitdem in die beitragsfreie Familienmitversicherung der Kranken- und Pflegeversicherung einbezogen.

In starkem Maße war die Familienpolitik der 14. Legislaturperiode durch die Vorgaben des Bundesverfassungsgerichts zu Familienlastenausgleich und gesetzlicher Rentenversicherung vorgeprägt. Normative Schwerpunkte konnten mit der Reform von § 1631 BGB, mit dem Gewaltschutzgesetz und mit dem Lebenspartnerschaftsgesetz gesetzt werden. Daneben setzte Bergmann im Bereich der Öffentlichkeitsarbeit das Instrument der „Kampagne" ein, um eine Bewusstseinsänderung in der Bevölkerung in Gang zu setzen bzw. zu beschleunigen. Das gilt z. B. für die „Väterkampagne", durch die in Zusammenarbeit mit Unternehmen der Feminisierung von Familienarbeit entgegengewirkt werden sollte, und dies gilt auch für die Kampagne mit dem Titel „Mehr Respekt vor Kindern", die die Reform von § 1631 BGB begleitete.

Besondere Schwerpunkte setzte Bergmann einerseits im Hinblick auf die Forderung nach einem flächendeckenden Betreuungsangebot auch für Kinder unterhalb des Kindergartenalters. Hier wies sie gerne auf die Rahmenbedingungen hin, die den Frauen in der DDR die durchgehende Erwerbstätigkeit ermöglicht hatten. Einen weiteren Schwerpunkt setzte sie mit der Jugendpolitik.

Nach dem knappen Wahlsieg der rot-grünen Regierung erklärte Bergmann, dass sie nicht mehr für ein Amt im neuen Bundeskabinett zur Verfügung stünde. Von der Presse wurde dies überwiegend mit Bedauern zur Kenntnis genommen und man teilte zumeist die Meinung der Vorsitzenden des Deutschen Frauenrates, Inge von Bönninghausen, die von der tageszeitung mit den Worten zitiert wurde: „Christine Bergmann hat der Frauenpolitik wieder Schwung gegeben, auch wenn Talkshows und Schlagzeilen dies übersehen haben" (taz vom 27.9.2002).

Seit 2002 ist Bergmann Vorsitzende des von der Berliner SPD gegründeten „Forums Einheit der Stadt", mit dem die Kommunikation zwischen Ost und West und die Integration der ehemaligen Teile der Stadt gefördert werden sollen.

Im Jahr 2004 wurde sie zum ehrenamtlichen Mitglied des Ombudsrates „Grundsicherung für Arbeitsuchende" berufen. Aufgabe des Ombudsrates ist es, die Einführung der Grundsicherung für Arbeitssuchende und ihre Auswirkungen auf dem Arbeitsmarkt zu begleiten. Er hat darüber hinaus die Möglichkeit Beschwerden bzgl. der Arbeitsmarktreform in eigenem Ermessen aufzugreifen.

Literatur:
Gerlach, Irene: Familienpolitik, Wiesbaden 2004; *dies.:* Die Familienpolitik der rot-grünen Koalition, in: Gewerkschaftliche Monatshefte. 55. Jahrgang, Heft 7-8/2004, S. 411-418.

Irene Gerlach

Bodewig, *Kurt*

Bundesminister für Verkehr, Bau- und Wohnungswesen und Beauftragter der Bundesregierung für den Berlin-Umzug und Bonn-Ausgleich (SPD)

geb. 26.4.1955 in Rheinberg

1973	Eintritt in die SPD
1976	Fachoberschule für Wirtschaft: Fachabitur
1976–1981	Tätigkeit als Wohnungskaufmann bei der Stadtsparkasse und bei Wohnungsunternehmen
1981–1986	Leitung der Verwaltungsstelle Zivildienst beim Bezirksverband Niederrhein der Arbeiterwohlfahrt e.V.
1982–1988	Juso-Bezirksvorsitzender Niederrhein
seit 1984	Mitglied des Bezirksvorstandes Niederrhein (mit zweijähriger Unterbrechung) Mitglied des Parteirates
1986	Abteilungsleiter Sozialpolitik beim Deutschen Gewerkschaftsbund, Landesbezirk Nordrhein-Westfalen
seit 1995	Vorsitzender der SPD Kreis Neuss
seit 1998	Mitglied des Deutschen Bundestages
2002	Vorsitzender der Regionalkonferenz der SPD Region Niederrhein
2000	Parlamentarischer Staatssekretär beim Bundesminister für Verkehr, Bau- und Wohnungswesen
2000–2002	Bundesminister für Verkehr, Bau- und Wohnungswesen
seit 2002	Stellvertretender Vorsitzender des Bundestagsausschusses für Angelegenheiten der Europäischen Union

Kurt Bodewig wurde nach dem Rücktritt des damaligen Amtsinhabers Reinhard Klimmt zum Minister ernannt. Dies kam überraschend und glich einer Blitzkarriere.

Bodewigs rasanter Aufstieg in die Regierung kann nur als ungewöhnlich bezeichnet werden. Schließlich war er erst 1998 über die Landesliste in den Bundestag eingezogen. Seine Berufung zum Bundesminister läßt sich nur aus einer besonderen Situation erklären: Sie wurde begünstigt durch das Fehlverhalten seines Vorgängers. Reinhard Klimmt hatte als Vereinsvorsitzender des 1. FC Saarbrücken einen Scheinvertrag mit der Caritas-Trägergesellschaft Trier über eine illegale Sponsering-Zahlung unterzeichnet, der Jahre zurücklag. Der Strafbefehl wegen Beihilfe zur Untreue und der öffentliche Druck zwang ihn zur Aufgabe seines Ministeramtes. Klimmt war – wie sein Vorgänger Franz Müntefering – auch nur kurzzeitig – etwas über ein Jahr – Minister gewesen.

Vor allem für das Amt eines Ministers für Bau- und Wohnungswesen war Bodewig durch Ausbildung und Berufstätigkeit qualifiziert. Er hatte zwischen 1976 und 1981 als Wohnungskaufmann bei der Stadtsparkasse und bei verschiedenen Wohnungsunternehmen gearbeitet. Weiterhin hatte er durch langjährige Mitarbeit in der Arbeiterwohlfahrt, als Funktionsträger in der sozialen Selbstverwaltung sowie seit 1975 in verschiedenen DGB-Gewerkschaften Einblick in soziale Probleme, die immer häufiger auch der Wohnsituation angelastet wurden. Als Parlamentarischer Staatssekretär war er zudem auf alle drei Tätigkeitsschwerpunkte (also auch den Verkehrsbereich) vorbereitet.

Aufgrund dieser Vororientierung ist es kaum verwunderlich, dass sich Bodewig in der Wohnungspolitik für die Anhebung des Wohngeldes und zugleich dessen Angleichung in Ost und West einsetzte. Das Wohngeld war über einen Zeitraum von etwa zehn Jahren von der Regierung Kohl nicht erhöht worden; dagegen waren die Mieten erheblich gestiegen. Durch die Initiative von Bodewig, die zum 1. Januar 2001 in Kraft trat, erhielten Wohngeldempfänger im Durchschnitt 83 DM mehr. Gleichzeitig erwartete der Minister, dass nach neuem Wohngeldrecht etwa 420.000 Haushalte zusätzlich in die Förderung aufgenommen würden. Auch die gestiegenen Heizölkosten brachten besondere Belastungen. Dies führte 2001 zu einem einmaligen Heizkostenzuschuss von 5 DM je qm Wohnfläche für einkommensschwache Haushalte.

Ein weiterer Schwerpunkt von Bodewigs Wohnungspolitik war die Reform des sozialen Wohnungsbaus, wobei es bei der Überarbeitung der Förderrichtlinien neben der Senkung der Neubaukosten um eine zielgenauere soziale Wohnungspolitik ging. In erster Linie sollten Fördermittel für Wohnungsneubau für solche Haushalte bestimmt sein, die Schwierigkeiten haben, sich am Wohnungsmarkt zu versorgen. Weiterhin strebte der Minister an, die Fördermittel stärker dem Wohnungsbestand zugute kommen zu lassen. Eine Erhaltung durch Modernisierung sollte unter Beachtung sozialer Bezüge angegangen werden (Bodewig 2001: 136). Den Ländern stellte Bodewig wie bisher Fördermittel von 450 Mio. DM in Aussicht, die durch die regionale und ortspezifisch flexiblere Vergabe mehr Zielgenauigkeit erreichen sollten. Das Wohnungsbaureformgesetz trat am 1. Januar 2002 in Kraft. Kündigungsfristen u.a. waren in der Mietrechtsreform im Jahr 2001 bereits neu geregelt worden.

Zur Implementation seiner Ziele diente auch das Bund-Länder-Programm „Soziale Stadt", das weiter mit 150 Mio. DM ausgestattet wurde. Auch die Energieeinsparverordnung (EnEV), gemeinsam mit dem Wirtschaftsministerium am 7. März 2001 verabschiedet, unterstrich die Zielvorstellungen. Bodewig stellte bereits einen Gebäudepass (einschließlich zugehöriger Hausakte) vor, der – ähnlich wie ein Kfz-Brief – alle wichtigen technischen Daten über ein Gebäude enthält und damit u.a. Sicherheit bei Renovierungen und Immobilientransaktionen schafft. Er sollte zunächst auf freiwilliger Basis eingeführt werden. Ab 2008 wird nun ein Energieausweis für Gebäude verpflichtend und soll ein wichtiger Anreiz für deren energetische Sanierung sein.

Unter Bodewig kam es zum Abriss der ersten Plattenbausiedlungen in Ostdeutschland, welchen der Bund förderte. Die besonderen Probleme der ostdeutschen Städte wurden durch das Programm „Stadtumbau Ost" im Jahr 2002 angegangen. Gleichzeitig flossen durch die klassische Städtebauförderung etwa zwei Drittel dieser Gelder in den Osten Deutschlands.

Die größten Herausforderungen standen jedoch im Verkehrsbereich an. Grundsätzliches Ziel der rot-grünen Regierung war es, den Schwerlastverkehr auf die Schiene zu verlagern. Bodewig nannte dafür einen Zeithorizont von 15 Jahren. Die Zielvorstellung, die streckenbezogene Erhebung einer Maut für schwere LKW einzuführen, war schon von Vorgängern wie z.B. Matthias Wissmann (CDU) vorgeschlagen worden. Sie wurde von Bodewig forciert. Ein Teil der Maut sollte dazu dienen, die Staus auf Autobahnen durch ein Anti-Stau-Programm zu verhindern und die Verkehrsinfrastruktur durch zusätzliche Einnahmen insgesamt zu verbessern. Bodewig griff die Idee einer Kommission des Deutschen Verkehrsforums auf. Durch die Schaffung einer Infrastrukturfinanzierungsgesellschaft sollte man von der Steuerfinanzierung der Infrastruktur zu einer Nutzerfinanzierung über Gebühren für Bau, Unterhaltung und Betrieb von Verkehrswegen übergehen. Diese Gesellschaft sollte die Verwendung der Autobahnmaut für LKW verwalten, ihre Verwendung steuern und damit für die EU beispielhaft werden.

Die Bundesregierung und der Bundestag stimmten dem Vorhaben

zur Einführung einer Maut für schwere LKW 2001 zu. Positive Äußerungen gab es dazu aus dem Umfeld der Bahn und von Umweltschutzverbänden, während Proteste des Transportgewerbes, verbunden mit Kompensationsforderungen, nicht ausblieben. Probleme ergaben sich im Bundesrat. Hier verweigerten auch SPD-regierte Bundesländer (u.a. Bodewigs Heimatland Nordrhein-Westfalen) im ersten Anlauf die Zustimmung zum Maut-Vorhaben. Ursache war, dass die Bundesländer Finanzeinbußen durch Mindereinnahmen bei der Kfz-Steuer befürchteten (Die Zeit 5/2002), da die LKW-Steuer für deutsche Transporteure gesenkt werden sollte. Die Länder forderten dafür einen Anteil an den Mauteinnahmen. Erst nach Einschaltung des Vermittlungsausschusses konnte die Maut beschlossen werden. Die CDU/CSU-Fraktion hatte den Verlust von Arbeitsplätzen prophezeit und der Bundesverband Güterkraftverkehr, Logistik und Entsorgung kündigte an, dass letztlich die Verbraucher die Belastungen tragen müssten. Im Vermittlungsausschuss setzte die CDU/CSU durch, dass sonstige geleistete verkehrsspezifische Abgaben bei der Maut berücksichtigt werden müssten, „soweit dies zur Harmonisierung der Wettbewerbsbedingungen im europäischen Güterkraftverkehr erforderlich" sei (Pressestelle des Bundesrates 20.3.2002). Das Gesetz zur Einführung von streckenbezogenen Gebühren für die Benutzung von Bundesautobahnen mit schweren Nutzfahrzeugen trat im April 2002 in Kraft.

Die Bundesregierung war offenbar von Anfang an daran interessiert, die Vergabe zur Schaffung der technischen Voraussetzungen für die Maut an ein deutsches Konsortium durchzusetzen und dabei in mittelfristiger Perspektive das europäische Satellitensystem Galileo zu nutzen. Die Auftragsvergabe erfolgte 2002 an Toll Collect, eine Tochter von DaimlerChrysler, Deutscher Telekom sowie Cofiroute S.A. (französischer Autobahnbetreiber). Ursprünglich sollte die Maut bereits 2003 eingeführt werden. Die Verzögerung war einerseits durch Pannen bei der Vergabe des Auftrags an das Konsortium bedingt: durch Nachprüfungsanträge von Konkurrenten vor der Vergabekammer des Bundeskartellamtes und durch Klagen bzw. zwei Entscheidungen des Oberlandesgerichts Düsseldorf. Erst als der unterlegene Mitbieter und Beschwerdeführer AGES beteiligt wurde, konnte es noch kurz vor der Bundestagswahl 2002 zur Unterzeichnung der Vergabe kommen. Andererseits ergaben sich – nach der Amtszeit Bodewigs als Minister – technische Probleme mit dem Erfassungssystem, so dass der Zeitplan nicht eingehalten werden konnte. Die Maut wurde schließlich ab Januar 2005 eingeführt. Das Maut-System funktioniert seitdem und gilt als das fortschrittlichste der Welt.

Beim Straßennetz ging es um den Weiterbau und die Weiterentwicklung, wobei hier das Verkehrsministerium traditionell der Lobbytätigkeit von Regionen und Städten ausgesetzt ist. Einer privaten Finanzierung der Infrastruktur, wie sie von Verkehrsminister Wissmann (CDU) initiiert worden war, stand Bodewig eher skeptisch gegenüber. Jedoch machte die Verabschiedung der Maut für schwere LKW im Bundesrat den Weg für die private Finanzierung ausgewählter Autobahnabschnitte aus dem Bundesverkehrswegeplan frei. Auch der Finanzmangel der öffentlichen Hand und die Notwendigkeit, Arbeitsplätze im Tiefbau zu sichern, hatten dieses Umdenken sicherlich befördert. Mit Hilfe einer Anschubfinanzierung des Bundes und im Einvernehmen mit den Ländern sollten diese Teilstrecken vor allem mit privatem Kapital gebaut und im Anschluss daran privat über Mauteinnahmen betrieben werden (FAZ vom 25.3.2002).

Bodewig nutzte immer wieder die Vorlage von Berichten und Programmen um zu betonen, dass es seine Zielvorstellung sei, eine Verlagerung des Verkehrs (insbesondere des Güterverkehrs) von der Straße auf die Schiene (Bodewig 2002: 16f.) und zudem vom Individualverkehr zum öffentlichen Personennahverkehr (ÖPNV) im Rahmen der Verkehrsangebote zu erreichen. Bei der Vorstellung des Verkehrsberichts 2000 im Januar 2001 betonte er, dass etwa die gleiche Investitionssumme für Schiene und Straße zur Verfügung gestellt würde (VDI Nachrichten vom 2.2.2001: 19). Gleiche Prioritäten im Hinblick auf den ÖPNV wurden bei der Vorlage des ÖPNV-Programms 2001-2005 nach § 6 Abs. 1 des Gemeindeverkehrsfinanzierungsgesetzes (GVFG) deutlich. In einem ergänzenden Programm sollten insbesondere die Schienenwege in Verdichtungsräumen verbessert werden. U. a. ging es um eine Lärmsanierung von Schienenwegen. Gleichzeitig stellte er für den kommunalen Verkehrsausbau die Förderung mit bis zu 80% der GVFG-Mittel des Bundes in Aussicht. Bodewig lehnte den Wettbewerb im öffentlichen Nahverkehr, z.B. durch die Übernahme durch private Anbieter, um jeden Preis ab. Dies beinhaltete auch den Schutz der kommunalen Nahverkehrsbetriebe, die sich laut EU dem Wettbewerb stellen sollten, wobei Bodewig für eine Verlängerung der Übergangsfristen plädierte (FAZ vom 29.11.2001).

Weiterhin musste sich Bodewig um die Fortsetzung der Reform der Deutschen Bahn AG kümmern. Hier startete er in sein Amt mit der Ankündigung, Schienen und rollendes Material voneinander zu trennen, um damit den Wettbewerb auf der Schiene zu verbessern. Diese Maßnahme und die damit verbundene Zielvorstellung, mit dem bundeseigenen Schienensystem verschiedenen Anbietern einen diskriminierungsfreien Zugang auf die Schienen zuzulassen, konnte er gegen den Widerstand des Vorstandsvorsitzenden der Deutschen Bahn AG, Mehdorn, der für seine Gegenposition den Bundeskanzler gewinnen konnte, nur begrenzt durchsetzen. Für den Zugang zu den Schienen wurde eine Trassenagentur, beim Eisenbahnbundesamt (EBA) angesiedelt, zuständig. Kritiker bemängelten, dass die Unabhängigkeit der Trassenagentur „Augenwischerei" sei, weil sie beim EBA die Interessen der Bahn bestens aufgehoben sahen (Die Zeit 5/2002).

Die Nutzung des Transrapid wurde zur Amtszeit von Bodewig konkreter. Er konnte 2002 eine Machbarkeitsstudie präsentieren. Sie prognostizierte, dass sowohl die Transrapidstrecken in Nordrhein-Westfalen zwischen Dortmund und Düsseldorf als auch die in Bayern zwischen München Hbf. und dem Flughafen München „technisch, betrieblich und wirtschaftlich machbar" seien. Gleichzeitig stellte Bodewig dafür die entsprechenden Bundesmittel für den Haushalt 2003 in Aussicht. Diese Zusage löste angesichts knapper Kassen des Bundes schon Zweifel aus (Die Zeit 5/2002). Zumindest für die Strecke in Nordrhein-Westfalen waren die Mittel aus dem Landeshaushalt strittig. Vor allem der Technik begeisterte und in „Leuchttürme" verliebte Ministerpräsident Clement stand hinter dem Projekt. Im Koalitionsvertrag zwischen Rot-Grün wurde die Bereitstellung der Mittel allerdings ausgeschlossen. Zweifel wurden zur Amtszeit von Bodewig bereits geäußert, ob sich ein für die Langstrecke entwickeltes Verkehrsmittel für die vorgesehenen kurzen Strecken eignen würde. Die Kosten wurden auch von Anhängern des öffentlichen Verkehrs als zu hoch eingeschätzt. Nur die Verbindung zum Flughafen München wurde weiter verfolgt.

In die Amtszeit von Bodewig fiel die verheerende Hochwasserkatastrophe in Ostdeutschland. So mussten für den Ausbau der Wasserstraßen bestimmte Mittel kurzfristig für Hochwasserschutz und Hilfen für die Betroffenen eingesetzt werden. Allerdings sollte das Ziel der besseren Nutzbarkeit durch Ausbau (z. B. der Elbe mit einer jahresdurchschnittlichen Mindestwassertiefe) nicht aus dem Auge verloren werden, wobei Zweifel an der Wirtschaftlichkeit aufkamen, wie einem kritischen Bericht des Umweltbundesamtes zu entnehmen war. Um die Klippe der Umweltverträglichkeitsprüfung zu umschiffen, wurde der Ausbau als „Rückversetzen in den Zustand der dreißiger Jahre" bezeichnet. Schwierigkeiten ergaben sich auch beim Ausbau anderer Wasserstraßen. So wurde der Donauausbau mit Staustufen aus umweltpolitischen Überlegungen heraus auch von der SPD-Fraktion verworfen.

In seiner Arbeit als Minister verspürte Bodewig eine Menge Widerstände, die er zum Teil durch unsensibles Auftreten auch möglicherweise selbst verursachte. Lob kam dagegen von Seiten des Mieterbundes. Ausdrücklich hob dieser hervor, dass nach dem Stillstand in der Wohnungspolitik unter der Regierung Kohl nun eine Neubestimmung erfolgt sei. Weiterer Zuspruch hielt sich dagegen in

Grenzen. Während Bodewig sich zugute hält, dass er die Maut gegen erhebliche Widerstände durchgesetzt hat und zurecht darauf verweist, dass kein Technologieprojekt dieser Größenordnung völlig problemlos an den Start gehe und zudem die deutsche satellitengestützte LKW-Erfassung „weltweites Vorbild" sei, verbinden Kritiker mit Bodewig vor allem die Pannen bei der Vertragsvergabe. Immer wieder musste er auch Kürzungen seiner finanziellen Fördermaßnahmen durch Finanzminister Eichel hinnehmen. So mehrten sich kritische Stimmen gegen seine Amtsführung. Vor allem sein Nachfolger Manfred Stolpe musste sich die durch die Verzögerung bei der LKW-Maut-Einführung eintretenden Einnahmeverluste vorhalten lassen. Anzumerken bleibt aber, dass die Einnahmen aus der Maut im Jahre 2005 knapp über dem Etatansatz von 2,8 Mrd. lagen.

Vor der Bundestagswahl 2002 zeichnete sich bereits ab, dass Bodewig in sein Ministeramt nicht wieder berufen werden würde. Dies mag auch damit zusammenhängen, dass er der Kabinettsarithmetik zum Opfer gefallen war. In der Bundesregierung vertrat er den starken Nordrhein-Westfalen-Flügel der SPD. Schließlich wurde nach dem freiwilligen Ausscheiden von Wirtschaftsminister Dr. Werner Müller (parteilos) Wolfgang Clement, der bisherige Ministerpräsident von Nordrhein-Westfalen, als „Superminister" ins Kabinett berufen und Ulla Schmidt, im ersten Kabinett Schröder nur Gesundheitsministerin, erhielt die Aufgaben der Sozialministerin (bisher Walter Riester) hinzu. Das bedeutete eine gewisse Überlast der Nordrhein-Westfalen-SPD in der Bundesregierung, die keinen dritten Minister aus diesem Bundesland zusätzlich ertrug. Als Grund für seine Nichtberufung in die zweite Regierung Schröder wurde öffentlich aber auch die besondere Schwerpunktsetzung in den Politikfeldern Bau- und Wohnungswesen sowie Verkehr im Hinblick auf die neuen Bundesländer genannt, die durch die Berufung von Manfred Stolpe, dem ehemaligen brandenburgischen Ministerpräsidenten, zum Ausdruck kommen sollte.

Bodewigs Karriere zeigt, dass es in der Politik auch darauf ankommt, zum richtigen Zeitpunkt am geeigneten Ort zu sein. Ein eher zufälliger spektakulärer Aufstieg kann allerdings dann wieder sehr schnell in der Normalität enden, zumal wenn ein Minister keinen besonderen Rückhalt in seiner Fraktion besitzt. Bodewig ist weiterhin Bundestagsabgeordneter und als ordentliches Mitglied sowie stellvertretender Vorsitzender des Ausschusses für die Angelegenheiten der Europäischen Union vor allen Dingen mit Europa-Angelegenheiten befasst. Daneben hat Bodewig verschiedene Positionen inne, die im weitesten Sinne der europäischen Zusammenarbeit (seit 2003 Vorsitzender des Baltic Sea Forums und seit 2007 Maritimer Botschafter der EU-Kommission) und dem Infrastrukturbereich (seit 2007 Präsident der Deutschen Verkehrswacht) zuzuordnen sind. Hier kann er seine Kenntnisse aus der Ministertätigkeit einbringen. Allerdings gehört er damit nicht mehr zum Führungszirkel der Fraktion und zu den bedeutenden Fachpolitikern, die durch Bundestagsreden glänzen. Vielmehr ist seine Position eher als die eines Hinterbänklers zu beschreiben. Er hat sich dem „Netzwerk Berlin – Die neue SPD" angeschlossen, einer Kooperation von jüngeren Abgeordneten, die als Nachfolger der 68er die Politik im 21. Jahrhundert aktiv gestalten wollen. Dabei sehen sie sich nicht als Konkurrenz zum „Seeheimer Kreis" oder der „Parlamentarischen Linken", sondern wollen mit diesen zusammen arbeiten.

Literatur:
Bodewig, Kurt: Die neue Ausrichtung des sozialen Wohnungsbaus, in: Wirtschaftsdienst 3/2001, S. 135-138; *ders.:* Harmonisierung für den Güterkraftverkehr: Was wurde getan, was ist zu tun?, in: *Verband der Automobilindustrie (Hrsg.):* Güterverkehr im vereinigten Europa, Frankfurt a. M. 2002, S. 15-23.

Online-Quellen:
www.bmvbs.de; www.kreisreform.de;
www.mieterbund.de/zeitungen;
www.netzwerkberlin.de;
www.verkehrsforum.de

Hiltrud Naßmacher

Bulmahn, *Edelgard*

Bundesministerin für Bildung und Forschung (SPD)

geb. 4.3.1951 in Minden/Westfalen

1969	Eintritt in die SPD
1972	Abitur am Aufbaugymnasium Petershagen
1973–1978	Studium der Politischen Wissenschaft und Anglistik an der Universität Hannover
ab 1980	Studienrätin
1981–1986	Bezirksratsfrau in Hannover-Linden
seit 1987	Mitglied des Deutschen Bundestages
seit 1991	Mitglied des Fraktionsvorstands der SPD-Bundestagsfraktion
1990–1994	Stellvertretende Sprecherin für Forschungs- und Technologiepolitik der SPD-Bundestagsfraktion
seit 1993	Mitglied im SPD-Parteivorstand
seit 1995	Vorsitzende des Wissenschaftsforums der Sozialdemokratie
1995–1996	Vorsitzende des Bundestagsausschusses für Bildung, Wissenschaft, Forschung, Technologie und Technikfolgenabschätzung

1996–1998	Sprecherin für Bildung und Forschung der SPD-Bundestagsfraktion
1998–2003	Vorsitzende der SPD Niedersachsen
1998–2005	Bundesministerin für Bildung und Forschung
seit 2001	Mitglied im Präsidium der SPD
seit 2005	Vorsitzende des Ausschusses für Wirtschaft und Technologie

Edelgard Bulmahn wurde am 4. März 1951 als Tochter eines Binnenschiffers und einer Friseurin geboren. Nach dem Besuch der Volksschule in Döhren und dem Abitur 1972 am Aufbaugymnasium Petershagen verbrachte sie zunächst ein Jahr im Kibbuz „Bror Chail" in Israel. Danach begann sie ein Lehramtsstudium der Politologie und der Anglistik in Hannover. Im Jahr 1978 bestand sie das erste und 1980 das zweite Staatsexamen für das Lehramt an Gymnasien. In den folgenden Jahren war sie als Studienrätin zunächst an der Oberschule Altwarmbüchen und dann an der Lutherschule in Hannover tätig.

Bereits während ihrer Schulzeit trat Edelgard Bulmahn im Jahr 1969 der SPD bei. Nach eigenem Bekunden war ihr politisches Engagement idealistisch begründet, sie wollte „die Welt verbessern" (Gespräch mit Edelgard Bulmahn am 20.4.2006). Zu Beginn hatte sie verschiedene Funktionen in der Arbeitsgemeinschaft der Jungsozialisten inne. Themen wie Gleichstellung, eine konsequente Friedenspolitik und die Umwelt bewegten sie am Anfang ihrer politischen Karriere am stärksten. Zwischen 1981 und 1986 war sie Bezirksratsfrau in Hannover-Linden. Dann wechselte sie in den Bundestag. Seit 1987 vertritt Edelgard Bulmahn ihren Wahlkreis, Hannover-Stadt II, im Deutschen Bundestag. Sie konnte ihn immer direkt gewinnen.

Wissenschaft und Forschung standen von Anfang an im Mittelpunkt ihrer politischen Arbeit auf Bundesebene. Bulmahn sieht in diesem Querschnittsgebiet alle großen Menschheitsfragen behandelt. Der Themenbereich der Bildung kam erst später hinzu. Dennoch sah sie als Forschungspolitikerin diese Themenerweiterung als Bereicherung, denn in Wissenschaft und Forschung hat Bildung einen hohen Stellenwert. In den Jahren 1995 bis 1996 war sie Vorsitzende des 1994 eingerichteten Bundestagsausschusses für Bildung, Wissenschaft, Forschung, Technologie und Technikfolgenabschätzung. Ab dem Jahr 1996 war Bulmahn Sprecherin für Bildung und Forschung der SPD-Fraktion. Nur wenige Politiker kennen sich in den Verzweigungen der deutschen Forschungslandschaft so gut aus wie die ehemalige Bildungs- und Forschungsministerin. Bei einer Regierungsbeteiligung der SPD kam man auf der Suche nach einer ministrablen Politikerin für diesen Bereich nicht an Edelgard Bulmahn vorbei, da sie auch innerhalb der Partei konsequent aufgestiegen war. Seit 1993 gehörte sie dem SPD-Parteivorstand an und 1998 übernahm sie für fünf Jahre den SPD-Landesvorsitz in Niedersachsen. Im

Schattenkabinett von Gerhard Schröder im Bundestagswahlkampf 1998 war Edelgard Bulmahn für die Bereiche Bildung und Umwelt zuständig.

In den Koalitionsverhandlungen zwischen den neuen Regierungspartnern herrschte in den meisten Themenbereichen eine breite Übereinstimmung zwischen Rot und Grün, so auch in den Bereichen Forschung und Bildung. Es wurden daher auch keine Details, sondern nur Grundsätze festgeschrieben. Die Bildung hatte generell in den Koalitionsvereinbarungen einen großen Stellenwert. Man wollte bessere Bildungschancen für mehr Menschen schaffen. Forschung sollte eine größere Bedeutung als Lebens- und Umweltwissenschaft auch in der Öffentlichkeit erhalten. Die Gestaltungsmöglichkeiten erschienen den Koalitionären groß.

Das Bundesministerium für Bildung und Forschung entstand im Oktober 1998 durch Umbenennung des im November 1994 aus der Vereinigung der Ressorts für Bildung und Wissenschaft sowie für Forschung und Technologie hervorgegangenen Bundesministeriums für Bildung, Wissenschaft, Forschung und Technologie. Mit dem neuen Namen wollte die neue Regierung unter Gerhard Schröder ihre Schwerpunktsetzung dokumentieren. Der Vorgänger Jürgen Rüttgers, oft als „Superminister" bezeichnet, machte „viel Wind", große Spuren hinterließ er nachweislich nicht in der Forschungs- und Bildungslandschaft. Das sollte sich unter Edelgard Bulmahn ändern. Sie wollte der Forschung mehr Bedeutung in der Öffentlichkeit und im Kabinett verleihen. Sie setzte von Anfang an auf eine starke Kooperation zwischen den Forschungsorganisationen und initiierte einen langfristigen Wandel von institutioneller zur programmbezogenen Forschungsförderung. Die Umgestaltung der Helmholtz-Gemeinschaft Deutscher Forschungszentren (Gemeinschaft der Großforschungseinrichtungen) war von besonderer Bedeutung für die deutsche Forschungslandschaft. In den Bereichen der BioRegio und der Exzellenz-Netze setzte sie die Arbeit der Vorgängerregierung fort und entwickelte sie weiter, z.B. mit der Schaffung des Genomforschungsnetzes. Der wissenschaftliche Nachwuchs sollte gestärkt werden.

Für den Hochschulbereich werden unter anderem die Einführung der Juniorprofessur und die Exzellenzinitiative mit dem Namen Edelgard Bulmahns verbunden bleiben. Die Dienstrechtsreform war ein zentrales Vorhaben ihrer Hochschulpolitik. Die Juniorprofessur sollte Nachwuchswissenschaftlern frühe Selbstständigkeit und Eigenverantwortung in Forschung und Lehre ermöglichen und den Weg zur Dauerprofessur durch einen Wegfall der Habilitationserfordernis beschleunigen. Damit sollten auch die Universitäten insgesamt international wettbewerbsfähiger sein und in die Lage versetzt werden, die besten Köpfe für akademische Forschung und Lehre zu gewinnen und dauerhaft zu binden.

Gegen die Dienstrechtreform machte sich ein massiver Protest vor allem bei den Hochschullehrern breit. Unter der Überschrift „Schützt die Universitäten vor der Abwanderung ihrer Spitzenkräfte" forderten über 3.700 Hochschullehrer öffentlich in einer vierseitigen Anzeige in der FAZ die Bundesregierung auf, die beabsichtigte Dienstrechtsreform in dieser Form zurückzuziehen. Der Präsident des Deutschen Hochschulverbandes kommentierte diesen Vorgang folgendermaßen: „Frau Ministerin Bulmahn erhält jetzt die Quittung dafür, dass sie über die Köpfe der Betroffenen hinweg gehandelt hat und den Hochschullehrern eine unsinnige Reform aufzwingen will. Gegen den nahezu einhelligen Widerstand der Betroffenen kann aber keine Reform wirklich gelingen. Es ist daher höchste Zeit, dass die Hochschullehrer mit ihren Vorschlägen gehört werden" (Presseinformation des Deutschen Hochschulverbandes vom 28.3.2001). Aber auch die Bundesvereinigung der Deutschen Arbeitgeberverbände in Form von Arbeitgeberpräsident Hundt, Politiker der CDU/CSU-Bundestagsfraktion und Bildungspolitiker aus den Ländern, wie z.B. Hessens Wissenschaftsministerin Ruth Wagner (FPD), übten heftige Kritik an den Plänen des BMBF. Zunächst seitens der Hochschulrektorenkonferenz gefordert, kündigte gegen Ende 2001 auch diese ihre Unterstützung für das Vorhaben der Regierung auf. Wissenschaftsrat und die Deutsche Forschungsgemeinschaft unterstützten dagegen nachdrücklich die Schaffung der Juniorprofessur. Trotz der massiven Kritik hielt die Ministerin an ihren Plänen fest.

Der Verzicht auf die Habilitation als Qualifikationsvoraussetzung für eine Professur wie auch die Juniorprofessur war letztlich durch eine Klage der Bundesländer Bayern, Sachsen und Thüringen beim Bundesverfassungsgericht im Juli 2004 gestoppt worden. Zum 1. Januar 2005 trat dann das neue Hochschuldienstrecht in Kraft, dass zwar die Juniorprofessur wieder dauerhaft einführte, sie aber nur als Alternative zur Habilitation verankerte. Die Ministerin ist aber überzeugt, dass die Juniorprofessur sich auf Dauer etablieren wird (Gespräch mit Edelgard Bulmahn am 20.4.2006).

Mit der 6. Novelle des Hochschulrahmengesetzes (HRG) wollte Bulmahn im Jahr 2002 das Verbot von Studiengebühren im Erststudium und die bundesweite Einführung der Verfassten Studierendenschaft gesetzlich regeln. Damit sollte bezüglich der Studiengebühr bundesweit einheitlich festgeschrieben werden, was am 25. Mai 2000 die Kultusministerkonferenz (KMK) auf ihrer 290. Plenarsitzung in Meiningen beschlossen hatte. In diesem Beschluss wurde das Prinzip der Gebührenfreiheit für das Erststudium (Regelstudienzeit) festgeschrieben, jedoch die Möglichkeit der Einführung von Langzeitstudiengebühren bzw. Studienkontenmodellen eröffnet. An ihrem klaren Nein ließ Bulmahn nicht rütteln, auch als in der eigenen Partei die Rufe von Länderchefs wie Matthias Platzeck, Peer Steinbrück oder Klaus Wowereit nach sozialverträglichen Gebühren laut wurden. Für die Ministerin sollte der Zugang zu einem Hochschulstudium nicht von den finanziellen Möglichkeiten einer Familie abhängig gemacht werden. Gegen die Novelle des HRG klagten die Bundesländer Baden-Württemberg, Sachsen-Anhalt und Saarland, die Freie und Hansestadt Hamburg sowie die Freistaaten Bayern und Sachsen, die darin einen unzulässigen Eingriff des Bundes in die Gesetzgebungskompetenz der Länder im Kultusbereich sahen. Das Bundesverfassungsgericht gab der Klage statt und erklärte die 6. HRG-Novelle am 27. Januar 2005 für nichtig. Es begründete das Urteil damit, dass das neue Gesetz in die Gesetzgebungskompetenz der Bundesländer eingreife. Ausdrücklich wurde jedoch darauf hingewiesen, dass das Bundesverfassungsgericht mit diesem Urteil nicht über die generelle Zulässigkeit von Studiengebühren entschieden habe. Seitdem haben einige Bundesländer jedoch Studiengebühren eingeführt.

Eine weitere Niederlage musste Bulmahn bei der Hochschulbauförderung hinnehmen. Der Aus- und Neubau von Hochschulen war seit 1969 eine Gemeinschaftsaufgabe von Bund und Ländern und so im Grundgesetz verankert. Zur Ausführung der Gemeinschaftsaufgabe war das Hochschulbauförderungsgesetz (HBFG) verabschiedet worden. Danach haben Bund und Länder jedes Jahr gemeinsam einen Rahmenplan für den Hochschulbau zu beschließen. Der Bund trägt dabei grundsätzlich die Hälfte der in jedem Land entstehenden Investitionsausgaben eines in den Rahmenplan aufgenommenen Hochschulbauvorhabens. Nachdem die Länder den Ausstieg aus der Gemeinschaftsaufgabe Hochschulbau beschlossen hatten, setzte der Bundesfinanzminister eine planmäßige Absenkung der Mittel zur Wahrung der Bundesposition durch. So wurden die Mittel für den Hochschulbau im Jahr 2004 von 1,1 Mrd. Euro auf 925 Mio. Euro abgesenkt. Der in der mittelfristigen Finanzplanung zunächst vorgesehene weitere Abbau auf 760 Mio. Euro im Jahr 2007 wurde jedoch nicht realisiert. Nach den Vorstellungen der Ministerin sollte die Hochschulbauförderung jedoch grundlegend geändert werden und direkt den Hochschulen, orientiert an der Zahl der Studierenden in der Regelstudienzeit, zugute kommen. Auch hier leisteten die Länder konsequent Widerstand. Mit der Föderalismusreform wurde der gemeinsame Hochschulbau abgeschafft.

Im Jahr 1999 einigten sich die europäischen Bildungsminister darauf, die Studienabschlüsse im Zusammenhang mit dem Zusammenwachsen Europas anzupassen. Im so genannten Bologna-Prozess, in dem bis 2010 ein europäischer Hochschulraum verwirklicht werden soll, sollen schrittweise vergleichbare Abschlüsse europaweit eingeführt werden. Die zukünftige Struktur sieht dabei zwei Formate vor: Ein Studium von drei oder vier Jahren im Bachelor legt die Grundlagen für die meisten Jobs, das ein- oder zweijährige Master-Studium führt die Qualifizierung fort. Diese neuen, international vergleichbaren Studiengänge und Abschlüsse sollen die weltweite Mobilität der Studierenden fördern. Im Jahr 2005 wurden an deutschen Hochschulen über 2.900 Bachelor- und Master-Studiengänge angeboten, was einer Steigerung auf über 26% am gesamten Studienangebot entsprach. Nach anfänglicher Skepsis setzte sich auch bei den Unternehmern zunehmend eine Akzeptanz der gestuften Studiengänge durch.

Bereits vor dem Amtsantritt von Edelgard Bulmahn wurde in Deutschland über die Einrichtung von so genannten Eliteuniversitäten diskutiert. Im Januar 2004 verkündete die Bundesministerin den Wettbewerb Spitzenuniversitäten, um einige wenige deutsche Hochschulen zu Eliteuniversitäten auszubauen. Die Ankündigung erfolgte unter dem Titel „Brain up – Deutschland sucht die Spitzenuniversität", letztlich setzte sich aber der Begriff „Exzellenzinitiative" durch. Dafür sollten zwischen 2006 und 2011 1,9 Mrd. Euro von Bund und Ländern zur Verfügung gestellt werden. Im Gegenzug wurden aber erhebliche Mittelkürzungen für alle Hochschulen angekündigt. Nach längerer Blockade durch die Länder einigte man sich am 23. Juni 2005 auf einen Kompromiss. Die Deutsche Forschungsgemeinschaft (DFG) und der Wissenschaftsrat wurden mit der organisatorischen Abwicklung und der wissenschaftlichen Begutachtung bzw. Begleitung und Durchführung beauftragt. Trotz zahlreicher Kritik bewertete Edelgard Bulmahn die Exzellenzinitiative positiv: „Dieser Wettbewerb hat eine beispiellose Aufbruchstimmung an den deutschen Hochschulen erzeugt. In einem bisher nicht gekannten Maße werden die Hochschulen heraus gefordert, ihr gesamtes Forschungspotenzial strategisch und zukunftsorientiert zu entwickeln" (Pressemitteilung des BMBG vom 21.11.2005). Auch die Nachfolgeregierung führt den Exzellenzwettbewerb fort.

Bei der Bildungsförderung hatte die Ministerin ursprünglich vorgesehen, zusätzlich zum BAföG die Familienförderung für Kinder über 18 Jahre auf eine Bildungsförderung umzustellen. In diesem Punkt widersprach ihr jedoch der Kanzler, so dass es lediglich zu einer, allerdings grundlegenden Reform des BAföGs kam. Von anderen Studienfinanzierungsideen wie z.B. Studienkrediten, wie sie die staatliche Kreditanstalt für Wiederaufbau anbieten wollte, oder einem Ausbildungsbudget, wie es die Arbeitgeberverbände vorgeschlagen hatten, distanzierte sich Bulmahn deutlich. „Der drohende Schuldenberg hätte Menschen vom einen Studium abgehalten" (Gespräch mit Edelgard Bulmahn am 20.4.2006). So kam es im Frühjahr 2001 zu einer Novellierung des Gesetzes. Die Bedarfssätze wurden erhöht und die Rückzahlung auf höchstens 10.000 Euro begrenzt. Außerdem wurde eine Internationalisierung des BAföGs beschlossen, so dass die finanzielle Unterstützung auch bei einem Weiterstudieren im europäischen Ausland mitgenommen werden kann. Durch die Reform gelang es Kinder aus so genannten bildungsfernen Elternhäusern an die Universitäten zu holen. Bis zu ihrem Ausscheiden im Jahr 2005 stieg die Zahl der BAföG-Geförderten von 529.000 im Jahr 1998 auf 810.000. Ebenso hatte die Zahl der Studierwilligen gegenüber 1998 um fast 10% zugenommen. Die Zuwachsraten an ausländischen Studenten waren kaum in einem anderen Land so hoch wie in Deutschland.

Obwohl schulische Bildung eigentlich Ländersache ist, gelang es Edelgard Bulmahn auch in diesem Bereich etwas zu bewegen. Die öffentliche Auseinandersetzung über das Schulsystem in Deutschland wurde durch die Veröffentlichung der Ergebnisse der ersten PISA-Studie aus dem Jahr 2000 angestoßen. Zeigten bereits die Ergebnisse der vorherigen TIMSS-Studie im mathematischen Bereich Defizite auf, so wurde es durch die größere Resonanz der PISA-Studie in der Öffentlichkeit für alle augenscheinlich: Die Ergebnisse wiesen einen defizitären Kenntnisstand und eine mangelnde Lesekompetenz deutscher Schüler im Vergleich zu den Jugendlichen anderer OECD-Länder aus. Laut der Studie können fast 23% der Jugendlichen nur auf dem elementarsten Niveau lesen, d.h. sie verstehen nur einfachste Textinhalte.

In der zweiten PISA-Studie aus dem Jahr 2003, die die mathematische Grundbildung der Schüler testete, schnitt Deutschland zwar besser ab, belegte aber nach wie vor nur einen Platz im Mittelfeld. Neben dem vergleichsweise niedrigen Niveau von Schülern in deutschen Schulen bei Lesen, Mathematik und Naturwissenschaften in Folge der schlechten PISA-Ergebnisse wurde auch die vergleichsweise große Selektivität des deutschen Bildungssystems beim Übergang zu weiterführenden Schulen und die daraus resultierende soziale Ungleichheit kritisch diskutiert.

Bereits vor der Veröffentlichung der PISA-Studie hatte Edelgard Bulmahn 1999 das Forum Bildung ins Leben gerufen. Erstmals sollten innerhalb von zwei Jahren Vertreter aus Bund und Ländern, Vertreter der Kirchen, der Eltern und Schüler sowie Pädagogen und Erziehungswissenschaftler Vorschläge zur Verbesserung des Bildungssystems erarbeiten. Im November 2001 präsentierte das Forum Bildung zwölf Empfehlungen. Vor allem hob das Forum die Empfehlungen zu früher und individueller Förderung, zum Lernen, Verantwortung zu übernehmen, zum lebenslangen Lernen und zur zentralen Bedeutung der Lehrenden für die Gestaltung von Reformen hervor. Nach Bulmahn wird der „Erfolg des Forums in der Öffentlichkeit weit unterschätzt" (Gespräch mit Edelgard

Bulmahn am 20.4.2006). Die Arbeit des Forums stellte die Weichen für die frühkindliche Bildung und das Ganztagsschulprogramm.

Mit ihrer Initiative zur flächendeckenden Einrichtung von Ganztagsschulen, dem Investitionsprogramm „Zukunft Bildung und Betreuung", setzte die Ministerin einen Prozess in Gang, der nicht mehr rückgängig zu machen ist und das deutsche Schulwesen nachhaltig verändert hat. Neben der rein finanziellen Unterstützung sollte auch Beratung und fachliche Begleitung der Ganztagsschulen vor Ort angeboten werden, damit auch wirklich eine Ganztagsbetreuung angeboten werden kann und es nicht „Halbtagsschulen mit Suppenküchen" sind. Der Bund wollte mit dieser Initiative aber keinesfalls die originären Aufgaben der Länder und Kommunen an sich ziehen und die gesamte Finanzierung dafür übernehmen, sondern lediglich als Motor dienen, um den Aus- und Aufbau von Ganztagsschulen in Gang zu bringen (Gespräch mit Edelgard Bulmahn am 20.4.2006).

Zunächst reagierte die Opposition, die Presse, aber auch Mitglieder aus der eigenen Partei sehr skeptisch auf das Vorhaben der Ministerin. Man bezweifelte, dass das Ganztagsschulprogramm von den Ländern und den Eltern angenommen würde. Aber bereits ein Jahr nach der Unterzeichnung der Verwaltungsvereinbarung zum Investitionsprogramm kam es zu einer wesentlichen Ausweitung und 3.030 neue Ganztagsschulangebote standen in der Bundesrepublik zur Verfügung. Mittlerweile ist die Zahl der Angebote auf über 5.500 angewachsen und die Kritiker sind weitgehend verstummt.

Andere kleinere Projekte waren dagegen weniger erfolgreich. Obwohl Edelgard Bulmahn im Jahr 2003 stolz verkünden konnte „Alle Schulen sind am Netz", lernt auch heute noch nur eine Minderheit der Schüler, sich darin auch zielorientiert zu bewegen. „In keinem Industriestaat werden Computer und Internet so selten als Lernwerkzeug genutzt wie in Deutschland", sagte Martin Senkbeil vom Kieler Institut für die Pädagogik der Naturwissenschaften, das die PISA-Studie in Deutschland durchgeführt hat. Aber mehr als die nötigen Rahmenbedingungen sind hier vom Staat her wohl nicht zu leisten, die konkrete Umsetzung muss vor Ort in den Schulen erfolgen.

Dem Übergang von Schule ins Erwerbsleben widmete Bulmahn ein besonderes Augenmerk. Eine qualifizierte Ausbildung für alle sicherzustellen bezeichnete Bulmahn als eine der wichtigsten gesellschaftspolitischen Aufgaben. Mit einem Sofortprogramm zur Bekämpfung der Jugendarbeitslosigkeit im Umfang von 2,9 Mrd. Euro gleich zu Regierungsantritt versuchte die Bundesregierung, jungen Leute eine Zukunftsperspektive zu geben. Die Ministerin legte während ihrer Amtszeit einen Schwerpunkt auf die Modernisierung der Ausbildungsordnungen und die Entwicklung von weiterführenden

Berufsbildungskonzepten. Über 170 Ausbildungsberufe wurden unter der Ägide Bulmahns neu geschaffen oder neu geordnet. Zugleich betonte sie die immer stärkere europäische Dimension der beruflichen Ausbildung. Daher förderte das BMBF den Austausch von Auszubildenden mit anderen europäischen Ländern.

Im Jahr 2004 startete Bulmahn eine Ausbildungsoffensive und bot der Wirtschaft einen Pakt für Ausbildung an, um den negativen Trend auf dem Lehrstellenmarkt zu durchbrechen. So konnten knapp 3% zusätzliche Lehrstellen mehr als im Vorjahr geschaffen werden. Damit gab es erstmals seit 1999 wieder einen Zuwachs bei den abgeschlossenen Verträgen. Ein ähnlicher Versuch im Folgejahr brachte leider nicht den gleichen Erfolg. Dies führte die Ministerin selbst auf die anhaltende Konjunkturschwäche und die Auseinandersetzung um die Ausbildungsumlage zurück (Gespräch mit Edelgard Bulmahn am 20.4.2006).

Am 1. Januar 2002 trat auch das neue so genannte „Meister-BAföG", das Aufstiegsfortbildungsförderungsgesetz in Kraft. Mit ihm wollte Bulmahn den Fachkräftemangel verringern und den Anreiz für den Schritt in die Selbstständigkeit erhöhen. Neben einer Ausweitung des Kreises der Geförderten und des Anwendungsbereichs der Förderung durch die Einbeziehung weiterer Fortbildungen vor allem in den Gesundheits- und Pflegeberufen, an staatlich anerkannten Ergänzungsschulen und von mediengestützten Fortbildungen wurde auch eine deutliche Verbesserung der Förderkonditionen für alle Teilnehmer an Aufstiegsfortbildungen verabschiedet. Die Familienkomponente wurde durch höhere Zuschläge für Kinder und Kinderbetreuung ausgebaut. Außerdem wurde der Anreiz zur Existenzgründung durch ein Maßnahmenpaket gestärkt.

Niederschlag fanden diese Bemühungen um eine moderne, zukunftsgerichtete Ausbildung auch in einer Novellierung des Berufsbildungsgesetzes, der umfassendsten seit seinem In-Kraft-Treten 1969. Am 27. Januar 2005 beschloss der Deutsche Bundestag das Berufsbildungsreformgesetz, der Bundesrat erteilte seine Zustimmung am 18. Februar. Ziel der Reform war die Sicherung und Verbesserung der Ausbildungschancen sowie einer hohen Qualität der beruflichen Ausbildung für alle jungen Menschen – unabhängig von ihrer sozialen oder regionalen Herkunft. Es sah eine Kammerprüfung für vollzeitschulische Ausbildungsgänge im Benehmen mit dem zuständigen Landesausschuss für Berufsbildung vor. Ferner wurde das Prüfungswesen neu geordnet und ermöglichte Ausbildungsabschnitte im Ausland. Es ebnete zudem den Weg für neue Formen der Kooperation von Schule und Betrieb. Zum 1. April 2005 trat das Reformgesetz in Kraft.

Edelgard Bulmahn hat dem Amt der Forschungs- und Bildungsministerin, auch wenn sie sich zum Teil heftigster Kritik erwehren musste, wieder mehr Gewicht verliehen. Häufig musste sie Rückschläge vor allem in Form von Urteilen des Bundesverfassungsgerichts bei der Verwirklichung ihrer Pläne hinnehmen, dennoch resignierte sie nie. Grundlegende Veränderungen, die nicht mehr rückgängig zu machen sind – zu nennen sind hier der Einstieg in die programmbezogene Forschungsförderung, das Ganztagsschulprogramm, die Juniorprofessur, die Exzellenzinitiative oder die Einführung der Bachelor- und Masterstudiengänge –, bleiben mit ihrem Namen verbunden. In Zeiten knapper Kassen schaffte sie es sogar, den Etat ihres Ressorts zu erhöhen. So betrug der Etat des BMBF im Jahr 2005 8,464 Mrd. Euro. Damit waren im Vergleich zu 1998 die Ausgaben für Bildung und Forschung um 36,5% gestiegen. Der Anteil der Forschungs- und Entwicklungsausgaben in Deutschland am Bruttoinlandsprodukt (BIP) wuchs zwischen 1998 und 2003 von 2,27 auf 2,51% des BIP. Die europäischen Staaten hatten sich mit dem Lissabon-Ziel darauf verständigt, den BIP-Anteil der Forschungs- und Entwicklungsausgaben auf drei Prozent zu steigern.

Das Urteil ihres Kanzlers fällt sehr positiv aus. In seinen Memoiren schreibt er: „Oder Edelgard Bulmahn, die oft unterschätzt wurde, aber herausragende Arbeit im Bereich Wissenschaft und Forschung geleistet hat. Entscheidende Weichen für eine moderne Forschungslandschaft wurden unter ihrer Ägide gestellt" (Schröder 2006: 442).

Nach ihrem Ausscheiden aus dem Kabinett wurde Bulmahn Vorsitzende des Ausschusses für Wirtschaft und Technologie. Sie trat damit die Nachfolge von Rainer Wend an, der in der letzten Wahlperiode den Ausschuss für Wirtschaft und Arbeit leitete. In dieser Rolle begleitet sie weiterhin als exzellente Fachfrau die Entwicklungen in Bildung und Forschung kritisch.

Literatur:
Bulmahn, Edelgard: Den Dialog vorantreiben, in: Gegenworte. Zeitschrift für den Disput über Wissen 11/2003; *Deutscher Hochschulverband (Hrsg.):* Die Juniorprofessur. Eine Dokumentation November 1998 – Februar 2002, Bonn 2002; *Deutsches PISA-Konsortium (Hrsg.):* PISA 2000: Basiskompetenzen von Schülerinnen und Schülern im internationalen Vergleich, Opladen 2001; *Dietrich, Thomas/Ulrich Preis:* Befristete Arbeitsverhältnisse in Wissenschaft und Forschung. Konzept einer Neuregelung im HRG, Köln 2001; *PISA-Konsortium Deutschland (Hrsg.):* PISA 2003: Der Bildungsstand der Jugendlichen in Deutschland. Ergebnisse des zweiten internationalen Vergleichs, Münster 2004; Pressemitteilungen des Bundesministerium für Bildung und Forschung zwischen 1998 und 2005; *Schmoll, Heike:* Die Kür der Spitzenhochschulen, in: FAZ vom 22.8.2006; *Schröder, Gerhard:* Entscheidungen. Mein Leben in der Politik, Hamburg 2006.

Online-Quellen:
www.bmbf.de; www.forumbildung.de

Markus Gloe

Clement, *Wolfgang*

Bundesminister für Wirtschaft und Arbeit (SPD)

geb. 7.7.1940 in Bochum, kath.

1960	Abitur, danach juristisches Studium an der Universität Münster und journalistisches Volontariat
1965	Erstes juristisches Staatsexamen
1965–1967	Rechtsreferendar und Assistent am Institut für Prozessrecht der Universität Marburg
1968–1981	Redakteur in der Westfälischen Rundschau, Dortmund, 1969 Ressortleiter Politik, ab 1973 stellvertretender Chefredakteur
1970	Eintritt in die SPD
1981–1986	Sprecher des SPD-Bundesvorstandes, ab 1985 auch stellvertretender Bundesgeschäftsführer
1987–1988	Chefredakteur der Hamburger Morgenpost
1989–1995	Chef der Staatskanzlei beim Ministerpräsidenten von NRW Johannes Rau, ab 1990 als Minister für besondere Aufgaben
1993–2002	Mitglied des Landtages von Nordrhein-Westfalen
1995–1998	Minister für Wirtschaft und Mittelstand, Technologie und Verkehr in der rot-grünen Regierung des Landes Nordrhein-Westfalen
1996–2001	Stellvertretender Landesvorsitzender der SPD
1998–2002	Ministerpräsident des Landes Nordrhein-Westfalen
1999–2005	Stellvertretender Bundesvorsitzender der SPD
2002–2005	Bundesminister für Wirtschaft und Arbeit
seit 2005	verschiedene Aufsichtsratsmandate, u.a. in RWE-Power AG und Zeitungsverlag DuMont Schauburg; Vorsitzender des Advisory Board des Adecco Instituts

Als Wolfgang Clement nach der knapp gewonnenen Bundestagswahl 2002 von Bundeskanzler Schröder zum „Superminister" für Wirtschaft und Arbeit berufen wurde, hatte er bereits eine beachtliche politische Karriere hinter sich. Ungeachtet eines juristischen Studiums erwarb Wolfgang Clement seine beruflichen Meriten v.a. im journalistischen Bereich. Parteipolitisch „auffällig" wurde der seit 1970 der SPD angehörende Wolfgang Clement, als er 1981 als stellvertretender Chefredakteur der Westfälischen Rundschau die Position des Sprechers des SPD-Bundesvorstandes übernahm und ab 1985 gleichzeitig auch stellvertretender Bundesgeschäftsführer der Partei wurde. Nach Niederlagen der SPD in mehreren Landtagswahlen gab er die Parteipositionen auf und wechselte als Chefredakteur der SPD-nahen „Bild"-Konkurrenz Hamburger Morgenpost noch einmal in den journalistischen Bereich.

1989 holte ihn der nordrhein-westfälische Ministerpräsident Rau, den er bereits vorher bei Wahlkämpfen unterstützt hatte, als Chef der Staatskanzlei nach Düsseldorf. Nach der Landtagswahl 1990, die der SPD unter Führung von Johannes Rau letztmalig eine absolute Mehrheit brachte, blieb er Chef der Staatskanzlei, erhielt als Minister für besondere Aufgaben aber Kabinettsrang. Unter Ministerpräsident Rau, dem angesichts der enormen Strukturprobleme des Landes Nordrhein-Westfalen – insbesondere dem notwendigen Strukturwandel im montan-industriellen Herz Deutschlands, dem Ruhrgebiet – eine zu zögerliche Politik vorgeworfen wurde, galt Wolfgang Clement als treibende Kraft. Bei der Landtagswahl 1995 verlor die SPD die absolute Mehrheit und entschied sich für eine rot-grüne Koalition. Im letzten Kabinett Rau erhielt Wolfgang Clement als Minister für Wirtschaft und Mittelstand, Technologie und Verkehr eine starke Position, zumal er parteiintern wie -extern als natürlicher „Kronprinz" und Anwärter auf das Amt des Ministerpräsidenten eingeschätzt wurde. Als Landeswirtschaftsminister profilierte er sich auch mit für einen SPD-Wirtschaftspolitiker unorthodoxen Vorschlägen, u.a. niedrigere Lohntarife bei Wiedereingliederung von Langzeitarbeitslosen in den Arbeitsmarkt oder der Privatisierung von Flughäfen. Nachdem Wolfgang Clement bereits als „Prinz Charles von Nordrhein-Westfalen" – „ewiger" Kronprinz – karikiert worden war, machte Ministerpräsident Rau durch seinen Rücktritt als Regierungschef und Parteivorsitzender den Weg frei, und Wolfgang Clement übernahm im Mai 1998 das Amt des Ministerpräsidenten im nach Bevölkerung bei weitem größten und damit wichtigsten Bundesland.

Seine Entscheidung, das Justiz- und das u.a. für die Polizei zuständige Innenministerium zusammenzulegen, musste der neue Ministerpräsident allerdings nach einem mit Verstoß gegen die Gewaltenteilung begründeten Urteil des Verfassungsgerichtshofes von Nordrhein-Westfalen rückgängig machen, eine medienträchtige Niederlage, die durch die zögerliche und erst unter dem Druck des grünen Koalitionspartners erfolgende Umsetzung verstärkt wurde. Parallel zu seinem Aufstieg in der Exekutive entwickelte sich die Parteikarriere auf der Landes- wie Bundesebene, die ihn bis zur Position des stellvertretenden Landesvorsitzenden von 1996 bis 2001 und stellvertretenden Bundesvorsitzenden in den Jahren 1999 bis 2005 der SPD führte.

Bei der Landtagswahl 2000 behauptete sich die SPD unter Clement trotz Stimmenverlusten eindeutig als stärkste Partei und hatte die Wahl des Koalitionspartners zwischen den Grünen und den unter dem FDP-Landesvorsitzenden Möllemann heftig nach Regierungsbeteiligung strebenden Liberalen. Wohl auch unter dem Druck der Partei entschied sich Clement für eine erneute Koalition mit den Grünen, die im Laufe der Legislaturperiode allerdings von gravierenden Konflikten – Steinkohlesubventionen oder industrielle Großprojekte wie Garzweiler II – geprägt war. Ambitionierte und öffentlichkeitswirksam verkündete Ziele – u.a. im Rahmen einer forcierten Medienpolitik, NRW zum wichtigsten Medienstandort Europas zu machen – wurden allenfalls partiell und von Rückschlägen begleitet erreicht. Mehrere Untersuchungsausschüsse belegten Missstände, auch wenn der Vorwurf der „Vetternwirtschaft" – Begünstigung eines unternehmerisch tätigen Freundes des Ministerpräsidenten – nicht bewiesen werden konnte.

Der Wechsel von der Position des Ministerpräsidenten des wichtigsten Bundeslandes in das Bundeskabinett ist keine Selbstverständlichkeit und auch von Clement nach eigener Aussage nicht ohne Zögern akzeptiert worden. Bundeskanzler Schröder suchte nach einem personellen Flaggschiff für seine Politik, mit der das wirtschaftspolitische Kernproblem, die hohe und andauernde Arbeitslosigkeit, angegangen werden sollte. Zu diesem Zweck wurde ein neues Experiment gestartet, indem das Wirtschafts- und das Arbeitsministerium zu einem „Superministerium" zusammengelegt wurden. Clement stellte sich dieser neuen Herausforderung als „Superminister", wobei weitergehende ehrgeizige Hoffnungen für den Fall eines Ausscheidens von Bundeskanzler Schröder möglicherweise auch eine Rolle gespielt haben. Sie hatten zumindest insofern einen realistischen Kern, als bei den mehrfachen Rücktrittsdrohungen Schröders im Jahre 2003 Clement in den Medien für diesen Fall als wahrscheinlicher Nachfolger gehandelt wurde.

Das institutionelle Experiment – angesichts der Lage und vorrangigen Aufgabe durchaus plausibel – war hinsichtlich der sehr unterschiedlichen Prägungen und Organisationskulturen im Wirtschafts- und Arbeitsministerium – zugespitzt wirtschafts- und gewerkschaftsnah – gewagt. Über die formal gelungene Zusammenführung hinaus ist eine echte Integration mit einem neuen gemeinsamen Selbstverständnis wohl auch nicht gelungen. So nimmt es nicht Wunder, dass sowohl das Experiment im Bund wie auch der entsprechende Versuch in Nordrhein-Westfalen „Eintagsfliegen" blieben und nach der nächsten Wahl in allerdings veränderten Regierungskonstellationen beendet wurden.

Inhaltlich wurde Clement der Hauptmatador bei der Umsetzung der von Schröder verkündeten „Agenda 2010", insbesondere bei den arbeitsmarktbezogenen Reformen. Neben den zu erwartenden Konflikten mit den Grünen, insbesondere mit Umweltminister Trittin – Ausstieg aus der Atomenergie und Handel mit Emissionszertifikaten – traten Konflikte mit der eigenen Partei, z.B. über eine Unternehmenssteuerreform mit Finanzminister Eichel. Clement trat mit einer Vielzahl von Reforminitiativen hervor, die allerdings häufig versandeten – u.a. Bürokratieabbau, Verlängerung der Arbeitszeit, Lockerung des Kündigungsschutzes, Halbierung der Mehrwertsteuer für Handwerksbetriebe – und ihm in den Medien den problematischen Ruf eines „Ankündigungsministers" verschafften. Zum Problempunkt entwickelte sich insbesondere die „Jahrhundertreform" Hartz IV, die grundlegende Umgestaltung und Zusammenführung von Arbeitslosenhilfe und Sozialhilfe sowie in Verbindung damit eine Neugestaltung der umbenannten „Agentur für Arbeit" nach dem Motto: Fordern und Fördern. Die Verantwortung für die Umsetzung von Hartz IV wurde von Bundeskanzler Schröder einseitig seinem „Superminister" zugeschoben. Obwohl die Reform grundsätzlich in die richtige Richtung ging und auch von der neuen Regierung aufrechterhalten wurde, trat eine Vielzahl von Übergangsproblemen auf, die teilweise auch auf handwerklichen Fehlern beruhten. In Verbindung mit schlagzeilenträchtigen Zahlen des Arbeitsmarktes – 2005 zeitweilig über fünf Millionen registrierte Arbeitslose –, die in extremem Kontrast zu überoptimistischen Prognosen des Berufsoptimisten Clement standen, bot dieser sich als klassischer Sündenbock an. Nicht nur stürzte er nach Meinungsumfragen in den Augen der Bevölkerung ab, sondern verlor auch Rückhalt in der eigenen Partei. Ihm wurde eine wesentliche Mitschuld an den Niederlagen bei den Landtagswahlen in Schleswig-Holstein und Nordrhein-Westfalen angelastet, die Bundeskanzler Schröder zu der risikoreichen Strategie einer vorgezogenen Bundestagswahl veranlassten.

Clement, der konsequent für eine verschärfte Reformstrategie plädiert hatte, spielte im Wahlkampf der SPD, der mit einer Milderung der Reform und partiellen Rücknahmen auf eine Schärfung des sozialen Profils und damit eine Bindung und Aktivierung der klassischen SPD-Klientel setzte, keine wichtige Rolle. Anders als seinem Nachfolger im Amt des nordrhein-westfälischen Ministerpräsidenten, dem bei der Landtagswahl 2005 abgewählten Peer Steinbrück, ist Wolfgang Clement wohl kein Bundestagswahlkreis oder sicherer Listenplatz offeriert worden, er scheint sich aber auch nicht intensiv darum bemüht zu haben.

Nach der von der SPD knapp verlorenen Bundestagswahl 2005 hat Wolfgang Clement im Personaltableau der SPD für die Große Koalition keine Rolle mehr gespielt und ist sang- und klanglos aus der Politik einschließlich der parteipolitischen Ämter ausgeschieden.

Clement ist in der Folge in die Wirtschaft gewechselt. Er hat mehrere Aufsichtsratsmandate übernommen, u.a. in der RWE-Power AG und beim viertgrößten Zeitungsverlag DuMont Schauburg. Beim weltweit führenden Personaldienstleister Adecco hat er 2006 den Vorsitz des Advisory Board beim neu gegründeten Adecco Institut übernommen, das sich als Forschungszentrum mit der Zukunft der Arbeit beschäftigt. Im Jahr 2007 hat er als Schlichter in der Tarifauseinandersetzung der Bauindustrie gewirkt.

Wolfgang Clement wird in der historischen Bewertung der deutschen Wirtschaftsminister schwerlich einen Spitzenplatz einnehmen. Er, dem der Ruf des pragmatischen Machers und Wählermagneten über die klassische SPD-Wählerschaft hinaus vorausging, hat von der Position des Ministerpräsidenten in Nordrhein-Westfalen die Herausforderung angenommen, das von Bundeskanzler Schröder neu konzipierte „Superministerium" für Wirtschaft und Arbeit zu übernehmen. Er hat die überhöhten Hoffnungen nicht erfüllen können, obwohl er in einer schwierigen Reformphase bei der Umsetzung grundlegender Arbeitsmarktreformen mit großem Engagement eine Motorrolle gespielt hat. Bei ungünstigen Rahmenbedingungen, gefördert allerdings auch durch vielfältige, sprunghafte und häufig gescheiterte Reforminitiativen, war er in die Rolle des Sündenbocks der Regierung geraten und hatte sowohl innerhalb der Bevölkerung als auch und entscheidend für seinen Rückzug aus der Politik innerhalb der eigenen Partei an Rückhalt verloren.

Literatur:
Clement, Wolfgang/Peter Josef Bock/Karl Jörg Wohlhüter: Im Prinzip sozial. Die großen Parteien und die Arbeitnehmer, Hannover 1976; *Clement, Wolfgang:* Reformen für ein zukunftsfähiges Deutschland, Hamburg 2003; *ders.:* Energiepolitik ist Wirtschaftspolitik, Bochum 2005; *Gaus, Günter:* Zur Person, Bd.2, Berlin 2001.

Uwe Andersen

Däubler-Gmelin, *Herta*

Bundesministerin der Justiz, SPD

geb. 12.8.1943 in Bratislava/Slowakei

1962	Abitur
1962 1969	Studium der Rechtswissenschaft, Politikwissenschaft, Volkswirtschaft und Geschichte in Tübingen und Berlin
1965	Eintritt in die SPD
1969/1974	Erstes und zweites juristisches Staatsexamen
seit 1972	Mitglied des Deutschen Bundestages
1974	Zulassung als Rechtsanwältin in Stuttgart und Berlin
1975	Wahl zum Mitglied des Landesvorstandes der SPD Baden-Württemberg
1976–1980	Stellvertretende Vorsitzende des Rechtsausschusses des Deutschen Bundestages
1980–1983	Vorsitzende des Rechtsausschusses des Deutschen Bundestages
1983–1993	Stellvertretende Vorsitzende der SPD-Fraktion im Deutschen Bundestag; seit Februar 1987 zugleich Leiterin des Arbeitskreises Recht; seit 1991 Erste stellvertretende Fraktionsvorsitzende

1988–1997	Stellvertretende Bundesvorsitzende der SPD
1994–1998	Vorsitzende der Arbeitsgruppe Rechtspolitik und Justiziarin der SPD-Fraktion
seit 1997	Mitglied im Bundesvorstand und im Präsidium des SPD
1998–2002	Bundesministerin der Justiz
2002–2005	Vorsitzende des Bundestagsausschusses für Verbraucherschutz, Ernährung und Landwirtschaft
seit 2005	Vorsitzende des Bundestagsausschusses für Menschenrechte und humanitäre Hilfe

Ein Bericht über die politische Biografie Herta Däubler-Gmelins steht zwangsläufig unter dem Eindruck, den das Ende der Amtszeit als Bundesministerin der Justiz im Herbst 2002 hinterlassen hat. Dies allein würde allerdings der Vielseitigkeit und Breite des politischen Lebens der Juristin nicht gerecht. Im Folgenden werden wir uns deshalb auf drei Felder der politischen Arbeit Däubler-Gmelins konzentrieren – auf die SPD-Politikerin, die Justizministerin und auf die politische Praxis im „Leben nach dem Ministeramt", in der Fragen der weltweiten Durchsetzung von Menschenrechten und Rechtsstaatlichkeit im Zentrum stehen. Diese Felder sind nicht getrennt voneinander zu sehen und auch nicht chronologisch abzuhandeln, sondern kommen in den einzelnen Phasen der politischen Karriere gleichzeitig – wenngleich in unterschiedlichen Akzentuierungen und Rollen – zum Ausdruck.

Die öffentlichen bzw. veröffentlichten Urteile über Herta Däubler-Gmelin sind nicht nur zahlreich und vielfältig, in ihnen drückt sich zugleich eine spannungsvolle Breite der Bewertung von Person und Politik aus, wie sie bei nur wenigen Akteuren des politischen Geschäfts in Deutschland um die Jahrhundertwende anzutreffen ist. Sie reichen von dezidierter Kritik an Stil und Inhalt der politischen Arbeit bis zu nachdrücklichem Respekt vor der fachlichen Kompetenz der Rechtspolitikerin und Ministerin mit einer normativen Einbindung ihrer politischen Grundhaltung – etwa in Fragen einer ethisch zu verantwortenden Biopolitik. Während Henrik Broder auf seiner Homepage in einem etwas älteren Text den „Albtraum namens Herta" glossiert, zog die Frankfurter Rundschau anlässlich des Konflikts um die Bush-Hitler-Äußerung im Vorfeld der Bundestagswahl im September 2002 den Hut vor der Leistung „der Schnelldenkerin und -rednerin", in deren Amtszeit 72 Gesetze „unter Dach und Fach" gebracht worden seien (FR vom 21.9.2002). Und Heribert Prantl resümierte Anfang 2007 in einer Mischung aus Bewunderung und analytisch begründeter Kritik: „Sie war, als Vorsitzende des Rechtsausschusses, als Musterschülerin von Hans-Jochen Vogel, als Bundesjustizministerin und in vielen SPD-Spitzenämtern eine engagierte und zielstrebige Rechthaberin, rasend kompetent und lustvoll streitlustig. Wer dabei nicht mithalten konnte, hat ihr das als Arroganz ausgelegt. Als Ministerin hat sie das Bundesjustizministerium in eine stampfende Reformwerkstatt verwandelt und [...] Innenminister Schily lebhaft Paroli geboten." (SZ vom 09.1.2007)

Politisch aktiv zu sein, das erlebte Herta Däubler-Gmelin gleichsam von Kind auf als „Normalfall" bürgerlicher Existenz. Der Vater Hans Gmelin, parteiloser Jurist und Kommunalpolitiker, war von 1954 bis 1974 Oberbürgermeister in Tübingen. Die evangelische Protestantin engagierte sich während ihres Studiums an der Freien Universität Berlin im ASTA und nahm die zweite Hälfte der 1960er Jahre bewusst als Zeit des politischen Aufbruchs und notwendiger Veränderungen wahr. 1965 trat sie in Berlin in die SPD ein; dabei übte Willy Brandts ostpolitische Neuorientierung wohl einen nachhaltigen Eindruck aus. Neben dem „Erfahrungsraum Berlin" war sie weiterhin in ihrer Heimatstadt Tübingen politisch verankert. Zwischen 1970 und 1972 führte sie den dortigen SPD-Kreisverband; 1975 wurde sie unter dem Landesvorsitzenden Erhard Eppler in den Landesvorstand der Partei in Baden-Württemberg gewählt. 1976 übernahm sie die dortige Leitung der Arbeitsgemeinschaft Sozialdemokratischer Frauen (ASF).

Das wohl entscheidende Jahr für die politische Laufbahn Däubler-Gmelins war 1972; sie wurde mit 29 Jahren über die Landesliste Baden-Württemberg und als Kandidatin im damaligen Wahlkreis Schwäbisch Hall–Backnang–Schwäbisch Gmünd in den Deutschen Bundestag gewählt. Seither gehört sie dem Parlament ohne Unterbrechung an und ist mit Wolfgang Schäuble (CDU) dienstältestes Mitglied dieses Parlaments. Schwerpunkte der politischen Arbeit waren von Anfang an die Rechts- und Verfassungspolitik, die Frauen-, Gleichstellungs- und die Familienpolitik, die Reform des Scheidungsrechts und die Neuregelung des Schwangerschaftsabbruchs (§ 218 StGB), der Frauenarbeitsschutz und der Verbraucherschutz. Diese Politikfelder kommen auch in Publikationen zum Ausdruck, die die Abgeordnete und Rechtsanwältin in dieser Zeit vorgelegt hat.

Seit der 8. Wahlperiode trat Däubler-Gmelin bei Wahlen zum Bundestag immer im Wahlkreis Tübingen an; im Dezember 1976 zog sie wiederum über die Landesliste Baden-Württemberg ins Parlament ein. Die Ergebnisse in ihrem Wahlkreis weisen eine erkennbare Konstanz auf: Mit ihren Erststimmen lag sie jeweils weit über den Zweitstimmen ihrer Partei; am deutlichsten 1998 mit einem Plus von gut 14%. Dennoch musste sie das Direktmandat meist an die CDU abgeben, nur 1998 erzielte sie mit 47,2% der Erststimmen und einem Vorsprung von gut neun Prozent vor dem CDU-Bewerber das Direktmandat.

Innerhalb der Bundespartei übernahm Däubler-Gmelin wichtige Führungsämter: zwischen 1983 und 1993 übertrug ihr die SPD-Bundestagsfraktion mehrfach das Amt einer Stellvertretenden Vorsitzenden, der SPD-Bundesparteitag in Münster wählte sie 1988 – als erste Frau in der Geschichte der Sozialdemokratie – zur Stellvertretenden Bundesvorsitzenden. Diese Funktion hatte sie bis zum Bundesparteitag 1997 inne; sie wurde dort von Renate Schmidt abgelöst.

In der Wahrnehmung ihrer Parteiarbeit durch Mitstreiter und Außenstehende lässt sich ein ambivalentes Charakteristikum ihrer politischen Laufbahn erkennen, das in den Medien wie in den politischen Zirkeln gern als „Herta-Faktor" tituliert wurde: Bewunderung der rhetorischen Dynamik, zupackenden Energie und fachlichen Kompetenz einerseits, kritische Distanz bis hin zu emotional aufgeladener Ablehnung andererseits. Die Politikerin, die – wie es die Frankfurter Rundschau einmal in einem Porträt beschrieb – bei anderen „aus dem Stand den Adrenalin-Spiegel hochtreiben kann", die „unduldsam ist bis zur Selbstgerechtigkeit, die andere abkanzelt bis zur Demütigung, die mit harten Bandagen fightet", arbeitete sich in der SPD schnell hoch und setzte sich mehr und mehr in wichtigen Führungspositionen der Parteiorganisation und Fraktion durch. Dabei war sie in ihren Funktionen zwar weitgehend unangefochten, aber deshalb noch lange nicht unumstritten (FR vom 12.6.2001).

In nicht wenigen innerparteilichen Kontroversen polarisierte sie und stieß so auf Widerspruch und Widerstand. Dies prägte auch ihre Stellung innerhalb der baden-württembergischen Landespartei und ihr Verhältnis zum dortigen Parteivorstand, vor allem während der Zeit des Landesvorsitzenden Ulrich Maurer (1987 bis 1999). Doch angesichts ihres bundespolitischen Gewichts, ihrer Kompetenz und Bedeutung als Rechtspolitikerin konnte die Landes-SPD lange Zeit nicht auf Däubler-Gmelin als baden-württembergische Spitzenkandidatin bei Bundestagswahlen verzichten.

Die Spannungen in den Beziehungen zur baden-württembergischen Parteispitze erreichten 1996 einen Höhepunkt. Überraschend legte Däubler-Gmelin im Mai 1996 den Vorsitz der Bonner SPD-Landesgruppe aus Baden-Württemberg nieder, eine Funktion, die sie erst zwei Jahre zuvor nach der Bundestagswahl 1994 übernommen hatte. Zudem verließ sie den Landesvorstand der SPD in Stuttgart, in dem sie sich vor allem unter dem Landesvorsitzenden Erhard Eppler seit 1973 engagiert hatte. Unmittelbarer Anlass war die Landtagswahl am 24. März 1996, bei der die SPD unter Ulrich Maurer mit 25,1% ein katastrophales Ergebnis eingefahren hatte. Däubler-Gmelin kritisierte öffentlich den Wahlkampfstil des Landesverbandes und des Parteivorsitzenden, der die Themen „Aussiedlerzuzug" und „Aufschub der Euro-Währung" ins Zentrum des Wahlkampfes gerückt hatte. Sie erkannte darin einen „gnadenlosen Opportunismus", der ihrer Meinung nach für die Niederlage verantwortlich war (SZ vom 11.5.1996; auch Die Zeit 51/1996).

Bundesweit kulminierten die Ängste vor der Politikerin mit „regem Witz und spitzer Zunge" (so Der Stern vom 30.10.2003) im November 1991, als sie bei der Wahl zum Fraktionsvorsitz – in der Nachfolge Hans-Jochen Vogels – im zweiten Wahlgang Hans-Ulrich Klose knapp unterlag. Hatte sie noch im ersten Wahlgang weit vor Klose und dem Mitbewerber Rudolf Dreßler gelegen, scheute die Mehrheit der Fraktion dann doch davor zurück, eine „Frontfrau" mit diesem Amt zu betrauen. Mit Hans-Ulrich Klose entschied sie sich stattdessen für einen eher führungsschwachen, auf Konsens ausgerichteten Vorsitzenden. Offensichtlich wollte die Fraktionsführung aber nicht auf ihre politische Zugkraft und Kompetenz verzichten. Wenige Wochen später schuf die Fraktion gleichsam ein „Zwischenamt", zwischen Fraktionsvorsitz und Stellvertretung, indem sie die Funktion einer „Ersten stellvertretenden Fraktionsvorsitzenden" kreierte und Däubler-Gmelin in dieses Amt wählte.

Die in den politischen Debatten und Positionskämpfen durchaus ambivalent thematisierten Eigenschaften und Verhaltensweisen der politischen Persönlichkeit Däubler-Gmelins können nicht einfach als störende Charaktermerkmale abgetan werden. Dahinter zeigt sich ein Verständnis von Politik und politischem Amt, in dessen Zentrum der Wille zur Gestaltung und zur Veränderung steht. Dabei dürfte auch die Erfahrung weitgehender Ohnmacht sozialdemokratischer Politikgestaltung in Baden-Württemberg eine Rolle gespielt haben, die bei ihr aber nicht zu Resignation, sondern eher zu einem nachdrücklichen „Trotz alledem!" geführt hat.

Was in der Sicht des eigenen politischen Lagers – jenseits der Flügel- und Machtkämpfe – eine grundlegende politische Kompetenz sein kann, bietet jedoch für die politischen Konkurrenten durchaus Anlass zum Widerspruch. Im Frühjahr 1993 stand im Bundesverfassungsgericht als wichtige Personalentscheidung die Regelung der Nachfolge des Vizepräsidenten Ernst-Gottfried Mahrenholz an. Nach dem informell praktizierten Turnus lag das Vorschlagsrecht bei der SPD. Im Blick auf eine Nominierung als Kandidatin für das Amt einer Verfassungsrichterin hatte Herta Däubler-Gmelin auf eine erneute Bewerbung als Stellvertretende Fraktionsvorsitzende verzichtet. Die Nominierung für Karlsruhe stieß jedoch auf nachdrücklichen Widerstand in der CDU/CSU. Vor allem Wolfgang Schäuble erklärte öffentlich, „die SPD-Frau" sei „zu politisch" für ein Amt am höchsten deutschen Gericht. Da für die Wahl eine Zwei-Drittel-Mehrheit im Richterwahlausschuss erforderlich ist, drohten CDU/CSU mit der Verweigerung ihrer Stimmen, mit dem Argument, „die SPD-Politikerin sei parteipolitisch zu sehr engagiert, es bestünden Zweifel an ihrer Unabhängigkeit als Verfassungsrichterin" (SZ vom 18.12. 1993).

Die Kontroverse zog sich öffentlich über mehrere Monate hin. Im Rückblick sieht die damalige Kandidatin die Ursachen dieses Scheiterns nicht nur beim politischen Gegner; als einen wesentlichen Grund bezeichnet sie heute „die Schwäche des Fraktionsvorsitzenden Klose", dem es nicht gelungen sei, den Fraktionsvorschlag zu realisieren. Am 17. Dezember 1993 erklärte die Rechtspolitikerin ihren Verzicht auf die Kandidatur; an ihrer Stelle wurde Jutta Limbach zur Richterin am Bundesverfassungsgericht gewählt.

Betrachtet man die wichtigsten Reformprojekte und politischen Schwerpunkte in der Rechtspolitik der ersten rot-grünen Regierung, ist zum einen das Binnenverhältnis im Kabinett, da dieses in der Regel eine zentrale Grundlage für eine effiziente Politikgestaltung ist, besonders interessant. Zum andern lässt sich beispielhaft thematisieren, wie politische und gesellschaftliche Kräfte von außen projektbezogen aktiv wurden, um Einfluss auf Gesetzgebung und politische Willensbildung zu nehmen.

Am Ende der ersten Regierungszeit Schröder/Fischer zog die „tageszeitung" Bilanz über die Arbeit des Justizministeriums: „'Das Recht muss auf der Seite des Schwächeren stehen.' Mit dieser Formel macht Justizministerin Herta Däubler-Gmelin (SPD) schon seit vier Jahren Politik und Wahlkampf. Ob bei der Mietreform, im Urheberrecht oder beim Schadensersatz, stets verkaufte die Schwäbin ihre Reformen als Hilfe für die wirtschaftlich oder sozial Bedrängten" (taz vom 5.8.2002). Dieser polemisch zugespitzte Vorwurf einer strategischen Instrumentalisierung der Rechtspolitik reicht nicht aus, um Motive und Reichweite der gesetzgeberischen Praxis seit 1998 zu kennzeichnen. Däubler-Gmelin sieht sich in der Tat in der Tradition sozialdemokratischer Rechtspolitik seit der Weimarer Republik; sie hat dies mehrfach mit dem Satz Gustav Radbruchs (auf den die taz anspielt) unterstrichen: „Recht ist der Schutz der Schwachen." Darüber hinaus hat sie dieses Konzept unter veränderten Bedingungen konkretisiert und weitergeführt, so auf dem rechtspolitischen Kongress „Recht schafft Gemeinschaft", den die Friedrich Ebert-Stiftung 1997 veranstaltet hat. Das Motto des Kongresses orientierte sich an Adolf Arndt, dem führenden Rechtspolitiker der Nachkriegssozialdemokratie. Für Däubler-Gmelin hat demnach eine sozialdemokratische Rechtspolitik heute eine dreifache Aufgabe:

- Zum einen sieht sie die Notwendigkeit, die „soziale Rechtsordnung" – nach den Grundsätzen der Sozialstaatlichkeit und der Sozialpflichtigkeit des Eigentums – zu stärken.
- Darüber hinaus müsse das rechtspolitische Handeln des Staates wieder verstärkt auf die soziale und kulturelle Integration der Gesellschaft gerichtet sein, indem es angesichts einer zunehmenden

„Ausdifferenzierung individueller Interessen" erkennbar „gemeinschaftlich gültige Werte, die für jedermann verbindlich sind", begründet und einfordert.
- Und schließlich komme heute die Gestaltungskraft des Nationalstaates an ihre Grenzen, da wesentliche Bereiche der Politik durch transnationale Vorgaben bestimmt werden. Gleichzeitig fehle es im europäischen Raum – und noch mehr in internationalen Kontexten – an einer ausreichend demokratisch legitimierten Steuerungskompetenz durch das Recht (Däubler-Gmelin 1997: 136-140).

Die Reihe der rechtspolitischen Vorhaben in der Regierungszeit zwischen 1998 und 2002 ist beachtlich. So standen die Reformen des Zivilrechts und Zivilprozesses und des Urheberrechtsgesetzes über Jahre hinweg im Zentrum öffentlicher und fachinterner Debatten. Ebenso zentral war seit Beginn der Amtszeit das Bemühen, das private Schuldnerrecht so weiterzuentwickeln, dass auch Privatpersonen im Rahmen der Insolvenzordnung über eine „private Insolvenz" ein geregeltes Entschuldungsverfahren offen steht.

Große Aufmerksamkeit und zum Teil nachdrücklich organisierten Widerspruch erfuhr die gesetzgeberische Arbeit zur rechtlichen Anerkennung nichtehelicher und gleichgeschlechtlicher Lebensgemeinschaften im Lebenspartnerschaftsgesetz. Seit Herbst 1999 wurden erste Konturen des geplanten Gesetzes öffentlich. Danach werde, so die Ministerin, im Dezember 1999, das Gesetz die Eintragung gleichgeschlechtlicher Lebensgemeinschaften beim Standesamt möglich machen, gegenseitige Unterhaltspflichten und -ansprüche festschreiben. Zudem werde es Bestimmungen enthalten über das Sorgerecht für Kinder von Partnern, wenn einer der Partner stirbt sowie Regelungen für den Fall der Trennung vorsehen (taz vom 6.12.1999).

Dieses politische Vorhaben traf nicht nur auf große Bedenken seitens der Kirchen und der CDU/CSU. Auch innerhalb der Regierung kam es zu Irritationen und Verzögerungen. Bundeskanzler Schröder hatte im Bundestagswahlkampf 1998 die von Bündnis '90/Die Grünen wie auch von weiten Teilen der SPD geforderte Reform zum Programm einer künftigen Regierung erklärt. Angesichts offenkundiger Startschwierigkeiten der rot-grünen Bundesregierung und zunehmender öffentlicher Kritik spricht Einiges dafür, dass Schröder und mit ihm einflussreiche Mitglieder des Kabinetts diesem Vorhaben zunehmend reservierter begegneten. Pressemeldungen thematisierten im Herbst 1999 die kabinettsinternen Widerstände und wiesen darauf hin, Gerhard Schröder sei zusammen mit Joschka Fischer zu dem Schluss gekommen, den öffentlichen Vertrauensverlust der Regierung nicht noch durch ein „neues Reizthema vor den Wahlen in Schleswig-Holstein" und durch einen „neuen Streit zwischen

SPD und Grünen" zu beschleunigen (Die Zeit 49/1999).

In Wirklichkeit zeichnete sich der kabinettsinterne Konflikt bereits einige Monate früher ab. Wie Däubler-Gmelin rückblickend berichtet, beriet sich im Frühjahr 1999 der Kanzler mit Otto Schily, Joschka Fischer und dem Kanzleramtschef Frank-Walter Steinmeier über das Vorhaben. Im Anschluss daran teilte Steinmeier der Ministerin mit: „Das Lebenspartnerschaftsgesetz findet nicht statt." Auf Rückfrage betonte der Staatssekretär im Kanzleramt, diese Mitteilung sei durchaus als Ausdruck der Richtlinienkompetenz des Kanzlers zu verstehen (Telefon-Interview 2.6.2007, im Folgenden abgekürzt: TI).

Der Konflikt um das Partnerschaftsgesetz legt eine personelle Konstellation offen, die zugleich ein strukturelles Element des ersten rotgrünen Kabinetts „verkörperte": die Rolle und das Gewicht eines „Kernkabinetts" Schröder – Schily – Fischer. Dessen Präferenzen zeigten sich – zumindest in der ersten Hälfte der Legislaturperiode – nicht selten als Reaktionen auf kurzfristige politische Situationen und Gegebenheiten, die geeignet waren, längerfristig anvisierte programmatische Projekte zu relativieren.

Dass das Gesetzesvorhaben dann doch „stattfand", ist unter anderem dem Nachdruck zu verdanken, mit dem in den Medien und in Teilen der Gesellschaft eine Reform dieses sozialen Bereichs eingefordert, aber auch der Beharrlichkeit, mit der das Vorhaben im Justizministerium bearbeitet und vorangebracht wurde. Es dauerte dann noch nahezu zwei Jahre, bis das Gesetz zum 1. August 2001 in Kraft treten konnte. Zuvor hatte das Bundesverfassungsgericht einen Eilantrag der Länder Bayern, Thüringen und Sachsen ablehnend beschieden; die Länder hatten beantragt, das Gesetz als verfassungswidrig abzulehnen. Die vorläufige Entscheidung des Verfassungsgerichts wurde dann im Juli 2002 in einem endgültigen Urteil bestätigt.

Zu grundsätzlichen Kontroversen kam es auch bei Fragen der Biopolitik und Bioethik, über Gentests und ihren medizinischen und prognostischen Einsatz, bei der Stammzellenforschung und beim Stammzellenimport. Hier bezog Däubler-Gmelin dezidiert kritische und hinsichtlich der medizinischen und wissenschaftlichen Praxis restriktive Positionen, die sie aus der Analyse des Grundgesetzes und der Grundrechte wie auch aus christlichen Grundsätzen heraus begründete. In einem Positionspapier für den SPD-Parteivorstand vom Mai 2001 heißt es: „Es ist selbstverständlich und entspricht sowohl den Grundwerten der SPD wie auch den Geboten unserer Verfassung [...], dass der Staat menschliche Würde und menschliches Leben schützt, das mit der Verschmelzung von Samenzellen und Ei beginnt". Die Verfassung verbiete sowohl eine Präimplantationsdiagnostik als auch die Gewinnung von Stammzellen aus künstlich befruchteten Eizellen (nach

AFP, 7.5.2001). Kabinettsintern stand sie damit – neben Bundeskanzler Schröder – vor allem im Dissens mit den Kolleginnen Bulmahn (Forschung) und Ulla Schmidt (Gesundheit) (taz, 28.1. und 9.5.2001; ferner: Die Zeit 19/2001).

Im europäischen und internationalen Raum verfolgte das Ministerium die Weiterentwicklung des internationalen Rechts. So betont Däubler-Gmelin rückblickend auf ihre Amtsjahre, wesentliche Beiträge zur Initiierung und Konkretisierung der Grundrechte-Charta der Europäischen Union beigesteuert zu haben. Darüber hinaus trieb sie die deutsche Ratifizierung und Umsetzung des Vertrags über die Errichtung eines Internationalen Strafgerichtshofs (nach dem Römischen Statut von 1998; siehe Gesetz zur Ausführung des Römischen Statuts des Internationalen Strafgerichtshofes vom 17. Juli 1998 in der Fassung vom 21. Juni 2002) und die Weiterentwicklung des Völkerstrafgesetzbuchs zur Verfolgung von Menschenrechtsverletzungen voran. Gerade in diesen Bereichen ist eine deutliche Kontinuität der rechtspolitischen Arbeit Däubler-Gmelins über die Ministerjahre hinaus zu erkennen.

Medienbeobachter registrierten bereits bei Schröders erster Wahl zum Bundeskanzler eine auffallend gemischte Gratulationszeremonie: „Eine herzliche Umarmung mit Oskar Lafontaine. Ein trockener Händedruck von Franz Müntefering. Ein Küsschen von Heide Simonis. […] Eine innige Umarmung mit Hans-Ulrich Klose. Ein flüchtiger Händedruck mit Herta Däubler-Gmelin" (taz vom 28.10. 1998). Die politischen Beziehungen zwischen Kanzler und Justizministerin erreichten wohl nie jene Intensität, bei der – um beim bekannten Bild vom Verhältnis Schröder – Lafontaine zu bleiben – „kein Blatt" zwischen beide Persönlichkeiten hätte passen können. Rückblickend auf die Ministerjahre spricht Däubler-Gmelin heute von einer „einseitigen, wenn auch begrenzten Hochachtung" vor der Person des Kanzlers, seiner politischen Biografie und seiner politischen Leistung (TI 2.6.2007). Auch politischen Beobachtern blieb diese Distanz und deren Einfluss auf Inhalt und Tempo der politischen Arbeit nicht fremd (siehe FR vom 12.6.2001).

Eine kritische Analyse der Ministerjahre wird zu einem gemischten Ergebnis kommen: Neben konsequent realisierten Projekten stehen solche, in denen der ursprüngliche Plan nur zaghaft oder – aufgrund massiver Interventionen – nur gebrochen umgesetzt werden konnte. Und schließlich zeigt die Analyse auch, dass Vorhaben im Zuge langwieriger Diskurse und interessenbezogener Vetopositionen ganz auf der Strecke blieben. Zu Letzteren gehört ganz ohne Zweifel das vom Justizministerium unter Däubler-Gmelin vorbereitete Antidiskriminierungsgesetz, das dann erst im August 2006, unter veränderten politischen Bedingungen und mit erheblichen Abstrichen gegenüber den ersten Vorlagen, als „Allgemeines Gleichbehandlungsgesetz" in Kraft trat. Nicht nur die CDU/CSU-Mehrheit im Bundesrat verhinderte zunächst die Umsetzung der EU-Richtlinie aus dem Jahr 2000; auch Widerstände aus dem Kanzleramt und dem Innenministerium unter Otto Schily führten zu immer neuen Verzögerungen im Willensbildungsprozess der rot-grünen Regierung. Schließlich zeigte die Bundesregierung im unmittelbaren Vorfeld der Bundestagswahl 2002 immer weniger Interesse an dem politischen Konfliktthema und legte das Vorhaben auf Eis (taz vom 22.5. 2002).

Neben solchen Blockaden finden sich Beispiele, die für ein wirkungsvolles Zusammenspiel kabinettsinterner und externer Gegenkräfte stehen können und die ein Licht auf die Praxis der Politikgestaltung unter Bundeskanzler Schröder werfen. Die Reform des Urheberrechts sollte angesichts veränderter ökonomischer, medientechnologischer und arbeitsorganisatorischer Bedingungen vor allem zu einer Stärkung der Rechte der nicht tarif- oder arbeitsvertraglich gebundenen freien Autoren, Übersetzer und Künstler führen. Ihnen sollte durch das Gesetz eine rechtlich abgesicherte Verhandlungsposition – gleichsam ein kollektives Verhandlungsrecht – gegenüber Verlagshäusern bzw. Medienunternehmen eingeräumt werden.

Dieser Reform begegneten vor allem die großen Medienkonzerne und Verlagshäuser mit entschiedener Kritik, die sich im Laufe des Verfahrens zu massiven, medial artikulierten Protesten formierte und in der der Ministerin vorgehalten wurde, die Zusammenarbeit der Medienschaffenden ohne ersichtlichen Grund durch eine „absurde Regulierungswut" (Die Zeit 5/2002) erschweren zu wollen. Die Frankfurter Allgemeine Zeitung versah sie in diesem Zusammenhang mit dem Titel der „Hauruck-Herta" und knüpfte dabei an die eingangs schon thematisierten Persönlichkeitsattribute an. Streitpunkt war nicht zuletzt die Absicht, die Autoren- und Übersetzerrechte, vor allem deren Gewicht bei der Honorierung zu stärken. So sollte es möglich sein, Honorarvereinbarungen nachträglich zu ändern, wenn sich etwa ein Buch im Inland wie im Ausland zu einem Bestseller entwickelt hatte. Lizenzverträge mit ausländischen Partnern sollten dann neu verhandelt werden, was aus der Sicht der Verleger und ihrer Verbände „gar nicht durchsetzbar" sei, wie Arnulf Conradi vom Berlin und Siedler Verlag betonte: „Überall wird dereguliert – nur im Justizministerium werkelt ein staatliches Widerstandsnest wie in einer Zeitfalte vor sich hin, blind und taub gegen jede Praxis, und zeigt den alten ‚Übermut der Ämter', den selbst ein Prinz einmal beklagte" (Die Zeit 5/2002).

Der kabinettsexterne Druck blieb nicht ohne Wirkung. Aus Sicht der Ministerin gelang es den Verlegern, mit ihren Anliegen zumindest teilweise im Kabinett Gehör zu finden. Möglich wurde dies, so Däubler-Gmelin, durch eine Kombination von öffentlichem und organisiertem Protest, mobilisierten „Gegen-Experten" aus dem Bereich des Verlags- und Urheberrechts und durch direkte persönliche Kontakte zum Bundeskanzler. Rückblickend sieht Däubler-Gmelin „ihr Problem" im Verlauf des konfliktreichen Formulierungsprozesses darin, dass „Bundeskanzler Schröder immer einer derjenigen war, der sehr stark auf Leute hörte, [...] die ihm dann gesagt haben, das brauchen wir doch nicht [...]" (TI 2.6.2007). So nimmt es nicht Wunder, dass das dann verabschiedete Gesetz die ursprünglichen Intentionen nur noch in stark abgeschwächter Form zum Ausdruck brachte. Immerhin: In einer Broschüre der SPD zur Bundestagswahl 2002 zählte Nobelpreisträger Günter Grass das neue Urheberrechtsgesetz ausdrücklich zu den Positivposten der rot-grünen Regierung.

Eine Würdigung der Gesetzgebungspraxis des Justizministeriums unter Däubler-Gmelin muss von den personellen, situativen und strukturellen Bedingungen ausgehen. Sie liefen in Person und Funktion eines Bundeskanzlers zusammen, unter dessen Amtszeit Ulrich Sarcinelli einen Wandel von Stil und Substanz der Kabinettspolitik hin zu einer „Präsidialisierung der Regierung" ausgemacht hat. Wenn es sich dabei auch nicht um einen konstitutionellen Wandel handelte, so veränderten sich doch wesentliche Rahmenbedingungen der politischen Praxis. „Das personelle und charismatische Moment des Regierens wird gegenüber dem institutionellen gestärkt. Dies bedeutet eine Konzentration der exekutiven Macht, die – zumindest in medialer Optik – den Kanzler gegenüber dem Kollegialorgan Bundesregierung heraushebt und die Aktionseinheit von Regierung und Regierungsfraktionen lockert" (Sarcinelli 2003: 46). Damit war – in der Gestalt einer streitbaren und in der Sache meist nachdrücklich argumentierenden Ministerin – zwangsläufig eine personelle und inhaltliche Konfliktstruktur aufgebaut, die nicht ohne Wirkung auf Transparenz und Effizienz der politischen Willensbildung bleiben konnte.

Däubler-Gmelins Rolle im Kabinett Schröder/Fischer lässt sich allerdings nicht nur im Blick auf die eigenen, gleichsam „hausinternen" Gesetzgebungsprojekte beschreiben; ihr Einfluss reicht darüber hinaus. Durch die vier Jahre zieht sich ein wenn auch nicht immer öffentlich ausgetragener, so doch erkennbarer Dissens zu Bundesinnenminister Otto Schily und dessen Sicherheitspolitik, vor allem nach dem 11. September 2001. Das Justizministerium kann in dieser Zeit durchaus als „mäßigender Gegenpol" zum Innenminister gesehen werden, indem es maßgeblich an der „Abmilderung von Schilys Sicherheitspaketen" beteiligt war – allerdings um den Preis, dass sich der Innenminister erfolgreich daran beteiligte, das „Antidiskriminierungsgesetz auszubremsen" (taz vom 5.8.2002)

In einem Beitrag über „Werte in der Politik" begründete die Politikerin ihre Haltung grundsätzlich: Wie in den Debatten über Biopolitik und Bioethik werde auch in den Sicherheits- bzw. Terrorismusdebatten der politischen Klasse einschließlich eines großen Teils der Medienöffentlichkeit eine bedenkliche Tendenz zur Relativierung rechtsstaatlicher Garantien und zur Schwächung grundrechtlicher Normen deutlich. Symptomatisch sei hierfür die zumindest ‚mentale Aufweichung' des „aus guten Gründen absolut geltenden Folterverbots" im Kontext von Entführungsverbrechen oder der Terrorismusbekämpfung (Däubler-Gmelin 2005: 173 f.).

Die klare Selbstpositionierung im politischen Diskurs, das „Schießen mit Wörtern" (SZ vom 9.1.2007), auch das schnelle Wort in der Beschreibung des politischen Gegners, das nur selten diplomatischen Regeln der politischen Kommunikation folgt, haben das Profil der Politikerin geprägt. Dass sie damit für viele, auch für politische Kontrahenten in der eigenen Partei, lästig werden konnte, liegt auf der Hand. Vielleicht liegt darin aber gerade eine der Voraussetzungen, damit Politik im Geflecht von Positionen, organisierten Interessen, informellen wie institutionalisierten Vetomächten überhaupt Veränderungen bewirken und zu erkennbaren Resultaten kommen kann.

Doch die ihr eigene Art, Politik zu machen und – vor allem – zu artikulieren und darzustellen, kommt einer Gratwanderung gleich, besonders in Wahlkampfzeiten, in denen die einfachen Formeln und glatten Zuschreibungen besonders schnell über die Lippen kommen. Mit dem Bericht des Schwäbischen Tagblatts vom 19. September 2002 über eine Gesprächsrunde mit Betriebsräten der IG Metall wurde offensichtlich, dass die Gratwanderung auch zum Absturz führen kann. Die strittigen Zeilen der Zeitung lauteten: „Die Ministerin: ‚Bush will von seinen innenpolitischen Schwierigkeiten ablenken. Das ist eine beliebte Methode. Das hat auch Hitler schon gemacht.' Als daraufhin einige Zuhörer vernehmlich raunten, stellte die SPD-Abgeordnete klar: ‚Ich habe Bush nicht mit Hitler gleichgesetzt'" (Schwäbisches Tagblatt vom 19.9. 2002).

Der sogenannte „Hitler-Bush-Vergleich", der nach Däubler Gmelin keine „Gleichsetzung" Bushs mit Hitler, sondern ein Hinweis auf die Parallelität der Methode sein sollte, durch außenpolitische Aktivitäten von innenpolitischen Problemen abzulenken (Pressekonferenz in Berlin, 20.9.2002), entwickelte eine eigene Dynamik. Am Ende dieser Entwicklung stand am Wahlsonntag (22.9. 2002) ein Brief an Schröder, in dem die Ministerin erklärte, in einer neuen Regierung nicht weiter zur Verfügung zu stehen. Schröder gab diese Erklärung am Tag darauf, im Anschluss an die Sitzung des Parteivorstands, bekannt. Was als eigene Entscheidung erscheinen sollte, war zweifellos unter massivem Druck sowohl innerhalb als auch außerhalb der Regierung zustande gekommen. Nicht zuletzt wurde der Tübinger Abgeordneten innerhalb der SPD eine „Däubler-Delle" angelastet. Gemeint war damit ein Einbruch in den Wählerumfragen der letzten Tage vor der Wahl.

Sieht man einmal von den in der Sache wie in der Person negativen Bewertungen der damaligen Oppositionsparteien und politischen Gegner ab, wurde in diesen Tagen deutlich, dass es für Däubler-Gmelin nicht genügend politische Kräfte in den eigenen Führungsreihen gab, die bereit gewesen wären, sie trotz der verbalen Attacke auf den obersten Repräsentanten eines befreundeten Staates länger politisch zu stützen. Was oben als ambivalentes „Strukturmerkmal" der Politikerin beschrieben wurde, zeigte nun seine volle Wirkung: „Gesetze zu machen verstand sie besser, als sich Freunde zu machen. Das zeigte sich, als Kanzler Schröder die Frau […] nach ihrer unglücklichen, aber dramatisierten Äußerung über George W. Bush in ihr eigenes Schwert stürzen ließ" (Heribert Prantl, in: SZ vom 9.1.2007). Der Brief, mit dem sich Schröder nach dem Tübinger Zeitungsbericht an den US-Präsidenten wandte, machte deutlich: Nach seiner im Bundestagswahlkampf demonstrativ inszenierten Ablehnung der US-Irak-Politik wollte der Kanzler sein Verhältnis zu Bush nicht weiter belasten; dieser „Preis" schien ihm zu hoch, um die Ministerin zu halten: „Ich möchte Dir versichern", schrieb er an Bush, „dass an meinem Kabinettstisch niemand Platz hat, der den amerikanischen Präsidenten mit einem Verbrecher in Verbindung bringt" (Bundespresseamt vom 20. 9. 2002).

Der Herausgeber des Tübinger Schwäbischen Tagblatts hatte der Ministerin ein Jahr zuvor bei einem Besuch in Berlin bescheinigt, sie sei „am Ziel einer Politikerkarriere" und „auch bei sich angekommen. Sie hat erreicht, was sie will" (Schwäbisches Tagblatt vom 14.3.2001). Dabei war zu diesem Zeitpunkt nicht nur dieses Blatt der Meinung, dass eine neue Justizministerin – nach gewonnener Wahl 2002 – wieder Däubler-Gmelin heißen werde.

Offensichtlich gibt es auch ein „Leben nach dem Ministeramt". Gunter Hofmann, langjähriger Beobachter der Regierungsszene in Bonn und Berlin, vermutete schon bald nach dem Wahltag, dass damit kein Ende der politischen Arbeit Däubler-Gmelins verbunden sein konnte: „Niemand sonst vermutlich flüchtet derart wie sie in eiserne Disziplin, auch jetzt wieder. Ganz aufhören, weil es irgendwann genug ist? Weil es auch ein Leben ohne Politik gibt? Vor den eigenen Augen liefe das vollends auf ein Eingeständnis hinaus, gescheitert zu sein. Lieber denkt sie sich in eine neue Rolle hinein" (Die Zeit 43/2002).

Schon in ihrer Oppositionszeit in den frühen 1990er Jahren hatte Däubler-Gmelin eine zweite Schiene für die Beschäftigung mit Recht und

Politik gelegt, zunächst – seit Sommersemester 1992 – mit einem Lehrauftrag am Otto-Suhr-Institut der Freien Universität Berlin, dann seit dem Wintersemester 1995 mit einer Honorarprofessur. Die Antrittsvorlesung am 13. Februar 1996 hatte den Titel: „Macht und Ohnmacht in der Politik". Die akademische Lehrtätigkeit erweiterte sie 2005 an der Tongshi-Universität Shanghai, wo sie in der Regel zweimal im Jahr Lehrveranstaltungen und Vorträge über Themen der Rechtspolitik, insbesondere der Implementierung von Rechtsstaatlichkeit und Menschenrechtspraxis hält.

Damit sind auch die Bereiche genannt, die das politische Leben der Ex-Ministerin heute weitgehend ausmachen. Nach einem Intermezzo als Vorsitzende des Ausschusses für Verbraucherschutz, Ernährung und Landwirtschaft in der 15. Legislaturperiode von 2002 bis 2005 leitet Däubler-Gmelin seit 2005 den Ausschuss für Menschenrechte und humanitäre Hilfe. Sie ist zugleich als Vorsitzende des Gesprächskreises Menschenrechte Sprecherin dieses Politikbereichs beim SPD-Parteivorstand. 2007 wurde sie als eines der deutschen Mitglieder in den Menschenrechtsrat der UN gewählt. Ihre Aufgabe sieht sie nicht zuletzt darin, für die Einhaltung der freiwilligen Zusagen, die die Bundesregierung bei ihrer Aufnahme in dieses Gremium gemacht hat, zu sorgen. Deutschland und die Europäische Union legten einerseits „großen Wert auf die Sicherung und den Ausbau der Menschenrechte – ohne heuchlerische Doppelstandards". Andererseits sei es gerade im Kontext der Debatten über innere und äußere Sicherheit erforderlich, gültige Menschenrechtsnormen nicht weiter zu relativieren oder gar in Frage zu stellen: „Manche bei uns schießen auch bei der Bekämpfung von Terroristen über die rote Linie hinaus" (Das Parlament vom 6./13.8.2007).

In dieser Rolle konnte es nicht ausbleiben, dass alte Positionen und Streitfelder aus der Ministerzeit – wenn auch in veränderten personellen Konstellationen – wieder aktuell werden. So widersprach Däubler-Gmelin nachdrücklich Überlegungen, wie sie von Wolfgang Schäuble, Otto Schilys Nachfolger im Amt des Innenministers, gleich zu Beginn der Großen Koalition im Herbst 2005 geäußert wurden und die im Zuge der Terrorismusbekämpfung auf einen „flexibleren Umgang" mit solchen Verhörergebnissen drängten, die unter Folter zustande gekommen waren: „Ich halte es nicht für erträglich, wenn deutsche Ermittler im Informationsaustausch mit ausländischen Diensten augenzwinkernd darüber hinwegschauen, dass unerlaubte Mittel verwendet wurden" (Die Zeit 51/2005).

Politische Kontinuität ist somit unverkennbar, wenn auch in veränderten Rollen. So ist die Ex-Ministerin Mitglied der Parlamentarischen Versammlung des Europarats und sitzt in dieser Eigenschaft im dortigen Rechtsausschuss. Noch aus der Ministerzeit rühren die „Dialog-Kontakte" mit Russland („Petersburger Dialog" bzw. im zum Trialog erweiterten „Russisch-polnisch-deutschen Jugendforum") und mit der Volksrepublik China, wie sie seit 1999 im „Deutsch-chinesischen Menschenrechtsdialog" zu Fragen der Rechtsstaatlichkeit bestehen. In diesem Rahmen bekommt auch die Lehrtätigkeit in Shanghai ein eigenes Gewicht. Darüber hinaus pflegt Däubler-Gmelin gleichgerichtete Kontakte mit Organisationen und Gruppen in Vietnam und in zentralasiatischen Staaten. Dabei ist sie sowohl als Parlamentarierin wie auch als Vertreterin der Friedrich-Ebert-Stiftung tätig. In ihrer Funktion als Leiterin des „Gesprächskreises Afrika" beim Parteivorstand der SPD befasst sie sich mit Fragen der Entwicklungszusammenarbeit und der Menschenrechte auf diesem Kontinent.

Zur Biografie Däubler-Gmelins gehören nicht zuletzt die vielfältigen ehrenamtlichen Rollen. In Interessenorganisationen und Selbsthilfegruppen chronisch Kranker und Behinderter wie dem „Landesverband der Epilepsie-Selbsthilfegruppen Baden-Württemberg" oder der „Bundesarbeitsgemeinschaft Hospiz" begegnen ihr nicht selten jene Fragen als Praxis wieder, die Gegenstand ihrer rechtspolitischen Arbeit als Parlamentarierin und Ministerin waren und sind.

Literatur:
Däubler-Gmelin, Herta: Von Werten in der Politik, in: *Engelen-Kefer, Ursula* u.a. (Hrsg.): Sozialpolitik mit Zukunft, Hamburg 2005, S. 171-180; *Däubler-Gmelin, Herta* (Hrsg.): Recht schafft Zukunft. Perspektiven der Rechtspolitik in einer globalisierten Welt. Dokumentation des Rechtspolitischen Kongresses 2002 in Karlsruhe, Bonn 2003; *dies.*: 7 Thesen zu „Macht und Ohnmacht in der Politik", in: Ulmer Humboldt-Colloquium zum Thema „Macht und Gewalt". Humboldt-Studienzentrum Ulm, Ulm 2001, S. 99-105; *dies.*: „Recht schafft Gemeinschaft". Zur Aufgabe sozialdemokratischen Rechtsdenkens, in: Die Neue Gesellschaft 2/1997, S. 136-140; *dies./Renate Faerber-Husemann*: § 218. der tägliche Kampf um die Reform, Bonn 1987; *dies.*: Frauenarbeitslosigkeit oder Reserve zurück an den Herd, Reinbek 1977; *Sarcinelli, Ulrich*: Demokratie unter Kommunikationsstress? Das parlamentarische Regierungssystem in der Mediengesellschaft, in: APuZ Nr. 43/2003, S. 39-46.

Herbert Uhl

Eichel, *Hans*

Bundesminister der Finanzen (SPD)

geb. 24.12.1941 in Kassel, ev.

1961	Abitur
1961–1968	Studium der Germanistik, Philosophie, Politikwissenschaft und Geschichte an den Universitäten Marburg und Berlin
1964	Eintritt in die SPD
1968–1970	Referendarausbildung für das Lehramt an Gymnasien
1969–1972	Stellvertretender Bundesvorsitzender der Jungsozialisten
1970	Zweite Staatsprüfung
1970–1975	Studienrat in Kassel, Vorsitzender der SPD-Fraktion in der Stadtverordnetenversammlung von Kassel
1975–1991	Oberbürgermeister der Stadt Kassel
1981–1991	Mitglied im Präsidium des Deutschen Städtetages
1985–1987	Präsident des Hessischen Städtetages
1989–2001	Landesvorsitzender der SPD in Hessen
1991–1999	Ministerpräsident des Landes Hessen, Mitglied des Hessischen Landtages
1999–2005	Mitglied des SPD-Präsidiums
1999–2005	Bundesminister der Finanzen
seit 2002	Mitglied des Deutschen Bundestages

Hans Eichel übernahm das Bundesministerium der Finanzen am 12. April 1999 als Nachfolger Oskar Lafontaines, der einen Monat zuvor zurückgetreten war. Die von ihm geführte rot-grüne Regierung des Landes Hessen hatte in der Landtagswahl die Mehrheit verloren, weshalb er sein Amt als hessischer Ministerpräsident an den Spitzenkandidaten der CDU, Roland Koch, abtreten musste. Somit war er frei für den Eintritt in das Kabinett Schröder. Für sein neues Amt brachte Eichel finanzpolitische Kompetenz mit. Angeeignet und unter Beweis gestellt hatte er sie in seiner Funktion als finanzpolitischer Koordinator der SPD-geführten Bundesländer im Bundesrat und als Vorsitzender des Vermittlungsausschusses von Bundestag und Bundesrat in den Debatten über eine Steuerreform.

Bevor Eichel Bundesfinanzminister wurde, war der Konflikt zwischen Lafontaine, der eine Politik des „sozialen Ausgleichs" forderte, und Wirtschaftskreisen eskaliert. Lafontaine hatte u.a. beabsichtigt, einige Steuerprivilegien der Unternehmen anzutasten, insbesondere die milliardenschweren Rücklagen der Energiekonzerne zu besteuern. Der Kanzler und Teile der SPD neigten indes zu einer eher wirtschaftsfreundlichen Finanzpolitik. Deren Realisierung sahen sie durch die Besetzung des Finanzressorts mit Hans Eichel gewährleistet, der, wie er u.a. in einem Gespräch mit dem Wochenmagazin Der Spiegel vom Januar 2000 bekräftigte, eine

Kombination von Angebots- und Nachfragepolitik befürwortete: durch die Begünstigung von Unternehmensinvestitionen einerseits, die Senkung der Einkommensteuer und damit Schaffung von Kaufkraftpotenzial andererseits. Zudem war von ihm zu erwarten, dass er, wie schon in seiner zweiten Amtszeit als hessischer Regierungschef, einen strikten Sparkurs steuern würde – war doch der Sanierung der Staatsfinanzen, neben dem Abbau der Arbeitslosigkeit, im Koalitionsvertrag vom Oktober 1998 Vorrang vor allen weiteren rot-grünen Regierungsvorhaben eingeräumt worden.

Eichel setzte sich denn auch das ehrgeizige Ziel, durch eisernes Sparen 2004, spätestens 2006 einen ausgeglichenen Haushalt vorzulegen. Bald nach seinem Amtsantritt präsentierte er unter dem Titel „Zukunftsprogramm 2000 bis 2003" einen Finanzplan, der stetig sinkende Haushaltsdefizite vorsah.

Der Etat 2000 war ein erster Schritt auf dem Weg zur Konsolidierung des Bundeshaushalts auf der Ausgabenseite. Eichel trotzte den Ressorts rund 30 Mrd. DM an Einsparungen ab – den gleichen Betrag, um den Lafontaine den Bundeshaushalt 1999 erhöht hatte. Das Etatvolumen wurde gegenüber 1999 um 7,5 Mrd. DM verringert, die Nettokreditaufnahme auf 49,5 Mrd. DM – 4 Mrd. DM unter dem Vorjahresniveau – begrenzt.

Der von Eichel im Juni 2000 vorgelegte Entwurf des Bundeshaushalts 2001 sah zwar eine nur geringfügige Reduzierung des Volumens im Vergleich zum Vorjahr vor, wohl aber eine beträchtliche Herabsetzung der Nettoneuverschuldung: auf 43,7 Mrd. DM. Eichel begründete dies mit einer geschätzten Abnahme der Zahl der Arbeitslosen um 320.000 auf 3,5 Mio. sowie einem voraussichtlichen Wirtschaftswachstum von 2,75%. Der für investive Aufgaben veranschlagte Betrag übertraf den der Kreditaufnahme um rund 14 Mrd. DM. (Im Ist-Ergebnis waren es immerhin noch fast 9 Mrd. DM.) Einnahmen aus der so genannten Ökosteuer, deren abermalige Erhöhung zum 1. Januar 2001 anstand – 6 Pfennige je Liter Kraftstoff, 0,5 Pfennig je kWh Strom – sollten fast ausschließlich zur Absenkung der Beiträge zur gesetzlichen Rentenversicherung verwendet werden. (Von der nächsten Legislaturperiode an zur Förderung umweltfreundlicher Verkehrsprojekte und von Maßnahmen zur Energieeinsparung.)

Zugute kam Eichels Konsolidierungskurs die Versteigerung der Mobilfunklizenzen (UMTS), weil die hierdurch eingenommenen rund 100 Mrd. DM in vollem Umfang zum Abbau der Schulden des Bundes genutzt wurden. Von der Zinsersparnis in Höhe von jährlich 5 Mrd. DM sollte die Deutsche Bahn in den Jahren 2001 bis 2003 jeweils 2 Mrd. DM zum Ausbau und zur Sanierung des Streckennetzes erhalten, weitere Mittel sollten für den Straßenbau ausgegeben sowie in Bildung und Forschung investiert werden.

Eingerechnet in den Haushalt 2001 waren die Auswirkungen der ersten Stufe der Steuerreform, die am 1. Januar 2001 in Kraft trat. Allein sie sollte die privaten Haushalte um rund 23 Mrd. DM, kleine und mittlere Unternehmen um rund 15 Mrd. DM und große um knapp 7 Mrd. DM entlasten – mit dem Wirksamwerden der dritten Stufe 2005 sollte sich die gesamte Nettoentlastung auf bis zu 95 Mrd. DM jährlich belaufen.

Die Steuerreform sah u.a. vor: In drei Stufen die Absenkung des Eingangssteuersatzes bei der Einkommensteuer von 22,9% auf 19,9% (2001), 17% (2003) und 15% (2005) und des Spitzensteuersatzes von 53% über 48,5% und 47,0% auf 42%; für mittelständische Unternehmen die Möglichkeit, zwischen der Zahlung von Körperschafts- oder von Einkommensteuer zu wählen; das Halbeinkünfteverfahren für Bezieher von Dividenden. Gewinne, die deutsche Kapitalgesellschaften durch die Veräußerung von Beteiligungen an in- und ausländischen Kapitalgesellschaften erzielten, wurden von der Körperschaftssteuer befreit. Der Körperschaftssteuersatz wurde auf 25% reduziert und die bis dahin unterschiedlich hohe Besteuerung einbehaltener und ausgeschütteter Gewinne (45% bzw. 30%) vereinheitlicht. Obwohl die Frist für die Geltendmachung des Anspruchs auf Erstattung des Differenzbetrags – von Ausnahmeregelungen abgesehen – bis 2016 gestreckt wurde, lösten eine Reihe von Konzernen zwecks Minderung der Körperschaftssteuer ihre alten Reserven rasch auf.

Um die Zustimmung des Bundesrats zur Steuerreform zu erhalten, machte die Bundesregierung, die sich nur 23 Stimmen sicher sein konnte, im Vermittlungsausschuss den Ländern, weil diese Mindereinnahmen zu erwarten hatten, milliardenschwere Zugeständnisse. Einer Forderung des Landes Rheinland-Pfalz nachkommend, stellte sie Steuerleichterungen für den Mittelstand in Aussicht. Darüber hinaus sagte sie den Stadtstaaten Berlin und Bremen zu, sie bei der vorgesehenen Neuregelung des Länderfinanzausgleichs nicht schlechter zu stellen als die Flächenstaaten, wovon auch Hamburg profitieren sollte; Brandenburg und Mecklenburg-Vorpommern versprach sie weitere Hilfen zur Finanzierung von Infrastrukturprojekten, Berlin Gelder für Sicherheit und Kultur. Bei der Abstimmung im Bundesrat votierten außer allen SPD-regierten Ländern die von einer SPD/CDU-Koalition geführten Länder, das sozial-liberal regierte Rheinland-Pfalz und das von SPD und PDS regierte Mecklenburg-Vorpommern für die Steuerreform, so dass die Bundesregierung sechs Stimmen mehr erhielt als die erforderliche Mehrheit von 35. Durch den Deal war die Ablehnungsfront der CDU, die von ihrer Vorsitzenden, Angela Merkel, zuvor auf eine einheitliche Haltung eingeschworen worden war, aufgebrochen.

Der bayerische Ministerpräsident Stoiber warf Eichel vor, den Föderalismus beschädigt zu haben; Thüringens Ministerpräsident Vogel den Missbrauch des Verfassungsorgans Bundesrat. Der Bundeskanzler quittierte die Kritik mit dem Hinweis, die Vorgängerregierung habe von der damaligen Opposition regierte Länder ebenfalls mit Kompensationen auf ihre Seite zu ziehen versucht.

Im November 2001 verabschiedete der Bundestag den Haushalt 2002 in Höhe von 247,5 Mrd. Euro. Die Nettokreditaufnahme betrug 21,1 Mrd. Euro und unterschritt somit das Ist-Ergebnis des Vorjahres um 1,7 Mrd. Forderungen aus den Reihen der Koalition nach mehr Geld für das Gesundheitswesen und einer Halbierung des Mehrwertsteuersatzes für Medikamente lehnte Eichel ebenso ab wie Begehrlichkeiten nach „Wahlgeschenken" im Hinblick auf die im September 2002 anstehende Bundestagswahl. Er bekräftigte seine Absicht, den Konsolidierungskurs fortzusetzen, räumte allerdings ein, dass das Ziel eines ausgeglichenen Haushalts 2004 im Falle eines niedrigen Wirtschaftswachstums verfehlt werden könnte.

Im Jahr 2002 geriet Eichels Finanzplanung indes ins Wanken. Noch wenige Tage vor der Bundestagswahl beharrte Eichel darauf, dass sich die Neuverschuldung, wie veranschlagt, auf rund 21 Mrd. Euro belaufen werde. Nach der Wahl musste er seine Fehlkalkulation eingestehen. Wegen Steuermindereinnahmen infolge einer ungünstigen Entwicklung der Konjunktur, insbesondere aber auch wegen des völligen Wegfalls von Einnahmen aus der Körperschaftssteuer einerseits, Mehrausgaben für den Arbeitsmarkt andererseits, mussten im November 2002 mittels eines Nachtragshaushalts 34,6 Mrd. Euro an Krediten aufgenommen werden. Für Investitionen standen jedoch nur 25 Mrd. Euro zur Verfügung. Damit war der Bundeshaushalt nicht verfassungskonform – Art. 115 GG bestimmt, dass „die Einnahmen aus Krediten (...) die Summe der im Haushaltsplan veranschlagten Ausgaben für Investitionen nicht überschreiten [dürfen]". Eichel verwies auf die „Störung des gesamtwirtschaftlichen Gleichgewichts", zu deren Abwehr das Grundgesetz eine Abweichung von der Norm zulässt. Der Sachverständigenrat urteilte hingegen in seinem Jahresgutachten 2002, dass eine zusätzliche Kreditaufnahme nicht geeignet sei, das gesamtwirtschaftliche Gleichgewicht zu gewährleisten.

In der Absicht, Eichel des Wahlbetrugs zu überführen, erwirkten die CDU/CSU-Fraktion und weitere Abgeordnete im Dezember 2002 die Einsetzung eines Untersuchungsausschusses. Der so genannte „Lügenausschuss" sollte klären, ob die Bundesregierung, insbesondere Kanzler und Finanzminister, den Bundestag und die Öffentlichkeit über die Situation des Bundeshaushalts, die Finanzlage der gesetzlichen Kranken- und Rentenversicherung sowie über die Einhaltung der Stabilitätskriterien des EG-Vertrages vor der Bundestagswahl falsch oder unvollständig informiert haben. Union und FDP erachteten es aufgrund der Anhörungen für erwiesen, dass die angespannte Haushaltslage Eichel schon vor der Bundestagswahl bekannt war – er hinsichtlich der Höhe der notwendigen Neuverschuldung sowie der Situation der Sozialkassen bewusst nicht die Wahrheit gesagt habe.

Eichel gab im Ausschuss zu, dass er im Juli 2002 über die Prognose einer Nettoneuverschuldung in Höhe von 33 Mrd. Euro informiert war. Die Einbringung eines Nachtragshaushalts vor der Bundestagswahl habe er jedoch nicht für notwendig gehalten, weil er mit einer Belebung der Konjunktur und infolgedessen mit einem höheren Steueraufkommen in der zweiten Jahreshälfte gerechnet habe; den Konjunkturabschwung habe er im Sommer 2002 nicht voraussehen können. Der Ausschuss kam schließlich zu dem Ergebnis, dass keinerlei Anhaltspunkte für einen Wahlbetrug gefunden werden konnten.

Weitere finanzielle Lasten kamen auf den Bundeshaushalt infolge der Hochwasserkatastrophe in Sachsen und Bayern vom August 2002 zu. Um sie aufzufangen, wurde die zweite Stufe der Steuerreform, die zum 1. Januar 2003 in Kraft treten sollte, um ein Jahr verschoben. Diese Maßnahme sollte rund 7 Mrd. Euro zugunsten der Flutopfer erbringen. (Insgesamt stellte die Bundesregierung rund 11 Mrd. Euro zur Verfügung.) Die Opposition wollte den Wiederaufbau mit dem von der Bundesbank 2001 erzielten Gewinn finanzieren, wohingegen Eichel diese Mittel zur Schuldentilgung zu verwenden gedachte.

Im Haushaltsentwurf für 2003, den Eichel noch vor der Bundestagswahl vorlegte, war eine Nettokreditaufnahme in Höhe von 15,5 Mrd. Euro eingeplant. Nach der Wahl räumte er ein, dass dieser Betrag wegen erheblicher Steuerausfälle und des nicht vorausgesehenen Zuschusses an die Bundesanstalt für Arbeit um fast 3,5 Mrd. auf rund 19 Mrd. Euro aufgestockt werden musste.

Durch den Nachtragshaushalt kamen 24,5 Mrd. Euro hinzu, so dass sich die Neuverschuldung schließlich auf 43,4 Mrd. Euro summierte, während für Investitionen nur 26,7 Mrd. Euro (ohne Hochwasserfonds 24,1 Mrd.) bereit standen. Damit war der Haushalt ein weiteres Mal verfassungswidrig.

Die Opposition forderte Eichels Rücktritt oder seine Entlassung. Deren Vorwurf, der „größte Schuldenmacher aller Zeiten" zu sein, konterte Eichel mit dem Hinweis darauf, dass der Defizitbetrag im Bundesetat 2003 lediglich 2% des BIP ausmache, so dass den Rekord sein Vorvorgänger im Amt, Theo Waigel, 1995 aufgestellt habe, weil dessen Kreditaufnahme in Höhe von umgerechnet 40,1 Mrd. Euro 2,2% des BIP entsprochen habe.

Zudem hielt Eichel der Opposition vor, die Haushaltsmisere mitverschuldet zu haben, weil sie nicht bereit war, die von den Koalitionspartnern im Hinblick auf den Bundeshaushalt 2003 vorgesehenen Einnahmeverbesserungen und Einsparungen mitzutragen: Die Mindestbesteuerung großer Unternehmen; die Aufhebung der einjährigen steuerfreien Spekulationsfrist bei der Besteuerung von aus der Veräußerung von Wertpapieren und nicht selbst genutzten Grundstücken erzielten Gewinnen; die Abschaffung des ermäßigten Mehrwertsteuersatzes von 7% auf Hunde- und Katzenfutter, Schnittblumen, Leistungen der Zahntechniker, die Zucht von Rennpferden und den internationalen Luftverkehr – Maßnahmen, die insgesamt rund 12 Mrd. Euro einbringen sollten.

Einen herben Rückschlag für Eichels Vorhaben einer Haushaltssanierung brachte das im Mai 2003 nach einem im Vermittlungsausschuss erzielten Kompromiss in Kraft getretene Steuervergünstigungsgesetz mit sich. Der Bundesrat hatte zuvor das vom Bundestag verabschiedete Gesetz abgelehnt und wesentliche Änderungen durchgesetzt. Keine Berücksichtigung fanden die Kürzung der Eigenheimzulage, die Anhebung der Dienstwagensteuer, die Einführung einer Pauschalsteuer auf Gewinne aus dem Verkauf von Wertpapieren und Immobilien sowie die Erhöhung der Mehrwertsteuer für eine Reihe von Waren und Dienstleistungen. Von der Opposition gebilligt wurden lediglich ein dreijähriges Moratorium hinsichtlich der Erstattung noch bestehender Körperschaftsteuerguthaben, die Einschränkung der Verlustverrechnung innerhalb verbundener nationaler und multinationaler Unternehmen und die Begrenzung der Möglichkeit, Gewinne innerhalb von Konzernen zu verlagern. Eichel soll sich nach diesem Steuerkompromiss mit dem Gedanken einer Erhöhung der Mehrwertsteuer getragen haben.

Am Widerstand der Opposition scheiterte auch Eichels Vorhaben einer Gemeindefinanzreform. Er hatte u.a. beabsichtigt, auch Freiberufler und Kleingewerbetreibende der Gewerbesteuer zu unterwerfen, um die Finanzkraft der Kommunen zu stärken. Die Unionsparteien wollten dagegen nur eine Rückführung der Gewerbesteuerumlage auf das vor der Steuerreform 2000 geltende Niveau von 20%, weil die „Geschäftsgrundlage" der damals beschlossenen schrittweisen Erhöhung auf 30% – die Erwartung eines wachsenden Gewerbesteueraufkommens als Folge des prognostizierten Konjunkturaufschwungs – weggefallen war. Im November 2003 lehnte der Bundesrat eine umfassende Gemeindefinanzreform ab. Im Vermittlungsverfahren einigte man sich schließlich darauf, die Kommunen durch eine Absenkung der Gewerbesteuerumlage zu entlasten.

2004 wurde die dritte Stufe der Steuerreform um ein Jahr vorgezogen, um Anreize für den privaten Konsum zu schaffen und die Investitionsbereitschaft der Unternehmen in Anbetracht der lahmenden Konjunktur zu stimulieren. Das Haushaltsgesetz 2004 sah unter Berücksichtigung der dadurch entstehenden Mindereinnahmen eine Nettokreditaufnahme in Höhe von 29,3 Mrd. Euro vor; durch den Nachtragshaushalt erhöhte sich der Betrag auf 43,5 Mrd. Euro. Für investive Aufgaben standen aber nur 24,6 Mrd. Euro (darunter Mittel für die Einrichtung von Ganztagsschulen) zur Verfügung.

Die Fraktionen von CDU/CSU und FDP erhoben daraufhin Klage vor dem BVerfG wegen Verletzung des Grundgesetzes. Sie hielten den Bundesetat 2004 für nicht verfassungskonform, während sich Eichel auf die Ausnahmeklausel des Art. 115 berief. Das hohe Haushaltsdefizit begründete er mit Steuerausfällen infolge der schwachen Konjunktur, dem niedrigen Bundesbankgewinn – statt der erwarteten 3,5 Mrd. Euro führte die Bundesbank für das Geschäftsjahr 2003 lediglich 248 Mio. Euro an den Bund ab – sowie der ausgebliebenen Entlastung auf der Ausgabenseite durch die Hartz-IV-Reformen, die, statt wie vorgesehen am 1. Juli 2004, erst zu Beginn des Jahres 2005 im Wesentlichen in Kraft traten. In seinem Urteil vom 9. Juli 2007 stellte das BVerfG fest, dass der Bundeshaushalt 2004 auch in der Fassung des Nachtragshaushaltsgesetzes mit Art. 115 GG vereinbar gewesen ist, weil die Begründung für die erhöhte Kreditaufnahme – die Abwehr der Störung des gesamtwirtschaftlichen Gleichgewichts – nachvollziehbar und vertretbar war. Ebenso wies es die Klage der Oppositionsfraktionen wegen (behaupteten) Verstoßes gegen den „Haushaltswahrheit" gebietenden Art. 110 GG als unbegründet ab.

Für Wirbel in der Öffentlichkeit sorgte Ende 2003/Anfang 2004 Eichels Gesetzentwurf zur Bekämpfung der Schwarzarbeit. Durch verstärkte Kontrollen und die Androhung höherer Strafen gedachte er, rund 1 Mrd. Euro einnehmen zu können. Verunsicherung kam auf wegen der Art und Strafbarkeit dessen, was als illegales Beschäftigungsverhältnis zu bezeichnen war – etwa auch Nachbarschaftshilfe bei der Gartenarbeit oder Kinderaufsicht. In erster Linie sollte zwar die zunehmende Schwarzarbeit (im Bau- und Gaststättengewerbe) getroffen werden, aber auch die Beschäftigung einer Putzhilfe im Privathaushalt wurde als Mini-Job qualifiziert und damit erfasst.

Die Steueramnestie für Schwarzgeldbesitzer brachte 2004 nicht die erwarteten Einnahmen. Eichel hatte mit Nachzahlungen in Höhe von 5 Mrd. Euro gerechnet, musste sich aber mit rund 900 Mio. Euro begnügen.

Im Etatentwurf für 2005 setzte Eichel 22,8 Mrd. Euro für Investitionen an – einen Betrag, der knapp über der auf 22 Mrd. Euro veranschlagten Nettoneuverschuldung lag. Eingeplant waren Erlöse aus Privatisierungen und der Realisierung von Forderungen: Durch die Übertragung von ERP-Sondervermögen (dem European Recovery Program – der Marshallplan-Hilfe) auf die bundeseigene Kreditanstalt für Wiederaufbau (KfW); den Verkauf von Forderungen der Postunterstützungskasse an die Post und Telekom, die sich als Nachfolgeunternehmen der Post verpflichtet hatten, einen Teil der Pensionslasten zu tragen; die abermalige Veräußerung von Post- und Telekomaktien (die Aktien wurden zunächst bei der KfW „geparkt" und sollten, damit der Börsenkurs nicht unter Druck geriet, sukzessive auf den Markt gebracht werden). Die Platzierung von vorzeitig zurückgezahlten russischen Schulden auf dem Kapitalmarkt erbrachte 5 Mrd. Euro. Rund 3 Mrd. Euro erwartete Eichel von der LKW-Maut, nachdem die schon für 2004 eingeplanten Einnahmen wegen Pannen bei der Installierung des elektronischen Erfassungssystems ausgefallen waren (nach Abzug der Betriebskosten flossen 2,4 Mrd. Euro in die Staatskasse). Ferner stellte Eichel in den Etat 2005 3,5 Mrd. Euro Bundesbankgewinn ein (die Bank erwirtschaftete 2,86 Mrd.). Erneut erhöht wurde – im September 2005 – die Tabaksteuer.

Weitere Mittel sollten durch die nach einem Vermittlungsverfahren im Bundesrat im Juni 2004 beschlossene Erhöhung des steuerpflichtigen Anteils der Renten in den Bundeshaushalt fließen. Damit kam der Gesetzgeber einer Vorgabe des BVerfG nach, das die unterschiedliche Besteuerung der Beamtenpensionen und der Renten als mit dem Gleichheitsgrundsatz des Grundgesetzes für nicht vereinbar erklärt hatte. Die 2005 gezahlten Renten wurden zu 50% der Einkommensteuer unterworfen; für die Folgejahre wurde eine schrittweise Anhebung bis auf 100% vorgesehen.

In der Absicht, Wirtschaftswachstum zu stimulieren und damit der Arbeitslosigkeit entgegenzuwirken, trafen sich im März 2005 der Kanzler, Angela Merkel und Edmund Stoiber zu einem Spitzengespräch, dem so genannten „Job-Gipfel". Beide Seiten verständigten sich darauf, den Körperschaftssteuersatz für Kapitalgesellschaften von 25 auf 19% zu senken, Personengesellschaften bei der Gewerbesteuer zu entlasten und die Erbschaftssteuer bei Betriebsübergaben zu reduzieren. Über die Gegenfinanzierung waren sie sich nur insofern einig, als diese nicht über eine weitere Neuverschuldung erfolgen sollte. Den Regierungsvorschlag zur Abschaffung der Eigenheimzulage lehnte die Union, auch aus wahltaktischen Gründen, ab.

Im Juli 2005 wurde im Kabinett der Etat 2006 beraten, im Hinblick auf die am 18. September 2005 im Falle einer Auflösung des Bundestags durch den Bundespräsidenten anstehende Neuwahl aber nicht beschlossen. Der Entwurf sah bei einem Volumen von 253,6 Mrd. Euro eine Nettokreditaufnahme in Höhe von 21,7 Mrd. Euro und Investitionen in Höhe von 22,3 Mrd. Euro vor. Zwecks Stabilisierung des Haushalts griff Eichel wieder zu „Einmalmaßnahmen", wie dem abermaligen Verkauf von Pensionsforderungen des Bundes an die Post und Telekom, der Abtretung von Telekom- und der letzten vom Bund noch gehaltenen Postaktien an die KfW, der Übertragung weiterer Mittel aus dem ERP-

Sondervermögen; ferner wurde die Fälligkeit der Arbeitgeberbeiträge zur Sozialversicherung von der Mitte eines Monats auf das Ende des Vormonats vorgezogen. Weil der Haushaltsentwurf vor dem Ende der Legislaturperiode noch nicht verabschiedet war, wurde er mit der Neuwahl des Bundestags hinfällig.

Im September 2005 sickerte durch, dass im Bundesfinanzministerium eine dort allerdings dementierte „Streichliste" ausgearbeitet worden sei, die harte Einschnitte in den Einzelplänen der Ministerien und anderer Bundesorgane vorsehe. Auf diese Weise sollten im Rahmen der sich bis 2009 erstreckenden Finanzplanung jährlich 30 Mrd. Euro eingespart werden.

Als Finanzminister der geschäftsführenden Regierung legte Eichel am 8. November 2005 einen Gesetzentwurf vor, der in Übereinstimmung mit den Unionsparteien vorsah, die steuerliche Abzugsfähigkeit von Verlusten bei Medien-, Windkraft-, Schiffbau-, Wertpapierhandels- und Videogamefonds einzuschränken. Eichel wollte einen Kabinettsbeschluss im Eilverfahren herbeiführen, was jedoch am Widerstand der Grünen scheiterte. Es mag Eichel eine gewisse Genugtuung bereitet haben, dass der Etat 2005 trotz zusätzlicher Kosten der Arbeitsmarktreform mit einer Neuverschuldung von „nur" 31,2 Mrd. Euro abschloss, die damit um rund 8 Mrd. Euro niedriger ausfiel als im Jahr zuvor.

Hans Eichels Scheitern hinsichtlich seines Vorhabens, die jährliche Neuverschuldung nach und nach zu verringern, hatte negative Auswirkungen auf den Europäischen Stabilitäts- und Wachstumspakt. Der im Juni 1997 auf dem EU-Gipfel in Amsterdam geschlossene Vertrag verpflichtet EU-Mitgliedsländer, die Teilnehmer der Wirtschafts- und Währungsunion werden wollen, zur Begrenzung des jährlichen Staatsdefizits auf 3% und der Gesamtverschuldung auf 60% des BIP. Eichel verkündete in einem Spiegel-Interview vom Dezember 2001: „Wir werden den Stabilitätspakt auf Punkt und Komma einhalten. Da müsste schon der Himmel einstürzen."

Der Himmel stürzte zwar nicht ein, wohl aber das auf Eichels Optimismus gebaute Kartenhaus einer erwarteten günstigen Entwicklung der Konjunktur und damit der Wirtschaftsleistung. War 1999 ein Defizit von nur 1,5% und 2000 sogar ein Überschuss von 1,3% zu verzeichnen, so verschlechterte sich die Lage in den Folgejahren zusehends. Im Haushaltsjahr 2001 war die Neuverschuldung des Bundes zwar niedriger als im Vorjahr, das Staatsdefizit, in das die Kreditaufnahmen der Bundesländer und der Kommunen einberechnet werden, aber auf 2,8% des BIP gestiegen. Eichel machte hierfür – außer den Kosten der Wiedervereinigung und der ausufernden Ausgaben der sozialen Sicherheitssysteme – die fehlende Haushaltsdisziplin der Länder verantwortlich. Diese hätten sich, ebenso wie der Bund, verpflichtet, ihre Etats jährlich nur um maximal 2% zu steigern, einige von ihnen 2001 aber weit mehr ausgegeben.

Im Sommer 2001 trat Eichel mit dem Vorschlag einer Reform des Stabilitätspakts an die Öffentlichkeit. Danach sollten die Euro-Länder nicht die Defizite begrenzen müssen, sondern mittel- und langfristige Ausgabenziele festlegen, die Konsolidierung also stärker auf der Ausgabenseite anstreben, weil die Einnahmen in Anbetracht von Konjunkturschwankungen nicht geplant werden könnten. Ferner gab er zu bedenken, dass das strukturelle Defizit berücksichtigt werden sollte, das angibt, wieviel Schulden der Staat macht, wenn konjunkturelle Einflüsse herausgerechnet werden. Solcherart Überlegungen brachten Eichel indes den Vorwurf ein, den Stabilitätspakt aufweichen zu wollen.

Gegen Ende 2001 glaubte Eichel noch, im Jahr 2002 mit 2 bis 2,5% unterhalb des Referenzwertes von 3% des BIP bleiben zu können; nach Einschätzung der Kommission war aber ein Staatsdefizit von 2,7% zu erwarten. Als nicht auszuschließen war, dass es noch höher ausfallen könnte – was dann auch geschah –, empfahl die Kommission dem Rat der Wirtschafts- und Finanzminister (Ecofin), an die Adresse der Bundesregierung im Februar 2002 eine – zunächst allerdings folgenlose – Frühwarnung, den so genannten „blauen Brief" zu richten. Eichel gelang es ihn abzuwenden, indem er zusagte, 2002 die Einhaltung des Referenzwertes anzustreben und bis 2004 einen nahezu ausgeglichenen Staatshaushalt zu erreichen.

Weil der deutsche Staatshaushalt 2002 ein Defizit von 3,7% des BIP aufwies, beschloss der Ecofin-Rat im Januar 2003, gegen Deutschland ein Defizitverfahren einzuleiten. Er stellte fest, dass es sich um ein „übermäßiges Defizit" handelt, nahm die Empfehlungen der Kommission zu dessen Behebung an und setzte hierfür eine Frist.

Im Herbst 2003, als abzusehen war, dass Deutschland 2003 und, nach Eichels Eingeständnis, auch 2004 – und damit zum dritten Mal in Folge – die Defizitobergrenze überschreiten würde, schlug die Kommission dem Ecofin-Rat vor, Deutschland (und Frankreich) gemäß Art. 104 (9) EG-Vertrag wegen Nichtbefolgung seiner Empfehlungen zur Korrektur des Defizits in Verzug zu setzen. Bei der Abstimmung Ende November 2003 fand der Vorschlag jedoch keine Mehrheit.

Eichel erklärte in Anbetracht dessen, dass eine Inverzugsetzung die politische Handlungsfähigkeit Deutschlands stark eingeschränkt hätte, dass die Finanzpolitik Sache der Nationalstaaten sei, Deutschland sich nicht „unter Kuratel stellen" lasse. Die Kommission war damit desavouiert, ein die Stabilität des Euro gefährdendes Präjudiz geschaffen. Ausgerechnet Deutschland, dessen früherer Finanzminister Theo Waigel die Drei-Prozent-Grenze 1996 auf dem

Dubliner Gipfeltreffen durchgesetzt hatte, stand nun als „Totengräber" des Stabilitätspaktes am Pranger, konnte doch die vom Ecofin-Rat beschlossene Aussetzung des Defizitverfahrens weitere Länder ermuntern, es mit der eingegangenen Verpflichtung zur Haushaltsdisziplin nicht allzu genau zu nehmen.

Um die Wogen zu glätten, schlug der für die Wirtschafts- und Finanzpolitik zuständige EU-Kommissar Pedro Solbes vor, dass Deutschland 2004 sein um konjunkturelle Einflüsse bereinigtes Defizit um 0,8 Prozentpunkte verringern sollte, was zusätzliche Einsparungen erfordert hätte – im Gegenzug gestand er Deutschland zu, das Defizit erst 2005 unter die Drei-Prozent-Schwelle drücken zu müssen. Die Bundesregierung sicherte dies, wenngleich unverbindlich, zu: unter dem Vorbehalt eines Wirtschaftswachstum von 1,6% im Jahr 2004 und von 1,8% 2005. In der Erwartung, dass Deutschland spätestens 2005 das Staatsdefizit in Einklang mit dem Stabilitätspakt bringt, erklärte sich die Kommission bereit, das Defizitverfahren vorerst nicht weiter zu betreiben.

Im März 2005 beschlossen die Staats- und Regierungschefs der EU-Mitgliedsstaaten eine Lockerung des Stabilitäts- und Wachstumspakts, dessen Auslegung Eichel als zu „mechanistisch" kritisiert hatte. Die Neufassung ermöglicht eine flexible Anwendung. Ein Verstoß gegen die vereinbarten Defizitregeln soll demnach nicht automatisch Auflagen und Sanktionen zur Folge haben, vielmehr der gesamtwirtschaftlichen Situation eines Mitgliedslandes verstärkt Rechnung getragen werden. Eichel forderte und setzte durch, dass die finanziellen Aufwendungen für den Aufbau Ost sowie die (hohen) Nettozahlungen Deutschlands in den EU-Haushalt bei der Berechnung des Defizits Berücksichtigung finden.

Entgegen seinen Zusicherungen gegenüber der Kommission gelang es dem Bundesfinanzminister nicht, das Staatsdefizit unter die Drei-Prozent-Marke zu senken. 2003 betrug es 4,0%, 2004 3,7% des BIP; für 2005 erwartete er in etwa denselben Wert, für 2006 nur eine Verringerung auf 3,4%. Er machte hierfür die schwache Konjunktur, Mehrkosten zur Finanzierung der Arbeitsmarktreform, aber auch die Blockierung des von der Bundesregierung angestrebten Subventionsabbaus durch die CDU/CSU verantwortlich, der ihm zufolge 2006 die Absenkung des Defizits auf 2,9% ermöglicht hätte.

Ende 2005 drohte der Bundesrepublik die Wiederaufnahme des auf Eis gelegten Defizitverfahrens mit der Folge einer verschärften Haushaltsüberwachung durch die Kommission und letztlich einer Verhängung von Geldbußen. Wirtschafts- und Währungskommissar Joaquín Almunia wollte es nur dann weiter ruhen lassen, wenn sich erweisen sollte, dass das Defizit ausschließlich konjunkturell bedingt und nicht auch durch ausgebliebene Strukturreformen verursacht war.

War Hans Eichel in den ersten zwei Jahren seiner Amtszeit als „Muster an Solidität" gelobt worden und konnte er sich infolge des Milliardensegens aus der Versteigerung der UMTS-Lizenzen gar als „Hans im Glück" fühlen, so musste er sich in deren weiteren Verlauf vorwerfen lassen, „Herr der Löcher" geworden zu sein. Im Mai 2003 musste er eingestehen, dass es ihm nicht gelingen werde, spätestens 2006 einen ausgeglichenen Haushalt vorzulegen.

Dieses Vorhaben scheiterte auf der Einnahmenseite an der anhaltenden konjunkturellen Flaute und der hohen Arbeitslosigkeit – die Steuersenkungen für Unternehmen brachten nicht die erhofften Wachstumsimpulse – sowie daran, dass ihm die Unionsparteien die Zustimmung zum Abbau von Steuervergünstigungen verweigerten. Auf der Ausgabenseite vor allem an den explodierenden Sozialkosten, aber auch an der – auch von den Bundesländern verhinderten – Streichung oder Reduzierung von Subventionen sowie den Ausgabenwünschen von Kabinettskollegen, gegen die er sich, wenn ihm der Kanzler die Unterstützung versagte, kaum durchzusetzen vermochte.

Aus dem populären „Sparminister" mit den auf seinem Schreibtisch symbolträchtig aufgestellten Sparschweinchen wurde in der zweiten Legislaturperiode ein der Forderung des Kanzlers nach Beendigung des rigorosen Sparens nachgebender „Schuldenminister" – wider die eigene Überzeugung, aber auch die zweitwichtigste Zielsetzung des Koalitionsvertrags vom Oktober 2002: die Haushaltskonsolidierung. Der Schuldenberg des Bundes, der im Zeitraum von 2000 bis 2004 von 715 auf 803 Mrd. Euro angewachsen war, wäre noch höher ausgefallen, wenn Eichel nicht in großem Ausmaß bundeseigenes „Tafelsilber" veräußert hätte, was dem Bundeshaushalt in den Jahren 2002 bis 2005 rund 40 Mrd. Euro einbrachte.

Es war denn auch die von Eichel nach sechseinhalbjähriger Amtszeit hinterlassene Finanzlage des Bundes, deren Sanierung Bundespräsident Horst Köhler in seiner Begründung für die Auflösung des Bundestags als eine Aufgabe bezeichnete, für welche die Bundesregierung eine verlässliche, handlungsfähige Mehrheit im Bundestag benötige.

Eichels optimistischen Wachstumsannahmen und Steuerschätzungen wurden immer wieder von der Wirklichkeit konterkariert, so dass er zu ständigen Korrekturen an der Finanzplanung gezwungen war. Dies brachte ihm nicht nur den Vorwurf des Realitätsverlusts seitens der Opposition ein, die ihn der Täuschung der Öffentlichkeit, der Trickserei und Flickschusterei beschuldigte und wiederholt seinen Rücktritt forderte – insoweit widerfuhr ihm dasselbe wie Theo Waigel. Die Haushaltsmisere hatte auch einen Glaubwürdigkeits- und Ansehensverlust des bei Medienauftritten als rechthaberisch, buchhalterisch und detailversessen wahrgenommenen Bundesfinanzministers in der Bevölkerung zur Folge.

Wäre Eichel 2002, als deutlich geworden war, dass er seinen Sparkurs nicht würde durchhalten können, zurückgetreten, so würde er sich den in den Jahren zuvor erworbenen Nimbus eines Politikers bewahrt haben, dessen Kredo es war, dass der Staat keine Schulden auf Kosten künftiger Generationen machen, seine Gestaltungsfähigkeit durch Zinszahlungen nicht eingeschränkt werden dürfe.

Dass Eichel trotz der mangelnden Unterstützung seines Sparwillens und der infolgedessen verfehlten Haushaltskonsolidierung sowie ungeachtet der Anfeindungen seitens der Opposition, aber auch aus den eigenen Reihen, bis zur Ablösung des Kabinetts Schröder im Amt ausharrte, mag – abgesehen davon, dass ein Nachfolger nicht in Sicht war – seiner Hartnäckigkeit, seinem Pflichtbewusstsein und seiner – arg strapazierten – Loyalität zu Kanzler und Partei zuzuschreiben sein.

Am 18. Oktober 2005, dem Tag der Konstituierung des 16. Deutschen Bundestags, wurde Eichel vom Bundespräsidenten bis zur Bildung einer neuen Bundesregierung mit der Wahrnehmung der Geschäfte beauftragt. Am 22. November 2005 schied er aus dem Amt. Die Früchte der Agenda 2010, soweit mit ihr auch der Bundeshaushalt entlastet werden sollte, und des zyklisch eingetretenen konjunkturellen Aufschwungs konnte er nicht ernten. Als mit 50,6% der Stimmen direkt gewählter Kandidat des Wahlkreises 170 (Kassel) gehört Hans Eichel weiter dem Bundestag an, wo er Mitglied des Europa-Ausschusses ist.

Literatur
Bundesministerium der Finanzen: Finanzbericht (jährlich); *Ostheim, Tobias*: Einsamkeit durch Zweisamkeit? Die Europapolitik der zweiten Regierung Schröder, in: *Egle, Christoph/Reimut Zohlnhöfer (Hrsg.):* Ende des rot-grünen Projekts. Eine Bilanz der Regierung Schröder 2002-2005, Wiesbaden 2007, S. 480-508; *Wagschal, Uwe*: Auf dem Weg in den Sanierungsfall? Die rot-grüne Finanzpolitik seit 2002, in: *Egle, Christoph/Reimut Zohlnhöfer (Hrsg.)* a.a.O., S. 241-270; *Zohlnhöfer, Reimut*: Rot-grüne Finanzpolitik zwischen traditioneller Sozialdemokratie und neuer Mitte, in: *Egle, Christoph/Tobias Ostheim/Reimut Zohlnhöfer (Hrsg.):* Das rot-grüne Projekt. Eine Bilanz der Regierung Schröder 1998-2002, Wiesbaden 2003, S. 193-214.

Robert K. Furtak

Fischer, *Andrea*

Bundesministerin für Gesundheit (Bündnis '90/Die Grünen)

geb. 14.1.1960 in Arnsberg/Westfalen, kath.

1978	Abitur
1978–1981	Lehre als Offsetdruckerin
1978	Eintritt in die IG Druck und Papier
1981–1985	Tätigkeit als Druckerin und Korrektorin, dann Redakteurin bei der taz
1985	Eintritt in die Partei Die Grünen
1985–1990	Studium der Volkswirtschaftslehre an der FU Berlin
1990–1991	Wissenschaftliche Mitarbeiterin beim Europa-Parlament
1992–1993	Tätigkeit am Wissenschaftszentrum Berlin
1993–1994	Tätigkeit in der Grundsatzabteilung der Bundesversicherungsanstalt für Angestellte
1994–2002	Mitglied des Deutschen Bundestages
1998–2001	Bundesministerin für Gesundheit
seit 2001	Freie Publizistin, Übersetzerin, zeitweise TV-Moderatorin
2004–2006	Mitglied des Führungsstabs des Bensheimer IFOK-Instituts (Berlin)
seit 2006	PR-Agentur Pleon, Leitung des Healthcare-Bereichs (München/Berlin)

Mit 38 Jahren war Andrea Fischer das jüngste Kabinettsmitglied in der am 27. Oktober 1998 aus SPD und Bündnis '90/Die Grünen gebildeten Koalitionsregierung unter Bundeskanzler Gerhard Schröder. Im Rahmen einer Dreier-Konstellation, zusammen mit Vizekanzler und Außenminister Joschka Fischer sowie Bundesumweltminister Jürgen Trittin, repräsentierte Andrea Fischer rund 26 Monate als Bundesministerin für Gesundheit die Politik der Grünen am Kabinettstisch. Die in den Medien oftmals als „Senkrechtstarterin" etikettierte Politikerin trat in der 14. Wahlperiode ein äußerst schwieriges Ministeramt an, welches mit der Herausforderung einer umfassenden Gesundheitsreform verknüpft war. Im Gegensatz zu ihrem Vorgänger im Gesundheitsministerium, Horst Seehofer (CSU), wurde die Expertin für Sozial- und insbesondere Rentenangelegenheiten noch zusätzlich mit der Zuständigkeit für die Pflegeversicherung sowie die Drogenpolitik betraut. Die energische, junge Ministerin, die mit klaren Vorstellungen, wie die Reform des Gesundheitswesens zu gestalten sei, ihr Amt antrat, musste jedoch bald erkennen, dass Norbert Blüms Vergleich des Gesundheitsressorts mit einem „Wasserballett im Haifischbecken" durchaus treffend war.

Andrea Fischer wurde am 14. Januar 1960 in Arnsberg/Westfalen geboren. Ihr Vater Walter Fischer, von Beruf Journalist, war in der CDU und im Vorstand der CDA tätig, die Mutter Illa engagierte sich ehrenamtlich im sozialen Bereich. Aufgewachsen in einem katholisch geprägten Elternhaus, übte sich Andrea Fischer schon früh in sozialpolitischen Diskursen. Ihr später viel gelobtes kommunikatives Talent und ihre Überzeugungskraft in konfliktreichen Debatten dürfte mit auf diese frühe Prägung zurückzuführen sein. Im Jahre 1978 legte Fischer die Reifeprüfung in Dortmund ab. Sie entschied sich für eine dreijährige Ausbildung als Offsetdruckerin und Korrektorin und arbeitete danach erst als Druckerin, später dann auch als Korrektorin bei der Berliner taz. Aus gesundheitlichen Gründen, allergiebedingt, musste sie ihren Beruf als Druckerin aufgeben.

Die aus dem Sauerland stammende Berlinerin mit WG-Erfahrung wurde bereits in jungen Jahren Mitglied der Gewerkschaft Druck und Papier. Als Zwanzigjährige hatte sie sich politisch zeitweilig in der trotzkistischen „Gruppe internationaler Marxisten" beheimatet gefühlt, später, 1985, trat sie dann in die Partei der Grünen ein. Ihr leidenschaftliches Interesse für sozialpolitische Belange führte auch dazu, dass sie als junge Frau des Öfteren an Demonstrationen teilnahm, wo sie nach eigener Aussage allerdings nicht die typische Demonstrantin verkörperte, vielmehr immer edel gekleidet war und so in schwierigen Situationen „der Senge entkommen" und als Passantin durchgehen konnte (Die Zeit vom 11. 11.1999).

Fischers besonderes Interesse richtete sich dann zunehmend auf die Erforschung und Analyse sozioökonomischer Zusammenhänge, und so studierte sie von 1985 bis 1990 Volkswirtschaftslehre an der Freien Universität Berlin. Sie schloss ihr Studium 1990 mit dem Diplom ab. In den Jahren 1990/91 war sie als wissenschaftliche Mitarbeiterin beim Europaparlament tätig. Danach wechselte sie von 1992 bis 1993 ans Wissenschaftszentrum Berlin. In den Jahren 1993/94 arbeitete sie in der Grundsatzabteilung der Bundesversicherungsanstalt für Angestellte, was ihr als späterer Bundestagsabgeordneten von 1994 bis 2002 insofern zugute kam, als sie sich rasch in der Grünen-Fraktion als Sozial- und insbesondere Rentenexpertin einen Namen machte. Vor ihrem Bundestagsmandat, das sie über die Berliner Landesliste der Grünen errang, war sie Delegierte im Länderrat und Mitglied im Landesvorstand von Bündnis ´90/Die Grünen. Von 1994 bis 1996 war Fischer im Fraktionsvorstand ihrer Partei Koordinatorin des Arbeitskreises Frauen, Arbeit und Soziales, Jugend und Gesundheit. Als sozialpolitische Sprecherin ihrer Bundestagsfraktion trat Fischer häufig ans Rednerpult und äußerte sich zu sozialpolitischen Themen. In der 13. Wahlperiode war sie Ordentliches Mitglied im Ausschuss für Arbeit und Sozialordnung und gehörte als Stellvertretendes Mitglied dem Haushaltsausschuss und dem Ausschuss für Gesundheit an. Auch arbeitete sie maßgeblich an dem Entwurf für eine Rentenreform der Grünen-Partei mit.

Fischers Ernennung zur Gesundheitsministerin war wohl auch darin begründet, dass ihr, anders als etwa Rudolf Dressler als langjährigem Gesundheitsexperten der SPD, die von Bundeskanzler Schröder intendierte Kehrtwende in der Gesundheitspolitik zuzutrauen war. Eine ihrer ersten Amtshandlungen war dann auch, die von ihrem Vorgänger Seehofer hinterlassene Gesundheitsreform erneut zu reformieren und vor der anvisierten großen rot-grünen Gesundheitsreform ein so genanntes Vorschaltgesetz (Gesetz zur Stärkung der Solidarität in der gesetzlichen Krankenversicherung) – Solidaritätsstärkungsgesetz verabschieden zu lassen. Fischers Intention war, unmittelbar nach dem Wahlsieg der rot-grünen Koalition eine „sozial gerechte und ausgewogene Gesundheitspolitik" anzustoßen (Dt. Ärzteblatt vom 11.12. 1998: 1).

Im Vorschaltgesetz, das der Deutsche Bundestag am 10. Dezember 1998 in zweiter und dritter Lesung beschloss, wagte die Ministerin den Spagat zwischen sektoralen Budgetierungen und Ausgabendeckelungen, im Wesentlichen zu Lasten der Leistungserbringer, mit dem Ziel der Beitragsstabilität bei gleichzeitigen Mengenausweitungen gesundheitlicher Leistungen (etwa im Krankenhausbereich), reduzierten Patientenzuzahlungen und Leistungsneueinführungen (etwa der Wiedereinführung von kostenfreien Zahnarztsachleistungen für Jugendliche, die nach 1978 geboren sind). Des Weiteren galt für chronisch Kranke nunmehr eine neue, reduzierte Belastungsgrenze, welche ein Prozent ihres Einkommens nicht überschreiten durfte. Auch wurde im Vorschaltgesetz die Verhandlungsmacht der Krankenkassen gestärkt, um so auch zu weiteren Kosteneinsparungen zu gelangen und das Ziel der Beitragsstabilität einhalten zu können. Nach Aussagen von Ministeriumsseite war das Solidaritätsstärkungsgesetz ohne weitere Beitragserhöhungen solide finanziert, aus Sicht der gesetzlichen Krankenkassen ergab sich allerdings eine Deckungslücke von 2 Mrd. DM (ca. 1 Mrd. €).

Die im Solidaritätsstärkungsgesetz angelegten strukturellen Weichenstellungen warfen ihre Schatten für die kommende Gesundheitsreform voraus. Die involvierten Interessengruppen sahen ihre Befürchtungen bestätigt und gingen in Abwehrstellung. So zeigte sich bereits im Entstehungsstadium des noch im Ministerium angesiedelten Referentenentwurfs im Frühjahr/Sommer 1999, aber dann auch im weiteren Gesetzgebungsprozess, dass sich allenthalben ein starker Widerstand gegen die geplante große Gesundheitsreform aufbaute. Dieser massive, in diesem Ausmaß wohl auch von der Ministerin nicht erwartete Ansturm der Gesundheitsreform-Gegner reichte vom Datenschutzbeauftragten über die Ärzteschaft, die kassenärztlichen Vereinigungen, Teile der Gewerkschaften, die Vorstände der gesetzlichen und privaten Krankenkassen, die Vertreter der Pharma- und Medizintechnikindustrie, die Deutsche Krankenhausgesellschaft, die Beschäftigten in Krankenhäusern bis hin zu den Psychotherapeuten und sonstigen Heilberufen. Selbst beim sozialdemokratischen Koalitionspartner formierte sich eine Abwehrfront, an deren Spitze der ministeriell unberücksichtigt gebliebene, stellvertretende SPD-Fraktionsvorsitzende Rudolf Dressler stand, der sich mit teilweise heftigen, auch Fischer persönlich angreifenden Attacken hervortat.

Gemäß dem Wahlspruch der rot-grünen Koalition, „Nicht alles anders, aber vieles besser zu machen", wurden im Gesundheitsreformgesetz 2000 Elemente eines gesundheitspolitischen Wandels bzw. Bruchs mit der vorherigen Gesundheitspolitik erkennbar, aber ebenso fanden sich auch kontinuitätsgeprägte Elemente. Der politisch eigenständige Gestaltungsanspruch der rot-grünen Regierung manifestierte sich im Reformgesetz in einer verstärkten Akzentuierung der bisher eher wenig explizit herausgestellten Belange und Rechte der Patienten, unter Einbeziehung auch der etwa 100 Selbsthilfegruppen. Außerdem wurde das Aufgabenfeld der gesetzlichen Krankenversicherungen um präventiv-gesundheitliche Beratungs- und Unterstützungsangebote erweitert. So sollten die Krankenkassen in ihrer Satzung „Leistungen zur Prävention" anbieten und über die Mitwirkung an der „Verhütung arbeitsbedingter Gesundheitsgefahren" hinaus, ergänzend zum Arbeitsschutz, Maßnahmen der betrieblichen Gesundheitsförderung durchführen. Der Gedanke der Wirtschaftlichkeit wurde dabei insofern nicht außer acht gelassen, als nur solche Leistungen bezahlt werden sollten, die eine Effizienzprüfung durchlaufen und bestanden haben. Des Weiteren wurden die Kassenleistungen im Hinblick auf Prävention und betriebliche Gesundheitsförderung auf 5 DM pro Versichertem und Jahr begrenzt.

Die Ausrichtung auf die Patienten als Leistungsnehmer drückte sich insbesondere auch darin aus, dass dem mangelnde Ineinandergreifen von ambulanter und stationärer Versorgung, ein Hauptdefizit der gesundheitlichen Versorgung in Deutschland, mit einer besseren Verzahnung zwischen diesen beiden sowie beigelagerten Sektoren entsprochen wurde. Auf der Grundlage eines eigenen Budgets sollten nunmehr niedergelassene Ärzte, Krankenhäuser und andere Leistungsanbieter miteinander kooperieren. Die als Kernstück der Zusammenarbeit herausgestellten, „integrierten, sektorenübergreifenden Versorgungsverträge" bedurften jedoch der Zustimmung der jeweiligen kassenärztlichen Vereinigung, deren potentielle und tatsächliche Vetomacht nicht unterschätzt werden darf.

Die ursprünglich intendierte, noch stärkere Aufgabenerweiterung der Krankenhäuser, hin zur erweiterten ambulanten Versorgung von Patienten, musste im Entstehungsstadium des Referentenentwurfs bzw. im damit verbundenen Gesetzgebungsprozess heruntergefahren werden auf „schwere Erkrankungen mit schweren Verläufen" und dementsprechenden „hochspezialisierten Leistungen" der Krankenhäuser, versehen mit der generellen Einschränkung, soweit und solange die regionale Versorgung nicht durch qualifizierte Vertragsärzte sichergestellt wird.

Die Stärkung der hausärztlichen Versorgung war ebenfalls ein Kernpunkt der GKV-Gesundheitsreform 2000. Um zur richtigen Zeit am richtigen Ort die optimale Gesundheitsversorgung zu erhalten, wurde dem Hausarzt im komplexen Geflecht der hochspezialisierten Leistungserbringer eine Lotsenfunktion zugewiesen. Der Hausarzt soll die besten Behandlungswege eruieren, um so unnötige, die Patienten belastende und nicht zuletzt auch kostenträchtige Behandlungsstationen bzw. Mehrfachuntersuchungen zu vermeiden. Anvisiert war, durch die hausärztliche Versorgungs- und Leitungsfunktion, die durch einen reduzierten Beitragssatz den Versicherten attraktiv gemacht werden sollte, etwa 20 bis 30% der Krankenversicherungskosten einzusparen. Mit der Fokussierung auf den Hausarzt als primäre Anlaufstation und Begleiter einer Krankengeschichte, wobei die freie Arztwahl unangefochten blieb, verschob sich über die damit verbundene Aufwertung und die bessere Bezahlung der Allgemeinmediziner das Kräfteverhältnis zwischen Fach- und Hausärzten, was dann auch wiederum auf deren Kassenärztliche Vereinigungen ausgestrahlt und für Konfliktstoff gesorgt hat.

Die kontinuitätsgeprägte Ausrichtung der von Andrea Fischer als Gesundheitsministerin in den Gesetzgebungsprozess eingebrachten Reform zeigte sich vorrangig beim Festhalten am ausdrücklich hervorgehobenen Grundsatz der Beitragsstabilität (siehe § 141.2 SGB V), welcher mit dem Instrument des Globalbudgets die Anbieterseite bei der Konsolidierung der Gesundheitsausgaben in die Pflicht nahm und so darauf abzielte, dass erhebliche Einsparungen im Gesundheitswesen vorgenommen werden müssen. Auch durch die Einführung einer Positivliste von Arzneimitteln wurde auf Kosteneinsparungsmodi zurückgegriffen, die im Rahmen des Lahnsteiner Kompromisses zum Gesundheitsstrukturgesetz 1992 zwischen den beiden großen Volksparteien diskutiert, von Andrea Fischers Vorgänger Horst Seehofer mit Rücksicht auf die Pharmalobby aber dann doch nicht durchgesetzt wurden. Um das Gesetzeswerk auch mit einer explizit grünen Handschrift zu versehen, wurde außerdem eine Positivliste alternativer Arzneimittel mit eingebracht. Mit der (Wieder)Einrichtung eines Instituts zur Arzneimittelverordnung in der gesetzlichen Krankenversicherung war intendiert, die Interessen der Pharmaindustrie sowie der damit verbundenen Arzneimittel- und Heilmethodenanbieter im Hinblick auf die Ausgestaltung der Positivlisten möglichst außen vor zu lassen. Die hiervon betroffenen Gruppen, nicht zuletzt auch die Pharmaindustrie, die ihre kostspieligen Innovationen auf dem Arzneimittelsektor durch die anvisierten Einsparpotentiale gefährdet sah, machten mobil und stellten sich vehement gegen die Gesundheitsreform.

Mehr Wettbewerb zwischen Ärzten und Kassen sowie eine verstärkte Qualitätssicherung im Gesundheitswesen rückten, in Anlehnung an die Hervorhebung von Wirtschaftlichkeitsaspekten, welche seit 1975 vermehrt die Gesundheitsreformprozesse prägen, Aspekte der Finanzierbarkeit in den Vordergrund. Diese bezogen sich in der GKV-Gesundheitsreform 2000 insbesondere auch auf den Krankenhaussektor, welcher sowohl als bedeutender Leistungserbringer wie auch als vorrangiger Kostenverursacher hervorsticht. So belief sich der Anteil der Krankenhausausgaben an den Gesamtgesundheitsausgaben im Jahr 2000 auf etwas mehr als ein Drittel. Der auf den Krankenhaussektor bezogene Teil der Reform führte die 1993 durch das Gesundheitsstrukturgesetz eingerichtete und als vorübergehend deklarierte Budgetdeckelung weiter und schrieb fest, dass das bisherige Abrechnungssystem zum 1. Januar 2003 auf ein vollständiges Fallpauschalensystem umgestellt werden sollte. Des Weiteren sollte die bisher geltende duale Krankenhausfinanzierung (Länder/Investitionskosten, Krankenkassen/Betriebskosten) auf eine schrittweise erfolgende monistische Finanzierung ausschließlich durch die Leistungsnehmer und ihre Kostenträger, im Wesentlichen die Krankenkassen, umgestellt werden. Insbesondere letztere Verfügung hat den Ärger der Krankenhausbeschäftigten hervorgerufen, da eine Berücksichtigung von Tariferhöhungen, welche über die durchschnittliche Steigerung der beitragspflichtigen Einkommen hinausgeht, ins letztendliche Ermessen der Krankenkassen gestellt wird.

Das Gesundheitsreformgesetz 2000 passierte, mit einigen kleinen handwerklichen Pannen, die aber im Wesentlichen von der Bundesdruckerei verursacht waren, am 6. November 1999 den Bundestag, wobei 325 Abgeordnete der Regierungskoalition für die Reform stimmten; 241 Abgeordnete der CDU/CSU und der FDP lehnten das Gesetz ab, 26 PDS-Abgeordnete enthielten sich. Da die starken Widerstände gegen das Gesetz, nicht zuletzt durch die vorausgegangenen, die Unionsparteien stärkenden Landtagswahlen, auch im Vermittlungsausschuss sichtbar wurden, bot die Ministerin den ostdeutschen Ländern eine Finanzspritze über 1,4 Mrd. DM zur Sanierung ihrer überschuldeten Krankenkassen an. Die Finanzierung sollte durch die westdeutschen Kassen getragen werden. Doch die Ablehnung des Gesundheitsreformgesetzes im Bundesrat, vor allem vorangetrieben von der Bayerischen Staatsregierung, war nicht mehr zu verhindern. So mussten in einem weiteren Akt die zustimmungspflichtigen Teile des Gesetzes (Krankenhausfinanzierung, Globalbudget etc.) wie auch die Positivlisten gestrichen werden. Heraus kam ein Gesetzes-Torso, welcher am 29. November 1999 vom Bundestag ratifiziert wurde.

Andrea Fischer hatte während ihrer Amtszeit einen Ethikrat ins Leben gerufen, der das weite Feld der Biopolitik (u.a. Präimplantationsdiagnostik und verbrauchende Embryonenforschung) beleuchten und politischem Handeln eine vertiefte Sicht vermitteln soll. Ein Eckpunktepapier für eine Reform des Embryonenschutzgesetzes wurde von den Fraktionen des Bundestages nicht mehr beraten, Fischers Nachfolgerin verwarf den Entwurf. Sie selbst steht der Präimplantationsdiagnostik kritisch gegenüber. Auch war die früher passionierte Raucherin, die mit Amtsantritt als Gesundheitsministerin das Rauchen aufgab, an der Umsetzung eines Werbeverbots für Tabakwaren mitbeteiligt. Die Ministerin, von der Badischen Zeitung (10.2.1999) als „Frau Sisyphus auf vermintem Gelände" betitelt, trat am 9. Januar 2001, gemeinsam mit Landwirtschaftsminister Karl-Heinz Funke, wegen Pannen im Umgang mit der BSE-Krise zurück. Ihr wurde vorgeworfen, die Verbraucher zu spät über die BSE-Krise informiert zu haben. In ihrem Rücktrittskommentar verwies sie darauf, eigentlich sei es bizarr, dass ausgerechnet eine grüne Politikerin als erste die politische Verantwortung für den Gau der industrialisierten Landwirtschaft übernehmen müsse.

Nach Beendigung ihrer Amtszeit war Andrea Fischer kurzzeitig als Vorsitzende der Grünen im Gespräch. Ab Februar 2001 leitete sie die Arbeitsgruppe „Gentechnik" der Grünen-Fraktion und gehörte der Regierungskommission „Corporate Governance, Unternehmensführung und -kontrolle, Modernisierung des Aktienrechts" an. Des Weiteren war sie in der 14. Wahlperiode im Rahmen ihrer Tätigkeit als Bundestagsabgeordnete ordentliches Mitglied des Finanzausschusses und des Ausschusses für Wirtschaft und Technologie. Ihre Tätigkeitsschwerpunkte bezogen sich bei letzterem auf die Bereiche Internet und New Economy, E-Commerce und geistiges Eigentum. Im Jahr 2002 schied Andrea Fischer aus dem Bundestag aus. Sie konnte sich bei der Vorentscheidung im Berliner Landesverband der Grünen nicht durchsetzen.

Andrea Fischer hat nach ihrer politischen Laufbahn einen neuen Lebensabschnitt begonnen. Sie betätigt sich als freie Publizistin und Übersetzerin, ist eine gefragte Rednerin im In- und Ausland und war zeitweilig auch im „Grünen Salon" bei n-tv als Moderatorin von Oktober 2002 bis Oktober 2003 zu sehen. Ihr Engagement gilt unter anderem der „Initiative Pro EU-Erweiterung", außerdem war sie bis 2003 mit der Leitung des Zentrums kanadischer Universitäten in Berlin betraut. Von 2004 bis 2006 arbeitete sie im Führungsstab des Bensheimer IFOK-Instituts (Institut für Unternehmenskommunikation) mit und war dort für die Bereichsleitung Gesundheit und Ernährung zuständig. Am 1. Oktober 2006 wechselte sie zu Europas führender Kommunikationsberatung Pleon und übernahm dort die Leitung der „Healthcare Practice". Im Jahr 1990 erhielt sie den Preis des Vereins Berliner Kaufleute für Europaforschung.

In einem Interview, befragt über die Beleidigungen, denen Politiker/innen häufiger ausgesetzt seien, äußerte sich die Ex-Gesundheitsministerin folgendermaßen: „Das Problem in der Politik ist, dass das Öffentliche den Konkurrenzkampf härter macht. Als Politiker weiß man: Sobald der eine im Licht steht, könnte ich selbst im Schatten stehen. Wer in der Politik kritisiert, will nicht nur etwas verbessern, sondern er kämpft auch um Machtpositionen. In der Politik gibt es viele subtile Mechanismen, wie man Macht herstellt und andere schwächer macht. Aber das macht Politik aus" (Chrismon 12, 2005: 24).

Literatur:
Bandelow, Nils C.: Gesundheitspolitik: Zielkonflikte und Politikwechsel trotz Blockaden, in: *Schmidt, Manfred G./Reimut Zohlnhöfer (Hrsg.):* Regieren in der Bundesrepublik Deutschland, Wiesbaden 2006; *Niejahr, Elisabeth:* Die grüne Dame, in: Die Zeit 46/1999; *Vollmer, Rainer:* Auf der Pflegestation: Gesundheitsreform, in: Rheinischer Merkur 50/2000: S. 5.

Gabriele Metzler

Fischer, *Joschka*

Bundesminister des Auswärtigen, Stellvertreter des Bundeskanzlers (Bündnis ´90/Die Grünen)

geb. 12.4.1948 in Gerabronn, kath

	Gottlieb-Daimler-Gymnasium Stuttgart-Bad Cannstatt, nach der 10. Klasse Fotografenlehre, abgebrochen
1968–1975	Gesellschaftspolitische Studien und militante Teilnahme an revolutionären Demonstrationen und Straßenkämpfen
1981	Eintritt in die Partei „Die Grünen"
1983–1985,	
1994–2005	Mitglied des Deutschen Bundestages
1985–1987	Minister für Umwelt und Energie des Landes Hessen
1987–1991	Fraktionsvorsitzender der Grünen
1987–1994	Mitglied des Hessischen Landtages
1991–1994	Minister für Umwelt, Energie und Bundesangelegenheiten sowie stellvertretender Ministerpräsident des Landes Hessen
1994–1998	Mitglied des Deutschen Bundestages und Fraktionssprecher von Bündnis '90/Die Grünen
1998–2005	Bundesminister des Auswärtigen und Stellvertreter des Bundeskanzlers

Fischer, Joschka

Joschka Fischer weist die außergewöhnlichste Karriere aller in der Bundesrepublik aufgewachsenen und sozialisierten Politiker auf: vom Straßenkämpfer gegen das Establishment zum prominenten Vertreter der politischen Elite als Außenminister und Vizekanzler. Man kann ihn geradezu als „Mr. Bundesrepublik" der Jahre nach 1968 bezeichnen. Die 68er-Revolution und die sich aus ihr herleitenden neuen sozialen Bewegungen sind zu einem Mythos in der Demokratiegeschichte Deutschlands geworden. Das Jahr 1968 gilt für große Teile der Bevölkerung, vor allem der akademisch gebildeten politischen Elite, als innere demokratische Neugründung der Bundesrepublik, gleichsam in Analogie zu den Revolutionen, aus denen die westlichen Demokratien hervorgingen. Umgekehrt kann die Einbindung eines „Straßenkämpfers" wie Fischer als große Leistung des politischen Systems der Bundesrepublik interpretiert werden. Der Aufstieg Fischers setzte eine unglaubliche Anpassung an das anfangs fundamental abgelehnte politische System voraus. Wenn man bedenkt, dass die Identität der heutigen Bundesrepublik sowohl auf dem Erfolgserlebnis der 68er fußt, das System vor allem kulturell verändert zu haben, wie auf dem Stolz der Konservativen, dass das Verfassungssystem eine solche Integrationskraft entwickelt hatte, versteht man die Popularität Fischers. Zumal der Außenminister ohnehin auf einem Politikfeld tätig war, das wenig konfliktträchtig ist und – vor allem über das Medium Fernsehen – viel Raum für die Rolle des Staatsmannes bietet. Auch Fischers Vorgänger hatten davon profitiert. Konflikte als Außenminister musste Fischer insbesondere in seiner eigenen Partei bewältigen. Dabei konnte er aus der Autorität schöpfen, die er sich mit seiner außerparlamentarischen Vergangenheit geschaffen hatte.

Fischer besitzt eine Naturbegabung, reich ausgestattet mit jenen sozialen und kommunikativen Fähigkeiten sowie der psychischen Belastbarkeit, die Machterwerb und Durchsetzungskraft sichern. Dazu gehören eine extreme Selbstdisziplin und der Eifer, sich autodidaktisch zu bilden.

Die Karriere des Berufspolitikers Fischer begann nach Beendigung seiner militanten Phase Ende der siebziger Jahre am 30. Juli 1981, als er in die ein Jahr zuvor gegründete Partei der Grünen eintrat. Schon 1983 erhielt er ein Bundestagsmandat, das er zwei Jahre später wegen des Rotationsprinzips seiner Partei wieder aufgeben musste. In dieser Phase profilierte er sich zum einen lautstark in der Rolle des „Antiparteien-Parteipolitikers" und Störers der parlamentarischen Würde, zum anderen politisch-pragmatisch als Vertreter des realpolitischen Flügels seiner Partei.

Kurz nach seinem Ausscheiden aus dem Bundestag trat Fischer als erster grüner Minister in die rot-grüne Landesregierung von Hessen ein. Für den recht glücklos amtierenden Minister für Umwelt und Energie war die nur 14 Monate dauernde Kabinettszugehörigkeit eine schwierige Lehrzeit. Sowohl in der Kernenergie- wie in der Müllpolitik ließen sich die hohen Ansprüche der Regierung nicht durchsetzen. Es folgten vier Jahre Opposition im Hessischen Landtag und danach 1991 eine zweite Amtszeit als Landesminister, diesmal für Umwelt, Energie und Bundesangelegenheiten, sowie als stellvertretender Ministerpräsident. In seiner zweiten Amtszeit konnte sich Fischer vor allem im Kernenergiestreit mit Bundesumweltminister Töpfer kompetenter und professioneller präsentieren als in der ersten Regierungsphase. Dabei ging es vor allem um die Uranverarbeitung in Hanau und das Atomkraftwerk Biblis A. Sehr erfolgreich zeigte sich Fischer im Umgang mit den Medien.

Vor der Bundestagswahl des Jahres 1994 gab Fischer sein Ministeramt in Hessen auf und bereitete – wie schon seit Jahren geplant – den abermaligen Wechsel in die Bundespolitik vor. Ohnehin hatte er nie aufgehört, in der seit 1993 als Bündnis '90/Die Grünen firmierenden Bundespartei eine zentrale Rolle zu spielen. Im Jahr 1994 kehrte er in den Bundestag zurück und wurde sofort zusammen mit Kerstin Müller zum Fraktionssprecher gewählt.

Die letzte Legislaturperiode der Kanzlerschaft von Helmut Kohl war für Fischer ein harter innerparteilicher Kampf um die Regierungsfähigkeit der Grünen; es ging ihm um die „Machtfrage" – die Wegbereitung für eine Koalition der Grünen mit den Sozialdemokraten. Die Auseinandersetzung um koalitionsfähige Programmaussagen erfolgte in der Bundestagsfraktion ebenso wie in und zwischen den Parteigremien. Auf allen Politikfeldern wurde zwischen den grünen Realpolitikern und Fundamentalisten gerungen: in der Wirtschafts- und Finanzpolitik, Rentenpolitik, inneren Sicherheit, ganz besonders aber über die Frage der Auslandseinsätze der Bundeswehr. Die Härte des innerparteilichen Ringens erklärt sich aus der Tatsache, dass es letztlich um die Seele der Partei ging. Das Gründungsprogramm der Grünen von 1980 zählte vier Grundsätze grüner Politik auf: „Sie ist ökologisch, sozial, basisdemokratisch und gewaltfrei". Die basisdemokratischen Regelungen der Rotation und Amtsbegrenzung, die dem Rätemodell der APO-Zeit entliehenen Vorstellungen politischer und wirtschaftlicher Selbstverwaltung, die Ablehnung quantitativen Wirtschaftswachstums, der radikale Vorrang der Ökologie vor der Ökonomie und eine pazifistisch verstandene Gewaltfreiheit mussten zumindest abgeschwächt werden, um die Grünen koalitionsfähig zu machen. Mit Strategie-, Thesen- und Positionspapieren in Fraktionsklausursitzungen, auf Parteitagen und Delegiertenversammlungen versuchten die Realos unter Führung von Fischer die Grundsatzpositionen der Grünen pragmatisch aufzuweichen. Erfolge und Rückschläge wechselten sich ab. Wenige Monate vor der Bundestagswahl im

März 1998 radikalisierte die Bundesdelegiertenversammlung in Magdeburg ihre steuerpolitische Programmatik etwa durch das Ziel, den Benzinpreis binnen zehn Jahren auf 5 DM pro Liter zu erhöhen und erneuerte die grundsätzliche Ablehnung von Auslandseinsätzen der Bundeswehr. Der Wahlkampf mit seiner Personalisierung, in deren Zentrum Fischer stand, sollte den durch die Programmradikalität eingetretenen Imageverlust der Grünen ausgleichen.

Fischer konzentrierte sich als „Außenministerkandidat" vor allem auf die Außen- und Sicherheitspolitik. Es war ein langer und mühsamer Weg. Als Marksteine können Fischers Haltung zur deutschen Wiedervereinigung, sein Buch „Risiko Deutschland" von 1994 sowie seine Haltung zu den ethnischen Morden auf dem Balkan gelten. An allen Wendepunkten wird eine kontinuierliche moralische Leitlinie sichtbar: „Nie wieder Auschwitz".

Die Wiedervereinigung hatten Fischer und die Grünen abgelehnt. Nicht nur sei die Teilung als Strafe für Auschwitz zu akzeptieren; vor allem aber sei ein neuer deutscher Nationalismus zu befürchten. Natürlich spielte bei der Linken auch die Angst vor einem nun alternativlosen „westdeutschen Kapitalismus" angesichts des Wegfalls eines vielleicht doch reformierbaren sozialistischen Systems eine Rolle. Fischer setzte sich damit 1992 in seinem Buch „Die Linke nach dem Sozialismus" auseinander. Die Abneigung gegen die Wiedervereinigung war ambivalent im Hinblick auf das Verhältnis zur alten Bundesrepublik. Die 68er und ihre Epigonen entdeckten plötzlich den Wert der Bundesrepublik mit ihrer Westbindung und gefesselten Souveränität. Die NATO und die Europäische Union schützten die Deutschen vor sich selbst, vor den „incertitudes allemandes", die Fischer 1994 in seinem Buch „Risiko Deutschland" ausführlich beschrieb. Dieses Buch ist auf zweifache Art zu interpretieren: zum einen aus damaliger, zum anderen aus heutiger Sicht. Damals wollte Fischer Bündnistreue demonstrieren, indem er das Gespenst einer rechten deutschen Außenpolitik als Folge der Wiedervereinigung an die Wand malte: „Es fängt heute mit der Parole ‚Mehr Verantwortung übernehmen!' an, dann werden die ersten Kriegseinsätze stattfinden, die ersten Toten wird es geben, die ersten vaterländischen Rituale werden folgen, die Generalität wird mehr Freiheiten wollen, die Kriegshelden werden heroisiert. [...] Parallel dazu wird Deutschland einen ständigen Sitz im Sicherheitsrat der Vereinten Nationen erhalten, in dem als ständige Mitglieder heute nur die Nuklearmächte sitzen. Folglich wird auch in Deutschland dann die Debatte beginnen um die ‚vollständige' Souveränität, und dies ist in der heutigen Welt nun einmal die nukleare Souveränität" (Fischer 1994). Die Einbindung in die Europäische Union sollte Deutschland vor seinem bösen Dämon retten. Dies hieß Verzicht auf „Weltpolitik" und selbstverständlich auch auf Out-of-area-Einsätze der Bundeswehr. Letzteres war Gegenstand der Auseinandersetzung um das Verhalten der deutschen Regierung gegenüber der ethnischen Gewaltpolitik des serbischen Diktators Milosevič. Fischer lehnte, wie das Wahlprogramm der Grünen, jedes militärische Engagement Deutschlands auf dem Balkan ab. Aus heutiger Sicht präsentiert sich das Buch „Risiko Deutschland" also nicht als ein Schritt des Wandels, sondern der Verfestigung grüner pazifistischer Positionen.

Im folgenden Jahr erfolgte dann Fischers Kehrtwendung im Sinne einer Anpassung an die politische Realität. Erst das Massaker von Srebrenica (12.7.1995) durch bosnische Serben, dem schon einige Gräuel vorausgegangen waren, brachte ihn dazu, eine militärische Intervention zu befürworten. Das Ziel „Nie wieder Auschwitz" hieß „nie wieder Völkermord" und konnte offensichtlich nur mit militärischen Mitteln auch mit deutscher Verantwortung durchgesetzt werden. Fischer forderte nun seine Partei zu einer außen- und sicherheitspolitischen Neuorientierung auf; insbesondere plädierte er für die „Interventionspflicht der UNO" bei Völkermord. Auf dem Parteitag der Grünen Ende 1995 fand sich dafür jedoch noch keine Mehrheit.

Die theoretische Debatte fand ein jähes Ende, als die neue rot-grüne Bundesregierung mit der Realität konfrontiert wurde und handeln musste. Der serbische Diktator verstärkte seine ethnische Säuberungspolitik im Kosovo und spielte in den Verhandlungen mit der Kontaktgruppe der NATO unter amerikanischer Führung Katz und Maus. Zeitgleich mit der Bundestagswahl und dem Regierungswechsel in Deutschland erklärte der NATO-Rat, dass der Einsatz militärischer Mittel gegen Jugoslawien angesichts der drohenden humanitären Katastrophe auch ohne UN-Mandat gerechtfertigt sei. Die Bundesregierung Kohl stellte in Abstimmung mit der designierten Regierung Schröder Tornado-Flugzeuge zur Verfügung. Am 16. Oktober 1998 (fast drei Wochen nach der Bundestagswahl) beschloss der alte Bundestag mit großer Mehrheit den Einsatz der Bundeswehr im Rahmen einer NATO-Aktion. Nach einem erneuten Hin und Her von Verhandlungen begann die NATO am 24. März 1999, Ziele in Jugoslawien zu bombardieren – ohne UN-Mandat und mit deutscher Beteiligung. Auch während der Kriegshandlungen arbeitete man weiter an einer politischen Lösung. Der neue deutsche Außenminister Fischer gab sein diplomatisches Entree mit den erfolgreichen Bemühungen um eine Verhandlungslösung unter Einbeziehung Russlands. Er nutzte die deutsche Präsidentschaft in der EU und in der G-8 für eine diplomatische Initiative, um einen Friedensplan und einen Stabilitätspakt für den Balkan zu entwerfen und durchzusetzen. Am schwierigsten erwies sich für Fischer allerdings die Durchsetzung seiner Politik in der eigenen Partei. Der von

Demonstrationen bedrängte Sonderparteitag in Bielefeld am 13. Mai 1999, auf dem es heiß herging und Fischer am Ohr schmerzhaft von einem Farbbeutel getroffen wurde, stimmte der Kosovo-Politik des Außenministers zu. Die Grünen hatten ihre erste Bewährungsprobe als Regierungspartei bestanden. Außenminister Fischer erklomm in der politischen Hitliste der Popularität den Spitzenplatz.

Die Außenpolitik der rot-grünen Regierung stand während ihrer ersten Legislaturperiode in der Kontinuität der Regierung Kohl. Ganz besonders deutlich war dies im „atlantischen" und im „europäischen Bezugskreis" (Hans-Peter Schwarz), aber auch in der Forderung nach einem deutschen Sitz im UN-Sicherheitsrat.

Nach einer kurzen Trübung des deutsch-amerikanischen Verhältnisses unmittelbar nach dem Regierungswechsel durch Fischers öffentliche Zweifel an der nuklearen Erstschlagsstrategie der NATO und dem raschen Rückzug des deutschen Außenministers intensivierte die rot-grüne Bundesregierung sogar den atlantischen Bezugskreis. Höhepunkt war die Beteuerung der „uneingeschränkten Solidarität" mit den USA nach dem Terroranschlag vom 11. September 2001 und die Zusicherung der Unterstützung im Kampf gegen den Terrorismus. Die Bundesregierung stimmte am 2. Oktober 2001 der Entscheidung der NATO zu, erstmalig in ihrer Geschichte den Bündnisfall auszurufen. Auch diesmal musste die deutsche Militärbeteiligung innerparteilich hart erkämpft werden – in der SPD, aber ganz besonders wiederum bei den Grünen. Der Bundeskanzler verband die Abstimmung am 16. November 2001 im Deutschen Bundestag mit der Vertrauensfrage, die er knapp gewann. Auf dem Bundesparteitag der Grünen in Rostock erhielt Fischer dann für seine Anti-Terror-Politik sogar eine Zweidrittelmehrheit. Nach dem raschen Sieg der Amerikaner gegen das Taliban-Regime in Afghanistan entsandte die Bundesrepublik im Januar 2002 Soldaten für die Internationale Schutztruppe für Afghanistan (ISAF).

Wie schon im Kosovo-Konflikt entfaltete Fischer auch während des Afghanistan-Krieges eine intensive diplomatische Tätigkeit. Er regte die internationale Friedens- und Aufbaukonferenz auf dem Petersberg bei Bonn im Dezember 2001 an, die die Grundlagen für eine afghanische Übergangsregierung schuf. Das Ergebnis war wesentlich Fischers Werk.

Ganz auf den Spuren Kohls und Genschers wandelte die rot-grüne Bundesregierung in der Europapolitik, auch wenn das deutsch-französische Verhältnis nur schwer in Gang kam. Fischer bemühte sich um eine Gemeinsame Außen- und Sicherheitspolitik der EU (GASP) sowie um eine Europäische Sicherheits- und Verteidigungspolitik (ESVP) – allerdings wie die Vorgängerregierung mit mäßigem Erfolg und in der alten Ambivalenz, Europa ein eigenes Gewicht gegenüber den USA zu geben, ohne die atlantischen Beziehungen zu gefährden. Auch die Politik der EU-Erweiterung um die neuen ostmitteleuropäischen Demokratien wurde fortgesetzt.

Fischers Bekenntnis zur europäischen Integrationspolitik gipfelte in seiner Grundsatzrede in der Berliner Humboldt-Universität am 12. Mai 2000: „Vom Staatenbund zur Föderation – Gedanken über die Finalität der europäischen Integration", eine Rede, die er nicht als Erklärung des Außenministers, sondern als „persönliche Zukunftsvision" verstanden wissen wollte. Als Antwort auf die Herausforderungen der Erweiterung und Vertiefung der Europäischen Union sah er ein neues langfristiges Ziel: „Den Übergang vom Staatenverbund der Union hin zur vollen Parlamentarisierung in einer Europäischen Föderation, die Robert Schuman bereits vor 50 Jahren gefordert hat. Und d.h. nichts geringeres als ein europäisches Parlament und eine ebensolche Regierung, die tatsächlich die gesetzgebende und die exekutive Gewalt innerhalb der Föderation ausüben. Diese Föderation wird sich auf einen Verfassungsvertrag zu gründen haben." Sollte angesichts der Osterweiterung der EU die Erosion drohen, böte sich als „möglicher Zwischenschritt hin zur Vollendung der politischen Union" die „Bildung eines Gravitationszentrums" durch eine integrationswillige Staatengruppe an, die einen „neuen europäischen Grundvertrag" als „Nukleus einer Verfassung der Föderation" mit einem starken Parlament und einem direkt gewählten Präsidenten schließen würde. „Ein solches Gravitationszentrum müsste die Avantgarde, die Lokomotive für die Vollendung der politischen Integration sein und bereits alle Elemente der späteren Föderation umfassen."

Die Humboldt-Rede löste national wie international eine lebhafte und durchaus differenzierte Debatte aus. Bundeskanzler Schröder stellte sich dabei hinter seinen Außenminister.

Gerhard Schröder überließ in den ersten Jahren seiner Regierung die Europapolitik weitgehend seinem Außenminister. Erst seit dem EU-Gipfel von Nizza im Dezember 2000 beanspruchte er die Europapolitik stärker als Domäne des Bundeskanzlers. Dabei wurde zunehmend ein deutlicher Unterschied zu Joschka Fischer sichtbar. Der Bundeskanzler machte kein Hehl daraus, dass er den außenpolitischen Spielraum Deutschlands erweitern und deutsche Interessen stärker durchsetzen wollte. Als der erste deutsche Bundeskanzler, der ausschließlich von der Nachkriegszeit geprägt war, trat er entsprechend unbefangen auf. Er dachte in machtpolitischen Kategorien; der deutsche Nationalstaat blieb für ihn, ähnlich wie für die französische und die britische Regierung auch, zentraler politischer Akteur im Rahmen der EU. Der Außenminister dagegen verstand es, die deutschen Interessen geschickt europapolitisch einzukleiden. Für ihn hatte die Zivilmacht Europa vor dem deutschen Nationalstaat Vorrang, wurde er doch nicht müde, vor einer Rückkehr des deutschen Nationalstaats zu warnen. Fischer argumentierte stärker multilateral und konzeptionell als sein Kanzler. Letztlich kamen darin unterschiedliche politische Ordnungssysteme zum Ausdruck. Schröder blieb auch in der Außenpolitik den Erfolgskategorien der Innenpolitik verhaftet. Der innenpolitische Erfolg war immer und überall die Orientierungsmarke, während der lernbegierige und anpassungsfähige Außenminister sich rasch die Regeln und Rituale des diplomatischen Dienstes aneignete und damit auch innenpolitischen Erfolg erntete, wie seine Popularität bewies.

Ein ureigenes Feld der diplomatischen Profilierung entdeckte Fischer Mitte 2001 in der Nahost-Politik, als Mittler zwischen den Israelis und den Palästinensern. Zuvor allerdings schlitterte er in eine politische Krise, die ihn fast das Amt kostete. Die Vergangenheit der gewaltbereiten Frankfurter Hausbesetzerszene holte ihn ein. Die Tochter der RAF-Terroristin Ulrike Meinhof veröffentlichte Fotos, die Fischer als Aktivisten der Szene beim Einschlagen auf einen am Boden liegenden Polizisten zeigten. Und im Prozess um den terroristischen Überfall auf die OPEC-Konferenz 1975 musste er als Zeuge über seine Beziehungen zu Terroristen aussagen. Fischer überstand mit Mühe die intensive öffentliche Debatte über seine militante Lebensphase als Straßenkämpfer und die Frage, ob sich das Amt des Außenministers damit vereinbaren ließe. Obgleich Fischer bei seiner Verteidigung vor allem in seiner Erinnerungsarbeit zunächst kein gutes Bild abgab, da sie von Zynismus und Hochmut geprägt war, überlebte er die Krise insbesondere durch seine klare Distanzierung von der damaligen Gewaltbereitschaft und die Ausweitung der Debatte zu einer Bilanzierung von 1968, was die Mehrheit der Bevölkerung eher positiv wertete.

Dem Außenministerium konnte sich Fischer in den ersten Monaten des Jahres 2001 angesichts der Debatte um seine Person nur am Rande widmen. Erst mit seiner Nahostreise Anfang Juni kehrte Fischer auf die internationale Bühne zurück. Der Besuch in Israel wurde begleitet von einem blutigen Terroranschlag in Tel Aviv mit vielen Verletzten und Toten. Fischers aus diesem Anlass wahrgenommene Pendeldiplomatie zwischen Scharon und Arafat, ermöglicht durch das Vertrauen beider Seiten und im Einvernehmen mit den außenpolitischen Akteuren der EU, der USA, Russlands und dem UN-Generalsekretär, erntete viel Lob, trug aber über den Tag hinaus wenig zur Lösung des Nahostkonfliktes bei. Ebenso wenig wie der in einem Diskussionspapier im Frühjahr 2002 vorgestellte „Sieben-Stufen-Plan" für die Wiederaufnahme der Friedensgespräche. Deutschland verfügte nicht über die Möglichkeiten der Konfliktlösung, auch nicht der Vermittlung. Der Schlüssel konnte, wenn überhaupt, nur bei der Supermacht USA liegen. Aber gerade das Verhältnis der deutschen Bundesregierung zur amerikanischen Administration erhielt im Sommer 2002 Risse.

Politikwissenschaftler und Zeithistoriker sind sich einig, dass sich damit ein neues Kapitel in der deutschen Außenpolitik öffnete. Uneins dagegen sind sich die Wissenschaftler in der Analyse und Bewertung der neuen Außenpolitik. Erst eine spätere wissenschaftliche Aufarbeitung wird hier Klarheit schaffen, wenn sich die Hintergründe und die Implikationen außenpolitischen Handelns deutlicher zeigen. Die eine Seite sieht in der rot-grünen Außenpolitik trotz handwerklicher Fehler eine Erweiterung der Handlungsspielräume der Bundesrepublik im Sinne der durch die Wiedervereinigung gewonnenen vollen Souveränität des Nationalstaats (Gregor Schöllgen) bzw. eine „kalkulierte, durchdachte und strategisch angelegte Politik", die „auf leisen Sohlen zur Weltpolitik" führte (Wilfried von Bredow). Die andere Seite wertet die außenpolitische Bilanz der Regierung Schröder/Fischer vernichtend (Christian Hacke), als unstet, konzept- und orientierungslos (Hans-Peter Schwarz); die Außenpolitik habe letztlich an Gestaltungsfähigkeit eingebüßt (Hanns W. Maull).

Am Anfang des umstrittenen neuen Kurses in der deutschen Außenpolitik stand die Debatte über einen drohenden Irak-Krieg im Wahlkampfsommer 2002. Bundeskanzler Schröder lehnte am 5. August 2002 beim Wahlkampfauftakt der SPD eine deutsche Beteiligung ab, sprach von einem „Abenteuer" und betonte einen „deutschen Weg". Nach allgemeiner Einschätzung trug diese Haltung wesentlich zu Schröders Wahlsieg bei. Nach der Wahl spitzte Schröder den Konflikt mit den USA noch zu, als er ein unbedingtes „Nein" im Sicherheitsrat gegen einen Krieg im Irak ankündigte und sogar für den Fall eines UN-Mandats eine Beteiligung Deutschlands kategorisch ausschloss – „ein unilateralistischer Sündenfall, der den traditionellen, prinzipiell multilateralistischen Orientierungen der deutschen Außenpolitik" zuwiderlief (Maull). Als Folge wurde natürlich die internationale Drucksituation auf Saddam Hussein ebenso geschwächt wie die Chance, hinter den Kulissen Einfluss auf die amerikanische Außenpolitik auszuüben.

In dieser Situation fand sich Deutschland recht allein und war dankbar für die Unterstützung durch Frankreich, das sich in gaullistischer Tradition der amerikanischen Hegemonie widersetzte. Schröders Verhältnis zu Präsident Chirac, das er jahrelang vernachlässigt hatte und das lange Zeit von gegenseitigem Misstrauen geprägt war, entwickelte sich zur Strategie der europäischen Gegenmacht zu den USA. Was bundesdeutsche Regierungen immer zu vermeiden gewusst hatten, nämlich zwischen den USA und Frankreich eindeutig Position zu beziehen, war eingetreten. Schröder stand auf der Seite Frankreichs gegen die USA. Und schlimmer noch, er baute auf eine Achse Paris-Berlin-Moskau. „Wer hätte im Frühjahr 2002 vorhergesehen, dass wenige Monate später eine buntscheckige diplomatische Koalition traditioneller, zu ihrem Leidwesen abgestiegener europäischer Großmächte – Deutschland, Frankreich und Russland – zusammen mit der kommenden Großmacht China und einem stattlichen Schwarm von Dritte-Welt-Staaten im Gefolge gegen eine transatlantische Koalition auftreten würde mit den USA als Führungsmacht und mit England, Spanien, Portugal, den Niederlanden, Dänemark, Polen, Ungarn, der Türkei und anderen in deren Gefolge?" (Hans-Peter Schwarz).

Hier kam in der Tat ein „revolutionärer Wandel" zum Ausdruck. „Die unipolare Welt unter Führung der USA wird nicht als Chance, sondern als Bedrohung verstanden. Weil Berlin die ‚Pax Americana' durch Gegenmachtbildung mit Paris, Moskau und Peking aufzulösen versuchte, vertiefte sich der Graben zwischen Berlin und Washington, möglicherweise mit schwerwiegenden Folgen" (Hacke). Die Außenpolitik der „alten Bundesrepublik" wurde auf den Kopf gestellt.

Opfer war nicht nur das atlantische Bündnis, sondern auch Europa. Bei den ostmittel- und osteuropäischen Staaten kehrten alte Ängste vor einer deutsch-russischen Dominanz zurück; sie verließen sich in ihrer Sorge vor einem erneuten russischen Hegemoniestreben lieber auf eine NATO unter amerikanischer Führung als auf eine gemeinsame europäische Außen- und Sicherheitspolitik, die jetzt ohnehin in Scherben lag. Eine deutsch-französische Dominanz in der EU akzeptierten sie ebenso wenig.

Hinzu kam, dass Berlin auch in Brüssel den Eindruck einer gewissen Renationalisierung erweckte. Die deutlichere und auch harsch vorgetragene Akzentuierung eigener Interessen, die Kritik an der EU-Kommission, die Verletzung des Stabilitäts- und Wachstumspaktes und die Vorstellungen zur Ordnung der EU-Finanzen für die Zeit nach der Erweiterung der EU beschädigten die Glaubwürdigkeit der Berliner Regierung als Motor der europäischen Integration. All dies stand im Gegensatz zum nach wie vor rhetorischen Bekenntnis zur europäischen Supranationalität und zur tagtäglichen Praxis der europaeinheitlichen Verrechtlichung und Regulierung.

Diese Außenpolitik des „deutschen Weges" trug wesentlich die Handschrift des Bundeskanzlers. Er stellte seine Außenpolitik vor allem unter die Devise „Normalisierung". Symbolisch dafür war die Teilnahme Schröders an der Gedenkfeier zum 60. Jahrestag der Landung der Alliierten im Juni 2004. Seine Vorgänger hatten dies immer abgelehnt. Auch die Männerfreundschaft mit dem russischen Präsidenten Putin, die an sich nichts Neues war – Bundeskanzler Kohl hatte zu Gorbatschow und Jelzin ebenfalls ein enges Verhältnis – gewann angesichts des atlantischen Zerwürfnisses die Qualität der außenpolitischen Emanzipation.

Die zweite Devise Schröders war die Kommerzialisierung der Außenpolitik. Im Verhältnis sowohl zu Russland wie zu China kam ihr das Primat gegenüber allen anderen Fragen, insbesondere der Verletzung der Menschenrechte zu. Besonders heikel war der mit dem französischen Präsidenten Chirac abgesprochene Vorschlag, das EU-Waffenembargo gegen China aufzuheben. Dies stellte eine Brüskierung Washingtons dar, das sich für die Sicherheit des von der Volksrepublik China bedrohten Taiwan verantwortlich fühlte.

Außenminister Fischer trat auf der diplomatischen Bühne behutsamer als sein Kanzler auf; er war eher ein Mann der leisen Töne; offensichtlich hatte ihn rasch die Schule des Auswärtigen Amtes geformt. Nicht nur stilistisch, auch inhaltlich gab es Unterschiede. Fischer trat als Multilateralist auf. Es war immer wieder spürbar, auch wenn es selten zum offenen Konflikt kam, dass den Grünen und ihrem Außenminister das vom Bundeskanzler in Moskau und Peking geradezu demonstrativ vorgeführte Primat der Wirtschaft vor den Menschenrechten Unbehagen verursachte. Die sich zunehmend autoritärer gebärdende Politik des russischen Präsidenten erhielt durch Schröders Verhalten geradezu einen internationalen Legitimationsschub. Nur einmal kam es zum offenen Krach in der Koalition, als Schröder den Chinesen die stillgelegte Brennelementefabrik in Hanau verkaufen wollte – ein Symbol der Antiatomkraftbewegung der Grünen und vor allem des grünen hessischen Umweltministers Fischer. Die Chinesen zogen denn auch ihr Angebot zurück, als sie das Konfliktpotenzial erkannten.

Letztlich sind zwei Fragen noch nicht wirklich zu beantworten. Erstens: Warum nahm der sonst so machtbewusste Außenminister Fischer hin, dass der Bundeskanzler ihn vor allem in der zweiten rot-grünen Legislaturperiode regelrecht an den Rand des außenpolitischen Handlungsfeldes drückte und ihm nur noch einzelne Felder wie den Nahen Osten überließ? War es die Sorge vor dem Bruch der Koalition und die Drohung mit einem sozial-liberalen Bündnis? Zweitens: Wie ging man hinter den Kulissen mit den inhaltlichen Differenzen zwischen dem Bundeskanzler und seinem Außenminister, zwischen dem Auswärtigen Amt und dem Bundeskanzleramt um – vor allem auf dem Gebiet der Menschenrechte? Es gilt die Ergebnisse der zeitgeschichtlichen Forschung abzuwarten, wenn die tagespolitische Aufgeregtheit der Gelassenheit der Historiker gewichen ist.

Unterscheidet man in der außenpolitischen Analyse zwischen Zielen und Mitteln einerseits sowie dem Politik-Stil andererseits (Thomas Risse) – eine analytisch problematische Unterscheidung, da der Stil auch als Mittel wirken kann – so wird man den Bundeskanzler eher für einen Stilbruch verantwortlich sehen und den Außenminister eher in der außenpolitischen Kontinuität der Ziele/Mittel-Dimension ansiedeln. Dies beinhaltet vor allem die Stärkung der „Zivilmacht" Deutschland durch die Förderung der Wege friedlicher Konfliktlösung, des Multilateralismus und der Demokratisierung der internationalen Beziehungen. Natürlich wurden diese Ziele von der gesamten Bundesregierung, auch von Kanzler Schröder, geteilt; in der Unterschiedlichkeit der Stile kommt dennoch über die wohl intendierte innenpolitische Instrumentalisierung und Arbeitsteilung hinaus eine irrlichternde Wirkung zum Ausdruck, die der rot-grünen Außenpolitik das Etikett des Unsteten anheftete.

Fischer zeichnete sich in vielen Interviews und Reden durch konzeptionellen Scharfsinn aus. Er verstand es auf der abstrakten und theoretischen Ebene hervorragend, die außenpolitische Konzeption einer Zivilmacht in einer komplexer werdenden, von der gleichzeitig stattfindenden Globalisierung und konfliktuellen Differenzierung gekennzeichneten Welt zu erläutern. Vor allem den Zusammenhang von Modernisierung und Demokratisierung in der islamischen Welt nennt er als längerfristige Aufgabe und Garant der Sicherheit. „Die Verbindung der islamischen Kultur mit Demokratie, Rechtsstaat, Marktwirtschaft, Gewaltenteilung und der Trennung von Staat und Religion – das meine ich mit Modernisierung" (Die ZEIT vom 8.5.2003). Der internationale Terrorismus war seit dem 11. September 2001 nicht nur für die amerikanische Administration, sondern auch für den deutschen Außenminister die größte Gefahr für den Westen, der es zu begegnen galt, aber eben nicht unilateral, sondern multilateral und in einer Synopse von militärisch-sicherheitspolitischen, gesellschaftspolitischen, ökonomischen und kulturellen Maßnahmen.

Auf vier Feldern entfaltete Fischer in der zweiten rot-grünen Legislaturperiode besonderes Engagement: in der Frage des Verhältnisses von Vertiefung (Verfassungsarbeit) und Erweiterung (Türkei) der Europäischen Union, bei der Verhinderung der Nuklearisierung des Iran, bei der Lösung des israelisch-palästinensischen Konflikts und in der Diskussion um die Reform der UN (deutscher Sitz im Sicherheitsrat).

Die Europapolitik erhielt angesichts der Gefahr des internationalen Terrorismus einen neuen Akzent. Sie wurde um eine geostrategische Dimension erweitert, die Fischers Humboldt-Rede weitgehend obsolet machte; insbesondere die Vorstellung eines Kerneuropas als Gravitationszentrum oder Avantgarde war überholt. Der Beitritt der Türkei zur EU, der diese zum direkten Nachbar der nahöstlichen Krisenregion machen würde, wurde als Ziel umformuliert, um eine Brücke zwischen dem christlichen Europa und dem Islam zu schaffen. Laut Fischer sollte es in einer Zeit von 10 bis 15 Jahren – so die Hoffnung – gleichsam vorbildhaft gelingen, das große „muslimische Land mit Marktwirtschaft, westlichen Grundwerten der Aufklärung, Menschenrechten und Demokratie, mit einer starken Zivilgesellschaft zu versöhnen" (Der Spiegel vom 18.10.2004). Die strategische Perspektive wurde visionär um das ganze Mittelmeer als „Raum der Kooperation oder Konfrontation" erweitert. Gleichsam um der Sorge entgegenzuwirken, dass der Beitritt der Türkei zur EU einen so tiefen Kulturbruch in Europa bedeute, dass die Idee einer politischen Union Europas am Ende wäre, widmete sich Fischer engagiert der Arbeit an einer europäischen Verfassung, die vom Konvent am 13. Juni 2003 vorgelegt, aber erst am 29. Oktober 2004 von den Staats- und Regierungschefs der Europäischen Union in Rom vertraglich vereinbart wurde, nachdem auf einem EU-Gipfel im Dezember 2003 eine Einigung gescheitert war. Inkrafttreten konnte der Verfassungsvertrag erst, nachdem er in allen 25 EU-Ländern ratifiziert worden ist. In Deutschland wurde der Vertrag von Bundestag und Bundesrat erwartungsgemäß ratifiziert. Während die Mehrheit seiner Partei eine plebiszitäre Entscheidung gewünscht hätte, beharrte Fischer auf den grundgesetzlichen Regeln der repräsentativen Demokratie, die sich in Deutschland bewährt hätten: „Je älter ich werde, desto verfassungskonservativer bin ich geworden" (Der Spiegel vom 18.10.2004). In Frankreich und in den Niederlanden wurde der Verfassungsentwurf in Volksabstimmungen abgelehnt.

Fischers europapolitisches Engagement fand seinen besonderen Ausdruck im Frühjahr und Sommer 2003, als der deutsche Außenminister im Vorgriff auf die europäische Verfassung für das Amt eines europäischen Außenministers gehandelt wurde. Erst die offizielle Erklärung von Bundeskanzler Schröder und Minister Fischer vom 1. September 2003, dass sie 2006 bei der Bundestagswahl wieder gemeinsam antreten wollten, beendete die Diskussion.

Der zweite Punkt des geostrategischen Dreiecks im Nahen und Mittleren Osten ist der israelisch-palästinensische Konflikt. In immer neuen Anläufen bemühte sich Fischer, zusammen mit den europäischen Partnern Wege zu einer Lösung zu finden. Am Zustandekommen der so genannten „Road Map" hatte er maßgeblichen Anteil. Das vom Nahost-Quartett (EU, USA, Russland, Generalsekretär der UN) erarbeitete Papier, das am 30. April 2003 den beiden Konfliktparteien übergeben wurde und am 19. November 2003 vom Sicherheitsrat der UN verabschiedet wurde, sah eine „Zwei-Staaten-Regelung" vor, die in drei Stufen bis 2005 umgesetzt werden sollte. Auch dieser Plan scheiterte.

Der dritte Punkt von Fischers geostrategischem Dreieck war der Iran. Die Entwicklung der iranischen Atomindustrie sowie des Raketenprogramms lässt glaubhaft vermuten, dass die iranischen Herrscher völkerrechtswidrig den Besitz von Kernwaffen anstreben. Dies würde nicht nur die Kräftekonstellation des Nahen und Mittleren Ostens, sondern auch die Sicherheitslage Europas fundamental verändern. Um eine Situation wie vor dem Irak-Krieg von vornherein zu verhindern, einigten sich Paris, London und Berlin im Herbst 2003 mühsam, ihre zuvor öffentlich zur Schau gestellte Divergenz über den Irak-Krieg zu überwinden und eine gemeinsame diplomatische Offensive zu starten. Im Oktober flog das Trio der Außenminister im Auftrag der EU nach Teheran, um mit der iranischen Regierung über ihr Atomprogramm zu verhandeln. In zähen Gesprächen, in mehreren Verhandlungsanläufen über die Stornierung der Urananreicherung und über mehr Transparenz der Atomindustrie erreichten die drei Außenminister durch ökonomische Anreize kleinere Zusagen, die aber zumeist kurz danach von der iranischen Regierung zurückgenommen wurden. Die These, dass die Europäer der US-Konzeption der „Achse des Bösen" eine nichtmilitärische Option entgegensetzen wollten, ist wohl nur teilweise richtig. Washington betrachtete den europäischen Vorstoß als ein Stück Arbeitsteilung; die militärische Option sollte als gesprächsförderndes Damoklesschwert erhalten bleiben. Für Außenminister Fischer war die Friedenspolitik im Nahen und Mittleren Ostens wohl auch ein Mittel, um mit der US-Administration, insbesondere mit Außenminister Powell, wieder ein gutes Arbeitsverhältnis herzustellen bzw. fortzusetzen. Das Iranproblem ist bis heute ungelöst. Ob die Beschäftigung des Weltsicherheitsrates mit dem Thema eine iranische Regierung beeindruckt, die sich unter dem Präsidenten Mahmoud Ahmadinejad gar noch radikalisiert hat, ist fraglich. Ein amerikanisch-israelischer Militärschlag bleibt in der Diskussion.

Ein Feld, auf dem Außenminister Fischer wohl auch einen eigenen Akzent gegenüber seinem Kanzler zu setzen versuchte, war die UN-Politik, insbesondere die Frage eines ständigen deutschen Sitzes im Sicherheitsrat im Rahmen einer umfassenden, von Kofi Annan angestoßenen UN-Reform. Auch diese Forderung stand in der Kontinuität der Politik von Bundeskanzler Kohl. Die rot-grüne Koalition hatte von 1998 bis 2002 noch für einen gemeinsamen europäischen Sitz plädiert und nur dann für einen deutschen Sitz, wenn dieses Ziel nicht erreicht werden würde. Während Bundeskanzler Schröder recht undiplomatisch einen deutschen Sitz und diesen mit Vetorecht einforderte, unterstützte dies Fischer zwar, war aber doch merklich zurückhaltender in seiner Argumentation. Das 2004 forcierte Betreiben dieses Anliegens – im Bündnis mit Japan, Indien und Brasilien – scheiterte letztlich an der fehlenden Unterstützung durch die afrikanischen Länder und am Widerstand der USA und Chinas.

Wie schon in der ersten rot-grünen Legislaturperiode, als Fischer sich der Erinnerung an seine Straßenkämpfer-Vergangenheit stellen musste und außenpolitisch einige Zeit lang gelähmt war, geriet er Ende 2004 und in den ersten Monaten des Jahres

2005 erneut in eine Krise, die ihn an den Rand des politischen Scheiterns brachte, ihn jedenfalls neben seiner Amtstätigkeit intensiv beschäftigte. Es war die so genannte Visa-Affäre. In Schleuser-Prozessen war deutlich geworden, dass einige deutsche Botschaften, insbesondere in Moskau und Kiew, großzügig Visa vergeben hatten. Ein Kölner Richter sprach von einem „kalten Putsch" der Politik gegen das Ausländerrecht. Im Mittelpunkt der Auseinandersetzung stand der so genannte Volmer-Erlass aus dem Jahre 2000, der bei der Prüfung von Anträgen auf das Prinzip „in dubio pro libertate – im Zweifel für die Reisefreiheit" – verwiesen hatte. Die CDU/CSU-Fraktion setzte im Dezember 2004 einen Untersuchungsausschuss durch. Er sollte klären, ob die Bundesregierung gegen das Recht verstoßen, die Sicherheit gefährdet und das Einschleusen von Ausländern erleichtert hatte. Fischer übernahm die politische Verantwortung, gestand Fehler zu, lehnte aber den von der Opposition und weiten Teilen der Medien geforderten Rücktritt ab. Bundeskanzler Schröder stellte sich hinter ihn. Der gemeinsame Abschlussbericht des Ausschusses vom 30. August 2005 kam, wie erwartet, nicht zu einem einheitlichen Ergebnis. Die Regierungsparteien gaben Missverständnissen in den Botschaften die Schuld; die Union sah einen Rechtsbruch der Regierung. Die Auflösung des Bundestages, die Neuwahl und die Niederlage der rot-grünen Bundesregierung beendeten dann die politische Karriere des Außenministers Fischer.

Eine Bilanzierung der rot-grünen Außenpolitik, insbesondere der Leistungen von Außenminister Fischer kann nur vor dem Hintergrund der gewandelten Rahmenbedingungen und Herausforderungen erfolgen. Diese sind die immer sichtbarer werdenden Folgen des Zerfalls des Ost-West-Gegensatzes, der internationale Terrorismus als neues Konfliktmuster sowie „die weltweite Dynamik des technologischen Wandels und die durch ihn vorangetriebene, rapide zunehmende Verdichtung zwischenstaatlicher und zwischengesellschaftlicher Verflechtungen (Globalisierung)" (Maull). Dem Wandel des Umfelds entsprachen die Veränderungen im Inneren Deutschlands, insbesondere eine „Krise der deutschen Identität" und eine „sozioökonomische Krise" (H.-P. Schwarz). Die neuen Rahmenbedingungen bewirken eine wachsende Komplexität, eine zunehmende Unübersichtlichkeit und vor allem überall Auflösungserscheinungen, sei es der Zerfall von Gesellschaft und politischem System wie in Jugoslawien, sei es das Zerfließen der Grenzen zwischen nationalen, europäischen und globalen Akteuren. Der Terrorismus kennt keine Grenzen mehr; die Akteure sind mit überkommenen Kategorien nicht mehr zu fassen. Vor allem aber steht die deutsche Außenpolitik vor der immer schwerer zu beantwortenden Frage, wie die Interessen Deutschlands, wie die „deutsche Staatsräson" zu definieren sind.

In dieser Situation war es eigentlich kein Wunder, dass die Bundesregierung, ja die deutsche Politik insgesamt recht orientierungslos war (H.-P. Schwarz) und unsicher ihren Weg suchte. Sie schwankte zwischen dem Rückgriff auf alte Kategorien des Nationalstaats (Normalisierung, deutscher Weg) und den eingefahrenen multilateralen Pfaden. Die Beschädigung des transatlantischen Verhältnisses, das Oszillieren der Europapolitik zwischen integrativer und strategischer Orientierung, die Verunsicherung der kleinen ostmitteleuropäischen Länder durch das deutsch-russische Verhältnis sowie das Scheitern der UN-Reform gründeten nur zum Teil auf sachlichen Fehlentscheidungen; maßgeblich war insbesondere beim Bundeskanzler der politische Stil, der sich wesentlich am innenpolitischen Erfolg orientierte. Gewiss war die Entscheidung in der Irakfrage wohl richtig; diese aber konfrontativ und polemisch auf dem Marktplatz im Wahlkampf zu verkünden, war falsch. Die Leistung des Außenministers bestand einmal darin, dass er den ihm verbliebenen außenpolitischen Spielraum optimal nutzte, die diplomatischen Regeln weitgehend einhielt, auf der internationalen Bühne eine gute Figur machte und Vertrauen erwarb (Naher und Mittlerer Osten) sowie sein Handeln auch im Wandel (Europapolitik) intellektuell zu untermauern verstand. Es gelang ihm, Kontinuität und Wandel zu vermitteln. Zum anderen führte er in einer außergewöhnlichen innerparteilichen Kraftanstrengung seine eigene Partei an die realpolitischen Notwendigkeiten heran und trug damit wesentlich zur Stabilität des deutschen Regierungssystems bei. Was Gerhard Schröder mit der „Agenda 2010" erreichte, die deutsche Linke großenteils mit der ökonomischen und finanzpolitischen Realpolitik zu versöhnen, gelang Joschka Fischer auf dem Gebiet der Außen- und Sicherheitspolitik bei den pazifistischen Grünen.

Literatur:
Aus Politik und Zeitgeschichte, B11/2004 (mit Beiträgen zur deutschen Außenpolitik von Werner Link, Gregor Schöllgen, Hanns W. Maull, Thomas Risse, Gunther Hellmann, Rolf Clement); Aus Politik und Zeitgeschichte, B32-33/2005 (mit Beiträgen zur deutschen Außenpolitik u.a. von Gregor Schöllgen und Christian Hacke); *Behrens, Kai*: Prioritätenwechsel in der deutsche Außenpolitik? Berlin, Paris, Washington – das strategische Dreieck der deutschen Außenpolitik nach dem 11. September 2001, Frankfurt a. M. 2005; *Bierling, Stephan*: Die Außenpolitik der Bundesrepublik Deutschland, 2. Aufl. München 2005; *Böckenförde, Stephan (Hrsg.)*: Chancen der deutschen Außenpolitik. Analysen – Perspektiven – Empfehlungen, Dresden 2005; *Bredow, Wilfried von*: Die Außenpolitik der Bundesrepublik Deutschland. Eine Einführung, Wiesbaden 2006; *Brübach, Nadine*: Was ist neu an der deutschen Außenpolitik seit 1990?, Marburg 2005; *Fischer, Joschka*: Die rot-grünen Jahre. Deutsche Außenpolitik vom Kosovo bis zum 11. September, Köln, 2007; *ders.*: Risiko Deutschland. Krise und Zukunft der deutschen Politik, München 1995; *Gareis, Sven B.*: Deutschlands Außen- und Sicherheitspolitik. Eine Einführung, Opladen 2005; *Geis, Matthias/Bernd Ulrich*: Der Unvollendete. Das Leben des Joschka Fischer, Berlin 2002; *Hacke, Christian*: Die Außenpolitik der Bundesrepublik Deutschland. Von Konrad Ade-

nauer bis Gerhard Schröder, Berlin 2003; *Haftendorn, Helga*: Deutsche Außenpolitik zwischen Selbstbeschränkung und Selbstbehauptung 1945-2000, Stuttgart/München 2001; *Harnisch, Sebastian/Christos Katsioulis/Marco Overhaus (Hrsg.)*: Deutsche Sicherheitspolitik. Eine Bilanz der Regierung Schröder, Baden-Baden 2004; *Harnisch, Sebastian/Hanns W. Maull (Hrsg.)*: Germany as a civilian power? The foreign policy of the Berlin Republic, Manchester/New York 2001; *Hellmann, Gunther*: Deutsche Außenpolitik. Eine Einführung, Wiesbaden 2006; *Lammers, Christiane/Lutz Schrader (Hrsg.)*: Neue deutsche Außen- und Sicherheitspolitik? Eine friedenswissenschaftliche Bilanz zwei Jahre nach dem rot-grünen Regierungswechsel, Baden-Baden 2001; *Maull, Hanns W. (Hrsg.)*: Germany's uncertain power. Foreign policy of the Berlin Republic, Houndsmills 2006; *Meichsner, Sylvia*: Zwei unerwartete Laufbahnen. Die Karriereverläufe von Gerhard Schröder und Joschka Fischer im Vergleich, Marburg 2002; *Schmalz, Uwe*: Deutschlands europäisierte Außenpolitik, Wiesbaden 2004; *Schöllgen, Gregor*: Die Außenpolitik der Bundesrepublik Deutschland. Von den Anfängen bis zur Gegenwart, 3., erw. und aktual. Aufl., München 2004; *Schwarz, Hans-Peter*: Republik ohne Kompass. Anmerkungen zur deutschen Außenpolitik, Berlin 2005; *Szabo, Stephan F.*: Parting ways. The crisis in German-American relations, Washington D.C. 2004; *Veit, Winfried*: Zwischen Realpolitik und historischer Verantwortung. Zur Außenpolitik der rot-grünen Koalition in Deutschland, in: Internationale Politik und Gesellschaft 1/2006, S. 46-64; *Webber, Douglas*: New Europe, new Germany, old foreign policy? German foreign policy since unification, London/Portland 2001; *Woyke, Wichard (Hrsg.)*: Neue deutsche Außenpolitik. Eine Einführung, Schwalbach/Ts. 2003.

Wolfgang Jäger

Funke, *Karl-Heinz*

Bundesminister für Ernährung, Landwirtschaft und Forsten (SPD)

geb. 29.4.1946 in Dangast bei Varel (Landkreis Friesland), ev.

1960–1963	Kaufmännische Lehre
1966	Abitur auf dem zweiten Bildungsweg
1966	Eintritt in die SPD
1966–1968	Wehrdienst
1968–1974	Studium der Staats- und Wirtschaftswissenschaften (Agrarwirtschaft, Agrarpolitik), Germanistik und Geschichte an der Universität Hamburg
1972	Erstes Staatsexamen (Diplom-Handelslehrer)
1974	Zweites Staatsexamen
1974–1978	Studienrat an der Berufsbildenden Schule in Varel
1983	Übernahme des elterlichen landwirtschaftlichen Betriebes
1978–1998	Mitglied des Niedersächsischen Landtages
1990–1998	Minister für Ernährung, Landwirtschaft und Forsten des Landes Niedersachsen
1998–2001	Bundesminister für Ernährung, Landwirtschaft und Forsten

Karl-Heinz Funke war seit 1990 niedersächsischer Landwirtschaftsminister in einer von der SPD gestellten Landesregierung. Er war bei den Bauern anerkannt, weil er nicht Agrarfabriken favorisierte, sondern möglichst viele Höfe, um die bäuerliche Kulturlandschaft zu erhalten. Populär gemacht hatten ihn unter anderem verschiedene Gesetzesinitiativen gegen die Massentierhaltung. Selbst aus einer Bauernfamilie stammend, war Funke in der Lage, die Sprache der Bauern zu sprechen. Funke hatte aus diesen Gründen nicht unerheblich zum Erfolg von Ministerpräsident Schröder bei den niedersächsischen Landtagswahlen 1994 und 1998 beigetragen. Schröder vertraute ihm im März 1998 das Landwirtschaftsressort zum dritten Mal an. Nach der von Schröder gewonnenen Bundestagswahl im September 1998 wechselte Funke als Minister für Ernährung, Landwirtschaft und Forsten in die rot-grüne Bundesregierung. Er wurde am 27. Oktober 1998 vereidigt. Schröder hatte Funke das neue Amt aufgedrängt. Zweimal hatte dieser das Angebot abgelehnt, bis er dem Drängen nachgab. Da Funke nicht zum Bundestag kandidiert hatte, war er ein Bundesminister ohne Bundestagsmandat.

Funke sah sich zu Beginn seiner Amtszeit mit der Agenda 2000 konfrontiert, mit der die Europäische Union ihre weitere Entwicklung, insbesondere auf dem Feld der Agrarpolitik, gestalten wollte. Funke fand einen Vorschlag der EU-Kommission vor, den er trotz der vorgesehenen Senkung der Preise für Getreide, Rindfleisch und Milch in den Grundzügen akzeptierte. Er beendete damit die Blockadehaltung der christlich-liberalen Vorgängerregierung gegenüber der europäischen Agrarreform.

Mit der Agenda 2000 reagierte die Europäische Union auf die Notwendigkeit, die Verteilung ihrer Finanzmittel neu auszurichten, sich auf Verhandlungen mit der Welthandelsorganisation über eine weitere Liberalisierung der Agrarmärkte einzustellen und Voraussetzungen für ihre Erweiterung nach Osten zu schaffen. So sollte ein Anstieg der Agrarausgaben, die mehr als die Hälfte des EU-Haushaltes ausmachten, verhindert werden. Die Liberalisierung der Weltagrarmärkte verlangte gleichzeitig Preissenkungen für landwirtschaftliche Erzeugnisse und eine weitere Reduzierung der landwirtschaftlichen Überproduktion. Schließlich war abzusehen, dass sich durch die Aufnahme neuer Mitglieder die landwirtschaftliche Produktionsfläche der Europäischen Union vergrößern und die Zahl der Agrarbetriebe anwachsen würde. Insgesamt sollte die Agenda 2000 ein Signal für mehr Markt und darüber hinaus für mehr Umweltorientierung in der europäischen Landwirtschaft setzen.

Funke erklärte im Vorfeld der Beratungen zur Agenda, dass er die Brüsseler Vorschläge Agrarprodukt für Agrarprodukt daraufhin prüfen wolle, wo und in welchem Umfang die Preise gesenkt werden und welche Kompensationen dafür geleistet werden müssten. Ihm war gleichwohl klar, dass an Preissenkungen kein Weg vorbeiführte, zumal das bisherige System zu gewaltigen Überschüssen geführt hatte. Er sagte, dass die Landwirte sich auf einen schärferen Wettbewerb vorbereiten müssten: „Die derzeitige Markt- und Preisstützung kann in dieser Form nicht beibehalten werden. Die Garantiepreise sollten gesenkt und dafür die Bauern direkt subventioniert werden – nach Ackerfläche und Viehzahl."

Mit seiner aufgeschlossenen Haltung gegenüber den Vorschlägen der EU-Kommission trug der Minister wesentlich zum Zustandekommen des gemeinsamen Agrarreformpakets in der Agenda 2000 bei. Denn Funke hatte im ersten Halbjahr 1999 die Präsidentschaft des Brüsseler Agrarministerrates inne. Die endgültige Einigung durch den Europäischen Rat am 24./25. März 1999 sah für den Agrarbereich vor, den Interventionspreis bei Getreide um insgesamt 15%, den für Rindfleisch um etwa 20% sowie den Preis für Milch um insgesamt 15% zu senken. Als Ausgleich sollten die Bauern mehr Direktsubventionen bekommen. Diese Zahlungen sollten mit Umweltauflagen verbunden werden können. Die Direktbeihilfen sollten das Einkommensniveau der Landwirte sichern, kleine und mittelständische Betriebe unterstützen und zur Entwicklung des ländlichen Raums beitragen.

Funke war ein Agrarminister, dem das Wohl der in der Landwirtschaft Beschäftigten am Herzen lag. Er verstand sich in diesem Sinne durchaus als Verteidiger der finanziellen Interessen der Bauern. In einem Interview im Februar 1999 sagte er: „Landwirtschaft besteht nicht allein aus der Erzeugung von Rohstoffen für Nahrungsmittel. Verbraucher-, Tier- und Umweltschutzaspekte spielen bei der Nahrungsproduktion eine immer größere Rolle. Diese Leistungen schlagen sich nicht in den Lebensmittelpreisen nieder. Solange der Verbraucher nicht in größerem Umfang bereit ist, diese zusätzlichen Leistungen über den Markt angemessen zu honorieren, ist unsere Landwirtschaft auf die Unterstützung der gesamten Gesellschaft angewiesen. Je weiter wir uns dem Weltmarkt öffnen, desto mehr wird dieser Gesichtspunkt in den Vordergrund rücken. Daneben sind die Landwirte auch in der Sozialpolitik auf die Solidarität der Gesellschaft angewiesen. Im Zuge des Strukturwandels nehmen die Beitragszahler der landwirtschaftlichen Alterskassen ab, während die Zahl der Leistungsempfänger anwächst und schon größer ist als die der Beitragszahler. Diese finanzielle Last kann von den aktiven Landwirten allein nicht getragen werden."

In Verhandlungen mit dem Finanzminister setzte Funke zu Beginn des Jahres 1999 durch, dass die vereinfachte Besteuerung der Landwirte gemäß § 13a des Einkommensteuergesetzes nicht total abgeschafft wurde, wie ursprünglich vorgesehen war. Betriebe bis 20 Hektar sollten weiter die vereinfachte Gewinnermittlung nutzen dürfen. Er räumte ein, dass die von der rot-grünen Koalition eingeführte Ökosteuer die Landwirtschaft überproportional belastete, da die bäuerlichen Familienbetriebe die Senkung der Lohnnebenkosten nicht spürten, die als Zweck der Ökosteuer deklariert war. Funke setzte sich dafür ein, dass die energieintensiven Treibhäuser der so genannten Unterglas-Gartenbaubetriebe von der Ökosteuer ausgenommen wurden.

Der Niedersachse war ein Landwirtschaftsminister, der die Existenzberechtigung der herkömmlich betriebenen Landwirtschaft nicht in Frage stellte. Er wollte die „normalen" Landwirte nicht anders behandeln als Biobauern, solange sie die Vorgaben der „guten fachlichen Praxis" einhielten. In einem Interview einen Tag vor seinem Rücktritt sagte er, dass der ökologische Landbau eine besonders umweltfreundliche Landbewirtschaftung sei. Aber er spiele nicht umweltfreundliche Landwirtschaft im Sinne des ökologischen Landbaues gegen umweltverträgliche nachhaltige Landwirtschaft im konventionellen Bereich gegeneinander aus.

Funke stand dem Einsatz der Gentechnik in der Landwirtschaft positiv gegenüber. In einem Interview im Juni 2000 führte er aus: „Wenn ich die Ernährungslage weltweit betrachte, dann komme ich nach meiner Überzeugung ohne den verantwortlichen Einsatz von Gen-Technologie in der Pflanzenzüchtung nicht aus. Nur so lassen sich alle Menschen auf der Erde satt machen." Er sah ein großes Potenzial für den Einsatz der Gentechnik in der deutschen Landwirtschaft. Mit dieser Technik könnten die landwirtschaftlichen Erträge gesteigert, die Umweltbelastung verringert und die Nahrungsmittel mit gewünschten Inhaltsstoffen angereichert werden. Pflanzen könnten resistent gegen Schädlinge und Krankheiten gemacht werden. Funke positionierte sich mit dieser Auffassung gegen Gesundheitsministerin Fischer und Forschungsministerin Bulmahn, die große Bedenken gegen den Einsatz der Gentechnik äußerten.

Ein wichtiges Anliegen Funkes war der Tierschutz. In einem Interview sagte er: „Wir wollen national dem Tierschutz einen höheren juristischen Stellenwert einräumen. Der Tierschutz gehört ins Grundgesetz. Um das Thema Tierschutz auch europaweit stärker ins Bewusstsein zu heben, habe ich es zu einem der Schwerpunkte der deutschen EU-Ratspräsidentschaft im Agrarbereich gemacht." Funke setzte sich für die Einführung des Tierschutzes in das Grundgesetz aus ethisch-moralischen Gründen ein. Der im April 2000 unternommene Versuch, im Bundestag die notwendige Zweidrittelmehrheit zu einer Änderung von Artikel 20a GG zu erreichen, scheiterte allerdings. Die Verankerung des Tierschutzes im Grundgesetz gelang erst im Juli 2002.

Funke sah sich in seiner Amtszeit zwei großen politischen Herausforderungen ausgesetzt, nämlich im Jahr 1999 dem Dioxin-Skandal und im Jahr 2000 der BSE-Krise. Beide Herausforderungen tangierten das sensible Feld des Verbraucherschutzes. Die erste Herausforderung meisterte er, an der zweiten scheiterte er.

Ende Mai 1999 wurde das Landwirtschaftsministerium durch das Europäische Schnellwarnsystem darüber informiert, dass in Belgien Geflügelerzeugnisse mit sehr hohen Dioxingehalten, vermutlich durch kontaminierte Futtermittel verursacht, aufgefunden worden waren. Funke reagierte auf zwei Schienen, der nationalen und der europäischen. Er teilte mit, dass in Deutschland kein unmittelbarer Handlungsbedarf bestehe. Denn im deutschen Futtermittelrecht seien alle erforderlichen Regelungen getroffen, um gegebenenfalls den Verkehr mit belasteten Futtermitteln verbieten zu können. Auf europäischer Ebene veranlasste er den Ständigen Veterinärausschuss der EU zu einer Reihe von Maßnahmen, die verhindern sollten, dass kontaminierte Geflügelerzeugnisse und Futtermittel aus Belgien vermarktet wurden.

Zu einem gravierenden Problem der europäischen und damit auch der deutschen Agrarpolitik wurde die in den achtziger Jahren erstmalig aufgetretene, Rinder befallende Bovine Spongiforme Enzephalopathie (BSE), die im Verdacht steht, beim Menschen eine Variante der tödlichen Creutzfeldt-Jakob-Krankheit auslösen zu können. Im Sommer 2000 sah Funke keinen Anlass für eine schärfere Gangart bei der Durchsetzung von Schutzbestimmungen gegen BSE. So sagte er im Juni: „Bei uns ist Sicherheit gegeben. Wir haben in Deutschland keinen Handlungsbedarf." Ende November 2000, als die Angst vor BSE-verseuchtem Rindfleisch das ganze Land in Atem hielt, ließ er sich zu dem folgenschweren Satz hinreißen: „Ich bin der felsenfesten Überzeugung, dass deutsches Rindfleisch sicher ist." Einige Tage später wurde der erste BSE-Fall bei einem in Deutschland geborenen Rind festgestellt.

Funke veranlasste unverzüglich eine flächendeckende Einführung von BSE-Schnelltests bei allen für den Verzehr bestimmten Rindern. Am 2. Dezember 2000 wurde in Deutschland das Verfüttern von Tiermehl per Eilgesetz verboten, weil im industriell hergestellten Tiermehl der Auslöser von BSE gesehen wurde.

Bundeskanzler Schröder beauftragte am 29. Dezember 2000 die Präsidentin des Bundesrechnungshofes, Hedda von Wedel, mit einer Schwachstellenanalyse zur BSE-Krise. Dies wurde als Zeichen der Unzufriedenheit Schröders mit dem Krisenmanagement seines Landwirtschaftsministers gewertet. Als eine Schwachstelle zeigte sich die Aufsplitterung des Verbraucherschutzes auf mehrere Ministerien. Einige Tage später forderten Politiker der Grünen und der SPD, den gesundheitlichen Verbraucherschutz beim Gesundheitsministerium anzusiedeln.

Als eine weitere Schwächung der Position Funkes wurde das am 4. Januar 2001 veröffentliche Papier der Staatssekretäre Rainer Baake vom

Umweltschutzministerium und Martin Wille vom Landwirtschaftsministerium angesehen. Die beiden Staatssekretäre hatten ein Sieben-Punkte-Programm zu den Konsequenzen aus der BSE-Krise für die Landwirtschaft- und die Umweltschutzpolitik konzipiert. Funke akzeptierte dieses Papier nicht. Die Forderungen gingen ihm zu weit. Er konnte jedoch nicht verhindern, dass das Papier vom Umweltschutzministerium öffentlichkeitswirksam publiziert wurde.

Die wichtigste Aussage des Staatssekretäre-Papiers lautete: „Die bisherige Landwirtschaftspolitik muss grundlegend überprüft und angepasst werden. Belange des Verbraucher- und Umweltschutzes müssen in die gemeinsame europäische und in die nationale Agrarpolitik viel stärker als bisher integriert werden." Gefordert wurde, dem Ökolandbau mit starker finanzieller Förderung des Staates so zum Durchbruch zu verhelfen, dass bis 2010 das Nachfragepotenzial des Ökolandbaues auf bis zu 20% anwüchse. Gefordert wurde weiterhin ein Umweltcontrolling für Landwirte. Jeder Landwirt, der Subventionen erhalte, müsse ein Umweltcontrolling nach einheitlichen Vorgaben aufbauen, mit dem er für sich und die Kontrollbehörden die Einhaltung von verbindlichen Umweltanforderungen und gegebenenfalls das Erbringen darüber hinausgehender ökologischer Leistungen demonstrieren könne. Agrarsubventionen, die Umweltbelastungen bewirkten, seien hingegen abzuschaffen.

Funke legte am 5. Januar 2001 ein eigenes Acht-Punkte-Papier vor, das deutlich zurückhaltender formuliert war. Das Papier griff zwar manches auf, was Baake und Wille formuliert hatten, wichtiger war jedoch, was Funke weggelassen hatte. Hierzu gehörte die Forderung der Staatssekretäre nach einem Umweltcontrolling für Landwirte. Auch vermied es Funke, bei der auch von ihm prinzipiell begrüßten Förderung des Ökolandbaues Zahlen zu nennen. Die Medien kommentierten die Kontroverse zwischen Funke und Wille mit den Worten: „Kann Funke die Eskapade seines ‚vorlauten' Staatssekretärs tolerieren – schließlich geht es nicht um Marginalien, sondern um die Grundlinien der Agrarpolitik?"

Dass die Staatssekretäre die zukunftsträchtigere Position vertreten hatten, zeigte sich bald nach Funkes Demission. Am 22. Januar 2001 wurde durch einen Organisationserlass des Bundeskanzlers das bisher als Bundesministerium für Ernährung, Landwirtschaft und Forsten firmierende Ressort umbenannt in Bundesministerium für Verbraucherschutz, Ernährung und Landwirtschaft. Die neue Richtung in der Agrarpolitik wurde ebenfalls deutlich im Agrarbericht 2001, der im Februar 2001 vom Bundeskabinett beraten wurde. Ausdrücklich hieß es, dass im Mittelpunkt der künftigen Agrar- und Ernährungspolitik der Bundesregierung der Verbraucherschutz stehen werde. Dieser habe Vorrang vor wirtschaftlichen Interessen.

Funke trat am Abend des 9. Januar 2001 wegen des BSE-Skandals von seinem Amt zurück. Es steht zu vermuten, dass er am Morgen dieses Tages diese Absicht noch nicht hatte. Denn Funke hatte zu dieser Stunde auf eine Interviewfrage, ob er noch Lust auf sein Amt verspüre, geantwortet: „Es gibt immer Zeiten der Lust und Zeiten der Last. Das ist im Leben generell so."

Funke stand nach dem am selben Tage erfolgten Rücktritt der Gesundheitsministerin Andrea Fischer aber unter Zugzwang. Die Gesundheitsministerin war immerhin weniger in den BSE-Skandal verwoben als der Landwirtschaftsminister und hatte in ihrer Rücktrittserklärung auch indirekt Kritik an Funke geübt: „Es ist bizarr, dass ausgerechnet eine grüne Politikerin die Verantwortung für die Industrialisierung der Landwirtschaft übernimmt."

Fischer und Funke hatten im Verlauf der BSE-Krise immer wieder Fehler im Management und eine nachlässige Informationspolitik einräumen müssen. Sie waren deshalb von der Opposition mehrfach zum Rücktritt aufgefordert worden. Beide Ministerien hatten sich aber auch gegenseitig kritisiert und Vorwürfe gemacht. Die Frankfurter Allgemeine Zeitung schrieb einen Tag vor dem Rücktritt über Funke: „Der Bilderbuch-Bauernminister ist keine Zierde des Kabinetts mehr. Seit Ausbruch der BSE-Krise macht Funke keine gute Figur. Öffentlich ist er nicht da, wenn es darauf ankommt. Er verliert von Tag zu Tag an Glaubwürdigkeit" (FAZ vom 8.1.2001).

Als Bundeskanzler Schröder eine „Abkehr von den Agrarfabriken" forderte, hieß das auch Abkehr von Funke. Denn es war nicht zu sehen, wie dieser eine grundsätzliche Kurswende noch in Politik umsetzen könnte. Funke begründete seinen Rücktritt folglich auch mit Meinungsverschiedenheiten in der Regierungskoalition über die Agrarpolitik. Deshalb wolle er mit seinem Rücktritt den Weg für den gewünschten Neuanfang der Agrarpolitik freimachen.

Funke hatte sich schon in jungen Jahren erfolgreich um kommunalpolitische Wahlämter beworben. Diese Ämter hatte er auch während seiner Zeit als Landes- und Bundesminister wahrgenommen. Nach seinem Ausscheiden aus der Bundesregierung blieb Funke kommunalpolitisch aktiv. Bei den niedersächsischen Kommunalwahlen am 9. September 2001, also ein gutes halbes Jahr nach seinem Rücktritt als Minister, stellte er sich sowohl in seiner Heimatgemeinde als auch im Kreis zur Wahl. Von allen Bewerbern für die Wahl zum Rat der Stadt Varel wie zum Kreistag des Landkreises Friesland erhielt er die meisten Stimmen, und zwar mit sehr großem Abstand zum jeweils Nächstplatzierten. Der Rat der Stadt Varel wählte ihn zum ersten stellvertretenden Bürgermeister und zum Ratsvorsitzenden, der Kreistag Friesland zum Kreistagsvorsitzenden. Die Popularität und das Ansehen Funkes waren ganz offensichtlich ungebrochen.

Funke übt ehrenamtliche Tätigkeiten in verschiedenen gesellschaftlichen Organisationen aus. So ist er Vorstandsvorsitzender des Oldenburgisch-Ostfriesischen Wasserverbandes, Vorsitzender des Bundesverbandes für landwirtschaftliche Wildhaltung, Aufsichtsratsvorsitzender der Wirtschaftsförderungsgesellschaft Friesland-Wilhelmshaven sowie Vizepräsident des Wasserverbandstages Niedersachsen/Sachsen-Anhalt.

Funkes Scheitern als Bundesminister hat etwas Tragisches an sich. Sein wenige Tage vor dem Bekanntwerden des ersten BSE-Falles guten Glaubens ausgesprochener Satz, Deutschland sei BSE-frei, beruhte auf einer Bewertung des Internationalen Tierseuchenamtes in Paris. In der Einschätzung der Lage war er zudem angewiesen auf Erkenntnisse von Behörden, die den Ländern unterstehen und auf die er folglich keinen direkten Zugriff hatte.

Wie jeder Agrarminister befand sich auch Funke in dem Dilemma, dass die Zuständigkeiten in der Agrar- und Verbraucherschutzpolitik nicht auf einer Ebene liegen, sondern zwischen europäischer, nationaler und subnationaler, d.h. Länder-Ebene, aufgeteilt sind. Hinzu kommt, dass die Agrarpolitik in der Europäischen Union der am meisten vergemeinschaftete Bereich ist. Wirksame Maßnahmen können mithin nur auf europäischer Ebene beschlossen werden. Nationale Alleingänge sind angesichts des offenen Binnenmarktes weitgehend wirkungslos. Funke forderte deshalb mit Recht „europaweite Lösungen, weil wir einen gemeinsamen Markt haben. Das ist auch unser Problem, dass Tierbewegungen an den Grenzen nicht Halt machen. Man muss darum, wenn man wirklich Verbraucherschutz und Gesundheitsschutz will, auch immer entsprechende europäische Lösungen anstreben." Das Problem hierbei war und ist, dass Einigungen auf europäischer Ebene Zeit kosten und nicht selten den Charakter wenig tragfähiger Kompromisse tragen.

Funkes bis zur BSE-Krise durchaus feste Position im Kabinett beruhte auf dem Sachverhalt, dass er dem Kanzler den Rücken freihielt gegenüber der mächtigen Bauernlobby. Das Landwirtschaftsministerium galt bis zum Ende der Amtszeit Funkes nicht wenigen Beobachtern als eine Außenstelle der Agrarlobby. Die Neuorganisation des Ministeriums nach Funkes Rücktritt war Ausdruck des politischen Willens, hier eine grundsätzliche Änderung herbeizuführen. Möglicherweise ist Funke der letzte echte Landwirtschaftsminister gewesen.

Literatur:
Funke, Karl-Heinz: Landwirtschaft und Ernährung. Verantwortungsvolle Nutzung der Biologie – Herausforderung für die Politik, Bremen 2001.

Joachim Detjen

Hombach, *Bodo*

Bundesminister für besondere Aufgaben und Chef des Bundeskanzleramtes (SPD)

geb. 19.8.1952 in Mülheim an der Ruhr

1967–1970   Lehre als Fernmeldehandwerker
1971   Eintritt in die SPD
1973–1978   Studium der Sozialarbeit an der Fachhochschule Düsseldorf
1976–1979   Landesgeschäftsführer der Gewerkschaft Erziehung und Wissenschaft Nordrhein-Westfalen
1979–1991   Landesgeschäftsführer der SPD Nordrhein-Westfalen
1990–1998   Abgeordneter des Landtages von Nordrhein-Westfalen
1991–1998   Geschäftsführer der Preußag
1998   Minister für Wirtschaft und Mittelstand, Technologie und Verkehr des Landes Nordrhein-Westfalen
1998–1999   Bundesminister für besondere Aufgaben und Chef des Bundeskanzleramtes
1999–2001   Sonderkoordinator des Stabilitätspaktes für Südosteuropa
seit 2002   Geschäftsführer der WAZ-Mediengruppe

Die politische Karriere Bodo Hombachs verlief schnell, wenn auch wechselvoll. Der langjährige Landesgeschäftsführer der SPD, der auf dem zweiten Bildungsweg das Abitur nachgeholt hatte, kam beizeiten mit der Politik intensiv in Berührung. Hier konnte er sein großes Organisationsgeschick zur Geltung bringen. Als mehrfacher Wahlkampfmanager von Johannes Rau trug er zu dessen großen Erfolgen in Nordrhein-Westfalen bei. Die Person Raus wurde dabei in den Vordergrund, die Partei in den Hintergrund gerückt. Allerdings kam es 1987 bei der Kanzlerkandidatur Raus zu Reibereien mit der Wahlkampfführung der SPD im Bund, so dass Hombach und Wolfgang Clement ihr Wahlkampfmanagement beendeten. Später setzte Hombach auf den Nachfolger Raus im Amt des nordrhein-westfälischen Ministerpräsidenten: Wolfgang Clement berief ihn im Mai 1998 in das Amt des Wirtschaftsministers. Hombach – obwohl er nicht zur „Maschsee-Mafia" gehörte – konnte enge Kontakte zu dem ihm früher fern stehenden Gerhard Schröder knüpfen und unterstützte ihn 1998 bei seinem fulminanten Landtagswahlsieg, durch den diesem die Kandidatur für das Amt des Bundeskanzlers zufiel. Seine – überraschende – Berufung als Chef des Bundeskanzleramtes im Rang eines Ministers nach der Ablösung der schwarz-gelben Regierung erinnerte manchen Beobachter der politischen Szene an die Ernennung des allgegenwärtigen und machtbewussten Horst Ehmke, der großen Einfluss auf den damaligen Kanzler Willy Brandt zu gewinnen vermochte.

Manche der handwerklichen Mängel in der Anfangszeit der rot-grünen Koalition, etwa bei der Neuregelung für geringfügig Beschäftigte, verbanden sich mit dem Namen von Bodo Hombach. Das hing einerseits mit der „Kinderkrankheit" einer neuen, nicht eingespielten Regierung zusammen, andererseits mit der Vielfalt an schwierigen Aufgaben, die ihm übertragen wurden – dem Bündnis für Arbeit etwa oder der Entschädigung der NS-Zwangsarbeiter. Zudem hatte Hombach, kein Jurist, zuvor kaum Erfahrung in der Administration sammeln können. Die Zusammenarbeit mit seinem Staatssekretär Frank-Walter Steinmeier funktionierte nur bedingt.

Mit seinem Buch „Politik der neuen Mitte", erschienen im Herbst 1998, – das Nachwort stammte von Gerhard Schröder – hatte Hombach für eine wirtschaftspolitische Kurskorrektur im Sinne einer Reduzierung der Sozialleistungen plädiert. Bei linken Sozialdemokraten weckte diese Umorientierung Argwohn. Der Chef des Bundeskanzleramtes gehörte zu den Modernisierern, nicht zu den Traditionalisten um Oskar Lafontaine. Kritiker aus den eigenen Reihen fühlten sich bei ihm an Ludwig Erhard erinnert, nicht nur wegen der Leibesfülle. Hombach leistete dieser Einschätzung insofern Vorschub, als er in seinem Buch der Sozialdemokratie empfahl, Erhard neu zu entdecken und eine Form der „Angebotspolitik" vorschlug. Der Kanzleramtsminister dürfte auch der Inspirator und neben Peter Mandelson, enger Mitarbeiter des britischen Premierministers Tony Blair, der Verfasser des Schröder-Blair-Papiers vom Juni 1999 gewesen sein. Die SPD wollte sich damit einerseits vom Neoliberalismus abgrenzen und andererseits vom herkömmlichen Sozialismus mit seiner hohen Steuerlast für die Bürger. Dieser dritte Weg mit der Ausrichtung auf Deregulierung unterscheidet sich gravierend vom dritten Weg früherer Jahre, angesiedelt zwischen Kommunismus und Sozialdemokratie.

Dem Bundeskanzleramt waren die gegen Hombach im Zusammenhang mit dem Hausbau 1999 erhobenen Vorwürfe vor dessen Ernennung zum Minister bekannt. Hombach soll Anfang der achtziger Jahre vom VEBA-Konzern begünstigt worden sein, obwohl sich keine gerichtsverwertbaren Erkenntnisse ergaben. Offenbar hielt Schröder ihn für so unentbehrlich, dass er sich darüber hinwegsetzte. Der Pragmatiker sollte wohl ein Gegengewicht zu dem machtbewussten Oskar Lafontaine bilden, der auf die Willensbildung Einfluss zu nehmen suchte und mit den Vorstellungen des Kanzleramtsministers schwerlich konform gehen konnte.

Die Vermutung dürfte nicht zu weit hergeholt sein, dass Hombach für Schröder nach dem überraschenden Rücktritt Lafontaines vom Amt des Finanzministers im März 1999, der vielleicht auch auf manche Nadelstiche und „Durchstechereien" Hombachs zurückging, weniger wichtig wurde, zumal die Gerüchte um seine Affären Schröder selbst zu schaden drohten. So war seine Ernennung am 31. Juli 1999 zum Sonderkoordinator des Stabilitätspaktes für Südosteuropa nicht unbedingt eine Beförderung, obwohl der Kanzler betont hatte, für diese wichtige Tätigkeit seinen „besten Mann" abzustellen. Die Paradoxie besteht darin, dass Hombachs Macht eng mit der Macht Lafontaines verbunden war. In dem Moment, in dem Lafontaine kapituliert hatte, verlor auch der Chef des Bundeskanzleramtes seinen Einfluss, fühlte sich Schröder doch zu einer Konzession an die Linke in der eigenen Partei bemüßigt.

Die zupackende Herangehensweise Hombachs gehörte ebenso zu seinen Stärken wie sein Ideenreichtum. Die Kehrseite war seine informell-unkonventionelle Arbeitsweise, die nicht auf Stetigkeit angelegt war. Hombach, ein „Hansdampf", kein „Aktenfresser", hatte folglich mit der Ministerialbürokratie Schwierigkeit. Seine Improvisationsgabe überforderte diese zuweilen.

In vieler Hinsicht ähnelte der ambitiöse Hombach, ein „Tausendsassa" (Hans Jörg Hennecke), seinem Kanzler. Beide zeichnete Medienerfahrung aus und ein von kurzfristigen Überlegungen getragener Politikstil, der sich mit Entscheidungsfreude paarte. Ihnen fehlte der für die Sozialdemokratie so wichtige „Stallgeruch".

Seine Zeit als Kanzleramtsminister, gekennzeichnet durch eine gewisse Sprunghaftigkeit, beglückte nicht immer die eigene Partei. Bodo Hombach, ein Paradiesvogel, war kein leiser Kanzleramtschef, kein Mann des Hintergrundes, der sich zurückzunehmen wusste, sondern eher ein Selbstdarsteller, der zum Teil den grünen Koalitionspartner und auch die eigene Fraktion vor den Kopf stieß. Geräuschlos arbeiten – das wollte der „Kommunikator" nicht, konnte er wohl auch nicht. Frank-Walter Steinmeier, der bereits unter ihm als Staatssekretär fungierte, wurde sein Nachfolger als Chef des Bundeskanzleramtes, allerdings im Rang eines beamteten Staatssekretärs, das erste Mal wieder nach 15 Jahren. Der junge SPD-Politiker Hans Martin Bury übernahm das Amt des Staatsministers im Kanzleramt. Das Kanzleramt geriet in ein weniger turbulentes Fahrwasser, die Koordination funktionierte besser.

Der unerwarteten Abberufung mag ein Bündel von Motiven zugrunde gelegen haben: Nach dem Abgang Lafontaines bestand nicht mehr die Notwendigkeit eines „Gegenlagers"; die Koordination mit Staatssekretär Steinmeier verlief keineswegs spannungsfrei; den letzten Ausschlag mögen die Vorwürfe wegen finanzieller Unregelmäßigkeiten gegeben haben. Vielleicht war der „Macher" Hombach auch heilfroh, eine andere Tätigkeit zu übernehmen, bei der die parteipolitische Einstellung eine geringere Rolle spielte. Jedenfalls sprach er von einer „Traumaufgabe".

Wer eine Bilanz der knapp zehnmonatigen Amtszeit Hombachs zieht, muss einerseits dessen ungewöhnliches Arbeitstempo hervorheben, das aber bei einer Reihe von Projekten „Nachbesserungen" nötig machte. Er sprang oft in die Bresche, nahm so Schröder aus der Schusslinie, etwa in der Frage des hinausgeschobenen Atomausstiegs. Hombach war durch und durch ein „politischer" Kanzleramtschef.

Literatur:
Hennecke, Hans Jörg: Die dritte Republik. Aufbruch und Ernüchterung, München 2003; *Hombach, Bodo:* Aufbruch. Die Politik der neuen Mitte, München 1998; *Müller, Kay/ Franz Walter:* Graue Eminenzen der Macht. Küchenkabinette in der deutschen Kanzlerdemokratie. Von Adenauer bis Schröder, Wiesbaden 2004; *Niclauß, Karlheinz:* Kanzlerdemokratie. Regierungsführung von Konrad Adenauer bis Gerhard Schröder, Paderborn 2004; *Schwennicke, Christoph/Kurt Kister/Hans Leyendecker:* Bodo verlässt seine Baustelle, in: Süddeutsche Zeitung vom 25.6. 1999; *Walter, Franz/Kay Müller:* Die Chefs des Kanzleramtes: Stille Elite in der Schaltzentrale des parlamentarischen Systems, in: ZParl 33/2002, S. 474-501.

Eckhard Jesse

Klimmt, *Reinhard*

Bundesminister für Verkehr, Bau- und Wohnungswesen (SPD)

geb. 16.8.1942 in Berlin, ev.

1962	Abitur, anschließend Studium der Geschichte an der Universität Saarbrücken
1964	Eintritt in die SPD
1970–1975	Vorsitzender der saarländischen Jungsozialisten
1975–1999	Mitglied des Saarländischen Landtages
1985–1998	Vorsitzender der SPD-Landtagsfraktion
1990–2001	Vorsitzender der Medienkommission der SPD
1991–2000	Mitglied im Parteivorstand der SPD
1996–2000	Landesvorsitzender der saarländischen SPD
1998–1999	Ministerpräsident des Saarlandes
1999–2000	Bundesminister für Verkehr, Bau- und Wohnungswesen

Reinhard Klimmt übernahm das Ministerium für Verkehr, Bau- und Wohnungswesen als Nachfolger des zum SPD-Generalsekretär gewählten Franz Müntefering am 29. September 1999. Kurz zuvor hatte er sein Amt als Ministerpräsident des Saarlandes infolge der verlorenen Landtagswahl an den Spitzenkandidaten der CDU, Peter Müller, abgeben müssen. Dass Bundeskanzler Schröder ihn berief, überraschte insofern, als Klimmt an dessen Politik wiederholt Kritik geübt hatte. Er hatte die im Rahmen des

Sparpakets der rot-grünen Regierung vorgesehene Abkopplung der Rentenerhöhung von der Entwicklung der Nettolöhne abgelehnt und kritisiert, dass der Kanzler dem zentralen Grundwert der SPD, der sozialen Gerechtigkeit, zu wenig Beachtung schenke. Ferner distanzierte er sich von der Position der Bundesregierung zum Kosovo-Krieg mit dem Argument, dass der Einsatz von Luftstreitkräften vom Grundgesetz nicht gedeckt sei. Durch die Betrauung mit einem Ministeramt, die allerdings gegen den Widerstand in Teilen der SPD-Bundestagsfraktion erfolgte, wurde Klimmt indessen in die Kabinettsdisziplin eingebunden und war zur Loyalität gegenüber dem Kanzler verpflichtet.

In seiner nur 14 Monate währenden Amtszeit kümmerte sich Klimmt im Wesentlichen um die Zukunft der Deutschen Bahn AG, deren Chef, Hartmut Mehdorn, sie bis spätestens 2006 zu einem börsennotierten Unternehmen machen wollte. Zehn Jahre lang wollte Klimmt jährlich zwischen 2 und 2,5 Mrd. DM der Bahn zur Sanierung und zum Ausbau ihres Streckennetzes zur Verfügung stellen – Mittel aus Zinsersparnissen infolge der Verwendung des durch die Versteigerung der UMTS-Lizenzen erzielten Erlöses in Höhe von rund 100 Mrd. DM zur Tilgung von Bundesschulden. Mit seiner Forderung konnte er sich zwar nicht durchsetzen, immerhin aber erreichen, dass dem Verkehrsministerium zwischen 2001 und 2003 je 2 Mrd. DM jährlich zusätzlich für Investitionen für die Bahn zuflossen. Darüber hinaus wurden im Rahmen des von der Bundesregierung und den Koalitionsfraktionen beschlossenen Zukunftsinvestitionsprogramms (ZIP) für die Jahre 2001 bis 2003 insgesamt 2,7 Mrd. DM für den raschen Bau von 125 zusätzlichen Ortsumgehungen in Deutschland bereitgestellt.

Geld aus den Zinsersparnissen zur Finanzierung einer Entfernungspauschale heranzuziehen, die nach Plänen der Bundesregierung an die Stelle der Kilometerpauschale treten sollte, um die Pendler zu entlasten, lehnte er ab, um Investitionen in das Verkehrswesen nicht zu gefährden. Im Jahre 2003 wollte Klimmt eine entfernungsabhängige LKW-Gebühr eingeführt haben, um einen Anreiz für die Verlagerung des Güterverkehrs von der Straße auf die Schiene zu schaffen. Die Maut wurde schließlich – nachdem technische Probleme gelöst worden waren – für LKWs über 12 Tonnen am 1. Januar 2005 eingeführt.

In die Amtszeit Klimmts fällt ein neuer, erfolgreicher Ansatz in der Städtebaupolitik des Bundes. In Kooperation mit dem Bundesministerium für Familie, Senioren, Frauen und Jugend erarbeitete Klimmts Ministerium das bundesweite Förderprogramm „Stadtteile mit besonderem Entwicklungsbedarf", heute besser bekannt als „Die soziale Stadt". Mit diesem Programm wurden Bundeshilfen in Höhe von jährlich 100 Mio. DM den Kommunen zu Verfügung gestellt, um – unter Einbeziehung der betroffenen Bürgerinnen und Bürger – die Wohn- und Lebensbedingungen sowie die wirtschaftliche Basis in sozial benachteiligten Stadtteilen oder Stadtquartieren zu stabilisieren und zu verbessern.

Überschattet wurde Klimmts Tätigkeit als Bundesminister von Vorwürfen, denen er sich in seiner Eigenschaft als ehemaliger Präsident des Fußballvereins 1. FC Saarbrücken ausgesetzt sah. Kaum im Amt, leitete die Staatsanwaltschaft Koblenz gegen ihn ein Ermittlungsverfahren wegen des Anfangsverdachts der Beihilfe und Anstiftung zur Untreue sowie der Bestechlichkeit ein. Er wurde beschuldigt, einen Scheinvertrag mit der Caritas-Trägergesellschaft Trier unterschrieben zu haben und auf diese Weise gegen Vorteilsgewährung an von der Caritas im Saarland betriebene Kliniken Geld für den finanziell angeschlagenen Verein beschafft zu haben. Hinzu kam noch der Verdacht der Vorteilsnahme wegen von einem früheren Caritas-Manager als Geschenk angenommener antiquarischer Bücher. Die Staatsanwaltschaft war der Auffassung, dass es sich bei der Zahlung von 615.000 DM an den Fußballverein um illegales Sponsoring handelte. Das Amtsgericht Trier erließ gegen Klimmt einen Strafbefehl wegen Beihilfe zur Untreue und verurteilte ihn zu einer Geldstrafe von 27.000 DM (90 Tagessätzen à 300 DM). Klimmt beteuerte, er habe sich nichts zu Schulden kommen lassen, akzeptierte aber nach anfänglichem Zögern den Strafbefehl. Am 16. November 2000 trat er, nicht ohne Druck aus den eigenen Reihen, von seinem Amt als Bundesminister zurück.

Gegenwärtig ist Klimmt als Beauftragter der Deutschen Bahn AG, Aufsichtsratsvorsitzender des 1.FC Saarbrücken, Buchautor und Kolumnist sowie als Mitglied der SPD-Programmkommission tätig.

Florian T. Furtak

Künast, *Renate Elly*

Bundesministerin für Verbraucherschutz, Ernährung und Landwirtschaft (Bündnis '90/Die Grünen)

geb. 15.12.1955 in Recklinghausen

1973	Fachabitur
1973–1976	Studium der Sozialarbeit an der Fachhochschule Düsseldorf
1976	Sozialarbeiterin (FH), staatliches Anerkennungsjahr
1977–1979	Sozialarbeiterin an der Justizvollzugsanstalt Berlin-Tegel

1977–1982	Jura-Studium an der TU Berlin; erstes juristisches Staatsexamen
seit 1979	Mitglied der Westberliner Alternativen Liste, jetzt Bündnis ′90/Die Grünen
1982–1985	Rechtsreferendarin; zweites juristisches Staatsexamen; Zulassung als Rechtsanwältin
1985–1987, 1989–2000	Mitglied des Westberliner bzw. Berliner Abgeordnetenhauses
1990–1993	Fraktionsvorsitzende von Bündnis ′90/Die Grünen im Berliner Abgeordnetenhaus
1993–1998	Rechtspolitische Sprecherin der Fraktion Bündnis ′90/Die Grünen im Berliner Abgeordnetenhaus
1998–2000	Fraktionsvorsitzende von Bündnis ′90/Die Grünen im Berliner Abgeordnetenhaus
2000–2001	Bundesvorsitzende von Bündnis ′90/Die Grünen
2001–2005	Bundesministerin für Verbraucherschutz, Ernährung und Landwirtschaft
seit 2002	Mitglied des Deutschen Bundestages
seit 2005	Fraktionsvorsitzende von Bündnis ′90/Die Grünen im Deutschen Bundestag

Mit der Ablösung der rot-grünen Koalition nach den Bundestagswahlen 2005 erhielt auch eine Frau ihre Entlassungsurkunde, die als Bundesministerin in den wenigen Jahren ihres Wirkens für Furore gesorgt und dazu durch geschicktes Themenmanagement entscheidend beigetragen hatte.

Renate Künast war als „grüne Allzweckwaffe" im Gefolge des BSE-Skandals 2001 zur Bundesministerin berufen worden und hatte sich als Amtsnachfolgerin der glücklosen Vorgänger Karl-Heinz Funke und Andrea Fischer im neu zugeschnittenen Bundesministerium für Verbraucherschutz, Ernährung und Landwirtschaft als professionelle Krisenmanagerin schnell einen Namen gemacht. Mit etlichen verbraucher- und agrarpolitischen Projekten konnte sie in der Folge bemerkenswerte politische Erfolge erringen und der Arbeit der rot-grünen Bundesregierung trotz kurzer Amtszeit deutlich ihren Stempel aufdrücken. Ihr Einsatz für eine umfassende ökologische „Agrarwende" und für ein Umdenken im Verbraucher- und Ernährungsverhalten der Bürger brachte Künast aber auch den Vorwurf der „Symbolpolitik" von Seiten ihres Nachfolgers Horst Seehofer und der organisierten Bauernschaft ein, deren Einschätzung zufolge diese ehrgeizigen Ziele weitgehend Programm geblieben seien.

Der Weg in die Spitzen der Bundespolitik war Renate Künast nicht in die Wiege gelegt, und ihr burschikoser, zuweilen auch sehr direkter Stil resultierte wohl aus ihrer Karriere, die sie sich gegen vielerlei Widerstände und mit hohem persönlichem Einsatz hatte erkämpfen müssen.

Aufgewachsen in einer Recklinghausener Arbeiterfamilie, sollte sie nach dem Willen des Vaters die Hauptschule besuchen und nach ihrem Abschluss möglichst bald heiraten und eine Familie gründen. „Unter Geheule und Getrampel" (Künast) und durch die aktive Fürsprache von Mutter und Klassenlehrerin konnte die junge Renate ihm dann aber zumindest den Besuch der Realschule abtrotzen. Dies bildete das Sprungbrett für die weitere Laufbahn des ehrgeizigen Mädchens, das nach eigener Einschätzung zunächst keine politischen Ambitionen hegte: „Ich war mit 15 schüchtern und mit 18 habe ich mich auf den Weg gemacht […] Ich hätte mich mit 15 nie engagiert als Schulsprecherin, weil ich mir erst mal Gedanken gemacht habe, bevor ich redete, das glaubt mir heute keiner, ich weiß es" (SWR am 3.7.2003). Der Vietnamkrieg und die Verstrickung der USA in den Pinochet-Putsch in Chile schärften jedoch ihr „christlich-moralisches Gefühl" und ihren Drang, ihrem Protest Ausdruck zu verleihen – jedoch nicht als politischer Vollprofi: „Ich habe nie im Leben geplant, Politikerin zu werden, ich wollte mich neben der beruflichen Tätigkeit engagieren" (SWR am 3.7.2003).

Nach Erlangung der Mittleren Reife wechselte sie auf die Fachoberschule, was ihr nur durch die BAföG-Finanzierung möglich wurde. Nach dem Fachabitur begann sie ein Studium der Sozialarbeit an der Fachhochschule Düsseldorf und beendete dieses im Jahre 1976. Nach dem obligatorischen staatlichen Anerkennungsjahr trat sie mit nur 21 Jahren ihre erste Stelle in der Justizvollzugsanstalt Berlin-Tegel an, die für ihren weiteren Lebensweg prägend werden sollte. In dieser Haftanstalt nur für Männer reifte ihr Durchsetzungsvermögen weiter aus, aber auch ihr Gespür für soziale und rechtliche Probleme: „Als Sozialarbeiterin im Knast von Tegel habe ich mir sogar den Respekt der Knackis und Schließer erworben", wird sie sehr viel später und mit gutem Grund von dieser Tätigkeit berichten (Der Spiegel 3/2001: 24).

In dieser Zeit reifte auch ihr Entschluss, ein Jurastudium zu beginnen und eine Tätigkeit als Rechtsanwältin anzustreben. Noch während ihrer Tätigkeit in der JVA schrieb sie sich für das Studium an der TU Berlin ein, das sie im Jahre 1982 mit dem ersten und 1985 mit dem zweiten juristischen Staatsexamen abschloss. Um sich voll auf das Studium konzentrieren zu können, hatte sie ihre Stelle in Berlin-Tegel schon 1979 aufgegeben.

Als Rechtsanwältin spezialisierte sie sich auf die Bereiche Ausländerrecht, Strafrecht und Bürgerrechte. Ihr konsequenter Einsatz für die Belange sozial Benachteiligter, auf den sie auch durch ihre Tätigkeit als Sozialarbeiterin vorbereitet war und der in der Folge Leitprinzip ihres politischen Handelns werden sollte, war hier bereits merklich ausgeprägt.

Für ihre spätere politische Laufbahn sollte ihr Referendariat in der Kanzlei Wolfgang Wielands wichtig werden. Ihr späterer Parteifreund nahm sie nach dem Ende des juristischen Vorbereitungsdienstes in die Kanzlei auf, und mit ihm zusammen durchlief sie wichtige Stationen ihres politischen Werdegangs bei den Westberliner Grünen.

In Berlin nahm auch ihre politische Karriere ihren Anfang: Bald schon tat sie sich als Anti-Atom-Aktivistin hervor, und im Jahre 1979 trat sie der Grün-Alternativen Liste Westberlins bei, was ihr lange Zeit das Image einer „linken" Grünen verschaffte. Sie nahm regelmäßig an den Protesten der Ökologiebewegung gegen den Bau eines atomaren Endlagers im niedersächsischen Gorleben teil und wurde Bürgerin des Hüttendorfes „Republik Freies Wendland", das sich in unmittelbarer Nachbarschaft der Baustelle angesiedelt hatte und von den Atomkraftgegnern als Symbol des Widerstands gegen die Atompolitik ausgerufen worden war.

Zeitweise lebte sie dort und lernte alternative Siedlungsweisen und erste Versuche mit Solaranlagen aus erster Hand kennen. Sogar einen „offiziellen" Pass dieser „Republik" besaß sie und hatte mit dessen Übernahme eine Erklärung gebilligt, dass „ein Staat, der an dem tödlichen Missverhältnis festhält, dass innere und äußere Sicherheit durch Waffen und Uniformen hergestellt werden kann", nicht länger der ihre sei. Seit dieser Zeit stand sie auch jahrelang unter der Beobachtung des Verfassungsschutzes, die auch nach der Übernahme erster politischer Mandate in West-Berlin noch nicht endete.

Ihr aktives Engagement in der Bewegung der Atomkraftgegner, aber auch bei den Westberliner Grünen trugen schon Mitte der achtziger Jahre erste Früchte: 1985 wurde sie erstmals in das Abgeordnetenhaus der Stadt gewählt, dem sie mit einer kurzen Unterbrechung bis zum Jahre 2000 angehörte. Als kompetente und zugleich streitbare Rechtspolitikerin machte sie sich dort schon bald eine Namen, und dies nicht nur in der eigenen Fraktion. So war es dann kein Zufall, dass sie schon 1989 maßgeblich an der Aushandlung des Vertrags für die rot-grüne Berliner Koalition unter Walter Momper beteiligt war.

Ihr großer Einfluss wurde nur wenig später noch deutlicher, als sie als frisch gewählte Vorsitzende ihrer Fraktion die erst 19 Monate alte Koalition wieder scheitern ließ, da Walter Momper gegen grünen Widerstand besetzte Häuser in Ost-Berlin hatte räumen lassen. Das trug ihr viel Kritik auch aus den eigenen Reihen ein; ein ungestümer und sehr offensiver Politikstil wird ihr seither nachgesagt, was Renate Künast selbst kaum relativiert.

Nach dem Ende des rot-grünen Experiments auf Landesebene konzentrierte sie sich wieder auf ihre rechtspolitische Tätigkeit im Abgeordnetenhaus, gewann dadurch aber auch in der Bundespartei der Grünen zunehmend an Ansehen. Schon bald wurde der „heimliche Parteivorsitzende" Joschka Fischer auf sie aufmerksam, der ihren politischen Pragmatismus und gleichzeitig ihr politisches Durchsetzungsvermögen zu schätzen begann und das politische Nachwuchstalent auch gezielt gegen die ihm verhasste Parteilinke in Stellung zu bringen gedachte. Denn schon längst war den grünen Insidern klar geworden, dass das aus den frühen achtziger Jahren stammende linke Image von Künast längst nicht mehr zu ihrem bewusst parteiflügelunabhängigen Kurs passte.

Eine wichtige Zäsur stellte in der Folge der Wahlsieg von SPD und Grünen bei den Bundestagswahlen 1998 dar. Auch diese Koalitionsverhandlungen prägte Künast als rechtspolitische Sprecherin ihrer Partei maßgeblich mit und wurde zeitweilig als Kandidatin für das Justizressort gehandelt. Ihre Enttäuschung über die schließliche Vergabe des Ministeriums an die SPD verhehlte sie damals nicht, steckte die Niederlage aber aufgrund anderer Karriereoptionen schnell weg: Denn auch als Kandidatin für die 1999 neu zu bildende EU-Kommission war Künast im Gespräch, und in der grünen Bundespartei mehrten sich die Stimmen für eine Ablösung des glücklosen Führungstandems aus der Parteilinken Antje Radtke und der „Reala" Gunda Röstel.

Künast zog sich jedoch einstweilen wieder auf ihre Berliner Abgeordnetentätigkeit zurück, übernahm 1998 erneut den Fraktionsvorsitz und wartete kühl ab. Im Vorfeld des Bundesparteitags der Grünen 2000 verschärften sich dann die innerparteilichen Auseinandersetzungen: Joschka Fischer betrieb nun aktiv den Wechsel der Parteiführung und setzte sich offen für Künast ein, die nun als seine „Lieblingsgrüne" galt. Damit brachte er seine Kandidatin jedoch in große Verlegenheit, da sie gerade deshalb von der Parteilinken um Christian Ströbele und Jürgen Trittin nicht unterstützt wurde. Insbesondere Ströbele monierte ihr pragmatisches Lavieren zwischen den innerparteilichen Flügeln und begab sich ganz offen auf die Suche „nach einer prinzipienfesten Alternative".

Für Künast war dies umso mehr problematisch, als sie bestenfalls mit einem „Linksticket" Chancen auf den Parteivorsitz hatte. Denn der für den rechten Parteiflügel reservierte zweite Parteisprecherposten war bereits für Fritz Kuhn vorgesehen. Da sich jedoch keine ernstzunehmende personelle Alternative fand, gelang es Fischer am Ende doch, Renate Künast in das Amt der Bundesvorsitzenden von Bündnis '90/Die Grünen wählen zu lassen.

Dies hatte die Aufgabe von Abgeordnetenmandat und Fraktionsvorsitz in Berlin zur Folge. Zusammen mit Fritz Kuhn verordnete Künast der Partei ein „Notstandsregime" (Joachim Raschke), um nach den innerparteilichen Querelen um das schwache Führungsduo Radtke/Röstel der Partei zu innerer organisatorischer und programmatischer Geschlossenheit zu verhelfen. Begünstigt wurde dieser Versuch durch die gute Zusammenarbeit zwischen den Pragmatikern Kuhn und Künast, auch bedingt durch ihre unterschiedlichen Temperamente: Während der Schwabe Kuhn den Part des zurückhaltend agierenden, nüchternen Planers und Strategen übernahm, profilierte sich Künast als kommunikatives und auch offenen Konflikt nicht scheuendes Sprachrohr der Partei, der auch gegenüber den eigenen Amtsträgern in der Koalition eigenständige Geltung verschafft werden sollte.

Die unzureichende Abstimmung zwischen der Bundesregierung und der grünen Parteispitze erschwerte jedoch ein direktes Einwirken von Kuhn und Künast: Erst vier Monate nach ihrer Wahl traf sich der Koalitionsausschuss nach einjähriger Pause das erste Mal wieder. Längst schon war den Grünen klar geworden, dass sie mit ihrer Zustimmung im Jahre 1998 zur Abschaffung regelmäßiger Koalitionsrunden einen regierungsinternen Einflussverlust erzeugt hatten.

In der kurzen Amtszeit als Bundesvorsitzende konnte Künast mit ihrem Parteifreund Kuhn keine programmatische und organisatorische Wende bewirken. Bald schon hing ihnen der Vorwurf an, die programmatischen Profilierungsprobleme gegenüber der SPD nicht in den Griff zu bekommen und eher reaktiv als initiativ zu wirken. Insbesondere im Spätherbst 2000 wuchs das von der SPD induzierte Konfliktpotential: Arbeitsminister Walter Riester (SPD) preschte unabgestimmt mit dem Vorschlag vor, die Invalidenrenten aus dem Etat von Gesundheitsministerin Andrea Fischer (Bündnis '90/Die Grünen) zu finanzieren und überging den Koalitionspartner damit ebenso wie beim Bruch der Koalitionsvereinbarung zur staatlichen Unterstützung der Privatrente ab 2001. Die rot-grünen Absprachen zur Entfernungspauschale wurden – nun vom Kanzler höchstselbst – in Absprache mit den sozialdemokratischen Ministerpräsidenten und ohne Einbindung der Grünen ebenfalls gebrochen.

Auch innerparteilich hatte das Tandem mit dem Versuch einer programmatischen Trendwende nur begrenzt Erfolg: Künasts Vorstoß zur Streichung der unscharfen „Multikulti"-Vokabel aus dem grünen Sprachgebrauch und die Ersetzung durch den traditionsreicheren, schon in der Gründungsphase der Bundesrepublik geprägten Terminus „Verfassungspatriotismus" (Dolf Sternberger) stieß sofort auf heftigen Widerstand vor allem in der Parteilinken, die darin ganz im Gegenteil einen zwar ungenauen, aber trotzdem identitätsstiftenden programmatischen Leitbegriff erblickte. Insbesondere Daniel Cohn-Bendit, ein Protagonist des Konzepts der multikulturellen Gesellschaft, protestierte erregt. Mit der Einigung auf die Formel „Multikulturelle Demokratie" konnte aber schließlich ein Kompromiss gefunden werden.

Schließlich sorgte auch der innerparteiliche Disput mit dem Vorsitzenden der Bundestagsfraktion Rezzo Schlauch um dessen Initiative zur Flexibilisierung des Tarifrechts für Unruhe. Als Kuhn und Künast ihren Parteifreund Schlauch nicht zu einer Abmilderung seiner wirtschaftsliberal inspirierten Vorschläge bewegen konnten, distanzierten sie sich aufgrund innerparteilicher Berücksichtigungszwänge in einer offenen Erklärung deutlich vom Fraktionsvorsitzenden, was der Kooperation zwischen Parteispitze und Bundestagsfraktion nicht eben förderlich war.

In dieser Phase innerparteilicher Grundsatzarbeit traf Renate Künast völlig unvorbereitet die Berufung zur Bundesministerin. Zwar waren ihre Amtsvorgänger Karl-Heinz Funke und insbesondere Andrea Fischer schon länger als „Wackelkandidaten" im Kabinett Schröder gehandelt worden. Jedoch erst der BSE-Skandal führte im Januar 2001 zur Ablösung der beiden Politiker und zur Ernennung Künasts.

Der Auslöser von Fischers Rücktritt, dem sich dann auch Funke anschließen musste, war prozedural banal, jedoch inhaltlich folgenreich: Zur Last gelegt wurde der glücklosen Gesundheitsministerin die Nichtweitergabe eines Vermerks der Europäischen Kommission, in dem schon frühzeitig vor der BSE-Gefahr gewarnt worden war. Über den konkreten Sachverhalt hinaus wurde Fischer dabei vorgeworfen, ihr Ministerium schlecht zu führen und insbesondere mit dem Krisenmanagement überfordert zu sein. Aufgrund stetig wachsender Kritik auch aus den eigenen Reihen trat sie dann die Flucht nach vorne an und stellte ihr Amt zur Verfügung.

Bundeskanzler Gerhard Schröder nutzte nach längerem Zögern und im Angesicht nahender Landtagswahlen in Baden-Württemberg und Rheinland-Pfalz die Gunst der Stunde, führte zentrale Abteilungen des Gesundheits- und des Landwirtschaftsministeriums unter einem Dach zusammen und schuf so das neue Bundesministerium für Verbraucherschutz, Ernährung und Landwirtschaft.

Renate Künast trat als Ressortchefin mit einem ehrgeizigen Programm an, das sowohl inhaltlich als auch organisatorisch der Agrar- und der Verbraucherpolitik in Deutschland völlig neue Konturen verleihen sollte: „In Landwirtschaft und Verbraucherschutz wird nichts mehr so sein, wie es war" (FAZ vom 28.9. 2005), verkündete sie nach Amtsantritt lauthals, und an diesem Anspruch wurde ihre Leistungsbilanz später auch gemessen.

Zunächst stand jedoch die Bewältigung des BSE-Skandals an, der ihr erst zum Amt verholfen hatte. Politische Freunde wie Gegner bescheinigten ihr dabei hinterher ein rasches und effektives Krisenmanagement: Schon im Februar 2001 schleuste sie ihren Gesetzentwurf zur Bekämpfung der Rinderseuche erfolgreich durch den Bundestag. Die Reorganisation des neu zugeschnittenen Ministeriums lief parallel an: Schon bei Amtsantritt ließ sie zwei altgediente, dem Bauernverband nahe stehende und für die BSE-Pannen mitverantwortliche Abteilungsleiter aus dem Bestand des alten Landwirtschaftsministeriums in den einstweiligen Ruhestand versetzen, um den direkten Einfluss der Agrarlobby auf ihr Ressort zu beschneiden.

Die dominierende Stellung „einer konservativen Seilschaft in Göttingen studierter Agrarwissenschaftler" (Der Spiegel 8/2001: 32) wurde somit unterminiert, wozu auch die Ernennung des Grünen Mathias Berninger zum Parlamentarischen Staatssekretär beitrug: Gegen innerparteilichen Widerstand hatte Künast seine

Ernennung durchgesetzt – auch gegen Joschka Fischer, der Christa Nickels für dieses Amt vorgeschlagen hatte. Die dabei übergangenen grünen Agrarexpertinnen Ulrike Höfken und Steffi Lemke machten in der Folge aus ihrer Enttäuschung ebenfalls kein Geheimnis.

Schon bald eilte Künast der Ruf voraus, das Ressort professionell zu führen und fachlich kompetent zu agieren: „Die Chefin liest viel", wurde zum geflügelten innerministeriellen Schreckensruf. Auch später scheute sich Künast nicht, interne Kritiker vorzeitig pensionieren zu lassen, so noch im März 2005, als Ministerialdirektor Schlagheck nach seinen Bedenken gegen den Gentechnikgesetzentwurf seiner Ressortchefin den Hut nehmen musste.

Zum zentralen Projekt ihrer Amtszeit wurde in der Folge die vielzitierte „Agrarwende", die sie schon in ihrer Regierungserklärung vom 8. Februar 2001 ankündigte: Unter dem Motto „Klasse statt Masse" setzte sie sich für eine konsequente ökologische Umsteuerung in der Agrarpolitik ein und beschwor dabei die vernunftgeleitete Kooperation im Rahmen des „magischen Sechsecks": Verbraucher, Einzelhandel, Lebensmittelindustrie, Futtermittelhersteller, Bauern und Politik sollten künftig jeweils ihren spezifischen Beitrag zum Gelingen dieser Agrarwende leisten, und dabei schrieb sie den einzelnen Statusgruppen die jeweiligen Aufgaben ins Stammbuch: Während die Politik für eine Beseitigung verfehlter (europäischer) Anreizstrukturen und des überkommenen globalen Agrarprotektionismus sorgen sollte, welche in der Vergangenheit eine produktionsmittelintensive und umweltfeindliche Landwirtschaft gefördert hatten, appellierte sie an die Verbraucher, konsequent ökologisch einzukaufen.

Futter- und Lebensmittelindustrie wurden zur verstärkten Produktion qualitativ hochwertiger Produkte angehalten, der Handel zur Verbreiterung seines Sortiments an Qualitätswaren und zu weniger Konzentration auf leicht absetzbare Billigprodukte. Mit 80 Millionen Verbrauchern im Rücken, so Künast, sollten dabei insbesondere die rund 500.000 deutschen Landwirte „zu ökologisch korrekten Hirten von glücklichen Kühen" erzogen werden. Mit dieser forschen Gangart war der entschiedene Widerstand des Deutschen Bauernverbandes meist vorprogrammiert, was punktuelle Interessenkoalitionen mit den Landwirten freilich nicht ausschloss. Schon bei der Bewältigung der BSE-Krise hatten Künast und Bauernverbandspräsident Gerd Sonnleitner eng kooperiert, und auch beim Kampf gegen Lebensmittel-Dumpingpreise waren die Argumentationslinien beider auffällig kongruent: Sonnleitner wetterte gegen die „Magie des Billigen", während Künast für Qualität plädierte, die es „nicht zum Nulltarif" gäbe.

Diesem Grundsatzprogramm entsprangen in der Folge etliche konkrete Gesetzgebungsprojekte und sonstige Einzelmaßnahmen, denen aber unterschiedlicher Erfolg beschieden war. So konnte Künast das 2004 in Kraft getretene Gesetz zur Kennzeichnungspflicht von Lebensmitteln mit gentechnisch veränderten Pflanzen ebenso durchsetzen wie ein einheitliches Bio-Siegel, das schon im September 2001 vorgestellt worden war. Dieses mit den einschlägigen Bauern-, Handels- und Verbraucherverbänden ausgehandelte „Öko-Label" war dabei als Beitrag zur Ausweitung des Anteils der ökologischen Landwirtschaft von drei auf langfristig 20% an der gesamten Agrarwirtschaft gedacht – auch dies ein sehr ehrgeiziges Ziel der grünen Ministerin. Erst unter der Großen Koalition wurde 2007 ein entsprechendes Gesetz verabschiedet.

Eine Niederlage erlitt sie jedoch mit ihrem Entwurf eines Verbraucherinformationsgesetzes, dessen weit reichende, verbraucherfreundliche Auflagen für Industrie und Verwaltung vor allem von unionsgeführten Landesregierungen umgehende Kritik erfuhren. Diese ließen den Entwurf im Bundesrat scheitern – eine schmerzhafte Lektion für die ambitionierte Ressortchefin.

Auch auf europäischer und globaler Ebene setzte sie sich konsequent für die Agrarwende ein. Schon mit ihrem Amtsantritt begann sie den weltweiten Agrarprotektionismus verstärkt zu geißeln, wobei sie die EU wie die USA gleichermaßen ins Visier nahm. Auf dem WTO-Gipfel 2003 in Cancún plädierte sie daher für eine konsequente Liberalisierung des Agrarhandels, was ihr jedoch auch Zielkonflikte bescherte: „Künast aber will alles: Globale Gerechtigkeit – was weniger Schutz der hiesigen Bauern voraussetzt. Und weniger Umweltfrevel – was die Produktionskosten für die hiesigen Bauern in die Höhe treibt", formulierte dazu der Zeit-Journalist Fritz Vorholz (Die Zeit 38/2003). Auch dem Artenschutz galt ihr besonderes Augenmerk. Das Scheitern ihres Vorstoßes für einen kompletten Kabeljau-Fangstopp zur Schonung der akut bedrohten Bestände im Rahmen der EU-Fischerei-Verhandlungsrunden im Jahr 2003 ging ihr dabei persönlich besonders nahe.

In der letzten Phase ihrer Amtszeit verstärkte sie ihre gesundheitspolitischen Aktivitäten, und dies in bewusster Konkurrenz zur Kabinettskollegin Ulla Schmidt. Besonders setzte sie sich für ein gesundheitsbewussteres Ernährungsverhalten von Jugendlichen ein. Unter dem Motto „Der Körper ist unser Kapital" verschrieb sie sich nun insbesondere der Fürsorge für „dicke Kinder". Eine umfassende Diskussionsplattform aus Eltern, Unternehmen, Ärzten und Krankenkassen mit über 1000 Teilnehmern rief sie dafür im Jahre 2004 ins Leben und plädierte in diesem Rahmen für einen generell geänderten Lebens- und Ernährungsstil, unterstützt auch durch geeignete Stadtplanungsmaßnahmen.

Auch durch institutionelle Reformen versuchte sie ihrem Gesamtprojekt zum Erfolg zu verhelfen: Im Jahre 2002 wurde nach europäischem und US-amerikanischem Vorbild das Bundesamt für Verbraucherschutz und Lebensmittelsicherheit geschaffen, welches bei der Produktüberwachung in der Folgezeit eine wichtige Rolle spielte.

Überschattet war ihre rastlose Tätigkeit allerdings von mehreren Skandalen und Affären. Im Nitrofen-Skandal des Jahres 2002 wurde der Ministerin aus den Reihen der SPD vorgeworfen, Informationen über die Verseuchung von Tierfutter mit dem Unkrautvernichtungsmittel Nitrofen seien von Spitzenbeamten ihres Zuständigkeitsbereichs, insbesondere in der Bundesanstalt für Fleischforschung, nicht weitergegeben und in effektive Gegenmaßnahmen umgesetzt worden. Nicht weniger als 59% der Deutschen sahen einer Emnid-Umfrage im Mai des Jahres dabei auch eine „wesentliche Mitschuld" der Ministerin gegeben (SZ vom 31.5.2002).

Zu dieser negativen Grundhaltung hatte wohl auch die öffentliche Kritik an den unpopulären Maßnahmen Künasts gegen die Maul- und Klauenseuche im Jahr zuvor beigetragen. Auch die vergleichsweise bagatellhafte Flugaffäre des Folgejahres, in die sie mit ihrem Amtskollegen Jürgen Trittin verwickelt war, schadete ihrem Renommee: Vorgeworfen wurde ihr die zu späte Abbestellung eines kurzfristig nicht mehr benötigten Jets der Flugbereitschaft, der bereits nach Brasilien unterwegs war.

Parallel zu ihrer Arbeit als Ministerin trieb sie indessen ihre parteipolitische Karriere weiter voran. Schon im Jahre 2003 bereitete sie sich im Stillen auf die Nachfolge Joschka Fischers im Außenamt vor, als dieser zu den Kandidaten für eine führende Position in der neuzubildenden EU-Kommission zählte. Zunehmend verlegte sie sich auch darauf, das Image von Joschka Fischers „Lieblingsgrüner" loszuwerden und angesichts des mittelfristig zu erwartenden Abtritts des grünen „Übervaters" eine völlig eigenständige politische Kontur zu gewinnen. Ihre dominierende Position im Berliner Landesverband von Bündnis ´90/Die Grünen festigte sie in den Jahren ihrer Ministerschaft ebenfalls. Eindrucksvoll kam dies im Juni 2005 zum Ausdruck, als sie nach der Ankündigung der Neuwahlen mit 88% der Delegiertenstimmen auf den ersten Platz der Landesliste für die Bundestagswahlen gesetzt wurde.

Als nach der Wahlniederlage der rot-grünen Koalition im September 2005 klar geworden war, dass Künasts Tage im Amt gezählt waren, trat sie die politische Flucht nach vorne an: Da Joschka Fischer nicht ganz überraschend seinen Rückzug aus allen Führungsämtern erklärt hatte, war für Künast offensichtlich, dass nunmehr nur die Führung der Bundestagsfraktion effektive politische Gestaltungsmöglichkeiten bot. Sie erklärte folglich umgehend ihre Kandidatur und setzte damit sowohl das bisherige Führungsgespann aus Krista Sager und Katrin Göring-Eckardt als auch parteiinterne Konkurrenten wie Jürgen Trittin unter Zeitdruck. Ihre Chancen wuchsen bald durch den Verzicht der Pragmatikerin Sager, die sich informell für Künast stark machte. Jedoch gelang ihr erst in einer Stichwahl gegen Trittin der gewünschte Erfolg. Zusammen mit Fritz Kuhn übernahm sie nun die Führung der Fraktion und knüpfte damit an das Tandem-System an, das sich zwischen den beiden grünen Spitzenpolitikern schon während der gemeinsamen Parteiführung eingespielt hatte.

Nach erfolgter Wahl bat sie noch vor der Bildung der neuen Bundesregierung um die Entlassung aus ihrem Ministeramt. Nach der Bildung der Großen Koalition kündigten Kuhn und Künast umgehend eine „harte" und „konstruktive" Oppositionsarbeit an, wobei gerade Künast frühzeitig auf neue Wege verwies: „Bloß kein Zurück zur Strickpullover-Romantik der achtziger Jahre" war ihr Motto, und sie plädierte nun verstärkt für eine Öffnung grüner Bündnispolitik in alle parteipolitischen Richtungen: „Die alten Verteufelungen wird es schon bei der nächsten Bundestagswahl nicht mehr geben" (Spiegel Online 39/2005), formulierte sie plakativ und stellte damit auch die Option künftiger schwarz-grüner Bündnisse in den Raum.

Renate Künast hat als Parteistrategin wie als Ministerin provoziert – und dies aus innerer Neigung. Kurz vor Ende ihrer Amtszeit bilanzierte sie auf ihrer Homepage ihre Tätigkeit wie folgt: „Kids fit machen…, EU-Agrarpolitik endlich reformiert…, Recht auf Nahrung durchsetzen…, Fair Trade fördern…, VerbraucherInnen schützen…, Wo Bio drin ist, steht auch Bio drauf…, Ökologischer Landbau wird gefördert…, Tiere schützen". Ein solcher Rechenschaftsbericht muss Widerspruch herausfordern, und die „grüne Allzweckwaffe" sucht ihn bewusst. Die eingangs angesprochene Schelte durch Horst Seehofer war damit kein Zufall, sondern wohl gezielt von ihr provoziert, um sie postwendend zur verbalen Retourkutsche gegen ihren Amtsnachfolger nutzen zu können. Aller parteipolitisch motivierten Polarisierung zum Trotz aber steht außer Frage, dass Renate Künast in den wenigen Jahren ihrer Amtszeit wesentliche verbraucherpolitische Akzente gesetzt hat, die auch den jetzigen Ressortminister Seehofer mehr binden und leiten als aus parteipolitischer Raison öffentlich zugegeben wird.

Literatur:
Klein, Markus/Jürgen W. Falter: Der lange Weg der Grünen. Eine Partei zwischen Protest und Regierung, München 2003; *Kleinert, Hubert*: Die Grünen in Deutschland, in: *Heinrich-Böll-Stiftung (Hrsg.)*: Die Grünen in Europa. Ein Handbuch, Münster 2004, S. 58-82; *Künast, Renate*: Die Dickmacher. Warum die Deutschen immer fetter werden und was wir dagegen tun müssen, München 2004; *dies.*: Klasse statt Masse. Die Erde schätzen, den Verbraucher schützen, München 2002; *Oppermann, Rainer*: Die Agrarwende ist ein Langstreckenlauf. Eckpunkte einer neuen Landwirtschafts- und Verbraucherpolitik, in: *Heyder, Ulrich/Ulrich Menzel/Bernd Rebe (Hrsg.)*: Das Land verändert? Rot-grüne Politik zwischen Interessenbalancen und Mo-

dernisierungsdynamik, Hamburg 2002, S. 81-93; *Raschke, Joachim*: Die Zukunft der Grünen. „So kann man nicht regieren." Mit einem Beitrag von Achim Hurrelmann, Frankfurt a.M./New York 2001; *Stern, Jürgen*: Grüne Spitzen. Elitenbildung in einer egalitären Partei, Stuttgart 2004.

Martin Sebaldt

Lafontaine, *Oskar*

Bundesminister der Finanzen (SPD)

geb. 16.9.1943 in Saarlouis (Saarland), kath.

1966	Eintritt in SPD
1970–1975	Abgeordneter des Saarländischen Landtages
1976–1980	Oberbürgermeister von Saarbrücken
1977–1996	Landesvorsitzender der SPD
1980–1998	Ministerpräsident des Saarlandes
1990	Kanzlerkandidat der SPD und Opfer eines Attentats
1995–1999	Bundesvorsitzender der SPD
1998–1999	Bundesminister der Finanzen
1999–2005	Publizist
2005	Austritt aus der SPD und Spitzenkandidat der WASG in Nordrhein-Westfalen
seit 2005	mit Gregor Gysi Ko-Vorsitzender der Linksfraktion im Deutschen Bundestag
seit 2007	mit Lothar Bisky Gründungsvorsitzender der Partei Die Linke (hervorgegangen aus der Fusion von PDS und WASG)

Oskar Lafontaines Amtszeit als Bundesminister der Finanzen war extrem kurz. Nur etwas mehr als vier Monate (27. Oktober 1998-18. März 1999) amtierte er im ersten Kabinett von Bundeskanzler Gerhard Schröder. Damit ist Lafontaine einer der Bundesminister mit der kürzesten Verweildauer im Amt. Im Durchschnitt amtieren Bundesminister etwa sechs Jahre. Die Gründe für seinen schnellen und überstürzten Rücktritt sind in seiner außergewöhnlichen Karriere und der daraus entstandenen Konstellation im Kabinett Schröder zu suchen.

Lafontaine entstammt einem katholischen Elternhaus. Er ist ein Gewächs des Saarlands. Seine Schulbildung erhielt er jedoch im Bischöflichen Konvikt in Prüm (Eifel) im benachbarten Rheinland-Pfalz. Von 1962 bis 1969 studierte er Physik an den Universitäten Bonn und Saarbrücken. Das politische Handwerk lernte er in der Saarbrücker Kommunalpolitik. Im Jahr 1966 wählten ihn die Mitglieder des dortigen SPD-Unterbezirks zu ihrem Vorsitzenden. Drei Jahre danach gewann er ein Stadtratsmandat. Ein Jahr später zog er in den

Landtag des Saarlands ein. Im Jahr 1976 gewann er die Wahl zum Oberbürgermeister von Saarbrücken. 1977 übernahm er den Landesvorsitz der SPD.

Sein Aufstieg spielte sich im Wesentlichen auf zwei Ebenen ab. Als erfolgreichstem SPD-Politiker im Saarland gelang es ihm, die traditionelle Vorherrschaft der dortigen CDU zu brechen und der SPD zu einer langjährigen Regierungsperiode (1985-1999) zu verhelfen, die sich auf eine absolute Mehrheit der Landtagsmandate, 1990 sogar der Stimmen (54,4 Prozent) stützte. Gleichzeitig etablierte sich Lafontaine als Bundespolitiker: Er opponierte beispielsweise gegen den NATO-Doppelbeschluss und die Nutzung der Kernkraft. Selbst den sozialdemokratischen Bundeskanzler ging er des öfteren scharf an. In diesen Zusammenhang gehört auch die Bemerkung, für die er sich später entschuldigen musste: „Helmut Schmidt spricht weiter von Pflichtgefühl, Berechenbarkeit, Machbarkeit, Standhaftigkeit. Das sind Sekundärtugenden. Ganz präzise gesagt: Damit kann man auch ein KZ betreiben."

Lafontaine war stets ein ebenso begnadeter wie gnadenloser Polemiker. Dies brachte ihm die Bezeichnung „sozialdemokratischer Strauß" ein. Zudem konnte er sich, für seinen Aufstieg äußerst förderlich, auf ein außergewöhnliches rhetorisches Talent stützen.

Einen schweren Rückschlag musste Lafontaine 1990 als Kanzlerkandidat der SPD hinnehmen. Mit seiner ökonomisch durchaus nicht unbegründeten, aber politisch zu kurz greifenden kritischen Haltung zur Deutschen Einheit (insbesondere zum neu erwachenden Nationalgefühl und zur Währungsunion) fuhr er für die SPD mit 33,5% ein äußerst schlechtes Wahlergebnis ein. Im Wahlkampf war er allerdings durch ein lebensgefährliches Attentat schwer behindert, das im April 1990 auf ihn verübt worden war. Im Jahr 1992 wurde ruchbar, dass Lafontaine aus seiner Zeit als Saarbrücker Oberbürgermeister unrechtmäßig Pensionszahlungen bezogen hatte. Im folgenden Jahr ereilte ihn eine Medienkampagne wegen angeblicher Kontakte zum Rotlichtmilieu. Unter beiden Problemen litt seine bundespolitische Reputation. Auf die Wahlergebnisse im Saarland hatten sie jedoch keinen Einfluss.

Schwache SPD-Bundesvorsitzende wie Björn Engholm und Rudolf Scharping gaben dem Saarländischen Ministerpräsidenten die Chance, seine Stellung erneut zu festigen. Lafontaine positionierte sich als Vertreter einer ökologischen Steuerreform und Gegner des Bundeswehreinsatzes in Bosnien. Durch eine hochemotionale Rede gelang es ihm 1995, die Delegierten des SPD-Parteitags in Mannheim mitzureißen und sich bei der Wahl des Bundesvorsitzenden gegen den Amtsinhaber Scharping durchzusetzen. Wenig später traf er sich als erster SPD-Chef mit PDS-Chef Gregor Gysi – in der Rückschau ein nicht uninteressanter Vorgang. Als Parteivorsitzender formte Lafontaine aus der Bundestagsfraktion, den der Partei zugehörigen Ministerpräsidenten und der Parteiorganisation eine handlungsfähige Einheit, die zum Beispiel wichtige Steuerreformvorhaben der CDU/CSU/FDP-Regierung durch eine Blockade im Bundesrat verhinderte.

Vor der Bundestagswahl 1998 entbrannte eine innerparteiliche Konkurrenz um die Kanzlerkandidatur zwischen Oskar Lafontaine und Gerhard Schröder. Schon im Laufe der neunziger Jahre hatten diese beiden Vertreter der „Enkel-Generation" nach Willy Brandt immer wieder um die Vormacht in der Partei konkurriert. Nachdem Schröder durch sein fulminantes Wahlergebnis bei der heimischen Landtagswahl in Niedersachsen zum Kanzlerkandidaten aufgestiegen war, führten beide den Wahlkampf im Bund dennoch gemeinsam. Schröder stand dabei inhaltlich für Innovationskraft, Lafontaine für soziale Gerechtigkeit. Die einstigen Gegner verband allerdings vor allem das Ziel, Kohls Kanzlerschaft zu beenden.

Das Wahlergebnis ermöglichte die Bildung einer rot-grünen Koalition. Lafontaine übernahm das Amt des verfassungsrechtlich mit besonderen Vollmachten ausgestatteten Bundesfinanzministers. Gleichzeitig blieb er Parteivorsitzender. Er führte die gewichtigere Partei der Koalition. Nach seinem Verständnis stand er damit auf gleicher Augenhöhe mit dem Bundeskanzler aus der eigenen Partei, wenn nicht sogar machtpolitisch über ihm. Andererseits war er jedoch eingebunden in die Kabinettsdisziplin und der Richtlinienkompetenz des Kanzlers unterworfen. Diese Konstellation begründete das Scheitern seiner Ambitionen als eigentlicher politischer Regierungschef. Nach der Logik und Kompetenzordnung des Grundgesetzes behielt der gewählte und verantwortliche Bundeskanzler die Oberhand.

Lafontaine war es durch seine starke Stellung als SPD-Vorsitzender gelungen, in den Koalitionsverhandlungen mit den Grünen dem Bundesfinanzministerium ein außerordentlich breites Kompetenzfeld zu sichern. Aus dem Wirtschaftsministerium löste er die Europaabteilung und die Grundsatzabteilung, die für die Berichterstattung über die Konjunkturentwicklung zuständig ist. Er erreichte eine ähnlich machtvolle Position wie die Finanzminister der USA, Großbritanniens oder Frankreichs. Dadurch entmutigt, trat der eigentlich als Wirtschaftsminister vorgesehene und im Wahlkampf besonders herausgehobene parteilose Unternehmer Jost Stollmann das Amt gar nicht erst an. Zudem verhinderte Lafontaine Rudolf Scharping als Fraktionsvorsitzenden. Nach diesen drei Entscheidungen galt er in den Medien schnell als „Schattenkanzler".

Auf Lafontaines außenwirtschaftlicher Agenda als Bundesminister stand die Schaffung eines Ordnungsrahmens für die Weltwirtschaft und insbesondere für die Kapitalmärkte. Im Inneren ging es um die Bekämpfung der Arbeitslosigkeit, eine umfassende Steuerreform und den Abbau der Neuverschuldung. Sein Amt trat er jedoch mit einer exorbitanten Ausgabensteigerung an. Seine Finanzpolitik beruhte auf einem keynesianischen Konzept. Durch die Ausgabensteigerung bei den öffentlichen Haushalten sollte die Konjunktur angekurbelt werden. Die dadurch wachsenden Zinszahlungen sollte die Bundesbank durch Senkung der Leitzinsen im Rahmen halten. Diese Forderung, die er direkt nach seinem Amtsantritt stellte, wurde als Anschlag auf die Unabhängigkeit der Notenbank wahrgenommen und brachte ihm breite öffentliche Kritik ein.

Lafontaines Politikkurs nahmen die Medien in der Bundesrepublik und vor allem in Großbritannien nicht positiv auf. Für unbeliebte Maßnahmen wie die Ökosteuer machten sie in erster Linie ihn verantwortlich. Positive Auswirkungen der Steuerreform oder die Erhöhung des Kindergeldes wurden vor diesem Hintergrund kaum wahrgenommen. Die Verantwortung dafür überließ Bundeskanzler Gerhard Schröder gerne seinem Finanzminister. Gleichzeitig machten Lafontaines Bemühungen um eine Harmonisierung der Steuersätze in Europa ihn in den Augen des britischen Boulevardblatts Sun zum „gefährlichsten Mann Europas", da er ihrer Ansicht nach die Eigenständigkeit des Inselkönigreichs untergrub. Lafontaine strebte ebenso eine Reform der internationalen Finanzinstitutionen an, scheiterte jedoch an der ablehnenden Haltung der USA.

Der Rücktritt als Bundesfinanzminister und Vorsitzender der SPD am 11. März 1999 erfolgte abrupt und praktisch begründungslos. Er wurde am 18. März 1999 wirksam. Lafontaine gab ihn in einer kurzen schriftlichen Erklärung bekannt und entzog sich dann der Öffentlichkeit. Die Presse reagierte äußerst positiv, und die Börse verzeichnete deutliche Kursgewinne. Bis heute wird diese Entscheidung zwiespältig betrachtet: Die einen warfen Lafontaine Flucht aus der Verantwortung vor. Andere sahen den Rücktritt als Konsequenz des Umgangs, den Gerhard Schröder mit Lafontaine pflegte, und damit als Ausdruck von Selbstschutz und Selbstachtung. Diese Ansicht verkennt allerdings die verfassungsrechtliche Kompetenz- und Verantwortlichkeitsordnung, die nicht von einem Bundesminister und Parteivorsitzenden ausgeht, dem es egal ist, wer unter ihm Kanzler ist.

Im Anschluss an seine kurze Ministerzeit betätigte sich Lafontaine vor allem als Publizist. Im Herbst 1999 erschien sein Buch „Das Herz schlägt links", in dem er sich mit seiner politischen Vergangenheit und seinen Gegnern beschäftigte. Das Buch stieß in der SPD auf bittere Ablehnung. Im Laufe der Zeit entwickelte sich Lafontaine zum scharfen Kritiker der Regierung. Er nahm besonders die in seinen Augen „neoliberale" Politik der rot-grünen Koalition (so in seinem Buch „Politik für alle", 2005 in vierter Auflage erschienen) und ihr Engagement bei den Auslandseinsätzen der Bundeswehr aufs Korn. Dazu nutzte er ab 2001 auch eine Kolumne in der Bild-Zeitung. Der seiner Ansicht nach verfehlten deutschen Außen- und Weltfinanzpolitik widmete er sich 2002 in seinem Buch „Die Wut wächst". Damit näherte er sich der globalisierungskritischen Organisation Attac an.

Signale, die 2004 auf eine Versöhnung mit der SPD-Spitze hindeuteten – zum Beispiel traf er sich mit dem damaligen Parteivorsitzenden Franz Müntefering –, wiesen in die Irre. Im folgenden Jahr trat er aus der Partei aus. Dem „political animal" Oskar Lafontaine hatte sich eine andere Option eröffnet: Die Programmatik der „Wahlalternative Arbeit und Soziale Gerechtigkeit (WASG)", die als Reaktion auf den vermeintlichen Sozialabbau durch die SPD-Regierung gegründet worden war, lag ihm deutlich näher. Bei den Bundestagswahlen 2005 kandidierte er für diese als Spitzenkandidat in Nordrhein-Westfalen. In der neuen Bundestagsfraktion, welche die WASG zusammen mit der PDS bildete, übernahm er den Vorsitz zusammen mit Gregor Gysi.

Zugleich warb Lafontaine gegen teilweise heftige Widerstände vor allem im Westen für die Vereinigung beider Gruppierungen, die nach einer Urabstimmung im Juni 2007 erfolgreich vollzogen worden ist. Ursache für die Fusion war wohl die Erkenntnis, dass weder PDS noch WASG allein der Sprung in westdeutsche Landtage gelingen würde. Bei der Landtagswahl in Nordrhein-Westfalen 2005, die wegen der großen Verluste der SPD zu vorgezogenen Bundestagswahlen führte, konnten weder die WASG (2,2 Prozent) noch die PDS (0,9 Prozent) aus der Schwäche der SPD Gewinn schlagen. In der neuen Partei besitzen die mitgliederstarken Landesverbände in Ostdeutschland ein deutliches Übergewicht. Damit ist die politische Substanz der PDS auch im Westen organisatorisch verankert worden.

Mit Lothar Bisky übernahm Lafontaine auf dem Vereinigungsparteitag die Führung der Partei Die Linke. Als Co-Vorsitzender der Partei und der Bundestagsfraktion kann er sein Talent zum „geborenen Oppositionspolitiker" (Gerhard Schröder) entfalten. Mit ihm etablierte sich die Partei in ganz Deutschland als eine ernstzunehmende linke Kraft neben der SPD, die diese erheblich unter Druck setzt. In ihrer politischen Arbeit wendet sich Die Linke vor allem an die Menschen, die sich als Verlierer der Sozialreformen sehen. Durch Lafontaines prominentes Image sollen diese Stimmungen im Westen mobilisiert und eingefangen werden.

In einem Interview mit dem Spiegel vom 25. Juni 2007 beschrieb Lafontaine sein politisches Konzept folgendermaßen: „Ich führe einen Feldzug gegen diejenigen, die Löhne, Renten und soziale Leistungen kürzen und sich an Kriegen beteiligen." Damit meinte er nicht zuletzt die SPD. Trotzdem bot er die Wahl ihres Vorsitzenden Kurt Beck zum Bundeskanzler an, sofern dieser die Rentenformel wiederherstelle, Hartz IV revidiere und die Truppen aus Afghanistan zurückzöge. Als persönliches Ziel nannte Lafontaine im gleichen Gespräch, erneut Ministerpräsident des Saarlandes zu werden.

Im Rückblick zeigt sich immer mehr, wie prophetisch die Worte des SPD-Politikers Peter Glotz waren, der im Umfeld der Bundestagswahl 1990 über Oskar Lafontaine schrieb: „Man könnte ihm sogar zutrauen, dass er irgendwann alles hinschmeißt, sein Leben lebt und plötzlich, wenn alle Karrieren wieder schön geordnet sind, zurückkommt und alle sorgfältig abgesteckten politischen Vorgärten wieder zertrampelt."

Literatur:
Deggerich, Markus/Horand Knaup/Stefan Berg: Beck kann morgen Kanzler sein, in: Der Spiegel 26/2007, S. 24ff.; *Filmer, Werner/Heribert Schwan*: Oskar Lafontaine, Düsseldorf 1990; *Joachim Hoell*: Oskar Lafontaine. Eine Biografie, Braunschweig 2004; *Lafontaine, Oskar*: Das Herz schlägt links, München 1999; ders.: Die Wut wächst. Politik braucht Prinzipien, München 2002; ders.: Politik für alle, Streitschrift für eine gerechtere Gesellschaft, Berlin 2005; *Oeltzen, Anne-Kathrin/Daniela Forkmann*: Charismatiker, Kärrner und Hedonisten. Die Parteivorsitzenden der SPD, in: *Forkmann, Daniela/Michael Schlieben (Hrsg.)*: Die Parteivorsitzenden in der Bundesrepublik Deutschland. 1949-2005, Wiesbaden 2005; *Roll, Evelyn*: Oskar Lafontaine. Ein Portrait, München 1990; *Schröder, Gerhard*: Entscheidungen. Mein Leben in der Politik, Hamburg 2006.

Heinrich Oberreuter

Müller, *Werner*

Bundesminister für Wirtschaft und Technologie (parteilos)

geb. 1.6.1946 in Essen, kath.

1965	Abitur, anschließend Studium der Volkswirtschaftslehre, Philosophie und Linguistik an den Universitäten Mannheim, Duisburg und Bremen
1970–1972	Dozent für Wirtschaftsmathematik und Statistik an der FH Ludwigshafen
1973–1980	RWE AG, zuletzt als Referatsleiter „Marktforschung"
1978	Promotion zum Dr. phil.
1980–1992	Generalbevollmächtigter der Veba AG (später E.ON)
1992–1997	Vorstandsmitglied der Veba-Kraftwerke Ruhr AG
1997–1998	Selbständiger Industrieberater
1998–2002	Bundesminister für Wirtschaft und Technologie
1999	kurzzeitig kommissarisch Bundesminister der Finanzen
seit 2003	Vorsitzender des Vorstandes der RAG
seit 2005	Vorsitzender des Aufsichtsrats der Deutschen Bahn AG

Die Übernahme des Wirtschaftsministeriums in der neu gebildeten rot-grünen Bundesregierung unter Bundeskanzler Schröder durch den parteilosen Werner Müller war eine Überraschung und zugleich eine Notlösung, da dem Bundeskanzler der eigentlich vorgesehene Kandidat, Jost Stollmann, von Bord gegangen war. Gerhard Schröder hatte schon im Wahlkampf damit geworben, in das wichtige Amt des Wirtschaftsministers einen parteilosen Wirtschaftsfachmann zu berufen. Dies war ein Experiment, da bisher nur zwei parteilosen Bundesministern die Führung eines eigenen Bundesministeriums anvertraut worden war – Ludger Westrick als Chef des Bundeskanzleramtes in der 4. und 5. Wahlperiode sowie Hans Leussink als Bundesminister für Bildung und Wissenschaft in der 6. Wahlperiode –, dazu kein politisches Schwergewicht wie das Wirtschaftsministerium. Der fehlende parteipolitische Rückhalt musste die Bindung an und die Abhängigkeit von Bundeskanzler Schröder zwangsläufig verstärken. Hinzu kam, dass Werner Müller auch nicht zur ersten Garnitur der Wirtschaftsprominenz zählte und als Ersatzmann in einem Konflikt eingesprungen war. Der eigentlich vorgesehene, im Computerbereich und damit einem modernen, umkämpften Wirtschaftssektor profilierte Stollmann lehnte die Übernahme des Wirtschaftsministeriums ab, nachdem Bundeskanzler Schröder kraft seiner Organisationsgewalt die konzeptionell wichtige und prestigeträchtige Grundsatzabteilung des Wirtschaftsministeriums in das Finanzministerium verlagert hatte. Er war damit einer Forderung seines Parteivorsitzenden und neuen Bundesfinanzministers Oskar Lafontaine nachgekommen, der damit eindeutig die Schlüsselposition in der Wirtschafts- und Finanzpolitik besetzte. Diese Konstellation, dass es nicht zu der bei Koalitionsregierungen üblichen regierungsinternen „Gewaltenteilung" in der Wirtschafts- und Finanzpolitik kam wurde dadurch möglich, dass die erstmals an der Bundesregierung beteiligten Grünen wohl primär aufgrund der ihrem Profil entsprechenden anderen Prioritäten und einer ihrer Regierungsfähigkeit gegenüber ohnehin skeptischen Öffentlichkeit auf die Führung eines der beiden wirtschafts- und finanzpolitischen Schlüsselressorts verzichteten. Die wirtschaftspolitische Machtkonstellation mit einem wirtschaftspolitisch ambitionierten Bundeskanzler Schröder, einem ihm parteipolitisch „vorgesetzten", aber seiner Richtlinienkompetenz unterworfenen, institutionell gestärkten Bundesfinanzminister Lafontaine, einem parteilosen, institutionell geschwächten Bundeswirtschaftsminister Müller ohne Hausmacht in Politik und Wirtschaft sowie einem basisorientierten Profilierungsbedürfnis der wirtschaftspolitisch relevanten grünen Bundesminister, insbesondere von Umweltminister Trittin, war prekär. Mit dem überraschend schnellen, kampflosen Rückzug Oskar Lafontaines aus seinen Regierungs- und Parteifunktionen wurde die Situation regierungsintern geklärt. Wirtschaftsminister Müller leitete kurzzeitig sogar kommissarisch zusätzlich das Bundesfinanzministerium, die institutionelle Schwächung des Bundeswirtschaftsministeriums wurde allerdings in dieser Legislaturperiode nicht mehr rückgängig gemacht, worüber auch die eher als Trostpreis zu verstehende symbolische Namenserweiterung „Bundesministerium für Wirtschaft und Technologie" nicht hinwegtäuschen konnte.

Werner Müller hatte seine berufliche Karriere nach einem volkswirtschaftlichen, philosophischen und linguistischen Studium und einem kurzen Ausflug in die Hochschullehre als Fachhochschuldozent für Wirtschaftsmathematik ausschließlich in der politiknahen Energiebranche absolviert. Nachdem er es bei dem Energiekonzern RWE AG bis zum Referatsleiter Marktforschung gebracht hatte, führte ihn der Wechsel zur Veba AG (später E.ON AG) bis in den Vorstand der Veba-Tochter Kraftwerke Ruhr AG. Der für seine skeptische, primär mit Durchsetzungsproblemen begründete Haltung zur Atomenergie bekannte Werner Müller schied 1997 aus dem Konzern aus und machte sich als Industrieberater selbständig.

Vorgesehen war, dass er Gerhard Schröder, den er bereits in dessen Zeit in Hannover beraten hatte, in seiner neuen Funktion als Kanzler als Energieberater unterstützen sollte. Stattdessen kam nach der Absage Stollmanns das Angebot Schröders, als parteiloser Wirtschaftsminister in die Bundesregierung einzutreten, das Müller ohne Zögern akzeptierte. Auch wenn die skizzierte Machtkonstellation sowie der primär durch die abgelöste christlich-liberale Bundesregierung zu verantwortende Reformstau Deutschlands im globalisierten Standortwettbewerb die Aufgabe schwierig machten, konnte der neue Wirtschaftsminister gerade wegen seiner fehlenden Parteimitgliedschaft auf Wohlwollen in der Bevölkerung als Startkapital rechnen.

Die wirtschafts- und finanzpolitische Bilanz der rot-grünen Bundesregierung in ihrer ersten Legislaturperiode fiel dürftig aus. Folgt man Meinungsumfragen sowie Wahlanalysen, dürfte nicht sie, sondern allein die Außenpolitik – demonstrative Ablehnung des Irak-Krieges – und die verbreitete Tendenz, der rot-grünen Koalition eine zweite Chance zu geben, diese bei der Bundestagswahl 2002 knapp gerettet haben. Der politische Handlungsspielraum von Wirtschaftsminister Müller ist allerdings auch als gering einzuschätzen. Als sein wichtigster Erfolg wird allgemein die schwierige Aushandlung eines geordneten, zeitlich gestreckten Ausstiegs Deutschlands aus der Atomenergie angesehen, auch wenn offen bleiben muss, ob dieser Kompromiss sich zukunftsbezogen als „nachhaltig" erweisen wird.

Besonders umstritten und heikel war die so genannte Ministererlaubnis im Fall der Übernahme der Ruhrgas AG durch die E.ON AG. Das

Bundeskartellamt hatte die Übernahme mit gewichtigen wettbewerblichen energiepolitischen Gründen untersagt. Nach § 42 Abs.1 des Gesetzes gegen Wettbewerbsbeschränkungen hat der Bundeswirtschaftsminister bei „gesamtwirtschaftlichen Vorteilen" oder aus „Gründen des überragenden Interesses der Allgemeinheit" allerdings das Recht, den Spruch des Bundeskartellamts aufzuheben und die Übernahme zu genehmigen. Bundeswirtschaftsminister Müller erklärte sich wegen seiner vorherigen beruflichen Bindung an den Konzern nachvollziehbar für befangen und überließ die Entscheidung seinem beamteten Staatssekretär Alfred Tacke, der die Übernahme genehmigte. Es handelte sich nicht um die erste Ministererlaubnis, und nahezu alle Fälle wurden in der Öffentlichkeit kontrovers diskutiert. Das Unbehagen und der Verdacht, dass individuelle Interessen die Entscheidung geprägt hätten, wurden erst massiv verstärkt, als Müller und, von ihm gefördert, später Tacke beruflich in lukrative Spitzenpositionen der begünstigten Energiewirtschaft wechselten.

Bei Wirtschaftsminister Müller handelte es sich allerdings schwerlich um einen Wechsel aus freiem Willen. Noch im Wahlkampf 2002 erweckte er den Eindruck, dass er im Falle eines Wahlsieges der rot-grünen Koalition damit rechnete, von Bundeskanzler Schröder erneut mit der Leitung des Wirtschaftsministeriums betraut zu werden. Stattdessen startete der knapp bestätigte Bundeskanzler ein neues Experiment, indem er ein neues „Superministerium" für Wirtschaft und Arbeit konzipierte und zur Umsetzung seiner nach der Wahl verkündeten Reform-Agenda ein politisches Schwergewicht, den bisherigen nordrhein-westfälischen Ministerpräsidenten Wolfgang Clement, nach Berlin holte. Das Experiment mit einem parteilosen Wirtschaftsminister wurde beendet.

Wirtschaftsminister a.D. Müller fiel allerdings weich und setzte seine politiknahe Karriere in der Energiewirtschaft fort. Er wurde 2002 Vorstandsmitglied in der sehr subventions- und damit politikabhängigen, zudem der Montanmitbestimmung und damit starkem Gewerkschaftseinfluss unterliegenden Ruhrkohle AG und übernahm 2003 die Chefposition als Vorstandsvorsitzender. Auch als er 2005 Vorsitzender des Aufsichtsrates der Deutschen Bahn AG wurde, dürfte das Kanzleramt bei dieser „politiknahen" Entscheidung eine Schlüsselrolle gespielt haben. Müller hat sich große Verdienste erworben beim energischen Umbau des RAG-Konzerns. Er hat ihn auf vier Säulen zentriert: 1. auslaufender Kohlebergbau mit andauernden Altlasten, 2. Chemie – Degussa AG, 3. Kraftwerke – Steag, 4. Immobilien. Die Säulen zwei bis vier, der so genannte weiße Bereich, sollen 2008 an die Börse gebracht werden. Die Erträge sollen in eine Holding in Form einer Stiftung fließen, aus der der Kohlebereich abgewickelt und die langfristigen Altlasten finanziert werden sollen. Die Große Koalition hat das Konzept abgesegnet, auch wenn die Detailregelungen noch ausstehen. Personalpolitisch ist Müller mit seinem von der SPD unterstützten Wunsch gescheitert, Vorsitzender der Stiftung zu werden, primär am Widerstand des neuen nordrhein-westfälischen Ministerpräsidenten Rüttgers (CDU). Auf beiden Seiten dürften dabei verständliche taktische Überlegungen entscheidend gewesen sein, die insbesondere für das Ruhrgebiet potentiell wichtige Stiftung mit einem „nahe stehenden" Vorsitzenden zu „besetzen". Der auch ohne Parteibuch sicherlich nicht als parteipolitisch unabhängig einzuschätzende Werner Müller wird aber nach dem Kompromiss der Großen Koalition mit dem Vorsitz der neuen, „weißen" AG abgefunden werden und dann einen aufgrund seiner Größe DAX-verdächtigen Industriekonzern leiten.

Uwe Andersen

Müntefering, *Franz*

Minister für Verkehr, Bau- und Wohnungswesen (SPD)

geb. am 16.1.1940 in Neheim-Hüsten, kath.

1946–1954	Besuch der Volksschule in Sundern
1954–1957	Lehre als Industriekaufmann
1957–1975	kfm. Angestellter in einem mittelständischen metallverarbeitenden Betrieb
1961–1962	Wehrdienst
seit 1966	Mitglied der SPD
seit 1967	Mitglied der IG Metall
1969–1979	Mitglied im Rat der Gemeinde/Stadt Sundern
1975–1992, seit 1998	Mitglied des Deutschen Bundestages
1981–1988	Vorsitzender des SPD-Unterbezirks Hochsauerland
1984–1998	Mitglied im SPD-Bezirksvorstand Westliches Westfalen
1985–1990	wohnungspolitischer Sprecher der SPD-Fraktion
seit 1991	Mitglied des SPD-Parteivorstandes
1990–1992	Parlamentarischer Geschäftsführer der SPD-Bundestagsfraktion
1992–1998	Vorsitzender des SPD-Bezirks Westliches Westfalen
1992–1995	Minister für Arbeit, Gesundheit und Soziales des Landes Nordrhein-Westfalen
1995–1998	Bundesgeschäftsführer der SPD
1996–1998	Mitglied des Landtages des Landes Nordrhein-Westfalen
1998–1999	Bundesminister für Verkehr, Bau- und Wohnungswesen
1998–2001	Landesvorsitzender der SPD Nordrhein-Westfalen
1999–2002	Generalsekretär der SPD

2002–2005 Vorsitzender der SPD-Bundestagsfraktion
2004–2005 Vorsitzender der SPD
2005–2007 Bundesminister für Arbeit und Soziales, Stellvertreter der Bundeskanzlerin

Müntefering wuchs als Arbeitersohn in einer sozial denkenden katholischen Familie in Sundern im Sauerland auf. Hier besuchte er die damals achtjährige Volksschule, machte eine kaufmännische Lehre und arbeitete danach als kaufmännischer Angestellter in einem mittelständischen Betrieb der metallverarbeitenden Industrie. Im Alter von 26 Jahren trat er in die SPD ein, ein Jahr später in die IG Metall. Der Beginn seiner politischen Karriere ist eher atypisch. Stärker als seine Mitwirkung bei den Jungsozialisten, die damals von der akademischen Jugend, den so genannten 68ern, geprägt waren und „gesellschaftsverändernde" Ziele verfolgten, interessierte den 29-jährigen die Mitarbeit im Gemeinderat seiner Heimatgemeinde. Im Unterbezirk Hochsauerland organisierte er „personelle Veränderungen in der örtlichen SPD" und kam so 1972 auf die Landesliste Nordrhein-Westfalen und wurde 1974 Vorsitzender des SPD-Unterbezirks Hochsauerland. Weil die „Willy-Wahl" für seine Partei zu positiv ausfiel (viele Direkt-, weniger Listenmandate), konnte Müntefering erst am 10. Juni 1975 für Friedhelm Farthmann, der Arbeitsminister in Nordrhein-Westfalen wurde, in den Bundestag nachrücken. Dort war er Mitglied des Petitionsausschusses und des Ausschusses für Raumordnung, Bauwesen und Städtebau sowie stellvertretendes Mitglied im Finanz-, Haushalts- bzw. Wirtschaftsausschuss. Die mehrfache Verlängerung dieses Mandats war günstig für die Übernahme des Vorsitzes im Unterbezirksvorstand. Im Jahr 1984 wurde Müntefering Vorstandsmitglied des mitgliederstärksten SPD-Bezirks Westliches Westfalen. In den SPD-Parteivorstand konnte er 1991 einziehen. Ein Jahr später löste er Hermann Heinemann, der nach 18 Jahren nicht mehr kandidierte, in seinen beiden Ämtern als Bezirksvorsitzender und als Sozialminister des Landes Nordrhein-Westfalen ab.

Müntefering wurde nach der Landtagswahl 1995 im Amt bestätigt und rückte 1996 in den Landtag nach. Noch im selben Jahr folgte er dem Ruf des damaligen SPD-Vorsitzenden Rudolf Scharping in das Amt des Bundesgeschäftsführers der SPD als Nachfolger von Günter Verheugen, behielt aber sein Landtagsmandat und den Vorsitz im Bezirk Westliches Westfalen bei. Im Jahr 1998 wurde er Landesvorsitzender in Nordrhein-Westfalen als Nachfolger von Johannes Rau und konnte als dortiger Spitzenkandidat der SPD bei der Bundestagswahl antreten.

Das Bundesministerium, das Müntefering 1998 übernahm, fasste die bis dahin selbständigen Ministerien für Verkehr sowie für Raumordnung, Bauwesen und Städtebau zusammen. Hintergrund war die Absicht, den latenten Konflikt der SPD-

Quadriga um eine Sonderrolle, festgemacht am Fraktionsvorsitz, zu beenden. Alle (Lafontaine, Schröder, Scharping, Müntefering) traten in die rot-grüne Regierung ein (Der Stern vom 11.2.2004). Für Müntefering, den „Architekten des Wahlsieges", sollte dabei ein Ministerium von Gewicht geschaffen werden. Nach dem Arbeits- und Sozialministerium verfügte es neben dem Verteidigungsministerium über den größten Einzelplan im Bundeshaushalt.

Obwohl Müntefering erst seit 1998 wieder dem Bundestag angehört, übernahm er das Ministeramt nicht unvorbereitet. Er war bereits von 1975 bis 1992 Mitglied des Bundestages und 1985 bis 1990 wohnungspolitischer Sprecher der SPD-Fraktion gewesen. Er war damit eher ein „Fachmann der Hinterbank" (FAZ vom 17.3.2004). Bedeutender schien schon seine Rolle als parlamentarischer Geschäftsführer: Von 1991 bis 1992 zählte er unter dem Fraktionsvorsitzenden Jochen Vogel zur Führungsspitze der Bundestagsfraktion. Auch auf Ministererfahrung konnte Müntefering verweisen: Zwischenzeitlich von 1992 bis 1995 war er Minister für Arbeit, Gesundheit und Soziales in Nordrhein-Westfalen in der Regierung Rau.

In seiner Amtszeit als Bundesminister war Müntefering zuständig für den Umzug von Bundestag und Bundesregierung nach Berlin, der im September 1999, dem formellen Arbeitsbeginn der Bundesregierung in Berlin, als weitgehend abgeschlossen galt. Müntefering legte dazu eine positive Bilanz vor und konnte auch auf den Ausgleich für die Region Bonn verweisen, der zu deren Zufriedenheit gelungen sei. Den neuen Zuschnitt seines Ministeriums wollte Müntefering nutzen, um Siedlungsentwicklung und Verkehrsinfrastruktur besser zu verzahnen. Ein Hemmnis für weitere Infrastrukturinvestitionen waren die großen Löcher in den Etats für Verkehr und Wohnen. Daher versuchte er, durch den Verkauf von bundeseigenen Einrichtungen mehr Handlungsspielraum zu gewinnen. Dies war allerdings nur teilweise erfolgreich. Die notwendige Haushaltskonsolidierung war durch Schwerpunktsetzung (Abstimmung von Wohnungs- und Städtebaupolitik, Kombination von EU-, Bund- und Landesmitteln für die neuen Länder) und Streckung (bei Infrastrukturmaßnahmen) zu meistern.

In der Städtebaupolitik ging es dem Minister neben der Sanierung von Stadtvierteln durch Städtebauförderungsmittel vor allem um das bessere Miteinander der Bewohner unterschiedlicher sozialer Herkunft in gefährdeten oder überforderten Nachbarschaften. Er war Initiator des Programms „Soziale Stadt", das zur Bearbeitung solcher Probleme dienen sollte. Weiterhin lag ihm die angemessene Versorgung aller Bevölkerungskreise mit bezahlbarem Wohnraum am Herzen. Dies sollte einerseits durch treffsichere Unterstützung von Bedürftigen mit Wohngeld sowie Anpassung der Höhe des Wohngeldes an die Entwicklung der Mieten erreicht werden. Andererseits ging es darum, bezahlbare Wohnungen zu erhalten und zu modernisieren (z.B. Plattenbau). Den sozialen Wohnungsbau, der in den Jahren zuvor stark zurückgegangen war, versuchte er, den aktuellen Anforderungen entsprechend, wieder zu aktivieren. Weiterhin wollte er sich für eine Kostensenkung (Bau- und Energiekosten) im Wohnungsbau einsetzen. Die Eigenheimzulage stand damals nicht zur Disposition. Sie habe sich bewährt, erklärte Müntefering. Vielmehr sollte ihre Wirkung durch nachfragegerechte Ausweisung von preiswertem Bauland und weitere Fortschritte beim kosten- und flächensparenden Bauen noch gesteigert werden.

In der Verkehrspolitik setzte der Minister sich für eine bessere Vernetzung der Verkehrsträger ein. Die Straße sah er weiterhin als dominant an, allerdings sollten die weniger umweltschädlichen Verkehrsmittel (Schiene, Wasser) mehr in den wachsenden Verkehr einbezogen werden. Dazu gehörte das Bemühen um eine gezielte Modernisierung der Bahn und eine Qualitätsoffensive im ÖPNV. Müntefering sah den Verkehrsbereich als ein bedeutendes Feld für technische Innovationen. Durch die Nutzung der Leit- und Lenksysteme, z. B. von RDS/-TMC (Radio Data System/Traffic Message Channel), mit dem Verkehrsteilnehmer europaweit aktuelle Verkehrsinformationen abrufen können, sowie einfachere Telematik-Anwendungen zur Verkehrslenkung bis hin zur Satellitennavigation, sollte der technologische Vorsprung Deutschlands im europäischen Rahmen ausgebaut werden. Der Minister wollte die EU darin unterstützen, den europäischen Markt für Telematik-Produkte und Dienstleistungen auszubauen. Bei der EU-Homogenisierung und Standardisierung im Hochgeschwindigkeitsbereich sollten die Interessen der Deutschen Bahn und der Eisenbahnindustrie berücksichtigt werden (Müntefering 1999: 87ff.).

Eine rein private Finanzierung für den Ausbau der Verkehrsinfrastruktur lehnte Müntefering ab, da er darin nur eine Verschiebung der Ausgaben in die Zukunft sah. Allerdings konnte er sich sehr kostspielige Maßnahmen vorstellen, für die dann Maut erhoben wird. Bei der Verwirklichung der ersten Transrapid-Strecke forderte er in Form einer Public Private Partnership den Beitrag der Industrie ein und sah die Strecke Hamburg-Berlin als Priorität. Die Weichen für die Privatisierung der Deutschen Bahn AG stellte er im September 1999 durch die Berufung von Hartmut Mehdorn als Nachfolger von Johannes Ludewig neu.

Das Ministeramt war für Müntefering eher eine Durchgangsstation. In seiner kurzen Amtszeit, die lediglich von Oktober 1998 bis September 1999 dauerte, blieben viele Aufgaben unerledigt. So konnte die Akzentsetzung, den Verkehr mehr auf die Bahn zu verlagern, natürlich nicht erfüllt werden. Zudem wurde auch seinem Ministerium ein Sparzwang auferlegt, der wichtige Schienenprojekte (ICE-Strecken) in Frage stellte. Der Verkauf von Immobilien (weiteren Eisenbahnerwohnungen) war noch nicht erreicht worden. „Den Veräußerungsplänen (...) trat (...) eine Schiedsstelle entgegen, die für den Erhalt der Wohnungen als ‚Sozialeinrichtungen' plädierte und die Regierungspläne als rechtswidrig erklärte" (FAZ vom 10.9.1999). Auch die Transrapidstrecke von Hamburg nach Berlin (mittlerweile aufgegeben) war wegen der vom Minister gesetzten Grenze für die Mitfinanzierung des Bundes in Frage gestellt. Die Wohngeldnovelle wurde verschoben und der soziale Wohnungsbau mußte Kürzungen hinnehmen. Dies führte zu manchem Unmut der Klientel (FR vom 4.10.1999). Manche glauben, dass die Mehrfachbelastung durch das Ministeramt und den Parteivorsitz in Nordrhein-Westfalen Schuld daran sei, zumal Müntefering die Parteiarbeit vorziehe. Schon im Herbst 1999 wurde er von seiner Partei wieder dringend gebraucht, diesmal in der Funktion des Generalsekretärs. Sein Ministeramt gab er am 17. September 1999 an Reinhard Klimmt aus dem Saarland ab und wurde am 7. Dezember 1999 auf dem SPD-Parteitag mit 94,6% der Stimmen in der neugeschaffenen Position bestätigt.

Das Amt des Generalsekretärs war ganz auf die Person Münteferings zugeschnitten. „Der Generalsekretär ... koordiniert die Parteiarbeit, leitet die Parteizentrale und ist für die Vorbereitung und Durchführung der Bundestagswahlkämpfe zuständig" (§ 24,1,2 OrgStatut). Mit dieser Neuerung reagierte die Partei auf Lafontaines Flucht aus der Verantwortung im März 1999 und die Niederlagen bei Wahlen zum Europaparlament und in den Ländern, welche auch zu erheblichen Konflikten in der SPD führten. Der erfolgreiche Modernisierer und Wahlkampfstratege der Partei sollte eine positive Wende herbeiführen. Müntefering rief die SPD zu Geschlossenheit und Disziplin auf und betonte den Schulterschluss zwischen Partei und Bundeskanzler. „Die Koordination zwischen Kanzleramt, Fraktion und Partei benannte er als eine seiner wichtigsten Aufgaben" (Munzinger Archiv).

In die neue Funktion brachte Müntefering sein hohes Ansehen ein, das er sich seit 1995 erworben hatte. Zuerst war er vom damaligen SPD-Vorsitzenden, Rudolf Scharping, als Vorsitzender des wichtigsten Bezirks für eine bundespolitische Rolle vorgeschlagen worden. Den spektakulären Wechsel von Scharping zu Lafontaine auf dem Parteitag in Mannheim am 16. November 1995 hatte Müntefering unbeschadet überlebt und war mit 471 von 480 Stimmen zum Bundesgeschäftsführer gewählt worden. Als Mann mit Bodenhaftung war er „an der Schnittstelle von Organisation, Taktik und Programm der SPD" (FR vom 16.9.1997) zur Schlüsselfigur geworden, nicht zuletzt als ausgleichendes Element zwischen dem Parteivorsitzenden Lafontaine, dem Kanzlerkandidaten Schröder und dem Fraktionsvorsitzenden Scharping. Besondere Verdienste konnte sich Müntefering im Wahlkampf erwerben, indem er eine professionelle Kampagne organisierte, die von einer selbständig agierenden Wahlkampfzentrale („Kampa") mit modernsten Kommunikationsmitteln getragen wurde. Mit seiner Billigung wurde die Wahlkampfplanung bereits auf Gerhard Schröder als Spitzenkandidat vorgedacht (Die Zeit vom 16.9.2004). Nach einer anderen Einschätzung wäre dem Bundesgeschäftsführer Lafontaine lieber gewesen (SZ vom 2.12. 1999). Müntefering etablierte früh das Leitthema des Wahlkampfes „Innovation und soziale Gerechtigkeit" sowie den Begriff „neue Mitte". Die Wahlsiege von 1998 und 2002 gelangen, weil – so Müntefering – bei der SPD „drei Dinge stimm(t)en: Inhalt, Person, Organisation" (FR vom 28.2. 2001). Nach dem Eintritt in die Regierung hatte er das Amt des Bundesgeschäftsführers an Ottmar Schreiner aus dem Saarland abgegeben.

Als Generalsekretär führte Müntefering die Reformen weiter, die er bereits als Bundesgeschäftsführer in Angriff genommen hatte. Es ging ihm vor allem um die SPD als ein „modernes Dienstleistungsunternehmen" und ihre stärkere Verankerung in der Fläche. Er warb auf Regionalkonferenzen für die Verjüngung der Kandidaten, eine Öffnung der Partei für Nicht-Parteimitglieder und integrierte moderne Kommunikationsmittel in die Parteitätigkeit. Seine Arbeit fand viel Zustimmung, so dass ihm die Attribute „nüchterner Seelenheiler der Genossen" (Handelsblatt vom 9.12.1999) und „Liebling der Partei" (Der Spiegel 50/1999) angeheftet wurden. Einen großen Erfolg erzielte er nach mehreren Anläufen schließlich im April 2001 bei der Zusammenführung der vier Bezirke in Nordrhein-Westfalen zu einem einheitlichen Landesverband.

Auf dem SPD-Bundesparteitag in Nürnberg wurde Müntefering am 19. November 2001 mit 80,8% der Stimmen in seinem Amt als Generalsekretär bestätigt. Nach der Wiederwahl kündigte er an, sich voll auf den Bundestagswahlkampf konzentrieren zu wollen und gab den Landesvorsitz in Nordrhein-Westfalen ab. Obwohl seine Parteireform in Nordrhein-Westfalen mit viel Unmut innerhalb der Partei verbunden war, konnte Müntefering seine starke Stellung im Landesverband erneut unter Beweis stellen: Er wurde am 4. Februar 2002 durch den SPD-Landesvorstand einstimmig zum Spitzenkandidaten für die Bundestagswahl nominiert und am 16. März 2002 mit 98,6% der Stimmen von der Delegiertenkonferenz bestätigt.

Als der Fraktionsvorsitzende der SPD, Peter Struck, kurz vor der Bundestagswahl als Nachfolger von Rudolf Scharping die Leitung des Verteidigungsministeriums übernehmen musste, rückte Müntefering nach der Wahl 2002 in den Fraktionsvorsitz nach. Wie selbstverständlich machte Ludwig Stiegler aus Bayern die ihm vorübergehend zugefallene Position wieder frei. Müntefering wurde mit 91,6% der Stimmen gewählt (FAZ vom 25.9.2002). Aus der Dreiergruppe Schröder, Struck und Müntefering wurde eine Doppelspitze, wobei dem straffen Zuchtmeister, der mit allen Mitteln die Regierungsmehrheit zusammenzuhalten versuchte, eine wichtigere Rolle zukam. Er sicherte damit ganz entscheidend die Regierungsfähigkeit der rot-grünen Bundesregierung. Allerdings weckte sein Führungsstil schon damals zuweilen Widerstand. Als Nachfolger im Amt des Generalsekretärs wurde im Oktober 2002 Olaf Scholz gewählt. Dieser schaffte es aber nicht wie Müntefering, die Partei bei der Stange zu halten, und auch bei der Abstimmung zwischen Fraktionsvorsitzendem und Generalsekretär haperte es. Die Funktionsfähigkeit des Tandems Kanzler und Fraktionsvorsitzender wurde dadurch in Mitleidenschaft gezogen. Aber es gab auch Differenzen in der Sache, z. B. über die Einführung einer Vermögenssteuer, die der Kanzler ablehnte. Immer wieder hat Müntefering linkere Positionen vertreten, so z.B. in der „Heuschrecken"-Debatte, und dabei nicht nur seine Fraktion im Auge gehabt, die zuweilen widerwillig dem Kurs der „neuen Mitte" folgte, sondern sich auch als das Gewissen einer Partei dargestellt, die die „kleinen Leute" vertreten will und ihnen doch mit der Reformpolitik der „Agenda 2010" einiges zumuten musste. Schließlich hatten Linke aus der Fraktion heraus ein Mitgliederbegehren gegen die Reformpläne des Bundeskanzlers initiiert. Initiator war u.a. der frühere Bundesgeschäftsführer der SPD und spätere Vorsitzende der Arbeitsgemeinschaft für Arbeitnehmerfrage, Ottmar Schreiner (FAZ vom 8.5.2003).

Als Gerhard Schröder vom Parteivorsitz zurücktrat, weil der Unmut in der Partei nicht mehr zu kanalisieren war, blieb als natürlicher Nachfolger Franz Müntefering. Hatte der selbst auf diese Lösung hingearbeitet, war es gar ein Putsch oder mußte er überzeugt werden? Es gibt verschiedene Deutungen (Die Zeit vom 16.9.2004). Häufig wird auf die von Müntefering besuchten Regionalkonferenzen („Fraktion in der Region") verwiesen, die der Partei die Politik der Bundesregierung näher bringen sollten. Andere vermuten, dass es wirklich nur eine Vereinbarung zwischen Schröder und Müntefering gab (FAZ vom 7.2. und 9.2.2004). Auf dem Sonderparteitag am 21. März 2004 wurde Müntefering mit dem besten Ergebnis seit 1991 (95,1% der Stimmen) gewählt. Nach seinen Worten hatte er damit „das schönste Amt neben dem Papst" anvertraut bekommen (Vorwärts, 2/2005). Alle positiven Erwartungen, die er bereits als Generalsekretär aktiviert hatte, wurden ihm jetzt wieder entgegengebracht. Müntefering stand für eine „traditionsgestützte Modernisierung" der Partei (FAZ vom 7.2.2004). Schröder hatte auf dessen Kommunikationsfähigkeit, Glaubwürdigkeit und Loyalität gesetzt und wurde nicht enttäuscht. Tatsächlich schaffte Müntefering es, die Partei aus dem Tief jener Zeit herauszuholen und ihr neue Zuversicht zu geben. Er übernahm selbst eine Führungsrolle in der Programmarbeit. Bis zur Bildung der Großen Koalition haben Kanzler und Parteichef als Tandem reibungslos zusammengearbeitet, wobei Müntefering gleichzeitig die Partei, die Fraktion und die Regierungsmehrheit im Bundestag, also die Abstimmung mit den Grünen (FAZ vom 23.4.2004), fest im Blick hatte. Er sah sich als erster Helfer Schröders, ohne selbst Bundeskanzler werden zu wollen.

Die Tätigkeit als Landes- und Bundesminister in zwei höchst unterschiedlichen, aber gleichwohl bedeutsamen Ressorts hat Müntefering nicht sonderlich geprägt. Vielmehr blieb er ein Mann des Parteiapparates, in dem er großgeworden ist. Der reibungslose Aufstieg vom Bezirksvorsitzenden, über den Bundesgeschäftsführer, Landesvorsitzenden, Generalsekretär und Fraktionsvorsitzenden zum Parteivorsitzenden zeigt, dass die jeweilige Aufgabe in der Partei für beide, den Parteifunktionär und die Organisation, stets wichtiger war als die Wahrnehmung öffentlicher Ämter in einer Landes- oder Bundesregierung.

Für eine politikwissenschaftliche Würdigung des Politikers Franz Müntefering bieten sich vor allem zwei Rollen an, die einander auch als Selbststilisierung und Fremdstereotyp gegenüber gestellt werden können: der vielseitige politische Manager und der loyale Parteisoldat. Dabei handelt es sich um einen Politiker, der seine Aufgabe überall dort sieht, wo seine Partei ihn gerade am dringendsten braucht, der persönlichen Machtzuwachs gern annimmt, aber nie offensichtlich danach strebt. Müntefering „bewegte sich in der Aura des ‚der Sache' selbstlos ergebenen Parteisoldaten". Seine politische Karriere ist ein geradezu perfektes Beispiel für die klassische „Ochsentour". Müntefering diente sich hoch in den Hierarchien von Fraktion (Sprecher, Geschäftsführer, Vorsitzender) und Partei (Unterbezirk, Bezirk, Land, Bund). Mehrfach übernahm er die Aufgabe eines bekannten Vorgängers. So folgte er Friedhelm Farthmann in das Bundestagsmandat sowie Hermann Heinemann als Bezirksvorsitzender und schließlich beiden in das Amt des Landesarbeitsministers. Er war keinem Parteivorsitzenden, Ministerpräsidenten oder Kanzler „voraussetzungslos verpflichtet", aber er hat „mehreren, vom Temperament und politischen Projekt ganz verschiedenen Herren verlässlich gedient" – bis er selbst Parteichef und Vormann der SPD-Ministerriege war. „Habitus, Sprache und Stil von Müntefering kamen ... in den Ortsvereinen, in den Unterbezirken und Bezirken besser an" als die Egomanie seiner studierten Amtsvorgänger (Müller/Walter 2003: 175ff.).

Als multifunktionaler Diener seiner Partei hat sich Müntefering in den jeweiligen Aufgaben unentbehrlich gemacht und für wichtigere Positionen empfohlen, aber auch diesen sein eigenes Profil gegeben. Er füllte die Lücke, die Lafontaine und Schröder nach ihrem Abgang hinterlassen hatten. Dabei ist Müntefering kein Visionär, sondern Pragmatiker. Bei ihm stehen das Machbare und das Notwendige im Mittelpunkt. Exemplarisch offenbart der Medienhype um die „Heuschrecken" des globalen Kapitalismus den authentischen Politiker. Der Fall Grohe, ein Unternehmen für hochwertige Armaturen, gab „dem Kapitalismuskritiker Franz Müntefering eine mustergültige Steilvorlage" (FAZ vom 27.5.2005). Er lieferte, was seine Partei brauchte (nämlich einen Impuls zur Mobilisierung der Stammwähler für die Wahl in Nordrhein-Westfalen), auf der Grundlage von Informationen aus seinem Umfeld (bei der Firma Grohe, mit Sitz in seinem Wahlkreis, sollten über 1000 Arbeitsplätze verloren gehen; Die Zeit 24/2005).

Müntefering ist glaubwürdig, weil er bodenständig ist. An seiner Loyalität bestehen keine Zweifel, weil es ihm um die Sache und die Partei geht. Daran orientiert sich auch sein Ehrgeiz, der durch die Bereitschaft, im Team zu arbeiten, begrenzt wird. Dies ist in der Politik keineswegs selbstverständlich. Müntefering ist ein Repräsentant der traditionsbewussten nordrhein-westfälischen Sozialdemokratie (taz vom 13.3.2000). Ihm wird die Beharrlichkeit eines Sauerländers zugeschrieben. Ein weiteres Merkmal seiner Persönlichkeit ist Disziplin. Der erklärte Bewunderer des „Kärrners" Herbert Wehner bleibt ein Muster an Pflichterfüllung. Er achtete stets auf Geschlossenheit und Schlagkraft seiner Partei, kümmerte sich vor allem um den organisatorischen Vollzug von Politik, knüpfte geduldig Gesprächskontakte mit ratlosen Funktionären und Mitgliedern an der Parteibasis, „hörte aufmerksam zu, warb und erläuterte" (Müller/Walter 2003: 176). „Münte" führte Bundestagsfraktion und Partei überwiegend moderierend, bis ihm schließlich, bedingt durch die Last der Doppelaufgabe in Fraktion und Partei sowie die Disziplinlosigkeit seiner „Mitspieler", der „Geduldsfaden riss": der Rücktritt vom Parteivorsitz und die Entscheidung zur „Rente mit 67" zeigen, dass er auch ein entschlossener Politiker ist, „der ein gesundes Ego hat, ohne eitel zu sein" (so ein ehemaliger Bundestagskollege). Die Selbststilisierung als Parteisoldat allein reicht aber nicht aus, um den erfolgreichen Politiker zu erklären.

Die wesentliche Leistung des politischen Managers Müntefering für die Regierung des Bundeskanzlers Gerhard Schröder erschließt sich sicher nicht aus seiner weniger als elf Monate dauernden Tätigkeit als Bau- und Verkehrsminister. Vielmehr war er als Inhaber höchst unterschiedlicher Ämter vom Beginn des Wahlkampfes 1998 bis zur Ablösung der rot-grünen Koalition im Herbst 2005 „die zentrale Scharnierfigur zur Sicherung der Kanzlermacht" (Müller/Walter 2004: 175). Er verfügt über alles, was eine moderne politische Führungskraft braucht: exekutive Erfahrung und mediale Gewandtheit, Zugang zur Parteibasis und persönliche Bescheidenheit, uneitle Beständigkeit und eiserne Willenskraft (Oeltzen/Forkmann 2005: 116).

Damit bewährte er sich in verschiedenen Funktionen (Bundesgeschäftsführer, Landesvorsitzender, Minister, Generalsekretär, Fraktionsvorsitzender, Parteivorsitzender, Verhandlungsführer in den Koalitionsverhandlungen 2005) immer wieder als Mannschaftsspieler, der im Unterschied – zuweilen sogar im Gegensatz – zu seinen „Mitspielern" in der sozialdemokratischen Führung fähig und in der Lage war, die ihm jeweils zugefallene Aufgabe zum Nutzen seiner „Auftraggeber" (Scharping, Lafontaine, Rau, Schröder), seiner Partei und des eigenen Aufstiegs in deren Hierarchie zu bewältigen. Das Scheitern seines Führungsstils an einer eher nebensächlichen Personalie (Beförderung eines persönlichen Vertrauten zum Generalsekretär) sagt mehr über die „Unregierbarkeit" der SPD als über die Managementleistung ihres damaligen Vorsitzenden.

„Organisation ist Politik" pflegt Müntefering zu sagen (FAZ vom 26.2.2003). Nach diesem Leitbild füllt er seine Managementfunktionen aus. „Politischen Einfluss nimmt er über das Management der [politischen] Arbeit" (FAZ vom 8.12.1999). Seine Managerqualitäten hat er bereits als Vater der Wahlsiege von 1998 und 2002 unter Beweis gestellt. Der erste wurde durch eine generalstabsmäßige Planung bewirkt, beim zweiten hat er politischen Instinkt bewiesen und das Umschalten von der durchgeplanten auf die improvisierte Kampagne (Irak-Krieg, Elbe-Hochwasser) mit getragen. Als Generalsekretär hat er den Parteivorsitzenden Schröder wieder der Partei näher gebracht (FAZ vom 8.12.1999). Als Fraktionsvorsitzender sah er sich als Teil einer Mannschaft, in der es darum ging, Geschlossenheit herzustellen, Mehrheiten zu organisieren, um dann Veränderungen durchsetzen zu können. Die Bezeichnung „Macher" akzeptiert er als Charakteristik über sich (FAZ vom 23.12.2002). Er ist kein Politiker, der stets nach einem breiten Konsens in alle Richtungen sucht, sondern er kämpft zuweilen mit harten Bandagen für Mehrheiten und erwartet von den Minderheiten, dass sie die jeweilige Entscheidung akzeptieren (FAZ vom 23.4.2004).

Das Bild einer Fußballmannschaft steht im Hintergrund: sein Ehrgeiz ist groß genug, die Mannschaft aufzustellen, aber derjenige, der am geeignetsten ist, soll die Tore schießen (FAZ vom 8.12.1999). So gelingt es ihm, „den Ball flach zu halten" (SZ vom 13.1.2005). Im Hinblick auf die Partei befürwortet er Diskussionsfreude nach frühzeitiger Information, allerdings erwartet er, dass die Partei nach getroffenen Entscheidungen auch zu diesen steht (FAZ vom 17.3.2004). Sein Stil ist ergebnisorientiert, mit dem Willen, seinen Beitrag zur Regierungsfähigkeit zu leisten, weil – so seine Überzeugung – nur aus dieser Position heraus die

Zukunft gestaltet werden kann. Weiterhin ist er davon überzeugt, dass vor dem Hintergrund der sozialdemokratischen Grundwerte Freiheit, Gerechtigkeit und Solidarität in jeder Phase der Entwicklung andere Antworten gefunden werden müssen. Insofern konnte er die Reformpolitik der Regierung Schröder mittragen.

Der vielseitige Einsatz Münteferings in den Jahren 1991 bis 2005 hilft, zwei wesentliche Schwächen im landläufigen Verständnis von politischer Führung zu identifizieren: Erstens sind im parlamentarischen Regierungssystem nicht nur Leitungsaufgaben in der Bundesregierung, im Bundestag und in den wichtigsten Landesregierungen politisch bedeutsam, sondern auch die Einbindung jeder einzelnen Partei (und ihrer wesentlichen Bestandteile) in das Spannungsfeld von Regierung und Opposition (vgl. Rudzio 2005: 234ff.). Gerade der nahtlose Wechsel zwischen den genannten Führungsämtern sichert die Regierungsfähigkeit im Bund und die Handlungsfähigkeit der Opposition. Zweitens sind Ämter/Funktionen in Partei, Parlament und Regierung nur als politische Managementaufgaben zu verstehen, bei denen die erforderliche Qualifikation sich gerade aus den Leitungserfahrungen eines Berufspolitikers ergibt und nicht als „Sachverstand" aus irgendeiner spezifischen Ausbildung mitgebracht werden kann. Die Biographie Müntefering zeigt, wie wünschenswert es wäre, wenn Wissenschaftler und Politiker, Medien und Öffentlichkeit alle von ihm seit 1992 wahrgenommen Ämter und Funktionen als unverzichtbare Institutionen der deutschen Parteiendemokratie begreifen, in der sich durchtrainierte alternative Mannschaften gegenüber stehen, die ihre „Mannschaftsaufstellung" flexibel der jeweiligen politischen Situation anpassen müssen.

Literatur:
Lebert, Stephan: Der Fremde, in: Die Zeit, Dossier vom 16. September 2004, S. 13-16; *Müller, Kay/Franz Walter:* Graue Eminenzen der Macht. Küchenkabinette in der deutschen Kanzlerdemokratie. Von Adenauer bis Schröder. Wiesbaden 2004; *Müntefering, Franz:* Die Raumordnung ist keine überflüssige Kür, in: Die Neue Gesellschaft, 8/1981, S. 687-691; *ders.* Mobilität als Grundlage für Innovation und Beschäftigung, in: Zeitschrift für Verkehrswissenschaft, 2/1999, S. 87-97; *ders.:* Demokratie braucht Partei. Die Chance der SPD, in: Zeitschrift für Parlamentsfragen 2/2000, S.337-343; *Noelle-Neumann, Elisabeth/Hans Mathias Kepplinger/Wolfgang Dornsbach:* Kampa: Meinungsklima und Medienwirkung im Bundestagswahlkampf 1998, Freiburg 1999; *Oeltzen, Anne-Kathrin/Daniela Forkmann:* Charismatiker, Kärrner, Hedonisten. Die Parteivorsitzenden der SPD, in: *Forkmann, Daniela/Michael Schlieben (Hrsg.):* Die Parteivorsitzenden in der Bundesrepublik Deutschland 1949-2005, Wiesbaden 2005, S. 64-118; *Rudzio, Wolfgang:* Informelles Regieren. Zum Koalitionsmanagement in deutschen und österreichischen Regierungen, Wiesbaden 2005.

Karl-Heinz Nassmacher

Riester, *Walter*

Bundesminister für Arbeit und Sozialordnung (SPD)

geb. 27. 9. 1943 in Kaufbeuren (Allgäu)

1957	Volksschulabschluss
1957–1960	Ausbildung als Fliesenleger, Gesellenprüfung
1957	Eintritt in die Gewerkschaft IG Bau, Steine, Erden
1960–1968	Beschäftigung als Fliesenleger
1969	Meisterprüfung
1969	Eintritt in die SPD
1969–1970	Besuch der Akademie der Arbeit, Frankfurt a. M.
1970–1977	Referatssekretär für Jugendfragen, DGB-Landesbezirk in Stuttgart
1977–1978	2. Bevollmächtigter der IG-Metall-Verwaltungsstelle Geislingen
1980–1988	Bezirkssekretär der IG Metall, Bezirk Stuttgart
1988–1993	Bezirksleiter der IG Metall, Bezirk Stuttgart
1988–1995	Mitglied des Landesvorstands und Präsidiums der SPD Baden-Württemberg
1993–1998	Zweiter Vorsitzender der IG Metall
1998–2002	Bundesminister für Arbeit und Sozialordnung
1998–2005	Mitglied des Bundesparteivorstandes der SPD
1999–2001	Mitglied des Vorstands der SPD Bezirk Hessen-Süd
seit 2002	Mitglied des Deutschen Bundestages

Walter Riester war kein Berufspolitiker, als er 1998 von Bundeskanzler Gerhard Schröder (SPD) ohne Bundestagsmandat als Bundesminister für Arbeit und Sozialordnung in das Bundeskabinett berufen wurde. Vielmehr stand er auf dem Höhepunkt einer gewerkschaftlichen Karriere, die den gelernten Fliesenleger mit Meisterprüfung vom Jugendsekretär des DGB-Landesbezirks Stuttgart und 2. Bevollmächtigten der IG-Metall-Verwaltungsstelle Geislingen über die Funktion des Bezirksleiters der IG Metall, Bezirk Stuttgart, als zweiten Vorsitzenden in die Spitze der IG Metall geführt hatte. Der im Tarifbezirk Nordwürttemberg-Nordbaden tarifpolitisch sehr erfahrene Gewerkschafter galt als realistischer Reformer, der Arbeitszeitverkürzungen, betriebliche Flexibilisierung von Arbeitszeiten und Weiterbildungsmaßnahmen erfolgreich verknüpfte und als Vorstandsmitglied der IG Metall zur Absicherung von Altersteilzeitregelungen einen Tariffonds in die Diskussion brachte. Für die Aufnahme in das Kernteam Gerhard Schröders im Wahlkampf 1998 galt Riester auf diesem Hintergrund als modernisierungsfreudiger Repräsentant der Gewerkschaften, der zugleich Schröders Projekt eines neuen Konsensmodells zwischen Arbeit, Wirtschaft und Staat für eine erfolgversprechende Wirtschafts-, Arbeitsmarkt- und Sozialpolitik symbolisieren sollte.

Als Riester im Oktober 1998 im Rahmen der neuen Regierungsmehrheit aus SPD und Grünen sein Amt antrat, hatte das Bundesministerium für Arbeit und Sozialordnung im Wesentlichen noch den Zuschnitt aus der Zeit seines Vorgängers Norbert Blüm (CDU), war also vor allem für die Arbeitsmarktpolitik und die Rentenpolitik sowie neuerdings für die Sozialhilfe zuständig, während die Pflegeversicherung an das Gesundheitsministerium ging.

Riesters Ministerzeit, die nur bis 2002 dauerte, war von drei großen Themenkomplexen geprägt: dem Versuch eines „Bündnisses für Arbeit" im Dreieck von Staat, Unternehmern und Gewerkschaften, der Erweiterung der Rentenpolitik durch eine privat finanzierte Zusatzrente sowie Reformen in der Arbeitsmarktpolitik. Seine Amtszeit und entsprechend auch die größeren Reformvorhaben wurden jedoch überschattet von der negativen Arbeitsmarktentwicklung, die nach anfänglicher Verbesserung schon 2000/2001 die Arbeitslosenzahlen wieder stark ansteigen und das Beitragsaufkommen der Sozialversicherungen sinken ließ.

Die Zeit der neuen Regierung begann turbulent: mit der versprochenen Rücknahme einiger Entscheidungen der letzten Regierung Kohl wie z.B. Einschränkungen bei der Lohnfortzahlung, beim Kündigungsschutz und beim 1997 eingeführten demographischen Faktor der Rentenversicherung und mit Neuregelungen bei den 630-Mark-Jobs und der Scheinselbständigkeit. Auf starken Widerstand stieß die Entscheidung Mitte 1999, die Rentenanpassung für zwei Jahre von der Nettolohnentwicklung abzukoppeln und nur einen Inflationsausgleich zu gewähren. Die Priorität, auch bei höherer Arbeitslosigkeit den Beitragssatz stabil zu halten – auch langfristig bis 2020 unter 20% –, erforderten weitere Maßnahmen wie Rückgriff auf die Schwankungsreserve oder später die Wiedereinführung eines Rentenabschlags als Generationenausgleich. Einen wichtigen Beitrag leistete auch die Einführung der Ökosteuer, deren Ertrag (jährlich knapp 20 Mrd. Euro) der Rentenversicherung zugute kommt.

An dem von der rot-grünen Regierung angestrebten Bündnis für Arbeit, Ausbildung und Wettbewerbsfähigkeit nahmen die Verbände der Tarifparteien aus widersprüchlichen Motiven teil: während die Wirtschaftsverbände sich halbherzig beteiligten, um die Gewerkschaften tarifpolitisch zu mäßigen, ging es den Gewerkschaften vor allem darum, die angesichts steigender Rentenbeiträge unter Druck geratenen Frühverrentungen abzusichern („Rente mit 60"). Nachdem Riester in seiner Vorstandsfunktion bei der IG Metall die Einrichtung von Tariffonds auf Branchenebene zur Finanzierung der fehlenden Rentenversicherungsbeiträge propagiert hatte, schien er dafür der „geborene" politische Vermittlungsakteur. Als Minister forderte er freilich als erweiterte Funktion der Tariffonds, sie auch zur allgemeinen Finanzierung der Altersvorsorge zu nutzen. Die IG Metall unter Klaus Zwickel lehnte jedoch einen solchen Einstieg in eine kapitalgedeckte Säule der Rentenversicherung ab und scheiterte mit ihrem Tariffondsmodell für die „Rente mit 60", während Gewerkschaften wie die IG Bergbau, Chemie, Energie politisch wie tarifpolitisch Verbesserungen beim Altersteilzeit-Modell erreichen konnten. Mit dem Scheitern der Tariffonds im Januar 2000 war zugleich ein wesentliches Interesse der IG Metall am Bündnis für Arbeit weggefallen; Arbeits- und Sozialminister Riester hatte somit gerade die Funktionsfähigkeit jenes korporatistischen Bündnismodells blockiert, das er zunächst repräsentiert hatte. Seine Motive dafür lagen zweifellos in der Einsicht in die langfristigen strukturellen Schwierigkeiten der Rentenfinanzierung auf Grund demographischer Veränderungen und angesichts aktuell wieder einsetzender Schwächen des Wachstums und des Arbeitsmarktes. Sein Engagement für eine strukturelle Erweiterung der Rentenfinanzierung hatte sich dadurch offenbar verfestigt.

Die weitere politische Agenda Riesters ist in besonderer Weise durch die Rentenpolitik geprägt. Dabei war der „Modernisierer" weit stärker gefordert, als ihm lieb sein konnte, musste er doch hauptsächlich rentenpolitische Einschnitte und strukturelle Umsteuerungen weg vom traditionellen Rentensystem entwickeln und durchsetzen. Nach komplizierten Diskussionen und Verhandlungen konnte Riester Ende Mai 2000 seine umfassenden Reformpläne vorlegen, die die gesetzliche Rentenversicherung mit einer kapitalgedeckten privaten Zusatzrente ergänzen sollten. Im Ergebnis wurde im Mai 2001 für die gesetzliche Rente eine Absenkung des Rentenniveaus auf 64% festgelegt und ein bis 2020 stabiler Rentenbeitrag von 19% projektiert, während ein vorgesehener demographischer Ausgleichsfaktor wieder fallen gelassen wurde. Für die private Zusatzrente kam die von den Gewerkschaften geforderte Mitfinanzierung durch die Arbeitgeber nicht zustande. Vielmehr wurde ein bis 2008 stufenweise aufzubauendes Förderungsprogramm festgelegt, das Grund- und Kinderzulagen und steuerliche Vergünstigungen (für Beiträge und Zulagen) umfasst. Im Ergebnis beträgt im Jahr 2008 die Grundzulage 154 Euro jährlich, die Kinderzulage 185 Euro (für ab 2008 geborene Kinder 300 Euro); steuerlich ist ein Sonderausgabenabzug bis 2.100 Euro möglich. Nach einigen Anlaufschwierigkeiten stieg die Zahl der Versicherungsverträge, für die sich die Bezeichnung „Riester-Rente" eingebürgert hat, rasch an, so dass Ende März 2007 immerhin 8,5 Mio. förderfähige Altersvorsorgeverträge bestanden. Trotz dieses zahlenmäßigen Erfolgs muss offen bleiben, wieweit und für welchen Personenkreis die durch die Absenkung des gesetzlichen Rentenniveaus entstehende Versorgungslücke langfristig durch private Zusatzrenten geschlossen werden kann. Die ergänzende private Altersvorsorge wird jedenfalls mit dem Namen des Ministers Riester verbunden bleiben. Die Opposition aus CDU/CSU und FDP, die eine private Zusatzvorsorge eigentlich hätte unterstützen müssen, erwies sich gegenüber dem Gesamtpaket der Rentenreform als stark retardierendes Moment. Auf der anderen Seite konnte diese Richtung der Reform von den Gewerkschaften und in Teilen der SPD wenig Zustimmung erwarten. Insofern fand sich Minister Riester hier in einer Position „zwischen den Stühlen", in der er immer wieder auch in anderen Feldern agieren musste.

Neben der Rentenpolitik trat Riester auch mit Initiativen in anderen Bereichen hervor, so mit der Green Card-Aktion zur Gewinnung ausländischer Computerfachleute im Mai 2000, deren Ankündigung freilich migrationspolitisch spektakulärer war als ihr durch hohe Einkommenshürden gebremster Effekt. Bei der Reform des Betriebsverfassungsgesetzes wurden kleinere Verbesserungen erreicht, so bei der Freistellung eines Betriebsratsmitglieds oder ein vereinfachtes Wahlverfahren bei kleinen Betrieben im Juni 2001. Die Betriebsrenten erfuhren freilich eine eher geringe Aufwertung.

Als Dauerthema erwiesen sich während Riesters Amtszeit die Arbeitsmarktreformen. Wurden in der Anfangsphase noch innovative Projekte gegen Jugendarbeitslosigkeit und Langzeitarbeitslosigkeit verfolgt, erhöhte sich bald mit steigender Arbeitslosigkeit der Druck, mit restriktiven „Reformen" die Leistungen für Arbeitslose einzuschränken. Eine „Lehrstellengarantie" wurde bereits früh als letztlich einziges Ergebnis im Bündnis für Arbeit mit den Arbeitgebern vereinbart, auch wenn sie später trotz regelmäßiger Wiederholung uneingelöst blieb. Ansätze zum Abbau der Jugendarbeitslosigkeit, zur besseren Arbeitsvermittlung („JobAQTIV") und zur Zusammenarbeit von Arbeitsämtern und Sozialhilfeträgern sollten durch Modellprojekte vorbereitet werden (z. B. in Köln ab 1999) und führten bald auch zu gesetzlichen Umsetzungsmaßnahmen. Diese schrittweise Entwicklung arbeitsmarktpolitischer Innovationen erfuhr eine dramatische und krisenhafte Wendung, als Anfang 2002 die Bundesanstalt für Arbeit und ihre Arbeitsförderungsmaßnahmen ins Kreuzfeuer der Kritik gerieten. Der Bundesrechnungshof hatte der Bundesanstalt vorgeworfen, ihre Stellenvermittlungsstatistik sei in großem Umfang falsch und der Nutzen der 20 Mrd. Euro teuren Arbeitsmarktmaßnahmen zweifelhaft. Mit dem Führungswechsel von Bernhard Jagoda zu Florian Gerster (auch Staatssekretär Werner Tegtmeier verlor sein Amt) wurden weitreichende Organisations- und Konzeptionsänderungen in Angriff genommen. Nicht zuletzt mit Blick auf die im Herbst bevorstehende Bundestagswahl setzte außerdem die Bundesregierung auf Initiative von Bundeskanzler Schröder eine Kommission unter dem Vorsitz des VW-Managers Peter Hartz ein, die tatsächlich im August 2002 ein umfassendes Reformkonzept für die Arbeitsmarktpolitik vorlegte. In dieser Krisenphase geriet Riester als Fachminister massiv unter Druck und verlor politischen Einfluss. Der neue Chef der Bundesanstalt für Arbeit, Gerster, beanspruchte weitreichende Gestaltungsspielräume, aber vor allem drängte die öffentlichkeitswirksame Einsetzung der Hartz-Kommission den Minister politisch in den Hintergrund. Obwohl Riester manche Ansätze entwickelt hatte, die auch von der Kommission aufgenommen wurden, entsprach die Rigorosität und Großspurigkeit der Hartz-Reformen nicht dem Politikstil des Ministers, der eher auf kleinere Schritte, seriöse Gründlichkeit, Praxiserprobung, Vermittlung und Konsenssuche ausgerichtet war. Gegenüber dem politischen Druck, den ein 2002 drohender Wahlverlust und ein zu Befreiungsschlägen neigender Bundeskanzler ausübten, konnte Riester die Führungsrolle des Fachministers nicht erfolgreich behaupten. Dazu trug wohl auch bei, dass er trotz seiner Zugehörigkeit zum Bundesparteivorstand (seit 1998) in der Gesamtpartei nicht stark verankert war. Trotz seines loyalen Eintretens für die Hartz-Konzepte hat der Kanzler ihn daher nach der knapp gewonnenen Wahl offenbar für die ja noch ausstehende Umsetzung der Hartz-Reformen nicht für den richtigen Mann gehalten.

In der Bundestagswahl 2002, ebenso wie 2005, erwarb Riester, der im Wahlkreis Göppingen kandidierte, über die SPD-Landesliste Baden-Württemberg ein Bundestagsmandat. Kanzler Schröder nahm ihn jedoch nicht mehr in das Bundeskabinett auf, sondern berief nach Umorganisation der Ressorts Wolfgang Clement in das neu geschaffene Ministerium für Wirtschaft und Arbeit, das eine Wirtschafts- und Arbeitsmarktpolitik „aus einem Guss" entwickeln sollte. In diesem Rahmen wurden die von der Hartz-Kommission vor der Wahl vorgeschlagenen Reformen durchgesetzt, mit der „Agenda 2010" abschließend auch das so genannte Hartz IV-Programm zur Zusammenlegung von Arbeitslosen- und Sozialhilfe und der organisatorischen Integration von Arbeits- und Kommunalverwaltung. Von diesen Entscheidungsprozessen hielt sich Riester als Abgeordneter weitgehend fern und widmete sich als Mitglied des Ausschusses für wirtschaftliche Zusammenarbeit und Entwicklung vorrangig Problemen der Arbeitsbedingungen und der sozialen Sicherheit im Rahmen der Entwicklungspolitik. Außerdem gehörte er der Parlamentarischen Versammlung des Europarates in Straßburg an. Aus dem SPD-Parteivorstand, dessen Mitglied er seit 1998 gewesen war, schied er im November 2005 aus.

Walter Riesters Leistung als Tarif- und Arbeitspolitiker wurde im Februar 2005 gewürdigt, als ihm die Stadt Köln in Erinnerung an den Gründungsvorsitzenden des Deutschen Gewerkschaftsbundes (DGB) den Hans-Böckler-Preis verliehen.

Obwohl Walter Riester als Arbeits- und Sozialminister vieles erreicht hat und rentenpolitisch mit seinem Namen eine strukturelle Neuentwicklung repräsentiert, stand seine Amtszeit unter keinem guten Stern. Die im Jahr 2000 einsetzende Verschlechterung der Wirtschafts- und Arbeitsmarktentwicklung bot wesentlich ungünstigere Rahmenbedingungen für die angepeilten Reformkonzepte als ursprünglich erhofft. Der Druck zu restriktiven Ad-hoc-Maßnahmen, zu kurzfristiger Krisenbewältigung und zu demonstrativ übersteigerten Großstrategien erwies sich für eine sachlich und politisch gut abgestützte Strategie langfristig umsteuernder Reformen als nicht förderlich. Hinzu kam die Position zwischen den Interessenfronten, nachdem Riester die Gewerkschaften, insbesondere die IG Metall, als seine ursprüngliche Unterstützungsbasis immer mehr verloren hatte. Die Verankerung in der Gesamt-SPD oder die Unterstützung des Bundeskanzlers waren offenbar nicht stark genug, um dafür einen hinreichenden Ausgleich zu bieten. Dabei hätte er als sachlicher, uneitler Politiker mit Bodenhaftung auch im nächsten Kabinett einen wichtigen Beitrag für konsolidierende Reformen leisten können.

Literatur:
Heinze, Rolf G.: Das „Bündnis für Arbeit", in: *Egle, Christoph/Tobias Ostheim/Reimut Zohlnhöfer (Hrsg.):* Das rot-grüne Projekt, Wiesbaden 2003, S. 137-162; *Blancke, Susanne/Josef Schmidt*: Bilanz der Bundesregierung Schröder in der Arbeitsmarktpolitik 1998-2002, in: *Egle, Christoph/Tobias Ostheim/Reimut Zohlnhöfer (Hrsg.),* a.a.O., S. 193-214; *Schmidt, Manfred G.*: Rot-grüne Sozialpolitik (1998-2002), in: *Egle, Christoph/Tobias Ostheim/Reimut Zohlnhöfer (Hrsg.),* a.a.O., S. 239-258; *Riester, Walter*: Mut zur Wirklichkeit, Düsseldorf 2004; *ders.*: Halbzeit, Reformzeit, Zeit der Ernte, in: Gewerkschaftl. Monatshefte 10/2000, S. 556-565; *Schabedoth, Hans-Joachim*: Unsere Jahre mit Gerhard Schröder. Ein Rückblick, Marburg 2006.

Theo Schiller

Scharping, *Rudolf (Albert)*

Bundesminister der Verteidigung (SPD)

geb. 2.12.1947 in Niederelbert (Westerwald)

1966	Abitur
1966	Eintritt in die SPD
1967–1974	Studium der Politischen Wissenschaft, Rechtswissenschaft und Soziologie an der Universität Bonn
1969–1974	Landesvorsitzender der Jungsozialisten Rheinland-Pfalz
1975–1994	Mitglied des Landtages von Rheinland-Pfalz

1985	Wahl zum SPD-Landesvorsitzenden von Rheinland-Pfalz und Vorsitzenden der SPD-Landtagsfraktion
1991–1994	Ministerpräsident des Landes Rheinland-Pfalz
1993–1995	SPD-Parteivorsitzender
1994–2005	Mitglied des Deutschen Bundestages
1998–2002	Bundesminister der Verteidigung
seit 2005	Präsident des Bundes Deutscher Radfahrer

Nach dem Wahlsieg der Sozialdemokratischen Partei und dem erfolgreichen Abschluss der Koalitionsverhandlungen mit Bündnis ′90/Die Grünen wurde Rudolf Scharping am 27. 10. 1998 zum Bundesminister der Verteidigung ernannt und blieb in diesem Amt bis zu seiner Entlassung am 18. 7. 2002. Dieser Zeitpunkt lag wenige Wochen vor dem Ablauf der Legislaturperiode und markiert den Beginn eines nicht ganz freiwillig, indes mit einer gewissen Unbeirrtheit vollzogenen Abschieds von der „großen" Politik, sowohl auf Landes- oder Bundesebene, als auch innerhalb seiner Partei.

Nach einer langen und für Außenstehende vielleicht nicht besonders aufregenden Periode der politischen Reifezeit im rheinland-pfälzischen Landesverband seiner Partei zählte Rudolf Scharping für ungefähr ein Jahrzehnt, zwischen 1991 und 2002, zu ihren herausragenden Führungsfiguren und zu dem überschaubaren Kreis von wirklich einflussreichen Landes- und Bundespolitikern. Infolgedessen war er während dieser Zeit sowohl in seiner eigenen Partei als auch in der politischen Öffentlichkeit Deutschlands besonders exponiert.

Rudolf Scharping gehört zu der Generation von Politikern, die in und mit der Bundesrepublik Deutschland groß geworden sind. Die Erfahrungen der Älteren mit der Politik des nationalsozialistischen Deutschland, sei es in der Emigration, sei es als Kriegskinder und Flakhelfer der letzten Kriegsmonate, sind dieser Generation erspart geblieben. Trotz dieses gewissermaßen unheroischen Schicksals im noch unmittelbar spürbaren Schatten über der Geschichte Deutschlands hat sich bei vielen Politikern dieser Generation eine Art starkes normatives Grundbedürfnis entwickelt, das sich durch ihr politisches Alltagshandeln wie ein roter Faden hindurchzieht: Der neue Staat sollte eine glaubwürdige und stabile Demokratie werden; er sollte seine Verantwortung vor der Geschichte akzeptieren und in seinem äußeren Handeln den Frieden fördern. Diese Grundwerte galten und gelten für eine breite, partei-übergreifende politische Mitte. Zugleich bilden sie ein die Generationen übergreifendes moralisch-politisches Bindeglied zwischen den Älteren von Konrad Adenauer bis Willy Brandt und Helmut Schmidt (von den 50er Jahren bis in die 80er Jahre) und ihren Nachfolgern und „Enkeln" (von den 60er Jahren bis zur Gegenwart).

Was sich im Lauf der Zeit allerdings verändert hat, sind die Aufstiegs- und Karrieremuster von Politikern. Diese wurden einerseits akademischer und professioneller, andererseits häufig auch geprägt von einer frühen und sozusagen monokulturellen Konzentration auf die Politik als Arbeitsfeld und als Lebensstil. Das schloss und schließt freilich nicht aus, dass die meisten Spitzen-Politiker sich nicht eindeutig auf eine thematische Abstempelung einlassen dürfen – sie müssen Generalisten bleiben, wenn auch Generalisten von der Art, die sich rasch und umstandslos in bestimmte, oft sehr weit auseinanderliegende Fachgebiete einarbeiten und in der Öffentlichkeit den mal mehr, mal weniger gut fundierten Eindruck eines Experten für jene Angelegenheiten erwecken können, mit denen sie gerade politisch befasst sind.

Seit der Münchner Ministerpräsidenten-Konferenz von 1947 ist deutlich, dass eine für das (west)deutsche Gemeinwesen charakteristische Konkurrenz- und Konfliktlinie unter seinen Spitzen-Politikern zwischen den Parteivorsitzenden und Bundespolitikern auf der einen und den Ministerpräsidenten der Länder, den „Landesfürsten", auf der anderen Seite verläuft. Auf jeden Fall hilft es Parteivorsitzenden und Kanzlerkandidaten in der Regel beträchtlich, wenn sie auf gesammelte Erfahrungen und gewonnene Loyalitäten als Ministerpräsident eines Landes zurückgreifen können.

Im Oktober 1982 wurde Bundeskanzler Helmut Schmidt (SPD) durch ein konstruktives Misstrauensvotum des Deutschen Bundestages ab- und Helmut Kohl (CDU) in dieses Amt hineingewählt, das er dann bis 1998 inne hatte. Eine so lange Zeit in der Opposition bedeutete auch, dass sich die SPD-Führung aus den Ländern heraus erneuern musste. Ihre bekanntesten und ambitioniertesten „jungen Löwen" stiegen in den 1980er Jahren parteiintern auf und wurden bald Ministerpräsidenten: Oskar Lafontaine 1985 im Saarland, Gerhard Schröder 1990 in Niedersachsen und Rudolf Scharping 1991 in Rheinland-Pfalz. Der teils programmatische, teils persönliche Wettbewerb zwischen diesen drei Politikern zog immer mal wieder die Aufmerksamkeit der politischen Öffentlichkeit auf sich – nicht zuletzt der Vergleich mit der berühmten „Troika" Willy Brandt, Helmut Schmidt und Herbert Wehner macht sich in den Medien gut.

Der Bundeswahlkampf 2005 markierte das Ende von knapp zwei Jahrzehnten, in denen die Geschicke der SPD insbesondere auch von diesen drei Politikern in ihrem Mit- und Gegeneinander geprägt worden waren. In diesem Wahlkampf bewarb sich Rudolf Scharping nicht mehr um ein Bundestagsmandat. Oskar Lafontaine trat aus der SPD aus und führt nun zusammen mit Lothar Bisky die aus der PDS und der WASG gebildete Partei Die Linke. Und Gerhard Schröder verlor die Wahlen und zog sich, auf einer anderen Ebene als Rudolf Scharping, aus der Politik zurück.

Zugespitzt hatte sich die Konkurrenz dieser drei in ihrer Mentalität und ihrem Politikstil sehr unterschiedlichen Politiker im Frühling 1993. Damals trat Björn Engholm wegen Falschaussagen vor dem schleswig-holsteinischen Untersuchungsausschuss zur Barschel-Affäre als Parteivorsitzender und Kanzlerkandidat zurück. Die Parteiführung entschloss sich, die Nachfolge über eine Mitgliederbefragung zu regeln. Das war ein Novum und sollte die basis-demokratische Ausrichtung der Partei signalisieren. Zur Wahl standen Gerhard Schröder, Heidemarie Wieczorek-Zeul und Rudolf Scharping. Frau Wieczorek-Zeul wurden in diesem Verfahren kaum Chancen eingeräumt, und Scharping kam zu gute, dass der eher polarisierende Schröder weder auf die Stimmen der Parteilinken rechnen konnte, noch auf diejenigen der auf einen „Versöhnen, nicht spalten"-Kurs eingeschworenen Parteimitglieder. Rudolf Scharping wurde mit 40,3% der abgegebenen Stimmen gewählt und dann auf dem Sonderparteitag in Essen am 25. Juni 1993 mit knapp 80% der Delegiertenstimmen bestätigt.

Parteivorsitzender blieb Scharping aber nur gut zwei Jahre. In dieser Zeit gab er sein Amt als rheinland-pfälzischer Ministerpräsident auf und wurde 1994 Bundestagsabgeordneter und Vorsitzender der SPD-Bundestagsfraktion. Entgegen zahlreichen, insbesondere von Oskar Lafontaine instrumentierten Versuchen, ihn zur Aufgabe seiner Ambitionen auf die Kanzlerkandidatur zu bewegen, hielt Scharping daran fest und begann, nicht zuletzt zum Schrecken vieler Parteilinken, die Partei organisatorisch und programmatisch auf eine eher pragmatische Linie einzuschwören. Damit sollte die Handlungsfähigkeit der Bundespartei aus der Opposition heraus verbessert werden. Weit kam er mit diesem Versuch allerdings nicht. Als Spitzenkandidat der SPD verlor er die Bundestagswahl am 16. Oktober 1994.

Gut ein Jahr später, auf dem Mannheimer Parteitag der SPD am 16. November 1995 wurde Scharping von dem überraschend seine Gegenkandidatur ankündigenden Oskar Lafontaine als Parteivorsitzender abgelöst. Die innerparteiliche Dramatik dieses Wechsels war beträchtlich und hat bei den Beteiligten, insbesondere bei Rudolf Scharping selbst, tiefe Spuren hinterlassen. Dieser Parteitag schob aber kurioserweise nicht nur Lafontaine auf Kosten von Scharping nach vorne, sondern machte vor allem auch den Weg für die Kanzlerkandidatur und schließlich Kanzlerschaft von Gerhard Schröder frei. Der Sieg Lafontaines wurde überall wahrgenommen und viel kommentiert; die dadurch geschlagene Schneise für den innerparteilichen Siegeszug Schröders blieb hingegen damals den meisten Beobachtern noch verborgen.

Nach einer solchen Niederlage muss ein Spitzen-Politiker, will er nicht der Politik ganz den Rücken kehren oder sich mit einer Zukunft als Hinterbänkler bescheiden, gute Miene zum für ihn bösen Spiel machen und seinen Kooperationswert für die Parteispitze proaktiv herauskehren. Nicht zuletzt gewinnt man damit Zeit für neue Anläufe. Nach dieser Regel verfuhr auch Scharping im November 1995. Nach dem Mannheimer Parteitag blieb Scharping noch bis 2003 stellvertretender SPD-Vorsitzender – allerdings ohne aus dieser Funktion heraus der Partei wesentliche Impulse vermitteln zu können. Das zu erwarten, wäre auch sicherlich naiv gewesen. Er wurde außerdem, man wird den Abfindungs-Charakter solcher Aufgabenvergaben schwerlich leugnen können, der Vorsitzende der Internationalen Kommission der SPD. Das war er faktisch aber schon seit dem Dezember 1994 gewesen. Der Vorsitz in der Internationalen Kommission der SPD und der durchaus einflussreiche Vorsitz in der Antragskommission der SPD-Parteitage bis zum Jahr 2003 gaben Scharping die Gelegenheit, die Fühlung mit der Partei nicht zu verlieren. Außerdem ergaben sich in diesem und im europäischen Rahmen – von 1995 bis 2001 war Scharping auch Vorsitzender der Sozialdemokratischen Partei Europas (Zusammenschluss der sozialdemokratischen, sozialistischen und Arbeiter-Parteien in der Europäischen Union) – zahlreiche Gelegenheiten, das Interesse an internationaler Politik und an Sicherheitspolitik zu schärfen. Der politische Generalist nutzte dies, um in dieser post-glamourösen Zwischen-Periode seiner politischen Karriere Fachexpertise auf einem ziemlich komplexen Politikfeld zu vertiefen. Mit nicht unbeträchtlicher Hartnäckigkeit setzte sich Scharping gegen innerparteiliche Gegner für eine „realistische" Umakzentuierung der außen- und sicherheitspolitischen Parteilinie ein.

Allerdings blieb Scharping zunächst Generalist, nicht zuletzt in seiner wichtigen Funktion als Vorsitzender der Bundestagsfraktion seiner Partei (bis 1998), argwöhnisch betrachtet vom neuen Parteivorsitzenden. In den drei Jahren bis zum Wahlsieg der SPD unter Kanzlerkandidat Gerhard Schröder leistete Scharping in dieser Position vornehmlich bundespolitische Kärrnerarbeit. In der Wahlkampfmannschaft von Gerhard Schröder erhielt er den Bereich der Außen- und Sicherheitspolitik zugeordnet. Das unterstrich sein Anrecht auf einen herausgehobenen Posten in der neu zu bildenden Koalitionsregierung von SPD und Bündnis '90/Die Grünen.

Nach der gewonnenen Bundestagswahl wollte Scharping am liebsten in der Position des Vorsitzenden der SPD-Fraktion im Bundestag verbleiben, denn diese Position war jetzt um einiges bedeutungsvoller. Bundeskanzler Schröder wollte verhindern, dass Lafontaine zusätzlich zu seinem Parteivorsitz auch noch Fraktionsvorsitzender würde. Er erreichte dies durch die Einbindung Lafontaines in sein Kabinett; und um diesen Schritt abzurunden, forderte er auch Scharping auf, einen Ministerposten zu übernehmen. Dieser fügte sich dem Ansinnen des Bundeskanzlers auch deshalb, weil dieser ihm für die

Verteidigungs- und Sicherheitspolitik finanzielle Zusagen machte. Und so wurde Rudolf Scharping am 27. Oktober 1998 zum Bundesminister der Verteidigung ernannt. Er blieb nicht die volle Legislaturperiode in seinem Amt. Sein Nachfolger wurde Peter Struck.

In diesen knapp vier Jahren veränderte sich die Bundeswehr beträchtlich, und Deutschland beteiligte sich am Kosovo-Krieg. Insbesondere das zweite Ereignis wird man als Zäsur in der deutschen Sicherheitspolitik ansehen müssen. Dass sie vorgenommen wurde, ist im Einklang von Kanzler, Außen- und Verteidigungsminister geschehen – anders wäre sie auch nicht vorstellbar gewesen. Trotz dieser Zäsur ist es aus methodischen Gründen nicht ganz einfach, die relativ kurze Ära Scharping im Verteidigungsministerium klar und eindeutig von Reformprozessen vor und nach seiner Zeit abzugrenzen, unter den Ministern Volker Rühe zwischen 1992 und 1998 sowie Peter Struck zwischen 2002 und 2005.

Das liegt hauptsächlich daran, dass der eigentliche und im Grunde in seinen Auswirkungen bis heute noch nicht überall zur entscheidenden sicherheitspolitischen Handlungsprämisse gemachte historische Umbruch schon 1989/90 stattgefunden hatte – das Ende des Ost-West-Konflikts und, daraus abgeleitet, die Überwindung der Teilung Deutschlands und Europas. Dieser tiefgreifende Wandel nämlich veränderte auch die globale und die makro-regionale Sicherheits-Architektur, und das bis dahin geltende Gefüge von weltpolitischen Lagebeurteilungen, Bedrohungswahrnehmungen und militärstrategischen Grundausrichtungen brach in sich zusammen.

Für die Bundeswehr waren die Jahre nach der Vereinigung eine schwierige Zeit, weil sie alle mit der Übernahme der Nationalen Volksarmee der DDR verbundenen organisatorischen Probleme verkraften und zugleich ihren Umfang reduzieren musste. Es begann damit eine Phase der Umgestaltung, die derart tief reicht, dass man mit Fug und Recht von einer Neugründung sprechen könnte. Organisationen, da unterscheiden sich Streitkräfte keinen Deut von zivilen Anstalten, lassen sich aber nicht einfach „neu gründen", sondern halten zäh an überkommenen Vorstellungen fest. Deshalb haben es alle drei genannten Verteidigungsminister sehr schwer gehabt, die Reform oder, wie es neuerdings heißt, die Transformation der Bundeswehr in Gang zu bekommen und voranzutreiben.

Will man den innersten Kern der neuen Herausforderung für Sicherheitspolitik und Bundeswehr in einem Satz zusammenfassen, muss man etwa so formulieren: Die deutschen Streitkräfte mussten von einer Abschreckungs- und Verteidigungsarmee zu multinational vernetzbaren Deeskalations-Streitkräften mit Einsatz-Optionen auch weit außerhalb des Bündnisgebietes von NATO und (W)EU umgestaltet werden. Entsprechend den veränderten internationalen Rahmenbedingungen in der Sicherheitspolitik hatte das enorme Konsequenzen für den Auftrag, die militär-strategischen Prioritäten und die organisatorische Gestalt der Bundeswehr sowie für die Ausbildung, Bewaffnung und, allgemeiner noch, für das Selbstbild des Soldaten. Auch musste die politische Öffentlichkeit in Deutschland mit diesen Veränderungen vertraut gemacht werden und sie akzeptieren.

Als wesentliche Schwierigkeiten für die Bewältigung der Umgestaltung der Streitkräfte erwiesen sich, für manche Beobachter war das eine Überraschung, nicht etwa die öffentliche Skepsis oder gar Opposition gegenüber den neuen Aufgaben der Bundeswehr. Stattdessen waren (und sind) es erstens und zuvörderst finanzielle Probleme, die eine rasche Umgestaltung verzögerten. Dies war auch Scharping bei seiner Amtsübernahme bekannt, und er versuchte deshalb im Herbst 1998, von Bundeskanzler Schröder eine Reihe finanzieller Zusagen für den Etat des Verteidigungsministeriums zu erhandeln. Diese Zusagen wurden gemacht, konnten jedoch später nicht eingehalten werden, jedenfalls wurden sie es nicht. Mit dem Wechsel im Amt des Finanzministers von Lafontaine zu Eichel im Frühjahr 1999 bröckelte der finanzielle Rückhalt Scharpings im Kabinett sogar noch mehr ab. Die zweite Schwierigkeit war inner-organisatorisch und ergab sich aus der Persistenz von sicherheitspolitischen und militärstrategischen Denkstrukturen in der zivilen und militärischen Führung der Streitkräfte. Sie wurde ergänzt durch eine dritte, nämlich die Fixierung einer sehr großen Koalition von Sicherheits- und Sozialpolitikern in den beiden großen Parteien sowie einer Mehrheit unter den Generälen der Bundeswehr, die aus unterschiedlichen, aber nur ausnahmsweise aus militärischen Gesichtspunkten heraus an der Beibehaltung von Wehrpflicht und Zivildienst interessiert waren und dieses Interesse auch durchzusetzen vermochten.

Der auf diese Weise gebremste Reform-Impetus steht in scharfem Kontrast zu den sicherheitspolitischen und militärischen Entscheidungen, welche die Bundesregierung und, besonders exponiert, der Verteidigungsminister in diesem Zeitraum zu treffen hatten. Der künstlich angeheizte ethnische Konflikt zwischen Serben und Albanern in der jugoslawischen Provinz Kosovo war in den Jahren 1997 und 1998 immer weiter eskaliert. Es kam zu Massakern von serbischen Polizisten und anderen Kämpfern an den Kosovo-Albanern. Eine von Kosovo-Albanern gegründete „Befreiungsarmee des Kosovo" (UÇK) setzte sich ihrerseits mit Gewalt zur Wehr. Internationale Vermittlungen, die Friedensverhandlungen von Rambouillet, scheiterten an der Intransigenz der Belgrader Regierung unter Milošević. Da der Sicherheitsrat der Vereinten Nationen wegen der Haltungen Rußlands und Chinas keine Beschlüsse zum Eingreifen fassen konnte, entschloss sich die NATO zum Eingreifen mit dem erklärten Ziel, ethnische Säuberungen großen Stils durch die Serben an den Kosovo-Albanern zu verhindern. Am 24. März 1999 begannen die Luftangriffe der NATO auf Jugoslawien. Die deutsche Luftwaffe war an diesen Aktionen beteiligt. Zum ersten Mal nahm die Bundesrepublik Deutschland an einem Krieg teil. Die Luftangriffe wurden am 10. Juni ausgesetzt und am 21. Juni 1999 von der NATO für beendet erklärt. Von diesem Tag an ist eine internationale Friedenstruppe (KFOR) im Kosovo präsent, auch ein deutsches Kontingent zählt dazu. Der Kosovo-Krieg und die Gründe für und gegen die deutsche Beteiligung daran bestimmten 1999 nachdrücklich die sicherheitspolitische Debatte.

Dadurch wurde eine ganze Reihe von schwierigen organisations-internen, aber durchaus auch politisch relevanten Erwägungen und Entscheidungen in den Hintergrund gedrängt. Scharping ging diese Entscheidungen nicht ganz so forsch und zielbewusst an wie seinerzeit Helmut Schmidt die Reform der Bundeswehr zu Beginn der 1970er Jahre vorangetrieben hatte. Aber die jetzt notwendig gewordene Erneuerung der Bundeswehr „von Grund auf" verlangte auch sehr viel tiefere Einschnitte. Um die Dramatik von Reformen ein wenig zu verschleiern und den von ihnen Betroffenen die Angst davor zu nehmen, werden Veränderungen von Politikern nicht selten unter dem Etikett der Kontinuität vorgenommen. Es gehört dann zum politischen Fingerspitzengefühl des verantwortlichen Ministers, Veränderungen und Kontinuität, Sachziele und öffentliche Akzeptanz, die Breite der Diskussion und die Schärfe der Entscheidungen, Entscheidung und Implementierung ins richtige Verhältnis zu bringen: zeitlich, finanziell, psychologisch.

Scharping übernahm von Helmut Schmidt das Konzept, die Bundeswehr-Reform mittels einer Mischung aus Bestandsaufnahmen und Kommissionsvorschlägen voranzutreiben. Im Mai 1999 legte er eine nüchterne „Bestandsaufnahme" vor, in welcher auf das Missverhältnis zwischen der Organisation und Struktur der Streitkräfte (weitgehend auf die Landesverteidigung auf deutschem Territorium ausgerichtet) und den neuen Aufgaben der Krisenbewältigung außerhalb des eigenen und des Bündnisterritoriums hingewiesen wird. Dass, wie es in diesem Dokument heißt, „Landesverteidigung zum unwahrscheinlichsten Einsatzfall geworden" ist, wird in den nächsten Jahren zum Refrain sicherheitspolitischer Aussagen von der Spitze des Ministeriums. Wie schwer es alle Reformansätze in diesem Politikfeld haben, geht aber aus einer komplementären Passage der „Bestandsaufnahme" hervor: „Landes- und Bündnisverteidigung bleibt gleichwohl wesentliche Aufgabe der Streitkräfte." Zwischen diesen beiden Perspektiven gibt es einen Widerspruch, den man möglicherweise aus verfassungsrechtlichen Gründen nicht einfach auflösen kann, der sich aber für eine Organisationsreform hinderlich auswirkt. Der Anpassungsbedarf bei der Ausgestaltung dieser herkömmlichen und die notwendigen Veränderungen bei der Übernahme der neuen Aufgaben der Bundeswehr sollten von der hochrangig besetzten Kommission „Gemeinsame Sicherheit und Zukunft der Bundeswehr" (nach ihrem Vorsitzenden auch „Weizsäcker-Kommission" genannt) eruiert werden. Zu den der Kommission durch den Minister vorgegebenen Reformzielen gehörte auch die Europäisierung der deutschen Sicherheits-, Verteidigungs- und Rüstungspolitik. Der im Mai 2000 von der Weizsäcker-Kommission vorgelegte Bericht spiegelte die Veränderungen in der sicherheitspolitischen Landschaft wider, die sich im Jahr zuvor durch Bündnis-Beschlüsse ergeben hatten, und formulierte sie in Reformmaßnahmen für die Bundeswehr um.

Die wichtigsten dieser Veränderungen bildeten das weiterentwickelte Strategie-Konzept der NATO vom April 1999, die WEU-Erklärung von Bremen im Mai 1999, die Kölner Erklärung des Europäischen Rates über die Verstärkung der Gemeinsamen Europäischen Sicherheits- und Verteidigungspolitik vom Juni 1999 und schließlich die Beschlüsse des Europäischen Rates vom Dezember 1999 in Helsinki über die bis spätestens 2003 erfolgende Aufstellung einer Schnellen Eingreiftruppe der Europäischen Union, die aus 50.000 bis 60.000 Soldaten bestehen, binnen 60 Tagen in ein Krisengebiet verlegt werden und dort in jeder Beziehung unabhängig von NATO und Vereinigten Staaten militärisch operieren können soll.

Um die in diesen (Verpflichtungs-)Erklärungen implizit und explizit angesprochenen militärischen Fähigkeiten entwickeln zu können, brauchte es in der Tat einer Erneuerung der Bundeswehr „von Grund auf". Die Weizsäcker-Kommission empfahl der Bundesregierung einen umfangreichen Katalog von Maßnahmen, darunter etwa die Umgliederung der Streitkräfte, um sie einsatzfähiger zu machen, die Reduzierung der Friedensstärke auf 240.000 Soldaten, die Förderung der Multinationalisierung der Einsatzkräfte, die Modernisierung der Ausrüstung, die Privatisierung von Dienstleistungen (outsourcing) und die gleichberechtigte Zulassung von Frauen in den Streitkräften. Als „wahrscheinlichste Aufgabe" der Bundeswehr bezeichnete die Kommission die „Teilnahme an Einsätzen der Krisenvorsorge und Krisenbewältigung".

Dieses Kommissions-Ergebnis wurde vom Minister, unter dem doppelten Druck eher reform-skeptischer Kräfte in seinem Ministerium (der Generalinspekteur zählte allerdings nicht dazu) und der um ihre Wahlerfolge in verschiedenen Landtagswahlen bangenden SPD-Parteiführung, zwar nur ein wenig verwässert, aber gerade dort, wo es am wenigsten passte. In dem kurz nach Kenntnisnahme der Empfehlungen und Vorschläge der Weizsäcker-Kommission vom Minister vorgelegten „Eckpfeiler"-Papier heißt es entsprechend: „In erster Linie bestimmen Landesverteidigung und kollektive Verteidigung Umfang und Struktur der Bundeswehr." Solche struktur-konservativen Formulierungen verhinderten jedoch nicht, dass der Minister eine ganze Reihe von organisatorischen Veränderungen der Bundeswehr in Gang setzte oder sogar beschleunigte, die in ihrer Summe von der Landesverteidigung als primärer militärischer Aufgabe weg- und die Bundeswehr an ihre neuen Aufgaben heranführten: die Schaffung einer gemeinsamen Streitkräftebasis, die Erhöhung der Krisenreaktionsfähigkeit, die Schaffung der Divisionen für „Spezielle Operationen" und für „Luftbewegliche Operationen". Zudem wird man ihm bescheinigen müssen, in zähem Kampf mit dem Finanzminister die in der Ära Rühe eingerissene Tendenz zur Etatverkürzung angehalten und sogar, wenngleich mit bescheidenen Erfolgen, umgedreht zu haben. Eine wichtige Kennziffer für die Zukunftsoffenheit von Streitkräften ist der Anteil an Investitionsmitteln am Verteidigungshaushalt: Er konnte unter Scharping von kümmerlichen 11% auf immerhin knapp 16% hochgefahren werden.

Zum Bild des Soldaten der Bundeswehr gehört seit ihrer Gründung der Bezug auf die demokratische Grundordnung als einzig legitimen Auftraggeber, verkörpert in der Leitfigur des Staatsbürgers in Uniform und kondensiert in der Inneren Führung. Beides musste nach 1990 weiterentwickelt werden. Es gehörte zum Amtsverständnis Scharpings, diese Bereiche nicht als zweitrangig anzusehen. Er hat sich insbesondere für ein Traditionsverständnis der Bundeswehr eingesetzt, in dem die Widerstandskämpfer gegen die nationalsozialistische Herrschaft breiten Raum einnehmen.

Eine Bilanz des Wirkens von Rudolf Scharping als Verteidigungsminister wird primär auf seine Rolle im Kosovo-Krieg verweisen. Hier hat er, zusammen mit Bundeskanzler Schröder und Außenminister Fischer, den Einsatz der Bundeswehr im Rahmen der Luftangriffe der NATO auf serbische Ziele vehement befürwortet und die Öffentlichkeit davon zu überzeugen verstanden, dass es bei diesem Einsatz um den Schutz von Menschenrechten geht. Diese Haltung hielt auch kritischen Einwänden aus unterschiedlichen politischen Richtungen stand. Man darf auch nicht übersehen, dass sich aus diesem Krieg eine multinationale Friedensmission im Kosovo (KFOR) entwickelte, zu welcher die Bundeswehr bis heute einen beträchtlichen Teil beisteuert.

Der Reformprozess der Bundeswehr schien mit der Amtsübernahme Scharpings 1998 kräftig auf Touren zu kommen. Indes verhedderte sich der Minister bald in den zahlreichen Fallstricken, die sowohl im Kabinett als auch im eigenen Hause ausgelegt wurden. Scharping machte einige Schritte in Richtung auf Veränderung. Aber es ist kein Zufall, dass vieles von dem, was zwischen 1998 und 2002 begonnen wurde, erst unter Scharpings Nachfolger Peter Struck öffentlich wahrgenommen wurde.

Der Bundeskanzler entließ Scharping kurz vor Ende der Legislaturperiode am 18. Juli 2002. Der Entlassung war ein überflüssiges, kleines Medienspektakel vorausgegangen, das mit der Amtsführung Scharpings so gut wie gar nichts, stattdessen mit privaten Aspekten seines Lebens zu tun hatte. Eine ungewollte öffentlichkeitswirksame Rolle spielte Scharping nach 2005 als Präsident des Bundes Deutschen Radfahrer wegen der zu Tage getretenen Doping-Probleme im Radsport.

Literatur:
Scharping, Rudolf: Wir dürfen nicht wegsehen. Der Kosovo-Krieg und Europa, Berlin 1999; *von Bredow, Wilfried*: Militär und Demokratie in Deutschland. Eine Einführung, Wiesbaden 2007; *Ehrhart, Hans-Georg*: Rudolf Scharping and the formation of Social Democratic foreign and security policy in the 1990s, in: *Stark, Hans (Hrsg.)*: La Politique Etrangère de la nouvelle Allemagne, Paris 2000, S. 73-109; *Dyson, Tom*: German Military Reform 1998-2004: Leadership and the Triumph of Domestic Constraint over International Opportunity, in: European Security 3/2005, S. 361-386; *Jürgs, Michael*: Scharpings zweite Haut, in: Kursbuch 161/2005, S. 18-22; *Leif, Thomas/Joachim Raschke*: Rudolf Scharping, die SPD und die Macht, Reinbek 1994.

Wilfried von Bredow

Schily, *Otto*

Bundesminister des Innern

geb. 20.7.1932 in Bochum, ev.

1952	Abitur am Werdenfels-Gymnasium in Garmisch-Partenkirchen
1952–1959	Studium der Rechtswissenschaften an den Universitäten Hamburg und Berlin
1962	Zweites juristisches Staatsexamen (OLG Hamm)
1963	Niederlassung als Rechtsanwalt in Berlin (West)
1975-77	Wahlverteidiger der RAF-Terroristin Gudrun Ensslin
1980	Eintritt in die Partei Die Grünen
1983-86	Mitglied des Deutschen Bundestages (Die Grünen), Ausscheiden durch Rotation
1983/84	Mitglied im dreiköpfigen Sprecherrat der Bundestagsfraktion Die Grünen
1987–89	Mitglied des Deutschen Bundestags
1989	Austritt aus der Partei Die Grünen und Niederlegung des Bundestagsmandats, wenig später Eintritt in die SPD
seit 1990	Mitglied des Deutschen Bundestages (SPD)
1993/94	Vorsitzender des Treuhand-Untersuchungsausschusses des Deutschen Bundestages
1994–1998	Stellvertretender Vorsitzender der SPD-Bundestagsfraktion
1998–2005	Bundesminister des Innern

Otto Schily gehört zum politischen Urgestein der Bundesrepublik Deutschland. Wenige noch lebende Politiker verdienen diese Bezeichnung wie er. Abgesehen von dem 1982 nur kurz amtierenden Jürgen Schmude war Schily der erste sozialdemokratische Innenminister der Bundesrepublik Deutschland. Doch schon vorher hatte er großen politischen Einfluss gehabt, als prominente Figur der außerparlamentarischen Linken und als Bundestagsabgeordneter der Grünen und dann der SPD. Was trieb den *homo politicus* Otto Schily an?

Otto Schily verstand sich stets als Preuße aus einer Familie, die in der NS-Zeit Distanz zum Regime gewahrt hatte. Zwar waren Schilys Eltern und seine vier Geschwister nicht aktiv im Widerstand. Dennoch waren die Schilys Teil einer bildungsbürgerlichen Opposition, die sich den Ansprüchen des NS-Systems nach Möglichkeit verweigerte. Diese Leistung seiner Eltern hat Schily stets hervorgehoben und bewundert. Auch für sich selbst schöpfte er daraus moralische Autorität. Den Krieg überstand Familie Schily im Wesentlichen unversehrt. Vater Franz war als Anthroposoph nicht zum Kriegsdienst herangezogen worden.

Schilys preußischer Grundzug trat in seiner Biographie immer wieder hervor: in seinem Rigorismus bei der Einforderung rechtsstaatlicher Grundsätze, auch gegenüber terroristischen Straftätern, die den Rechtsstaat zerstören wollten, bis hin zur Einhaltung des Rotationsprinzips für grüne Parlamentarier, das Schily immer für falsch gehalten hat.

Schily war zweitens Großbürger. Vater Franz, ein promovierter Historiker, rückte nach dem Krieg an die Spitze eines großen Bochumer Stahlunternehmens und bekleidete als Stahlindustrieller bundesweit wichtige Positionen, etwa im Vorstand des BDI. Das gesellschaftliche Leben im Hause Schily entsprach diesem sozialen Status. Mutter Elisabeth war musisch gebildet. Es gab Hauskonzerte, und Schily und seine Geschwister erdachten kleine Opern, die sie selbst aufführten. Wie Schilys Biographen gern sagen: im Hause Schily wurde Krokett gespielt, nicht Fußball. Familie Schily war Teil der republikanischen Aristokratie Nachkriegsdeutschlands, und aus dieser Prägung rührte Schilys Interesse an den schönen Künsten. In den Kategorien der „Systemkritik" der späten 60er und 70er Jahre stammte Schily aus der Welt des Kapitals, moderiert durch preußische Inpflichtnahme und die anthroposophische Orientierung seiner Familie.

Schily mag als Kind von seinen Eltern kurz gehalten worden sein. Gleichwohl war der Hunger der Nachkriegszeit seine einzige echte Mangelerfahrung. Materielle Sorgen kannte Schily später nicht mehr. Einer jüngeren Interviewäußerung in einer Leipziger Studentenzeitung, er habe sich als Student juristische Ausbildungsliteratur nicht leisten können, stehen mehrwöchige Auslandsreisen entgegen, die der Student Schily Anfang der 50er Jahre unternahm, ferner das Erbe, das er bereits mit knapp 23 Jahren antreten musste, nachdem seine wohlhabenden Eltern in einem tragischen Verkehrsunfall tödlich verunglückt waren.

Schily war drittens stets Solitär. Neben mäßigen, sein Potential sicher nicht ausschöpfenden Ergebnissen in den für Juristen wichtigen Staatsexamina mag dies Schilys Entscheidung für den Anwaltsberuf gefördert haben. Das Anforderungsprofil für einen erfolgreichen Rechtsanwalt erfüllte er wie nur wenige. Überragende analytische Fähigkeiten verband er mit der Gabe zu klarer Formulierung, nötigenfalls auch Zuspitzung und mit Offenheit für pragmatische Lösungen. Dabei war Schily stets Einzelkämpfer. Er arbeitete ungern in Gruppen und konnte sich nur schwer einordnen. Auf seine Umgebung wirkte Schily aufgrund seines Auftretens und Denkens stets ausgeprägt als Jurist. Er selbst bestätigte dies, wenn er als Leitmotiv seiner politischen Entwicklung Einsatz für den Rechtsstaat nannte.

Politisch sozialisiert wurde Otto Schily in seinem Elternhaus. Dort wählte man FDP, hielt aber Distanz zum politischen Betrieb. Erst in Berlin wandte sich Schily nach links. Dramatisch verschob sich Schilys politisches Koordinatensystem im Jahr 1967 durch den gewaltsamen Tod des Theologiestudenten Benno Ohnesorg und durch die Gewalt gegen Rudi Dutschke im Weihnachtsgottesdienst in der Berliner Gedächtniskirche.

Nach den Schüssen des Berliner Kriminalbeamten Karl-Heinz Kurras auf Ohnesorg engagierte Schily sich in dem AStA-Ermittlungsausschuss, der die Aufklärungsarbeit leisten sollte, die die an sich berufene Staatsanwaltschaft in den Augen vieler nicht hinreichend leistete. Schilys bekannte Aussage, nun müssten „die Studenten den Rechtsstaat gegen die Polizei verteidigen", verdeutlichte die heraufziehende Frontstellung vieler Studenten gegenüber einer zunehmend als „Klassenjustiz" wahrgenommenen staatlichen Rechtspflege. Für die APO wurde Schilys Satz ein Leitmotiv. Schilys Aufklärungsarbeit im Ausschuss war dabei sachorientiert und um Deeskalation bemüht. Das anerkannte auch die bürgerliche FAZ. Am Ende war Schily ein prominenter Anwalt der Linken. Als Nebenklagevertreter im Prozess gegen den Polizisten Kurras war Schily Verfahrensbeteiligter in einem Strafprozess, der mit einem aus heutiger Sicht schwer nachvollziehbaren Freispruch endete. Für die Linke und für Schily war dieser Prozessausgang ebenso ein Beleg für konservative Gesinnungsjustiz wie der Prozess, in dem der damalige Linksterrorist Horst Mahler – ebenfalls problematisch – zu einer hohen Freiheitsstrafe verurteilt wurde.

Als politischen und persönlichen Schock erlebte Schily den Weihnachtsgottesdienst 1967 in der Berliner Gedächtniskirche: Mit Fotostellwänden und Protestplakaten hatten vor der Kirche Studenten gegen zivile Opfer im zunehmend eskalierenden Vietnamkrieg protestiert. Als die Protestierer ihre Plakate in die Kirche trugen und Rudi Dutschke, wie immer unrasiert, zu einer Ansprache vor den Altar trat, wurde aus den Gottesdienstbesuchern eine gewalttätige Menge, die Dutschke blutig prügelte. Schily war schockiert und abgestoßen, wie hasserfüllt Teile des Bürgertums, dem auch er sich zugehörig fühlte, an Weihnachten in einer Kirche gegen Demonstranten vorgingen, die nur Moraldefizite eines Krieges anprangerten, den auch in den USA viele ablehnten. Für Schily waren Hass und Gewalt weihnachtlicher Kirchenbesucher Belege für einen Verlust an Kultur und Moral in der bürgerlichen Mitte.

Die schlechte Figur der Berliner Strafjustiz in den Strafprozessen sowohl gegen Karl-Heinz Kurras als auch gegen Horst Mahler war gut für Schilys bundesweite Bekanntheit als Strafverteidiger. Presse ist gut für das Geschäft jedes Anwalts, und Schily genoss sie darüber hinaus auch persönlich. Seine größte Bühne als Strafverteidiger wurde freilich der Prozess gegen die Germanistikstudentin, Studienstiftlerin und RAF-Terroristin Gudrun Ensslin wegen Anschlägen auf US-Militäreinrichtungen in Frankfurt und Heidelberg. In diesem „Stammheim-Prozess" verfolgte Schily eine sog. politische Verteidigung. Verfahrensgegenstand sollte auch die Politik der USA werden, die seine Mandantin als menschen- und völkerrechtswidrig bekämpft hatte. In einem Stuttgarter Hotel zog Schily dabei vor Journalisten einen Vergleich zwischen dem Pentagon und dem Reichssicherheitshauptamt. Die aus heutiger Sicht evidente Abwegigkeit dieses Vergleichs zeigte die Hitze der seinerzeitigen Auseinandersetzung. Auch zeigt das politische Element von Schilys weit über das Strafrecht hinausgreifender Argumentation vor dem Oberlandesgericht Stuttgart seine Wandlung vom Strafverteidiger zum Politiker. Befördert worden war diese Wandlung vom wenig souveränen Auftreten auch der Stuttgarter Justiz sowie durch teils offen rechtswidrige Maßnahmen gegen Schily, darunter die für jeden Rechtsanwalt existenzgefährdende Aberkennung seiner Zulassung. Erst vor dem Bundesverfassungsgericht konnte sich Schily, der den ihm vorgeworfenen Kassiberschmuggel aus der Vollzugsanstalt Stuttgart-Stammheim bis heute bestreitet, erfolgreich gegen die von ihm als staatlichen Angriff gesehene Maßnahme wehren.

Als sich Gudrun Ensslin im Oktober 1977 wenige Wochen nach ihrer Verurteilung zusammen mit Andreas Baader und Jan-Carl Raspe selbst tötete, war Schily der wohl bekannteste politische Strafverteidiger Deutschlands. Anders als zahlreiche Kollegen, etwa der Stuttgarter Rechtsanwalt Klaus Croissant, hatte Schily dabei auch in den emotionalisierten RAF-Prozessen nie die professionelle Distanz des Strafverteidigers zu seiner Mandantin aufgegeben, war er stets Anwalt geblieben. Dies entsprach der

Persönlichkeit Schilys. Dass er gleichwohl links blieb, wohl linksradikal, stand dem nicht entgegen.

Zeitlich trafen die Selbstmorde der ersten „RAF-Kommandoebene" zusammen mit der Erschöpfung des Marxismus als wichtigstem Integrationsmoment der APO in der Bundesrepublik der 70er Jahre. Das mit Händen zu greifende ideologische, ökonomische und auch ökologische Scheitern des Marxismus jenseits des Eisernen Vorhangs bedeutete auch das Ende von Fortschritts- und Technikglauben als Grundstimmung der westdeutschen Linken. Sammlungsbewegung dieser systemkritischen Kreise wurde stattdessen die „Anti-AKW-Bewegung". Diese theoretisch richtungsübergreifende, praktisch freilich immer links orientierte Bewegung versuchte das „System" der Bundesrepublik in der Umweltpolitik zu stellen. Als eine von Profitinteressen getriebene Bedrohung sowohl der natürlichen Lebensgrundlagen als auch der Demokratie wahrgenommen und bekämpft wurde die Kerntechnik. „Der Atomstaat" wurde zum Synonym für „den Überwachungsstaat", und die Linke präsentierte sich dazu als „Alternative". Sie wechselte gewissermaßen das Feld der Auseinandersetzung. Die 1967 begonnene gesellschaftspolitische Auseinandersetzung mit dem bürgerlichen Lager wurde nun im Kampf gegen Kerntechnik und andere industrielle Großanlagen sowie als Kampf für Frieden und die Emanzipation der Frau fortgesetzt.

Otto Schily war Teil dieses Prozesses und einer seiner Vordenker. Bereits im Sommer 1977, drei Monate vor den Selbstmorden der ersten „RAF-Kommandoebene", thematisiert er in Berlin öffentlich die Organisationsfrage der undogmatischen Linken und mahnt deren Lösung an. Die undogmatische Linke sollte über bloße Systemkritik hinaus politikfähig werden – am besten in einer Partei links von der SPD. Diese Idee kam zunächst nicht voran. Zu wirkungsmächtig war nach wie vor das USPD-Trauma der Weimarer Zeit. Schily brachte sich darum anders in die Linke ein: Er wurde Vorstandsmitglied des 1979 gegründeten linksliberalen Republikanischen Anwaltsvereins und Mitgründer der taz; anders als sein damaliger Anwaltskollege und Weggefährte Christian Ströbele allerdings nicht inhaltlich, wohl aber als einer von zwei Gesellschaftern der „contrapress Satz und Druck GmbH", die die taz bis heute druckt. Freilich gab es für Schily eine klare Grenze: Nicht beteiligen wollte er sich an der 1978 in Berlin gegründeten „Altenativen Liste für Demokratie und Umweltschutz" (AL). Deren Abgrenzung zur kommunistischen KPD/AO war ihm zu schwammig. Erst 1980, mit 48 Jahren, wurde Schily erstmals Parteimitglied und eine zentrale Figur bei der Gründung der Grünen. 1981 kandidierte er zum Berliner Abgeordnetenhaus dann aber doch für die AL. Ein Mandat verfehlte er nur knapp.

Die Bundestagswahl 1983 brachte für Die Grünen den Durchbruch, denn die Partei zog in den Bundestag ein. Otto Schily war über die nordrhein-westfälische Landesliste der Grünen erfolgreich. In der grünen Bundestagsfraktion profilierte er sich rasch. Neben großen konzeptionellen Fähigkeiten verfügte Schily aus den Stammheimprozessen über exzellente Medienkontakte und als Jurist auch über Behördenerfahrung. Letztere war zu Beginn der Wahlperiode für die Bundestagsfraktion der Grünen eminent wichtig, denn über die Infrastruktur der Fraktion entschied mit der Bundestagsverwaltung eine Behörde. Zusammen mit Petra Kelly und Marieluise Beck-Oberdorf bildete Schily den ersten Fraktionsvorstand und leitete die zu Beginn noch öffentlichen Sitzungen seiner Fraktion. Intern geriet Schily freilich schon damals häufig in Gegensatz zu anderen Fraktionsmitgliedern, vielfach zu solchen, die später als sog. Fundis auffallen sollten. Mit den teils sehr machtbewussten Frauen in der Fraktion, von denen er einige als „Platzhirschkühe" bezeichnete, tat Schily sich von Beginn an schwer. So wie später bei der SPD war ihm Parteiarbeit schon bei den Grünen primär eine Last.

Noch vor seinem Einzug in den Bundestag wurde Otto Schily durch einen Beitrag in der Zeitschrift Der Spiegel auf illegale Praktiken der Parteienfinanzierung aufmerksam, die später als „Flick-Affäre" zum bis dato größten Skandal der bundesdeutschen Parteiengeschichte werden sollten. In Verletzung gesetzlicher Offenlegungspflichten hatten zahlreiche Großunternehmen Parteispenden über Scheininstitutionen gelenkt. Dabei hatte im Fall des Industriellen Flick der Verdacht bestanden, dass diese Spenden die Steuerbefreiung von Erträgen hatten befördern sollen, die Flick durch eine Veräußerung von Aktien der Fa. Daimler-Benz AG erzielt hatte. Die von den FDP-Wirtschaftsministern Hans Friderichs und Otto Graf Lambsdorff gewährte Steuerbefreiung nach § 6b Einkommensteuergesetz hatte Flick Steuern in Höhe von knapp einer Milliarde DM erspart.

Im Jahr 1984 installierte der Bundestag einen Untersuchungsausschuss zur Flick-Affäre. Dieser Ausschuss arbeitete über zwei Jahre, und die grüne Bundestagsfraktion entsandte als Vertreter Otto Schily. Er nutzte den Ausschuss als Bühne für seine und die Selbstdarstellung seiner Partei, die als einzige im Bundestag aufgrund ihrer erst kurz zurückliegenden Gründung nicht von der Affäre betroffen sein konnte. Das legitimierte sie aus Sicht der Öffentlichkeit besonders zur Kritik an den sog. „Altparteien". Persönlich profilierte sich Schily, der im Ausschuss stets bestens vorbereitet auftrat, durch harte Fragen. Als Kläger beteiligt war Schily an dem Organstreit vor dem Bundesverfassungsgericht gegen die Weigerung des Bundeswirtschaftsministers, dem Ausschuss Akten zugänglich zu machen. Die als Flick-

Untersuchungsausschuss-Urteil bekannt gewordene Entscheidung des BVerfG stärkte die Rechte parlamentarischer Untersuchungsausschüsse. Im Januar 1986 stellte Schily gegen den seinerzeitigen Bundeskanzler Helmut Kohl Strafantrag wegen uneidlicher Falschaussage vor dem Ausschuss. CDU-Generalsekretär Geißler rettete Kohl mit seinem berühmt gewordenen Hinweis auf einen „Blackout" des Bundeskanzlers. Im Ergebnis profilierte sich Schily im Ausschuss als scharfer Aufklärer zweifelhafter Machenschaften der etablierten Parteien und erwarb so auch die bleibende Anerkennung des damaligen Hannoveraner Ausschussmitglieds Gerhard Schröder.

Ungeachtet dieses großen Erfolgs für die Grünen blieb Schilys Verhältnis zu seiner Partei schwierig. Mit großer Härte wurden dort Flügelkämpfe zwischen den linksradikal orientierten sog. Fundis um Jutta Ditfurth sowie die beiden Hamburger Bundestagsabgeordneten Thomas Ebermann und Rainer Trampert, die zunächst den Bundesvorstand der Partei kontrollierten, und den sog. Realos um Joschka Fischer ausgetragen, die die Bundestagsfraktion dominierten. Diese teils erbittert geführten Kämpfe kulminierten im Dezember 1988 auf dem Karlsruher Bundesparteitag der Grünen. Mit der Abwahl des Bundesvorstands gelang den Realos dort die entscheidende Schwächung der Fundis. Dem Grunde nach war damit der von Schily angestrebte Weg frei: in die Nähe der SPD und an die Macht. Dennoch förderten diese Auseinandersetzung und die in ihrem Verlauf vorgetragenen Angriffe gegen den von vielen als „Vorzeigerealo" und von vielen grünen Frauen überdies als Chauvinisten wahrgenommenen Schily dessen Entfremdung von der Partei, die er nur ein knappes Jahrzehnt vorher mit gegründet hatte. Obgleich die Realos in Partei und Fraktion nun auf dem Vormarsch waren, erlitt Schily bei der Neuwahl des Fraktionsvorstands 1989 eine Niederlage. Zu vielen galt er als nicht hinreichend integrationsfähig. Vermutlich fiel mit dieser von Schily als persönliche Herabsetzung gesehenen Abstimmungsniederlage sein Entschluss zur Lösung von den Grünen. Vordergründig boten zahlreiche Sachfragen, vom Gewaltmonopol des Staates über die Abgeordnetenrotation bis hin zur der Weigerung seines grünen Landesverbands, ihn für die heranstehende Bundestagswahl 1989 noch einmal aufzustellen, Schily Grund, aus der Partei auszutreten. Am 2. November 1989 vollzog er diesen Schritt und erklärte seinen Austritt.

Eine Woche später, am 9.11. 1989, wurde Schily SPD-Mitglied im Ortsverein des Münchener Vororts Unterhaching. Schilys Kontaktmann in der bayerischen SPD war Peter Glotz. Er kannte und schätzte Schily seit 1978 und verschaffte dem Quereinsteiger gegen manchen Vorbehalt den Wahlkreis München-Land. Vor allem aber platzierte er Schily aussichtsreich auf der bayerischen Landesliste für die heranstehende Bundestagswahl 1990. Sein bestehendes Bundestagsmandat gab Schily in Abstimmung mit dem SPD-Partei- und Fraktionsvorsitzenden Hans Jochen Vogel zurück.

In der Wahl zum 12. Bundestag scheiterten die Grünen an der 5%-Klausel. Otto Schily zog demgegenüber wieder ins Parlament ein – wenngleich nun als Münchener Abgeordneter über die Liste der bayerischen SPD. In der SPD-Bundestagsfraktion hatte er dennoch einen schwierigen Start. Anders als bei den Grünen fand er in der SPD wenig Beachtung, aus mehreren Gründen: Schily war bei der SPD weniger randständig als bei den Grünen. Entsprechend weniger fiel er bei der SPD auf. Für eine Führungsposition in der SPD kam Schily unter Hans Jochen Vogel nicht in Frage, denn Vogel lehnte Vorzugsbehandlungen ab. Auch fehlte Schily der in der SPD wichtige Stallgeruch. Selbst Schilys starke Persönlichkeit und seine juristischen Kenntnisse und Fähigkeiten, für die Grünen einmal höchst wertvoll, waren in der SPD nichts Besonderes, sondern in deren „Enkelgeneration" eher Standard. Schröder, Lafontaine, Engholm und Scharping waren ähnlich strukturiert wie Schily. Entsprechend wurde Schily nicht in den Fraktionsvorstand gewählt und trotz seiner großen rhetorischen Fähigkeiten während seiner ersten Legislatur als SPD-Bundestagsabgeordneter nur zweimal wenig prominent als Redner eingesetzt.

Auch die Medien interessierten sich nicht mehr für ihn. Ein Schily-Biograph nennt die Phase nach Schilys Parteiwechsel deshalb zu Recht Schilys „bleierne Zeit".

Nach einer Häufung ausländerfeindlicher Vorfälle im Gefolge stark angestiegener Asylbewerberzahlen rückte 1992 die Asylpolitik auf die Tagesordnung der deutschen Politik. Obwohl die einschlägigen Regelungen im Grunde schon seit einiger Zeit restriktiv gehandhabt und 1992 nur rund 4,25% der neuen 440.000 Asylbewerber auch tatsächlich anerkannt wurden, forderte die Union schon lange die Änderung von Art. 16 GG. Das in Deutschland aus historischen Gründen besonders großzügige Grundrecht auf politisches Asyl sollte beschränkt werden. Als diese Diskussion 1992 dadurch an Fahrt gewann, dass zusätzlich zu der bereits hohen Zahl von Asylbewerben auch noch knapp 880.000 vorwiegend Bürgerkriegsflüchtlinge aus Jugoslawien ins Land strebten, in summa also über 1,2 Mio. Flüchtlinge innerhalb eines Jahres, geriet die SPD unter Zugzwang und gab zwei Jahre vor der Bundestagswahl 1994 ihr Junktim zwischen einer Zustimmung zu der von der Union geforderten Änderung von Art. 16 GG und der Schaffung eines Zuwanderungsgesetzes auf. Im Rahmen des sog. Asylkompromisses stimmte sie der Änderung von Art. 16 GG am 26. Mai 1993 zu. Asyl in Deutschland erhielt danach nur noch, wer nicht aus einem sicheren Herkunfts- oder

Drittstaat nach Deutschland kam, wer also mit dem Flugzeug einreiste und zusätzlich eine summarische Antragsprüfung im Rahmen der sog. Flughafenregelung erfolgreich hinter sich brachte. Auch wenn damit die alte, Mißbrauch begünstigende Kombination eines übermäßig liberalen Rechts mit einer restriktiven Praxis abgeschafft worden war, war diese Rechtsänderung doch ein erheblicher Schritt. Für die Grünen war er komplett inakzeptabel, aber auch viele in der SPD taten sich schwer damit. Otto Schily sah nüchtern die innenpolitische Alternativlosigkeit der mit der Union ausgehandelten Grundgesetzänderung und stimmte zu. In der SPD vergrößerte dieses pragmatische Verhalten Schilys Akzeptanzproblem beim linksliberalen Parteiflügel. Dort sympathisierte man einerseits zwar eher als im traditionellen Arbeiterlager mit einem Ex-Grünen. Andererseits werden von der SPD-Linken Abweichung nach rechts besonders wenig verziehen. Und für die SPD-Linke war der Asylkompromiss nichts anderes als eine Abweichung nach rechts. Immerhin wurde Otto Schily aufgrund seiner treffenden Analysen und pointierten Äußerungen zur Asylproblematik und aufgrund seiner pragmatischen Vorschläge dazu im politischen Establishment wieder parteiübergreifend wahrgenommen. Das war ihm wichtig.

Obwohl Schily wenig später auch im Treuhand-Untersuchungsausschuss Profil gewann, versetzte ihm seine enttäuschte oberbayerische SPD-Basis alsbald einen ähnlichen Tiefschlag wie 1989 sein damaliger grüner Landesverband. Bei der SPD-Kandidatenaufstellung für die Bundestagswahl 1994 erhielt Schily zunächst einen Listenplatz ohne Aussicht auf die Verteidigung seines Mandats. Schilys Wiedereinzug in den Bundestag war akut gefährdet. Erst das Eingreifen der SPD-Landesvorsitzenden Renate Schmidt führte wenigstens zu einer Kampfabstimmung gegen den ÖTV-Sekretär Barthel, in der 234 Stimmen abgegeben wurden. Schily gewann mit zwei Stimmen Vorsprung. Damit gelangte er auf Platz 19 der bayerischen SPD-Landesliste und doch noch auf einigermaßen sicheres Terrain. Auch sonst lief es nicht gut für Schily. In Bonn kam der von ihm geleitete Treuhand-Untersuchungsausschuss nicht voran, und im September 1994 verlor die SPD zum vierten Mal in Folge die Bundestagswahl.

Den Vorsitz der SPD-Fraktion im 13. Deutschen Bundestag übernahm Rudolf Scharping. Er hob die von Hans Jochen Vogel erst im Dezember 1991 von neun auf vier Personen reduzierte Anzahl seiner Stellvertreter wieder auf sechs an und betrieb ungeachtet zahlreicher Einwände aus der Partei erfolgreich die Wahl der Neumitglieder Verheugen und Schily zu seinen Stellvertretern. Das diente zwei Zielen: Schily und Verheugen sollten potentielle SPD-Wähler in ihren ehemaligen Parteien ansprechen. Zudem waren beide erfahren und war namentlich Schily ein begabter Debattenredner mit Medienkontakten und erheblicher Außenwirkung.

Die Richtigkeit dieses Konzepts erwies sich erstmals 1996/97 in der Auseinandersetzung um den sog. Großen Lauschangriff. Angesichts der für September 1998 anstehenden Bundestagswahl war das Thema für die SPD ähnlich unangenehm wie 1992 die Asylproblematik. Ähnlich war mit der im Raum stehenden Änderung von Art. 13 GG (Unverletzlichkeit der Wohnung) auch der verfassungsrechtliche Rahmen. Ähnlich war drittens schließlich der Furor, mit dem über Notwendigkeit und Ausmaß erweiterter Möglichkeiten der akustischen Wohnraumüberwachung quer durch die Parteien sowie mit den betroffenen Berufsgruppen gestritten wurde. Anders als Hans Jochen Vogel befürwortete Schily die Ausdehnung von Überwachungsmaßnahmen mit dem Hinweis auf die Gefahren organisierter Kriminalität. Für die SPD-Führung, die eine für sie politisch unschädliche Kompromisslösung anstrebte, war Schily damit überaus wertvoll. Als Verteidiger von Gudrun Ensslin und selbst Opfer eines (rechtswidrigen) Lauschangriffs sowie als Gegner des seinerzeitigen Bundesjustizministers Hans Jochen Vogel, dem Schily 1977 rechtsstaatswidriges Verhalten attestiert hatte, war Schily jedes Autoritätsglaubens unverdächtig. Wie kein anderer war er damit geeignet für Verhandlungen mit der Union und für die Suche nach einem Kompromiss. Dieser wurde 1998 in Gestalt der Regelung gefunden, die der Bundestag mit den Stimmen von CDU/CSU, FDP und Teilen der SPD, darunter Otto Schily, im Januar 1998 beschloss. Wenig später stimmte der Bundesrat für die entsprechende Änderung des Grundgesetzes, stellte die Ausführungsgesetze aber dennoch zur Überprüfung durch den Vermittlungsausschuss. Dieser forderte die Fortgeltung des Schutzes aus Art. 13 GG für Personen in besonderer Vertrauensstellung (Rechtsanwälte, Ärzte, Pfarrer, Journalisten u.ä.). Am 5. März 1998 schloss sich eine Bundestagsmehrheit, zu der auch prominente Mitglieder der Regierungskoalition gehörten, dieser Forderung an. Der Kreis der Straftaten, die Lauschangriffe rechtfertigen sollten, wurde reduziert, der Kreis der geschützten Personen erweitert. Die Regierung Kohl erlitt im Bundestag knapp ein halbes Jahr vor ihrer Abwahl ihre erste Abstimmungsniederlage seit 1982.

Am 28. Oktober 1998 wurde Otto Schily als erster Sozialdemokrat nach Jürgen Schmude, der das Amt nach dem Ende der sozialliberalen Koalition 1982 unter Helmut Schmidt wenige Monate innegehabt hatte, Innenminister der rot-grünen Bundesregierung unter Bundeskanzler Gerhard Schröder. Mehr denn je stand er nun im Fokus der Medien. Menschlich galt er wegen seiner cholerischen Ausbrüche und seiner herablassenden Art selbst im strukturkonservativen Innenministerium als schwierig. Schily führte autoritärer als seine Vorgänger. Journalisten schildern ihn als autokratisch und berichten von persönlichen Herabsetzungen auch erfahrener Beamter, die Schily in ihrem Beisein regelrecht und nicht ohne Genuss zu inszenieren schien.

Schilys erstes politisches Projekt als Bundesinnenminister war die Reform des überkommenen deutschen Staatsangehörigkeitsrechts. Seit 1913 hatte es die Staatsangehörigkeit von Kindern an die Staatsangehörigkeit der Eltern (ius sanguinis) geknüpft. Schily wollte dieses ius sanguinis durch ein *ius soli* ersetzen, ähnlich z.B dem Staatsanderrechtsangehörigkeitsrecht der USA. Erleichtert werden sollte so der Zugang in Deutschland geborener Migrantenkindern zur deutschen Staatsbürgerschaft. Die maßgeblich durch die deutsche Teilung lange aufgeschobene Reform hätte einen Paradigmenwechsel in der deutschen Ausländerpolitik bedeutet. Doch große Teile der Öffentlichkeit akzeptierten dies nicht. Viele Deutsche befürchteten Loyalitätskonflikte bei Ausländern, wenn diese in Gestalt des vorgesehenen „Doppelpasses" die deutsche Staatsbürgerschaft zu fortbestehenden ausländischen Staatsburgerschaften hinzuerwerben konnte. Entsprechend erfolgreich war die Mobilisierung der Union gegen das Projekt. In Hessen führte eine Unterschriftenkampagne der Union im Februar 1999 zum Wahlsieg Roland Kochs gegen die SPD-Landesregierung unter Hans Eichel. Gelöst wurde das Problem durch die Einführung der von der FDP bereits sehr frühzeitig vorgeschlagenen Beschränkung des Doppelpasses auf in Deutschland geborene Migrantenkinder verbunden mit der Pflicht, vor Vollendung des 23. Lebensjahrs die Entscheidung für eine einzige Staatsbürgerschaft zu erklären, sich also für *eine* Staatsbürgerschaft zu entscheiden. Dieser Kompromiss sicherte im Bundesrat die Zustimmung des sozialliberal regierten Landes Rheinland-Pfalz.

In konzeptionellem Zusammenhang mit der Reform des Staatsangehörigkeitsrechts betrieb Otto Schily auch die Ergänzung des überkommenen Ausländerrechts durch ein neues Zuwanderungs- und Aufenthaltsrecht. Im Jahr 2000 setzte die rot-grüne Bundesregierung dazu die „Unabhängige Kommission Zuwanderung" („Süssmuth-Kommission") ein. Diese erarbeitete Vorschläge für ein Zuwanderungsgesetz. Otto Schily griff einen Teil dieser Vorschläge im Referentenentwurf seines Hauses für ein „Zuwanderungsgesetz" auf und legte diesen im August 2001 dem Kabinett vor. Im März 2002 wurde dieser Gesetzentwurf von Bundestag verabschiedet und auch der Bundesrat stimmte darüber ab. Da die zwei Vertreter des von einer SPD-CDU-Koalition regierten Landes Brandenburg im Bundesrat unterschiedlich votierten, Bundesratspräsident Wowereit (SPD) dieses Votum aber gleichwohl als Zustimmung des Landes Brandenburg wertete, erhob Bundespräsident Rau Bedenken und gingen einige unionsregierte Bundesländer beim Bundesverfassungsgericht gegen das Gesetz vor. Das Bundesverfassungsgericht erklärte das Gesetz daraufhin im Dezember 2002 wegen Verfehlung der im Bundesrat erforderlichen Stimmenmehrheit für nichtig. Zwar beschloß der Bundestag das Gesetz im Januar 2003 erneut. Der aufgrund zwischenzeitlicher Landtagswahlen von CDU/CSU-regierten Ländern dominierte Bundesrat lehnte das Gesetz mit der Mehrheit dieser Länder jedoch ab. Erst nachdem im Gesetz ursprünglich vorgesehene Zuwanderungsmöglichkeiten im Verfahren vor dem Vermittlungsausschuss weitgehend entfernt worden waren, wurde das Gesetz im Juli 2004 auch vom Bundesrat beschlossen und trat nach der Ausfertigung durch Bundespräsident Köhler am 1. Januar 2005 in Kraft.

Zweites Kernprojekt Schilys als Bundesinnenminister war das Verfahren zum Verbot der rechtsextremen NPD. Die Forderung, dieses Verfahren vor dem Bundesverfassungsgericht gegen die NPD einzuleiten, hatte nach einem mutmaßlich antisemitisch motivierten Bombenanschlag vom Sommer 2000 sowie einem Brandanschlag auf die Düsseldorfer Synagoge vom Herbst 2000 als erster der bayerische Innenminister Günter Beckstein erhoben. Schily hatte sich im August 2000 unter Hinweis auf die Gefahr einer NPD-Aufwertung durch eine mögliche negative Entscheidung noch dagegen gewandt und darauf hingewiesen, dass ein Verbot die Partei nur in den Untergrund treiben und ihre Kontrolle erschweren werde. Als Teil des von Bundeskanzler Schröder im Herbst 2000 geforderten „Aufstands der Anständigen" war diese Position freilich nicht lange zu halten, auch wenn sie sich später als richtig erweisen sollte. Wenig später setzte sich Schily darum neben Beckstein an die Spitze der Bewegung und beantragte namens der Bundesregierung am 30. Januar 2001 beim BVerfG die Feststellung der Verfassungswidrigkeit der NPD und ihr Verbot. Parallel dazu stellten Bundestag und Bundesrat eigene Anträge mit demselben Ziel. Das Verfahren nahm den denkbar ungünstigsten Ausgang: Am 22. Januar 2002 wurde es überraschend ausgesetzt und die für Februar 2002 anberaumten Termine zur mündlichen Verhandlung aufgehoben, weil bekannt wurde, dass die Spitze der NPD, anwaltlich vertreten von Schilys ehemaligem Berliner APO-Weggefährten Horst Mahler, dessen Wiederzulassung als Anwalt 1987 Gerhard Schröder erstritten hatte, von V-Leuten verschiedener Verfassungsschutzämter durchsetzt worden war. Zumindest einige der entsprechenden Informationen waren auch dem Bundesinnenministerium mitgeteilt, dort aber nicht korrekt weitergeleitet worden. In Verkennung der Tatsachen – zum Schutz seiner V-Leute hatte das Bundesinnenministerium dem BVerfG Informationen verweigert – bedauerte Schily daraufhin öffentlich, dass sich das BVerfG mit ihm nicht in Verbindung gesetzt habe. Diesen Vorwurf, der Schily Rücktrittsforderungen der

Union eintrug, musste er kurz darauf zurücknehmen und sich im Bundestag bei den Karlsruher Verfassungsrichtern entschuldigen. Als Schily am 22. Januar 2002 in rechtsstaatlich bedenklicher Verkennung nun auch des Gewaltenteilungsgrundsatzes versuchte, die Präsidentin des BVerfG und Vorsitzende des zuständigen zweiten Senats telefonisch zu erreichen, um mit ihr den weiteren Verfahrensfortgang zu besprechen, ließ diese ihn nicht durchstellen und fragte in einem Interview mit Günter Gaus später, welchen Skandal wohl der Verteidiger Otto Schily entfesselt hätte, wäre der Vorfall vor Jahrzehnten in Stammheim passiert, hätte dort der Bundesinnenminister Telefonkontakt mit dem Vorsitzenden Richter gesucht. Nach einer für Schily wenig erfreulichen mündlichen Verhandlung, in der er am 8. Oktober 2002 seinem ehemaligen Freund, Kollegen und Mandanten, NPD-Anwalt Horst Mahler gegenübersaß, stellte das BVerG das Verfahren am 18. März 2003 wegen Vorliegens nicht behebbarer Verfahrenshindernisse ein. Das NPD-Verbotsverfahren war gescheitert, wenngleich die NPD daraus weit weniger Gewinn ziehen konnte als befürchtet. Im Schatten der Bundestagswahl vom September 2002 und des sich schon länger abzeichnenden Irak-Kriegs, dessen emotionalisierte Behandlung im deutschen Wahlkampf das Klima zwischen Berlin und Washington stark abkühlte, wurde Schily für das Scheitern des Verfahrens, das er zu seinem Projekt gemacht hatte, politisch weniger eindeutig und harsch verantwortlich gemacht als der Sache nach zu erwarten gewesen wäre. Die politische Großwetterlage hatte auch den Fokus des Medieninteresses verändert: Als am 20. März 2002 amerikanische Cruise Missiles auf Bagdad niedergingen, erlosch das Interesse der deutschen Öffentlichkeit an der NPD.

Auslöser des amerikanischen „Kriegs gegen den Terror", aus dem US-Präsident George W. Bush auch die Notwendigkeit eines Angriffs auf den Irak abgeleitet hatte, waren die Terroranschläge auf das New Yorker World Trade Center vom 11. September 2001 gewesen. Ungeachtet aller Unterschiede in der politischen Einschätzung der sog. Bush-Doktrin, die namentlich das Recht der USA zur Terrorabwehr auch durch Präventivkriege formuliert hatte, beeinflussten die Anschläge auch Deutschland und die deutsche Innenpolitik in hohem Maße. Otto Schily gelang in den ersten Stunden und Tagen nach den Anschlägen die glaubwürdige Verkörperung einer kraftvollen und handlungsfähigen Staatsmacht. Die Menschen waren dankbar dafür. Entsprechend stieg Schilys Beliebtheit steil an. Dies und die erstmals von einer breiten Öffentlichkeit wahrgenommene Bedrohung Deutschlands durch islamistische Terroristen bot der SPD die Möglichkeit zur Besetzung des für große Teile der Bevölkerung wahlentscheidenden, lange von der Union dominierten Sicherheitsthemas. Im September 2001 stand mit

Otto Schily in den Augen der Öffentlichkeit erstmals seit 1977 wieder ein Sozialdemokrat an der Spitze des Kampfs um die innere Sicherheit Deutschlands. Ein Jahr vor der Bundestagswahl war dieser Bodengewinn für die SPD von großem strategischem Wert.

Als konkrete Maßnahmen gegen die gestiegene Terrorgefahr präsentierte Otto Schily nach den Terroranschlägen vom 11. September 2001 zwei sog. „Anti-Terror-Pakete", die alsbald spöttisch „Otto-Kataloge" genannt wurden. Gegenstand des bereits am 19. September 2001 beschlossenen ersten Anti-Terror-Pakets waren Ausstattungsverbesserungen der Sicherheitsbehörden (Nachrichtendienste, Bundeskriminalamt, Bundesgrenzschutz, Bundeswehr und Katastrophenschutz), die Einführung der Strafbarkeit für die Unterstützung auch ausländischer krimineller Vereinigungen im neuen § 129b StGB sowie bessere Sicherheitsüberprüfungen namentlich von Flugsicherungspersonal. Im Vereinsrecht wurde das „Religionsprivileg" gestrichen. Die Vereinigungen „Kalifatstaat" sowie weitere ausländische Terrororganisationen wurden verboten, ihre Vermögen eingezogen.

Am 14. Dezember 2001 folgte als „Terrorismusbekämpfungsgesetz" das zweite Anti-Terror-Paket. Den im ersten Anti-Terror-Paket enthaltenen Ausstattungsverbesserungen wurden dort teils befristete Erweiterungen der Befugnisse und Vernetzungsmöglichkeiten der Sicherheitsbehörden (BND, BfV, MAD, BKA, BGS) zur Seite gestellt, etwa zur Zulässigkeit bewaffneter „Flugsicherheitsbegleiter" in deutschen Passagierflugzeugen oder zur Verpflichtung von Banken, Postdienstleistern oder Luftverkehrsunternehmen, die „Vorfeldaufklärung" der Verfassungsschutzämter durch Auskünfte zu unterstützen. Im Ausländerrecht wurden erweiterte Befugnisse zu Einreisekontrollen eingeführt, etwa der Ausbau der Visadatei zu einer Visaentscheidungsdatei, ferner zur Fälschungssicherheit von Ausweisen, um die Identität von Ausländern künftig eindeutig feststellen zu können. In die Pässe oder Personalausweise von Deutschen sollten künftig zusätzlich zu Lichtbild und Unterschrift auch biometrische Merkmale aufgenommen werden dürfen – auch verschlüsselt. Schily engagierte sich in dieser Frage und knüpfte Kontakte, auch zu einem Unternehmen, in dessen Aufsichtsrat er nach seinem Ausscheiden aus dem Amt eintrat.

2004 scheiterte Otto Schilys Plan, nahezu das gesamte Bundeskriminalamt zur „Bündelung sicherheitspolitischer Aufgaben" von Wiesbaden nach Berlin umziehen zu lassen. Die in die Umzugspläne zunächst nicht eingebundenen Beschäftigten und die hessische Politik protestierten so intensiv, dass BKA-Präsident Kersten sowie der für Verwaltungsangelegenheiten zuständige zweite Vizepräsident des BKA Atzbach, die Schilys Planung hatten durchsetzen sollen, das Amt verlassen mussten. Auch in Berlin fehlte aufgrund der erheblichen

Risiken des Umzugs für die operative Arbeit der Behörde der politische Rückhalt. Tatsächlich hätte ein Komplettumzug das Amt wohl über längere Zeit faktisch gelähmt. Am Ende erreichte Schily lediglich den Umzug einiger Abteilungen nach Berlin und die Einrichtung eines gemeinsamen Terrorismusabwehrzentrums in Berlin-Treptow.

In das Jahr 2004 fiel auch ein Vorfall, dessenwegen später von Politikern aller Parteien, auch seiner eigenen, Vorwürfe gegen Schily erhoben wurden und zu denen er Ende 2006 vor dem sog. BND-Untersuchungsausschuss aussagen musste, der die Verwicklung der sich als Kriegsgegner darstellenden rot-grünen Bundesregierung in den Irakkrieg aufklären sollte. Es ging um ein Gespräch mit US-Botschafter Dan Coats, in dem Schily am 31. Mai 2004 über die Verschleppung des deutschen Staatsbürgers Khaled el-Masri durch die CIA informiert worden sein und über das er auf Bitten des Botschafters bis Herbst 2005 geschwiegen haben soll. El-Masri selbst gab an, 2003 von der CIA nach Afghanistan entführt, gefoltert und im Mai 2004 in einem albanischen Wald wieder in Freiheit gesetzt worden zu sein. Soweit Schily sich nicht auf seine fehlende Aussagegenehmigung berief, sagte er vor dem Ausschuss aus, erst informiert worden zu sein, als eine Hilfeleistung für den deutschen Staatsbürger nicht mehr möglich gewesen sei. Vorwürfe, Schilys Treffen mit Coats sei auf Schilys Betreiben zustandegekommen, um ihm als Alibi zu dienen und zu verschleiern, dass er bereits früher von dem Fall gewusst und gleichwohl nichts unternommen habe, bestritt Schily energisch.

Ein Element von Otto Schilys Sicherheitspolitik war ferner sein Luftsicherheitsgesetz. Es wurde am 11. Januar 2005 erlassen und sollte in Deutschland Attentate mit Flugzeugen ähnlich denen vom 11. September 2001 in New York verhindern, indem es Behörden, Fluggesellschaften und Flughafenbetreiber zu Sicherheitsmaßnahmen verpflichtete. Obwohl es rechtlich auf eine EU-Verordnung für einheitliche Sicherheitsstandards in der Zivilluftfahrt zurückging, wurde sein Erlass unmittelbarer durch einen Zwischenfall im Frankfurter Luftraum ausgelöst: Dort hatte am 5. Januar 2003 ein Pilot gedroht, den Motorsegler, mit dem er über dem Bankenviertel kreiste, in ein Hochhaus stürzen zu lassen. Trotz der im Grunde geringen Gefahr, die von dem Segelflugzeug ausgegangen war, hatte die Bundesregierung rasch das Gesetz auf den Weg gebracht, das äußerstenfalls den Abschuss eines als Waffe gegen Menschen eingesetzten Flugzeugs ermöglichen sollte. Weil mit einem Abschuss immer auch unschuldige Passagiere geopfert worden wären und damit deren Grundrecht auf Leben, war das Gesetz umstritten. Auch der Bundespräsident äußerte verfassungsrechtliche Bedenken, unterzeichnete das Gesetz nach längerer Prüfung aber dennoch. Auf eine Verfassungsbeschwerde hin erklärte das BVerfG das Gesetz im Februar 2006 wegen Verstoßes gegen Art. 1 GG (Menschenwürde umfasst Grundrecht auf Leben) für verfassungswidrig und damit nichtig.

Gegen Ende der rot-grünen Regierungszeit mehrten sich für Otto Schily die Probleme: Am 15. Juli 2005 sagte er als Zeuge vor dem Visa-Untersuchungsausschuss des Deutschen Bundestages aus, vor dem Missbrauchsfälle bei der Vergabe von Visa in verschiedenen deutschen Auslandsvertretungen aufgeklärt werden sollten. Zentral für die Missbrauchsfälle war ein Runderlass des Auswärtigen Amts aus dem Jahr 2000 gewesen (sog. Volmer- oder Fischer-Erlass), mit dem die Auslandsvertretungen angewiesen worden waren, Visa unbürokratischer zu erteilen. Dazu sollte „nicht jeder Zweifel an der Rückkehrbereitschaft" die Ablehnung eines Besuchsvisums rechtfertigen, „sondern erst die hinreichende Wahrscheinlichkeit der fehlenden Rückkehrbereitschaft". Im Zweifel sollte für die Reisefreiheit entschieden werden. Weil der im Oktober 2004 von der rot-grünen Bundesregierung selbst zurückgenommene Erlass namentlich in Kiew zu einer erheblich höheren Anzahl erteilter Visa geführt hatte, hatte die Opposition Außenminister Fischer vorgeworfen, durch besagten Erlass Missbrauch und so indirekt Menschenhandel gefördert zu haben. Die Bundesregierung selbst sah die Ursache für Missbrauchsfälle allein in organisierter Kriminalität. Dass Otto Schily seine gut 15-stündige Anhörung vor dem Ausschuss, den die Regierung wegen der heranstehenden Neuwahl zum Deutschen Bundestag hatte beenden wollen und dessen Fortsetzung die Opposition vor dem BVerfG erzwungen hatte, mit einer mehr als fünfstündigen Grundsatzrede eröffnete, die sein Ministerium im Internet publizierte, wurde vielfach als Mangel an Respekt vor dem Parlament kritisiert.

Im September 2005 geriet Schily wegen einer Durchsuchung der Redaktionsräume des vom schweizerischen Verlagshaus Ringier verlegten politischen Magazins Cicero in die Schlagzeilen. In ihrem April-Heft hatte die Zeitschrift ein Portrait des irakischen Terroristen Abu Musab a al-Zarqawi veröffentlicht, in dem aus einem als Verschlusssache eingestuften BKA-Auswertungsbericht u.a. vom BND überwachte Telefonnummern zitiert worden waren. Mit dem Ziel, über den der Beihilfe zum Geheimnisverrat verdächtigen Autor des Artikels und seiner Chefredaktion an die Beamten zu gelangen, über die die vertraulichen BKA-Informationen an die Öffentlichkeit gelangt waren, durchsuchte die Staatsanwaltschaft Potsdam im Beisein von BKA-Ermittlern die Redaktionsräume der Zeitschrift sowie die Wohn- und Arbeitsräume des Journalisten, der den Artikel verfasst hatte. In der deutschen Presse wurde die Durchsuchung als Angriff auf den unabhängigen Journalismus unter Hinweis auf die Spiegel-Affäre des Jahres 1962 heftig kritisiert. Angegriffen wurde auch Otto

Schily, der nach eigenen Angaben mit der Durchsuchung zwar erst im Nachhinein befasst war, sich wenig später auf dem Kongress des Bundesverbands Deutscher Zeitungsverleger vor 500 Zuhörern aber trotzdem einschränkungslos hinter die Maßnahme stellte, und darüber hinaus harsche Angriffe gegen Medien vortrug, die die Regierung Schröder „kaputtgeschrieben" hätten. Auch griff er Journalisten scharf an, die sich beim Zugriff auf vertrauliche Papiere von Recht und Gesetz „freizuzeichnen" versuchten und Beihilfe zum Geheimnisverrat begingen. Im Oktober 2005 fand darum eine Sondersitzung des Bundestagsinnenausschusses zur Verhältnismäßigkeit der Durchsuchung statt. Den beiden gegen die Durchsuchung gerichteten Verfassungsbeschwerden von Cicero-Chefredakteur Weimer hat der Erste Senat des Bundesverfassungsgerichts im Februar 2007 mit 7:1 Stimmen stattgegeben und in seinem Urteil festgestellt, die Anordnung der Redaktionsdurchsuchung bei Cicero und die Beschlagnahme dort gefundener Beweismittel griffen unzulässig in die Pressefreiheit des Beschwerdeführers ein, weil in den zugrundeliegenden, vom Bundesminister des Innern beantragten Durchsuchungs- und Beschlagnahmebeschlüssen dem verfassungsrechtlich gebotenen Informantenschutz nicht hinreichend Rechnung getragen worden sei.

Die Bundestagswahl vom 18. September 2005 brachte die Abwahl der rot-grünen Bundesregierung unter Gerhard Schröder. So wie 1972 und 1983 war die Wahl vom Bundeskanzler durch eine sog. „auflösungsgerichtete Vertrauensfrage" vorzeitig herbeigeführt worden. Nachdem der eingangs beträchtliche Vorsprung der Opposition in allen Umfragen im Lauf des Wahlkampfs immer weiter zurückgegangen und in der Wahlnacht völlig unklar war, wie Unions-Spitzenkandidatin Angela Merkel eine Mehrheit für ihre Wahl zur Bundeskanzlerin organisieren wollte, bestritt Bundeskanzler Schröder in einem denkwürdigen Fernsehauftritt in der ARD seine Niederlage und gab an, Kanzler bleiben zu wollen. Schröders Überlegungen zur Regierungsbildung waren so weit gediehen, dass es zwischen ihm und Schily zu einer lauten Auseinandersetzung über die Besetzung des Auswärtigen Amts gekommen sein soll. Schily soll lautstark das Auswärtige Amt gefordert haben mit der Begründung, er habe dieses Amt verdient. Nach Schröders Willen habe Schily Innenminister bleiben sollen. Schließlich wurde Otto Schily am 18. Oktober 2005 von Bundespräsident Horst Köhler zusammen mit allen anderen Mitgliedern der Bundesregierung Schröder aus dem Amt entlassen. Nachdem er die Amtsgeschäfte bis zur Wahl von Angela Merkel zur Bundeskanzlerin kommissarisch weitergeführt hatte, schied er am 22. November 2005 endgültig aus dem Amt. Anders als Bundeskanzler Schröder und Außenminister Fischer behielt Otto Schily jedoch sein Bundestagsmandat – für den SPD-Wahlkreis München-Land. Aus der parlamentarischen Arbeit hat er sich nach Angaben aus seiner Fraktion komplett zurückgezogen. Beschäftigen soll ihn stattdessen der Wiederaufbau seiner Berliner Rechtsanwaltskanzlei.

Beachtung in den Medien fanden seither neben Schilys Auftritten, z.B. im BND-Untersuchungsausschuss, seine Übernahme eines Aufsichtsratsmandats bei der Fa. SAFE ID Solutions AG, die die RIFD-Chips für biometrische Ausweise herstellt, deren Einführung Schily als Minister betrieben hatte. Beachtung fand auch Schilys Kampf um Sicherheitsbeamte und gepanzerte Dienstwagen, den er unter Hinweis auf die aus seiner Sicht andauernde Gefährdung seiner Person mit großem Einsatz betrieb, sowie seine Gestattung sog. Online-Durchsuchungen von Computern Verdächtiger durch Nachrichtendienste. Eine entsprechende Dienstanweisung Otto Schilys aus dem Jahr 2005 war im April 2007 bekannt geworden, nachdem die von Schilys Nachfolger Wolfgang Schäuble im Februar 2007 erhobene Forderung nach Schaffung einer Rechtsgrundlage für richterlich angeordnete, verdeckte Online-Durchsuchungen in der Öffentlichkeit heftig kritisiert worden war. Grund für Schäubles Forderung war eine Entscheidung des 3. BGH-Strafsenats vom November 2006 gewesen. Der BGH hatte dem BKA darin Online-Durchsuchungen als nicht von der Strafprozessordnung (StPO) gedeckt untersagt. Bundesdeutschen Nachrichtendiensten hatte Otto Schily solche Durchsuchungen bereits Ende 2005 genehmigt – ohne öffentliche Diskussion, per Dienstanweisung.

Literatur:
Michels, Reinhold: Otto Schily - Eine Biographie, München 2001; *Reinecke, Stefan*: Otto Schily - Vom RAF-Anwalt zum Innenminister, Hamburg 2003.

Christoph Ann

Schmidt, *Renate*

Bundesministerin für Familie, Senioren, Frauen und Jugend (SPD)

geb. 12.12.1943 in Hanau/Main, ev.

1961	Ausbildung als Programmiererin bei Quelle, Fürth
1962–1966	Tätigkeit als Programmiererin bei Quelle
1966–1968	Tätigkeit als Systemanalytikerin bei Quelle
1968–1970	selbstständige Systemanalytikerin

Schmidt, Renate

ab 1970	Leitende Systemanalytikerin beim Großversandhaus Quelle
1972	Eintritt in die SPD
1975	Wahl in Gesamtbetriebsrat und Wirtschaftsausschuss des Unternehmens
1980–1988	Stellvertretende Landesvorsitzende der bayerischen HBV (heute: ver.di)
1980–1994, seit 2005	Mitglied des Deutschen Bundestages
1987–1990	stellvertretende Vorsitzende der SPD-Fraktion
1987–1990	Vorsitzende des Arbeitskreises „Gleichstellung von Mann und Frau" der SPD-Fraktion
1990–1994	Vizepräsidentin des Deutschen Bundestages
1991–2000	Landesvorsitzende der bayerischen SPD
1994–2000	Mitglied des Bayerischen Landtages
1997–2003	stellvertretende Bundesvorsitzende der SPD
2002	Präsidentin des Deutschen Familienverbandes
2002–2005	Bundesministerin für Familie, Senioren, Frauen und Jugend

Es gibt Menschen, die sind per se politisch. Renate Schmidt gehört sicher dazu. Nicht ohne Einfluss in diesem Zusammenhang mag gewesen sein, dass sie ein Jahr vor dem Abitur als „Schande für die Schule" wegen Schwangerschaft das Gymnasium verlassen musste. Indiz für ihr breites politisches wie gesellschaftliches Engagement ist eine Vielzahl von Mitgliedschaften und Ämtern. Den Einstieg in die Politik machte sie quasi „von der Pieke" auf, indem sie mit ihrem ersten Mann zusammen 1973 eine Ortsgruppe der SPD-Jugendorganisation „Die Falken" gründete, die sie bis 1978 leitete. Neben der Vielzahl politischer Ämter und Mandate, die folgten, war sie Mitglied bei der Gewerkschaft HBV (jetzt ver.di), der AWO, dem Bund Naturschutz, der AIDS-Hilfe, dem Kuratorium des Deutschen Kinderschutzbundes, dem Jugendrotkreuz Bayern (1993–2002 Präsidentin) sowie der Zentralstelle für Recht und Schutz der Kriegsdienstverweigerer aus Gewissensgründen e. V.

Ihr Aufstieg in der SPD war v. a. in den 90er Jahren stetig und nicht zuletzt durch die Authentizität beschleunigt, die sie bezüglich aller politischen Anliegen, die sie beschäftigten, kennzeichnete. Im April 1991 wurde Schmidt von den Delegierten des bayerischen Landesparteitags ohne Gegenkandidaten mit 94% der Stimmen zur Landesvorsitzenden gewählt. Dabei half ihr ihre Fähigkeit, Funktionsträger und Parteibasis rasch für sich zu gewinnen. Sie förderte die Gründung neuer Ortssektionen in bisher CSU-dominierten Kommunen und erweiterte den Dialog mit den anderen Oppositionsparteien. In den Medien wurde ihr Image als „Powerfrau" gepflegt. Im Vorfeld der Landtagswahlen vom 25. September 1994 nominierte der SPD-Landesparteitag Schmidt mit 244 von 247 Stimmen zur Spitzenkandidatin. Mit 30,1% und 12 neuen Mandaten verbesserte die SPD zwar ihre Position, gefährdete die CSU aber nicht ernsthaft. Im Oktober 1994 wählte die bayerische SPD-Fraktion Schmidt einstimmig zur Vorsitzenden. Zwischen ihr und dem geschäftsführenden Fraktionsvorsitzenden Albert Schmid eskalierten 1996 bestehende Spannungen. Die bayerische SPD-Fraktion stärkte der späteren Ministerin jedoch den Rücken und sprach ihr mit 57 von 63 Stimmen das Vertrauen aus.

Im April 1997 wurde Schmidt eine der fünf Stellvertreter/innen des damaligen Parteichefs Oskar Lafontaine. Inhaltlich wurde ihr die Zuständigkeit für die familienpolitischen Konzeptionen der SPD übertragen. Bei den folgenden Wahlen zum Parteivorstand 1999 und 2001 konnte sie sich über wachsende Stimmenanteile bei der Wahl zur Vizeparteichefin freuen.

Als sie 1998 mit über 98% der Delegiertenstimmen erneut zur Spitzenkandidatin für die bayerische Landtagswahl gewählt wurde, war dies ein weiterer Beweis ihrer Popularität. Bei der Landtagswahl am 13. September 1998 ging der SPD-Anteil jedoch auf 28,7% der Stimmen zurück, wobei Schmidt immerhin ihr Direktmandat in Nürnberg gegen Innenminister Günther Beckstein verteidigen konnte. Als Fraktionschefin wurde sie im September 1998 mit 63 von 65 Stimmen bestätigt.

Zum Jahresbeginn 1999 kündigte Schmidt ihren Rückzug von der Partei- wie auch von der Fraktionsspitze bis 2001 an. Eine deutlich an Schärfe zunehmende Nachfolgediskussion veranlasste sie im Mai 2000 dazu, vorzeitig als Landesvorsitzende und Fraktionschefin zurückzutreten.

Als sie im Oktober 2002 als Ministerin für Familie, Senioren, Frauen und Jugend in das zweite rot-grüne Kabinett unter Leitung von Gerhard Schröder berufen wurde, lag eine Legislaturperiode hinter dem Ministerium, in der auf Veranlassung des Bundesverfassungsgerichtes deutliche Verbesserungen im Bereich der finanziellen Familienförderung verabschiedet worden waren. Schmidt verfügte 2003 nur über ein Budget von 5,1 Mrd. Euro. Obwohl es kaum Spielräume für einen weiteren Ausbau der finanziellen Familienförderung gab, trug sie dennoch zu einer Richtungsänderung und zu einer maßgeblichen Profilierung der SPD-Familienpolitik bei. Wichtig war ihr dabei, die besonderen Leistungen von Familien für ihre Mitglieder und insbesondere für die Entwicklung von Kindern zu betonen. Immer wieder hob sie hervor, dass die Familien einzigartige Orte seien, weil nur dort Menschen einfach um ihrer selbst Willen angenommen würden. Dabei unterstützte sie dem Koalitionsvertrag entsprechend die Pluralität von Familien. Dort hieß es, der Familienbegriff der Koalition sei so vielfältig wie die Lebensumstände der Menschen: Familie ist für uns, wo Kinder sind. Schmidt, die sich in Presseinterviews selbst als „Familientier" bezeichnete, forderte eine Stärkung der Familien als Leistungsträgerinnen dieser Gesellschaft. „Familie ist die erste Instanz für Sozialisation und Erziehung, in der Persönlichkeits- und Charakterbildung gefördert werden", hieß es in einem

SPD-Grundsatzbeschluss vom Herbst 2001, der unter ihrer Federführung entstand. Dabei brachte Schmidt ein selbstbewusstes Frauenbild in die Familienpolitik ein: In ihrem Festvortrag auf dem 8. Frauenkongress der Bundesfrauenvertretung des Deutschen Beamtenbundes am 19. April 2002 forderte sie, die Frauen zu mehr Selbstbewusstsein und zur Betonung der eigenen Stärken auf. „Männer dürfen nicht länger der Maßstab sein, an dem Frauen sich messen müssen," betonte sie. Sie scheute sich allerdings auch nicht, die von Familienlobbyisten immer wieder vorgebrachte Behauptung in Frage zu stellen, Familien seien arm, weil sie Kinder hätten. In ihrem 2002 erschienen Buch „SOS Familie" betonte sie, Familien verarmten, weil Eltern wegen fehlender oder ungenügender Bildung und Ausbildung arbeitslos sind oder Erwerbstätigkeit wegen fehlender Betreuungsmöglichkeit eingeschränkt werden müsse. Schmidt war darüber hinaus die erste Familienministerin, die sich kritisch mit der Tatsache auseinander setzte, dass Deutschland in Europa Schlusslicht bei der Geburtenrate und bei der Erwerbstätigkeit von Frauen ist. Zugleich brach sie ein durch die nationalsozialistische Bevölkerungspolitik begründetes Jahrzehnte altes Tabu der deutschen Familienpolitik: Sie sprach erstmalig davon, dass Familienpolitik auch bevölkerungsbewusst sein müsse. Schwerpunkte ihrer Politik waren die Verbesserung des Kinderbetreuungsangebotes, die Ermöglichung der Vereinbarkeit von Familie und Beruf und schließlich die Unterstützung von Familien im untersten Einkommensspektrum. Ihr erklärtes Ziel war, allen Menschen, die sich Kinder wünschen, die Realisierung dieses Wunsches auch durch geeignete familienpolitische Maßnahmen zu ermöglichen.

Zu einer wesentlichen Erleichterung von Vereinbarkeit sollte die in der ersten rot-grünen Regierungsperiode durchgeführte Reform des Bundeserziehungsgeldgesetzes und des Elternurlaubs beitragen. Wesentliche Inhalte waren die Flexibilisierung der Elternzeit, die Budgetierung des Erziehungsgeldes sowie eine leichte Anhebung der Einkommensgrenzen. Durch die fiskalischen Engpässe erfolgte in der Amtszeit Schmidts allerdings zum 1. Januar 2004 eine teilweise faktische Rücknahme der leichten monetären Verbesserungen beim Erziehungsgeld, indem die Einkommensgrenzen für den ungekürzten Bezug in den ersten sechs Monaten fast halbiert und die Kürzungen ab dem 7. Monat erhöht wurden. Das reformierte Gesetz trug daher nicht zu einer Minderung der Opportunitätskosten bei, die v. a. zuvor gut verdienende Eltern leisten, wenn sie zugunsten der Kinderbetreuung die Erwerbstätigkeit mindern oder unterbrechen. Daher ließ Schmidt die Möglichkeiten eines Erziehungsgeldes mit Einkommensersatzcharakter für den betreuenden Elternteil im ersten Lebensjahr des Kindes prüfen. Die Umsetzung war für 2006 geplant und ist dann ab 1. Januar 2007 in der

Regierung der Großen Koalition auch verwirklicht worden.

Trotz der Verbesserung der finanziellen Unterstützung unter der Vorgängerin im Amt, Christine Bergmann, blieben Familien, die nur durch Elternschaft in die Sozialhilfeabhängigkeit geraten, ein besonderes Problem. Daher wurde mit Wirkung ab 1. Januar 2005 die Einführung eines Kinderzuschlages von max. 140 € für Geringverdiener beschlossen. Voraussetzung für den Bezug ist jedoch eine Erwerbstätigkeit.

Das „Gesetz zum qualitätsorientierten und bedarfsgerechten Ausbau der Tagesbetreuung (Tagesbetreuungsausbaugesetz – TAG)" ist am 1. Januar 2005 in Kraft getreten.

Kernanliegen des Gesetzes ist ein bedarfsgerechter Ausbau der Tagesbetreuung für Kinder, insbesondere im Alter unter drei Jahren, in den westdeutschen Bundesländern sowie die Sicherung und Weiterentwicklung eines bedarfsgerechten Angebots an Tagesbetreuung in den neuen Bundesländern. Sein ausdrückliches Ziel war die Erweiterung des Angebotes bis 2010 um 230.000 Plätze allein für unter Dreijährige.

Neben diesen inhaltlichen Schwerpunkten lässt sich aber die Familienpolitik der zweiten rot-grünen Koalition v. a. durch die Einbeziehung „neuer" Akteure und durch die Nutzung neuer Instrumente beschreiben.

Durch die fiskalischen Engpässe mit veranlasst begab sich Renate Schmidt auf die Suche nach zivilgesellschaftlichen Verbündeten in der Familienpolitik. Ihr Ministerium startete z. B. im August 2003 zusammen mit Fernsehsendern und Programmzeitschriften die Aktion „Schau hin" zur Medienerziehung gegen Gewalt im Fernsehen. Mitte 2004 folgte die Kampagne „Hinsehen. Handeln. Helfen!" gegen sexuellen Missbrauch von Kindern. Ab 2003 hatte Schmidt die Spitzenverbände der deutschen Industrie in der „Allianz für Familien" zu Selbstverpflichtungen im Hinblick auf familienbewusstes und familienfreundliches Handeln angeregt. Hier sind mittelfristig angelegte Initiativen für eine bessere Balance von Familie und Arbeitswelt gebündelt. Partner aus Wirtschaft, Verbänden und Politik setzen sich dabei öffentlich wahrnehmbar und beispielgebend für eine entsprechende Unternehmenskultur und Arbeitswelt ein. Mit Jahresbeginn 2004 rief sie die Aktion „Lokale Bündnisse für Familien" ins Leben. Durch die lokalen Bündnisse ist eine Netzwerkbewegung angeregt worden, in deren Rahmen auf kommunaler oder regionaler Ebene vorhandene Ressourcen neu organisiert und gebündelt werden und zwar mit dem Ziel der Familienfreundlichkeit. Die Zusammensetzung dieser Bündnisse ist vielfältig und von den jeweiligen Rahmenbedingungen und Akteuren abhängig. Eine erste Wirkungsanalyse, die Anfang 2006 veröffentlicht wurde, deutet auf die Entstehung nachhaltiger Strukturen in solchen Bündnissen hin. Beachtlich scheint deren Fähigkeit zur Einforderung zivilgesellschaftlichen Engagements. Das Besondere an der „Allianz" und den „Lokalen Bündnissen" ist, dass der Bund keine zusätzlichen Mittel zur Verfügung gestellt hat und allenfalls als Koordinator sich selbst organisierender Prozesse auftritt. Sie können nicht zuletzt auch eine Rückbesinnung auf die zivilgesellschaftliche Gestaltungskompetenz im Zusammenhang der kommunalen Selbstverwaltungsgarantie bedeuten.

Schmidt trug ohne Zweifel zu einer Aufwertung der Familienpolitik im gesellschaftlichen Diskurs und nicht zuletzt im Kabinett Schröder bei. Letzterer, der zu Beginn seiner Amtszeit noch vom „Gedöns-Ministerium" gesprochen hatte, brüstete sich auf der Feier zum 50-jährigen Bestehen des Ministeriums 2004 mit seiner Fähigkeit, nun den vollständigen Namen des Ministeriums zitieren zu können. Schmidt gelang es zudem v. a. durch die Allianz mit den Spitzenverbänden, die Familienpolitik aus dem Bereich der „Soft-Themes" heraus zu holen. Sie rang z. B. dem Bundesminister für Arbeit und Wirtschaft, Wolfgang Clement, ab, mit ihr zusammen die Schirmherrschaft für Die Verleihung des Audits Beruf und Familie der Hertie-Stiftung zu übernehmen. Bei den Koalitionsverhandlungen nach den vorgezogenen Bundestagswahlen am 18. September 2005 brachte Schmidt ihre Vorstellungen in die Arbeitsgruppe Familienpolitik ein. Im Koalitionsvertrag wurden u. a. die weitere Umsetzung des Tagesbetreuungsausbaugesetzes und für 2007 die Einführung des von Schmidt geforderten einkommensabhängigen Elterngelds festgeschrieben.

Literatur:
Gerlach, Irene: Familienpolitik, Wiesbaden 2004; *dies.* Familienpolitik: Kampf der Kinderlosigkeit?, in: *Sturm, Roland/Heinrich Pehle (Hrsg.):* Wege aus der Krise? Die Agenda der neuen Bundesregierung. GWP-Sonderheft 4/2006; *Schmidt, Renate:* SOS Familie. Ohne Kinder sehen wir alt aus, Reinbek bei Hamburg 2002.

Irene Gerlach

Schmidt geb. Radermacher, *Ursula („Ulla")*

Bundesministerin für Gesundheit und soziale Sicherung (SPD)

geb. 13.6.1949 in Aachen, kath.

1968	Abitur
1968–1974	Studium der Psychologie an der RWTH Aachen und an der Pädagogischen Hochschule in Aachen für das Lehramt an Grund- und Hauptschulen

1974–1976	Referendariat im Studienseminar Aachen für Grund- und Hauptschulen
1976–1985	Lehrerin an einer Schule für Lernbehinderte in Stolberg
1980–1984	Studium an der Fernuniversität Hagen für das Lehramt zur Rehabilitation lernbehinderter und erziehungsschwieriger Schüler
1983	Eintritt in die SPD; Mitglied des Unterbezirksvorstandes der SPD Aachen und des Parteirates der SPD
1985–1990	Lehrerin an einer Schule für Erziehungshilfe im Kreis Aachen, Bereich Integration
1989–1992	Ratsfrau der Stadt Aachen
seit 1990	Mitglied des Deutschen Bundestages
1991–1998	Vorsitzende der Querschnittsgruppe „Gleichstellung von Frau und Mann" der SPD-Bundestagsfraktion
1991–2001	Mitglied des geschäftsführenden Vorstandes der SPD-Bundestagsfraktion für die Bereiche Arbeit und Soziales, Frauen, Familie und Senioren
1998–2001	Stellvertretende Vorsitzende der SPD-Bundestagsfraktion für die Bereiche Arbeit und Soziales, Frauen, Familie und Senioren
2001–2002	Bundesministerin für Gesundheit
2002–2005	Bundesministerin für Gesundheit und Soziale Sicherung
seit 2005	Bundesministerin für Gesundheit

Ulla Schmidt wurde im Januar 2001 zur Bundesministerin für Gesundheit ernannt und gehörte damit zu den Nachrückern im ersten Kabinett von Bundeskanzler Gerhard Schröder. Zwar war sie bereits im Schattenkabinett vor der Wahl für den Bereich der Gesundheitspolitik vorgesehen, doch das Ressort ging an den grünen Koalitionspartner. Nachdem die BSE-Krise den SPD-Minister Karl-Heinz Funke das Agrar- und Andrea Fischer von Bündnis ʼ90/Die Grünen das Gesundheitsministerium gekostet hatte, wurden die beiden Ressorts unter den Koalitionspartnern getauscht und Ulla Schmidt drei Jahre nach den Bundestagswahlen doch noch mit einem Ministerposten bedacht. Zuvor hatte sie sich vor allem durch ihr sozialpolitisches Engagement im Rahmen der Rentenreform unter Minister Walter Riester einen Namen gemacht und sich so den Ruf einer durchsetzungsstarken Politikerin erarbeitet. Dies schien sie zur Übernahme des schwierigen Ressorts der Gesundheitspolitik zu befähigen. Als Gesundheitsministerin stellte Ulla Schmidt eine Stütze für die Sozialpolitik der SPD dar, die sich traditionell als „Hüterin des Sozialstaats" (Gohr 2001: 311) und als eine Partei versteht, die in der Sozialpolitik ihre „Seele" (Hofmann 1999) hat. Ulla Schmidt war bei ihrer Ernennung ein Neuling in der von Interessengruppen umzingelten Gesundheitspolitik. Dies sprach für viele dagegen, dass sie sich lange auf dem „Schleudersitz" des Gesundheitsministeriums halten würde.

Im Lebenslauf der neuen Ministerin fanden sich einige Elemente klassischer sozialdemokratischer Philosophie, auf Grund derer sie sich selbst als „ein typisches Kind der sozialliberalen Bildungsreform" (zit. nach Emundts 2006) beschreibt: Als Tochter einer allein erziehenden Mutter, die als Fabrikarbeiterin beschäftigt war, hatte Ulla Schmidt es geschafft, über den zweiten Bildungsweg Abitur und Studium zu absolvieren und als Lehrerin tätig zu werden. Diesen Beruf übte sie von 1976 bis 1990 zunächst an der Schule für Lernbehinderte in Stolberg, später an der Schule für Erziehungshilfe in Aachen aus.

Wie einige ihrer späteren Kabinettskollegen wandelte sich auch Ulla Schmidt zur Befürworterin der freiheitlich-demokratischen Grundordnung, denn in den 70er Jahren hatte sie zunächst das etablierte gesellschaftliche und politische System bekämpft. Im Jahr 1976 kandidierte sie für den maoistischen „Kommunistischen Bund Westdeutschlands" (KBW) um ein Bundestagsmandat. Ihre damaligen politischen Vorstellungen waren ihr sogar ein drohendes Berufsverbot wert: „Für Freiheit und Gerechtigkeit wäre ich ins Gefängnis gegangen" (zit. nach Kloepfer 2006). Im Zuge des „Deutschen Herbst" nahm Ulla Schmidt Abstand vom KBW und trat 1983 in die SPD ein. Heute wird sie zum konservativen Seeheimer Kreis der Partei gerechnet.

Innerhalb der SPD durchlebte sie eine typische Parteikarriere von der Lokalpolitikerin in Aachen bis zur führenden bundespolitischen Sozialpolitikerin als Ministerin für Gesundheit und Soziale Sicherung. Als Direktkandidatin zog sie 1990 erstmals in den Bundestag ein. Ulla Schmidt ist stolz darauf, auch zuletzt ihren Wahlkreis mit 47,4% der Stimmen direkt gewonnen zu haben und bleibt bis heute kommunalpolitisch geprägt. Inhaltlich engagierte sie sich auf Lokal- und Bundesebene vor allem für soziale Politikfelder. Immer wieder wurde ihr dabei die große Aufrichtigkeit ihrer Sympathie für die „kleinen Leute" bescheinigt. Ihr erklärtes Ziel war es, Solidarität im großen Stil zu organisieren. In der Gesellschaft sollte es partnerschaftlich zugehen – zumindest bezeichnete sie dies einmal als „meine Utopie" (zit. nach Kloepfer 2006).

Zum Beispiel setzte Ulla Schmidt sich für die Gleichberechtigung der Frau ein und stritt dafür, dass Vergewaltigung in der Ehe als Straftat angesehen wird. Sie besuchte Frauenhäuser und organisierte eine Frauenverfassungskonferenz, die sich für die Neufassung von Art. 3 GG (Gleichheit vor dem Gesetz; Gleichberechtigung von Männern und Frauen; Diskriminierungsverbote) stark machte – mit Erfolg: der Staat wurde im neuen Verfassungstext verpflichtet, die tatsächliche Gleichberechtigung zwischen Mann und Frau zu fördern. Diese „Gerechtigkeit zwischen den Geschlechtern durch Gleichstellung von Mann und Frau" zu erreichen, war erklärtes sozialpolitisches Ziel der ersten Regierung Schröder und wurde im Sozialbericht 2001 auf der Seite der eingelösten Wahlversprechen verzeichnet (vgl. Schmidt 2003: 239).

Wegen ihres sozialpolitischen Engagements u.a. im Amt der wohnungspolitischen Sprecherin ihrer

Partei im Rat der Stadt Aachen wurde sie schließlich zur stellvertretenden Vorsitzenden der SPD-Bundestagsfraktion für die Bereiche Arbeit und Soziales, Frauen, Familie und Senioren gewählt. In dieser Funktion war sie vier Jahre lang für die große Rentenreform unter Minister Walter Riester zuständig, die am 1. Januar 2002 in Kraft trat und die Ruhestandvorsorge in Deutschland teilweise privatisierte. Als Sozialpolitikerin der SPD hat Ulla Schmidt die Riesterschen Gesetzentwürfe wesentlich verändert und zum Erfolg der Reform, die der Minister alleine nicht stemmen konnte, beigetragen. In der Öffentlichkeit wurde ihr Name aber (naturgemäß) kaum mit den als „Riester-Rente" titulierten Gesetzesmaßnahmen verbunden. Eher noch wurden die Grünen, die lange auf Veränderung im Feld der Rentenpolitik gedrängt hatten, mit der Reform assoziiert. Blieb die öffentliche Würdigung ihrer Arbeit auch aus, verdiente sich Ulla Schmidt doch innerhalb der eigenen Partei Respekt für ihr Engagement in der Rentenpolitik.

Als Bundeskanzler Schröder sie im Jahr 2001 zur Bundesgesundheitsministerin ernannte, war sie in der Fraktion bestens vernetzt, aber ein Neuling in der Gesundheitspolitik. Inhaltlich fiel ihre Ernennung zur Bundesministerin in die zweite von drei Phasen rot-grüner Gesundheitspolitik, die der Korrektur von Fehlentwicklungen auf den Gebieten des Finanzausgleiches zwischen den Krankenkassen und der Arzneimittelversorgung verschrieben war. Nach dem Willen der rot-grünen Koalition sollte die Gesundheitspolitik im Zeichen von Beitragsstabilität oder gar einer Senkung der Beiträge zur gesetzlichen Krankenversicherung (GKV) stehen. Doch alle Versuche, die Kosten nachhaltig zu senken und die Beitragssätze stabil zu halten, scheiterten. Das Gebot der Stunde war also nicht die zukunftsorientierte Gesamtgestaltung, sondern die punktuelle, stückwerkstechnische Reaktion auf Fehlentwicklungen. Trotz gesetzgeberischer Notmaßnahmen verbuchte die GKV 2002 den fünften Kostenanstieg in Folge und der durchschnittliche Beitragssatz erreichte das vorläufige Rekordniveau von 14,3%. Vor den Bundestagswahlen des Jahres 2002 stand die deutsche Gesundheitspolitik also vor schwierigen politischen Herausforderungen, welche die Chance auf eine erneute Berufung von Ulla Schmidt zur Ministerin für viele zu mindern schienen. Ihr wurde oftmals das vorzeitige Ausscheiden prophezeit.

Doch das Gegenteil war der Fall. Nach der Bundestagswahl 2002 wurde sie von Bundeskanzler Schröder zur „Superministerin" für Gesundheit und Soziale Sicherung ernannt – zwei Themen, die nur selten politische Beliebtheit bei den Bürgern mit sich bringen, denen aber sowohl die Menschen als auch die SPD einen hohen Stellenwert zubilligen.

Trotz dieser Bestätigung, gar Aufwertung ihrer politischen Rolle, erlebte sie abermals einen Karriereknick, als sie nach der knappen Wiederwahl der rot-grünen Koalition eine Debatte über die Erhöhung der Tabaksteuer lostrat und dafür von Gerhard Schröder gerügt wurde. Der Kanzler ließ jedoch keine personellen Konsequenzen folgen, sondern übertrug der Ministerin ein Teilprojekt seiner „Agenda 2010": die große Gesundheitsreform. Nach den Reformen der CSU/CDU/FDP-Bundesregierung im Gesundheitswesen 1989 und 1993 war dies die erste Gesundheitsreform der rot-grünen Regierung. Mit dem so genannten Vorschaltgesetz waren schon von Schmidts Vorgängerin, Andrea Fischer, die Regelungen der dritten Stufe der Gesundheitsreform der Kohl-Regierung zurück genommen worden, da sie die Versicherten zu einseitig belasteten. Nun war es die Aufgabe Ulla Schmidts, die steigenden Gesundheitskosten durch eigene Maßnahmen der rot-grünen Regierung in den Griff zu bekommen.

Sie brachte die Reform im Jahr 2003 auf den Weg. Durch die wachsenden Beiträge zur GKV waren die Lohnnebenkosten in Deutschland wesentlich angestiegen, was wiederum als Hindernis beim Abbau der Arbeitslosigkeit galt. Die Gesundheitsreform sollte zunächst mit Hilfe des Vorschaltgesetzes eine weitere Beitragsexplosion verhindern und schließlich das Gesundheitssystem dauerhaft stabilisieren. Dazu wurden Leistungseinschränkungen für die Versicherten bei gleichzeitig höherer finanzieller Belastung vorgesehen.

Zum Beispiel wurden Patienten durch deutlich gesteigerte Zuzahlungen und die Entrichtung einer Praxisgebühr belastet. Die Vergütung von Kliniken sollte durch die Einführung von Krankenhauspauschalen nur noch nach Diagnose und erbrachter Leistung – unabhängig von der Verweildauer des Patienten im Krankenhaus – immer gleich vorgenommen werden. Krankenkassen konnten ihren Versicherten nun so genannte Bonusprogramme und unterschiedliche Tarife anbieten, wodurch sich die GKV nicht mehr nur durch ihre Beitragssätze, sondern auch durch ihr Angebot voneinander unterschieden. Das Ziel dieser Maßnahmen war die Senkung des Beitragssatzes auf 13,6% des Bruttomonatseinkommens und die Einsparung von Kosten im Gesundheitswesen von 20 Mrd. Euro bis 2007.

Die Gesundheitsreform stellte einen Kompromiss der rot-grünen Regierung mit der Opposition dar. Horst Seehofer (CSU) war als Gesundheitsexperte der Union Verhandlungsführer bei der Erarbeitung der Reform zusammen mit der Regierung. Die SPD verzichtete auf mehr Wettbewerb im Gesundheitswesen, die Union auf eine weitergehende Privatisierung. Obwohl sie öffentlich dem Kanzleramt, das die Reform als Teil der „Agenda 2010" zur „Chefsache" gemacht hatte, mehr zugeschrieben wurde als der Ministerin, vermochte es Ulla Schmidt, ihr ihre eigene Handschrift zu geben. Beispielsweise stoppte die Ministerin in einer gezielten Kampagne gemeinsam mit Horst Seehofer die Pläne von Bundeskanzler Gerhard Schröder und der CDU-Vorsitzenden Angela Merkel, nach denen der Zahnersatz künftig privatisiert und per Prämie bezahlt werden sollte.

Schließlich war es auch die Ministerin, die angesichts der auf die Reform folgenden heftigen Kritik ihren Kopf hinhalten musste. Opposition und Ärzteschaft kritisierten die Pläne als einen Schritt hin zur Staatsmedizin. Kliniken, Ärzte und Apotheker sahen sich in ihrer Existenz bedroht, da Tausende Arbeitsplätze in Gefahr und die optimale Versorgung der Patienten nicht mehr gewährleistet seien. Sie stellten aus Protest ihren regulären Dienst vorübergehend ein.

Mit In-Kraft-Treten der Reform erhob sich auch unter den Patienten ein Sturm der Empörung. Kaum ein Ressort innerhalb der rot-grünen Regierung verlangte den Bürgern so viele Veränderungen ab wie das von Ulla Schmidt. Die Versicherten fühlten sich durch die Reform mit dem übergroßen Teil der Kosteneinsparungen belastet, sozial schwache Menschen sahen sich oftmals nicht mehr in der Lage, die Praxisgebühr oder die Zuzahlungen zu ihren Medikamenten zu leisten.

Angesichts dieser heftigen Kritik musste die Ministerin abermals um ihren Posten fürchten. Doch sie erwies sich als standfest und zäh und hielt die schwierigen Verhandlungen mit den zahlreichen Lobbyisten sowie die öffentliche und massenmediale Kritik am Reformwerk aus – und das weitgehend alleine. Denn erst als sich im Jahr 2004 die Situation durch Nachbesserungen an der Gesundheitsreform entschärft hatte, stellte sich Bundeskanzler Schröder eindeutig hinter seine Ministerin. Zahlreiche Patientengruppen wurden nachträglich von Zuzahlungen befreit und eine Liste von Medikamenten zusammengestellt, die entgegen der vorherigen Gesetzgebung nun doch von den Kassen erstattet wurden.

Noch im selben Jahr stoppte der Bundeskanzler das Projekt einer Reform der Pflegeversicherung, die 1995 als vierte Säule der Sozialversicherung neben Renten-, Kranken- und Arbeitslosenversicherung eingeführt worden war. Angesichts der Auseinandersetzungen um die Gesundheitsreform schien ein solches Projekt, zumal es abermals unter Verantwortung des Ministeriums von Ulla Schmidt gestanden hätte, nicht mehr tragbar, denn die Bürger wären abermals finanziell belastet worden. Der Aufschub änderte jedoch nichts am grundsätzlichen Reformbedarf: Kritisiert wurden zum Beispiel die „Pflege nach Stoppuhr", Missstände in Heimen und die Praxis der Einstufung in eine der drei Pflegestufen mit unterschiedlichen Leistungen. Angesichts des wachsenden Defizits konnte eine allgemeine Erhöhung der Beitragssätze zur Pflegeversicherung nicht mehr ausgeschlossen werden, die Zahl der Leistungsempfänger stieg, während die der Einzahler abnahm. Eine Reform, die diesen demographischen

Faktor berücksichtigt hätte, blieb jedoch zunächst aus. Stattdessen folgten Maßnahmen, die das Urteil des Bundesverfassungsgerichts aus dem Jahr 2001 umsetzen sollten. Das Gericht hatte darin gefordert, bis zum Jahr 2004 Eltern im Vergleich zu Kinderlosen bei den Pflegekosten zu entlasten; das Bundesgesundheitsministerium erarbeitete hierfür verschiedene Modelle.

Vielleicht war der Verzicht auf diese weitere große Reform ein Grund dafür, dass Ulla Schmidt die Kritik an der Gesundheitsreform als Ministerin überstand. Jedoch hinterließen der harte Kampf ums Amt, die eigene Unbeliebtheit in der Bevölkerung sowie die zähen Auseinandersetzungen mit den Interessenvertretern im Gesundheitswesen ihre Spuren. Trat Ulla Schmidt zu Beginn ihrer Amtszeit vielerorts als die fröhliche Rheinländerin auf, die immer wieder wohlmeinende Lacher erntete, legte sie sich spätestens seit den Auseinandersetzungen um die Gesundheitsreform eine harte Schale zu. Sie wurde allerdings als studierte Sozialpädagogin im hart umkämpften Terrain der Gesundheitspolitik zu Anfang ihrer Karriere als Bundesministerin auch nicht immer ernst genommen und oft unterschätzt. Nun hatte sie sich den Ruf einer pragmatischen Sozialpolitikerin erarbeitet, die sich in der komplizierten Materie der Gesundheitspolitik bestens auskennt und mit taktischem Geschick gegen die Lobbyisten auf ihrem Politikfeld vorzugehen weiß.

Die Erfahrungen ihrer gesundheitspolitischen Lehrjahre konnten Ulla Schmidt bei weiteren Reformwerken und Verhandlungen helfen. Die rot-grüne Gesundheitspolitik bedurfte immer wieder dieser Verhandlungen. Denn solange die Politik nicht punktueller Natur war, musste Ulla Schmidt im Bundesrat Kompromisse eingehen und sich schwierigen Verhandlungen unterziehen. Ulla Schmidt nahm die Aufgabe der Vertretung rot-grüner Interessen solide wahr und wies immer wieder auf den Kompromisscharakter der Gesundheitspolitik hin.

Oftmals als Ministerin totgesagt, vor allem nach der Kritik an der Gesundheitsreform 2004, schaffte sie doch im Jahr 2005 den Wechsel zur Großen Koalition als Ministerin für Gesundheit. Doch auch unter der Großen Koalition gibt es nach wie vor in der Gesundheits- und Sozialpolitik wenig zu verteilen, aber viel zu kürzen.

Dies bekam Ulla Schmidt zu spüren, als trotz einiger positiver Effekte ihrer Gesundheitsreform die erhofften Beitragssenkungen der GKV weitgehend ausblieben. Parteien und Gesundheitsexperten erwarteten deswegen schon kurz nach dem Inkrafttreten der nachgebesserten Reformmaßnahmen im Jahr 2004, dass spätestens 2010 eine weitere Reform nötig werde, welche einen grundlegenden Systemwechsel zum Ziel haben müsse. Dass der Verhandlungscharakter gesundheitspolitischer Ergebnisse auch unter der Großen Koalition nicht abnehmen würde, machten bereits die im Vorfeld geführten Diskussionen über diese zweite große Gesundheitsreform deutlich. Die künftigen Koalitionspartner hatten unterschiedliche Vorstellungen darüber, wie eine Reform des Gesundheitswesen auszusehen habe: Die SPD stritt für eine „Bürgerversicherung", in die auch Beamte und Selbstständige einzahlen würden. Das Unionsmodell sah dagegen eine „Kopfpauschale" bzw. „Gesundheitsprämie" vor, wonach jeder gesetzlich krankenversicherte Erwachsene die gleiche Prämie zahlen müsste. Angesichts dieser unterschiedlichen Vorstellungen stand der Erfolg des Projekts auch nach dem Zustandekommen der Großen Koalition immer wieder in Frage. Bei der Suche nach einem Kompromiss befürchteten die Kritiker aus den eigenen Reihen, Ulla Schmidt könnte für den Erfolg der Reform allzu großzügig auf die Union zugehen.

Tatsächlich war sie als verantwortliche Ministerin auf die erfolgreiche Verabschiedung der zweiten Reform angewiesen, sollte diese schließlich den zunächst verpassten, grundlegenden Systemwandel im Gesundheitswesen bringen. Doch sie stand nicht allein unter Erfolgsdruck. Die neuen Koalitionspartner konnten es sich insgesamt nicht leisten, den Wählern kurz nach dem Zustandekommen der Großen Koalition ein Scheitern dieses wichtigen Reformvorhabens verkünden zu müssen. So war es wohl gerade wegen und nicht trotz des hohen Erfolgsdrucks, dass Ulla Schmidt auch ihre zweite Gesundheitsreform im Parlament einbringen konnte. Der Gesetzesentwurf wurde im Februar 2007 vom Deutschen Bundestag angenommen.

Das Ergebnis stellt abermals einen Kompromiss zwischen den Vorstellungen von Union und SPD dar. Es sieht ab dem Jahr 2009 einen Gesundheitsfonds vor, der alle Beiträge der gesetzlich Versicherten einzieht und den Krankenkassen zuteilt. Der Beitragssatz wird einheitlich, die Ärzte pauschal bezahlt. Alle Krankenkassenverbände müssen sich einem Einheitsverband anschließen, der dann die Verträge mit den Ärzten aushandelt. Ein Bundesausschuss soll festlegen, was die Patienten künftig von den Krankenkassen erstattet bekommen. Der Pharmaindustrie werden ihre Preise nach einer Bewertung des Nutzens der Medikamente vorgeschrieben.

Diese Pläne, die eine entscheidende – moderierende wie eben auch intervenierende – Rolle des Staates im Gesundheitssystem vorsehen, ließen die Unkenrufe von einer „Staatsmedizin" oder „Planwirtschaft" abermals lauter werden. Neben dieser inhaltlichen Kritik musste Ulla Schmidt als Verhandlungsführerin auch persönliche Rückschläge einstecken. So wurde zum Beispiel an ihrer Person vorbei die frühere Juso-Vorsitzende Andrea Nahles als Leiterin der „SPD-Arbeitsgruppe zur Bürgerversicherung" eingesetzt. Gemeinsam mit dem SPD-Gesundheitsökonomen Karl Lauterbach trat Nahles in der Partei für ein solches Konzept ein; ein Affront für die Ministerin, die sich ausgebootet fühlen musste. So erhob die Ministerin ursprünglich Einwände gegen die Bürgerversicherung und machte diese erst nachträglich doch noch zu ihrem Projekt. In der SPD entstand der Eindruck, Nahles solle in Stellung gebracht werden, um Schmidt einmal in ihrem Amt beerben zu können.

Allgemein hat Ulla Schmidt jedoch kaum ernst zu nehmende Gegenspieler auf dem Feld der Gesundheitspolitik, was sicherlich auch ihrem mittlerweile enormen Wissensvorsprung in diesem Themenbereich geschuldet ist. In ihrer Fraktion ist sie weiterhin bestens vernetzt und kann auf ein, soweit bekannt und erkennbar, gut funktionierendes Ministerium vertrauen. Die Tatsache, dass sie sich bei ihrer Arbeit auf ein Netz von Politikprofis stützt, die sie nachhaltig fördern, hat ihr den Ruf einer Machtpolitikerin eingebracht. Im Umgang mit ihren politischen Konkurrenten hat sie diesen Ruf bereits das ein oder andere Mal bestätigt. So zum Beispiel als Gerhard Schröder die so genannte Rürup-Kommission damit beauftragte, ein Modell für die Neuordnung der Sozialsysteme auszuarbeiten. Die Kommission galt als Konkurrenz für Ulla Schmidt, doch die Ministerin nutzte die zerstrittenen Wissenschaftler für ihre Zwecke, indem sie sich bei unbeliebten Entscheidungen wie der Einführung der Praxisgebühr auf ihre Empfehlungen berief: Die Experten hatten eine Gebühr in Höhe von 13 Euro gefordert, Ulla Schmidt führte eine Praxisgebühr von zehn Euro ein.

Auch aus den Reihen ihrer derzeitigen Kabinettskollegen muss Ulla Schmidt kaum Konkurrenz befürchten: Der ehemalige Gesundheitsminister (1992-1998) der Union, Horst Seehofer, momentan (2008) Bundesminister für Ernährung, Landwirtschaft und Verbraucherschutz, hat sich ebenso wie Familienministerin Ursula von der Leyen anderen Themen als der Gesundheitspolitik zugewandt. Als Gesundheitsfachmann der Union fungiert stattdessen Horst Zöller (CSU). Auch ihm kann die Ministerin jedoch keine Torpedierung ihrer Politik vorwerfen, im Gegenteil: Als Ulla Schmidt mit dem Projekt einer zweiten Gesundheitsreform beauftragt war, hat Zöller zum Erfolg des Reformwerks beigetragen. Vor allem dann, wenn es zum politischen Gefecht zwischen Berlin und München kam und die CSU in Bayern gegen Berliner Pläne protestierte, glättete Zöller die Wogen im Sinne der Gesundheitsministerin.

Mit der Rückendeckung ihres Ministeriums wagte Ulla Schmidt in der Vergangenheit auch schon einmal Vorstöße, ohne die Abgeordneten vorher zu informieren. Kurz vor den Bundestagswahlen 2005 legte sie beispielsweise ein Konzept für eine Pflegereform vor, das sie mit Ministerkolleginnen aus den Ländern verfasst hatte. Die Zuständigen in der Fraktion wussten nichts davon. Nach der Wahl 2005 und noch vor ihrer Vereidigung kündigte sie in Interviews Reformen an, die nicht im Koalitionsvertrag standen und verärgerte damit den neuen Koalitionspartner CDU/CSU. Auch ihre weit reichenden Pläne für den Arzneimittelbereich legte sie zunächst nicht den Abgeordneten der Union vor, die davon teilweise erst durch Lobbyisten oder Journalisten erfuhren – „Anfangsschwierigkeiten" (zit. nach Niejahr 2005) der Großen Koalition, so die Ministerin.

Von ihren Schwierigkeiten als Ministerin berichtete sie auch, als sie ihre Arbeit einmal als den „allerundankbarsten Job im Kabinett" gegen „alle Negierer dieser Welt" (zit. nach Eubel 2005) bezeichnete. Um als einzelne Ministerin durch ihn hindurch zu scheinen, bedarf es eines besonderen persönlichen Profils, das Ulla Schmidt oftmals abgesprochen wird. Trotz ihrer mittlerweile lange währenden politischen Karriere blieb für viele unklar, für welches Sozialstaatskonzept und welche neuen Ideen sie eigentlich eintritt. Grundsätzlich verteidigt sie zwar das Solidarprinzip: Gesunde sollen für Kranke einstehen, Reiche für Arme, Junge für Alte. Doch kann sie den Ruf der ewig Ausführenden nicht ganz abstreifen. Die Rentenreform bleibt allein schon ihres Namens wegen dem Minister Walter Riester zugeschrieben, die rot-grüne Gesundheitsreform machte Kanzler Schröder im Rahmen der „Agenda 2010" zur Chefsache. Ulla Schmidt stand dahinter zurück. Doch gestaltete sie die Politik oft mehr, als es die Öffentlichkeit wahrnahm. Deutschlands beliebteste Politikerin wird die Gesundheitsministerin wohl auch innerhalb der Großen Koalition kaum werden. Aber als leise Politikerin mit Stehvermögen, durchaus vertraut mit den Techniken der Macht, könnte sie sich in der Reform eines komplizierten, vielschichtigen und von Interessengruppen umzingelten Politikfeldes auch weiterhin bewähren.

Literatur:
Emundts, Corinna: Ulla und die Kommunisten, in: Cicero 4/2006; *Eubel, Cordula:* Porträt. Ulla Schmidt, in: Der Tagesspiegel vom 15.3.2005; *Gerlinger, Thomas:* Rot-grüne Gesundheitspolitik 1998–2003, in: Aus Politik und Zeitgeschichte, B 33-34/2003, S. 6-13; *Gohr, Antonia:* Was tun, wenn man die Regierungsmacht verloren hat? Die Sozialpolitik der SPD-Opposition in den 80er Jahren, Bremen 2001; *Hofmann, Gunter:* Die Sehnsucht nach Gleichheit, in: Die Zeit vom 5.8.1999; *Schmidt, Manfred G.:* Rot-grüne Sozialpolitik, in: *Egle, Christoph/Tobias Ostheim/ Reimut Zohlnhöfer* (Hrsg.): Das rot-grüne Projekt, Wiesbaden 2003, S. 239-258.

Tilman Mayer/
Sabrina van der Pütten

Schröder, *Gerhard*

Bundeskanzler (SPD)

geb. 7.4.1944 in Mossenberg nahe Detmold, ev.

1958–1961	Lehre als Einzelhandelskaufmann
1963	Eintritt in die SPD
1964	Mittlere Reife auf der Abendschule
1966	Abitur
1966–1971	Studium der Rechtswissenschaften an der Universität Göttingen
1969/70	Vorsitzender der Arbeitsgemeinschaft der Jungsozialisten in Göttingen
1976	Zweites Staatsexamen und Zulassung als Rechtsanwalt
1977–1993	Mitglied im Vorstand, seit 1983 Vorsitzender des SPD-Bezirks Hannover
1978–1990	Selbstständiger Rechtsanwalt in Hannover
1978–1980	Bundesvorsitzender der Jungsozialisten
1980–1986, 1998–2005	Mitglied des Deutschen Bundestages
1986–1998	Mitglied des Niedersächsischen Landtages
1986–1990	Vorsitzender der SPD-Landtagsfraktion im Niedersächsischen Landtag
seit 1989	Mitglied des Präsidium der SPD
1990–1998	Ministerpräsident des Landes Niedersachsen
1994–1998	SPD-Landesvorsitzender in Niedersachsen
1999–2004	Vorsitzender der SPD
1998–2005	Bundeskanzler
seit März 2006	Vorsitzender des Aufsichtsrates des russischen Ostsee-Pipeline-Betreibers North European Gas Pipeline (NGEP)

Am Wahlabend des 18. September 2005 begann die Fernsehsendung „Berliner Runde" mit einem Eklat. Der durch den Wahlverlust seiner Partei sichtlich angeschlagene Bundeskanzler griff nicht nur – stellvertretend für die Medien – die beiden Fernseh-Moderatoren an und warf ihnen vor, ihn im Wahlkampf benachteiligt zu haben, sondern stellte der Spitzenkandidatin der Union und den übrigen Teilnehmern der Runde außerdem die rhetorische Frage: „Glauben Sie im Ernst, dass meine Partei auf ein Gesprächsangebot von Frau Merkel bei dieser Sachlage eingige, indem sie sagt, sie möchte Bundeskanzlerin werden? Sie wird keine Koalition unter ihrer Führung mit meiner sozialdemokratischen Partei hinkriegen. Machen Sie sich gar nichts vor" (Der Spiegel 42/2005: 24 und 52/2005: 18). Die Mehrzahl der Zuschauer, so Umfragen zufolge, war über das unkontrollierte Verhalten des sonst so souverän mit den Medien umgehenden Kanzlers verwundert. Als Schröder in den folgenden Tagen und Wochen seinen Anspruch auf das Kanzleramt aufrecht hielt, kommentierte der niedersächsische CDU-Ministerpräsident Christian Wulff dessen mangelnden Realitätssinn mit den Worten: „Irgendjemand muss ihm mal erklären, dass er die Wahl verloren hat" (Der Spiegel 52/2005: 18). Erst am 5. Oktober teilte der Wahlverlierer vor Gewerkschaftern mit, er werde der neuen Regierung der Großen Koalition unter Angela Merkel „definitiv" nicht angehören. Nach seinem Selbstverständnis war es unannehmbar, in zweitrangiger Position „weiter zu machen", nachdem sich sein Kalkül, notfalls auch eine rot-schwarze Koalition zu führen, zerschlagen hatte.

Am 18. Oktober 2005 ging dann mit der Überreichung der Entlassungsurkunde durch den Bundespräsidenten eine politische Karriere als Bundeskanzler zu Ende, die am Wahlabend des 27. September 1998 mit einem grandiosen Sieg für Gerhard Schröder und seine Partei begonnen hatte.

Politischer Werdegang
Gerhard Schröder wuchs in äußerst bescheidenen sozialen Verhältnissen auf, die er auch als Kanzler nie verhehlte. Nach dem Besuch der Volksschule und einer Lehre als Einzelhandelskaufmann holte er 1964 in Göttingen die Mittlere Reife nach und machte zwei Jahre später in Bielefeld das Abitur. Im Wintersemester 1966/67 nahm er sein Jura-Studium an der Universität Göttingen auf. Im Jahr 1971 legte Schröder das erste juristische Staatsexamen ab; 1976 bestand er mit Erfolg auch das zweite und ließ sich als Rechtsanwalt in Hannover nieder.

Sein politisches Engagement begann 1963 mit dem Eintritt in die SPD. Obwohl er sich nach eigenem Bekunden nie sonderlich für theoretische Fragen interessiert hatte, wählten ihn die Göttinger Jungsozialisten 1969 zu ihrem Vorsitzenden. Zuvor war er schon zum Beisitzer im Göttinger SPD-Unterbezirksvorstand bestellt worden. Vergeblich kandidierte er jedoch während seines Studiums für das Amt des Vorsitzenden der Göttinger SPD. Sein politischer Werdegang führte ihn während dieser Zeit über die Wahl zum Vorsitzenden der Jusos im Bezirk Hannover 1971 schließlich 1978 in das Amt des Bundesvorsitzenden der Jusos. Schon vorher hatte er sich in den jahrelangen Flügelkämpfen zwischen Reformsozialisten, die von der SPD-Parteispitze unterstützt wurden, und Stamokap-Anhängern, welche – getreu der Marxschen Lehre – eine Überwindung der kapitalistischen Struktur im Sinne des Sozialismus anstrebten, als Kompromisskandidat profiliert. Zwar war die Mutterpartei über die Wahl des neuen Vorsitzenden ihrer Jugendorganisation, der sich in einem Interview als „Marxist" bezeichnet hatte (Anda/Kleine 2002: 33), nicht glücklich; immerhin vermochte Schröder aber durch zurückhaltende Äußerungen gegenüber der Politik der Bundesregierung unter Helmut Schmidt die Jusos aus den negativen Schlagzeilen der Presse zu bringen. Auch gelang es ihm, die zerstrittenen Flügel der Jusos wieder zusammenzuführen und „den Jusos eine zumindest einigermaßen einheitliche Linie zu geben" (ebd.: 37). Ein Jahr später wurde er ohne Gegenkandidat wiedergewählt. In seiner Eigenschaft als Juso-Vorsitzender war Schröder auch Mitglied des SPD-Parteirats. Zwar vertrat er – auch nach einem Gespräch mit Kanzler Schmidt – eine ablehnende Position bei den Themen Nachrüstung und Kernenergie, plädierte aber nachhaltig für Schmidts Unterstützung im Wahlkampf 1980. Schröder selbst kandidierte im Wahlkreis Hannover-Land 1 erfolgreich für den Deutschen Bundestag.

Während der Zeit seines ersten Bundestagsmandats, in die auch die von Schröder mehrfach erzählte Szene fällt, er habe nach einem feuchtfröhlichen Abend am Zaun des Bundeskanzleramts gerüttelt und gerufen: „Ich will hier rein!", engagierte er sich in der „Parlamentarischen Linken" und ging zunehmend auf Distanz zur Nachrüstungspolitik von Helmut Schmidt. Bei der vorgezogenen Bundestagswahl am 6. März 1983, die Helmut Kohl einen glänzenden Wahlsieg bescherte, konnte Schröder sein Direktmandat nicht verteidigen, zog aber über die niedersächsische SPD-Landesliste erneut ins Parlament ein und wurde Mitglied im Rechtsausschuss des Bundestages – eine Position, die einen so ambitionierten Politiker wie Schröder weitgehend unbefriedigt ließ. Im Oktober 1983 wurde Schröder zum Vorsitzenden des SPD-Bezirks Hannover, des fünfgrößten Parteibezirks in der Bundesrepublik, gewählt. Aus dieser starken Position heraus gelang es ihm ein Jahr später, gegen den anfänglichen Widerstand des SPD-Fraktionsvorsitzenden im niedersächsischen Landtag und ehemaligen Bundesbauministers Karl Ravens, von den Delegierten des SPD-Landesparteitages zum Spitzenkandidaten für die Landtagswahl 1986 bestellt zu werden. Obwohl Schröder am 15. Juni 1986 Ministerpräsident Ernst Albrecht (CDU) nicht abzulösen vermochte, entschloss er sich, sein Bundestagsmandat niederzulegen, Mitglied des Landtags in Hannover und Vorsitzender der SPD-Landtagsfraktion zu werden. Gleichzeitig wurde er Mitglied des SPD-Bundesparteivorstandes, drei Jahre später Angehöriger des SPD-Präsidiums.

Auch Schröders zweiter Griff nach dem Amt des niedersächsischen Ministerpräsidenten misslang. Das Misstrauensvotum, das er im Dezember 1988 gegen Albrecht eingereicht hatte, scheiterte knapp. Erst am 13. Mai 1990 gelang ihm gemeinsam mit den Grünen nach einem harten Wahlkampf, in dem er sich höchst kritisch über die bevorstehende deutsche Einheit und – unterstützt durch Oskar Lafontaine – über deren mögliche Kosten für „die kleinen Leute" (Schröder) geäußert hatte, der Machtwechsel in Niedersachsen. Am 21. Juni 1990 wählte ihn der Landtag in Hannover mit den Stimmen der SPD und der Grünen zum neuen Regierungschef. Da sich die Regierungspartner in ihren Koalitionsverhandlungen auf ein „Nein" zum Staatsvertrag zwischen der Bundesrepublik Deutschland und der DDR – ganz im Sinne Schröders – verständigt hatten, votierte neben dem

Saarland auch Niedersachsen gegen den Einigungsvertrag. Auch in einer anderen Abstimmung des Bundesrates von fundamentaler Bedeutung, die Änderung der Asylgesetzgebung betreffend, stimmte Niedersachsen neben Bremen mit „Nein". Schröders ablehnende Haltung begründen seine Biographen Anda und Kleine mit Rücksichtnahme auf seinen grünen Koalitionspartner (ebd.: 125). Während seiner ersten Amtszeit gelang es Schröder nicht nur, sich gegen seinen Herausforderer Christian Wulff (CDU) zu behaupten, sondern sich auch und insbesondere als Bewahrer von Arbeitsplätzen zu profilieren. So verhinderte er u.a. die Schließung eines Flugzeugwerks in Lemwerder mit über 1.000 Beschäftigten durch die Deutsche Aerospace (DASA), indem er staatliche Finanzhilfen versprach.

Da die FDP bei der Landtagswahl am 13. März 1994 an der Fünf-Prozent-Hürde scheiterte, gewann die niedersächsische SPD mit 44,3% die absolute Mehrheit der Mandate; Schröder konnte folglich ohne Partner regieren. Auf Bundesebene hatte er im Juni 1993 bei der Kandidatur für den SPD-Vorsitz (Björn Engholm war vom Amt des schleswig-holsteinischen Ministerpräsidenten und Parteivorsitzenden zurückgetreten) bei einer SPD-Mitgliederbefragung eine herbe Niederlage erleiden müssen. Vor allem wegen des Widerstandes der beiden SPD-Vizevorsitzenden Johannes Rau und Oskar Lafontaine scheiterte Schröders erster Griff nach dem Parteivorsitz und der Spitzenkandidatur für die Bundestagswahl 1994. Neuer Parteivorsitzender wurde Rudolf Scharping. Aus seiner Einschätzung, dass Scharping für diese Funktion wenig geeignet sei, machte Schröder anschließend keinen Hehl. Dennoch erklärte er sich bereit, Mitglied der „Troika" für die bevorstehende Bundestagswahl zu werden. Scharping, von Lafontaine und Schröder eingerahmt, sollte den Regierungswechsel herbeiführen, zumal die Meinungsumfragen für die SPD sehr günstig ausfielen. Einen Wechsel in die Bundespolitik unter einem möglichen Kanzler Scharping schloss Schröder aus, zumal er seine Position durch den glänzenden Wahlsieg bei den Landtagswahlen und die Übernahme des Landesvorsitzes der SPD nachhaltig gefestigt sah. Nach der verlorenen Bundestagswahl, für die Schröder in einer Talkshow hauptsächlich den SPD-Kanzlerkandidaten verantwortlich machte, zerbrach die „Troika" relativ rasch. Zwischen Scharping und Schröder brach ein Machtkampf aus, der zunächst Ende August 1995 – nach mehrfacher Kritik Schröders am Wirtschaftskonzept der SPD-Spitze – in die Entbindung des niedersächsischen Ministerpräsidenten vom Amt des wirtschaftspolitischen Sprechers der SPD mündete. Auf dem SPD-Parteitag Mitte November bestärkte Schröder den saarländischen Ministerpräsidenten Lafontaine in dessen Absicht, für den SPD-Vorsitz zu kandidieren, um die Partei aus der Lethargie, in der sie sich unter Parteichef Scharping befand, wieder herauszuführen. Nach einer mitreißenden Rede vor den Delegierten gewann Lafontaine mit klarer Mehrheit gegen den erneut sich bewerbenden Parteichef und entschied die Führungskrise für sich. Hinsichtlich der Kanzlerkandidatur für das Wahljahr 1998 verständigten sich die beiden Ministerpräsidenten darauf, erst ein halbes Jahr vor der Bundestagswahl eine Entscheidung zwischen ihnen beiden zu treffen. Dennoch ließ Schröder keinen Zweifel an seiner Absicht, im Herbst 1998 als Spitzenkandidat der SPD anzutreten. Nicht zuletzt sein grandioser Wahlsieg bei der Niedersachsenwahl am 1. März 1998 (47,9%) bahnte ihm – mit Zustimmung des Parteivorsitzenden Lafontaine – den Weg zum Kanzlerkandidaten. Am 17. April wurde er auf einem Sonderparteitag in Leipzig offiziell zum Kandidaten für das wichtigste politische Amt in der Bundesrepublik gekürt. Fünf Monate später, am 27. September 1998, war Gerhard Schröder am Ziel seiner politischen Ambitionen angelangt. Am 27. Oktober wurde er zum siebten deutschen Bundeskanzler gewählt.

Der Wahlkämpfer
Nicht nur beendete die Bundestagswahl 1998 die bislang längste Amtszeit eines Bundeskanzlers, sondern brachte gleichfalls erstmalig einen kompletten Machtwechsel durch eine reguläre Wahl: Die unter Helmut Kohl amtierende Koalition aus Union und FDP erlitt eine unerwartet hohe Niederlage. Union und Liberale mussten insgesamt eine drastische Einbuße von 7,1% hinnehmen (CDU/CSU kamen nur noch auf 35,1%, die FDP auf 6,2%). SPD und Grüne erhielten eine überraschend breite Regierungsmehrheit, obwohl die Grünen mit 6,7% einen leichten Verlust von 0,7% erlitten. Dagegen verzeichneten die Sozialdemokraten mit 40,9% der Stimmen ein Plus von 4,5% gegenüber 1994. Die PDS übersprang die Fünf-Prozent-Hürde mit 5,1% knapp.

Der Sieg der neuen Koalitionspartner war durch weitere Besonderheiten charakterisiert: Erstmals wurde eine Regierung gebildet ohne eine Partei der vorangegangenen Koalition. Mit der Beteiligung der Grünen an der Regierung übernahm eine Partei Regierungsverantwortung, die erst seit 1983 im Bundestag vertreten war, sich einst als „Antisystem-Partei" verstanden hatte und vornehmlich die Generation der Postmaterialisten vertrat. Nicht nur ihre Kabinettsmitglieder hatten ihre politische Sozialisation als Mitglieder der so genannten 68er-Bewegung erfahren, sondern auch nahezu alle SPD-Kolleginnen und Kollegen.

Die Souveränität, mit der der amtierende Kanzler seine Niederlage akzeptierte, wurde gemeinhin gelobt. Gerhard Schröder zollte seinem Vorgänger bei der Amtsübergabe Respekt.

Die Frage, warum der Machtwechsel so eindeutig zustande kam, wird von den Wahlforschern weitgehend einheitlich beantwortet. Neben einer brillanten Wahlkampfführung, die von der SPD in einer eigens aus der Parteizentrale ausgelagerten „Kampa" organisiert wurde und die sich die jüngsten amerikanischen Wahlkämpfe als Vorbild nahm, war es der SPD und ihrem Spitzenkandidaten gelungen, „eine Allianz aus Arbeitnehmern und Bürgertum, die neue politische Mitte, mit Reform- und Modernisierungsangeboten zu überzeugen und an sich zu binden" (Feist/Hoffmann 1999: 222). Während die Union die Wähler durch das Anknüpfen an vergangene Erfolge überzeugen wollte, vermittelte der SPD-Spitzenkandidat eine Aufbruchstimmung, die den angeblichen Reformstau der Ära Kohl auflösen und das wichtigste Thema im Wahlkampf, nämlich den Abbau der Arbeitslosigkeit, durch staatliche Ausgabenpolitik und durch eine grundlegende Steuerreform umsetzen wollte. Schröders Image als „Siegertyp" hatte der amtierende Kanzler Kohl keine vergleichbare Strategie entgegen zu setzen. Folglich blieb der so genannte Last-Minute-Swing zu Gunsten Kohls und seiner Koalition aus. Dagegen hatten es Schröder und seine Partei vermocht, ihre Stammwähler voll zu mobilisieren und gleichzeitig bürgerliche Wähler für ihre Zukunftspolitik zu gewinnen.

Der einst von dem Studentenführer Rudi Dutschke propagierte „Marsch durch die Institutionen" war mit Bildung der rot-grünen Regierung am Ziel angelangt. „Wir wollen nicht alles anders, aber vieles besser machen" war Schröders Wahlkampfmotto, mit dem er insbesondere die „Neue Mitte" innerhalb der Wählerschaft umworben hatte. „Innovation und Gerechtigkeit" standen für die Visionen der SPD. Stand Schröder für ersteres, thematisierte der Parteivorsitzende Lafontaine erfolgreich letzteres. Die von der Regierung Kohl beschlossenen Belastungen im Sozialbereich sollten im Falle eines Wahlsiegs zu Gunsten einer sozial ausgewogenen Politik wieder rückgängig gemacht werden. Diese Wahlkampfstrategie mit ihrer Innovationsalternative für bislang bürgerlich Wählende und dem Versprechen sozialer Gerechtigkeit überzeugte die Mehrheit der Wähler. Dagegen lief das Wahlkampfkonzept der Union, dem eines Lagerwahlkampfes bzw. einer Richtungsentscheidung, ins Leere. So verlor die Union – bei hoher Wahlbeteiligung – mit 10,9 Punkten in den neuen Bundesländern doppelt so hoch wie in den alten. In den westdeutschen wie in den ostdeutschen Ländern avancierten die Sozialdemokraten jeweils zur stärksten Partei. Der Wunsch nach einem politischen Wechsel ermöglichte Schröders eindrucksvollen Wahlsieg, der sich schon seit Mitte 1997 in Umfragen nach dem „besseren" Kanzler abgezeichnet hatte.

Nach vier Jahren Regierungsarbeit bescheinigten wenige Wochen vor der Bundestagswahl vom 22. September 2002 alle Meinungsforschungsinstitute dem Kanzler und seiner Koalition eine deutliche Niederlage gegen seinen Herausforderer, den bayerischen Ministerpräsidenten Edmund Stoiber, und dessen anvisierte schwarz-gelbe Koalition. Rot-grün lag zu Beginn des Wahlsommers acht Punkte hinter schwarz-gelb.

Zwei Ereignisse unmittelbar vor dem Wahlgang ließen das Blatt sich wenden und ermöglichten Schröders Koalition einen erneuten, jedoch hauchdünnen Sieg:

Auf die Flutkatastrophe in einigen östlichen Bundesländern und Bayern reagierte das Bundeskabinett mit dem „Flutopfersolidaritätsgesetz" und stellte insgesamt elf Mrd. Euro an Finanzhilfen zur Verfügung. Finanziert wurde diese Hilfe durch eine Verschiebung der für das Jahr 2003 geplanten zweiten Stufe der Steuerreform um ein Jahr. Dank der Verabschiedung des größten Hilfsprogramms in der Geschichte der Bundesrepublik, das dem Kanzler das Gesetz des Handelns wieder zuspielte, gelang es ihm, seine eigenen Sympathiewerte auch auf die SPD zu übertragen. Der Zickzackkurs seines Herausforderers und der Union bei der Finanzierung der Katastrophenhilfe verschaffte Schröder einen unerwarteten Publikumserfolg. Gleichzeitig wurde der grüne Koalitionspartner durch die unverhoffte Chance, das Thema Ökologie zu einem zentralen Wahlkampfthema zu machen, aufgewertet, während die Union dieses Thema „unbesetzt" ließ.

Der zweite entscheidende Punkt war die Absage Schröders Anfang August 2002 an eine militärische Unterstützung der USA bei einer möglichen kriegerischen Auseinandersetzung mit dem Irak. Zum Wahlkampfauftakt lehnte Schröder bei einer Kundgebung auf dem Opernplatz in Hannover jegliche Beteiligung Deutschlands an einem Krieg gegen den Irak ab, selbst wenn der UN-Sicherheitsrat ein solches Eingreifen gegen den irakischen Diktator Saddam Hussein sanktioniere. „Unter meiner Führung wird sich Deutschland an einer militärischen Intervention gegen den Irak nicht beteiligen", bekräftigte Wahlkämpfer Schröder seine Position gegenüber dem wichtigsten Bündnispartner. Nach den Äußerungen des US-Vizepräsidenten Cheney, der sich für einen militärischen Schlag gegen Saddam Hussein aussprach, hatte der Kanzler in der Schlussphase des Wahlkampfes sein zentrales Wahlkampfthema, das die Wahlbürger stärker emotionalisierte als die Zahl von vier Millionen Arbeitslosen. Schröders Positionswechsel in seiner Politik gegenüber den USA zahlte sich aus, denn 71% der Bürger teilten seine „Anti-Kriegs"-Haltung.

Während sich die Union weiterhin auf die Felder Wirtschaft und Arbeitslosigkeit konzentrierte, erlaubten Flut und Irakkrise dem Kanzler, Handlungsfähigkeit zu demonstrieren. Unterstützung erhielt der SPD-Spitzenkandidat auch von den Gewerkschaften, da er im Vorfeld der Wahl auf einen gewerkschaftsfreundlichen Kurs eingeschwenkt war und seinen anfänglichen Modernisierungskurs hatte fallengelassen (Fischer 2005: 128). Es gelang schließlich der SPD, nachdem sie in den Vorwochen die Hoffnung auf einen erneuten Sieg zunächst hatte begraben müssen, mit einem Vorsprung von 6.027 Stimmen gegenüber der Union erneut stärkste Partei zu werden. Zwar hatte sie gegenüber der Wahl von 1998 ein Minus von 2,4% zu verzeichnen; doch ihr grüner Partner gewann 1,9% hinzu und wurde erstmals zur drittstärksten Partei (Hilmer 2003: 187). Gleichzeitig war es Schröder mit seiner pazifistisch antiamerikanisch ausgerichteten Wahlkampfpolitik gelungen, PDS-Wähler abzuwerben, so dass diese unter der Fünf-Prozent-Grenze blieb und mit nur noch zwei Direktmandaten im Bundestag vertreten war. Die Gewinne der Union von 3,4% sowie der Liberalen von 1,1% reichten deshalb für den angestrebten Regierungswechsel nicht aus. Letztlich war es den Regierungsparteien und besonders dem Kanzler durch die Vorlage der Hartz-Papiere zur Reform des Arbeitsmarktes kurz vor dem Wahlkampfauftakt gelungen, Handlungswillen zu signalisieren und die dramatisch hohen Arbeitslosenzahlen in den Hintergrund zu rücken. Dank einiger Überhangmandate wurde die SPD erneut stärkste Fraktion im Deutschen Bundestag. Gemeinsam mit den Grünen, die 55 Mandate erringen konnten, verfügte die alte bzw. neue Koalition über 306 Sitze und damit vier mehr als zur absoluten Mehrheit erforderlich waren.

Nach Schröders knapper Wiederwahl zum Kanzler und der Bildung der rot-grünen Regierung kennzeichnete ein bis dahin nicht beobachteter Ansehensverlust der größeren Regierungspartei die politische Stimmung im Land. Weiterhin eine extrem hohe Arbeitslosigkeit von über fünf Millionen im Februar 2005, eine wirtschaftliche Stagnation, die Deutschland beim Wirtschaftswachstum an das untere Ende der Skala der OECD-Staaten fallen ließ und ihm das Attribut einer „roten Laterne" im „Zug" der wichtigen Industrieländer anheftete, Haushaltsprobleme von Bund, Ländern und Gemeinden, unvermeidbare Kürzungen in den Sozialsystemen sowie zunehmende Befürchtungen der Bürger um die Sicherheit ihrer Rente führten zu einer pessimistischen, ja depressiven Stimmung. Der Abstieg der Sozialdemokraten wurde durch drastische Verluste bei Landtagswahlen untermauert. So verlor die SPD im Februar 2003 Schröders „Fürstentum" Niedersachsen an eine CDU-FDP-Regierung unter Christian Wulff. In Schleswig-Holstein löste im Frühjahr 2005 Peter Harry Carstensen (CDU) die bisherige SPD-Ministerpräsidentin Heide Simonis ab und bildete eine Große Koalition. Wenige Wochen später, am 22. Mai 2005, übernahm die CDU gemeinsam mit den Liberalen nach 39 Jahren SPD-Herrschaft die „Macht an Rhein und Ruhr". Das verheerende Wahlresultat von nur noch 37% für die SPD führte zur Abwahl der letzten rot-grünen Regierung und sicherte der Union eine stabile bürgerliche Mehrheit im Bundesrat, mit der sie alle zustimmungspflichtigen Gesetzesvorhaben blockieren konnte. Bei Einspruchsgesetzen war der Regierungschef auf seine hauchdünne „Kanzlermehrheit" im Bundestag angewiesen. Noch am Abend nach der verlorenen Landtagswahl in Düsseldorf kündigte Schröder an, Neuwahlen anzustreben, da er „die politische Grundlage für die Fortführung der Arbeit [meiner Regierung] in Frage gestellt" sah (Badische Zeitung vom 23.5.2005).

Nach Gesprächen mit den Fraktionsvorsitzenden der Parteien stellte Schröder am 27. Juni 2005 die Vertrauensfrage gemäß Artikel 68 des Grundgesetzes mit der Absicht, über ein negatives Votum die Auflösung des Bundestages und damit vorgezogene Wahlen zu erreichen. Die Abstimmung am 1. Juli 2005 brachte das gewünschte Ergebnis (151 Ja-Stimmen, 296 Nein-Stimmen bei 148 Enthaltungen). Unmittelbar anschließend bat der Regierungschef Bundespräsident Köhler, den Bundestag aufzulösen. Seinen Entschluss, den Bundestag aufzulösen und Neuwahlen für den 18. September 2005 anzusetzen, begründete das Staatsoberhaupt mit den Worten: „Der Bundeskanzler hat deutlich gemacht, dass er mit Blick auf die knappen Mehrheitsverhältnisse keine stetige und verlässliche Basis für seine Politik mehr sieht. Ihm werde mit abweichendem Abstimmungsverhalten und Austritt gedroht. Loyalitätsbekundungen aus den Reihen der Koalition hält [er ...] nicht für dauerhaft tragfähig."

Neben den unterschiedlichen Mehrheitsverhältnissen in Bundestag und Bundesrat, der eingeschränkten Handlungsfähigkeit der Koalition wegen der knappen Mandatsmehrheit, der dramatischen Stimmeinbußen bei Landtagswahlen für die SPD und des „Druckes der Straße" gegen Schröders Herzstück im Rahmen längst überfälliger Sozialreformen, die „Agenda 2010", war es vornehmlich die desolate Finanzlage des Bundes, die den Kanzler zu seinem „Befreiungsschlag" veranlasste, um ihm – im Fall einer zu erwartenden Niederlage – einen angemessenen Abgang aus dem Bundeskanzleramt zu ermöglichen. Das Haushaltsdefizit lag, wie nach der Wahl offen gelegt, bei 65 Mrd. Euro. Finanzminister Eichel sah nur in einer deutlichen Mehrwertsteuererhöhung die einzige Chance, dieses Defizit zu reduzieren und allmählich wieder die Obergrenze des Maastrichter Stabilitätspaktes zu unterschreiten (schon seit 2002 verletzte Deutschland die in diesem Pakt festgelegten Kriterien). Eichel konnte sich mit seinen Forderungen weder im Kabinett durchsetzen, noch bestand die Aussicht, eine solche zwingend erforderliche Steuererhöhung gegen den Widerstand des Bundesrates verabschieden zu lassen.

Die Handlungsunfähigkeit der Regierung führte – erstmalig in der Bundesrepublik – dazu, dass dem Parlament kein Haushalt für das kommende Jahr vorgelegt werden konnte.

Nachdem Schröder Forderungen aus den eigenen Reihen, von seinem

Amt zurückzutreten, abgelehnt hatte, stützte das SPD-Parteipräsidium einstimmig die Absicht des Kanzlers, die Bundestagswahl 2006 vorzuziehen und beschloss – mangels eines anderen Kandidatenanwärters – gleichzeitig, den Wahlkampf mit ihm als Spitzenkandidat zu führen. In der Partei selbst machte sich derweilen das Gefühl von Orientierungslosigkeit angesichts der sich abzeichnenden Niederlage breit.

Es zeigte sich aber während des kurzen, heftigen Wahlkampfs, dass es der Spitzenkandidatin der Union nicht gelang, mit ihrem Reformprogramm, das u.a. eine Mehrwertsteuererhöhung und die Abschaffung von Steuervergünstigungen vorsah, den Wählern eine überzeugende Alternative anzubieten. 55% der Deutschen lehnten das Reformangebot von CDU/CSU und FDP, das einen bescheidenen Umbau des Sozialstaates beinhaltete, ab. Merkels Personalvorschlag, den ehemaligen Verfassungsrichter und Steuerexperten Paul Kirchhof als zukünftigen Bundesfinanzminister zu präsentieren, erwies sich im Verlauf des Wahlkampfes als fundamentaler Nachteil. So vertrat Kirchhof weniger das Unions-Programm als seine Vorstellungen von einer großen Steuerreform, nach der jeder – bei Streichung aller bisherigen Steuervergünstigungen – denselben Steuersatz von 25% zahlen sollte. Mit diesem Programm, von dem die Union im Wahlkampf vor dem Hintergrund fallender Umfragewerte schließlich abrückte, erhielt Schröder „sein" Wahlkampfthema, mit dem er von den Misserfolgen seiner Regierung ablenken und das Profil der SPD als Partei sozialer Gerechtigkeit schärfen konnte. Schröder konnte Dank des „Professors aus Heidelberg", wie er ihn nannte, im Wahlkampfendspurt die Union sowie die Liberalen als unsozial und einseitig wirtschaftsfreundlich brandmarken. Letztlich vermochte Schröder mit seinem großen Sympathievorsprung bei den Wählern vor Angela Merkel und mit einem betont linken Programm, das ganz auf soziale Themen wie Gerechtigkeit und soziale Sicherheit und einem „Weiter so" abgestimmt war, in allerletzter Minute die sozialdemokratische Basis zu mobilisieren und ein – zunächst befürchtetes – Wahldebakel seiner Partei zu vermeiden.

Das Wahlergebnis am 18. September 2005 überraschte Politiker wie politische Beobachter gleichermaßen. Entgegen den Umfragen kurz vor dem Wahltag erzielte die Union mit nur 35,2% ihr schlechtestes Ergebnis seit der Wiedervereinigung. Für die anvisierte schwarz-gelbe Koalition reichte das Gesamtergebnis trotz hoher Gewinne der Liberalen (9,8%) nicht. Trotz Verlusten von 4,3% gegenüber der Wahl von 2002 erzielte die SPD mit 34,2% ein kurz zuvor kaum für möglich gehaltenes Ergebnis. Viertstärkste Kraft wurde mit 8,7% die Linkspartei.PDS, die etwa eine Million frühere SPD-Wähler gewinnen konnte. Die Grünen verloren nur geringfügig und erzielten 8,1%. Die Wähler verweigerten der rot-grünen Bundesregierung das Mandat für eine dritte Amtszeit, ohne schwarz-gelb eine Mandatsmehrheit zu geben. Der Einzug der Linkspartei.PDS in den Bundestag, mit der niemand koalieren wollte, führte zu einem Patt zwischen den beiden „Lagern".

Diese „Chaos-Wahl", so der Spiegel, bewog den amtierenden Kanzler zu der Forderung, er müsse die neue Regierung bilden, denn „die Deutschen haben doch in der Kandidatenfrage eindeutig votiert" (Originalton Schröder). Er spielte damit auf seine hohen Beliebtheitswerte in Umfragen im Vergleich zu seiner Herausforderin an.

Einige Besonderheiten kennzeichneten die vorgezogenen Bundestagswahlen: Zunächst das unklare Wählervotum, das entgegen allen Prognosen beiden großen Parteien ein nahezu gleiches Stimmergebnis bescherte. Bei den Mandaten lag die Union mit vier Sitzen (226:222) schließlich hauchdünn vor der SPD. Beide Volksparteien errangen insgesamt nur noch 69,5% der Stimmen. Bezogen auf alle Wahlberechtigten lag der Zweitstimmenanteil sogar nur noch bei 53,2%. Gewinner der Wahlen waren die Kleinparteien. Noch nie lag die Wahlbeteiligung mit 77,7% so niedrig wie im Herbst 2005. Auch entschieden sich noch nie so viele Wähler (29%) erst unmittelbar vor dem Wahltag, wem sie ihre Stimme geben wollten; mehrheitlich votierten diese Unentschlossenen dann gegen die Union. Die Sozialdemokraten verbuchten ihr schlechtestes Wahlergebnis seit 1957 (von der Wahl 1990 abgesehen). Verluste in allen Altersgruppen waren ebenso zu beklagen wie starke Einbußen bei Arbeitern und Arbeitslosen. Diese Einbrüche kamen allerdings nicht Schröders Konkurrentin Angela Merkel und der Union zu Gute. Insgesamt erhielt auch die Union ihr schlechtestes Wahlresultat seit 1953. Da die Sozialdemokraten eine rechnerisch mögliche rot-rot-grüne Koalition mit der Linkspartei.PDS kategorisch ausschlossen, die Liberalen eine Ampelkoalition unter Führung eines SPD-Kanzlers ebenso entschieden ablehnten und ein schwarz-gelb-grünes Bündnis unrealistisch war, einigten sich die beiden Volksparteien nach langwierigen Verhandlungen auf die Bildung einer Großen Koalition. Erst drei Wochen nach seiner Abwahl teilte der Kanzler der Öffentlichkeit mit, er wolle einer stabilen Regierung „nicht im Wege stehen" und verzichtete damit auf seinen am Wahlabend erhobenen Anspruch auf das Amt des Regierungschefs.

Kanzlerschaft

Gerhard Schröder war der erste Kanzler der Bundesrepublik Deutschland, der durch Kriegsereignisse – abgesehen vom Tod seines Vaters im Oktober 1944 in Rumänien – nicht geprägt war, wie die Generation der „Leutnants" (Helmut Schmidt) und der „Flakhelfer" (Helmut Kohl). War diese Generation durch die furchtbaren Erlebnisse während der Diktatur und des Krieges geprägt, was parteiübergreifend zu einer Art Gemeinschaftsgeist geführt hatte, der manche heftige politische Auseinandersetzung zu überbrücken vermochte, standen die Mitglieder der neuen Regierung für die „68er Bewegung" der rebellierenden Studenten.

Auf Grund der klaren Mehrheit, welche die Wähler Rot-Grün am 27. September 1998 beschert hatten, konnte die Regierungsbildung schon nach 31 Tagen abgeschlossen werden. Im Vergleich zu seinen Vorgängern lag Schröder deutlich im unteren Drittel beim Zeitfenster zwischen Wahl und Kanzlervereidigung. Nur Helmut Kohl konnte im März 1983 mit 24 Tagen einen Rekord aufstellen. Erstmals in der Geschichte der Bundesrepublik erhielt ein Kanzlerkandidat mehr Stimmen, als die Regierungskoalition im Bundestag verfügte. Sechs Abgeordnete der Opposition mussten sich gemeinsam mit den 345 Mandatsträgern von SPD und Bündnis '90/Die Grünen für Schröder entschieden haben. Mit 54 Jahren am Tag seiner Vereidigung zählte er zum zweitjüngsten Kanzler; nur Kohl war 1982 noch zwei Jahre jünger gewesen. Hinsichtlich seiner Amtszeit bis zum 18. Oktober 2005 erreichte der nach Helmut Schmidt am zweitlängsten amtierende Sozialdemokrat eine bescheidene Verweildauer zunächst im Bonner Kanzleramt, ab April 2001 im neu gebauten Berliner Amtssitz. Politische Erfahrung im Bundestag hatte er in den achtziger Jahren sechs Jahre lang sammeln können. Ebenso wie drei seiner Vorgänger (Kiesinger, Brandt, Kohl) hatte er vorher das Amt eines Landesregierungschefs innegehabt.

Bemerkenswert ist, dass Schröder bei seiner Vereidigung – wie seine Amtsvorgänger Erhard, Kiesinger und Schmidt – nicht zugleich Vorsitzender seiner Partei war. Erst nach dem Rücktritt Oskar Lafontaines im März 1999 konnte Schröder bis Frühjahr 2004, als er das Amt an Franz Müntefering übergab, die Funktionen des Regierungschefs mit denjenigen des Parteivorsitzenden vereinen.

Regierungsbildung
Die rot-grüne Regierungsbildung verlief aufs Ganze gesehen recht unproblematisch. Zehn Minister und fünf Ministerinnen bildeten unter Gerhard Schröder die neue Regierung; zwei Posten weniger als die letzte Regierung Kohl zu Beginn ihrer Amtszeit. So wurden das Bau- und das Verkehrsministerium zusammengelegt. Technologie – bislang dem Ressort Bildung und Forschung zugehörig – wurde dem Wirtschaftsressort eingegliedert, das damit nach Ausgliederung einiger Abteilungen zu Gunsten des Finanzministeriums unter Lafontaine eine Art „Kompensation" erhielt. Ähnlich verhielt es sich mit dem wichtigen „Investitionsministerium Bau", für das Schröder nach „Aufwertung" des Wohnungsministeriums durch „den Verkehr" nach schwierigen Verhandlungen Franz Müntefering gewinnen konnte. Die-

ser sollte nach Lafontaines Vorstellungen eigentlich den Vorsitz der SPD-Bundestagsfraktion übernehmen.

Von den 15 Ministerien erhielten die Grünen drei. Während die Besetzung des Außenministeriums und des Umweltressorts durch Joschka Fischer und Jürgen Trittin sofort vom Koalitionspartner akzeptiert wurde, konnte sich der kleinere Partner bei einem weiteren „Wunschministerium" nicht durchsetzen. Die Grünen favorisierten ein weiteres klassisches Ministerium, das Justizressort, während ihnen die SPD-Verhandlungskommission das Bauressort überlassen wollte. Schließlich einigte man sich auf das Gesundheitsministerium unter Andrea Fischer.

Bei der Besetzung der SPD-Ministerposten gab es zum Teil heftige Differenzen. Unstrittig war die Übernahme des Finanzressorts durch Oskar Lafontaine, der die Absicht verfolgte, „sein" Ministerium zum Schatzministerium nach britischem Vorbild auszubauen. Dieses Ansinnen wurde von Schröder abgelehnt, da er zu Recht befürchten musste, der Parteivorsitzende hätte die Funktion eines „Nebenkanzlers" einnehmen können. Als „Trostpflaster" für den Saarländer wurden einige Zuständigkeiten aus dem Wirtschaftsministerium aus- und dem Finanzministerium eingegliedert, was zum Rückzug des für das Wirtschaftsressort von Schröder als Repräsentant der „Neuen Mitte" vorgesehenen Unternehmers Jost Stollmann führte. An dessen Stelle präsentierte der neue Kanzler den parteilosen ehemaligen Veba-Manager und Berater Schröders in Wirtschaftsfragen Werner Müller.

Auch die Besetzung des Verteidigungsministeriums gestaltete sich nicht konfliktfrei. Der bisherige Fraktionsvorsitzende Rudolf Scharping, 1995 von Lafontaine als Parteichef gestürzt, wollte die Spitze der Fraktion nicht aufgeben, während der designierte Superminister und Parteivorsitzende Lafontaine Scharpings Verbleib an der Spitze der Fraktion keinesfalls hinzunehmen bereit war und für dieses höchst wichtige Scharnieramt zwischen Fraktion und Regierung Müntefering favorisierte. Schröder schlichtete den Personalstreit, indem er Scharping überzeugte auf „die Hardthöhe" zu gehen, Müntefering das um den Verkehr erweiterte Bauministerium anbot und Peter Struck für den Fraktionsvorsitz empfahl. Etliche spätere Missstimmigkeiten zwischen dem Kanzler und dem Parteivorsitzenden fußten auf diesem SPD-internen Gerangel. Dazu trug auch Schröders Entscheidung bei, seinen Wahlkampfmanager Bodo Hombach zum Kanzleramtsminister zu ernennen. Während der Koalitionsverhandlungen publizierte dieser ein Buch über „Die Politik der Neuen Mitte", in dem er für eine Reform des Sozialstaates und eine gemäßigte Angebotspolitik eintrat. Lafontaine, der mit seinen Getreuen dagegen eine klare Nachfragepolitik befürwortete, „empfand diese Personalentscheidung

Schröders als Affront" (Niclauß 2004: 304).

Schröders Handschrift bei der Regierungsbildung zeigte sich zusätzlich durch die Berufung ehemaliger Minister aus seiner Zeit in Hannover. So übernahm Karl-Heinz Funke das Landwirtschaftsministerium. Umweltminister Jürgen Trittin hatte gleichfalls in Hannover unter Schröder „gedient". Die Berufung des 2. Vorsitzenden der IG Metall, Walter Riester, zum Arbeits- und Sozialminister geschah in der Absicht, den „natürlichen" Anwärter der SPD-Fraktion auf dieses Ressort, Rudolf Dressler, auszubooten, da der Bundeskanzler mit ihm „nicht konnte".

Auffallend an der SPD-Regierungsmannschaft war der hohe Anteil von Außenseitern, die die Ochsentour innerhalb der Bundestagsfraktion nicht durchlaufen hatten. Zwischen Herbst 1998 und Oktober 2005 verfügten insgesamt zwölf Regierungsmitglieder über kein Bundestagsmandat. Wirtschaftsminister Müller besaß darüber hinaus als einziges Kabinettsmitglied kein Parteibuch und war damit weitgehend eine Ausnahme unter den Ressortchefs seit Beginn der Bundesrepublik. Kritiker sehen in der hohen Zahl von Mandatslosen eine fehlende personelle Verschmelzung von Exekutive und Teilen der Legislative, eine Tendenz zur „De-Informalisierung" (Helms 2005: 91). Eine weitere Komponente „der ausgeprägten Tendenz zur De-Parlamentarisierung der Exekutive" (ebd.) war die aufeinander folgende Ernennung von drei Nicht-Parlamentariern zu Staatsministern für kulturelle Angelegenheiten im Bundeskanzleramt.

Die neuen Bundesländer waren nur durch die aus Ost-Berlin stammende Familienministerin Christine Bergmann im Kabinett vertreten. Durch die Verortung des „Beauftragten für Angelegenheiten der neuen Länder", Staatsminister Schwanitz, im Bundeskanzleramt hatte Schröder den „Aufbau Ost" zur „Chefsache" deklariert.

Die Bildung des zweiten Kabinetts Schröder, der sich ebenfalls wieder nach 31 Tagen zur Wahl stellte, allerdings dieses Mal bei knapper Mandatsmehrheit seiner Koalition eine Stimme weniger erhielt, als seine Koalition über Mandate verfügte, verlief relativ reibungslos. Da sich der Kanzler „ungern von vertrauten Gesichtern trennt" so Der Spiegel (41/2002) wurde nur das Wirtschafts-, das Verkehrs-, das Justiz- und das Familienressort neu besetzt. Insgesamt erhielten sieben Minister und sechs Ministerinnen (zehn von der SPD sowie drei mit grünem Parteibuch) vom Bundespräsidenten ihre Ernennungsurkunden. Ein Ministerium wurde durch die Zusammenlegung von Arbeits- und Wirtschaftsministerium eingespart. Ein anderes Ministeramt war schon 1999 durch den Wechsel an der Spitze des Kanzleramtes von Bundesminister Hombach zu Frank-Walter Steinmeier im Rang eines beamteten Staatssekretärs weggefallen.

Hervorzuheben ist die Bildung von zwei „Superministerien". Mit der Berufung des nordrhein-westfälischen Ministerpräsidenten Wolfgang Clement zum neuen Ressortchef für Wirtschaft und Arbeit unterstrich Schröder die Bedeutung, die er vor dem Hintergrund stagnierender Wirtschaftsdaten und hoher Arbeitslosigkeit den Problemen von Ökonomie und Arbeitsmarkt beimaß. Mit dem neuen Doppelminister „keimt die Hoffnung, mit den rot-grünen Chaostagen [den ersten drei Monaten der neuen Legislaturperiode] könnte es endgültig vorbei sein. Denn neben ‚Kanzler-Zitterhand' (‚Die Zeit'), der mit seiner Steuerpolitik das Land und seine Partei verunsicherte, ist ein Mann getreten, der Durchsetzungskraft ausstrahlt", so Der Spiegel (52/2002: 20).

Das zweite „Superministerium" für Gesundheit und (ergänzt durch) Soziales wurde von Ulla Schmidt geleitet. Die SPD-Politikerin war schon nach Andrea Fischers Ausscheiden für das Gesundheitsressort verantwortlich gewesen.

Eine Aufwertung erfuhren auch die Neuen Bundesländer insofern, als Brandenburgs ehemaliger Ministerpräsident Manfred Stolpe neben Verkehr, Bau- und Wohnungswesen auch für die Förderung Ostdeutschlands zuständig wurde. „Als einen exquisiten Kenner der Mentalitäten in West und Ost", bezeichnete der Regierungschef seinen „Ostminister". „Es wäre töricht, das nicht zu nutzen", so Schröder im Spiegel-Interview (30/2002: 38). Bemerkenswert ist in diesem Zusammenhang, dass mit Stolpes Amtsantritt insgesamt fünf ehemalige Ministerpräsidenten in Schröders Kabinetten „gedient" haben. Wie schon unter früheren Kanzlern schien auch unter dem ehemaligen niedersächsischen Regierungschef die Tätigkeit als Landesregierungschef oder als Landesminister von besonderer Qualität für die Berufung in ein Bundesministerium gewesen zu sein.

Neue Justizministerin wurde die ehemalige beamtete Staatssekretärin im Bundesinnenministerium, Brigitte Zypries, gleichfalls Schröder aus Hannoveraner Zeit gut bekannt. Sie war dort Referatsleiterin in der Staatskanzlei. Während die drei grünen Minister ihre Ressorts, bei Ausweitung von Zuständigkeiten, weiterführten, zeigte die Zusammensetzung der zehnköpfigen SPD-"Mannschaft" klar Schröders Handschrift. Mit dem Eintritt von Wolfgang Clement und der ehemaligen bayerischen SPD-Landesvorsitzenden Renate Schmidt, die die angeblich amtsmüde Christine Bergmann im Familienministerium beerbte, holte Schröder zwei (Ex-) Landesvorsitzende seiner Partei ins Kabinett. Beide waren in Personalunion auch stellvertretende Parteivorsitzende, eine Funktion, die gleichfalls Entwicklungsministerin Heidemarie Wieczorek-Zeul innehatte. Der Kanzler erhoffte sich von ihrem Eintritt in die neue Regierung, nicht nur seinen Einfluss auf die Parteigliederungen auszuweiten, sondern auch seinem Kabinett mehr Profil und damit Durchschlagkraft verleihen zu können.

Der einzige, im November 2000 aus dem Kreis der Parlamentarischen Staatssekretäre Aufgestiegene, Verkehrsminister Kurt Bodewig, wurde nicht erneut berufen. Vordergründig wurde mit einer zu starken Präsenz von aus Nordrhein-Westfalen stammenden Ministern argumentiert, falls ein weiterer Politiker aus diesem Bundesland Kabinettsrang erhielte.

Wie schon im ersten Kabinett besaßen auch dieses Mal einige Minister (Zypries, Clement, Renate Schmidt und Stolpe) kein Bundestagsmandat, was bei der SPD-Fraktion auf erheblichen Unmut stieß.

Kaum eine Amtszeit eines Bundeskanzlers hat innerhalb von sieben Jahren so viele Ministerwechsel gesehen wie diejenige von Gerhard Schröder. Allein in den ersten zwei Jahren nach Regierungsübernahme wurden vier Minister entlassen oder traten zurück. Bis zum Ende der Legislaturperiode schieden drei weitere aus.

Der spektakulärste Rücktritt war zweifellos Oskar Lafontaines Ausscheiden am 11. März 1999. Seinen Entschluss, die Ämter des Finanzministers und des SPD-Parteivorsitzenden abzugeben, begründete Lafontaine, der auch sein Bundestagsmandat niederlegte, mit dem „schlechten Mannschaftsspiel, das wir in den letzten Monaten geboten haben". Die vor dem Wahlsieg 1998 nur notdürftig zugedeckten tiefen Meinungsverschiedenheiten sowie persönlichen Animositäten zwischen Kanzler und Parteichef brachen schon während der Regierungsbildung und der Koalitionsverhandlungen auf. Lafontaine sah sich durch Schröders personalpolitische Entscheidungen und Festlegungen auf eine angebotsorientierte Wirtschaftspolitik, die seinen nachfrageorientierten Forderungen entgegenstanden, desavouiert.

Die Konkurrenz zwischen beiden machte eine weitere Zusammenarbeit unmöglich, so dass Lafontaine „die Reißleine zog". Scheinbar hatte er – wie einst Franz Josef Strauß – gehofft, er könne die Grundlinien der künftigen Finanz- und Wirtschaftspolitik nach dem Motto „Egal, wer unter mir Kanzler ist" bestimmen. Schröder reagierte blitzschnell und ernannte den ehemaligen Ministerpräsidenten von Hessen, Hans Eichel, der Anfang Februar 1999 eine Wahlniederlage erlitten hatte, zum neuen Finanzminister.

Durch Lafontaines Ausscheiden konnte der Kanzler, der im April auch das vakante Amt des Parteivorsitzenden übernahm, seine Stellung im Kabinett stärken und „das Kanzlerprinzip in weiten Teilen der Regierungsführung durchsetzen" (Niclauß 2004: 307). Wenige Monate nach Lafontaines „Abgang" trennte sich Schröder von Kanzleramtsminister Bodo Hombach. Der einstige Wahlkampfmanager erwies sich den in ihn gesetzten Erwartungen als Koordinator der Regierungspolitik als nur begrenzt gewachsen. Außerdem hatte er „inzwischen seine Bedeutung als publizistisches und programmatisches Gegengewicht zu Lafontaine verloren" (ebd.: 308). Seine Funktion übernahm nun Schröders ehemaliger Chef der niedersächsischen Staatskanzlei, Frank-Walter Steinmeier, als beamteter Staatssekretär. Ihm wurde später von nahezu allen Kabinettsmitgliedern ein Höchstmaß an Effizienz bei der Gestaltung der Regierungspolitik und bei der inhaltlichen Abstimmung zwischen den Ministerien bescheinigt. Als Franz Müntefering im September 1999 den Posten des SPD-Generalsekretärs übernahm und sein Ministeramt niederlegte, berief Schröder Reinhard Klimmt, der kurz vorher "seine" Landtagswahl an der Saar verloren hatte, zum neuen Verkehrsminister. Damit gelang es dem Kanzler, den parteiinternen Gegner und heftigen Kritiker an Schröders und Eichels Sparpolitik zwecks Haushaltssanierung in die Kabinettsdisziplin einzubinden. Nach gut einem Jahr musste der "Quereinsteiger" allerdings wegen einer Finanzaffäre um den 1. FC Saarbrücken, dessen Präsident Klimmt war, zurücktreten. Zu seinem Nachfolger bestimmte der Regierungschef dieses Mal ein Mitglied der SPD-Bundestagsfraktion, den Parlamentarischen Staatssekretär im Verkehrs- und Bauressort Kurt Bodewig. Schröder begegnete mit dieser Ernennung Kritik aus den Reihen der größten Fraktion an seiner bisherigen Ministerauswahl.

Als die Medien Landwirtschaftsminister Funke (SPD) und Gesundheitsministerin Fischer (Die Grünen) wegen ihrer zögernden Reaktion auf die sich häufenden BSE-Fälle heftig kritisierten, drängte der Kanzler beide zum Rücktritt. In enger Absprache mit dem inoffiziellen Vorsitzenden der Grünen, Außenminister Fischer, nahm Schröder einen Ministerientausch vor. Neue Gesundheitsministerin wurde die stellvertretende SPD-Fraktionsvorsitzende Ulla Schmidt. Das Agrarressort, nun um den publikumswirksamen Titel "Verbraucherschutz" erweitert, übernahm Renate Künast, bislang eine der beiden Bundesvorsitzenden der Grünen. Beide Koalitionspartner hofften mit der Ressortrochade, Ballast abwerfen zu können. Die Grünen hatten nach den erfolglosen Versuchen ihrer glücklosen Ministerin, das Gesundheitssystem grundlegend zu reformieren, das Interesse an diesem emotionsbeladenen "Thema" verloren und erwarteten, in einer stärker ökologisch ausgerichteten Agrarpolitik sich zusätzlich als Umweltpartei profilieren zu können. Der Kanzler hoffte mit einer SPD-Ministerin im Gesundheitsressort die Grabenkämpfe zwischen der Regierung und den Interessengruppen im Gesundheitswesen überbrücken zu können. Gleichzeitig sollten Kompromisse mit Länderregierungen mit Unionsbeteiligung ausgelotet werden, um eine "Reform der Reform" im Bundesrat verabschieden zu lassen.

Als zweites Mitglied der einstigen "Troika" im Wahlkampf 1994 erhielt Verteidigungsminister Scharping am 18. Juli 2002 seine Entlassungsurkunde. Wegen des provozierenden Herausstellens seines Privatlebens und zweifelhafter Geschäftsbeziehungen zu einem Öffentlichkeitsberater verlangte der Kanzler den Rücktritt seines einstigen Konkurrenten um den SPD-Parteivorsitz. „Er wollte nicht zurücktreten, weil er das für ein Schuldeingeständnis gehalten hätte, was ich [...] für nicht richtig halte. Das konnte mich von der Entscheidung [jedoch] nicht abbringen," kommentierte Schröder seinen Entschluss, den ehemaligen Parteivorsitzenden zu entlassen (Der Spiegel 30/2002: 38).

Auch als Justizministerin Herta Däubler-Gmelin unmittelbar vor der Bundestagswahl den amerikanischen Präsidenten George W. Bush wegen dessen Irak-Politik mit Adolf Hitler verglich, reagierte Schröder schnell, indem er mitteilte: „Ich sage nur, wer immer einen solchen Vergleich anstellt, hätte in meinem Kabinett keinen Platz" (FAZ vom 21.9.2002). Nachdem Däubler-Gmelin nach anfänglichem Leugnen ihre Äußerung zugegeben hatte, zog sie am 23.9. aus Schröders Bemerkung die Konsequenz und kündigte verbittert an, der neuen Regierung nicht angehören zu wollen.

In der zweiten, verkürzten Wahlperiode der Regierung Schröder gab es seit der Bundestagswahl am 22. September 2002 keine Rücktritte oder Entlassungen mehr.

Dass Schröder gewillt war, in der Regel an seinen Kabinettsmitgliedern trotz starker Kritik in den Medien an deren Arbeit festzuhalten, belegt die Tatsache, dass er im Jahr 2004 einer vom neuen Parteivorsitzenden Müntefering geforderten Kabinettsumbildung zur Behebung seiner eigenen Krise widersprach. Von Äußerungen in der Presse wie „Es gibt vier Minister, die als Inkarnationen des Misserfolgs und/oder des Unglücks gelten" (SZ vom 4.2.2004) ließ sich der Kanzler nicht beeindrucken.

In einer Betrachtung des „Kabinettskerns" kam im Frühjahr 2005 Günter Bannas, scharfsinniger Beobachter der Berliner Politik, zu folgender Einschätzung (FAZ vom 12.2.2005: 10): Drei Gruppen unterschiedlicher Bedeutung hätten sich um den Kanzler herausgebildet. Das engste Verhältnis habe dieser zu Innenminister Schily und Außenminister Fischer. Sie kenne er am längsten und am besten; schon als Oppositionspolitiker in Bonn hätten sie sich regelmäßig getroffen. Joschka Fischer als informeller Chef des kleineren Koalitionspartners gelte Schröder als Garant des Bündnisses von Grünen und Sozialdemokraten. Mit Schily verbinde ihn das „engste Vertrauensverhältnis". Den zweiten Ring bilden die Minister für Wirtschaft, Finanzen, Gesundheit und Verteidigung, die schon wegen der Bedeutung ihrer Aufgaben über die Ressortgrenzen hinaus Akzente setzen. Der äußere Ring bestünde aus den übrigen Fachministern, die – so Bannas – „für [Schröders] Arbeit und die Willensbildung des Gesamtkabinetts auf ihre Ressortzuständigkeiten begrenzt [sind], selbst wenn sie in ihren Parteien eine wichtige Rolle spielen".

Parteivorsitz

Noch nie war ein Bundeskanzler während seiner Amtszeit vom Parteivorsitz zurückgetreten. Schröders Schritt im Februar 2004 war die Folge seines letztlich gestörten Verhältnisses zu seiner Partei und das „Eingeständnis seines Scheiterns bei der Integration der Partei" (Raschke/Tils 2007: 509). Dieses wurde kurz nach seiner Wahl in das höchste Parteiamt durch die Veröffentlichung des so genannten Schröder-Blair-Papiers ersten Verwerfungen ausgesetzt. Der neue Parteichef beabsichtigte, einen programmatischen Wandel in der SPD herbeizuführen und sich erneut als Modernisierer des Sozialstaates der Öffentlichkeit zu präsentieren. Aber das Papier stieß wegen fehlender sozialdemokratischer Grundprinzipien, wie soziale Gerechtigkeit, auf den Widerstand in den Parteigliederungen. Um weiteren innerparteilichen Streit zu vermeiden, ließ Schröder das Papier bereits Ende 1999 „fallen".

Nach Meinung des Parteienforschers Peter Lösche muss ein „Parteiführer reden, erklären, überzeugen, argumentieren, integrieren, Mehrheiten schaffen, Koalitionen schmieden, Kompromisse aushandeln, Konsens herstellen. [Außerdem] weist ‚politische' Führung sich dadurch aus, dass [...] schließlich Entscheidungen getroffen werden, die sich in ihrer Summe zu einem Konzept verdichten. [Schlussendlich] muss auch gegen Widerstand der eigene Wille durchgesetzt werden" (Lösche 2005: 347f.). Unter diesen Prämissen „wurde", so Lösche, „für den Reformkanzler Gerhard Schröder die eigene Partei zum Klotz am Bein. War für Adenauer der Parteivorsitz Machtquell, wurde er für Schröder zur Machtrestriktion" (ebd.). Schröders Fehler war es, notfalls mit Rücktrittsdrohungen den „Widerstand in seiner Partei und in seiner Fraktion immer wieder kurzfristig zu brechen, statt nach den Gründen des Widerstandes zu fragen", so der FAZ-Korrespondent Georg Paul Hefty. Für den Politikwissenschaftler Karl-Rudolf Korte steckte „hinter der Kritik am Parteivorsitzenden immer auch Kritik an seinem Führungsstil. Fast präsidentiell favorisierte er ‚going public' statt Gremienarbeit [...]. Es waren deshalb primär inhaltliche Gründe, die zur Personalrochade zwischen Schröder und Müntefering führten" (Korte 2004: 85). Folglich lässt sich Schröders kurze Amtszeit als Parteivorsitzender bis zur Übergabe dieses Machtinstrumentes an SPD-Generalsekretär Müntefering in zwei Phasen einteilen. In den Jahren 1999 bis 2001 formte der Kanzler, loyal unterstützt vom Generalsekretär, der „Schröders Schwächen teilweise auffing" (Raschke 2004: 27), die Partei nach seinen Bedürfnissen um. Die SPD wurde die Partei des Kanzlers, der sie aus dem Kanzleramt führte. Zwar murrten die Parteimitglieder über den Führungsstil des neuen Vorsitzenden, über die beabsichtigte Neuorientierung der Parteiprogrammatik, wie sie das Schröder-Blair-Papier enthielt, und über die

Sparmaßnahmen, welche die Regierung den Bürgern im Herbst 1999 zumutete, hielten letztlich aber „still".

Das Verhältnis zwischen dem Kanzler bzw. dem Parteivorsitzenden und seiner Partei änderte sich im Frühjahr 2003 dramatisch. Zwar versöhnte – trotz eines zunehmend lauter werdenden Murrens aus den Parteigliederungen an Schröders Stil – dessen Sieg bei der Bundestagswahl 2002 kurzfristig die Mehrheit der Parteimitglieder mit ihrem „Chef". Doch schon wenige Monate später brachen die Differenzen zwischen ihnen erneut auf. Schröder drohte im Dezember 2002 auf einer Sitzung des SPD-Vorstandes mit seinem Rücktritt von beiden Ämtern. Wenig später bedrohte ein von einigen innerparteilichen Gegnern angestrengtes Mitgliederbegehren gegen die „Agenda 2010" Schröders Autorität als Kanzler und als Parteivorsitzender. Die SPD-Linke warf ihrem „Kanzler-Vorsitzenden" Verrat an sozialdemokratischen Grundsätzen vor und wollte mit ihrem beispiellosen Begehren unter dem Motto „Wir sind die Partei" einen sozialpolitischen Richtungsentscheid erzwingen.

Das umstrittene Reformprogramm, das den Sozialstaat nicht abschaffen, sondern reformieren sollte, war an den Parteigremien vorbei von Schröders Beratern im Kanzleramt entworfen worden. Der Kanzler hatte erneut den Fehler begangen, seine Partei nicht rechtzeitig in den Abstimmungsprozess eingebunden zu haben. Wieder musste der Parteivorsitzende mit seinem Rücktritt drohen, um die Unterstützung der Vorstandsmitglieder der Partei für seine Reformpläne zu bekommen. Auf dem Sonderparteitag am 1. Juni 2003 erhielt Schröder – nach verklausulierter Drohung mit der Vertrauensfrage – schließlich die gewünschte Zustimmung. Das Mitgliederbegehren wurde daraufhin „abgeblasen", obwohl Schröder mit seiner „Agenda 2010" den sozialdemokratischen „Gerechtigkeitsbegriff auf den Kopf stellte. Denn die angekündigten Kürzungen sozialer Aufwendungen und das Fordern von mehr Leistung widersprachen dem [...] Umverteilungsdenken eines Großteils der Anhängerschaft" (Oeltzen/Forkmann 2005: 110).

Vor dem Hintergrund in der Geschichte der Bundesrepublik einmaliger Einbrüche in der Zustimmung der Bevölkerung zur Regierungspolitik, zunehmender Parteiaustritte und dramatischer Verluste bei Landtags- und Kommunalwahlen zog Schröder die Konsequenzen. Er hatte erkennen müssen, dass die SPD ihrem Vorsitzenden nicht länger zu folgen bereit war. Anfang 2004 verkündete er seinen Rückzug aus der Chefetage des Willy-Brandt-Hauses und empfahl Generalsekretär Müntefering als Nachfolger. Im Nachhinein ist diese Ämtertrennung in der Tat als „Kanzlerdämmerung", als eindeutiger Machtverlust zu werten. Das Improvisationstalent Schröder sei bei seiner Aufgabe als Planer, Zuchtmeister und großer Kommunikator in einem, so ein Beobachter der Berliner Szene, überfordert gewesen. Zwar folgte die SPD-Fraktion Schröder widerwillig und billigte seine „Agenda 2010"; seine Partei habe er aber nicht wirklich für seine Politik gewinnen können.

Koalitionspartner
Als Schröder am Abend der Wahlniederlage in Nordrhein-Westfalen vor die Fernsehkameras trat und seinen Schritt verkündete, Neuwahlen anzustreben, war der Koalitionspartner erst unmittelbar vorher von dieser Entscheidung informiert worden. Spitzenvertreter von Bündnis '90/Die Grünen machten keinen Hehl aus ihrer Einschätzung, dass sie den politischen Schachzug des Kanzlers für falsch hielten. Schröders mangelnde Konsultationsbereitschaft wurde entsprechend kritisiert.

Schon zu Beginn der zweiten Amtszeit Schröders berichteten Beobachter von einer „Eiszeit" zwischen Kanzler und Vizekanzler (Der Spiegel 8/2003: 30). Hintergrund waren Schröders Entscheidung, im Bundeskanzleramt neben der Abteilung für Außenpolitik auch eine neue Abteilung für Europapolitik mit einem Staatsminister an der Spitze einzurichten sowie Alleingänge des Kanzlers mit dem französischen Staatspräsidenten hinsichtlich einer gemeinsamen Haltung zur amerikanischen Irak-Politik. Ein Jahr später vermerkte sogar die Süddeutsche Zeitung – der rot-grünen Regierung durchaus wohlwollend gesonnen – „das Kabinett streitet wieder einmal nach Art der Kesselflicker" (SZ vom 6.5. 2004). Insbesondere Außenminister Fischer kritisierte ungebührlich heftig die vorgeschlagenen Maßnahmen seines Finanzkollegen Eichel zur Haushaltssanierung und Schilys Verhandlungen mit der oppositionellen Union über das Zuwanderungsgesetz. Schröder selbst sprach in der Öffentlichkeit von „Kakophonie". Nach außen hin bemühten sich die Koalitionäre, den Schein zu wahren und gelobten zukünftig nicht mehr übereinander herzufallen – zumindest bis zum nächsten Mal. Das politische Berlin begründete das „Chaos" (SZ vom 6.5. 2004) mit einem zunehmenden Misstrauen, das sich zwischen den beiden Koalitionsspitzen breit mache. Schröder selbst, der bei der Niederlegung des Parteivorsitzes im Februar 2004 seinen Außenminister vor vollendete Tatsachen gestellt hatte, schien die Konflikte zwischen seinen Ministern, aber auch zwischen ihm und dem Vizekanzler nur mehr am Rande wahrzunehmen. Wenn er eingriff, erfolgte dies – zur Halbzeit seiner zweiten Amtsperiode – häufig zu spät, da die Kontrahenten ihren Frust schon vor laufenden Fernsehkameras abgeladen hatten, so dass auch der als höchst effizient wirkende Staatssekretär im Bundeskanzleramt, Frank-Walter Steinmeier, kaum schlichtend eingreifen konnte. „Schröder [hat] sein Kabinett ‚nicht mehr im Griff'", lautete die Feststellung des Schröders Politik zunehmend kritischer bewertenden Wochenmagazins Der Spiegel (20/2004: 23). Schlechte Konjunkturdaten, steigende Arbeitslosenzahlen und eine ständig wachsende Staatsverschuldung, dramatische Einbrüche in Meinungsumfragen sowie hohe Verluste bei Landtagswahlen waren mit verantwortlich für die zunehmende Gereiztheit der Regierungspartner. Zu Beginn der rot-grünen Koalition hatte Fischer die Rollenverteilung, so wie sie Schröder Anfang 1997 in einem Interview mit dem Stern skizziert hatte: „Der Größere [in einer Koalition] ist der Koch, der Kleinere ist der Kellner", hingenommen. Gestärkt durch die Gewinne bei der Bundestagswahl 2002 und durch Fischers Spitzenwerte bei den Umfragen akzeptierten er und seine Parteifreunde diese Rolle aber nicht länger.

Vergleicht man Schröders Umgang mit dem Koalitionspartner mit demjenigen seines Vorgängers, so fallen einige signifikante Unterschiede auf. Im „System Kohl" dominierten die Koalitionsrunden, in denen die Partei und Fraktionsspitzen der Partner, ergänzt um ausgewählte Bundesminister, beinahe wöchentlich zur Abklärung strittiger Themenbereiche konferierten. Im „System Schröder" umfasste das entscheidende Koordinierungs- und Gestaltungsgremium nicht die Spitzenvertreter beider Koalitionsparteien. Ein Grund dafür lag in der Tatsache, sich vom Stil seines Vorgängers abzuheben und in dem Faktum, dass die Grünen solchen wenig transparenten Gremien misstrauisch gegenüberstanden. Nichts desto trotz verzichtete auch Rot-Grün nicht auf Koalitionsrunden.

So sah der Koalitionsvertrag von 1998 die Einrichtung eines Koalitionsausschusses aus je acht Vertretern der beiden Partner vor, der jedoch nur in dringenden Fällen zusammentreten sollte. Laut Auskunft von Renate Künast trat der Ausschuss nur jeweils zweimal im Jahr zusammen. Der zweite Koalitionsvertrag von 2002 sah demgegenüber regelmäßige Zusammenkünfte des Koalitionsausschusses etwa alle vier Wochen vor. Da diese Zusammenkünfte allerdings nicht zur Klärung der zunehmenden Probleme, die sich vor der Regierung aufhäuften, ausreichten, entschlossen sich die Koalitionspartner, wöchentliche Treffen ihrer Fraktionsspitzen zu vereinbaren.

Im Vergleich zur Ära Kohl trugen die Koalitionsgespräche im „System Schröder" deutlich weniger zur Abklärung und Abstimmung der Koalitionäre bei. Absprachen mit den Grünen wurden in der Regel informell getroffen, meist „bei einem Glas Rotwein" (so Der Spiegel) zwischen dem Bundeskanzler und dem Vizekanzler sowie während der Bundestagssitzungswochen bei einem regelmäßigen Frühstück zwischen den beiden Fraktionsführungen (FAZ vom 22.1.2003). Die Koalitionsrunden dagegen wurden zu einem „Vollzugsorgan" (ebd.) degradiert. In welchem Ausmaße die Grünen häufig vor vollendete Tatsachen gestellt wurden, belegt der so genannte Steinmeier-Kreis. Diesem Gremium unter Leitung des Staatssekretärs im Kanzleramt zur Vorbereitung von Projekten "aus dem Hause Schröder" gehörten nur Vertreter der SPD an (FAZ vom 4.1.2003).

Regierungsstil
Zu einem Merkmal des "Systems Schröder" wurde das "Regieren mit Kommissionen" (Helms 2005: 88), was von kritischen Beobachtern als "Entparlamentarisierung" des politischen Entscheidungsprozesses gewertet wurde, obwohl auch die Vorgängerregierung häufig Beiräte und Sachverständigenkommissionen eingesetzt hatte. Allein in der 14. Legislaturperiode wurden neun Regierungskommissionen eingerichtet (Murswieck 2003: 122), die – und dies ist das "Neue" – meist Fragen von allgemeiner Bedeutung bearbeiteten. Hinter ihrer Einrichtung stand die Absicht, die verschiedenen politischen Kräfte in die Konsens- bzw. Kompromisssuche einzubinden und sich selbst als Makler zu präsentieren. Auffallend ist die Tatsache, dass zu Vorsitzenden solcher Kommissionen oder als Beauftragte des Bundeskanzlers meist Oppositionspolitiker bestellt wurden. So leitete u. a. Richard von Weizsäcker (CDU) die Kommission zur Erarbeitung von Reformvorschlägen für die Bundeswehr und Rita Süssmuth (CDU) die Zuwanderungs-Kommission, so wurde Otto Graf Lambsdorff (FDP) Beauftragter des Bundeskanzlers für die Stiftungsinitiative der deutschen Unternehmen zur Entschädigung für Zwangsarbeiter während des Zweiten Weltkriegs. Außerdem wurde die Reform des Arbeitsmarktes durch die so genannte Hartz-Kommission in die Hände von Nichtparlamentariern gelegt. "Als Kommissionsmitglieder fungierten Interessenten gemixt mit – anscheinend willkürlich ‚nach Gutsherrenart' ausgewählten – Experten" (Rudzio 2006: 260). Während das Parlament folglich aus der Entscheidungsfindung weitgehend ausgeblendet wurde, durfte sich der Kanzler im Medieninteresse, das seine Kommissionen fanden bzw. die als Medienereignis bewusst inszeniert wurden, "sonnen".

Diese Konsensrunden wurden von Kanzleramtsstaatssekretär Steinmeier ausdrücklich als "Beispiele für eine neue, ergebnisorientierte Dialogkultur zwischen Politik, Wissenschaft, Wirtschaft und kritischer Öffentlichkeit", faktisch als ein neuer Politikstil bezeichnet. Jenseits ideologischer Gräben sollte diese "Führung im Konsens, Führung zum Konsens" dabei helfen, traditionelle Blockaden zu überwinden und starre traditionelle Fronten aufzubrechen. Folglich kann eine Facette von Gerhard Schröders Regierungsstil als diejenige des "Moderators und Konsensstifters" (zit. in: Korte/Fröhlich 2004: 196) bezeichnet werden.

Weiteres Merkmal seines Führungsstils war neben Schröders beinahe als genial zu bezeichnendem Umgangs mit den Medien die Hinzuziehung von Elder Statesmen als Informanten und Berater. So suchte er nach den Terrorangriffen in New York und Washington im Vorfeld der

Bundestagsabstimmung über den Afghanistan-Einsatz der Bundeswehr mehrfach Rat bei seinen Vorgängern Schmidt und Kohl, bei Altbundespräsident Richard von Weizsäcker sowie beim langjährigen Außenminister Hans Dietrich Genscher. Die Spitzen der Opposition wurden gleichfalls zu vertraulichen Informationsgesprächen ins Kanzleramt eingeladen.

Als Parteivorsitzender stützte er sich auf in der SPD hoch angesehene Parteiveteranen wie Erhard Eppler und Hans-Jochen Vogel. Beide lud er vor wichtigen Parteitagsentscheidungen zu Gesprächen nach Berlin ein. Über Generalsekretär Müntefering ließ er ihnen mitteilen, welche Bedeutung er ihren öffentlichen Stellungnahmen beimessen würde. Er nutzte sie als „Entlastungszeugen für [seinen] Kurs" (Fischer 2005: 148).

Dem intensiven Aktenstudium – ein Markenzeichen von Kanzler Schmidt – zog Schröder informelle Gespräche vor. Er war davon überzeugt, „Politik primär aus der Situation heraus zu machen" (Raschke/Tils 2007: 527).

In diesen „Kamingesprächen" vor allem mit Wirtschaftsvertretern wurden häufig die Weichen für Entscheidungen gestellt, die dann von seinen Ministern umzusetzen und von der Bundestagsfraktion sowie dem grünen Partner im Parlament „abzusegnen" waren. Beispielhaft hierfür waren der Konsens mit den Vertretern der Energiewirtschaft über den Atomausstieg, die Absprache mit der Pharmaindustrie gegen die so genannte Positivliste bei Medikamenten und die vorläufige Verhinderung der EU-Altautorichtlinie nach einem Gespräch mit dem VW-Chef. Im letzteren Fall hat im Frühsommer 1999 Schröder von seiner Richtlinienkompetenz gegenüber Umweltminister Trittin, der dem EU-Text im Europäischen Ministerrat zustimmen wollte, Gebrauch gemacht (Ostheim 2003: 261). Ob der Kanzler in anderen Fällen damit gedroht hat, dieses Instrument zu benutzen, ließ sich aus der Befragung seiner Kabinettskollegen nicht eindeutig eruieren. Allerdings ließ er durch Staatssekretär Steinmeier in einigen Fällen Regierungsmitgliedern „Empfehlungen" übermitteln. Diese waren durchaus im Sinne einer Richtlinienkompetenz zu verstehen, so die ehemalige Justizministerin Däubler-Gmelin.

Kein Kanzler drohte so häufig wie Schröder gegenüber den Regierungskoalitionen mit Rücktritt, um ein höchstmögliches Maß an Geschlossenheit für seine Politik zu erhalten. Bis auf die Abstimmungen über den Mazedonien-Einsatz der Bundeswehr Ende August 2001 und über die Gesundheitsreform im September 2003 gelang ihm dies auch.

Ähnlich wie sein Vorgänger richtete Kanzler Schröder auch eine Reihe von Kabinettsausschüssen zur Vorbereitung von Kabinettsentscheidungen ein. Meinungsverschiedenheiten konnten so im Vorfeld der Regierung ausgeräumt werden. Unter den fünf Kabinettsausschüssen, die in der Regel jeweils unter der Leitung des Kanzlers tagten, kam unter früheren Regierungschefs dem Bundessicherheitsrat eine herausragende Stellung zu. Gegenstände seiner Beratungen waren Fragen der Bundeswehr, der äußeren Sicherheit, Angelegenheiten der Geheimdienste sowie die internationale Sicherheitspolitik. Die Bedeutung dieses geheim tagenden Gremiums verminderte sich jedoch im Zusammenhang mit den Auslandseinsätzen der Bundeswehr. So rief Schröder eine ministerielle Arbeitsgruppe ein, für die sich der Begriff „Sicherheitskabinett" einbürgerte (FAZ vom 25.3.2003). Je nach Bedarf trafen sich seit Beginn des Kosovo-Krieges und nach den Terror-Anschlägen vom 11. September 2001 auf Einladung des Kanzlers sein Staatssekretär sowie die Minister für Äußeres, Inneres und Verteidigung. Je nach Bedarf wurden Fachbeamte hinzugezogen. Schröder bevorzugte dieses informelle Gremium, da es schnell und flexibel auf neuere Entwicklungen, z.B. im Zusammenhang mit dem Irak-Krieg, reagieren konnte; außerdem war die Geheimhaltung besser gewährleistet. „Opfer" dieses „Sicherheitskabinetts" war der Bundessicherheitsrat, dessen Kompetenzen weitgehend auf Anträge auf Rüstungsexporte reduziert wurden. Einmalig dürfte die Veröffentlichung des Abstimmungsverhaltens seiner Mitglieder über die Streitfrage der Lieferung eines Testpanzers vom Typ Leopard an die Türkei gewesen sein, denn Außenminister Fischer, ebenso wie seine Partei Gegner eines solchen Exports, wurde überstimmt.

Der Bundesrat als Vetospieler

Fast während seiner gesamten siebenjährigen Regierungszeit war das Kabinett Schröder mit der Opposition des Bundesrates konfrontiert. Verfügte die Union in der ersten Amtszeit Schröders bis April 2002 allerdings nicht über eine klare Bundesratsmehrheit, änderte sich dies kurz vor Schröders Wiederwahl zum Bundeskanzler. Nach dem CDU/FDP-Sieg in Sachsen-Anhalt im April 2002 verfügten die unionsgeführten Länder (gemeinsam mit dem liberalen Koalitionspartner) über eine Sperrmajorität und konnten folglich jedes zustimmungspflichtige Gesetz blockieren. Vetos des Bundesrats gegen „Einspruchgesetze" mussten vom Bundestag mit der erforderlichen „Kanzlermehrheit" überstimmt werden, die nach der Bundestagswahl 2002 nur vier Stimmen ausmachte.

Wie schon die ersten beiden sozialdemokratischen Kanzler, aber auch Helmut Kohl, musste Schröder den Widerstand einzelner Länder durch Zugeständnisse an Landesregierungen brechen (Merkel 2003). Dies gelang ihm im Zusammenhang mit der Steuerreform im Jahre 2000, als er Berlin, Bremen und Brandenburg (jeweils von einer Großen Koalition regiert) sowie die SPD/PDS-Regierung von Mecklenburg-Vorpommern mit großzügigen finanziellen Versprechen aus der Phalanx der die Steuerreform ablehnenden Länder herausbrach. Das Abstimmungsergebnis von 41 zu 28 Stimmen wurde gemeinhin als ein Erfolg Schröders gewertet, da sich die

CDU-Vertreter in den genannten Landesregierungen der ausdrücklichen Anweisung ihrer Parteiführung im Bund widersetzt und für das Gesetz gestimmt hatten. Einmal mehr zeigte sich im Bundesrat, dass Länderregierungen die Interessen ihres Landes über die Anweisungen der Bundespartei stellten.

Auch bei der Reform der Alterssicherung im Jahr 2001 gelang es der Bundesregierung, die Zustimmung einiger Länder „zu erkaufen". So votierten die beiden Großen Koalitionen in Berlin und Brandenburg sowie Mecklenburg-Vorpommern für die Reform. Aufgrund der Sperrmajorität blieb der Bundesregierung in anderen Fällen nichts anderes übrig, als im Vermittlungsverfahren durch entsprechende Zugeständnisse an die unionsgeführten Länder eine Mehrheit im Bundesrat zu erhalten, wie beispielsweise bei der Gesundheitsreform und der „Agenda 2010" jeweils im Jahr 2003. Zwar wurde die notwendige „Verwässerung" von Bundestagsbeschlüssen häufig von Vertretern der Koalition als Blockadehaltung des Bundesrats gegeißelt. Letztlich übersieht eine solche Kritik jedoch die kooperative Mitregierung des Bundesrates beim Abschluss aller wichtigen Gesetzesvorhaben der Schröder-Regierungen.

Schwerpunkte in der Innenpolitik
Wie im Wahlkampf versprochen, machte Rot-Grün nach Regierungsantritt eine Reihe von Maßnahmen der Vorgängerregierung rückgängig. So entfiel der demographische Faktor bei der Rentenberechnung. Im Rahmen der Rentenreform 2000/2001 wurde er allerdings in veränderter Form wieder eingeführt.

Die partielle Aufhebung der Selbstbeteiligung im Gesundheitswesen gehörte ebenfalls zur „rot-grünen Gegenreform der Ära Kohl" (Schmidt 2003: 244). Im Jahr 2003 sah sich die Regierung allerdings wegen „leerer Kassen" genötigt, umzusteuern und Beitragserhöhungen und Leistungseinschränkungen zu beschließen. So stieg der Beitragssatz in der Gesetzlichen Krankenversicherung von 13,5 auf 14%. Da es sich um ein zustimmungspflichtiges Gesetz handelte, musste Gesundheitsministerin Ulla Schmidt der Unionsmehrheit im Bundesrat erhebliche Zugeständnisse machen. Die Lockerung des Kündigungsschutzes sowie die von der Vorgängerregierung gegen heftigen Widerstand der Gewerkschaften beschlossene Reduzierung der gesetzlichen Lohnfortzahlung im Krankheitsfall wurden gleichfalls aufgehoben.

Zu den bedeutenden Reformgesetzen der rot-grünen Regierung zählen der Ausstieg aus der Atomenergie im Wege einer letztlich von Schröder gegen den Widerstand von Umweltminister Trittin mit den Energiekonzernen vereinbarten Laufzeitbegrenzung der Kernkraftwerke, ein reformiertes Staatsbürgerrecht, das dank der FDP im Bundesrat eine Mehrheit fand, und die Neuregelung gleichgeschlechtlicher Lebensgemeinschaften. Die Einführung der Öko-Steuer auf

Kraftstoffe, Gas und Strom sollte – neben Energiespareffekten – zur staatlichen Finanzierung der Rentenkassen und zu einer Absenkung der Sozialabgaben beitragen. Das letztere führte zwar zu einer Entlastung um rund einen Prozentpunkt; jedoch schon zu Beginn des neuen Jahrzehnts stiegen die Beitragszahlungen auf 19,5% an.

Um vor dem Hintergrund der äußerst bedenklichen demographischen Entwicklung die Rente langfristig auf eine gesicherte Basis zu stellen, wurde die traditionelle Alterssicherung durch eine private, mit umfangreichen staatlichen Mitteln geförderte Altersvorsorge ergänzt (die so genannte Riester-Rente). Schröder verteidigte ihre von den Gewerkschaften abgelehnte Einführung auf einem Gewerkschaftskongress am 5. November 2000 mit den Worten. „Es ist notwendig und wir werden es machen. Basta!" Kritik an diesem Machtwort wies er vehement zurück.

Auf breite Ablehnung in der Öffentlichkeit stieß die von der Regierung auf Drängen der Gewerkschaften und der Sozialversicherungen beschlossene Neuregelung der geringfügigen Beschäftigung (die später so genannten 630 DM-Jobs) durch Einführung von Sozialabgaben in Höhe von 22% auf diese Einkünfte. Bislang waren diese versicherungsfrei und nur mit einer vom Arbeitgeber zu leistenden Pauschalsteuer von 20% belegt. Außerdem durfte einer solchen Beschäftigung auch zusätzlich zum Hauptberuf nachgegangen werden; die Aufnahme mehrerer solcher Tätigkeiten war gleichfalls erlaubt. Nach In-Kraft-Treten der Neuordnung am 1. April 1999 kam es zu einem massiven Einbruch bei den Beschäftigungszahlen.

In der Finanzpolitik vollzog die Regierung eine „doppelte budgetpolitische Wende" (Manfred G. Schmidt). Die von Finanzminister Lafontaine im Gegensatz zur Politik seines Vorgängers Theo Waigel durchgesetzte Wende zu hohen staatlichen Ausgaben, um die Wirtschaftskonjunktur zu stimulieren, wurde von seinem Nachfolger Hans Eichel durch von der Öffentlichkeit weitgehend begrüßte Sparmaßnahmen zur Sanierung des Bundeshaushaltes aufgehoben. In der Tat gelang es Eichel anfänglich, das Finanzierungsdefizit des Staates deutlich unter das Maastricht-Ziel von 3% des Bruttosozialproduktes zu senken. Ab 2002 überstieg es dann aber jährlich die Schwellenwerte des Euro-Stabilitätspaktes.

Im Jahr 1999 sollte Schröder seinen Politikstil aus Hannoveraner Zeiten wiederholen, mit staatlichen Eingriffen Arbeitsplätze zu retten. Er sicherte dem maroden Baukonzern Philipp Holzmann staatliche Beihilfen zu, die allerdings dessen endgültige Insolvenz ein Jahr später nicht verhindern konnten. Immerhin gelang es dem „Standorterhalter" mit seinem publikumswirksamen, persönlichen Einsatz, bei Bevölkerung und Parteimitgliedern breite Zustimmung zu gewinnen.

Zwei Reformen, die Steuerreform und die „Agenda 2010", stachen aus den von der rot-grünen Mehrheit beschlossenen Gesetzen besonders hervor. Die im Jahr 2000 vom Bundestag und (nach „Lockangeboten" Schröders an einige Bundesländer) vom Bundesrat verabschiedete dreistufige Einkommensteuerreform beinhaltete eine der größten jemals beschlossenen Steuerreduzierungen. So sanken der Eingangssteuersatz auf 15% und der Spitzensteuersatz auf 42%. Insgesamt wurde die Steuerlast der Bürger um durchschnittlich zehn Prozent reduziert. Die Entlastung sollte 56 Mrd. Euro betragen, belief sich allerdings durch die Aufhebung oder Reduzierung einer Reihe von Steuervergünstigungen im Endeffekt auf eine Nettoentlastung der Steuerzahler um 15 Mrd. Euro. Trat die erste Stufe schon 2001 in Kraft, wurde die zweite wegen der Flutkatastrophe in Bayern und in Sachsen auf 2004 verschoben und mit der dritten um ein Jahr vorgezogenen Reformstufe zusammengelegt. Vor allem Arbeitnehmer, Familien mit kleinen und mittleren Einkommen sowie mittelständische Unternehmen profitierten von der Steuerentlastung. Aber auch große Unternehmen wurden erheblich entlastet, da der Körperschaftssteuersatz auf 25% gesenkt wurde, ohne Unterschied ob Gewinne einbehalten oder ausgeschüttet wurden.

„Herbst der Reformen – Deutschland verändert sich" überschrieb die FAZ auf einer Doppelseite die am 17. Oktober 2003 vom Bundestag beschlossenen Reformgesetze, die der Kanzler am 14. März 2003 als „Agenda 2010" vorgestellt hatte. Anerkennend vermerkte das Blatt „das beispiellose Tempo, mit dem der Umbau des Sozialstaates im vergangenen halben Jahr vorangetrieben wurde" (FAZ vom 17.10. 2003: 6f). Mit keinem anderen Reformwerk hatte Schröder seine politische Zukunft so sehr verbunden wie mit den Vorschlägen zum Umbau des Sozialstaates, insbesondere zur Umgestaltung der Arbeitslosen- und Sozialhilfe, hatte er doch auf einem außerordentlichen SPD-Parteitag verklausuliert, aber unmissverständlich die Vertrauensfrage an die Delegierten gerichtet. Nachdem die rot-grüne Koalition Schröders ehrgeizigstes Reformwerk verabschiedet hatte, billigte schließlich auch der Bundesrat – nach im Vermittlungsausschuss gefundenen Kompromissen – das Reformpaket.

Die „Agenda 2010", die auf Vorschlägen der Hartz-Kommission, benannt nach dem damaligen VW-Personalvorstand, beruhte, enthielt ein Maßnahmenbündel, mit dem die Sozialsysteme saniert, die Lohnnebenkosten auf unter 40% gesenkt, der Arbeitsmarkt flexibler gestaltet und die öffentlichen Finanzen konsolidiert werden sollten.

Im Kern enthält sie Folgendes: Die Zusammenführung von Arbeitslosen- und Sozialhilfe zu einem Arbeitslosengeld II. Alle beschäftigungslosen Erwerbstätigen ohne Anspruch auf Arbeitslosengeld I erhalten im Rahmen der neuen „Grundsicherung für Arbeitssuchende" das

ALG II. Es besteht in der Regel aus der pauschalierten Regelleistung auf dem Niveau der Sozialhilfe, dem Wohngeld und den gesetzlichen Sozialversicherungsleistungen. Nach dem Grundsatz „Fordern und Fördern" ist grundsätzlich jede einem Langzeitarbeitslosen angebotene Arbeit zumutbar.

Der Bezug des Arbeitslosengeldes I wurde auf 12 Monate begrenzt, für ältere Beschäftigungslose auf 18 Monate. Beim Kündigungsschutz wurde der bisherige Schwellenwert von fünf auf zehn Beschäftigte bei Neueinstellungen erhöht. Damit sollen Kleinbetriebe rascher die Zahl ihrer Mitarbeiter der Auftragslage anpassen können. Außerdem wurde – gleichfalls einen Vorschlag der Hartz-Kommission aufgreifend – die Bundesanstalt für Arbeit in Bundesagentur für Arbeit umbenannt. Durch eine Reduzierung der zu betreuenden Arbeitslosen pro Mitarbeiter sollen die Angestellten der Nürnberger Behörde Arbeitssuchende intensiver betreuen und bei der Arbeitssuche besser unterstützen können.

Die Beschlüsse, die Verkrustungen des Arbeitsmarktes aufzubrechen und neue Anreize für Beschäftigung zu schaffen, erwiesen sich als äußerst unpopulär. Gewerkschaften, PDS und linke SPD-Politiker protestierten lautstark gegen die Eingriffe in bestehendes Recht, insbesondere gegen die Zusammenlegung von Arbeitslosen- und Sozialhilfe.

Eine Folge dieses Unmutes war die Gründung der Wahlalternative Arbeit und soziale Gerechtigkeit (WASG) vorrangig durch regierungskritische SPD-Mitglieder und Gewerkschafter zunächst als Verein, seit 22. Januar 2005 als Partei. Durch den Beitritt von Oskar Lafontaine und des ehemaligen SPD-Landesvorsitzenden von Baden-Württemberg, Ulrich Maurer, Mitte 2005 gelang es der WASG im Vorfeld der Bundestagswahl, zusätzliche Aufmerksamkeit zu gewinnen. Lafontaine empfahl „seiner" neuen politischen Kraft links von der SPD, WASG-Kandidaten auf den Landeslisten der PDS zu platzieren, von deren Seite ein entsprechendes Angebot vorlag. Während die PDS in der Nominierung gemeinsamer Kandidaten eine Möglichkeit sah, ihren Einfluss bei der vorgezogenen Bundestagswahl auf Westdeutschland ausdehnen zu können, bot das schließlich zwischen beiden Parteien unterzeichnete Abkommen WASG-Mitgliedern die Chance, in den Bundestag einzuziehen. Um Widerstände aus den Reihen der personell und organisatorisch sehr schwachen WASG gegen eine Zusammenarbeit mit der SED-Nachfolgepartei zu vermeiden, benannte sich die PDS auf Wunsch des neuen Partners in Die Linkspartei. PDS um.

Am Wahltag erhielt das neue Bündnis 8,7% der Wählerstimmen und zog mit 54 Abgeordneten in den 16. Deutschen Bundestag. Die beiden Spitzenkandidaten Oskar Lafontaine und Gregor Gysi übernahmen gemeinsam den Fraktionsvorsitz. Ziel beider Parteien war die Fusion zu einer Linkspartei mit der Absicht, langfristig Regierungsverantwortung auf Bundesebene zu übernehmen. Der PDS bot das Bündnis die Chance, sich von einer Regionalpartei zu einer gesamtdeutschen Partei mit möglicherweise dauerhafter Präsenz im Bundestag entwickeln zu können. Am 17. Juni 2007 fusionierten beide Parteien.

Außenpolitik
Die außenpolitischen Aktivitäten des Kabinetts Schröder standen in seiner ersten Amtszeit weitgehend im Zeichen der Kontinuität bisheriger deutscher Außenpolitik. Dies änderte sich schlagartig während des Wahlkampfes im Sommer 2002, als Gerhard Schröder aus wahltaktischen Gründen im Vorfeld des sich abzeichnenden Irak-Krieges in bislang nicht dagewesener Weise auf Distanz zu den USA ging.

Zunächst aber wurde die rot-grüne Außenpolitik in den ersten vier Jahren mit drei großen Herausforderungen konfrontiert: dem Einsatz der Bundeswehr außerhalb des NATO-Gebietes, der Unterstützung der USA nach den Terrorangriffen auf das World Trade Center sowie das Pentagon am 11. September 2001 und den Auseinandersetzungen innerhalb der Europäischen Union.

Noch vor Amtsantritt der neuen Regierung hatte der Bundestag in seiner alten Zusammensetzung am 16. Oktober 1998 einem möglichen Militäreinsatz der NATO unter Beteiligung von Kampfflugzeugen der Bundeswehr gegen Jugoslawien zugestimmt, um so genannte ethnische Säuberungen der jugoslawischen Armee gegen die albanische Bevölkerungsmehrheit in der Autonomen Provinz Kosovo zu verhindern. An den am 24. März 1999 beginnenden, von der UNO nicht sanktionierten Luftangriffen auf Jugoslawien beteiligten sich auch deutsche Tornado-Kampfbomber. Damit musste die rot-grüne Regierung erstmals seit Bestehen der Bundesrepublik deutsche Soldaten außerhalb des NATO-Territoriums einsetzen. Nachdem der jugoslawische Präsident Milošević gezwungenermaßen den unter maßgeblicher deutscher Beteiligung entworfenen Friedensplan für das Gebiet gebilligt hatte, um eine weitere Zerstörung der Infrastruktur seines Landes zu vermeiden, endeten am 10. Juni die Luftangriffe. Die Zustimmung ihrer Parteien zu den Kampfeinsätzen der Bundeswehr hatten Kanzler und Außenminister vornehmlich mit dem emotionalen Verweis auf „‚Nie wieder Auschwitz' heißt heute ‚Wehret den Anfängen'" (so Vizekanzler Fischer) gewonnen. Am 11. Juni sprach sich der Bundestag – nach Abzug der serbischen Truppen aus dem Kosovo – für ein Kontingent von bis zu 8.000 Bundeswehrsoldaten im Rahmen einer starken NATO-Militärpräsenz (KFOR) aus. Von den insgesamt etwa 17.000 Soldaten aus den Bündnisstaaten stellte die Bundeswehr schließlich 2.600.

Auch in anderen Gebietsteilen des ehemaligen Jugoslawiens beteiligte sich die Bundeswehr an friedenssichernden Maßnahmen. So waren bzw. sind 1.100 Bundeswehrangehörige im Rahmen der „European Union Force" (EUFOR) zur Bewahrung des Friedens im multiethnischen Bosnien-Herzegowina präsent. Seit November 1998 waren auch deutsche Soldaten in Mazedonien stationiert, nachdem albanische Separatisten versucht hatten, das seit 1991 unabhängige Land zu destabilisieren. Eine eigene Regierungsmehrheit erhielt die rot-grüne Bundesregierung für die nachfolgenden Mazedonien-Einsätze der NATO „Essential Harvest" und „Amber Fox" allerdings nicht. Nur mit den Stimmen der Opposition konnte die Entsendung von etwa 600 Bundeswehrsoldaten beschlossen werden. Die fehlende Geschlossenheit der eigenen Bundestagsfraktion veranlasste Schröder zu der Drohung, im Wiederholungsfall die Regierungsverantwortung abzugeben.

Zweifellos markierte der erstmalige Kampfeinsatz in der Geschichte der Bundeswehr eine Zäsur mit gravierenden Folgen für die weitere Entwicklung der deutschen Außenpolitik.

Der Terroranschlag durch radikale Islamisten, die teilweise Deutschland als „Ruhezone" zur Vorbereitung des Angriffs auf die Doppeltürme in New York am 11. September 2001 genutzt hatten, veränderte die deutsche Außenpolitik grundlegend, vor allem hinsichtlich der deutschamerikanischen Beziehungen. Anfänglich sicherte der Bundeskanzler bei seinem Besuch in den USA unmittelbar nach den Attentaten Präsident Bush seine uneingeschränkte Solidarität zu. Deutschland trug die Entscheidung der NATO, erstmals in ihrer Geschichte den Bündnisfall zu erklären, voll mit. Im Kampf gegen die Ausbildungslager und Rückzugsgebiete der Terroristen in Afghanistan solidarisierte sich die Bundesregierung mit den USA und entsandte im Rahmen der NATO Truppen an den „Hindukusch". Der Bundestag beschloss am 16. November 2001, die Bundeswehr in erheblichem Umfang an der Internationalen Schutztruppe für Afghanistan, und zwar mit 2.200 Soldaten, zu beteiligen. Der Kampfeinsatz von Mitgliedern der Spezialtruppe Kommando Spezialkräfte (KSK) gegen Talibankämpfer an der Seite von US-Truppen wurde gleichfalls beschlossen. Nur mit Hilfe der Vertrauensfrage hatte der Kanzler die Zustimmung seiner Koalition „erzwingen" können. Gregor Schöllgens Einschätzung ist beizupflichten, dass wohl nur Rot-Grün in der Lage war, erstmals wieder deutsche Truppen an Kriegseinsätzen zu beteiligen, ohne dass es in Deutschland zu Massendemonstrationen und schweren Auseinandersetzungen kam. Auch an anderen Orten, wie am Horn von Afrika, im Roten Meer und im Golf von Aden beteiligte sich die Bundeswehr im Rahmen des NATO-Einsatzes „Enduring Freedom".

Parallel zu diesen militärischen Aktionen, die eine Verschiebung der Aufgabenbereiche der deutschen Armee von der ausschließlichen Verteidigung des eigenen Landes bzw. des Bündnisgebiets hin zu weltweiten Einsätzen belegten, wirkte Deutschland entscheidend bei den Abkommen über die Einrichtung einer Übergangsregierung in Kabul und über den Wiederaufbau des Landes mit. Das „Petersberg Abkommen" von Ende 2001 wurde gemeinhin als Höhepunkt außenpolitischen Ansehens der rot-grünen Regierung gesehen, denn es belegte die neue Verantwortung Deutschlands, notfalls auch militärisch an der Seite der Verbündeten im weltweiten Kampf gegen den Terrorismus zu intervenieren.

Diese in den USA dankbar aufgenommene Unterstützung, das Festhalten an engen transatlantischen Beziehungen änderte sich aber dramatisch im Verlauf der Irakkrise im Sommer 2002, als Schröder im Wahlkampf Deutschlands wichtigsten Verbündeten beispiellos brüskierte.

In der Europapolitik folgte die Schröder-Regierung gleichfalls weitgehend den Vorgängerkabinetten. Dies galt besonders für die deutsch-französischen Beziehungen. So suchte Schröder unmittelbar nach Amtsübernahme den französischen Staatspräsidenten auf, um eine Vertiefung der beiderseitigen Beziehungen voran zu treiben. Allerdings war „das Tandem Schröder–Chirac zunächst durch mehr Konflikt und Konfrontation als durch Kooperation gekennzeichnet" (Wichard Woyke). Zwei Streitpunkte belasteten in besonderem Maße das Verhältnis der beiden wichtigsten europäischen „Motoren": die Reduzierung der deutschen Nettozahlungen in die „EU-Kasse" und die Neugewichtung der Stimmen im Ministerrat. Hatte sich schon die Regierung Kohl für eine Absenkung der deutschen Nettoüberweisungen an den Brüsseler Haushalt ausgesprochen, verlangte Bundeskanzler Schröder auf dem EU-Gipfel in Berlin 1999 eine deutliche Entlastung Deutschlands für die kommenden Jahre. Dieses berechtigte Anliegen wurde jedoch schon im Vorfeld der Gipfelberatungen von deutscher Seite ungeschickt präsentiert, so dass sich die Partner, insbesondere Frankreich, weigerten, den deutschen Forderungen nachzukommen. Schröder hatte sein Anliegen einer deutschen Nettoentlastung mit einer Ko-Finanzierung der Agrarpolitik durch die einzelnen Mitgliedsstaaten bei gleichzeitiger Absenkung der EU-Agrarausgaben und mit einer Reduzierung des britischen Beitragsrabatts gekoppelt. Die Umsetzung der deutschen Forderungen hätte für die übrigen EU-Staaten entweder höhere Mitgliedsbeiträge oder geringere Subventionen besonders für die Landwirtschaft aus dem EU-Haushalt bedeutet. Folglich musste sich Deutschland bei dem nach langem Ringen gefundenen Kompromiss mit einer leichten Senkung seiner Beitragszahlungen ab 2003 begnügen.

Auch auf dem Gipfeltreffen der 15 Mitgliedsstaaten Ende 2000 in Nizza prallten die deutsch-französischen Interessen heftig aufeinander. Gemeinhin wird dieser Gipfel unter französischer Präsidentschaft als Fehlschlag bezeichnet, da Staatspräsident Chirac nicht zögerte, nationale Interessen mit Brachialgewalt durchzusetzen. Hauptstreitpunkt zwischen der deutschen und der französischen Delegation war die Neugewichtung der einzelstaatlichen Stimmen im Europäischen Rat nach der für 2004 vereinbarten Erweiterung der EU auf zunächst 25, ab Januar 2007 auf 27 Mitgliedsländer. Während Schröder wegen der größeren deutschen Bevölkerung eine Höhergewichtung der deutschen Stimmen im Ministerrat verlangte, lehnte Chirac einen Verzicht auf Stimmenparität der vier „Großen" kategorisch ab. Man einigte sich schließlich auf die Formel: Bei Abstimmungen im Ministerrat Festhalten an der Stimmparität zwischen Deutschland, Frankreich, Großbritannien und Italien bei gleichzeitiger Einführung der Möglichkeit einer Überprüfung, ob eine Ratsentscheidung 62% der EU-Bevölkerung repräsentiert. Zugestanden wurde Deutschland eine Erhöhung der Zahl seiner Abgeordneten im Europäischen Parlament. Formal wurde zwar die Gewichtung der deutschen Stimmen im Ministerrat mit den anderen großen Partnerländern beibehalten; durch die beschlossene doppelte Mehrheit bei qualifizierten Ratsentscheidungen fand jedoch eine „Aufwertung" Deutschlands statt. Nunmehr müssen – sofern dies beantragt wird – neben der Ratsmehrheit auch mindestens 62% der EU-Bevölkerung hinter einem Beschluss stehen. Schröders ungeschickt vorgetragene Forderung belastete die deutsch-französischen Beziehungen stark, so dass von einem Tiefpunkt im beiderseitigen Verhältnis gesprochen wurde. Erst die Gegnerschaft beider gegen die Irak-Kriegspläne des amerikanischen Präsidenten führte zu einer deutlichen Klimaverbesserung.

Weitere grundlegende Entscheidungen in der Europapolitik wurden vom „Tandem Schröder–Chirac" einvernehmlich mitgetragen. Dies galt u. a. für den Beschluss, der Türkei Beitrittsverhandlungen anzubieten, obwohl zahlreiche Kritiker vor einer solchen „Überdehnung" (Egon Bahr) der Aufnahmekapazitäten der EU eindringlich warnten. Letztlich trug dieser Beschluss wesentlich zum negativen Votum der Franzosen sowie der Niederländer bei den Volksabstimmungen über den EU-Verfassungsentwurf im Mai und Juni 2005 bei. Die Verunsicherung der Wähler in beiden Staaten – aber nicht nur dort – über einen möglichen Verlust der eigenen, aber auch der europäischen Identität durch eine Verschiebung der Grenzen der EU bis in den Mittleren Osten führte zum heftigsten Rückschlag des europäischen Einigungsprozess seit Gründung der EWG im Jahre 1957.

Trotz des Fehlschlags in Nizza und weiterer deutsch-französischer Interessengegensätze in den ersten Jahren der Regierung Schröder waren auch Fortschritte im europäischen Einigungsprozess zu vermelden. Hierzu gehörte die Einführung der gemeinsamen Europäischen Währung Euro in zwölf Mitgliedsstaaten am 1. Januar 2002 sowie die Vereinbarung über eine Europäische Sicherheits- und Verteidigungspolitik (ESVP) als Teil der Gemeinsamen Außen- und Sicherheitspolitik (GASP) der EU in Köln 1999. Die Balkankriege hatten gezeigt, dass die EU die Konflikte weder verhindern konnte, noch in der Lage gewesen war, diese ohne logistische Unterstützung durch die USA zu bewältigen. Ziel des Beschlusses der Staats- und Regierungschefs war es, der EU mit der ESVP ein Mittel an die Hand zu geben, um mit einer europäischen Einsatztruppe Maßnahmen zur Wiederherstellung des Friedens oder friedenserhaltende Einsätze durchführen zu können. Bei den vereinbarten Einsatzkräften von 50.000 bis 60.000 Mann zuzüglich Luftwaffen- und Marineeinheiten handelte es sich nicht um eine europäische Armee mit integrierten Verbänden, sondern um die Bereitstellung nationaler Truppenkontingenten der Mitgliedsstaaten. Auch soll die ESVP nicht die NATO ersetzen, sondern lediglich ergänzen. Sie sollte nur in solchen Fällen handeln, in denen die NATO als Ganzes nicht beteiligt war bzw. ist. Das ehrgeizige Ziel, die Truppen bis 2003 aufzustellen, wurde nicht erreicht. Dennoch wird der Aufbau einer gemeinsamen europäischen Verteidigungskomponente als Durchbruch gewertet, langfristig eine integrierte europäische Streitmacht zu schaffen. Ihre erste Bewährungsprobe – nach begrenzten Einsätzen in Mazedonien und im Kongo – bestand die ESVP in Bosnien-Herzegowina, wo mehr als 6.000 Soldaten der „European Union Force" (EUFOR) zur Stabilisierung des Landes beitragen.

„In der Abseitsfalle" überschrieb Hans-Ulrich Klose, langjähriger außenpolitischer Sprecher der SPD, seine vernichtende Kritik an Gerhard Schröders Entscheidung, den USA im Zusammenhang mit der Irak-Krise die Gefolgschaft zu verweigern. In seiner Rede in Hannover zum Auftakt des Bundestagswahlkampfes 2002 hatte der Bundeskanzler sich auf ein Nein gegen jede, auch durch ein Votum des UN-Sicherheitsrates gestützte Militäraktion gegen den irakischen Diktator Saddam Hussein festgelegt, obwohl keinerlei Unterstützungsverlangen von Seiten der USA vorlag und es keinen Anlass gab, sich zu dieser Frage abschließend zu äußern. Allein innenpolitisches Kalkül vor dem Hintergrund schlechter Meinungsumfragen dürfte Schröder zu seinen Äußerungen, „Deutschland ist ein selbstbewusstes Land", das für Abenteuer nicht zur Verfügung stehe, und „die existentiellen Fragen der deutschen Nation" werden in Berlin entschieden „und nirgendwo anders", bewogen haben. Ungeachtet des Chaos, in das der Irak nach der Militäraktion der USA und einiger Verbündeter stürzte, urteilte die überwiegende Mehrheit der Fachleute äußerst kritisch über Schröders öffentlich geäußerte Desavouierung der USA.

Schröders auf Wahlveranstaltungen geäußertes Nein zu jeder militärischen Option gegen den irakischen Diktator und sein Beharren auf einen „deutschen Weg" wurden in den USA als Wahlopportunismus wahrgenommen. „[Der Kanzler] hat damit", so Klose, „gegen Grundprinzipien deutscher Außenpolitik nach dem Zweiten Weltkrieg verstoßen: Nie wieder deutsche Sonderwege beschreiten, die unweigerlich ins Abseits führen, immer multilateral im Verbund mit Partnern agieren – das war (ist?) die gemeinsame außenpolitische Philosophie […]" (FAZ vom 14.2.2003).

Für den Bonner Politikwissenschaftler Christian Hacke resultierte – auf der Grundlage eines vielzitierten Aufsatzes des amerikanischen Kollegen Robert Kagan – die Krise in den deutsch-amerikanischen Beziehungen nicht nur aus der gegensätzlichen Beurteilung einer Bedrohungsperspektive durch den Irak. Die Ursachen, so Hacke, hatten sich schon in den neunziger Jahren im amerikanisch-westeuropäischen Verhältnis abgezeichnet. Nach dem Ende des Kalten Krieges und dem Zusammenbruch der Sowjetunion hätten die USA als dominierende Weltmacht keinen Hehl daraus gemacht, ihre militärische Kraft zum Kampf gegen den Terrorismus und so genannte Schurkenstaaten zu nutzen, sollten sie dies für erforderlich halten. Die Europäer dagegen hätten den Einsatz militärischer Mittel weitgehend zurückgewiesen und sich demgegenüber für den Einsatz nicht-militärischer friedenssichernder Maßnahmen ausgesprochen. Die Grundlage für eine transnationale Zusammenarbeit sahen die Europäer in der UNO bzw. in anderen internationalen Organisationen wie der OSZE. Unilateralismus, von der Bush-Administration besonders betont, stand dem von der Regierung Schröder präferierten Multilateralismus gegenüber. Nach dem Terroranschlag vom 11. September 2001, den die Amerikaner als eine Art Kriegserklärung gegen ihr Land betrachteten, zögerten Präsident Bush und seine Regierung nicht, auch von den Verbündeten militärische Maßnahmen gegen den internationalen Terrorismus – u. a. personifiziert im irakischen Diktator Saddam Hussein – zu verlangen. Die Europäer, vor allem die Deutschen, kamen jedoch zu anderen Schlussfolgerungen und bezweifelten Bushs Bedrohungsszenario durch den Irak. Bushs Drängen auf eine militärische Intervention gegen das Regime von Saddam Hussein wurde von einigen europäischen Regierungen und der europäischen Öffentlichkeit eher als Kriegstreiberei denn als besonnene, alle friedlichen Mittel auslotende Politik im Rahmen der UNO gewertet. Kurz: „Das amerikanische Konzept eines ‚Krieges gegen den Terror' widersprach einfach europäischem Denken", so der Bonner Politologe Karl Kaiser. Die Aufkündigung des ABM-Vertrages sowie die Weigerung der amerikanischen Regierung, dem internationalen Abkommen zur Reduzierung von Schadstoffemissionen (Kyoto-Protokoll), der Landminenkonvention, dem Abkommen über biologische Waffen, dem vollständigen Kernwaffenversuchsverbot sowie der Vereinbarung zur Schaffung eines Internationalen Strafgerichtshofes zur Verurteilung von Kriegsverbrechern beizutreten, irritierten zusätzlich die europäischen Regierungen, insbesondere das rot-grüne Kabinett, und verdeutlichten die unterschiedlichen Wertvorstellungen auf beiden Seiten des Atlantiks. Bei allem Respekt vor Schröders Argumenten gegen einen Angriff auf den Irak, die von den späteren bürgerkriegsähnlichen Unruhen, den Attentaten gegen die alliierten Besatzungstruppen, einem fehlenden Konzept der Amerikaner für die „Nach-Kriegs-Zeit" und der unzutreffenden Begründung für den Krieg, nämlich der Existenz von irakischen Massenvernichtungswaffen, bestätigt wurden, war die Art und Weise, wie der Bundeskanzler sein negatives Votum in der Öffentlichkeit begründete, dem bislang guten Verhältnis zu Deutschlands wichtigstem Bündnispartner und langjähriger Schutzmacht höchst abträglich. Die Wiederholung seiner Weigerung auf einer Wahlkundgebung in Goslar im März 2003, auch bei einem UN-Mandat die Amerikaner im Irak militärisch zu unterstützen und im UN-Sicherheitsrat ggf. gegen einen amerikanischen Präventivschlag zu votieren, vertiefte den Graben zwischen Berlin und Washington.

Deutschlands Isolierung am Vorabend des Irak-Krieges wurde durch den engen Schulterschluss zwischen Schröder, Chirac und Putin nur zum Teil gemildert.

Allerdings führte diese Allianz zusätzlich zu einer Spaltung zwischen den EU-Mitgliedsstaaten. Staatspräsident Chirac hatte anfänglich ein Votum Frankreichs zu Gunsten einer Kriegsbeteiligung offen gelassen. Anfang März 2003 machte er jedoch deutlich, dass sein Land im UN-Sicherheitsrat gegen eine Resolution stimmen werde, die den Einsatz militärischer Maßnahmen sanktioniere. Dadurch näherten sich die Positionen Deutschlands und Frankreichs in der Irak-Krise stark an.

Die offene Konfrontation einiger kontinentaleuropäischer Länder mit den USA war in der Geschichte der deutsch-amerikanischen Beziehungen einmalig und beschränkte den deutschen Handlungsspielraum. „[Diese Staaten] bemühen sich", so Christian Hacke, „um die Eindämmung des amerikanischen Einflusses in der Welt. Hier liegt der revolutionäre Wandel der rot-grünen Außenpolitik begründet. Die unipolare Welt unter Führung der USA wird nicht als Chance, sondern [in Berlin und Paris] als Bedrohung verstanden (2005: 13)." Schröders Betonung einer strategischen Partnerschaft mit Russland vertiefte das transatlantische Zerwürfnis. Die Charakterisierung des russischen Präsidenten Putin als „lupenreinen Demokraten" löste auch im eigenen Land Kopfschütteln aus, zumal Putins brutales Vorgehen im tschetschenischen Bürgerkrieg Zweifel an dessen Menschenrechtsverständnis hervorgerufen hatte. Auch äußerte Schröder kein kritisches Wort über die Einschränkung von Grundrechten unter Putin; im Gegenteil, er betonte mehrfach das enge Freundschaftsverhältnis beider.

Die Allianz der ungleichen Partner führte zusätzlich zur erwähnten Spaltung der EU. Acht EU-Mitglieder unterstützten das Vorgehen der amerikanischen Regierung in einem offenen Brief; gleichzeitig wandten sie sich gegen den deutsch-französischen Versuch, eine Führungsrolle in der transatlantischen Auseinandersetzung einzunehmen; auch kritisierten sie, von Paris und Berlin vorher nicht informiert worden zu sein. Mit seiner Anlehnung an Frankreichs Staatspräsidenten gab Schröder erstmals in der Geschichte der bundesdeutschen Außenpolitik die „traditionelle deutsche Politik der Vermittlung zwischen den USA und Frankreich" auf und „machte Berlin von Paris abhängig" (Kaiser 2006: 38). Wenn sich auch das deutsch-amerikanische Verhältnis nach Beendigung des Irak-Krieges im Mai 2003 und sicherlich auch vor dem Hintergrund des Scheiterns der alliierten Maßnahmen zur Befriedung und zum Wiederaufbau des Landes etwas entspannte, ist Wilfried von Bredows Einschätzung beizupflichten, dass die beiderseitigen „Verstimmungen jenseits aller persönlichen Idiosynkrasien der Regierungs-Chefs ausdrücken, dass sich die transatlantischen Beziehungen in einem strukturellen Änderungsprozess befinden. Die Rückkehr zu einem ‚business as usual' ist nicht zu erwarten" (Bredow 2006: 228). Dem amerikanischen Unilateralismus stellte das Tandem Paris-Berlin die Idee einer multipolaren Welt mit einer bedeutenden Rolle der UNO entgegen.

Vorteilhafter für Deutschlands Position innerhalb der EU, aber auch für sein Verhältnis zu den USA wäre ein diplomatisch klügeres Vorgehen „hinter verschlossenen Türen" gewesen, um die Amerikaner zu einem besonneneren Vorgehen unter Einbeziehung der UNO zu bewegen. Schröders Proklamierung eines „deutschen Weges" und das Zimmern einer deutsch-russischen „strategischen Partnerschaft" waren kein Ersatz für das langjährige, sicherlich nicht immer konfliktlose Bündnis mit den USA. Es ist fraglich, ob Schröder mit seiner undiplomatisch vorgetragenen Absicht, „sein Land aus der bedingungslosen, einseitigen Abhängigkeit von der amerikanischen Vormacht zu lösen" (so Gregor Schöllgen), den deutschen Interessen gedient hat.

Fazit

Nach dem Stand der Forschung kann erst ein vorläufiges Fazit von Gerhard Schröders Kanzlerschaft gezogen werden. Fragt man, auf welchen Gebieten der Innenpolitik Schröder wegweisend Neues vorzuweisen hatte, mit welchen Projekten er Akzente zu setzen vermochte, so sind die „Riester-Rente" und die „Agenda 2010" zu nennen.

Die nach Arbeitsminister Riester benannte Reform ergänzt das traditionelle Umlagesystem zur Alterssicherung um eine privat finanzierte Komponente. Ob eine solche Änderung am bestehenden Finanzierungsmodus der Renten unter einer anderen Regierungsmehrheit durchsetzbar gewesen wäre, ist fraglich.

Mit dem Reformpaket „Agenda 2010", das Schröder gegen den erbitterten Widerstand in den eigenen Reihen und in Teilen der Öffentlichkeit durchsetzte, hatte der Kanzler sein politisches Schicksal verknüpft. Auch nach verheerenden Niederlagen bei Landtagswahlen hielt er an diesem Konzept, das trotz aller Schwächen von der Mehrheit der Experten befürwortet wird, fest und ließ es umsetzen. Der Verlust der Kanzlerschaft nach der vorgezogenen Bundestagswahl dürfte wesentlich auf das Konto von „Agenda 2010" gehen. Im Gegensatz zu seiner Sprunghaftigkeit in seinen ersten Amtsjahren (zunächst aus wahltaktischen Gründen Pflegen der „Neuen Mitte", dann enger Schulterschluss mit den Gewerkschaften) und trotz zahlreicher handwerklicher Fehler bei der Umsetzung der Regierungspolitik hielt Schröder nach seiner Wiederwahl im September 2002 unbeirrt am Ziel einer Rosskur der Sozialsysteme fest, um langfristig den Sozialstaat zu stabilisieren.

Dass der Protest gegen das Schrödersche Sozialprogramm mit seinen tiefen Einschnitten ins soziale Netz die bis dahin nur als ostdeutsche Regionalpartei agierende PDS dank sozialdemokratischer Überläufer mit dem einstigen SPD-Vorsitzenden Lafontaine an der Spitze und linker Gewerkschafter auch in Westdeutschland hoffähig machte, ist eine ungewollte Begleiterscheinung. Aber langfristig könnte die Partei links von der SPD den Sozialdemokraten als Mehrheitsbeschaffer durchaus willkommen sein.

Auf dem Feld der Außenpolitik war Schröder der erste Nachkriegskanzler, unter dem Bundeswehrsoldaten in den Krieg zogen. Nur mit Hilfe der Vertrauensfrage konnte er im November 2001 eine rot-grüne Kanzlermehrheit erzwingen. Zwar stimmten alle SPD-Abgeordneten (Christa Lörcher hatte die Fraktion verlassen) für den erstmals mit einer Sachfrage verknüpften Antrag nach Art. 65 GG; jedoch bekannten 17 SPD-Parlamentarier, dieses Votum sei ihnen „aufgezwungen" worden. Das Ja zur rot-grünen Regierung werde „nichts an unserem grundsätzlichen Nein gegen den Einsatz der Bundeswehr außerhalb des NATO-Vertragsgebietes ändern" (Meng 2002: 123). Von den Grünen verweigerten vier Abgeordnete Schröder das Vertrauen. Vier weitere votierten für den Kanzler, um die Koalition nicht zu gefährden. Denn sollte er die „Kanzlermehrheit" wegen fehlender Stimmen aus dem Lager des Koalitionspartners verfehlen, hatte Schröder einen Koalitionswechsel hin zur FDP erwogen (ebd.: 121). Erst die ablehnende Haltung Schröders zum Präventivkrieg der USA gegen den Irak und die Betonung eines deutschen Sonderwegs verschaffte dem Kanzler auf außen- und militärpolitischem Gebiet die nötige innerparteiliche Ruhe, um die Sanierung der Sozialsysteme in Angriff zu nehmen (Fischer 2005: 125). Diese „Ruhe an der Heimatfront" ging allerdings zu Lasten der Beziehungen zu den Vereinigten Staaten, die sich durch Schröders Äußerungen auf Wahlkampfplätzen zutiefst brüskiert fühlten. George W. Bushs Staatsbesuch in Mainz im Februar 2005 vermochte zwar die Atmosphäre zwischen den beiden Staatsmännern vordergründig zu verbessern; die tiefgehenden Meinungsverschiedenheiten dauerten jedoch an. Bushs Sicherheitsstrategie der vorbeugenden militärischen Intervention gegen „Schurkenstaaten" stand Schröders und Fischers Bekenntnis zu einer multilateral angelegten Weltordnung gegenüber, in der u.a. mit Hilfe der Vereinten Nationen zivile Konfliktlösungen gesucht werden sollten. Des Kanzlers mehrfach betonte strategische Partnerschaft mit Russland, das Schmieden einer „neuen Achse Paris-Berlin-Moskau" (Badische Zeitung vom 13.11.2005) konnten trotz der transatlantischen Differenzen über den Einsatz militärischer Macht keine Alternative zum Jahrzehnte langen Vertrauensverhältnis zu den USA sein.

Die Süddeutsche Zeitung verglich Schröder mit einem Fußballer, den sein Trainer kurz vor Spielende einwechselt und der dann in allerletzter Minute das entscheidende Tor schießt (SZ vom 16.10.2002). „Wenn es darauf ankommt, ist Schröder zur Stelle. Dann zaubert er schnelle, pragmatische Lösungen aus dem Ärmel." Dieser Kommentar gibt Schröders Fähigkeit wieder, auch in nahezu aussichtslosen Situationen seine Anhängerschaft zu mobilisieren, sie dank seiner rhetorischen Begabung mit zu reißen und im letzten Moment das Blatt zu seinen Gunsten doch noch zu wenden. Der Wahlkampf 2002 ist dafür ein Beispiel. Auch bei der vorgezogenen Wahl im Herbst 2005 spielte Schröder trotz negativer Umfrageergebnisse auf „Risiko" – und hätte es beinahe wieder geschafft.

Wie kaum einer seiner Vorgänger beherrschte der Kanzler in seinen besten Amtsjahren den Umgang mit den Medien. Selbst wenn er sich im Laufe seiner zweiten Amtszeit über die Medienkritik an seiner Amtsführung und an seiner Politik empörte, beherrschte er weiterhin seinen souveränen Umgang mit ihnen, denn „was Schröder kann, wie kaum ein anderer, ist reden. Er scheint so eine Art Medien-Gen in sich zu tragen", kommentierte ein Beobachter Schröders Amtszeit.

Wäre er nach seinem Vabanque-Spiel im Sommer 2005 im Amt bestätigt worden, wäre es fraglich gewesen, ob ihm die SPD auf seinem Weg des Umbaus des Sozialstaates weiterhin gefolgt wäre. Sein Operieren mit Vertrauensfragen und Rücktrittsdrohungen hätte nicht länger gefruchtet. Die Partei hatte er nach seinem sozialpolitischen Kurswechsel, nach der – in den Augen vieler seiner Parteifreunde – Aufgabe des sozialdemokratischen Gerechtigkeitspostulats verloren. Daran änderte auch nichts sein freiwilliger Rückzug aus dem Amt des Parteichefs.

Nachdem sich die SPD auf eine Große Koalition unter Angela Merkel und Vizekanzler Franz Müntefering festgelegt hatte, zog sich Schröder aus der Politik zurück und verzichtete auf sein Bundestagsmandat. Neben einer Beratertätigkeit im Schweizer Medienkonzern Ringier („Blick") übernahm er den Vorsitz des Aufsichtsrates des deutsch-russischen Konsortiums Nordeuropäische Gaspipeline mit Firmensitz in der Schweiz. Die Kritik Polens und der baltischen Staaten am Bau der deutsch-russischen Gasleitung durch die Ostsee, also unter Umgehung der bisherigen Transitländer für russisches Gas, wies der Kanzler bei Abschluss der Vereinbarung zurück. Das Verhältnis Deutschlands zu diesen EU-Mitgliedsstaaten blieb folglich auch nach dem Regierungswechsel von Schröder zu Merkel belastet.

Literatur:
Anda, Béla/Rolf Kleine: Gerhard Schröder – Eine Biographie, München 2002; *von Bredow, Wilfried:* Die Außenpolitik der Bundesrepublik Deutschland, Wiesbaden 2006; *Egle, Christoph/Tobias Ostheim/Reiner Zohlnhöfer (Hrsg.):* Das Rot-Grüne Projekt – Eine Bilanz der Regierung Schröder 1998-2002, Wiesbaden 2003; *Feist, Ursula/Hans-Jürgen Hoffmann:* Die Bundestagswahlanalyse, in: ZParl 2/1999, S. 222; *Fischer, Sebastian:* Gerhard Schröder und die SPD. Das Management des programmatischen Wandels als Machtfaktor, München 2005; *Forkmann, Daniela/Michael Schlieben (Hrsg.):* Die Parteivorsitzenden in der Bundesrepublik Deutschland 1949-2005, Wiesbaden 2005; *Hacke, Christian:* Die Außenpolitik der Regierung Schröder/Fischer, in: APuZ 32-33/2005, S. 9-15; *Hartmann, Jürgen:* Persönlichkeit und Politik. Lebenswege und die Wahrnehmungen der politischen Welt, Wiesbaden 2007; *Helms, Ludger:* Gerhard Schröder und die Entwicklung der deutschen Kanzlerschaft, in: ZPol 11/2001; *ders.:* Die Informalisierung des Regierungshandelns, in: Zeitschrift für Staats- und Europawissenschaften 1/2005, S. 91; *ders.:* Regierungsorganisation und politische Führung in Deutschland, Wiesbaden 2005; *Herres, Volker/Klaus Waller:* Der Weg nach oben. Gerhard Schröder – eine politische Biographie, München 1998; *Hilmer, Richard:* Bundestagswahl 2002: eine zweite Chance für Rot-Grün, in: ZParl 1/2003, S. 187-219; *Hirscher, Gerhard/Karl-Rudolf Korte (Hrsg.):* Darstellungspolitik oder Entscheidungspolitik? Über den Wandel von Politikstilen in westlichen Demokratien, München 2000; *Kaiser, Karl:* Reaktionen der Welt auf die Außenpolitik der USA, in: Jahrbuch Internationale Politik 2003/2004, München 2006, S. 33-42; *Krause-Burger, Sibylle:* Wie Gerhard Schröder regiert. Beobachtungen im Zentrum der Macht, Stuttgart 2000; *Lösche, Peter:* „Politische Führung" und Parteivorsitzende. Einige systematische Überlegungen, in: *Forkmann/Schlieben (Hrsg.) a.a.O.,* S. 349-368; *Meng, Richard:* Der Medienkanzler. Was bleibt vom System Schröder? Frankfurt a.M. 2002; *Niclauß, Karlheinz:* Kanzlerdemokratie, Paderborn 2004; *Oeltzen, Anne-Kathrin/Daniela Forkmann:* Charismatiker, Kärrner und Hedonisten. Die Parteivorsitzenden der SPD, in: *Forkmann/Schlieben (Hrsg.) a.a.O.,* S. 64-118; *Korte, Karl-Rudolf:* Parteiendemokratie kontra Kanzlerdemokratie, in: Internationale Politik 3/2004, S. 84-86; *ders./Manuel Fröhlich:* Politik und Regieren in Deutschland, Paderborn 2004; *Kropp, Sabine/Suzanne S. Schüttemeyer/Roland Sturm (Hrsg.):* Koalitionen in West- und Osteuropa, Opladen 2002; *Merkel, Wolfgang:* Institutionen und Reformpolitik: Drei Fallstudien zur Vetospieler-Theorie, in: *Egle/Ostheim/Zohlnhöfer (Hrsg.) a.a.O.,*

S. 163-192; *Murswieck, Axel:* Des Kanzlers Macht: Zum Regierungsstil von Gerhard Schröder, in: ebd., S. 117-135; *Ostheim, Tobias:* Praxis und Rhetorik deutscher Europapolitik, in: ebd., S. 351-380; *Pfetsch, Frank R.:* Die rot-grüne Außenpolitik, in: ebd., S. 381-398; *Raschke, Joachim:* Rot-grüne Zwischenbilanz, in: APuZ B40/2004, S. 25-31; *ders./Ralf Tils:* Politische Strategie – Eine Grundlegung, Wiesbaden 2007; *Rudzio, Wolfgang:* Koalitionen in Deutschland, in: *Kropp/Schüttemeyer/Sturm (Hrsg.)* a.a.O., S. 43-67; *Schmidt, Manfred G.:* Rot-grüne Sozialpolitik, in: *Egle/Ostheim/Zohlhöfer (Hrsg.)* a.a.O., S. 239-258; *Schöllgen, Gregor:* Deutsche Außenpolitik in der Ära Schröder, in: APuZ 32-33/2005, S. 3-8; *Schröder, Gerhard:* Entscheidungen. Mein Leben in der Politik, Hamburg 2006; *Woyke, Wichard:* Deutsch-französische Beziehungen seit der Wiedervereinigung, 2. Aufl. Wiesbaden 2004.

Udo Kempf

Stolpe, *Manfred*

Bundesminister für Verkehr, Bau- und Wohnungswesen (SPD)

geb. 16.5.1936 in Stettin-Hökendorf, ev.

1955	Abitur
1955–1959	Studium der Rechtswissenschaft an der Universität Greifswald
1959–1961	Gaststudium an der Freien Universität Berlin
1964–1969	Konsistorialrat der Evangelischen Kirche Berlin-Brandenburg
1969–1981	Leiter des Sekretariats des Evangelischen Kirchenbunds der DDR
1976	Mitarbeiter in der Menschenrechtskommission des Weltkirchenrates
1982–1990	Konsistorialpräsident der Evangelischen Kirche Berlin-Brandenburg
1990	Eintritt in die SPD
1990–2002	Ministerpräsident des Landes Brandenburg
1991–2002	Mitglied im Bundesvorstand der SPD
1996–2005	Vorsitzender des Forum Ostdeutschland der SPD
2002–2005	Bundesminister für Verkehr, Bau- und Wohnungswesen

Am 22. Oktober 2002 berief Bundeskanzler Gerhard Schröder Manfred Stolpe in sein zweites Kabinett als Bundesminister für Verkehr, Bau- und Wohnungswesen. Dieser Schritt erstaunte viele Beobachter, da der vormalige brandenburgische Ministerpräsident noch wenige Monate zuvor mit dem Rücktritt von diesem Amt einen Generationswechsel einläuten wollte. Hintergrund dieser Entscheidung war die Absage des Leipziger Oberbürgermeisters Wolfgang Tiefensee, der aufgrund seines Engagements für die Olympiabewerbung der sächsischen Metropole auf einen Wechsel in das Bundeskabinett verzichtete. So erklärte der in Pommern geborene Stolpe später, durch sein preußisches Pflichtbewusstsein habe

er sich bei seiner Berufung in das Ministerium in die Verantwortung genommen gefühlt.

Mit Stolpe übernahm das schwierige Ressort ein Sozialdemokrat, der in den neuen Bundesländern großes Vertrauen erworben und sich gleichzeitig politische Selbstständigkeit bewahrt hatte. Geprägt wurde diese auch durch seine berufliche Entwicklung, die im Raum der Kirchen begann. Stolpe trat bereits nach Abschluss seines Jurastudiums in Greifswald in den Dienst der Evangelischen Kirche in Berlin-Brandenburg. In den Jahren 1968/69 war er einer der führenden Protagonisten der Bildung eines eigenständigen Bundes Evangelischer Kirchen in der DDR und somit der kirchenrechtlichen Trennung von der Bundesrepublik. Ab 1982 leitete er schließlich als Konsistorialpräsident die laufenden Geschäfte des östlichen Teils der Kirche von Berlin-Brandenburg.

Hierbei wurde der unter dem Begriff „Kirche im Sozialismus" bekannt gewordene Dialog zwischen Kirche und Staatsmacht durch seine Politik mitbestimmt. Der Kirchenjurist verstand die Verteidigung und den Ausbau der insbesondere in den 80er Jahren gewonnenen „kleinen Freiheiten" als wichtige Aufgabe der evangelischen Kirchen, daher ist er zweifelsfrei zu den Anhängern eines staatsfreundlichen Kurses zu zählen. Mit diesem Verhalten gegenüber dem SED-Staat erhielt Stolpe 1978 die Verdienstmedaille der DDR. Nach der Wiedervereinigung wollte sich Stolpe zunächst nicht an die Verleihung erinnern, doch musste er später den Erhalt der Auszeichnung vom damaligen Staatssekretär für Kirchenfragen Hans Seigewasser eingestehen. Über die Umstände der Verleihung konnte aber auch ein Strafverfahren wegen Falschaussage keine Klarheit schaffen. Seine Kritiker warfen Stolpe deshalb stets vor, dass er seine Weltanschauung bis hin zur Selbstverleugnung wechseln würde.

Dennoch genoss Stolpe hohes Ansehen auch über den Raum der evangelischen Kirchen hinaus. Im November 1989 erhielt er von der Universität Greifswald seine erste Ehrendoktorwürde. Weiterhin wurde dem damals noch parteilosen Konsistorialpräsidenten die Ehre zuteil, die Gedenkrede für die Opfer des Volksaufstands von 1953 auf der einzigen gemeinsamen Sitzung der frei gewählten Volkskammer mit dem Deutschen Bundestag am 17. Juni 1990 im Berliner Schauspielhaus halten zu dürfen. Stolpe sprach bereits in dieser Rede die Ängste vieler Ostdeutscher vor dem Verlust ihrer Identität und wirtschaftlichen Grundlage im Zuge eines schnellen Einigungsprozesses an. Dieses Thema sollte in den folgenden Jahren einer der Kerngedanken seines politischen Wirkens bleiben.

Stolpes hoher Bekanntheitsgrad führte 1990 dazu, dass ihm bereits kurz nach seinem Eintritt in die SPD die Spitzenkandidatur zur Landtagswahl in Brandenburg angetragen wurde. Dank seiner Popularität entwickelte sich die SPD dort zur stärksten politischen Kraft, während sie in den anderen neuen Bundesländern zunächst auf die Oppositionsbänke verwiesen wurde. Schließlich wählte am 1. November 1990 der brandenburgische Landtag Stolpe mit den Stimmen der ersten deutschen Ampelkoalition aus SPD, FDP und Bündnis '90 zum Ministerpräsidenten. Die erste Phase seiner Amtszeit prägte der Aufbau einer funktionierenden Landesverwaltung und die Verabschiedung einer Landesverfassung.

Zu diesem Zeitpunkt belastete bereits die Diskussion über Stolpes Rolle als führender Kirchenvertreter in der DDR seine politische Arbeit. Dies galt im Besonderen nach dem Bruch der Koalition 1994. Obwohl ihm ein Untersuchungsausschuss keine „schuldhafte Verstrickung" mit dem Ministerium für Staatssicherheit der DDR nachgewiesen hatte, verließ das Bündnis '90 nach den nicht endgültig widerlegten Vorwürfen einer Tätigkeit des Ministerpräsidenten für das Ministerium für Staatssicherheit die Regierung. Das bedeutete aber nicht das Ende seiner Amtszeit, da ihm seine Partei ihre Unterstützung nicht versagte.

Bei den Neuwahlen am 11. September 1994 errang die SPD mit ihrem Kandidaten Stolpe eine überzeugende Stimmenmehrheit und konnte die folgenden fünf Jahre allein regieren. In diese Legislaturperiode fielen landespolitische Entscheidungen, die bis heute eng mit dem Namen des Ministerpräsidenten verbunden bleiben. Aber trotz des hohen politischen Engagements Stolpes als Befürworter einer Fusion der Länder Berlin und Brandenburg entschied sich ausgerechnet die Mehrheit seiner Brandenburger gegen den Zusammenschluss. Ein weiterer Schwerpunkt seiner Tätigkeit stellte für den gebürtigen Stettiner die Kooperation Brandenburgs mit den polnischen Nachbarn auf kulturellem, schulischem und wirtschaftlichem Gebiet sowie im Bereich des Umweltschutzes dar. Hierfür verlieh ihm die wirtschaftswissenschaftliche Fakultät der Universität Stettin im Jahr 1996 die Ehrendoktorwürde für seine „Verdienste um die deutsch-polnischen Wirtschaftsbeziehungen".

Wirtschaftspolitisch kennzeichnete die Amtszeit Stolpes ein Auf und Ab. Erfolge feierte er mit der Sanierung des ehemaligen DDR-Großkombinats EKO Stahl in Eisenhüttenstadt, während u.a. die Ansiedlung einer Fabrik für Mikroprozessoren in Frankfurt (Oder) und – trotz umfassender Förderung – der gescheiterte Aufbau der Firma Cargo-Lifter zu den spektakulären Niederlagen seiner Amtszeit gehörten. Auch gelang Stolpe nicht der Abschluss der Planungen für die bedeutendste Infrastrukturmaßnahme des Landes, den Ausbau des Großflughafens Schönefeld. In seiner Amtszeit scheiterte auch das hochgesteckte Ziel der Etablierung Brandenburgs als Rennsportmekka. Die großzügige finanzielle Förderung des neuen Lausitzrings erfüllte nicht die Hoffnungen einer spürbaren Stärkung des wirtschaftlich schwachen südlichen Landesteils. Insgesamt muss seine Politik einer gezielten Förderung der strukturell benachteiligten Randregionen als gescheitert betrachtet werden.

Hingegen etablierte sich Brandenburg unter Stolpes Ägide als Forschungsstandort. Neben der Eröffnung von fünf Fachhochschulen in allen Landesteilen wurde 1991 die Viadrina in Frankfurt (Oder) als Europauniversität wiedergegründet. Darüber hinaus sicherten sich die Universität Potsdam und die Brandenburgische Technische Universität in Cottbus als Initiator und Mitgestalter des Strukturwandels einen festen Platz.

In die Schlagzeilen geriet Brandenburg in dieser Zeit mit der im August 1996 erfolgten Einführung des ordentlichen Schulfachs LER (Lebensgestaltung-Ethik-Religionskunde) als Ersatz für Religions- bzw. Ethikunterricht in den Lehrplan der allgemeinbildenden Schulen. Basierend auf einer Überlegung von Kirchenvertretern und Politikern sollte dieses weltanschaulich neutrale Fach auch Kindern aus einem glaubensfernen Umfeld einen Wertekanon aus religiösen und philosophischen Elementen vermitteln. Dennoch musste die brandenburgische Landesregierung nach Protesten und mehreren Beschwerden vor dem Bundesverfassungsgericht akzeptieren, dass auch die beiden großen Kirchen als Alternative weiterhin Religionsunterricht anbieten dürfen.

Stolpe förderte eine eigenständige Landesidentität, beispielsweise setzte er sich für die Einrichtung des 2003 eröffneten Hauses der Brandenburgisch-Preußischen Geschichte ein. Die Beliebtheit in seiner Heimat rührte jedoch vor allem aus seinem Bekenntnis zu einer selbstbewussten Vertretung ostdeutscher Lebensläufe. Stolpe brandmarkte den „Rechtfertigungsdruck", unter dem viele Ostdeutsche durch ausgesprochene wie unausgesprochene Verdächtigungen leiden würden. In Brandenburg verkörperte Stolpe den Typus des identitätsstiftenden Landesvaters, der die Menschen während des politischen und gesellschaftlichen Wandels begleitete. Vielfach betonte er die Enttäuschungen vieler Ostdeutscher im Einigungsprozess.

Symbolisch für sein Engagement zur Vollendung der inneren Einheit erhielt er 2002 gemeinsam mit dem ehemaligen baden-württembergischen Ministerpräsidenten und Vorsitzenden der Jenoptik AG Lothar Späth den vom Mitteldeutschen Rundfunk und der Zeitschrift SuperIllu getragenen Publikumspreis Goldene Henne. Dennoch konnte auch Stolpes Popularität nicht verhindern, dass die SPD bei den Landtagswahlen 1999 schmerzhafte Stimmeneinbußen erlitt und nach einer Absage an die PDS eine Große Koalition mit der CDU schließen musste. Schlagzeilen machte Stolpe in seiner dritten Amtszeit insbesondere mit dem gegensätzlichen Bundesratsvotum des Landes Brandenburg zum Zuwanderungsgesetz am 22. März 2002. Im Widerspruch zu seinem Innenminister Jörg Schönbohm (CDU) hatte er dem Entwurf zugestimmt und begründete diese Entscheidung mit seiner Richtlinienkompetenz als Ministerpräsident. Vor dem Bundesverfassungsgericht hatte diese Position jedoch keinen Bestand. Die Karlsruher Richter argumentierten im Dezember 2002, die unterschiedlichen Äußerungen von Manfred Stolpe und Jörg Schönbohm hätten zu einem uneinheitlichen und damit ungültigen Votum Brandenburgs geführt. Somit verfehlte das Gesetzesvorhaben der rot-grünen Bundesregierung die Mehrheit; erst im Jahr 2005 konnte es in veränderter Form in Kraft treten.

Trotz dieses Vertrauensbruchs überstand die Große Koalition ihre anschließende schwere Krise, da sich für die SPD erneut nur die PDS als alternativer Partner anbot. Dennoch endete wenige Wochen später die Amtszeit des Ministerpräsidenten. Am 25. Juni 2002 trat Manfred Stolpe zurück. Am nächsten Tag wählte der brandenburgische Landtag den bisherigen Potsdamer Oberbürgermeister Matthias Platzeck zum neuen Ministerpräsidenten. Stolpe hinterließ einerseits ein Land mit selbstbewussten Menschen und einer funktionierenden Verwaltung, andererseits hatte sich Brandenburg unter seiner Amtsführung zu einem der am höchsten verschuldeten Bundesländer der Republik entwickelt, in dem die Arbeitslosenquote jenseits des Berliner Speckgürtels auf hohem Niveau verharrt.

Zunächst schien sich mit der Demission in Brandenburg die politische Laufbahn Stolpes ihrem Ende zu nähern. Doch bereits die Jahrhundertflut in Ostdeutschland 2002 ließ Stolpe in das politische Rampenlicht zurückkehren. Im Vorfeld der Bundestagswahlen berief ihn Bundeskanzler Gerhard Schröder öffentlichkeitswirksam zum Mitglied des Kuratoriums Fluthilfe, in dem er sich u.a. für den Einsatz der Gewinne der Deutschen Bundesbank zur Schadensbehebung einsetzte. Wie bereits während seiner Amtszeit als brandenburgischer Ministerpräsident brachte er in dieser Funktion seine Fähigkeiten des Moderierens und Integrierens ein und vermittelte den Betroffenen den Eindruck, mit ihren Schwierigkeiten nicht allein zu stehen.

Nach den Bundestagswahlen 2002 nahm Bundeskanzler Gerhard Schröder Stolpe als bekanntesten ostdeutschen Sozialdemokraten und Vorsitzenden des SPD-internen Forums Ostdeutschland in sein Kabinett auf. Mit dem Ressort Verkehr, Bau- und Wohnungswesen übernahm Stolpe das wichtige Infrastrukturministerium, das bis zu diesem Zeitpunkt der größten personellen Fluktuation in der Kanzlerschaft Schröders ausgesetzt gewesen war. In Schröders erster Amtsperiode hatten Franz Müntefering, Reinhard Klimmt und zuletzt Kurt Bodewig das Ministerium geführt. Darüber hinaus trat Stolpe in der Nachfolge von Rolf Schwanitz das Amt des Beauftragten der Bundesregierung für die neuen Bundesländer an; der Bundeskanzler hoffte mit dieser Zusammenführung beider Funktionen auf eine verbesserte Koordination des Aufbau Ost. Gleichzeitig stellte Stolpes Nominierung ein Signal an die Menschen in den neuen Bundesländern dar, deren wachsendes Gewicht – die rot-grüne Koalition verdankte ihre Wiederwahl einem sehr guten Ergebnis in Ostdeutschland – sich im Kabinett widerspiegeln sollte.

Seinen Amtsantritt überschattete die erneut aufflammende Debatte über die Verwicklungen Stolpes mit dem Ministerium für Staatssicherheit. Der bisherige Staatssekretär und Mitbegründer der Sozialdemokratischen Partei in der DDR Stephan Hilsberg kritisierte nach der Berufung: „Damit sitzt ‚die Firma', also die Staatssicherheit, zum ersten Mal mit am Kabinettstisch." Für diese Äußerung drohte Hilsberg zwischenzeitlich gar der Ausschluss aus der SPD. Auch Erklärungen von verschiedenen Aufarbeitungsinitiativen und Opferverbänden des SED-Unrechts, unterzeichnet von Bürgerrechtlern wie Bärbel Bohley und Konrad Weiß, sprachen von einem „verheerenden Signal für die politische Kultur" und riefen Gerhard Schröder zur Rücknahme der Nominierung Stolpes auf. Demgegenüber verteidigte der Bischof der Evangelischen Kirche Berlin-Brandenburg Wolfgang Huber den vom MfS als Informellen Mitarbeiter „Sekretär" unter der Nummer IV/1192/64 registrierten Stolpe: Er sei „ein Mann der Kirche, nicht des MfS" gewesen, obwohl er bei seinen Kontakten auch Fehler begangen habe. Stolpe gestand, seine Strategie des stetigen Verhandelns mit der Staatsmacht sei nicht unumstritten gewesen. Für das Ministerium für Staatssicherheit habe er jedoch zu keinem Zeitpunkt wissentlich gearbeitet. Zu klären ist Stolpes Rolle im Rückblick kaum, da seine MfS-Akte verschwunden ist.

Stolpes ministeriale Amtszeit überschattete insbesondere die schwierige Umsetzung des noch von seinem Vorgänger Bodewig kurz vor der Bundestagswahl geschlossenen Vertrags zur Einführung einer LKW-Maut auf deutschen Autobahnen. Als innovatives gemeinsames Projekt von Politik und Wirtschaft konzipiert, sollte es sich durch seine moderne Technik und den Verzicht auf die personalintensive Kostenabrechnung in Kassenhäuschen auszeichnen. Weiterhin erwarteten die Projektbeteiligten mit Hilfe einer satellitengestützten Überwachung der Autobahnen eine kostengenaue Abrechnung.

Das aus den Firmen Deutsche Telekom, DaimlerChrysler und der französischen Cofiroute gebildete Konsortium Toll Collect hatte bereits im Frühjahr 2002 nach einer internationalen Ausschreibung den Zuschlag erhalten. Jedoch musste es den avisierten Starttermin 31. August 2003 mehrfach verschieben. Dem Steuerzahler entgingen in diesem von vielen Beobachtern als Desaster empfundenen Geschehen Erlöse in Milliardenhöhe, da die festgelegten Regresssummen nicht den eigentlich zu erwartenden Einnahmen entsprachen. Dies wiederum verzögerte die Umsetzung verschiedener Infrastrukturmaßnahmen. Schließlich wurde das System zu Beginn des Jahres 2005 in Betrieb genommen, mit 16-monatiger Verspätung und ohne eine flächendeckende Ausrüstung mit elektronischen Mauterfassungsgeräten. Aber auch nach „eineinhalb Jahren Folter" (Stolpe) gestaltete sich die LKW-Maut nicht als uneingeschränkter Erfolg, da viele LKW-Fahrer nun mautfreie Bundesstraßen nutzten und damit die Belastung der betroffenen Anwohner deutlich stieg.

Am 29. Juli 2005 sah sich das Bundesministerium schließlich zu einer Klage gegen das Konsortium gezwungen, da dieses den Bund bewusst über die Verzögerungen bei der Entwicklung und die Einnahmeausfälle im Unklaren gelassen habe.

Stolpes politische Verantwortung an der verspäteten Einführung des Mautsystems war nicht in der Vergabe selbst zu sehen, sondern lag in der oftmals fehlenden energischen Vertretung der Interessen des Bundes. Mit stoischer Ruhe verhandelte er mit den Verantwortlichen von Toll Collect, obwohl er selbst die Einführung der LKW-Maut als wichtigstes Projekt seiner Amtszeit verstand. Erst eine energische Intervention von Bundeskanzler Schröder konnte schließlich die Umsetzung des Projektes beschleunigen. So sah sich Stolpe wiederholten Rücktrittsforderungen aus den Reihen der Opposition ausgesetzt. Seine Funktion als wichtigstes ostdeutsches Mitglied des Kabinetts machte ihn aber für den Bundeskanzler unentbehrlich.

Schlagzeilen machte Stolpes Ministerium auch mit der Verabschiedung des zukunftsweisenden Bundesverkehrswegeplans 2003. In seinen Planungen bis in das Jahr 2015 reichend, hatte dieser eine leistungsfähige Infrastruktur unter den Leitlinien „Ausbau West und Aufbau Ost" zum Ziel und versprach mehr Transparenz bei der Verteilung der Investitionsmittel. Dem Ausbau der Schienenwege und den Investitionen in den Straßenbau bzw. deren Erneuerung sollten die gleichen finanziellen Mittel zur Verfügung gestellt werden. Insgesamt sah der Verkehrswegeplan ein Volumen von 150 Mrd. Euro vor. Als spektakulärste Bauprojekte wurden so u.a. der Neubau der ICE-Strecke durch den Thüringer Wald und die Fertigstellung der Ostseeautobahn auf eine stabile finanzielle Grundlage gestellt.

Einen Rückschlag erlebte unter Stolpes Ägide die Umsetzung des von ihm unterstützten Baus des Metrorapid zwischen Düsseldorf und Dortmund. Im Juni 2003 musste aufgrund finanzieller und technischer Gründe der Verzicht auf das Projekt verkündet werden. So beschränken sich die Hoffnungen auf eine Realisierung der Magnetschwebebahntechnik im Inland – nach der bereits im Jahr 2000 abgesagten Verwirklichung des Strecke Hamburg-Berlin – auf eine Anbindung des Münchener Flughafens an die Innenstadt sowie den Export. Anerkennung erntete Stolpe hingegen für das in seiner Amtszeit in Gang gebrachte Stadtumbauprogramm. Dies sollte in schrumpfenden Kommunen dafür sorgen, dass mit Umgestaltungen und gezieltem Abriss ganzer Stadtareale einer Slumbildung vorgebeugt wird. Insbesondere für die neuen Bundesländer konzipiert, sollten die dort gemachten Erfahrungen später in dem auch im Westen durch die demographische Entwicklung drohenden Schrumpfungsprozess eingesetzt werden können.

In seinem Amt als Verantwortlicher für den Aufbau Ost legte der wiederholt als „Ostpräsident" bezeichnete Stolpe sein Hauptaugenmerk auf die Sicherung der im Solidarpakt II im Jahr 2001 getroffenen Festlegungen zugunsten der fünf neuen Bundesländer. Als Anwalt der dort lebenden Menschen – Stolpe bezeichnete den Aufbau zwischen Rügen und Fichtelberg als „Herzensangelegenheit" – setzte er sich wiederholt für die Angleichung der Löhne, Gehälter und Unterstützungsleistungen des neu eingeführten Arbeitslosengeldes II zwischen Ost und West ein. Dabei erntete Stolpe in Ostdeutschland Beifall, als er die herrschenden Unterschiede als Schande verurteilte. Gleichzeitig kritisierte er jedoch auch die Politiker der neuen Bundesländer. Dort habe sich aufgrund der hohen Transferleistungen aus Westdeutschland an einigen Stellen „eine Art Versorgungsmentalität" entwickelt. Ansonsten stellte er das Amt des Beauftragten für die neuen Bundesländer nicht in den Mittelpunkt seines Handelns. Von Stolpe stammte dabei auch der bemerkenswerte Satz: „Als Ostbeauftragter habe ich gelernt, für die strukturschwachen Regionen im Westen mitzudenken."

Nach der Bundestagswahl 2005 trat Manfred Stolpe nicht in das Kabinett der Großen Koalition ein. Die weiterhin in Personalunion vereinten Ämter des Ministers für Verkehr, Bau und Stadtentwicklung und des Beauftragten der Bundesregierung für die neuen Bundesländer blieben zwar in den Händen der Sozialdemokraten, doch nominierten diese im zweiten Anlauf mit Wolfgang Tiefensee für diese Position einen jüngeren Politiker. Tiefensee vertrat ebenso wie die neue Bundeskanzlerin Angela Merkel und der kurzzeitige SPD-Vorsitzende Matthias Platzeck einen Typus, der, im Unterschied zu Stolpe, nicht mehr genuin mit der Vergangenheit in der DDR identifiziert wurde. Manfred Stolpe lebt heute als Privatier in Potsdam

Literatur:
Stolpe, Manfred: Schwieriger Aufbruch, Berlin 1992; *ders.*: Sieben Jahre, sieben Brücken, Berlin 1997; *Heinrich-Böll-Stiftung (Hrsg.):* Abschlußbericht des Stolpe-Untersuchungsausschusses (lesbar gemacht von Ehrhardt Neubert, mit einem Vorwort von Viktor Böll), Köln 1994; *Roßberg, Klaus:* Das Kreuz mit dem Kreuz. Ein Leben zwischen Staatssicherheit und Kirche, Berlin 1996; *Gries, Sabine/Dieter Voigt:* Manfred Stolpe in Selbstzeugnissen. Eine kritische Untersuchung von Veröffentlichungen, Schriften und Reden aus den Jahren 1972 bis 1990, Frankfurt a. M./Berlin 1993.

Andreas Morgenstern

Struck, *Peter*

Bundesminister der Verteidigung (SPD)

geb. 24.1.1943 in Göttingen

1962	Abitur
1962–1967	Studium der Rechtswissenschaft an der Universität Hamburg
1964	Eintritt in die SPD
1967	Erstes und Zweites Juristisches Staatsexamen
1971	Promotion zum Dr. iur.
1971	Tätigkeit in der Hamburgischen Verwaltung, zunächst in der Universität, seit 1973 in der Finanzbehörde
1973	Stellvertretender Stadtdirektor der Stadt Uelzen
seit 1980	Mitglied des Deutschen Bundestages
1983	Zulassung als Rechtsanwalt
1990–1998	Parlamentarischer Geschäftsführer der SPD-Bundestagsfraktion
1998–2002	Vorsitzender der SPD-Bundestagsfraktion
2002–2005	Bundesminister der Verteidigung
seit 2005	Vorsitzender der SPD-Bundestagsfraktion

In den Deutschen Bundestag zog Peter Struck 1980 erstmals über einen Platz auf der niedersächsischen Landesliste der SPD ein. Erst 1998 gewann er als Direktkandidat den Wahlkreis Celle-Uelzen. In der Bundestagsfraktion spezialisierte sich Struck auf das Gebiet der Steuerpolitik.

Struck wurde einem breiten Publikum zunächst als sozialdemokratischer Obmann im Untersuchungsausschuss zum Spendengebaren des Industriellen Flick bekannt. Der damalige niedersächsische Oppositionsführer Gerhard Schröder, 1980 wie Struck erstmals in den Bundestag gewählt (beide unterhielten damals sogar eine Bürogemeinschaft), hatte Struck 1986 für den Fall eines sozialdemokratischen Wahlerfolgs in der Landtagswahl das Amt des Finanzministers in Aussicht gestellt. Als Schröder 1990 dann Ministerpräsident wurde, kam er auf dieses Angebot nicht mehr zurück.

Die sozialdemokratische Bundestagsfraktion wählte Struck 1990 zum Parlamentarischen Geschäftsführer. Struck gewann damit in beachtlich kurzer Zeit eine parlamentarische Schlüsselposition. Die sozialdemokratische Bundestagsfraktion indes verlor in den 90er Jahren dramatisch an Gewicht in der sozialdemokratischen Machtstruktur. Die sozialdemokratischen Ministerpräsidenten Gerhard Schröder, Oskar Lafontaine, Rudolf Scharping, Johannes Rau und Björn Engholm beherrschten das Erscheinungsbild der größten Oppositionspartei. Strucks weitere politische Karriere war eng mit den Rivalitäten der Ministerpräsidenten um die Führungsrolle in der SPD verwoben.

Der sozialdemokratische Parteivorsitzende und schleswig-holsteinische Ministerpräsident Björn Engholm trat 1993 von allen Ämtern zurück. Er war in eine der Sekundäraffären im Gefolge des Barschel-Skandals verwickelt gewesen. Fortan rivalisierten die Ministerpräsidenten Scharping und Schröder um die Nachfolge im Amt des Parteivorsitzenden. Struck unterstützte zunächst seinen niedersächsischen Landsmann Schröder. In der ersten und bislang einzigen Mitgliederbefragung, die den künftigen Parteivorsitzenden bestimmen sollte, setzte sich 1993 Scharping durch. Scharping trat ein Jahr später als sozialdemokratischer Kanzlerkandidat an. Nach der sozialdemokratischen Niederlage in der Bundestagswahl von 1994 gab Scharping das Amt des rheinland-pfälzischen Ministerpräsidenten auf, um den Vorsitz der sozialdemokratischen Bundestagsfraktion zu übernehmen. Struck, der Parlamentarischer Geschäftsführer blieb, arbeitete loyal mit Scharping zusammen. Die Fraktion schrieb ihr schwaches Erscheinungsbild bald dem wenig glücklich agierenden Fraktionsvorsitzenden zu. Obgleich bloß die Nummer Zwei in der Fraktionshierarchie, galt Struck im parlamentarischen Tagesgeschäft als der eigentliche Fraktionschef. Anerkennend sprach selbst der damalige Bundeskanzler Helmut Kohl von Struck als einem „Oberstrippenzieher". Strucks Loyalität zum Partei- und Fraktionsvorsitzenden sollte ihm den Unwillen Schröders eintragen. Dieser war inzwischen zum stärksten Rivalen Scharpings geworden.

Schröder war als Ministerpräsident in Niedersachsen populär; er pflegte ein gutes Verhältnis zu den Unternehmen im Lande, zugleich war er wirtschaftspolitischer Sprecher seiner Partei. Schröder war im Unterschied zu Lafontaine und Scharping noch durch keine bundespolitische Niederlage geschädigt. Von Hannover aus kommentierte er in wenig schmeichelhaften Worten und ohne Absprache mit Parteivorstand und Fraktion die nach seiner Ansicht vom Gestrigen durchwehten wirtschaftspolitischen Debatten seiner Partei. Dadurch wurde Scharpings Autorität, die schon in der Fraktion nicht unumstritten war, noch weiter in Mitleidenschaft gezogen. Als es Scharping im Spätsommer 1995 zuviel wurde, löste er Schröder von seiner Sprecherfunktion ab. Struck seinerseits stellte sich hinter Scharping und forderte dazu auf, die Parteibeschlüsse zu beachten; die Debatte um den für die nächste Bundestagswahl geeignetsten Kanzlerkandidaten müsse beendet werden. Der niedersächsische Ministerpräsident quittierte den Vorgang im „Stern"-Interview mit einem beißenden Urteil über die politische Kompetenz der sozialdemokratischen Bundestagsfraktion. Sein Ärger traf insbesondere Struck. Wörtlich äußerte er: „Struck, der bei mir nicht Finanzminister werden durfte, repräsentiert das, was ich an meiner Partei kritisiere. Er organisiert ein Kartell der Mittelmäßigkeit." Strucks Verhältnis zu Schröder blieb lange danach frostig.

Wenige Wochen nach diesem Eklat wurde Scharping 1995 auf dem Mannheimer SPD-Parteitag abgewählt. Der saarländische Ministerpräsident Lafontaine hatte überraschend gegen ihn kandidiert. Scharping behielt allerdings den Fraktionsvorsitz. Schröder strebte für 1998 die Nominierung zum sozialdemokratischen Kanzlerkandidaten an. Dafür benötigte er allerdings den Rückhalt der Fraktion. Deshalb bemühte er sich, das gestörte Verhältnis zu Struck zu reparieren. Dieser verweigerte sich der Wiederannäherung zwar nicht, er hielt aber weiterhin loyal zu Scharping.

Ohne eigenes Zutun spielte Struck in den Personalkalkülen für den absehbaren rot-grünen Wahlsieg eine Rolle. Lafontaine stand jetzt an der Spitze der Partei, er hatte sich bereits 1990 vergeblich als Kanzlerkandidat versucht und Schröder jetzt den Vortritt gelassen. Er wollte freilich nicht darauf verzichten, die Inhalte der künftigen Regierungspolitik zu bestimmen. Vor diesem Hintergrund bemühte sich der Saarländer, mit personalpolitischen Festlegungen rechtzeitig seinen Einfluss in der künftigen Regierung zu sichern. Lafontaine empfahl dem designierten Bundeskanzler, den damaligen Bundesgeschäftsführer Franz Müntefering für die Leitung des Kanzleramtes vorzusehen. Müntefering galt als Mann des Parteivorsitzenden. Schröder lehnte ab. Ersatzweise schlug der Parteichef dann Struck vor. Auch auf diesen Rat reagierte Schröder zurückhaltend. Als am Wahlabend 1998 der rot-grüne Wahlerfolg feststand, teilte Schröder mit, Bodo Hombach, sein Berater und Wahlkampfmanager, werde das Kanzleramt leiten. In Lafontaines Kalkül verlor Struck damit an Wert. Zwar hätte Lafontaine als Parteivorsitzender jetzt ohne Weiteres auch den Fraktionsvorsitz für sich reklamieren können. Dann aber hätte er auf das Amt des Finanzministers verzichten müssen. Doch gerade als Finanzminister versprach er sich maßgeblichen Einfluss auf die Wirtschaftspolitik der neuen Regierung. Lafontaine entschied sich für das Regierungsamt.

Unter diesen Umständen wollte Scharping den Fraktionsvorsitz gern behalten. Um Scharping in dieser sensiblen Funktion zu verhindern, schlug Lafontaine dem designierten Kanzler vor, Scharping das Verteidigungsressort anzubieten. In die Kabinettsdisziplin eingebunden, wäre Scharping als innerparteilicher Gegenspieler so gut wie kalt gestellt. An der Spitze der Fraktion hätte Lafontaine jetzt gern Müntefering gesehen. Nun kam wieder Struck ins Spiel.

Scharping willigte zwar ein, in die Regierung einzutreten. Er machte aber zur Bedingung, dass Müntefering, der als Parteigänger Lafontaines galt, nicht für den Fraktionsvorsitz kandidieren dürfe. Dieser Vorbehalt machte für Struck den Weg an die Fraktionsspitze frei. Struck war in der Fraktion beliebt und konnte sich beste Chance ausrechnen, gewählt zu werden. Doch Lafontaine erschien dieser Preis für Scharpings Wechsel in die Regierung letztlich zu hoch. Überraschend meldete sein saarländischer Landsmann und Vertrauter Ottmar Schreiner eine Gegenkandidatur an. Wie erwartet, wurde Struck aber mit überwältigender Mehrheit an die Spitze der Fraktion gewählt.

Mit dem Vorsitz der sozialdemokratischen Bundestagsfraktion gelangte Struck in ein Amt, das er besonders gern ausüben sollte. Zur Überraschung nicht weniger Fraktionskollegen brauchte er allerdings einige Zeit, sich in die neue Rolle hineinzufinden. Im ersten Jahr der rot-grünen Koalition gab Struck sogar zu Munkeleien Anlass, er sei doch eine Fehlbesetzung gewesen. Unter den von Struck verstolperten Eigenbeiträgen zur rot-grünen Politik ragte der Vorschlag einer Steuerreform heraus. Im „Sommerloch" 1999 hatte Struck einen Dreistufentarif zur Einkommensteuer vorgeschlagen, der sich von einschlägigen Modellen der FDP nur in Nuancen unterschied. Von den Freien Demokraten und den Unternehmerverbänden wurde er mit hämischem Beifall begrüßt. Mit Partei und Fraktion hatte Struck seinen Vorschlag nicht abgesprochen. Das Gleiche galt für eine spätere Äußerung Strucks, die klassische Umverteilung von oben nach unten passe nicht mehr in die heutige Zeit. Erst vor dem Hintergrund wachsenden Unmuts unter den Fraktionskollegen fand Struck zu den Tugenden des Zuhörens und Fragens zurück, mit denen er sich als Parlamentarischer Geschäftsführer Anerkennung verschafft hatte.

In Strucks Zeit als Fraktionsvorsitzender fielen harte und schwierige Regierungsentscheidungen, mit denen die Gefolgsbereitschaft der Fraktion auf harte Proben gestellt wurde. Dies galt insbesondere für die Zustimmung des Bundestages zu den bewaffneten Einsätzen in Ex-Jugoslawien. Nicht immer gelang es Struck, für diese Einsätze die ungeteilte Zustimmung seiner Fraktion zustande zu bringen. Der Kanzler machte ihm seine Aufgabe schwer. Schröder verlangte von der Fraktion Loyalität, band sie jedoch kaum in seine Pläne und Entscheidungen ein. Entsprechend schwierig war es für Struck, Schröders Kritiker in der Fraktion zu überzeugen. Er ließ sich auf begrenzte Konflikte mit Kanzler und Ressortministern ein, um die Mitsprache der Fraktion an der Regierungspolitik zu bewerkstelligen. Hinter vorgehaltener Hand machte er aus seiner Meinung über die unprofessionelle Art des Regierungsmanagements keinen Hehl.

Am 25. Juli 2002 trat Struck die Nachfolge Scharpings im Amt des Verteidigungsministers an. Mangelnde Fortune Scharpings im Amt, ferner unsensible Medienauftritte mit seiner Lebensgefährtin, schließlich auch dubiose Vergünstigungen des Lobbyisten Hunzinger kosteten ihn das Amt. Struck hatte bereits im Sommer 2001, als Scharping mit der Vermischung von Amtlichem und Privatem ins Gerede gekommen war, nach möglichen Nachfolgern Ausschau gehalten. Als sich im Sommer 2002 abzeichnete, dass Scharping nicht länger zu halten war, hatte Schröder mit Hans-Ulrich Klose, einem der Fraktionsexperten für die Außenpolitik, über eine mögliche Nachfolge gesprochen. Doch Klose machte zur Bedingung, bei einem erneuten rot-grünen Wahlsieg für weitere vier Jahre als Verteidigungsminister im Amt bleiben zu können. In der Fraktion hatte Klose den Ruf eines unabhängigen Kopfes. Müntefering, inzwischen Generalsekretär der SPD, sprach sich gegen ihn aus. Kanzler Schröder brachte daraufhin Struck selbst für Scharpings Nachfolge ins Gespräch. Struck hatte nie verteidigungspolitische Interessen gehabt, er hatte auch keinen Wehrdienst geleistet. Von allen Regierungsämtern hätte er am allerwenigsten das Verteidigungsressort gewollt. Ganz in der Art des disziplinierten Parteisoldaten, so, wie er den Kanzler in der Fraktion gegen Unmut und Widerspruch gedeckt hatte, sagte Struck zu. Er bat sich aber aus, dass er gegebenenfalls an die Spitze der Fraktion zurückkehren könne. Die demoskopischen Auguren sagten für 2002 einen Wahlsieg der Union voraus.

Als Struck im Juli 2002 sein Amt antrat, bereiteten sich die Parteien schon intensiv auf den bevorstehenden Bundestagswahlkampf vor. Die Überschwemmungen in den östlichen Bundesländern gaben Struck gleich zu Beginn seiner Amtszeit die Gelegenheit, sich als Minister „zum Anfassen" zu präsentieren; die Bundeswehr leistete im großen Maßstab Katastrophenhilfe. Der persönlich sehr bescheidene, umgängliche Minister, ein passionierter Freizeit-Motorradfahrer, fand als unkomplizierter Gesprächspartner in der Truppe den richtigen Ton.

Ganz ohne Lehrgeld kam Struck in den ersten Monaten seiner Amtszeit nicht davon. So stellte der Minister im September 2002, wenige Wochen vor der Bundestagswahl, in der SPD-Zentrale eine Initiative „Soldaten für Schröder" vor. Diese Initiative verstieß deutlich gegen die Konvention, keine Parteipolitik in die Bundeswehr hineinzutragen. Unterzeichner waren sozialdemokratische Bundestagsabgeordnete, zumeist ehemalige Wehrdienstleistende, aber auch einige Sozialdemokraten, die früher Berufssoldaten gewesen waren. Angesichts der lauten Empörung über den Tabubruch spielte Struck seine Beteiligung an diesem Vorgang herunter. Die Aktion hatte ihm vor Augen geführt, dass er auch den Generalinspekteur zu beschädigen drohte, dem hier die mangelnde Fähigkeit hätte unterstellt werden können, den Minister von einem unklugen Schritt abzubringen. Für Strucks Lernfähigkeit sprach ferner die Tatsache, dass er den pensionierten früheren Heeresinspekteur Willmann, der diesen Vorgang in der Öffentlichkeit heftig kritisiert hatte, wenige Monate später konsultierte, um Rat für die Neufassung der Verteidigungspolitischen Richtlinien einzuholen.

Dank seiner Erfahrungen als gefuchster Parlamentarier erwies sich Struck in seinem Ressort als durchsetzungsstarker Minister. Im Streitkräfteapparat hatte sich seit Jahrzehnten die Methode eingespielt, den Minister mit Hilfe der Kontakte zu den Parlamentariern „über die Bande" anzuspielen, d.h. durch parlamentarische Initiativen und Nachfragen Erklärungen abzurufen, die nicht der Agenda des Ministers entsprechen. Struck verbat sich derlei Praktiken der Spitzenmilitärs mit deutlichen Worten. Er dürfte damit zumindest ein subtileres Vorgehen bewirkt haben. Im Übrigen hielt Struck die Verteidigungspolitiker aller Fraktionen auf dem Laufenden; er pflegte engen Austausch mit dem Bundeswehrverband als der wichtigsten Interessenvertretung der Soldatinnen und Soldaten.

Im Zeichen der Sparzwänge bedeutete Verteidigungspolitik stets die harte Auseinandersetzung mit dem Finanzministerium und den Haushältern des Bundestages. Bei seinen Personalentscheidungen für die leitenden politischen Beamten seines Hauses legte Struck besonderen Wert auf haushaltspolitische Kompetenz und Erfahrung. Sonst griff er sehr schonend in die Personalstruktur ein, die er bei Übernahme seines Amtes vorgefunden hatte. Struck zögerte freilich nicht, Autorität zu demonstrieren, wo er es für geboten hielt. So entließ er im November 2003 umgehend den Chef des Kommandos Spezialkräfte, General Reinhard Günzel. Dieser hatte sich mit einem öffentlichen Vortrag des CDU-Abgeordneten Martin Hohmann solidarisiert, der antisemitische Verschwörungsthesen paraphrasiert hatte.

In der internationalen Dimension der Verteidigungspolitik waren Struck nennenswerte Gestaltungsmöglichkeiten verwehrt. Zwar engagierte sich die rot-grüne Koalition mit bewaffneten, Frieden schaffenden und Frieden bewahrenden Einsätzen der Bundeswehr weiterhin auf dem Balkan und in Afghanistan. Doch wie bereits bei Strucks Vorgänger Scharping fielen die Entscheidungen darüber hauptsächlich im Zusammenspiel von Kanzler und Außenminister. Das Bundeswehrkontingent in Afghanistan wurde 2003 verdoppelt und das Einsatzmandat – mit Zustimmung des Bundestages – auf den Norden des Landes erweitert. Bei diesen Entscheidungen handelte es sich um diplomatisch motivierte Kompensationsleistungen für die deutsche Weigerung, sich an der Staatenkoalition zu beteiligen, die militärisch im Irak interveniert hatte.

Der insgesamt durchaus erfolgreiche friedenswahrende Einsatz der Bundeswehr in Afghanistan wurde von Ausrüstungs- und Personenschutzmängeln überschattet, denen einige Soldaten bei Unfällen und Attentaten zum Opfer fielen (altes Fluggerät, ungepanzerte Mannschaftstransporter). Der politische Auftrag und die materielle Ausstattung der Soldaten klafften zeitweise deutlich auseinander. Das gleiche Problem zeigte sich in Strucks Amtszeit auch beim Balkaneinsatz. Nach antiserbischen Ausschreitungen im deutschen Abschnitt des Kosovo im März 2004 geriet das Auftreten der Bundeswehr in die Kritik. Als Ergebnis der Diskussionen um die Eignung des Militärs als polizeiliche Schutzmacht wurden im Frühjahr 2005 Vorbereitungen getroffen, um die Bundespolizei (vormals Bundesgrenzschutz) für solche Einsätze auszubilden.

Das stärkere militärische Engagement Deutschlands in der Welt fiel mit dem unter Scharping begonnenen Umbau der Bundeswehr zusammen. Die Personalstärke sollte weiter reduziert, Ausbildung und Ausrüstung sollten auf die neuen Aufgaben umgestellt werden. Struck hatte sich wie schon sein Vorgänger Zusagen geben lassen, sein Haus werde von weiteren Sparauflagen ausgenommen. Doch Struck musste entsprechende Zusagen des Kanzlers immer wieder – und nicht selten erfolglos – gegen den Zugriff des Finanzministers auf seinen Etat verteidigen.

Berichte über fehlende Luft- und Seetransportkapazität und unzureichende Ausrüstung begleiteten das deutsche Auslandsengagement auch in Strucks Amtszeit. Der Minister musste sich darüber hinaus mit den Beschaffungswünschen der Teilstreitkräfte auseinandersetzen, die zum erheblichen Teil weniger aus militärfachlichen Gründen, sondern vor allem wegen des engen Budgetrahmens gestreckt, reduziert oder gestrichen werden mussten. Davon waren auch die vom Heer dringend benötigten moderneren Schützenpanzer und gepanzerten Radfahrzeuge betroffen, die für den Schutz der in außereuropäischen Krisengebieten eingesetzten Soldaten benötigt wurden.

Eines der finanziell besonders belastenden Probleme war die Anschaffung von 180 Maschinen des Typs Eurofighter. Die über mehrere Jahre gestreckte Akquisition des Waffensystems belief sich in der Summe auf das Volumen des Verteidigungshaushalts im Jahr 2003. Kritiker, auch in den Streitkräften selbst, bemängelten den Umfang dieser Beschaffungsmaßnahme, die in ihren Ursprüngen auf die Amtszeit des CDU-Verteidigungsminister Volker Rühe zurückging. Das System wurde im Laufe seiner Entwicklung durch das verteidigungsindustrielle Konsortium EADS viel teurer als ursprünglich geplant. Die bei der Luftwaffe eingeführten ersten Exemplare verfehlten in vielen wichtigen Punkten das verlangte Leistungsbild. Eine Prüfung des Bundesrechnungshofes bestätigte die Mängel des Flugzeugs.

Die Anschaffung der militärischen Transportversion des Airbus, der das mehr als vierzig Jahre alte Fluggerät Transall ersetzen sollte, konnte von 73 auf 60 Maschinen gedrückt werden. Die Haushaltsbeschlüsse des Bundestages sicherten aber bloß 40 Anschaffungen. Die Notwendigkeit dieser Transportmaschine stand auch beim Heer, der größten Teilstreitkraft, außer Frage. Die Luftwaffe hatte in der Vergangenheit Großtransporter sowjetischer Bauart leasen müssen, um Großgerät über kontinentale Distanzen zu befördern. Die Teilstreitkraft Luftwaffe verschlang in der finanziell stark beengten Situation umfangreiche Investitionsmittel, die das Heer, das die Hauptlast der Auslandseinsätze trug, dringender benötigt hätte. Auch die Beschaffungsvorhaben der Marine mussten zurückgestellt oder gestreckt werden, um mit den vorhandenen Mitteln zurechtzukommen. Ältere Schiffseinheiten mussten ersetzt werden oder hatten in der neuen Verteidigungskonzeption keinen Platz mehr. Neuere, dem veränderten Auftrag angepasste Marineschiffe verschlangen erhebliche Kosten.

In einem weiteren Dilemma steckte der Minister bei der Debatte um die Beendigung der Wehrpflicht. Struck selbst lehnte sie ab, erklärte sich aber bereit, entsprechende Beschlüsse seiner Partei mit zu tragen – nicht ohne allerdings darauf hinzuweisen, dass eine Freiwilligenarmee Mehrkosten erzwänge. In der Wehrpflichtfrage standen die Grünen klar für die Abschaffung, die SPD war gespalten. Die Wehrpflichtdebatte war mit der Frage der künftigen Streitkräftestruktur verknüpft. Struck blieb es in dieser Frage nicht erspart, zwischen den verschiedenen Interessen im Streitkräfteapparat zu lavieren. Die eine Fraktion wollte einen kurzen Wehrdienst, der hauptsächlich als Rekrutierungspool für Zeit- und Berufssoldaten genutzt werden sollte. Die Streitkräfte sollten demzufolge im Kern eine hochprofessionelle Truppe von länger dienenden Spezialisten werden, wobei die Qualität, nicht die Truppenstärke der entscheidende Punkt sein sollte. Eine andere Fraktion trat für die Beibehaltung eines längeren Wehrdienstes ein, um noch möglichst viele Soldaten für die verbliebenen schweren und personalintensiven Waffensysteme zu rekrutieren, die für die voraussehbare Art der Auslandseinsätze indes begrenzten Wert hatten. Struck legte sich bis zum Ende seiner Amtszeit auf die neunmonatige Wehrpflicht fest.

Die Verteidigungsplanung kreiste in Strucks Amtszeit um die neuen Verteidigungspolitischen Richtlinien. Sie wurden 2003 unter dem Ministerwort bekannt, Deutschland werde heute am Hindukusch verteidigt. Künftige Auslandseinsätze wurden als Hauptauftrag der Streitkräfte definiert. Im Oktober 2003 wurde bis zum Jahr 2008 eine Kampftruppe im Umfang von 35.000 Soldaten aus allen Teilstreitkräften projektiert; sie sollte auf eine Durchhaltefähigkeit von einem Jahr ausgelegt sein. Daneben sollte eine 75.000 Soldaten umfassende „robuste Stabilisierungstruppe" gebildet werden, aus der heraus ggf. internationale Friedenssicherungsaktionen organisiert werden sollten. Alle diese längerfristig angelegten Vorhaben hatten keine Aussicht, aus einem wachsenden Wehrhaushalt finanziert zu werden. Um die laufenden Kosten zu Gunsten eines größeren Investitionsanteils zu reduzieren, wurde das bereits von Scharping eingeleitete Standortschließungsprogramm fortgeführt.

Das erste Programm zur Reduzierung der Standorte hatte noch Rücksicht auf die Bundeswehr als Arbeitgeber in ländlichen und schwach entwickelten Räumen genommen.

Das von Struck gebilligte Schließungsprogramm vom Oktober 2004 ließ diese Rücksicht fahren und orientierte sich strikt an betriebswirtschaftlichen Gesichtspunkten. Bei der Durchsetzung des Programms bewies Struck beachtliche Standfestigkeit gegen die unvermeidlichen Proteste der Ministerpräsidenten und Bürgermeister. Der Minister nahm in Kauf, dass sich die Bundeswehr mit diesem Schritt aus der Fläche zurückzieht, d.h. dass es Regionen geben wird, in denen Soldaten als Bestandteil des Alltagslebens nicht mehr vorkommen.

Im Luftsicherheitsgesetz wurde 2004 die Grundlage dafür geschaffen, dass die Luftwaffe gegebenenfalls Flugzeuge abschießen darf, die von Terroristen als Waffe eingesetzt werden. (Das Verfassungsgericht kassierte dieses Gesetz zwei Jahre später.) Eine von der Union bereits Jahre zuvor angefachte Diskussion über den Einsatz der Bundeswehr im Inneren, d.h. zum Objektschutz und zur Unterstützung der Polizei entbrannte erneut im Sommer 2005. Während Struck und der Innenminister für Grundgesetzergänzungen plädierten, um den Einsatz der Bundeswehr im Inneren rechtlich besser zu verankern, vertraten viele sozialdemokratische Bundestagsabgeordnete eher die Auffassung, die bestehenden rechtlichen Grundlagen reichten aus und im Übrigen sollte die strikte Trennung der Aufgabenfelder von Polizei und Streitkräften beibehalten werden.

Struck leitete das Kräfte zehrende und mit Stolperstrecken übersäte Verteidigungsressort ohne nennenswerte Pannen. Für die Regierung Schröder wurde Struck unentbehrlich. Dies zeigte sich im Sommer 2004, als Struck einen Schlaganfall erlitt und er die Amtsgeschäfte vorübergehend ruhen lassen musste. Das Ministerium spielte die Art und Schwere der Erkrankung zunächst herunter, bevor der Minister dann selbst für Klarstellung sorgte. Die Namen, die in den unvermeidlichen Spekulation über einen Nachfolger genannt wurden, darunter respektable Parlamentarier wie Walter Kolbow und Reinhold Robbe, offenbarten gleichwohl den eklatanten Mangel an Kandidaten mit einer vergleichbaren Statur für die Leitung des schwierigen Ressorts.

Struck zeigte beachtliche Loyalität zu Kanzler Schröder. Vor dem Hintergrund der Tatsache, dass Struck im Laufe seiner Karriere von Schröder einiges an Kränkungen hatte einstecken müssen, kommt darin ein gutes Stück Selbstverleugnungsfähigkeit zum Ausdruck. Diese Eigenschaft lernte der Kanzler nach Strucks Eintreten in die Regierung zu schätzen. Einen stark beachteten Beweis seiner Kanzlertreue erbrachte Struck im Februar 2005, als er im Auftrag des erkrankten Regierungschefs auf der Sicherheitspolitischen Konferenz in München ein Referat zur Zukunft der NATO vortrug, die weder mit dem Auswärtigen Amt noch mit dem Verteidigungsressort abgeklärt war. Die Rede stieß bei allen Beteiligten auf Unverständnis. Sie stand nicht zuletzt im Gegensatz zu den Positionen, die der Verteidigungsminister davor und danach vertreten hatte.

Nach dem Regierungswechsel im Herbst 2005 kehrte Struck an die Spitze der sozialdemokratischen Bundestagsfraktion zurück. Zwar wurde Struck im Vorfeld der Verhandlungen über eine Große Koalition angeboten, Außenminister zu werden. Doch mit Blick auf seine angeschlagene Gesundheit lehnte Struck ab. Weil der bisherige Partei- und Fraktionsvorsitzende Müntefering, der von Schröder inzwischen den Parteivorsitz übernommen hatte, in das Kabinett der Großen Koalition eintreten wollte, sagte Struck die Rückkehr an die Fraktionsspitze zu. Seine Entscheidung wurde von den sozialdemokratischen Parlamentariern mit großer Erleichterung und Zustimmung quittiert. Seiner Partei erwies Struck damit einen großen Dienst. Neben Müntefering und Struck gab es für dieses Amt keinen Anwärter von ähnlichem Format.

Die Rückkehr an die Spitze der Fraktion brachte Peter Struck in seine wohl schwierigste Rolle in der Bundespolitik. In den ersten Monaten der schwarz-roten Koalition zelebrierte er den Stil sachorientierter Zusammenarbeit mit dem christdemokratischen Fraktionschef Volker Kauder. Aber die Koalitionspartner gerieten bei Reformprojekten, mit denen die Große Koalition öffentlich gerechtfertigt worden war, so unter anderem bei der Föderalismus- und der Gesundheitsreform, bald in Streit. Struck ritt dabei Attacken auf die Führungskompetenz der Kanzlerin. Damit nahm er die Stimmung in der sozialdemokratischen Fraktion auf und gab gleichzeitig dem rheinland-pfälzischen Ministerpräsidenten und seit März 2006 SPD-Vorsitzenden Kurt Beck die Gelegenheit, sich medienstark um so wirkungsvoller als einigende Gestalt im Koalitionsbetrieb zu profilieren.

Im Rückblick fällt die Bilanz des Ministers durchaus nicht schlecht aus. Seine ihm von der rot-grünen Koalition bestimmte Rolle eines Verwalters finanziellen Mangels für das Verteidigungsressort erfüllte er mit achtbaren Erfolg, die Umstrukturierung der Streitkräfte entsprechend den neuen Verteidigungspolitischen Richtlinien wurde im Rahmen des Möglichen in Angriff genommen. Die starken Egos des Kanzlers und des Außenministers ließen ihm allerdings keine maßgebliche Mitwirkung an der verteidigungspolitisch relevanten Außenpolitik.

Literatur:
Anda, Béla/Rolf Kleine: Gerhard Schröder. Eine Biographie, Berlin 2002; *Urschel, Reinhard:* Gerhard Schröder. Eine Biografie, Stuttgart und München 2002; *Geyer, Matthias/Dirk Kurbjuweit/Dordt Schnibben:* Operation Rot-Grün. Geschichte eines politischen Abenteuers, 2. Aufl. München 2005.

Jürgen Hartmann

Trittin, *Jürgen*

Bundesminister für Umwelt, Naturschutz und Reaktorsicherheit (Bündnis '90/Die Grünen)

geb. 25.7.1954 in Bremen-Vegesack

1973	Abitur
1975–1981	Studium der Sozialwissenschaften an der Universität Göttingen, Abschluss: Diplom-Sozialwirt
1980	Eintritt in die Partei Die Grünen
1980	Fraktionsassistent der Alternativen-Grünen-Initiativen-Liste (AGIL) der Stadtratsfraktion in Göttingen
1982–1984	Geschäftsführer der Grünen-Stadtratsfraktion in Göttingen
1985–1986,	
1988–1990	Fraktionsvorsitzender der Grünen im Niedersächsischen Landtag
1985–1990	Mitglied des Niedersächsischen Landtages
1994–1995	Stellvertretender Vorsitzender der Landtagsfraktion von Bündnis '90/Die Grünen
1990–1994	Minister für Bundes- und Europa-Angelegenheiten des Landes Niedersachsen
seit 1998	Mitglied des Deutschen Bundestages
1998–2005	Bundesminister für Umwelt, Naturschutz und Reaktorsicherheit

Jürgen Trittin wurde am 25. Juli 1954 in Bremen-Vegesack als Sohn eines Firmengeschäftsführers geboren. In Bremen besuchte er das Gymnasium; schon in der Schulzeit war er politisch aktiv. Während des Studiums der Sozialwissenschaften an der Universität Göttingen engagierte Trittin sich in Gremien der studentischen Selbstverwaltung (Fachschaftsrat, AStA, Sprecher des Studentenparlaments). Unterbrochen von einem halben Jahr Wehrdienst und nach Anerkennung als Kriegsdienstverweigerer Zivildienst in einem Jungen-Heim schloss er die akademische Ausbildung als Diplom-Sozialwirt ab.

Nach ersten politischen Erfahrungen auf kommunaler Ebene und als Mitglied des Landtages von Niedersachsen konnte Trittin in seiner Zeit als niedersächsischer Minister für Bundes- und Europa-Angelegenheiten von 1990 bis 1994 erste Regierungserfahrungen im Kabinett von Ministerpräsident Gerhard Schröder sammeln.

Die Grünen besetzten nach der Bundestagswahl 1998 in der rot-grünen Koalition drei zentrale Ministerien: Joschka Fischer das Außenministerium, Andrea Fischer das Gesundheitsministerium und Jürgen Trittin das Umweltministerium. Nach den von Theodor Eschenburg in den 50er Jahren aufgestellten Kategorien ist der Umweltschutz zu den nachrangigen „Spezialministerien" (vgl. Kempf 2001: 8) zu zählen; dies hat sich grundlegend geändert. Der Umweltschutz hat nicht nur die Parteienlandschaft verändert, sondern auch in der Folge eine neue Partei entstehen lassen – ein Beleg dafür, welche Bedeutung die Bewahrung der Umwelt seit den 70er Jahren erlangt hatte.

Durch die Regierungsbeteiligung kam der Prozess einer Institutionalisierung der Grünen, die sich nach ihrem Selbstverständnis als „alternative Partei" verstanden, zu einem vorläufigen Ende: Die Umweltbewegung wandelte sich mit der Parteigründung 1980, dem Einzug in den Deutschen Bundestag 1983, nach der Wiedervereinigung dem Zusammenschluss zu Bündnis '90/Die Grünen 1993 bis zur Regierungsbeteiligung im Jahr 1998 zu einer „Systempartei". Vor der Regierungsbeteiligung war ihr Image eher das einer Problembenennungs- als das einer Problemlösungspartei. Sie machte den schwierigen Veränderungsprozess von der Protest- zur Regierungspartei durch – angesichts eines hohen Erwartungsdrucks sowohl seitens der Öffentlichkeit als auch seitens der Parteibasis. Hieraus entwickelte sich in den ersten Monaten in der Regierung ein schmerzhafter Prozess der Selbstfindung.

Zentrale Ziele der rot-grünen Bundesregierung wurden zwischen SPD und den Grünen in einem Koalitionsvertrag festgelegt; dieser hatte damit einen höheren Stellenwert als die Parteiprogramme. So wurden folgende umwelt- und energiepolitische Vorhaben festgeschrieben (vgl. Mez 2003: 331f.): Senkung der Lohnnebenkosten durch eine ökologische Steuer- und Abgabenreform, nationale Nachhaltigkeitsstrategie, Umweltgesetzbuch, Bundesnaturschutzrecht, Verbandsklagerecht, Bodenschutz- und Altlastenverordnung, Altautoverordnung, Verpackungsverordnung, Atomausstieg, Strahlenschutz, verstärkte Nutzung regenerativer Energien, breiterer Einsatz von Kraft-Wärme-Kopplung, LKW-Maut, Fluglärmgesetz, Kilometerpauschale, Gemeinschaftsaufgabe Agrar- und Küstenschutz.

Durch die Festlegung des Vorrangs erneuerbarer Energien hatte der Koalitionsvertrag im Bereich der Energie- und Umweltpolitik klare Schwerpunkte gesetzt. Dies zeigte sich beispielsweise im Jahr 1999, als ein neues Marktanreizprogramm zur Förderung erneuerbarer Energien gestartet wurde.

Trittin machte vor der Übernahme des Ministeramtes die Ochsentour durch verschiedene Funktionen in seiner Partei. Legt man die Typologie von Merkmalen zugrunde, die eine Berufung zum Bundesminister befördern (vgl. Kempf 2001: 35), dann kann seine Berufung in einem Punkt als atypisch für ein Ministerkarrieremuster gelten; so war er vorher nie Bundestagsabgeordneter gewesen, sondern hatte sich „nur" in der Landespolitik Niedersachsens profiliert.

Jürgen Trittin war nach einer Spiegel-Umfrage vor der Bundestagswahl 1998 46% der Wähler unbekannt. Dennoch galt er damals in der öffentlichen Wahrnehmung als profilierter Vertreter der Grünen, manche sahen in ihm vor der Bundestagswahl den „Leitwolf" der linken Grünen.

Infolge der Notwendigkeit, der Verursachung von Umweltschäden, der Vorsorge und Kooperation Geltung zu verschaffen, stand der Umweltminister mehr als andere Kabinettsmitglieder unter Beobachtung und Kritik von Öffentlichkeit und Medien. Seine Profilierung war von bestehenden Problemen und deren Lösung abhängig.

Das Umweltministerium war in Trittins Amtszeiten in vier Abteilungen organisiert: Zentraler Umwelt- und Naturschutz, Umwelt und Gesundheit, Sicherheit kerntechnischer Einrichtungen und Strahlenschutz. Zu den zugeordneten Behörden und zur Politikberatung zählten: Umweltbundesamt, Bundesforschungsanstalt für Naturschutz und Landschaftsökologie sowie der Sachverständigenrat für Umweltfragen.

Bei der Frage nach zentralen politischen Konflikten muss deutlich zwischen der ersten und der zweiten Legislaturperiode von Rot-Grün unterschieden werden. Zwischen Trittin und Bundeskanzler Schröder kam es nämlich in der Startphase der Regierungsverantwortung zu handfesten Irritationen. Wirtschaft und Opposition machten in Trittin schnell ihr bevorzugtes Angriffsziel aus („everybodys Gegner", so Die Woche vom 10.5.2001). Zu den Konfliktthemen während der ersten Legislaturperiode zählten der Atomausstieg, die Ökosteuerreform und – seinem Ressortgebiet eigentlich fern – der Bundeswehreinsatz im Kosovo. Im Dezember 1998 löste Trittin ohne Rücksprache mit dem Kanzleramt die Reaktorsicherheits- und die Strahlenschutzkommission auf. Anfang Januar 2000 musste der Minister auf Druck der Stromwirtschaft und des Bundeskanzlers den Stopp der Transporte zur Wiederaufarbeitung zurückziehen. Ein weiterer Konflikt betraf die Entsorgung von Altautos. Nach Intervention der deutschen Autohersteller wies Kanzler Schröder den Minister unter Verweis auf seine Richtlinienkompetenz an, den Beschluss über die Altauto-Richtlinie der EU im Ministerrat abzulehnen. Dieser sah vor, dass die Hersteller Altfahrzeuge zurück nehmen mussten. Trittin beugte sich der Forderung des Kanzlers und setzte schließlich im Ministerrat einen Kompromiss zur Altautorichtlinie – im Juni 2000 auch vom EU-Parlament verabschiedet – durch. Nach allgemeiner Lesart entging er dadurch seiner Entlassung aus dem Bundeskabinett.

Wenig später stand für Trittin der massive Konflikt in der Koalition um den Atomausstieg im Vordergrund. Im Koalitionsvertrag war festgelegt, der Atomausstieg solle ohne Schadensersatz in Milliardenhöhe vollzogen werden. Nach langen Verhandlungen verständigten sich Regierung und Betreibergesellschaften auf einen langfristigen Ausstieg. Man einigte sich auf eine Frist zur Stilllegung der 19 Atommeiler in Deutschland bis zum Jahr 2020; die Erkundungsarbeiten für ein Endlager für atomaren Müll in Gorleben sollten drei bis zehn Jahre ruhen (Moratorium). Den Durchbruch in den Konsensgesprächen schrieb sich primär Kanzler Schröder selbst zu. Sieht man das Ergebnis, so kann festgehalten werden, dass erstmals ein großes Industrieland ein klares Zeichen in der Atompolitik gesetzt hat (vgl. Mez 2003: 335). Laut Pressemeldungen produzierten im Jahr 2003 lediglich neun der 19 AKWs mit Gewinn. Der Bund ist nach dem Atomgesetz für die sichere Endlagerung radioaktiver Abfälle verantwortlich. Die Entsorgung soll nach dem Verursacherprinzip organisiert werden. Der Konflikt um die Laufzeiten belastete die Koalition. Trittin hatte darauf bestanden, dass die Gesamtlaufzeit von AKWs auf unter 30 Jahre festgeschrieben wurde; außerdem sollte mindestens ein AKW noch während der ersten Legislaturperiode abgeschaltet werden, eher ein Beispiel symbolischer Politik. Die Bundesregierung beschloss am 12. Dezember 2001 das Gesetz zur geordneten Beendigung der Kernenergienutzung zur gewerblichen Erzeugung von Elektrizität – in Kurzform: den Atomkonsens. Am 14. November 2003 ging als erstes das AKW Stade vom Netz. Der Atomausstieg wurde als Symbol grüner Politik schlechthin bereits bei Gründung der Grünen als ein zentrales Ziel formuliert und auch als identitätsstiftend für Rot-Grün angesehen. Von Seiten der Parteibasis wurde Trittin aber kritisiert; ihm wurde die Schuld am verzögerten Atomausstieg zugeschrieben. Auch der im Koalitionsvertrag festgeschriebene Sicherheitscheck aller Atomkraftwerke konnte nicht durchgesetzt werden.

Seine Bundeskompetenz nutzte Trittin auch bei Sicherheitsproblemen in AKWs, für die die Bundesländer zuständig waren. So wurde z.B. das AKW Philippsburg auf seinen Druck hin im Jahr 2001 für mehrere Wochen abgeschaltet.

Als Folge der skizzierten Konflikte mit dem Kanzler wurde über einen Rücktritt Trittins mehrfach spekuliert. Bereits 1999 fragte die Presse: „Trittin will weg – hat er Ambitionen als EU-Kommissar in Brüssel?" Sein Verhältnis zum Kanzler galt als belastet.

Im Jahre 2000 kam die Diskussion um das Dosenpfand auf die politische Agenda. Die Einführung des Dosenpfandes sollte bei gleichzeitiger Erhöhung der Mehrwegangebote die Vermüllung der Landschaft reduzieren. Wegen der technischen Umsetzungsschwierigkeiten wurde Trittin als „Dosenpfandminister" in der Boulevardpresse verspottet. Nach langen Streitereien mit Lobbygruppen und Discounterketten wurde das Pfand schließlich am 1. Januar 2003 eingeführt, nachdem Probleme bei der Rücknahmeregelung gelöst worden waren. Im Dezember 2004 erfolgte dennoch eine Prüfung der neuen Regelung durch den zuständigen EU-Kommissar wegen angeblicher Wettbewerbsbenachteiligung ausländischer Getränkehersteller. Dieser kam zu dem Ergebnis, dass die Dosenpfandregelungen in einzelnen Teilen den EU-Richtlinien widersprachen. Letztendlich handelte sich um einen Machtkampf zwischen dem Umweltministerium und der Industrie.

Als „Herzstück der rot-grünen Energie- und Klimapolitik" galt das Erneuerbare-Energien-Gesetz (EEG) (Jänicke/Reiche/Volkery 2002: 53). Es trat zum 1. April 2000 in Kraft und wurde als wirkungsvolles Instrument zur Energieeinsparung betrachtet. Beim Ausbau der Kraft-Wärme-Kopplung wurde schließlich ein Kompromiss aus Selbstverpflichtung und Bonuslösung ausgehandelt. Das entsprechende Gesetz wurde im Januar 2002 – nach einem Vermittlungsverfahren – mit Bundestags- und Bundesratsmehrheit beschlossen.

Im Jahr 2001 legte Trittin auch eine Novelle zum Naturschutzgesetz vor. Während sich Land- und Forstwirtschaftsfunktionäre enttäuscht zeigten, sprachen Umweltverbände von einem großen politischen Erfolg. Laut Koalitionsvereinbarung sollte dieses Gesetz mit dem Ziel überarbeitet werden, „die Flächennutzung künftig natur-, umwelt- und landschaftsverträglich zu gestalten". Das 2002 verabschiedete Gesetz gilt als Rahmengesetz, das den Bundesländern weitgehende Interpretationsmöglichkeiten einräumt.

In einer Zwischenbilanz im Wahljahr 2002 wurde vom Minister festgestellt, dass alle wichtigen Projekte der Koalitionsvereinbarung abgearbeitet waren. Mit dem Atomausstieg, der Ökologischen Steuerreform, dem zweiten Klimaschutzprogramm und der Novellierung des Bundesnaturschutzgesetzes waren wichtige Teilziele der rot-grünen Regierung hin zu einer nachhaltigen Entwicklung erreicht (vgl. Mez 2003: 349). „In der ersten Legislaturperiode von 1988 bis 2002 hatte das Regierungsbündnis mehrere weit reichende umweltpolitische Reformvorhaben umgesetzt, die auch international Beachtung fanden" (Jacob/Volkery 2007: 431).

In der zweiten Legislaturperiode gab es deutlich weniger Konflikte. Dennoch hatte sich Trittin auch in dieser Phase direkter Kritik zu erwehren. Zum einen durch seinen Skinhead-Vergleich. So hatte Trittin den CDU-Generalsekretär Laurenz Meyer öffentlich diffamiert: „[Er] hat die Mentalität eines Skinheads, und nicht nur das Aussehen." Für diese verbale Entgleisung entschuldigte er sich später. Zum zweiten wegen der Mescalero-Affäre. Ihm wurde vorgeworfen, dass er sich in seiner Studentenzeit nicht genügend von einem veröffentlichten (anonymen) Brief distanziert hätte, in dem der tödliche Anschlag auf Generalbundesanwalt Siegfried Buback „mit klammheimlicher Freude" kommentiert worden war. Im Bundestag wehrte sich Trittin gegen diese Unterstellung und wies die Anwürfe entschieden zurück.

In Trittins Amtszeit brachen Spannungen zwischen Wirtschafts- und Umweltministerium offen aus. Während Trittin auf erneuerbare

Energien setzte, bevorzugte Wirtschaftsminister Wolfgang Clement die heimische Kohle und bediente damit die Kohlelobby in Nordrhein-Westfalen. Ein Indiz für solche Konfliktlinien zwischen beiden Ministern zeigte sich u.a. darin, dass Trittin bei einem Energietreffen beim Kanzler nicht eingeladen worden war, wohl aber Wirtschaftsminister Clement. Hierin wurde der klassische Konflikt zwischen Ökonomie und Ökologie deutlich, der trotz aller Harmonisierungsversuche immer wieder hervortrat. Das Dilemma der grünen Kabinettsmitglieder bestand darin, dass die Konfliktlinien sowohl zwischen Parteibasis und amtierenden Politikern als auch zwischen Regierung und Strommanagern lagen. Trittin selbst kommentierte diese Entwicklung seiner Partei folgendermaßen: „Wir werden nur als öko-soziale Partei, als radikaldemokratische Partei der ökologischen Modernisierung Erfolge haben. Damit bleiben wir eine Partei der Gestaltung und nicht der Deregulierung" (Der Spiegel 10/2001: 30). Überlagert wurden solche Auseinandersetzungen durch Konflikte zwischen dem Minister und seiner Parteibasis, aber auch zwischen Demonstranten gegen die Castor-Transporte ins atomare Zwischenlager nach Gorleben und dem Umweltminister.

Ein weiteres zentrales umweltpolitisches Projekt stellte der Klimaschutz dar. Auf internationalen Klimakonferenzen u.a. in Rio de Janeiro 1992 sowie Kyoto 1997 wurde beschlossen, die Erderwärmung zu verlangsamen und den Ausstoß von Kohlendioxyd zu begrenzen. Nach dem Klimagipfel in Bonn im Jahr 2001, der als Durchbruch zur Rettung des Kyoto-Abkommens angesehen wurde, wurde Trittin von Kanzler und Opposition für sein Verhandlungsgeschick gelobt. Die Kyoto-Verpflichtung sah eine 21prozentige Reduzierung von sechs verschiedenen Treibhausgasen bis 2012 vor (Basisjahr 1990). International war das Kyoto-Protokoll umstritten, da die USA und China sich weigerten, konkrete Ziele festzuschreiben. Im Jahr 2003 waren von den angestrebten 21% Reduzierung der Emissionen von Treibhausgasen in Deutschland 19,4% erreicht (mobil-Interview mit Trittin, 1/2003).

Zur Klimaentlastung sollten in der Bundesrepublik Ökosteuer, Energiesparverordnung, LKW-Maut, die Verwendung von UMTS-Milliarden zwecks Modernisierung der Bahn, eine Vereinbarung über die Förderung hocheffizienter Heizkraftwerke und das Gesetz zur Förderung Erneuerbarer Energien (EEG) beitragen.

Ein weiterer Schwerpunkt beim Klimaschutz war der Emissionshandel, bei dem sich der Minister mit seinen Vorstellungen jedoch nicht durchsetzen konnte (Badische Zeitung vom 11.5.2004). Es sollte ein nationaler Allokationsplan für den Handel mit Emissionsrechten aufgestellt werden. Dabei ging es um den Handel der Unternehmen mit Treibhausgasen. Laut Trittin sei der Klimaschutz ein Markt ungeahnter Größe (FR vom 8.9. 2003). Deshalb forderte er eine Wende in den Forschungsprioritäten zu Gunsten von Klimaschutz sowie Energieforschung und setzte ein Zukunftsinvestitionsprogramm für die Jahre 2000 bis 2003 durch.

Ein zentraler Punkt politischen Handels der Koalition war die von der Opposition, der Industrie und Autofahrerverbänden heftig kritisierte Ökologische Steuerreform (ÖSR). Die energiepolitischen Weichenstellungen der Bundesregierung zielten darauf, eine Balance der energiepolitischen Ziele Wirtschaftlichkeit, Versorgungssicherheit und Umweltverträglichkeit herzustellen. „Nicht der ökologische Problemdruck war der ausschlaggebende Faktor für den Einstieg in der ÖSR in Deutschland, sondern vielmehr die Stärke der umweltpolitischen Akteure und deren Konstellation in der Umweltpolitikarena, sowie der Politikstil der Bundesregierung" (Mez 2003: 345). Dem Einstieg in die ÖSR kam nach Meinung des Ministers und seiner Partei eine impulsgebende Rolle in der internationalen bzw. globalen Umweltpolitik zu. Das Bundesverfassungsgericht wies im April 2004 eine Klage gegen die Ökosteuer einstimmig zurück und billigte sie ohne Abstriche. Staatlicher Politik wurde Gestaltungsfreiheit zugesprochen.

Die Ökosteuer zielt darauf ab, den Energieverbrauch zu verteuern und die Arbeit zu verbilligen. Deshalb flossen die Einnahmen von jährlich rund 18 Mrd. Euro fast vollständig in die Rentenversicherung, was die Rentenbeiträge um 1,7% senkte.

Mittlerweile liegt der Rentenbeitrag aber wieder bei 19,9% (2007).

Die grüne Energiepolitik setzte auf ein Drei-Säulen-Programm: Förderung erneuerbarer Energien, effiziente Technik bei der Stromerzeugung und sparsamer Verbrauch.

Deutschland ist mittlerweile weltweit die Nummer zwei beim Export von Umwelttechnologien. Daher vertrat Trittin die These, die Ökologie sei der Motor für Innovationen.

Die angestrebte Energiewende – ein weiterer Zentralbegriff – setzte auf das Erneuerbare-Energien-Gesetz (EEG), auf Windenergie (Offshore-Anlagen) und Fotovoltaik (100.000-Dächer-Programm). Um die Förderung regenerativer Energien gab es jedoch einen monatelangen Streit zwischen Trittin und Wirtschaftsminister Wolfgang Clement.

Schließlich beschloss die Koalition, die Windenergie künftig weniger als zuvor zu fördern. Gleichzeitig wurde am 6. November 2003 die Novelle des Erneuerbaren-Energien-Gesetzes (EEG) verabschiedet. Sie sah vor, Offshore-Anlagen (Windparks auf See) stärker zu fördern.

Nach der Zielfestschreibung der Bundesregierung sollte der Anteil der erneuerbaren Energien bis 2010 auf 12,5%, bis 2020 auf 20% erweitert werden. Im Koalitionsvertrag aus dem Jahre 2002 hatten beide Partner vereinbart, den Anteil der regenerativen Stromquellen bis zum Jahr 2010 gegenüber 2000 zu verdoppeln.

Die Hochwasserkatastrophe (Jahrhunderthochwasser) vom Sommer

2002 hatte erheblichen Anteil an der Wiederwahl der rot-grünen Regierungskoalition. Der Koalitionsvertrag aus dem Jahre 2002 sah deshalb eine Stärkung der Kompetenzen des Bundes im Hochwasserschutz vor. Diese wurden durch das im Mai 2005 verabschiedete neue Hochwasserschutz-Gesetz gestärkt, wenn auch kontroverse Punkte (z.B. Ausweisung von Überschwemmungsgebieten) offen blieben.

Umweltminister Jürgen Trittin engagierte sich auch auf internationalem Feld mit der Zielsetzung, Umwelt und Handel gleichrangig zu bewerten (Welthandelsabkommen, WTO-Konferenzen in Doha 2001 und Cancún 2003). Seine Politik zielte auf Gleichrangigkeit von Multilateralen Umweltabkommen (Mulilateral Environment Agreements, MEAs) und WTO-Regeln. Die Handelspolitik müsse nachhaltige Entwicklung fördern, so der Minister. Die deutschen Interessen lägen im Export von Umwelttechnologien. Auf den internationalen Konferenzen wurde um den Abbau umweltschädlicher Subventionen gestritten (z.B. wegen der Folgen der Überfischung). Die deutsche Politik zielte auf die Berücksichtigung von Umwelt-, Sozial- und Entwicklungsaspekten bei der Gestaltung des Globalisierungsprozesses. Generell galt Umweltpolitik dabei als Querschnittsaufgabe: Betroffen waren immer auch die Entwicklungspolitik und die Handelspolitik.

Innerhalb der Entwicklungspolitik erweist sich der Zugang zu Energien als Schlüsselfrage. Fünf Lösungen werden deshalb weltweit diskutiert: 1. Erneuerbare Energien sind heimische Energien. 2. Wirtschaftskreisläufe zwischen Stadt und Land schaffen Arbeit und Wohlstand. 3. Zugang zu modernen Energien ist Voraussetzung für Geschlechtergerechtigkeit. 4. Erneuerbare Energien schonen lokale Wasserreserven. 5. Der Ausbau erneuerbarer Energien begrenzt die Schäden des Klimawandels.

Ein weiteres Reformprojekt auf EU-Ebene, das u.a. aus Kostengründen nicht realisiert wurde, zielte auf die Neufassung des Chemikalienrechts. Auch konnten einige Umweltreformen wegen unüberbrückbarer Differenzen zwischen Bundestag und Bundesrat nicht verabschiedet werden. Viele Reformvorhaben, wie etwa das Fluglärmgesetz, die Weiterführung der ökologischen Wende in der Agrarpolitik oder die Modernisierung des Umweltrechts wurden in der Auseinandersetzung zwischen beiden Kammern regelrecht „zermahlen".

Ein Merkmal grüner Umweltpolitik war die Verknüpfung von Politikfeldern: So wurden soziale Grundrechte eng mit Umweltpolitik verbunden, Ökonomie nicht mehr gegen Ökologie ausgespielt, sondern beides eng verknüpft. Ökologische Modernisierung setzte auf Innovation, Schaffung von Arbeitsplätzen und Erweiterung der Marktwirtschaft. Vor diesem Hintergrund hatte Trittin einen Zentralbegriff der Regierungsarbeit benannt: „... man darf den Begriff der ökologischen Modernisierung nicht auseinander reißen. Wer sich nur auf Modernität bezieht, landet im neoliberalen Abseits. Wer sich nur auf die Ökologie bezieht, landet im Strukturkonservatismus. Wir versuchen, soziale Gerechtigkeit, den Schutz der Natur und ökonomische Modernisierung zu verknüpfen" (Der Spiegel 10/2001: 30).

Die rot-grüne Umweltpolitik wurde auch von außen beeinflusst: Nach dem 11. September 2001 kam die Sicherheit der AKWs bei Angriffen von Terroristen mit Passagierflugzeugen auf die politische Agenda; die Sicherheit der Meiler schien nicht gewährleistet. Für solche Fälle wären – so ein Rechtsgutachten – die Kompetenzen des Umweltministers weit gefasst: Der Staat könne gegenüber den AKW-Betreibern weit reichende Maßnahmen zur Terrorabwehr durchsetzen – bis hin zur Stilllegung der Kraftwerke.

Wie lässt sich die Regierungsarbeit Trittins nach sieben Jahren bilanzieren? Die zweite Legislaturperiode lässt sich mit dem Begriff „Tempoverlangsamung" (Jacob/Volkery 2007: 431) charakterisieren. Gründe hierfür liegen in der „Komplexität langfristiger Problemlagen, [in der] Ausdifferenzierung der Akteurslandschaft und [im] Mehrebenencharakter des Politikfelds" (ebd.: 433). Zwar wurden die Kompetenzen des Umweltministers um Zuständigkeiten im Energiebereich ausgeweitet, dennoch verlor das Thema insgesamt an politischer Aufmerksamkeit (ebd.: 434).

Michael Glos, CSU-Landesgruppenvorsitzende im Bundestag, bezeichnete Trittin als „Bürgerschreck", der Spiegel sprach von einem „machtbewussten Umweltminister Trittin" (Der Spiegel 90/1998: 71). Auf der Popularitätsskala des Politbarometers stand Trittin 1999 ganz unten; auch die Demoskopen machten im Jahre 2000 Trittin regelmäßig als den unbeliebtesten Minister aus. Trittin selbst erklärte diesen Sachverhalt folgendermaßen: „Auf den Repräsentanten des grünen Kernressorts Umwelt werden viele Ängste der Bevölkerung vor Veränderungen projiziert" (Der Spiegel 44/2000).

In der öffentlichen Wahrnehmung galt Jürgen Trittin als polarisierend; dies zeigen auch ihm zugeschriebene weitere Eigenschaften: „Er kann gut wegstecken" (Joschka Fischer). Trittin galt als fleißig, machtbewusst, rhetorisch stark, „störrisch", links, fachlich kompetent, staatsmännisch, polarisierend, provokativ; kantig, kämpferisch, Mann mit eigener Meinung; „Vom Buhmann der Koalition zum erfolgreichen Kabinettsmitglied" (SZ); umstritten und profiliert (zdf.de). In der eigenen Zwischenbilanz hielt Trittin fest: „Die Energiewende ist für mich der größte Erfolg meiner fünfjährigen Amtszeit" (Rheinischer Merkur 38/2003).

In einem Interview ein Jahr nach dem Ausscheiden aus dem Ministeramt bilanzierte Jürgen Trittin seine Arbeit: „Grüne haben in Deutschland eine umfassende Energiewende eingeleitet. Altkraftwerke, ob mit Atom oder Kohle betrieben, werden vom Netz genommen. Mit unserem Erneuerbaren-Energien-Gesetz und dem Emissionshandel hat ein Boom moderner Energietechnik begonnen. Deutschland ist heute Markt- und Technologieführer bei Windenergie wie Fotovoltaik. Wir haben Deutschland und Europa zu einem Vorreiter beim internationalen Klimaschutz gemacht und das Kyoto-Protokoll in Kraft gesetzt. Wir haben den Naturschutz und den Hochwasserschutz modernisiert – gegen den Widerstand der Länder. Und wir haben bewiesen, dass sich Politik nicht von großen Konzernen erpressen lassen muss – und das Dosenpfand durchgesetzt" (Magazin „die facette" 03/2006). Die Umweltkonferenz in Nairobi 2006 unterstützte seine These, dass „das größte unweltpolitische Problem ... der Klimawandel" darstellt, für dessen politische Steuerung aber bislang keine konsensfähigen, globalen Lösungskonzepte gefunden wurden.

Die langfristigen Ziele der Umweltpolitik blieben in beiden Legislaturperioden gleich. Als wesentlicher Bestandteil einer Nachhaltigkeitsstrategie wurde international und national die Integration von Umweltbelangen in verschiedene Politikbereiche vorangetrieben und über einen „Nachhaltigkeitsrat" institutionalisiert. Dennoch waren die Wirkungen begrenzt. „Eine Verknüpfung der Nachhaltigkeitsstrategie mit dem Diskurs um die Agenda 2010 fand nicht statt" (Jacob/ Volkery 2007: 437). Für die zweite Amtszeit gingen wichtige Impulse von der Europäischen Umweltpolitik aus, so u. a. die Rahmenrichtlinien für Wasser, Luftqualität oder Integrierte Vermeidung und Verminderung der Umweltverschmutzung (IVU). Im Bereich des Klimaschutzes setzte die deutsche Umweltpolitik wichtige Impulse. Bei der Lösung dieses Problems wurden Interessengegensätze mit den USA deutlich. Bei der „Renewable Conference" 2003 in Bonn gelang es Umweltminister Trittin nicht nur internationale Aufmerksamkeit zu erzielen, er verknüpfte auch die beiden Politikfelder Klimaschutz und Entwicklungshilfe miteinander.

In einer Bilanz von Trittins Amtszeit kommen Jacob und Volkery zu folgendem Ergebnis: „Wenn man beide Legislaturperioden miteinander vergleicht, zeigt sich bei einer Ausnahme – der Umsetzung der europäischen Richtlinie zum Emissionshandel – eine Erlahmung der Modernisierung des umweltpolitischen Instrumentariums" (Jacob/Volkery 2007: 442). Beleg hierfür ist u. a. der Verzicht auf eine weitere Erhöhung der Ökosteuer. Dagegen bezeichnen die beiden Autoren die Umsetzung des Emissionshandels als das „Herzstück der Umweltpolitik der zweiten Periode" (ebd.: 442).

Gründe für die Tempoverlangsamung sehen sie in der Verschiebung der Mehrheitsverhältnisse im Bundesrat, in der wirtschaftlichen Stagnation sowie im fehlenden politischen Konzept (vgl. ebd.: 449f.).

Nachdem die rot-grüne Koalition bei der vorgezogenen Bundestagswahl im Herbst 2005 ihre Mehrheit verlor, schieden alle grünen Minister aus. Trittin hatte am 4. Oktober 2005 von seiner in den Bundestags-Fraktionsvorsitz wechselnden Parteikollegin Renate Künast bis zur Bildung der neuen Regierung das Verbraucherministerium kommissarisch übernommen. Seit November 2005 ist Jürgen Trittin einer von fünf stellvertretenden Fraktionsvorsitzenden von Bündnis ´90/Die Grünen. In seiner Fraktion ist er für Internationale Politik, Menschenrechte, Entwicklungspolitik, Verteidigung, Europa und auswärtige Kultur zuständig.

Literatur:
Egle, Christoph/Tobias Ostheim/Reimut Zohlnhöfer (Hrsg.): Das rot-grüne Projekt. Eine Bilanz der Regierung Schröder 1989-2002, Wiesbaden 2003; Fragen an Jürgen Trittin zur Umweltpolitik, in: Magazin „die facette" 3/2006; *Geyer, Matthias/Dirk Kurbjuweit/Cordt Schnibben*: Operation Rot-Grün – Geschichte eines politischen Abenteuers, München 2005; *Heyder, Ulrich/Ulrich Menze/Bernd Rebe (Hrsg.)*: Das Land verändert? Rot-grüne Politik zwischen Interessenbalancen und Modernisierungsdynamik, Hamburg 2002; *Jacob, Klaus/Axel Volkery*: Nichts Neues unter der Sonne? Zwischen Ideensuche und Entscheidungsblockade die Umweltpolitik der Bundesregierung Schröder 2002-2005, in: *Egle, Christoph/Reimut Zohlnhöfer (Hrsg.)*: Ende des rot-grünen Projekts. Eine Bilanz der Regierung Schröder 2002-2005, Wiesbaden 2007, S. 431-452; *Kropp, Sabine*: Regieren in Koalitionen, Wiesbaden 2001; *Mez, Lutz*: Ökologische Modernisierung und Vorreiterrolle in der Energie- und Umweltpolitik? Eine vorläufige Bilanz, in: *Egle/Ostheim/Zohlnhöfer (Hrsg.)* a.a.O., S. 329-350; *Radcke, Antje*: Das Ideal und die Macht. Das Dilemma der Grünen, Berlin 2001; *Trittin, Jürgen u.a.*: Von Rio nach Johannesburg. Beiträge zur Globalisierung der Nachhaltigkeit, Berlin 2001; *ders.*: Gefahr aus der Mitte. Die Republik rutscht nach rechts, Göttingen 1993; *ders.*: Welt Um Welt. Gerechtigkeit und Globalisierung, Berlin 2002.

Hans-Werner Kuhn

Wieczorek-Zeul, *Heidemarie*

Bundesministerin für wirtschaftliche Zusammenarbeit und Entwicklung (SPD)

geb. 21.1.1942 in Frankfurt a.M.

1961	Abitur
1961–1965	Studium für das Lehramt an Haupt- und Realschulen an der Universität Frankfurt
1965–1974	Lehrerin an einer Gesamtschule in Rüsselsheim
1965	Eintritt in die SPD
1968–1972	Stadtverordnete in Rüsselsheim
1972	Mitglied des Kreistages von Groß-Gerau
1974–1977	Vorsitzende der Jungsozialisten

1979–1987	Mitglied des Europaparlaments
seit 1987	Mitglied des Deutschen Bundestages
1987–1998	Europapolitische Sprecherin der SPD-Bundestagsfraktion
1988–1999	Bezirksvorsitzende der südhessischen SPD
seit 1993	Stellvertretende Bundesvorsitzende der SPD
seit 1998	Bundesministerin für wirtschaftliche Zusammenarbeit und Entwicklung

Nachdem Heidemarie Wieczorek-Zeul 1965 in die SPD eingetreten war, engagierte sie sich zunächst in der Kommunalpolitik. Sie war Stadträtin in Rüsselsheim und Kreisrätin im Kreistag von Groß-Gerau. Während ihres Engagements bei den Jungsozialisten übernahm Wieczorek-Zeul zunächst den Vorsitz von Süd-Hessen, 1974 folgte sie Wolfgang Roth als Bundesvorsitzende. Sie vertrat betont linke Positionen – was ihr den Spitznamen „rote Heide" einbrachte; von diesen Positionen distanzierten sich zunehmend einige Gruppierungen innerhalb der SPD. Für die Juso-Bundesvorsitzende wurde die Balance zwischen der Partei und den Stamokap-Gruppen innerhalb der Jusos immer schwieriger. Folglich musste sie sich 1976 auf dem Bundeskongress der Jusos mit viel Energie gegen die Flügelkämpfe durchsetzen, um schließlich in ihrem Amt bestätigt zu werden. Altersbedingt gab sie 1977 den Vorsitz ab und arbeitete anschließend an einem Forschungsauftrag der Friedrich-Ebert-Stiftung zum Thema „Jugendpolitik in europäischen Institutionen".

Im Jahr 1979 wurde sie auf der Bundesliste der SPD ins Europaparlament gewählt, dem sie bis 1987 angehörte. Außenwirtschaft und Frauenpolitik waren ihre Hauptthemen.

Eine weitere Stufe in ihrer Parteikarriere war 1988 die Wahl zur Bezirksvorsitzenden Südhessen. Auf Bundesebene verlangte sie als engagierte Befürworterin linker Positionen neue Weichenstellungen. So lehnte sie 1991 Grundrechtsänderungen ab, die der Bundeswehr erlauben sollten, an Blauhelm-Missionen teilzunehmen. Gleiches galt für eine Änderung des Asylrechts. Der pragmatische Kurs des damaligen SPD-Vorsitzenden Björn Engholm wurde von ihr massiv kritisiert. Als Engholm 1993 zurücktreten musste, meldete sie ihren Anspruch auf den Parteivorsitz an. Eine Mitgliederbefragung im Vorfeld der Wahl zum Parteivorsitzenden 1993 endete für sie nur mit einem dritten Platz, nach Rudolf Scharping und Gerhard Schröder. Dennoch wurde sie zur stellvertretenden Parteivorsitzenden gewählt und in das Schattenkabinett des damaligen SPD-Spitzenkandidaten für die Bundestagswahl 1994, Rudolf Scharping, aufgenommen. Im Jahr 2005 entstand eine Kontroverse um ihr weiteres Verbleiben im Parteipräsidium. Wieczorek-Zeul hatte zunächst Andrea Nahles' Wahl in das Parteipräsidium unterstützt; aber als vorgeschlagen wurde, sie solle ihren Platz für Nahles frei machen, erklärte sie, dass sie lieber ihr Ministeramt aufgeben wolle, um stellvertretende Parteivorsitzende zu bleiben. Nach längerer Diskussion entschied sie sich schließlich für das Ministeramt.

In dieses war sie im Oktober 1998 von Kanzler Schröder berufen worden, eine Aufgabe, die aus verschiedenen Gründen als schwierig galt: Die Stellung des Bundesministeriums für wirtschaftliche Zusammenarbeit (und Entwicklung kam später dazu) war in Kabinett, Bundestag und den Medien immer in Frage gestellt worden. Bei seiner Gründung wurde der Sinn kaum eingesehen. Auswärtiges Amt, Wirtschafts- und Finanzministerium betrachteten seine Aktivitäten immer mit einigem Misstrauen. Deshalb mussten die Minister immer um Kompetenzen und Haushaltsmittel kämpfen. Das zeigte sich auch darin, dass das seit Jahrzehnten angestrebte und versprochene Ziel, die Mittel für öffentliche Entwicklungszusammenarbeit auf 0,7% des Bruttosozialproduktes zu erhöhen, immer unter oder um die 0,3% pendelte. Das 0,7-Prozentziel wurde erstmals 1968 auf der Welthandels- und Entwicklungskonferenz formuliert und 1970 auf der Generalversammlung der Vereinten Nationen angenommen. Erreicht wurde dieses Ziel indessen auch nach Jahrzehnten nicht, wie die Verpflichtung in den Milleniumszielen (2000) und den daraus abgeleiteten Milleniums-Entwicklungszielen (MDG) zeigte. Denn nunmehr sagte die Bundesrepublik (wie ihre europäischen Partner) zu, bis 2010 den Anteil für Entwicklungszusammenarbeit am BSP auf 0,51% und bis 2015 auf 0,7% zu steigern. In den Augen Wieczorek-Zeuls war dies ein wesentlicher Schritt nach vorn im Vergleich zu der Politik der früheren Regierungen. CDU/CSU und FDP hätten bis 1998 „Projektitis" betrieben und den Haushalt als Steinbruch missbraucht, da die so genannten ODA-Quoten, die Mittel für die öffentliche Entwicklungszusammenarbeit, bei 0,26% gelegen hätten. Das mache deutlich, dass Entwicklungspolitik für die Vorgängerregierung keinen Stellenwert besessen hätte. Mit der Perspektive des neuen Jahrtausends glaubte die Ministerin die „Globalisierung gerecht, ökologisch und sozial" gestalten zu können.

Dezidiert verstand Wieczorek-Zeul Entwicklungspolitik als „Armutsbekämpfung" und diese als eine globale Aufgabe. Sie sollte den Stellenwert einer „Querschnittsaufgabe" besitzen und deshalb in spezifischer Weise in der Außen-, Sicherheits-, Handels-, Agrar- und Verteidigungspolitik verankert sein. Auch wurde versucht, noch mehr als zuvor den deutschen Einfluss in multilateralen Gremien zu nutzen.

Ein Hauptanliegen der Ministerin war die Entschuldung der am höchsten verschuldeten Länder. Die Finanzminister der EU-Staaten einigten sich schließlich darauf, diesen Staaten ihre multilateralen Schulden zu 100% zu erlassen. Deutschland habe – so Wieczorek-Zeul – Führungsstärke in dieser Frage gezeigt, vor allem deshalb, weil man eine eigenständige Entwicklungspolitik verfolge. Die

Bundesregierung habe der Entwicklungspolitik die Bedeutung gegeben, die sie haben müsse, um auf globale Herausforderungen zu reagieren. Die Entwicklungspolitik habe an Profil gewonnen und die „Instrumente" seien reformiert worden.

Auf diese Weise hoffte die Ministerin ältere und neu-dimensionierte Problemlagen wie Globalisierung, ökonomischen Protektionismus, Überschuldung, Tropenkrankheiten, AIDS, Kriege und internationalen Terrorismus, diktatorische Politiksysteme – zumindest effektiver entschärfen zu können.

Wie sehr sich die rot-grüne Bundesregierung die Milleniumsziele vom September 2000 zu eigen gemacht hatte, wurde im „zentralen Orientierungsrahmen für die deutsche Entwicklungspolitik" dokumentiert. Als wichtigste Punkte wurden hervorgehoben: die Steigerung der öffentlichen Entwicklungszusammenarbeit, die Entschuldung der ärmsten Entwicklungsländer (die Entschuldungsinitiative auf dem Kölner Gipfeltreffen 1999 ging vor allem von Deutschland aus), die Verbesserung des Marktzugangs und der faire Handel.

Bezüglich Afrikas – ein Hauptarbeitsfeld der Ministerin – wurden die Hilfen prozentual verdoppelt, die technische Hilfe um 20% gesteigert, der Schuldenerlass mehr als verdreifacht. Trotz der Meinung, dies seien „aufrüttelnde, fassbare Vorgaben" gab es Kritik von Nichtregierungsorganisationen und Wissenschaftlern. Diese kreisten um das Fehlen konkreter Beschäftigungsziele, politischer Beteiligungsrechte und institutioneller Reformen bei den internationalen Entwicklungsorganisationen. Weiterhin galten die Ziele als unrealistisch, zu ehrgeizig und damit der Gefahr verbreiteter Enttäuschung ausgesetzt, zumal die Entwicklungsländer kaum in die Lage versetzt würden, ihre eigenen Prioritäten zu formulieren und zu vertreten.

Trotz dieser Kritik sah sich Wieczorek-Zeul auf dem richtigen Weg, zumal auf dem G8-Gipfel der wichtigsten Industrienationen in Heiligendamm im Juni 2007 die Hilfsmaßnahmen insbesondere für Afrika erneut bekräftigt wurden.

Ihr besonderes Interesse an Afrika dokumentierte die Ministerin durch ihren Besuch in Namibia, das einen Großteil der deutschen Entwicklungshilfe für Afrika erhält. Als erstes deutsches Regierungsmitglied hat sie im Jahr 2004 – 100 Jahre nach der Vertreibung und Ermordung der Herero und Nama – um Vergebung für die Verbrechen der Kolonialzeit gebeten – Äußerungen, für die sie in Deutschland von der Opposition getadelt wurde. Probleme, unter denen der „Schwarze Kontinent" wie kein zweiter leide, würde die Ministerin – so die Kritik – nur selten nennen: Korruption, blutige Stammeskämpfe, Interventionen von Nachbarländern zwecks Ausbeutung, Grenzkonflikte, die sich nicht selten zu Kriegen ausweiteten, Vernachlässigung der Infrastruktur, Selbstbereicherung der administrativen und militärischen Eliten.

Besondere Aufmerksamkeit widmete die Bundesministerin globalen Umweltproblemen und der weltweiten Armutsbekämpfung. Wirtschaftliche Leistungsfähigkeit, soziale Gerechtigkeit, ökologisches Gleichgewicht begriff sie als miteinander vernetzte substantielle Komponenten eines – möglichst demokratisch stabilen – Handlungsrahmens. Ein Beispiel dafür war die „Energiewende". In einer 2004 von Deutschland ausgerichteten Konferenz für erneuerbare Energien verpflichteten sich die 154 Teilnehmerstaaten, bis 2015 einer Milliarde Menschen Zugang zu erneuerbaren Energiequellen zu ermöglichen. Allein durch die deutsche Entwicklungszusammenarbeit erhielten ca. 41 Millionen Menschen mit relativ einfachen und billigen Mitteln Zugang zu Strom.

Auf der gleichen Linie lag Wieczorek-Zeuls Zusammenarbeit mit Nichtregierungsorganisationen, die sich um die Versorgung der Menschen mit sauberem Trinkwasser bemühten.

Weiterhin versuchte Wieczorek-Zeul in den folgenden Feldern der internationalen (Wirtschafts-)Politik und Entwicklungspolitik die Zukunftschancen der Länder des Südens zu fördern und – wenn auch nur schrittweise und von Rückschlägen begleitet – zu verbessern: Die Abschaffung der Handelshemmnisse sowie die Beseitigung von Agrarsubventionen auf europäischer und internationaler Ebene sollten es den Ländern der „Dritten Welt" ermöglichen, sich selbst die Ressourcen für ihre Entwicklung zu verdienen. In diesem Sinne unterstützte die Ministerin z.B. in der 15. Legislaturperiode eine Baumwoll-Initiative von vier Ländern Westafrikas, die auf eine Verbesserung ihrer Exportchancen durch Reduktion der amerikanischen und europäischen Subventionen für Baumwollprodukte zielten.

Ebenso setzte sich die Ministerin für einen fairen Zugang der ärmsten Entwicklungsländer zur EU ein.

Auch gerade in ihrer Funktion als Mitglied des Bundessicherheitsrates wandte sich Wieczorek-Zeul strikt gegen Waffenexporte, da sie darin eine Förderung des Wettrüstens und folglich eine Minderung von Ressourcen für die Entwicklungshilfe erblickte.

Im Verhältnis zu den Ölproduzenten trat Wieczorek-Zeul für eine Intensivierung der Zusammenarbeit ein, damit diese nicht, wie von China praktiziert, den Status reiner Rohstofflieferanten erhielten. Dann, so die Erwartung, ließen sich die Gewinne aus dem Ölverkauf wirklich zur Armutsminderung einsetzen.

Diesen Zielperspektiven galt auch Wieczorek-Zeuls vom Beginn ihrer Amtszeit an ständiges Plädoyer für eine Reform der 1944 gegründeten Bretton-Woods-Institutionen. Dies bedeutete auch, dass Weltbank, Internationaler Währungsfonds und die Internationalen Entwicklungsorganisationen einem breiteren Entwicklungsansatz folgen sollten, der länderspezifisch unterschiedliche politische, institutionelle und soziale Gegebenheiten besser berücksichtigen würde.

Wieczorek-Zeul bezeichnete als Ziele ihrer Regierungsarbeit die „Bekämpfung der weltweiten Armut, die Sicherung des Friedens, den Schutz der Umwelt, die Bewahrung der Schöpfung, die Verwirklichung der Demokratie und Rechtsstaatlichkeit sowie die gerechte Gestaltung der Globalisierung". Dass sie nach ihrer Zugehörigkeit zur rot-grünen Bundesregierung offensichtlich ohne Konflikte auch in der Großen Koalition in ihrem Ressort weiter amtieren konnte, ließ auf eine nach Stil und Inhalten weitgehend konsensfähige Entwicklungspolitik schließen.

Literatur:
Bundesministerium für wirtschaftliche Zusammenarbeit und Entwicklung: Elfter Bericht zur Entwicklungspolitik der Bundesregierung, Bonn 2001; *dass.:* Medienhandbuch Entwicklungspolitik 2004/2005, Bonn 2004; *dass.:* Zwölfter Bericht zur Entwicklungspolitik der Bundesregierung, Bonn 2005; *Klemp, Ludger/ Heidemarie Wieczorek-Zeul:* Entwicklungspolitik im Wandel: von der Entwicklungshilfe zur globalen Strukturpolitik, Bonn 2000.

Klaus-Dieter Osswald

Zypries, *Brigitte*

Bundesministerin der Justiz (SPD)

geb. 16.11.1953 in Kassel

1972	Abitur
1972–1977	Studium der Rechtswissenschaft an der Universität Gießen
1978	Erste juristische Staatsprüfung
1978–1980	Referendariat im Landgerichtsbezirk Gießen
1980	Zweite juristische Staatsprüfung
1980–1985	Wissenschaftliche Mitarbeiterin an der Universität Gießen
1985–1988	Referentin in der Hessischen Staatskanzlei
1988–1990	Wissenschaftliche Mitarbeiterin am Bundesverfassungsgericht
1991	Eintritt in die SPD
1991–1995	Referatsleiterin in der Niedersächsischen Staatskanzlei
1995–1997	Abteilungsleiterin in der Niedersächsischen Staatskanzlei
1997–1998	Staatssekretärin im Niedersächsischen Ministerium für Frauen, Arbeit und Soziales
1998–2002	Staatssekretärin im Bundesministerium des Innern
seit 2002	Bundesministerin der Justiz
seit 2005	Mitglied des Deutschen Bundestages

Brigitte Zypries, Bundesjustizministerin in der 2005 gebildeten Großen Koalition, übernahm dieses Amt bei Antritt der zweiten rot-grünen Regierung am 22. Oktober 2002. Ihre Vorgängerin Herta Däubler-Gmelin hatte im Bundestagswahlkampf 2002 anlässlich des Irak-Krieges US-Präsident George W. Bush mit Adolf Hitler verglichen und musste nach einer heftig geführten Medien-Debatte Bundeskanzler Gerhard Schröder in einem Brief im September 2002 ankündigen, als Justizministerin nicht wieder anzutreten. Zypries hatte vor ihrem Ministeramt als Staatssekretärin im Bundesministerium des Innern unter Otto Schily gewirkt und dort insbesondere als Koordinatorin der Computerumstellungen zum Jahr 2000 und der Fluthilfe 2002 auf sich aufmerksam gemacht. Außerdem leitete sie den Staatssekretärsausschuss „Moderner Staat – moderne Verwaltung".

Vor ihrem Wechsel nach Berlin hatte die ausgebildete Volljuristin seit 1991 in der Niedersächsischen Staatskanzlei unter dem damaligen Ministerpräsidenten Schröder gearbeitet – zunächst als Referats-, ab 1995 als Abteilungsleiterin. Mit ihrem Dienstantritt in Niedersachsen wurde Zypries 1991 auch Mitglied der SPD. Ein Parteiamt auf Kommunal-, Landes- oder Bundesebene hat sie seither nicht innegehabt. Auch Abgeordnete wurde sie erst mit der Bundestagswahl vom 18. September 2005, bei der sie ein Direktmandat in einem Darmstädter Wahlkreis, der seit den 1950er Jahren fast ununterbrochen von der SPD gewonnen worden ist (außer 1994), für sich erringen konnte (mit 44,8% der Erststimmen). In den achtziger Jahren war Zypries nach dem zweiten juristischen Staatsexamen bis 1985 zunächst Wissenschaftliche Mitarbeiterin an der Universität Gießen gewesen, arbeitete dann drei Jahre als Referentin in der Hessischen Staatskanzlei und zwei Jahre am Bundesverfassungsgericht in Karlsruhe.

Im Jahr 2002 bei ihrem Wechsel als Staatssekretärin vom Innenministerium zur Leitung des Justizressorts wurden Befürchtungen laut, sie würde als „Mädchen Schilys" weniger liberal agieren. Diese Annahme erfüllte sich im Großen und Ganzen nicht. Zypries verfolgte eine eigenständige Linie, die Abweichungen vom Kurs ihrer Vorgängerin, aber auch von Vorstellungen Schilys und der rot-grünen Koalition insgesamt beinhalten konnte. Zudem erwies sie sich als offen gegenüber der Opposition und gesprächsbereit mit den Regierungsfraktionen. Generell wird ihr meist – wie in der Berliner Zeitung vom 22. Oktober 2002 – „kein übermäßiger Drang zur Selbstdarstellung" nachgesagt sowie „Detailfreude und Beharrlichkeit". Sie arbeite „flott, resolut, kräfteökonomisch", drücke sich „klar und direkt" aus und sei konfliktfreudig (Die Zeit vom 6.11.2003). Sie gilt als Politiker, „der seinem Wesen nach Spitzenbeamter ist" (SZ vom 14.10.2005), und als „politische Beamtin" (FAZ vom 17.9.2005). Dazu passt, dass sie sich rechtsphilosophischen Diskussionen eher fernhält (ebd.).

In Schröders zweiter Regierung war Zypries eine von sechs Ministerinnen und mit 48 Jahren die jüngste der SPD-Ministerriege. Wie ihre Kolleginnen Ulla Schmidt und Heidemarie Wieczorek-Zeul blieb sie auch in der Großen Koalition unter Bundeskanzlerin Angela Merkel in ihrem Amt und ist nun eine von fünf Ministerinnen. Bei der Vereidigung am 22. November 2005 war sie das einzige Regierungsmitglied, das auf den Zusatz „so wahr mir Gott helfe" verzichtete.

In der zweiten Regierung Schröder nahm Zypries Fragen des Familien- und Wirtschaftsrechts in Angriff; ihre Gesetzesvorhaben reichten von einer Novellierung des so genannten Großen Lauschangriffs über die Nutzung von DNA-Analysen bis hin zu Grundgesetzreformen.

Im Familienrecht setzte Zypries die Lebenspartnerschaftsgesetzgebung, die unter ihrer Vorgängerin Däubler-Gmelin eingeführt worden war, fort, schlug neue Regelungen zu Unterhaltszahlungen vor und stieß Reformen in der Sexualstrafgesetzgebung an. Nachdem das BVerfG in seinem Urteil vom 17. Juli 2002 eine weitere Angleichung des Rechts der Lebenspartnerschaft an das Eherecht gefordert hatte, wurden beide Formen des langfristigen Zusammenlebens hinsichtlich des Straf-, Renten- und Unterhaltsrechts in einem Gesetz vom 15. Dezember 2004 gleichgestellt. Dies betraf auch Regelungen zur Adoption. Eine steuerrechtliche Gleich-stellung mit der Ehe unterblieb hingegen. Zypries' späterer Vorschlag, heimliche Vaterschaftstests unter Strafe zu stellen, wurde in der Öffentlichkeit heftig diskutiert; die Ablehnung überwog. Das Bundesverfassungsgericht bestätigte im Februar 2007 das Verbot heimlicher Tests. In der Folge legte Zypries einen Gesetzentwurf für eine vereinfachte Feststellung der Vaterschaft vor.

Eine neue Regelung, nach der der Unterhalt für Kinder vorrangig gegenüber allen anderen Unterhaltsforderungen von Geschiedenen sei, wurde noch in der 15. Legislaturperiode der Öffentlichkeit vorgestellt, erlangte aber keinen Gesetzesstatus. Eine Gesetzesnovelle für ein verändertes Unterhaltsrecht musste im Mai 2007 kurz vor der geplanten Verabschiedung im Bundestag nach einem Beschluss des Bundesverfassungsgerichts verschoben und überarbeitet werden. Das Gericht hatte entschieden, dass sich die Dauer der Unterhaltsansprüche zwischen ehelichen und nicht-ehelichen Kindern nicht unterscheiden darf. Bereits 2003 wurde ein Gesetz verabschiedet, das Strafvorschriften gegen den sexuellen Missbrauch von Kindern, Jugendlichen und widerstandsunfähigen Personen weiterentwickelte, den Straftatbestand des sexuellen Missbrauchs ohne körperlichen Kontakt einführte und Strafen für die Weitergabe und den Besitz von Kinderpornographie erhöhte. Mit der ursprünglich vorgesehenen Anzeigepflicht, nach der auch derjenige bestraft werden sollte, der von einem geplanten Kindesmissbrauch erfährt, ohne dies anzuzeigen, konnte sich Zypries – nach Protesten aus Fraktionen, zahlreichen Verbänden und Organisationen, die unter anderem auf die Gefahr von Denunziationen verwiesen – nicht durchsetzen.

Anlegerschutz und Transparenz verfolgte die Ministerin im Wirtschaftsrecht. Nachdem eine Corporate Governance-Kommission Vorschläge unterbreitet hatte, beschloss die Bundesregierung am 25. Februar 2003 einen Zehn-Punkte-Maßnahmenkatalog zur Stärkung von Unternehmensintegrität und Anlegerschutz. In diesem Rahmen brachte das Bundesjustizministerium unter anderem Gesetzentwürfe zur Bilanzkontrolle und zum Bilanzrecht auf den Weg. Um beispielsweise Bilanzmanipulationen zu Lasten der Anleger auf dem Kapitalmarkt zu verhindern, wurde das Bilanzkontrollgesetz vom 15. Dezember 2004 verabschiedet, während das Bilanzrechtsreformgesetz vom 4. Dezember 2004 das Vertrauen in die Aussagekraft von Unternehmensabschlüssen sowie die Rolle des Abschlussprüfers und ähnliches stärken sollte. Damit vor allem kleine Kapitalanleger ihre Streuschäden leichter geltend machen können, wurde das Kapitalanleger-Musterverfahrensgesetz erlassen. Danach kann ein Oberlandesgericht einen Musterentscheid erlassen, wenn zehn gleichgerichtete Anträge zur Klärung der Musterfrage eingegangen sind. Um dies zu erleichtern, ist gleichzeitig die Einrichtung eines Klageregisters im elektronischen Bundesanzeiger vorgesehen.

Daneben brachten Abgeordnete der damaligen Regierungsfraktionen von SPD und Bündnis ′90/Die Grünen einen Gesetzentwurf ein, der börsennotierte Unternehmen verpflichtet, die Vorstandsvergütungen, also Managergehälter, offen zu legen. Dieser Fraktionenentwurf war textidentisch mit einer Regierungsvorlage. Als Grund und Anlass für dieses Gesetz vom 3. August 2005 reklamierten die Einbringer, dass die Unternehmen ihre freiwillige Selbstverpflichtung im Rahmen des Corporate Governance-Kodexes nicht erfüllt hätten. Zypries hatte den Unternehmen dafür im Jahre 2004 eine Frist bis zum Sommer 2005 gesetzt. Als weiterhin die meisten Unternehmen die Gehaltszahlungen nicht individuell nach Vorstandsmitgliedern aufschlüsselten, sondern nur eine Gesamtsumme veröffentlichten, wurde das Gesetz auf den Weg gebracht. Mit dem so genannten Vorstandsvergütungs-Offenlegungsgesetz vom 3. August 2005 werden börsennotierte Unternehmen nun verpflichtet, individuelle Managergehälter im Rahmen des Jahres- bzw. Konzernabschlusses zu veröffentlichen. Weiterhin wurde im Bereich des Wirtschaftsrechts im Juli 2004 eine Reform des Gesetzes gegen den unlauteren Wettbewerb verabschiedet.

Nachdem Zypries schon als Staatssekretärin die Computerumstellungen im Gerichtswesen zum Jahr 2000 koordiniert hatte, strebte sie in ihrer Amtszeit nach weiterer Justizmodernisierung. Im Rahmen der Initiative BundOnline2005 wurde die Justiz beispielsweise für den elektronischen Rechtsverkehr weiter geöffnet (Justizkommunikationsgesetz vom 22. März 2005), und seit November 2005 sind rund 5.000 Bundesgesetze und Rechtsverordnungen kostenlos im Internet unter www.gesetze-im-internet.de verfügbar. Bereits 2004 war in Zusammenführung eines Regierungsentwurfs mit Vorschlägen aus der Unionsfraktion das erste Justizmodernisierungsgesetz verabschiedet worden, das unter anderem Zivilprozesse neu regelt. Außerdem brachte Zypries' Ministerium in Erfüllung mehrerer EU-Richtlinien ein Gesetz ein, nach dem Handels-, Genossenschafts-, Unternehmens- und Partnerschaftsregister ab 1. Januar 2007 auf elektronischen Betrieb umgestellt werden. Der Gesetzentwurf fiel in der 15. Legislaturperiode der Diskontinuität anheim, bevor er im März 2006 wieder in den Bundestag eingebracht wurde. Nach Zustimmung von Bundestag und Bundesrat im Herbst 2006 konnte das Gesetz wie geplant zum Jahresanfang 2007 in Kraft treten.

Langwierig und kontrovers gestaltete sich die Reaktion auf das Urteil des Bundesverfassungsgerichts vom 3. März 2004 zur akustischen Raumüberwachung (so genannter Großer Lauschangriff). Das Gericht hatte diese zwar grundsätzlich für verfassungskonform erklärt, gleichzeitig aber Präzisierungsauflagen erteilt, denen nun in einem Gesetz entsprochen werden sollte. Dabei stieß Zypries mit einem von ihr vorgestellten Referentenentwurf im Juni 2004, gemäß einer Abwägungsklausel auch Berufsgeheimnisträger wie Anwälte und Ärzte abhören zu können, auf viel öffentliche Empörung und konnte ihren Vorschlag letztlich nicht durchsetzen. Das Gesetz, das erst nach Anrufung des Vermittlungsausschusses im Juni 2005 verabschiedet wurde, erklärte das Abhören von Berufsgeheimnisträgern für nicht zulässig. Erfolgreich war Zypries hingegen mit der Stärkung des Richtervorbehalts. Generell sieht das Gesetz nun den absoluten Schutz des Kernbereichs privater Lebensgestaltung vor, d.h., das Abhören eines Gespräches muss beendet bzw. unterbrochen werden, sobald dieses privat wird. Im Gegensatz zu der früheren Amtsinhaberin Sabine Leutheusser-Schnarrenberger, die aufgrund ihrer Ablehnung des so genannten Großen Lauschangriffs als Bundesjustizministerin zurücktrat, verteidigte Zypries dieses Mittel: „Die akustische Wohnraumüberwachung ist ein Instrument zur Bekämpfung schwerer Formen von Kriminalität, auf die wir nicht verzichten können" (Die Zeit vom 13.5.2005).

Mit Skepsis begegnete Zypries hingegen dem genetischen Fingerabdruck. Nachdem seit 1998 das Bundeskriminalamt (BKA) gemäß dem DNS-Identitätsfeststellungsgesetz eine DNS-Datei geführt hatte, entbrannte Anfang 2005 zwischen Innenminister Schily und der Justizministerin ein Streit über die Ausweitung dieser Datei und über die Gleichstellung eines so genannten genetischen Fingerabdrucks mit dem normalen. Zypries lehnte letzteres ab, während Schily und auch BKA-Präsident Jörg Ziercke dafür plädierten. Die Ministerin konnte sich schließlich durchsetzen, indem sie zunächst erfolgreich die Zuständigkeit für ihr Ressort beanspruchte und dann die vorgeschlagene Gleichstellung der zwei Fingerabdruckarten verhinderte. Allerdings trat sie in einem Interview für eine „moderate Ausweitung der DNS-Analyse" und gleichzeitig für den Schutz des Bürgers ein: „Mir geht es um den Eingriff des Staates in die Grundrechte der Bürger, und der ist bei der DNS-Probe wesentlich massiver als beim herkömmlichen Fingerabdruck" (SZ vom 12.5.2005). In dem schließlich verabschiedeten Gesetz vom 12. August 2005 (Gesetz zur Novellierung der forensischen DNA-Analyse) werden Rechtsunsicherheiten beseitigt und freiwillige Reihengentests nach vorheriger gerichtlicher Entscheidung ermöglicht. Setzte sich Zypries in der DNS-Analyse in einigen Punkten gegen Schily durch, unterstützte sie den damaligen Bundesinnenminister in seinem Bestreben, dem BKA im Zuge des Kampfes gegen den Terrorismus mehr Befugnisse einzuräumen (SZ vom 10.9.2004), wobei sie sich gleichzeitig gegen ein schärferes Strafrecht zur Terror-Bekämpfung aussprach, da die bestehenden Gesetze ausreichten (SZ vom 11.6.2004).

In einem anderen Punkt kam Zypries der damaligen CDU/CSU-Opposition jedoch entgegen. Mehrere unionsgeführte Bundesländer hatten Gesetze zur nachträglichen Sicherheitsverwahrung von Straftätern, die bereits inhaftiert sind und bei denen die Gefahr besteht, wieder straffällig zu werden, erlassen. Das BVerfG erklärte allerdings in einem Urteil vom 10. Februar 2004 diese Gesetze für nicht verfassungsgemäß, da die Materie von einem Bundesgesetz zu regeln sei. Der Auflage des Gerichts kam Zypries' Ministerium mit einem Entwurf nach, der den Wünschen der Opposition zum Teil näher kam als den eigenen Regierungsreihen: „Die Ministerin handelte auch in diesem Fall ... aus eigener Überzeugung, nicht unbedingt aus Erwägungen der rot-grünen Koalition heraus" (FAZ vom 18.6.2004). Generell ist es gemäß dem Gesetz vom 23. Juli 2004 nun möglich, Straftäter, die zu mehr als fünf Jahren Gefängnis verurteilt wurden, unter bestimmten Umständen in nachträgliche Sicherungsverwahrung zu nehmen.

Im ersten Anlauf gescheitert war das Europäische Haftbefehlsgesetz vom 21. Juli 2004, das die bis dahin geltenden Auslieferungsersuche ersetzen sollte. Das BVerfG kippte das Gesetz in seiner Entscheidung vom 18. Juli 2005, indem es das Gesetz unter anderem für unvereinbar mit Art. 2 Abs. 1 GG und damit für nichtig erklärte. Zypries kritisierte dies als „keine sehr schöne Entscheidung" (FAZ vom 25.11.2005) und legte in der 16. Legislaturperiode einen neuen Gesetzentwurf vor, der sich eng an die gerichtlichen Vorgaben hielt: Auslieferungsbewilligungen müssen immer gerichtlich überprüft werden, und die Auslieferung Deutscher ist an ein gesetzliches Prüfprogramm zu binden. Das Gesetz trat am 2. August 2006 in Kraft.

Brigitte Zypries war darüber hinaus im rot-grünen Kabinett zuständig für Fragen der Föderalismusreform und daher auch Mitglied der Kommission zur Modernisierung der bundesstaatlichen Ordnung. Neben dem damaligen Kanzleramtschef Frank-Walter Steinmeier (SPD), Bundesfinanzminister Hans Eichel (SPD) und Verbraucherschutzministerin Renate Künast (Bündnis '90/Die Grünen) fungierte sie in dieser Kommission auf der Regierungsseite als beratendes Mitglied mit Rede- und Antrags-, aber ohne Stimmrecht. Sie stellte in der ersten Sitzung am 7. November 2003 als Ziele der Bundesregierung vor: „mehr Wahrheit und Klarheit" bei der Aufgabenverteilung zwischen Bund und Ländern, straffere Entscheidungsprozesse sowie eine größere Europatauglichkeit. Kurz vor Ende der Kommissionsarbeit offerierte Zypries als Vertreterin der Bundesregierung Vorschläge zur Föderalismusreform. Diese sahen unter anderem vor: eine engere Fassung der Erforderlichkeitsklausel in der konkurrierenden Gesetzgebung (Art. 72 GG), Verringerung der zustimmungspflichtigen Gesetze, Konzentration der Steuerverwaltung auf den Bund, Übertragung von Besoldungs- und Versorgungsrecht für Landesbeamte auf die Landesebene ebenso wie das Hochschulrecht (bis auf Zugang, Abschlüsse und Evaluation). Des Weiteren sprach sich Zypries gegen weitreichende Abweichungsmöglichkeiten der Länder aus. Bei dieser Präsentation betonte die Justizministerin, dass für die Bundesregierung alles verhandelbar sei; einen Monat zuvor hatte sie sich in einem Radiointerview allerdings weniger kompromissbereit gezeigt. Zu möglichen Zugeständnissen des Bundes hatte sie seinerzeit klargestellt: „Wenn der Preis zu hoch ist, würde ich es lieber scheitern lassen" (FAZ vom 14.10.2004). Letzten Endes konnten sich die Mitglieder der Bundesstaatskommission auf kein einvernehmliches Programm einigen, so dass mit der letzten Sitzung am 17. Dezember 2004 das Föderalismusreformprojekt zunächst für gescheitert erklärt werden musste. Verabschiedet wurde die Föderalismusreform schließlich unter der Großen Koalition.

Eine weitere angestrebte Grundgesetzreform blieb in der 15. Legislaturperiode ebenfalls ohne Erfolg. Die rot-grüne Koalition hatte sich im Herbst 2004 auf die Grundzüge eines Gesetzentwurfes zur Einführung von plebiszitären Elementen in das Grundgesetz geeinigt. Demnach sollten sowohl Volksentscheide als auch Volksbefragungen (mit Zweidrittelmehrheit von Bundesrat und Bundestag nach Antrag von Bundesrat, Bundestag oder der Bundesregierung) auf Bundesebene möglich werden. Um die für die Verfassungsänderung benötigte Zweidrittelmehrheit zu sichern, suchte die rot-grüne Regierung das Gespräch mit der Opposition. Dieser Versuch scheiterte; man konnte sich nicht verständigen, so dass auf die Einbringung des Entwurfs verzichtet wurde. In der vorangegangenen Legislaturperiode war bereits wegen fehlender Mehrheit ein ähnlich gelagerter Gesetzentwurf abgelehnt worden.

Trat Zypries in dieser Frage als Advokatin von Reformen auf, lehnte sie Überlegungen zu einem so genannten Wahlrecht von Geburt an ab. Einen fraktionsübergreifenden Antrag, der im April 2004 in den Bundestag eingebracht wurde und eine Art stellvertretendes Elternwahlrecht vorsah, kritisierte sie in einem Interview mit Verweis auf das Grundgesetz: „Ein Wahlrecht, bei dem man so viele Stimmen abgeben kann, wie man Kinder hat, widerspricht dem Grundsatz einer unmittelbaren und gleichen Wahl. Dieser Grundsatz ist Ausdruck unserer demokratischen Staatsordnung und daher unantastbar" (SZ vom 1.4.2004).

Vorhaben, die Zypries noch als Justizministerin in der rot-grünen Regierung vorantrieb, die aber erst während der Großen Koalition Gesetzesreife erlangten, betrafen das Stalking und Antidiskriminierungsmaßnahmen. Patientenverfügungen wurden weiterhin debattiert, und das Urheberrecht, das am Anfang von Zypries' Amtszeit bereits eine Novelle (Gesetz zur Regelung des Urheberrechts in der Informationsgesellschaft vom 10. September 2003) erfahren hatte, steht nochmals vor einer Ergänzung und Überarbeitung.

Das Gesetz zur Strafbarkeit beharrlicher Nachstellungen (Stalking), nach dem diese mit Freiheitsstrafen von bis zu drei Jahren belegt werden können, wurde zwar noch in der 15. Legislaturperiode eingebracht, aber nicht beschlossen. Eine Regierungsvorlage der Großen Koalition nahm der Bundestag am 30. November 2006 unter Berücksichtigung von Änderungsvorschlägen des Rechtsausschusses an. Das Gesetz trat zum 31. März 2007 in Kraft.

Ein von der Fraktion Bündnis '90/Die Grünen in der 16. Wahlperiode eingebrachter Entwurf zur Umsetzung europäischer Antidiskriminierungsmaßnahmen, der textidentisch mit einer Vorlage aus der Zeit der zweiten rot-grünen Koalition war, fand zunächst keine Zustimmung. Das Vorhaben wurde in der Großen Koalition äußerst kontrovers diskutiert. Die Regierungspartner setzten unterschiedliche Prioritäten, so dass Zypries im Laufe der Koalitionsverhandlungen bereits in dieser Frage einen der größten Reibungspunkte sah (FAZ vom 20.10.2005). Während die SPD den rot-grünen Entwurf verteidigte, der über die Umsetzung der EU-Richtlinien hinausging und auch den Schutz vor Diskriminierung aufgrund von Rasse, ethnischer Herkunft und sexueller Identität vorsah, kritisierte die Union diese Punkte vor dem Hintergrund von zu viel Bürokratie und einer zu großen Belastung der Wirtschaft. Ursprünglich hatte sich Zypries – im Gegensatz und in Abgrenzung zu ihrer unmittelbaren Vorgängerin Däubler-Gmelin – gegen ein umfassendes Antidiskriminierungsgesetz gewandt, da Deutschland in diesem Punkt „kein allzu großes Defizit" aufweise (FAZ vom 7.2. 2003) und es im Alltagsleben ohnehin nicht viele Diskriminierungen gebe (FAZ vom 8.3.2003). Im Herbst 2005 nannte sie den Entwurf hingegen „völlig vertretbar" (FAZ vom 20.10.2005). Anfang Mai 2006 einigte sich die Koalition auf einen Kompromiss, der unverändert den Schutz vor Diskriminierung aufgrund sexueller Identität beinhaltete. Die Regierungsvorlage wurde rasch in den Bundestag eingebracht, der das Allgemeine Gleichbehandlungsgesetz am 29. Juni 2006 in namentlicher Abstimmung verabschiedete. Das Gesetz hat bisher nicht zu den befürchteten bürokratischen Zusatzkosten geführt, wird aber von Unionskreisen zum Teil weiterhin als zu großes Zugeständnis an den Koalitionspartner gewertet.

Patientenverfügungen stehen noch vor einer Gesetzesnovelle. Zypries hatte bereits im Herbst 2004 einen ersten Entwurf aus ihrem Ministerium vorgestellt, der die Autonomie der Patientenentscheidung stärken, formale Vorschriften lockern und aktiver Sterbehilfe vorbeugen sollte. Einige dieser Vorschläge widersprachen denen der Ethikkommission des Bundestages, die angeregt hatte, den Willen des Patienten nur bei irreversiblen Grundleiden zählen zu lassen. Im März 2005 debattierte der Bundestag die Thematik, die neuen Diskussionsstoff durch den Fall der US-amerikanischen Komapatientin Theresa Schiavo erhalten hatte. Zypries verteidigte weiterhin den Entwurf aus ihrem Ministerium und argumentierte: „Ich bin immer noch der Überzeugung, dass es das Recht eines jeden Menschen ist, über sich und seine Behandlung zu entscheiden. Eine Legitimation des Staates, dieses Selbstbestimmungsrecht einzuschränken, kann ich nicht erkennen. Viel mehr noch: Ich halte eine solche Einschränkung für verfassungswidrig" (Interview mit der FAZ vom 8.3.2005). Sie verzichtete jedoch darauf, eine Regierungsvorlage ins Parlament einzubringen. Allerdings machte sich die große Mehrheit der SPD-Abgeordneten Zypries' Vorschlag zu Eigen, als der Bundestag im März 2007 erneut die Materie debattierte. Inzwischen schälen sich drei Positionen heraus: Eine fraktionsübergreifende Abgeordnetengruppe, der auch Zypries angehört, plädiert für eine umfassende Regelung, bei der Patientenverfügungen auch verbindlich sind, wenn der Tod nicht droht. Ein anderer fraktionsübergreifender Entwurf sieht vor, die Verfügungen grundsätzlich verbindlich zu gestalten, die Reichweite aber auf die Sterbephase zu begrenzen. Eine dritte Gruppe hält eine gesetzliche Regelung für nicht nötig und verweist auf den Status quo, der das Verfassen von Patientenverfügungen bereits ermöglicht. Konkrete Gesetzesentwürfe sind für die zweite Hälfte der 16. Legislaturperiode zu erwarten.

Aufregung entfachte Zypries noch mit einem anderen medizinethischen Thema, als sie am 29. Oktober 2003 an der Humboldt-Universität zu Berlin eine viel beachtete Rede über bioethische Fragen hielt. Darin lehnte sie zwar Präimplantationsdiagnostik (PID) und das therapeutische Klonen ab, sah aber beim Recht auf Leben „einen Spielraum für Abwägungen mit den Grundrechten der Eltern und der Forscher" und dachte über die Konstitution von Menschenwürde nach. Zypries zufolge sei der befruchteten Eizelle lediglich die Perspektive eigen, eine Menschenwürde auszubilden, woran sich für sie die Frage anschließe: „Genügt dieses Potenzial für die Zuerkennung von Menschenwürde im Sinne des Artikels 1 Grundgesetz?" Der Justizministerin schlug viel Widerspruch entgegen, da ihr Auftritt nach dem damals gerade verabschiedeten Stammzellgesetz, das Regelungen zu den von ihr thematisierten Problemen getroffen hatte, nicht verstanden wurde. Sie rechtfertigte sich mit dem Anliegen, eine Diskussion trotz des verabschiedeten Gesetzes wach zu halten. Im weiteren Amtsverlauf hielt sie sich – abgesehen von ihrem Vorschlag, heimliche Vaterschaftstests zu verbieten – mit ähnlich kontroversen Auftritten zurück.

Kennzeichnend für die Amtszeit Brigitte Zypries' wie für die ihrer Vorgängerinnen ist die Herausforderung, sich im Spannungsfeld zwischen Schutz des Bürgers und Handlungsfähigkeit des Staates angemessen zu positionieren. Für die amtierende Justizministerin kann festgestellt werden, dass sie sich zwar einerseits in einigen Fällen gegen zu starke Eingriffe des Staates in Bürgerrechte aussprach, andererseits aber Maßnahmen ergriff und/oder verteidigte, die den staatlichen Spielraum in einem Maße erweiterten, das frühere Amtsinhaberinnen wie Leutheusser-Schnarrenberger und Däubler-Gmelin vermutlich nicht genutzt hätten. Dazu mag auch die primär pragmatisch orientierte Herangehensweise von Zypries beigetragen haben. Mit dem Erringen des Bundestagsmandats und einer veränderten Rolle als Ministerin in einer Großen Koalition wird sie sich allerdings zukünftig möglicherweise immer öfter explizit politisch positionieren und so von einer politischen Beamtin zu einer Politikerin „aus eigenem Recht" (Frankfurter Allgemeine Sonntagszeitung vom 14.5.2006) wandeln.

Literatur:
Zypries, Brigitte: Reform der bundesstaatlichen Ordnung im Bereich der Gesetzgebung, in: Zeitschrift für Rechtspolitik 2003, S. 265-268; *dies.*: Rechtspolitik in der Europäischen Union – Rückblicke und Ausblicke, in: Recht und Politik 2004, S. 3-12; *dies.*: Der „Aktionsplan für ein kohärentes europäisches Vertragsrecht" der Kommission – oder – Was ist zu tun im Europäischen Vertragsrecht, in: Zeitschrift für europäisches Privatrecht 2004, S. 225-233; *dies.*: Ein neuer Weg zur Bewältigung von Massenprozessen, in: Zeitschrift für Rechtspolitik 2004, S. 177-179; *dies.*: Mehr Rechtssicherheit im Umgang mit Patientenverfügungen, in: Recht und Politik 2005, S. 5-8; *dies.*: Rechtspolitik im Dienst der Freiheit. Das rechtspolitische Programm der Großen Koalition, in: Recht und Politik 2006, S. 5-8.

*Franziska Höpcke /
Suzanne S. Schüttemeyer*

Anhang

Wahl des Bundeskanzlers

14. Wahlperiode 1998-2002: Kandidat: Gerhard Schröder
Wahlergebnis (27.10.1998)
abgegebene Stimmen: 666
davon: Ja-Stimmen: 351
         Nein-Stimmen: 287
         Enthaltungen: 27
         Ungültige: 1

Mehrheit der Mitglieder: 335
Stimmenzahl der Koalition: 345
Koalition: *SPD/Bündnis '90/Die Grünen*

15. Wahlperiode 2002-2005: Kandidat: Gerhard Schröder
Wahlergebnis (22.10.2002)
abgegebene Stimmen: 599
davon: Ja-Stimmen: 305
         Nein-Stimmen: 292
         Enthaltungen: 2
         Ungültige: 0

Mehrheit der Mitglieder: 302
Stimmenzahl der Koalition: 306
Koalition: *SPD/Bündnis '90/Die Grünen*

Die Kabinette

14. Wahlperiode (1998-2002): Kabinett Schröder

Amt	Name	Partei
Bundeskanzler	Gerhard Schröder	SPD
Stellvertreter des Bundeskanzlers	Joschka Fischer	Bündnis '90/Die Grünen
Auswärtiges	Joschka Fischer	Bündnis '90/Die Grünen
Inneres	Otto Schily	SPD
Justiz	Herta Däubler-Gmelin	SPD
Finanzen	Oskar Lafontaine *(bis 11. März 1999)* Hans Eichel *(seit 8. April 1999)*	SPD
Wirtschaft und Technologie	Werner Müller	parteilos
Ernährung, Landwirtschaft und Forsten seit 11. Januar 2001: Verbraucherschutz, Ernährung und Landwirtschaft	Karl-Heinz Funke *(bis 12. Januar 2001)* Renate Künast	SPD Bündnis '90/Die Grünen
Arbeit und Sozialordnung	Walter Riester	SPD
Verteidigung	Rudolf Scharping *(bis 19. Juli 2002)* Peter Struck	SPD
Familie, Senioren, Frauen und Jugend	Christine Bergmann	SPD
Gesundheit	Andrea Fischer *(bis 12. Januar 2001)* Ulla Schmidt	Bündnis '90/Die Grünen SPD
Verkehr, Bau- und Wohnungswesen	Franz Müntefering *(bis 29. September 1999)* Reinhard Klimmt *(bis 16. November 2000)* Kurt Bodewig *(seit 20. November 2000)*	SPD
Umwelt, Naturschutz und Reaktorsicherheit	Jürgen Trittin	Bündnis '90/Die Grünen
Bildung und Forschung	Edelgard Bulmahn	SPD
Wirtschaftliche Zusammenarbeit und Entwicklung	Heidemarie Wieczorek-Zeul	SPD
Besondere Aufgaben *Chef des Bundeskanzleramtes*	Bodo Hombach *(bis 1. Juli 1999)*	SPD

15. Wahlperiode (2002-2005): Kabinett Schröder

Amt	Name	Partei
Bundeskanzler	Gerhard Schröder	SPD
Stellvertreter des Bundeskanzlers	Joschka Fischer	Bündnis '90/Die Grünen
Auswärtiges	Joschka Fischer	Bündnis '90/Die Grünen
Inneres	Otto Schily	SPD
Justiz	Brigitte Zypries	SPD
Finanzen	Hans Eichel	SPD
Wirtschaft und Arbeit	Wolfgang Clement	SPD
Verbraucherschutz, Ernährung und Landwirtschaft	Renate Künast *bis 4. Oktober 2005* Jürgen Trittin *seit 4. Oktober 2005 mit der Wahrnehmung beauftragt*	Bündnis '90/Die Grünen
Verteidigung	Peter Struck	SPD
Familie, Senioren, Frauen und Jugend	Renate Schmidt	SPD
Gesundheit und Soziale Sicherung	Ulla Schmidt	SPD
Verkehr, Bau- und Wohnungswesen	Manfred Stolpe	SPD
Umwelt, Naturschutz und Reaktorsicherheit	Jürgen Trittin	Bündnis '90/Die Grünen
Bildung und Forschung	Edelgard Bulmahn	SPD
Wirtschaftliche Zusammenarbeit und Entwicklung	Heidemarie Wieczorek-Zeul	SPD

Alphabetische Übersicht der Ministerien 14. und 15. WP

Auswärtiges Amt
Fischer, Joschka, Bündnis '90/Die Grünen, 1998-2005

Bundeskanzleramt
Hombach, Bodo, SPD, 1998-1999

Bundesministerium für Arbeit und Sozialordnung (14. WP)
Riester, Walter, SPD, 1998-2002

Bundesministerium für Bildung und Forschung
Bulmahn, Edelgard, SPD, 1998-2005

Bundesministerium für Ernährung, Landwirtschaft und Forsten (14. WP)
Funke, Karl-Heinz, SPD, 1998-2001

Bundesministerium für Familie, Senioren, Frauen und Jugend
Bergmann, Christine, SPD, 1998-2002
Schmidt, Renate, SPD, 2002-2005

Bundesministerium der Finanzen
Lafontaine, Oskar, SPD, 1998-1999
Eichel, Hans, SPD, 1999-2005

Bundesministerium für Gesundheit (14. WP)
Fischer, Andrea, Bündnis '90/Die Grünen, 1998-2001
Schmidt, Ulla, SPD, 2001-2002

Bundesministerium für Gesundheit und Soziale Sicherheit (15. WP)
Schmidt, Ulla, SPD, 2002-2005

Bundesministerium des Innern
Schily, Otto, Bündnis '90/Die Grünen, 1998-2005

Bundesministerium der Justiz
Däubler-Gmelin, Herta, SPD, 1998-2002
Zypries, Brigitte, SPD, 2002-2005

Bundesministerium für Umwelt, Naturschutz und Reaktorsicherheit
Trittin, Jürgen, Bündnis '90/Die Grünen, 1998-2005

Bundesministerium für Verbraucherschutz, Ernährung und Landwirtschaft (14. und 15. WP)
Künast, Renate, Bündnis '90/Die Grünen, 2001-2005

Bundesministerium für Verkehr, Bau- und Wohnungswesen
Müntefering, Franz, SPD, 1998-1999
Klimmt, Reinhard, SPD, 1999-2000
Bodewig, Kurt, SPD, 2000-2002
Stolpe, Manfred, SPD, 2002-2005

Bundesministerium der Verteidigung
Scharping, Rudolf, SPD, 1998-2002
Struck, Peter, SPD, 2002-2005

Bundesministerium für Wirtschaft und Technologie (14. WP)
Müller, Werner, parteilos, 1998-2002

Bundesministerium für Wirtschaft und Arbeit (15. WP)
Clement, Wolfgang, SPD, 2002-2005

Bundesministerium für wirtschaftliche Zusammenarbeit und Entwicklung
Wieczorek-Zeul, Heidemarie, SPD, 1998-2005

Abkürzungsverzeichnis

a.D.	außer Dienst
AA	Auswärtiges Amt
Abs.	Absatz
Abt.	Abteilung
APuZ	Aus Politik und Zeitgeschichte
Art.	Artikel
BadZ	Badische Zeitung
BDI	Bund der Deutschen Industrie
BGB	Bürgerliches Gesetzbuch
BHE	Bund der Heimatvertriebenen und Entrechteten
BIP	Bruttoinlandsprodukt
BKA	Bundeskriminalamt
CDU	Christlich-Demokratische Union Deutschlands
CIA	Central Intelligence Agency
CSU	Christlich-Soziale Union in Bayern
DDR	Deutsche Demokratische Republik
DGB	Deutscher Gewerkschaftsbund
DIHT	Deutscher Industrie- und Handelstag
EBA	Eisenbahnbundesamt
ERP	European Recovery Program
f.	folgend
ff.	folgende
FAZ	Frankfurter Allgemeine Zeitung
FAS	Frankfurter Allgemeine Sonntagszeitung
FDP	Freie Demokratische Partei Deutschlands
ff.	folgende
FR	Frankfurter Rundschau
FU	Freie Universität
G8	Gruppe der 8 wichtigsten Industriestaaten
GASP	Gemeinsame Außen- und Sicherheitspolitik
GG	Grundgesetz
Hrsg.	Herausgeber
ISAF	Internationale Schutztruppe für Afghanistan
JVA	Justizvollzugsanstalt
MfS	Ministerium für Staatssicherheit
NATO	North Atlantic Treaty Organization
NZZ	Neue Zürcher Zeitung
o.D.	ohne Datum
o.J.	ohne Jahr
o.O.	ohne Ort
ÖPNV	Öffentlicher Personennahverkehr
RM	Rheinischer Merkur
SZ	Süddeutsche Zeitung
SPD	Sozialdemokratische Partei Deutschlands
taz	die tageszeitung

vgl.	vergleiche
WEU	Westeuropäische Union
ZfP	Zeitschrift für Politik
ZParl	Zeitschrift für Parlamentsfragen
ZPol	Zeitschrift für Politikwissenschaft

Literaturverzeichnis

Albrecht, Ulrich: Rot-Grün – noch ein Projekt? Versuch einer ersten Bilanz, Hannover 2001.
Anda, Béla/Rolf Kleine: Gerhard Schröder. Eine Biographie. Berlin 1998.
Baring, Arnulf/Gregor Schöllgen: Kanzler, Krisen, Koalitionen, Berlin 2002.
Beyme, Klaus von: Das politische System der Bundesrepublik Deutschland, 10. neu bearbeitete und aktualisierte Ausgabe, Wiesbaden 2004.
Bischoff, Joachim: Schwarzbuch Rot-Grün: von der sozial-ökologischen Erneuerung zur Agenda 2010, Hamburg 2005.
Bissinger, Manfred: Schröder oder Merkel? Die schnelle Wahlhilfe, Hamburg 2005.
Braun, Vittoria: „... aber vieles besser"? Gesundheit „rot-grün", Hamburg 2000.
Buchheit, Christine: 50 Gründe für Rot-Grün, Berlin 2005.
Busse, Volker: Bundeskanzleramt und Bundesregierung, 2. Auflage, Heidelberg 1997.
Dieball, Werner: Gerhard Schröder – Körpersprache Wahrheit oder Lüge?, Bonn 2002.
Ders.: Körpersprache und Kommunikation im Bundestagswahlkampf. Gerhard Schröder versus Edmund Stoiber, Berlin u.a. 2005.
Egle, Christoph/Reimut Zohlnhöfer (Hrsg.): Ende des rot-grünen Projekts. Eine Bilanz der Regierung Schröder 2002-2005, Wiesbaden 2007.
Egle, Christoph/Tobias Ostheim/Reimut Zohlnhöfer (Hrsg.): Das rot-grüne Projekt. Eine Bilanz der Regierung Schröder 1989-2002, Wiesbaden 2003.
Falter, Jürgen/Oscar W. Gabriel/Bernhard Wessel (Hrsg.): Wahlen und Wähler. Analysen aus Anlass der Bundestagswahl 2002, Wiesbaden 2005.
Fischer, Joschka: Die rot-grünen Jahre. Deutsche Außenpolitik – vom Kosvo bis zum 11. September, Köln 2007.
Fischer, Sebastian: Gerhard Schröder und die SPD. Das Management des programmatischen Wandels als Machtfaktor, München 2005.
Gellner, Winand/Armin Glatzmeier (Hrsg.): Macht und Gegenmacht. Einführung in die Regierungslehre, Baden-Baden 2004.
Geyer, Matthias/Dirk Kurbjuweit/Cordt Schnibben: Operation Rot-Grün – Geschichte eines politischen Abenteuers, München 2005.
Gohr, Antonia: Sozial- und Wirtschaftspolitik unter Rot-Grün, Wiesbaden 2003.
Görtemaker, Manfred: Geschichte der Bundesrepublik Deutschland – Von der Gründung bis zur Gegenwart, München 1999.
Ders.: Kleine Geschichte der Bundesrepublik Deutschland, Bonn 2002.
Graf, Jutta: Rot-grün ohne Mehrheit: Wechselstimmung etabliert sich wie 1998, St. Augustin 2002.
Grünhage, Jan: Entscheidungsprozesse in der Europapolitik Deutschlands: Von Konrad Adenauer bis Gerhard Schröder, Baden-Baden 2007.
Gumny, Armin: Regieren im politischen System der BRD. Am Beispiel der Agenda 2010, Marburg 2006.
Hacke, Christian: Die Außenpolitik der Bundesrepublik Deutschland: von Konrad Adenauer bis Gerhard Schröder, 2. Auflage, Berlin 2004.
Hartmann, Jürgen: Das politische System der Bundesrepublik im Kontext. Eine Einführung, Wiesbaden 2004.
Helms, Ludger: Gerhard Schröder und die Entwicklung der deutschen Kanzlerschaft, in: Zeitschrift für Politikwissenschaft 11 (2001) 4, S. 1497-1517.
Ders.: Germany: Chancellors and the Bundestag, in: The Journal of Legislative Studies 10 (2004) 2/3, S. 98-108.
Ders.: Regierungsorganisation und politische Führung in Deutschland, Wiesbaden 2005.
Hennecke, Hans Jörg: Die dritte Republik. Aufbruch und Ernüchterung, München 2003.

Herres, Volker: Gerhard Schröder. Der Weg nach Berlin; eine politische Biographie, München 1999.
Heyder, Ulrich/Ulrich Menze/Bernd Rebe (Hrsg.): Das Land verändert? Rot-grüne Politik zwischen Interessenbalancen und Modernisierungsdynamik, Hamburg 2002.
Hirscher, Gerhard/Karl-Rudolf Korte (Hrsg.): Aufstieg und Fall von Regierungen. Machterwerb und Machterosionen in westlichen Demokratien, München 2001.
Hogrefe, Jürgen: Gerhard Schröder: ein Porträt, Berlin, 2002.
Hoinle, Marcus: Wer war Gerhard Schröder? Rollen und Images eines Bundeskanzlers, Marburg 2006.
Holtmann, Everhard/Werner J. Patzelt (Hrsg.): Kampf der Gewalten? Parlamentarische Regierungskontrolle – gouvernementale Parlamentskontrolle. Theorie und Empirie, Wiesbaden 2004.
Dies. (Hrsg.): Regierungsführung, Wiesbaden 2008.
Holtmann, Everhard: Die Richtlinienkompetenz des Bundeskanzlers: Nur ein Phantom?, in: Holtmann, Everhard/Werner J. Patzelt (Hrsg.): Regierungsführung, Wiesbaden 2008.
Jesse Eckhard (Hrsg.): Bilanz der Bundestagswahl 2002. Voraussetzungen, Ergebnisse, Folgen, Wiesbaden 2003.
Kamps, Klaus (Hrsg.): Regieren und Kommunikation: Meinungsbildung, Entscheidungsfindung und gouvernementales Kommunikationsmanagement – Trends, Vergleiche, Perspektiven, Köln 2006.
Knopp, Guido: Kanzler. Die Mächtigen der Republik, 2. Auflage, München 2002.
Korte, Karl-Rudolf/Gerhard Hirscher: Darstellungs- oder Entscheidungspolitik? Über den Wandel von Politikstilen in westlichen Demokratien, München 2000.
Korte, Karl-Rudolf/Manuel Fröhlich: Politik und Regieren in Deutschland. Strukturen, Prozesse, Entscheidungen, 2. Auflage, Paderborn u.a. 2006.
Krause-Burger, Sibylle: Wie Gerhard Schröder regiert. Beobachtungen im Zentrum der Macht, Stuttgart 2000.
Kropp, Sabine: Regieren in Koalitionen, Wiesbaden 2001.
März, Peter: An der Spitze der Macht. Kanzlerschaften und Wettbewerber in Deutschland, München 2002.
Maurer, Marcus: Schröder gegen Stoiber: Nutzung, Wahrnehmung und Wirkung der TV-Duelle, Wiesbaden 2003.
Meichsner, Sylvia: Zwei unerwartete Laufbahnen: die Karriereverläufe von Gerhard Schröder und Joschka Fischer im Vergleich, Marburg 2002.
Meng, Richard: Der Medienkanzler: was bleibt vom System Schröder?, Frankfurt am Main 2002.
Ders.: Links der Mitte: welche Chancen hat Rot-Grün?, Marburg 1993.
Müller-Brandeck-Bocquet, Gisela: Deutsche Europapolitik von Konrad Adenauer bis Gerhard Schröder, Opladen 2002.
Negt, Oskar (Hrsg.): Ein unvollendetes Projekt: fünfzehn Positionen zu Rot-Grün, Göttingen 2002.
Niclauß, Karlheinz: Kanzlerdemokratie: Regierungsführung von Konrad Adenauer bis Gerhard Schröder, Paderborn 2004.
Prantl, Heribert: Rot-Grün: eine erste Bilanz, Hamburg 1999.
Radcke, Antje: Das Ideal und die Macht. Das Dilemma der Grünen, Berlin 2001.
Raschke, Joachim/Ralf Tils: Politische Strategie. Eine Grundlegung, Wiesbaden 2007.
Robert, Rüdiger (Hrsg.): Bundesrepublik Deutschland – Politisches System und Globalisierung, 2. Auflage, Münster u.a. 2003.
Rosumek, Lars: Die Kanzler und die Medien – Acht Porträts von Adenauer bis Merkel, Frankfurt 2007

Rudzio, Wolfgang: Das politische System der Bundesrepublik Deutschland, 7. aktualisierte und erweiterte Ausgabe, Wiesbaden 2006.
Ders.: Informelles Regieren. Zum Koalitionsmanagement in deutschen und österreichischen Regierungen, Wiesbaden 2005.
Schabedoth, Hans-Joachim: Unsere Jahre mit Gerhard Schröder. Rot-Grüne-Regierungsarbeit zwischen Aufbruch und Abbruch; ein Rückblick, Marburg 2006.
Schmidt, Manfred G./Reimut Zohlnhöfer (Hrsg.): Regieren in der Bundesrepublik. Innen- und Außenpolitik seit 1949, Wiesbaden 2006.
Schmidt, Manfred G.: Das politische System Deutschlands, München 2007.
Ders.: Wörterbuch zur Politik, 2. Auflage, Stuttgart 2004.
Schmidtke, Evelyn: Der Bundeskanzler im Spannungsfeld zwischen Kanzlerdemokratie und Parteiendemokratie. Ein Vergleich der Regierungsstile Konrad Adenauers und Helmut Kohls, Marburg 2001.
Schröder, Gerhard: Entscheidungen. Mein Leben in der Politik, 2. Auflage, Hamburg 2006.
Schütt-Wetschky, Eberhard: Richtlinienkompetenz (hierarchische Führung) oder demokratische politische Führung? Antwort an Everhard Holtmann, in: Holtmann, Everhard/Werner J. Patzelt (Hrsg.): Regierungsführung, Wiesbaden 2008.
Ders.: Richtlinienkompetenz des Bundeskanzlers, demokratische Führung und Parteiendemokratie. Teil I: Richtlinienkompetenz als Fremdkörper in der Parteiendemokratie, in: Zeitschrift für Politikwissenschaft 13. Jg. (2003) Heft 4, S. 1897-1932.
Ders.: Teil II: Fehlinformation des Publikums, in: ebd. 14. Jg. (2004) Heft 1, S. 5-29.
Selenz, Hans-Joachim: Wildwest auf der Chefetage. Schröders Kampf um Salzgitter und die Kanzlerschaft, München 2005.
Siefken, Sven: Expertenkommissionen im politischen Prozess – Eine Bilanz zur rot-grünen Bundesregierung 1998-2005, Wiesbaden 2007.
Stiftung Haus der Geschichte der Bundesrepublik Deutschland/Bundeskanzleramt (Hrsg.): Die Bundeskanzler und ihre Ämter, Bonn/Heidelberg 2006.
Urschel, Reinhard: Gerhard Schröder: eine Biografie, Stuttgart 2002.
Zürn, Michael: Regieren im Zeitalter der Denationalisierung, in: Leggewie, Claus/Richard Münch (Hrsg.): Politik im 21. Jahrhundert, Frankfurt am Main 2001.

Autorenverzeichnis

Andersen, Uwe, Dr. phil., Professor em. für Politikwissenschaft, Universität Bochum: *Clement, Müller*

Ann, Christoph, Dr. jur., LL.M., Professor für Wirtschaftsrecht und Geistiges Eigentum, Technische Universität München: *Schily*

von Bredow, Wilfried, Dr. phil. Dr. h.c., Professor für Politikwissenschaft, Universität Marburg: *Scharping*

Detjen, Joachim, Dr. phil., Professor für Politikwissenschaft, Katholische Universität Eichstätt: *Funke*

Furtak, Florian T., Dr. phil., Geschäftsführer der SPD im Gemeinderat der Stadt Karlsruhe, Lehrbeauftragter an den Hochschulen für Öffentliche Verwaltung Kehl und Ludwigsburg: *Klimmt*

Furtak, Robert K., Dr. rer pol., Professor em. für Politische Wissenschaft, Universität Koblenz-Landau, Campus Landau: *Eichel*

Gerlach, Irene, Dr. soc., apl. Professorin für Politikwissenschaft, Universität Münster, Co-Leiterin des Forschungszentrums für Familienbewusste Personalpolitik Münster: *Bergmann, Renate Schmidt*

Gloe, Markus, Dr. päd., Lehrbeauftragter am Institut für Sozialwissenschaften, Pädagogische Hochschule Freiburg: *Bulmahn*

Hartmann, Jürgen, Dr. phil., Professor für Politikwissenschaft, Universität der Bundeswehr Hamburg: *Struck*

Höpcke, Franziska, M.A., wiss. Mitarbeiterin am Lehrstuhl Regierungslehre und Policyforschung, Universität Halle-Wittenberg: *Zypries*

Jäger, Wolfgang, Dr. phil. Dr. h.c. mult., Professor für Wissenschaftliche Politik, Rektor der Universität Freiburg seit 1995: *Joschka Fischer*

Jesse, Eckhard, Dr. phil., Professor für Politikwissenschaft, Technische Universität Chemnitz: *Hombach*

Kempf, Udo, Dr. phil., Professor für Politikwissenschaft und Politische Bildung, Pädagogische Hochschule Freiburg: *Schröder*

Kuhn, Hans-Werner, Dr. phil., Professor für Politische Bildung, Pädagogische Hochschule Freiburg: *Trittin*

Mayer, Tilman, Dr. phil., Professor für Politische Theorie und Ideengeschichte, Universität Bonn: *Ulla Schmidt*

Merz, Hans-Georg, Dr. phil., Akademischer Oberrat für Politikwissenschaft und Politische Bildung, Pädagogische Hochschule Freiburg

Metzler, Gabriele, Dr. rer. soc., Akademische Oberrätin für Politikwissenschaft und Politische Bildung, Pädagogische Hochschule Freiburg: *Andrea Fischer*

Morgenstern, Andreas, Dr. phil., Politologe: *Stolpe*

Naßmacher, Hiltrud, Dr. rer. pol., Professorin für Politikwissenschaft, Universität Oldenburg: *Bodewig*

Naßmacher, Karl-Heinz, Dr. rer. pol., Professor für Politikwissenschaft, Universität Oldenburg: *Müntefering*

Oberreuter, Heinrich, Dr. phil. Dr. h. c., Professor für Politikwissenschaft, Universität Passau, Direktor der Akademie für politische Bildung in Tutzing: *Lafontaine*

Osswald, Klaus-Dieter, Dr. phil., Professor em. für Soziologie, Pädagogische Hochschule Freiburg: *Wieczorek-Zeul*

van der Pütten, Sabrina, freie wissenschaftliche Mitarbeiterin am Lehrstuhl für Politische Theorie und Ideengeschichte, Universität Bonn: *Ulla Schmidt*

Schiller, Theo, Dr. phil., Professor em. für Politikwissenschaft, Universität Marburg: *Riester*

Schüttemeyer, Suzanne S., Dipl.-Pol., Dr. rer. pol., Professorin für Politikwissenschaft, Universität Halle-Wittenberg: *Zypries*

Sebaldt, Martin, Dr. phil., Professor für Politikwissenschaft, Universität Regensburg: *Künast*

Uhl, Herbert, Dr. phil., Professor em. für Politikwissenschaft und Politische Bildung, Pädagogische Hochschule Freiburg: *Däubler-Gmelin*